सुरेन्द्र दुबे

आपका जन्म 1 जुलाई, 1953 को हुआ। आपने शैक्षणिक क्षेत्र में पी-एच.डी., डी.लिट्. की उपाधि प्राप्त की।

आपकी लगभग एक दर्जन पुस्तकें प्रकाशित हो चुकी हैं और आप उत्तर प्रदेश हिन्दी संस्थान द्वारा 'साहित्य भूषण सम्मान' से सम्मानित किए जा चुके हैं। फ़िलहाल आप बुन्देलखण्ड विश्वविद्यालय, झाँसी में कुलपति हैं।

ईमेल : sdubey.hindi@gmail.com

मेरी झाँसी

प्रधान सम्पादक

प्रो. सुरेन्द्र दुबे

सम्पादक

प्रो. श्रीराम अग्रवाल

डॉ. पुनीत बिसारिया

राजकमल पेपरबैक्स

समस्त आलेखों में वर्णित भाव या विचार से सम्पादक मंडल का सहमत/असहमत होना आवश्यक नहीं। आलेखों का सम्पूर्ण उत्तरदायित्व स्वयं लेखकों का है।

पहला पुस्तकालय संस्करण
राजकमल प्रकाशन प्राइवेट लिमिटेड द्वारा
2018 में प्रकाशित

राजकमल पेपरबैक्स में
पहला संस्करण : 2019

राजकमल पेपरबैक्स : उत्कृष्ट साहित्य के जनसुलभ संस्करण

राजकमल प्रकाशन प्रा. लि.
1-बी, नेताजी सुभाष मार्ग, दरियागंज
नई दिल्ली-110 002
द्वारा प्रकाशित

शाखाएँ : अशोक राजपथ, साइंस कॉलेज के सामने, पटना-800 006
पहली मंजिल, दरबारी बिल्डिंग, महात्मा गांधी मार्ग, इलाहाबाद-211 001
36 ए, शेक्सपियर सरणी, कोलकाता-700 017

वेबसाइट : www.rajkamalprakashan.com
ई-मेल : info@rajkamalprakashan.com

बी.के. ऑफसेट
नवीन शाहदरा, दिल्ली-110 032
द्वारा मुद्रित

मूल्य : ₹ 299

MERI JHANSI
Edited by Surendra Dubey, Shri Ram Agarwal and Puneet Bisaria

ISBN : 978-93-88933-78-0

‘मैं अपनी झाँसी नहीं दूँगी’

उनकी ‘मेरी झाँसी’
उन्हीं को
समर्पित

यशस्वी लेखिका सुश्री महाश्वेता देवी की रचना से उद्धृत

झाँसी की रानी

सन् 1857। अंग्रेजी शासन के विरुद्ध भारतवासियों के पहले स्वत:स्फूर्त विद्रोह का वर्ष। उस विद्रोह के दिन सबसे आगे की पंक्ति में खड़े होकर जिस वीरांगना नारी ने प्राण दिए थे, वही है झाँसी की रानी। विपुल धन और अतुल वैभव उसे महल में बन्द कर नहीं रख सका—वरन् वैयक्तिक स्वार्थ को तुच्छ मानते हुए बिना क्लेश के वह रणक्षेत्र में कूद पड़ी थी। क्षुद्र स्वार्थ से व्याकुल देशवासियों के समक्ष यह जो एक महत् उदाहरण है इसमें क्या सन्देह। इसीलिए भाण्डेर से झाँसी, झाँसी से कालपी, कालपी से ग्वालियर सभी जगह कानों में पड़ती हुई लोककथाओं के सुर में आज भी सुनाई देती हैं रानी की वीरता की गाथाएँ। क्यों नहीं सुनाई देंगी! रानी जो अमर है—बाई साहिबा जरूर जिन्दा हैं। अथच अवशिष्ट स्वाधीन भारत आज अपनी स्वाधीनता की अर्द्ध शताब्दी में विभोर है—अथवा कौन याद करेगा आज इस बीर नारी की कहानी? सत्य है सैलुकस—कितना विचित्र है यह देश!

समुद्र के उस पार राजप्रासाद में आधे विश्व की अधीश्वरी महारानी के मन में शान्ति नहीं थी, आँखों में नींद नहीं थी। उसी जमाने के भारतवर्ष की कथा हो गई रानी लक्ष्मीबाई। उस दिन की असंख्य भूलों, त्रुटियों, अक्षमता और पराजयों आदि सबको ठेलकर एक बात सत्य थी। और वह थी विदेशी नागपाश के विरुद्ध प्रथम सचेतन विद्रोह। वह चेतना जितने दिन बनी रहेगी उतने दिन रानी लक्ष्मीबाई का नाम अविस्मरणीय बना रहेगा हमारे देश में। उनके योग्य कोई स्मृति सौंध न रहने पर भी रानी को कोई भुला नहीं पाएगा।

झाँसी की मिट्टी में पेड़ बूढ़े हो जाते हैं, उनकी जड़ों से उत्पन्न हो जाते हैं नये पेड़। इस तरह से जो चल रहा है चिरंतन जीवन-प्रवाह, उससे रानी की स्मृति को उपयुक्त पूजा मिल रही है हजारों मनुष्यों के नित्यस्मरण द्वारा। इस प्रकार उनका स्मृति सौंध नित्य प्रतिष्ठित हो रहा है। झाँसी का वही दुर्धर्ष किला आज भी विद्यमान है, जिसके दक्षिण बुर्ज से एक बार युद्ध की रक्त-पताका फहरा दी थी रानी ने।

विशाल काली देह लिये जंग खाती हुई पड़ी हैं रानी की दोनों प्रिय तोपें—भवानीशंकर और कड़कबिजली। अंग्रेजों द्वारा छोड़े गए गोलों के निशान आज भी झाँसी नगरी के परकोटे में स्पष्ट रूप से दिखाई देते हैं। सबसे बढ़कर हैं मनुष्य, जिनके लिए वे लड़ी थीं जीवन के प्रण की रक्षा करते हुए और बाजी लगाकर उस बाईस वर्ष के जीवन की आहुति दे दी थी ग्वालियर के रणक्षेत्र में।

जितने दिन तक मनुष्य घोषणा करता रहेगा कि 'रानी मरी नहीं है', उतने दिन तक रानी की मृत्यु नहीं होगी। 1858 ई. की 17 जून को उसकी मृत देह भस्म हो चुकी है यह सत्य है। फिर भी वह अमर है। भारतवर्ष के लोग उसकी मृत्यु स्वीकार नहीं करते हैं।

'अमर है झाँसी की रानी!'

[महाश्वेता देवी के उपन्यास 'झाँसी की रानी' के श्री रामशंकर द्विवेदी द्वारा अनूदित संस्करण से]

सम्पादकीय

बुन्देलखण्ड (विन्ध्येलखण्ड) की शोभा झाँसी। बेतवा और पहूज से सिंचित भूमि झाँसी। अकूत खनिज सम्पदा को अपनी गोद में धारण करने वाली झाँसी। वृन्दावनलाल वर्मा और मैथिलीशरण के रचनाकर्म की धरती झाँसी। सुन्दर-सुन्दर, छोटी-छोटी पहाड़ियों पर स्थित झाँसी। मेजर ध्यानचन्द की क्रीड़ाभूमि झाँसी। रामराजा सरकार और माँ पीताम्बरा के आशीष से आवेष्टित झाँसी। बलवन्तनगर उपाख्य झाँसी। राष्ट्रगौरव झाँसी। साहित्य, संस्कृति और कला का केन्द्र झाँसी। यह है—**मेरी झाँसी।**

दिसम्बर, 2015 में मैं कुलपति के रूप में नियुक्त होकर बुन्देलखण्ड विश्वविद्यालय, झाँसी आया। झाँसी का नाम सुना था। इतिहास में और साहित्य में। निकट से देखने का पहला अवसर था। आते ही इस शौर्य भूमि को नमन किया। लगा कि महारानी के चरणों को छू रहा हूँ। यहाँ के कण-कण में उनके शौर्य की सुगन्ध है। मोतीबाई, सुन्दर-मुन्दर की वीरता की कहानियाँ हैं। हवाओं में गुलाम गौस की 'कड़क' आवाज़ है। गली-गली में आज़ादी के गीत हैं। किले की प्राचीरों पर घूमते हुए बाई-सा की मधुर किन्तु दृढ़ आवाज़ आज भी सुनाई देती है—'मैं अपनी झाँसी नहीं दूँगी।' किले की दीवारों से आज भी महारानी और उनकी दुर्गा सेना की तलवारों की खट-खट सुनाई देती है, बस सुनने वाले कान चाहिए।

कुलपति का पद अनेक दायित्वों तथा व्यस्तताओं से परिपूर्ण होता है। इस पद पर रहते हुए 24 घंटे, 365 दिन आपको सजग-सक्रिय रहना होता है। छात्र-छात्राएँ, जिनके लिए विश्वविद्यालय का सारा ताना-बाना है, उनके योग-क्षेम की सतत् चिन्ता, अधिकारी-कर्मचारी, जो संस्था की प्राणवायु हैं, को प्रेरणा देते हुए उनका समुचित नियोजन-ये सब कोई आसान काम नहीं है। मैंने पहले दिन से तय किया था कि कुछ अच्छा-श्रेष्ठ कर पाऊँ या न कर पाऊँ, इस विश्वविद्यालय को बनाने में मेरे पूर्ववर्तियों ने जो भी योगदान किया है, उसे क्षति पहुँचाने वाला कोई काम नहीं करूँगा। कितना हो पाया? क्या कर पाया? इसका निर्णय भविष्य करेगा।

झाँसी आने के पहले दिन से मेरे मन में एक बात कौंध रही थी कि झाँसी जैसी साहित्यिक, सांस्कृतिक, ऐतिहासिक तथा सामाजिक दृष्टि से उर्वर धरती के विविध परिप्रेक्ष्य को केन्द्र में रखते हुए कुछ ऐसा आयोजन किया जाना चाहिए, जिससे यहाँ

की समृद्ध विरासत को प्रकाश में लाया जा सके। विश्वविद्यालय के शिखर पर विराजमान शक्तिस्वरूपा माँ कैमासन देवी ने मुझे इस हेतु अभिप्रेरित किया। अब जबकि माँ की अहैतुक अनुकम्पा से यह भगीरथ प्रयत्न साकार स्वरूप ग्रहण करने जा रहा है तो इस अवसर पर मैं उनके चरणों में अपना शीश झुकाता हूँ।

झाँसी आने पर इस सम्बन्ध में मन्थन करते समय मेरे मन में सबसे पहला और बड़ा नाम आया सन् 1857 के स्वाधीनता संग्राम की अमर दीपशिखा वीरांगना बाईसाहब महारानी लक्ष्मीबाई का, तत्पश्चात एक-एक कर वीरवर हरदौल, राष्ट्रकवि मैथिलीशरण गुप्त, वृन्दावनलाल वर्मा, ईसुरी, सियारामशरण गुप्त, झलकारी बाई, सुन्दर-मुन्दर, ओरछा नरेश महाराज वीरसिंह जू देव, रामभक्त महारानी गणेश कुँवरि और महाराज मधुकर शाह, हॉकी के जादूगर मेजर ध्यानचन्द स्मरण हो आए। थोड़ा भौगोलिक परिधि विस्तृत की तो यहाँ के अन्य नररत्न भी मनोमस्तिष्क के द्वार पर दस्तक देने लगे। सर्वप्रथम याद आई वेद व्यास की, जिन्होंने वर्तमान जालौन जनपद के कालपी में जन्म लिया था। तत्पश्चात जनकवि जगनिक, आल्हा-ऊदल, गोस्वामी तुलसीदास, आचार्यप्रवर केशवदास, महाराज छत्रसाल, कविवर भूषण, कवयित्री-नृत्यांगना राय प्रवीन, पद्माकर, बोधा, ठाकुर, ग्वालियर से मथुरा के मध्य प्रवास करने वाले कविवर बिहारीलाल, डॉ. रामकुमार वर्मा, फिल्म जगत के लोकप्रिय गीतकार इन्दीवर, और इस अंचल को अपनी कर्मभूमि बनाने वाले अमर शहीद चन्द्रशेखर आज़ाद, आचार्य महावीरप्रसाद द्विवेदी तथा कलम के सिपाही प्रेमचन्द के नाम आँखों के सामने तैरने लगे। फिर याद आए यहाँ के वैदिक कालीन ऋषि अगस्त्य तथा उनकी पत्नी लोपामुद्रा और इसके बाद तो एक-एक कर इस अंचल की साहित्यिक, सांस्कृतिक, पुरातात्विक एवं शूरता से परिपूर्ण विरासत की छवियाँ फिल्म के दृश्यों की भाँति विचरण करने लगीं।

जब उपर्युक्त विचारों ने मनोमस्तिष्क के गहन गुहान्धकार में विचरण किया, तब इस पुस्तक की परिकल्पना शनैः-शनैः ठोस आकार लेने लगी। फिर धीरे-धीरे अनेक विषयों की संकल्पना मन में आई और तत्पश्चात मैंने झाँसी में रहते हुए झाँसी को जानने की कोशिश की। यहाँ नए मित्र बनाए, पुरानों से सम्बन्ध ताज़े किए। सम्मानित नागरिकगण से सम्पर्क बनाया। श्री यशोवर्द्धन गुप्त, प्रधान सम्पादक, दैनिक जागरण, श्री हरगोविन्द कुशवाहा, माननीय उपाध्यक्ष, उ.प्र. बौद्ध अनुसन्धान संस्थान, डॉ. रवीन्द्र शुक्ल, पूर्व मंत्री, उत्तर प्रदेश शासन, श्री मोहन नेपाली-वरिष्ठ पत्रकार, श्री मुकुन्द मेहरोत्रा-वरिष्ठ समाजसेवी एवं इतिहासविद्, वृन्दावनलाल वर्मा के सुपौत्र रमाकान्त वर्मा, फिल्मकार राजा बुन्देला, पूर्व प्रतिकुलपति बुन्देलखण्ड विश्वविद्यालय, प्रो. श्रीराम अगव्राल तथा प्रो. ओ.पी. कण्डारी, समाज सेविका डॉ. नीति शास्त्री, साहित्यकार पन्नालाल असर जैसे अनेक झाँसी के यशस्वी सपूतों के निकट गया और उनसे कुछ सीखने-जानने की कोशिश की। उरई के श्री अयोध्याप्रसाद गुप्त 'कुमुद' और श्री प्रयागनारायण त्रिपाठी से बुन्देलखण्ड का साहित्यिक-सांस्कृतिक

इतिहास जाना। छतरपुर के मित्र भाई बहादुरसिंह परमार ने बुन्देलखण्ड की माटी की गन्ध महसूस कराई। बहन डॉ. नीति शास्त्री के मुख से झाँसी के क्रमशः विकसित होते वर्तमान को सुना। वैद्य श्री रामनारायण शर्मा द्वारा स्थापित 'वैद्यनाथ' समूह के लोगों से मिला। आल्हा और ईसुरी के फाग सुने, राई-दीवारी नृत्य देखा। 'चितेरी' लोककला का आनन्द उठाया, केशवदास की 'पाठशाला' और राय प्रवीन के महल के खँडहरों में विचरण किया। झाँसी को अपने भीतर समो लेने की कोशिश की।

मैंने विश्वविद्यालय में आते ही महसूस किया कि यहाँ हिन्दी विभाग होना चाहिए। प्रभु कृपा से यह कल्पना भी साकार हुई। यह दद्दा मैथिलीशरण गुप्त की धरती है। उनके चिरगाँव की देहरी पर मत्था टेकने का सौभाग्य मिला, उनकी पुत्रवधू के स्नेह का भाजन भी बना। मैंने झाँसी का ऐतिहासिक सन्दर्भ वृन्दावनलाल वर्मा से जाना था, तो वर्तमान सन्दर्भ मैत्रेयी पुष्पा की रचनाओं से। 'खिल्ली' गया 'कबूतरा' लोगों के गाँव गया। फिर भी लगता रहा कि झाँसी का बहुत कुछ ऐसा है जो मेरे लिए अपरिचित है, अदृश्य है। कुछ न कुछ नया रोज दिखता, नया मिलता और उसे अपनी स्मृतियों में संजोता रहा। मैंने अपनी इस बेचैनी को झाँसी के प्रबुद्ध जन से साझा किया। मिला, सबके साथ बैठकें करके उनके समक्ष अपनी बात रखी। साथ ही, झाँसी तथा इसके आसपास के अनेक सुविख्यात साहित्यकारों, बुद्धिजीवियों तथा इतिहासकारों से इस विषय में परामर्श किया। सबने उल्लसित मन से मेरे इस प्रस्ताव को न केवल स्वीकार किया, बल्कि सहयोग देने का भी वादा किया और मेरे इन आत्मीय मित्रों ने अपना वादा निभाया भी। तय हुआ कि एक परिचयात्मक वृत्त 'मेरी झाँसी' के नाम से तैयार किया जाए। तत्पश्चात् बुन्देलखण्ड विश्वविद्यालय, झाँसी के पूर्व प्रतिकुलपति प्रो. श्रीराम अग्रवाल तथा इसी विश्वविद्यालय के हिन्दी विभाग के सह आचार्य डॉ. पुनीत बिसारिया को सह सम्पादक के रूप में इस अवधारणा को साकार स्वरूप प्रदान करने के लिए अपनी सम्पादन टीम में शामिल किया। प्रिय प्रतीक अग्रवाल ने 'ह्वाट्सएप' पर एक समूह तैयार कर दिया और इससे जुड़े सभी लोग इस परियोजना के अतिरिक्त भी अन्य सामाजिक-सांस्कृतिक सन्दर्भों को आपस में साझा करते रहे। धीरे-धीरे आलेख आने लगे। मेरे वैयक्तिक सचिव और पुत्रकंल्प श्री अनिल बौहरे ने अपने कुशल हाथों से उनका टंकण शुरू कर दिया। भाई श्रीराम अग्रवाल और पुत्रतुल्य पुनीत बिसारिया लगातार लेख देखते-संशोधित-सम्पादित करते रहे। इन सबने मिलकर लेखक जुटाए, लेख एकत्र किए और अपनी सक्रियता से मेरी शिथिलता को पुनः-पुनः जाग्रत किया।

गांधी जी के आह्वान पर रेलवे की नौकरी छोड़कर असहयोग आन्दोलन में कूदने वाले झाँसी निवासी परमानन्द के सुपुत्र इतिहासकार जानकीशरण वर्मा, बुन्देलखण्ड के मर्मज्ञ अयोध्याप्रसाद गुप्त 'कुमुद', समाजसेवक साहित्यकार मुकुन्द मेहरोत्रा, शिक्षक एवं समाजसेविका डॉ. नीति शास्त्री, झाँसी के वरिष्ठतम पत्रकार-इतिहासकार मोहन नेपाली, साहित्यकार एवं बुन्देली लोक साहित्य के अध्येता

पन्नालाल 'असर' एवं चित्रकार डॉ. मधु श्रीवास्तव ने विभिन्न विषयों पर सहर्ष लेख भेजे तथा बुन्देलखण्ड विश्वविद्यालय, झाँसी के पर्यटन एवं होटल प्रबन्धन संस्थान के आचार्य प्रो. प्रतीक अग्रवाल, हिन्दी विभागाध्यक्ष डॉ. मुन्ना तिवारी, शिक्षक प्रशिक्षण विभाग की सहायक आचार्य डॉ. नीता यादव तथा पत्रकारिता एवं जनसंचार विभाग के सहायक आचार्य श्री उमेश शुक्ल ने भी झाँसी की समृद्ध विरासत को उद्घाटित करने वाले लेख प्रकाशनार्थ भेजकर हमें उपकृत किया। मेरे सम्पादकीय सहयोगियों प्रो. श्रीराम अग्रवाल तथा डॉ. पुनीत बिसारिया ने भी महत्त्वपूर्ण विषयों पर अपनी लेखनी चलाकर इस पुस्तक में अपना लेखकीय योगदान किया।

यह कोई इतिहास ग्रन्थ नहीं है, किन्तु इसे पढ़कर बुन्देलखण्ड, विशेषकर झाँसी को जाना जा सकता है। झाँसी केवल मृण्मय नहीं–एक चिन्मय सत्ता है, जीवमान नगरी। आचार्य हजारीप्रसाद द्विवेदी ने लिखा है, "भारतवर्ष एक बहुत बड़ा देश है। उसका इतिहास बहुत पुराना है। इस इतिहास का जितना अंश जाना जा सकता है, उसकी अपेक्षा जितना नहीं जाना जा सकता, वह और भी पुराना और महत्त्वपूर्ण है।" यहाँ उसी अनजाने को जानने की एक कोशिश की गई है। झाँसी के इतिहास, साहित्य, संस्कृति, कला, उद्योग धंधे, समाज, अर्थव्यवस्था आदि के अनेक पहलू ऐसे हैं, जो किसी लिखित दस्तावेज में उपलब्ध नहीं हैं, लोकमन में हैं। उन्हें लोक स्मृतियों से समेटकर कर संकलित करना ही हमारा लक्ष्य रहा है। लोकमन ने इतिहास के कूड़े-कचरे को इकट्ठा नहीं किया, उसने अपने लिए प्रेरक सांस्कृतिक तत्त्वों–साहित्य, संगीत, कला आदि को अपनी स्मृति का हिस्सा बनाया। राजा लड़ते रहे, साम्राज्य बढ़ते–सिकुड़ते और बदलते रहे, किन्तु हमारी संस्कृति ज्यों की त्यों अक्षुण्ण रही। आल्हा, फाग, राई, दीवारी, चितेरी आदि को किसी राजसत्ता ने प्रतिहत नहीं किया। युद्ध–जर्जर बुन्देलखण्ड की लोक स्मृतियों में ये जीवित रहे।

'मेरी झाँसी' के सम्मानित लेखकगण ने जो भी वृत्त–पुरावृत्त प्रस्तुत किया है, उसे कतिपय काट–छाँट के बाद जस का तस प्रस्तुत किया गया है। लेखक द्वारा उपलब्ध प्रामाणिकता के साथ कोई छेड़छाड़ नहीं की गई है। लेखकों ने अपनी सोच और दृष्टि से सँवारकर जो भी तथ्य उपलब्ध कराए हैं, वे इस संग्रह में मूल रूप में प्रकाशित हैं। पश्चिमी सोच से निर्मित मन के लिए यह संग्रह उपयोगी हो न हो, भारतीय सोच से निर्मित मन के लिए 'मेरी झाँसी' अवश्य उपयोगी होगी। बुन्देलखण्ड, विशेषकर झाँसी का अतीत और वर्तमान निश्चित ही पाठक को विवेक ऊर्जा उपलब्ध कराएगा, ऐसा हमारा विश्वास है।

मैं अपने साथी सम्पादकद्वय प्रो. श्रीराम अग्रवाल और डॉ. पुनीत बिसारिया के साथ सभी लेखकगण के प्रति अपना हार्दिक आभार व्यक्त करता हूँ। इस पुस्तक की परिकल्पना तथा इसे मूर्त स्वरूप प्रदान करने में दैनिक जागरण, झाँसी के प्रधान सम्पादक यशोवर्द्धन गुप्त, वरिष्ठ साहित्यकार एवं साहित्य–संस्कृति–राजनीति की त्रिवेणी हरगोविन्द कुशवाहा, शिक्षाविद–साहित्यकार प्रो. के.बी.एल. पाण्डेय, झाँसी

के अतीत पर नए सिरे से रोशनी डालने वाले मुकुन्द मेहरोत्रा, बुन्देलखण्ड विश्वविद्यालय से प्रो. प्रतीक अग्रवाल, डॉ. मुन्ना तिवारी तथा बुन्देलखण्ड विश्वविद्यालय में मेरे निजी सचिव अनिल बौहरे का विशेष सहयोग रहा है। इस अवसर पर मैं इन सभी के प्रति आभार व्यक्त करता हूँ।

'मेरी झाँसी' पुस्तक का प्रकाशन देश के ख्यातलब्ध प्रकाशक के रूप में समादृत 'राजकमल प्रकाशन' से हो रहा है। इस अवसर पर मैं राजकमल प्रकाशन समूह के स्वत्वाधिकारी श्री आमोद माहेश्वरी जी के प्रति अपना आभार प्रकट करता हूँ, जिन्होंने सम्पादक मंडल के अनुरोध को सहर्ष स्वीकार करते हुए इस पुस्तक के प्रकाशन हेतु तुरन्त अपनी सहमति प्रदान की। मुझे आशा ही नहीं, वरन् पूर्ण विश्वास है कि प्रबुद्ध पाठक वर्ग इस पुस्तक को अपने आशीर्वाद से अवश्य अभिसिंचित करेगा। आप सभी के बहुमूल्य सुझावों और प्रतिक्रियाओं की प्रतीक्षा रहेगी। अन्त में संग्रह को सुधी पाठकों को सौंपते हुए अपार सन्तोष का अनुभव कर रहा हूँ।

—प्रो. सुरेन्द्र दुबे

कुलपति

बुन्देलखण्ड विश्वविद्यालय, झाँसी एवं कुलपति,

सिद्धार्थ विश्वविद्यालय, कपिलवस्तु, सिद्धार्थनगर

विशिष्ट सहयोग

यशोवर्द्धन गुप्त
निदेशक, दैनिक जागरण, झाँसी

प्रो. के.बी.एल. पाण्डेय
सेवानिवृत्त, प्राचार्य (म.प्र.)
उच्च शिक्षा सेवा, दतिया (म.प्र.)

हरगोविन्द कुशवाहा
अध्यक्ष, अन्तरराष्ट्रीय बौद्ध संस्थान (उ.प्र.) सरकार

प्रो. प्रतीक अग्रवाल
आचार्य, होटल एवं पर्यटन प्रबन्धन,
बुन्देलखण्ड विश्वविद्यालय, झाँसी

डॉ. मुन्ना तिवारी
सह-आचार्य, विभागाध्यक्ष, हिन्दी विभाग,
बुन्देलखण्ड विश्वविद्यालय, झाँसी

अनिल बौहरे
माननीय कुलपति जी के निजी सचिव,
बुन्देलखण्ड विश्वविद्यालय, झाँसी

अनुक्रम

झाँसी की रानी 7
सम्पादकीय 9
सम्पादक मंडल 14

इतिहास

1. 1857 की अमर ज्योति वीरोत्तमा रानी लक्ष्मीबाई और उनकी झाँसी
जानकी शरण वर्मा 19
2. झाँसी के स्वाभिमान की विरासत सँजोये रानी का राजवंश
प्रो. श्रीराम अग्रवाल, प्रो. प्रतीक अग्रवाल 34
3. झाँसी का राजनीतिक इतिहास
पन्नालाल 'असर' 50
4. स्टार फोर्ट झाँसी : राष्ट्रीय अस्मिता का प्रतीक
डॉ. मुन्ना तिवारी 68

साहित्य

5. झाँसी मण्डल का काव्य परिदृश्य
डॉ. पुनीत बिसारिया 73
6. झाँसी मण्डल का काव्येतर साहित्य
प्रो. सुरेन्द्र दुबे, डॉ. पुनीत बिसारिया 106

संस्कृति

7. बुन्देलखण्ड : ऐतिहासिक एवं सांस्कृतिक परिदृश्य
अयोध्या प्रसाद गुप्ता 'कुमुद' 129
8. झाँसी का सांस्कृतिक इतिहास
पन्नालाल 'असर' 150

9. झाँसी की ऐतिहासिक एवं पुरातात्त्विक सम्पदा
डॉ. नीता यादव 165

10. झाँसी में चित्रकला की विकास यात्रा एवं लोक संस्कृति
डॉ. मधु श्रीवास्तव 171

आर्थिक/शिक्षा/पत्रकारिता/खेलकूद/आयुर्वेद/विशेष

11. झाँसी के विकास में प्रवासी समाजों का योगदान
डॉ. नीति शास्त्री 241

12. झाँसी की अर्थव्यवस्था एवं शिक्षा व्यवस्था एक ऐतिहासिक सिंहावलोकन
प्रो. श्रीराम अग्रवाल 254

13. हिन्दी पत्रकारिता में झाँसी का योगदान
मोहन नेपाली 293

14. खेलों में गौरवशाली रहा है बुन्देलखण्ड का इतिहास
उमेश शुक्ल 299

15. झाँसी में आयुर्वेद
डॉ. नीति शास्त्री 308

16. मैं बुन्देलखण्ड विश्वविद्यालय हूँ
प्रो. श्रीराम अग्रवाल 318

परिशिष्ट

परिशिष्ट : लेखक परिचय *331*

मेरी झाँसी

1857 की अमर ज्योति वीरोत्तमा रानी लक्ष्मीबाई और उनकी झाँसी

जानकी शरण वर्मा*

1857 की जनक्रान्ति की अग्रणी सेनानायक, 'सुराज के लिए लड़िबो चहिए' की प्रेरणादायिनी, समरांगण में अपनी तलवार से अंग्रेजों में दहशत पैदा कर भीरुओं में शक्ति पैदा कर स्त्री समाज का भाल ऊँचा करने वाली, काशीबाई, सुन्दर और मुन्दर की प्राणप्रिय सहेली, देश की स्वतंत्रता की रक्षा करने वाली, आन-बान और शान की न मिटने वाली ज्योति की चमक थीं—झाँसी की रानी लक्ष्मीबाई।

काशी की मनु

स्वतंत्रता सेनानियों की अधिष्ठात्री, 1857 जन क्रान्ति की महान सेनानायक, मुर्दों में भी प्राण फूँक देने वाली और अंग्रेजी शासन की जड़ों को हिला देने वाली रानी लक्ष्मीबाई का जन्म कार्तिक सदी 14 संवत 1891 (18 नवम्बर, 1834) में काशी में हुआ था। इनके पिता का नाम मोरोपन्त ताम्बे और माता का नाम भागीरथी बाई था। जब यह बालिका छोटी ही थी, तभी इसकी माता का देहान्त हो गया था। पिता मोरोपन्त पहले काशी में ही निवास करते थे, किन्तु बाद में पेशवा बाजीराव के साथ बिठूर में ही रहने लगे थे। बचपन में इस बालिका का नाम मणिकर्णिका रखा गया था। प्यार से इसे मनु कहकर भी पुकारते थे, और चंचल और अति सुन्दर होने के कारण इस बालिका को छबीली भी कहते थे। बिठूर में पेशवा के दत्तक पुत्र नाना साहब और राव साहब इसके बाल सखा थे। मनुबाई इन दोनों के साथ नाना प्रकार के खेल खेला करती थी। उसे बाल्यावस्था से ही तलवार चलाना, घुड़सवारी करना, व्यूह रचना, बन्दूक का निशाना साधना, व्यायाम करना तथा सैनिकों का नेतृत्व करना अच्छा लगता था। इसमें उसे बहुत आनन्द आता था। सुभद्रा कुमारी चौहान के शब्दों में :

बरछी, ढाल, कृपाण, कटारी, उसकी यही सहेली थीं।
नकली युद्ध, व्यूह की रचना और खेलना खूब शिकार,
सैन्य घेरना, दुर्ग तोड़ना, ये थे उसके प्रिय खिलवार।

* झाँसी के वरिष्ठतम साहित्यकार एवं इतिहास लेखक

मनुष्य के जीवन में एकाध घटना ऐसी अवश्य घटित होती है, जो उसके मन-मस्तिष्क पर अपनी अमिट छाप छोड़ देती है। मनु के जीवन से सम्बन्धित एक किंवदन्ती प्रसिद्ध है कि एक दिन नाना साहब हाथी पर सवार होकर घूमने निकले तो मनु ने भी हाथी पर बैठने की जिद की, परन्तु नाना साहब उसे बिठाए बिना निकल गए। यह देख मनु अत्यन्त दुखित हो गई। पुत्री को दुखी देख पिता ताम्बे ने कहा, 'क्या तेरे भाग्य में हाथी बदा है?' चंचल मनु ने उत्तर दिया, 'हाँ, मेरे भाग्य में एक नहीं दस-दस हाथी बदे हैं।' समय पाकर उसका कहा सिद्ध हो गया।

मनु का विवाह

मोरोपन्त जब युवावस्था में ही थे, तभी उनकी पत्नी भागीरथी का देहान्त हो चुका था। वह अपने पीछे एक लड़की छोड़ गई थी, जिसे मोरोपन्त ने बड़े ही लाड़-प्यार से पाला था। वह अपनी वंश परम्परा को आगे बढ़ाने के लिए दूसरा विवाह करना चाहते थे लेकिन पुत्री के होते हुए उन्हें विवाह करने में बाधा थी। इसलिए वे अपनी पुत्री मनु का विवाह जल्दी कर देना चाहते थे। उन दिनों महाराष्ट्रियन समाज में बाल विवाह का प्रचलन था। आठ वर्ष की आयु में गौरीदान अर्थात विवाह की रीति थी। मनु सात वर्ष पूरा कर चुकी थी। अतएव मोरोपन्त ने उसके लिए योग्य वर की तलाश करना प्रारम्भ कर दिया था। किन्तु ब्रह्मावर्त में उनकी जाति का कोई ब्राह्मण परिवार न होने से वे बड़े दुखी थे।

दैवयोग से एक दिन झाँसी राज्य के प्रख्यात ज्योतिषी तात्या दीक्षित राजा गंगाधर राव, जिनकी आयु चालीस वर्ष थी, के विवाह के लिए लड़की तलाशने पेशवा बाजीराव से मिलने आए। तभी मोरोपन्त ने पुत्री मनु की जन्म कुंडली उन्हें दिखाई, जिसे देख उन्होंने कहा, 'भविष्य में यह लड़की किसी राजपद पर आरूढ़ होगी।' यह सुन मोरोपन्त अत्यन्त हर्षित हुए। झाँसी पहुँचने पर तात्या दीक्षित ने राजा गंगाधर राव को मनुबाई के सौन्दर्य व जन्मकुंडली और मोरोपन्त के सम्बन्ध में बताया। राजा विवाह के लिए उत्सुक हो उठे। सम्बन्ध निश्चित हो जाने के कुछ दिनों बाद सन् 1842 में बड़े ही धूमधाम के साथ झाँसी में विवाह की रस्में पूरी की गईं। जिस समय गणेश मन्दिर में पाणिग्रहण संस्कार होने के दौरान भाँवरें पड़ रही थीं, उसमें अग्नि की परिक्रमा के समय पुरोहित वर-वधू के दुपट्टे में गाँठ लगा रहा था। कहा जाता है कि मनु ने अपनी आयु से कई गुना अधिक आयु के व्यक्ति के साथ गठबन्धन देख कहा, 'पुरोहित जी गाँठ पक्की बाँधिए।' भले ही इतिहासकारों व समाज के लोगों ने इसे मनु के चंचल स्वभाव का परिचायक समझा हो परन्तु ऐसा समझना सच्चाई से परे है। मनु का यह कथन नारी की उस पीड़ा का एहसास कराता है जिसमें समाज की रूढ़ियों के कारण अल्प आयु की लड़की का विवाह अत्यधिक आयु के व्यक्ति के साथ करा दिया जाता है, जिससे अक्सर उसे यौवनावस्था में ही वैधव्य का दुख और समाज का तिरस्कार झेलना पड़ता है।

लक्ष्मीबाई का आविर्भाव

विवाहोपरान्त राज दरबार में बड़ी खुशियाँ मनाई गईं। राजा गंगाधर राव ने कन्या पक्ष वालों को बहुत से उपहार भेंट किए। मनु के पिता मोरोपन्त को झाँसी में ही शहर के मध्य गणेश मन्दिर व कोठी कुआँ के पास निवास के लिए हवेली देने के साथ ही उन्हें झाँसी राज दरबार में सरदार पद पर नियुक्त कर दिया। जीवन निर्वाह के लिए तीन सौ रुपये माह मिलने से वे सुखी जीवन बिताने लगे। इतना ही नहीं, राजा ने उनका दूसरा विवाह भी गुरसरांय के कुलीन ब्राह्मण वासुदेव शिवराज खानवलकर की पुत्री चिमनबाई के साथ सम्पन्न करा दिया।

मनु का पति गृह आने पर रीति-रिवाज के अनुसार नया नाम लक्ष्मीबाई रखा गया। साधारण परिवार की लड़की अब वैभवशाली राज्य झाँसी की महारानी लक्ष्मीबाई बन गई। जिसे बचपन में हाथी पर बैठालने से मना कर दिया गया था, वही अब दस हाथियों की स्वामिनी बनी हुई थी। उसकी सेवा में दसों सेवक और सेविकाएँ दिन-रात लगे रहते थे। इतना सब होने पर भी लक्ष्मीबाई विवाह के बाद सुखी नही थी। 'आँखों देखा गदर' (माझा प्रवास) के लेखक गोडसे इसका वर्णन करते हुए लिखते हैं—'लक्ष्मीबाई को जरा भी स्वतंत्रता नहीं दी गई थी। महल के बाहर निकलने की तो बात ही न की जाय, महल के अन्दर भी बाई साहिबा अधिकतर ताले, पहरे में रहती थीं। सशस्त्र स्त्रियाँ हर समय पहरा दिया करती थीं। राजा का अधिकांश समय नाट्यशाला में ही बीत जाता था। हाँ, एक अच्छी बात यह अवश्य हुई कि राजा ने घुड़सवारी के लिए अनेक घोड़े खरीद लिए थे। समय काटने के लिए रानी लक्ष्मीबाई किले के महल के पास व्यायाम व घुड़सवारी करती थीं व अपनी सहेलियों व किले के अन्दर रहने वाली स्त्रियों को व्यायाम करातीं और शस्त्र चलाना सिखाती थीं। धार्मिक प्रवृत्ति के कारण वे प्रतिदिन भागवत का पाठ भी किया करती थीं। कभी-कभी वे राजा के साथ दरबार भी जाया करतीं और पर्दे की ओट से कार्यवाही देखा करतीं, जिससे उन्हें शासन संचालन का भी अनुभव प्राप्त हो गया थे। वे अपनी सहेलियों व शहर से आने वाली स्त्रियों के साथ किले में भेंट करतीं थीं तथा विभिन्न त्योहारों पर मिलकर खुशियाँ मनाती थीं। हल्दी-कूंकू पर तो साधारण समाज की महिलाएँ भी एकत्रित होकर समारोह के रूप में रानी के साथ मनाया करती थीं। रानी की सहजता और उनकी मिलनसारिता ने समाज में उनकी लोकप्रियता को बढ़ा दिया था।

दुःख का पहाड़ टूटा

रानी की यौवनावस्था में ही उन्हें अगहन बदी ग्यारहवीं संवत 1908 (सन् 1851) में पुत्र रत्न की प्राप्ति हुई। राजदरबार और राज्य में बड़े धूमधाम से खुशियाँ मनाई गईं। राजा गंगाधर राव तो पुत्र के जन्म से अत्यन्त ही हर्षित थे। ऐसा क्यों न होता, पुत्र प्राप्ति की अभिलाषा की पूर्ति के लिए ही तो उन्होंने पहली पत्नी की मृत्यु के पश्चात दूसरा विवाह किया था ताकि उनका वंश चलता रहे। परन्तु परमात्मा को यह स्वीकार न था।

दुर्भाग्य से तीन माह बाद ही उसका देहान्त हो गया। जिस दिन वह संसार से उठ गया, उस दिन होली की परमा थी, अतएव सारे राज्य में शोक लहर फैल गई और राजघराने के साथ नगरवासियों ने भी होली नहीं मनाई। राजा के पुत्र शोक के कारण तभी से आज तक वहाँ होली जलने के बाद परमा के दिन होली न मनाने की परम्परा चली आ रही है।

पुत्र वियोग के कारण महाराज के मन को भारी धक्का लगा। इससे उनके स्वास्थ्य में निरन्तर गिरावट आती चली गई। महाराज के गिरते हुए स्वास्थ्य में कोई सुधार न होते हुए देख महारानी बहुत व्याकुल हो गईं। 16 नवम्बर को राजा को देखने के लिए जब झाँसी दरबार के राज्यमंत्री नरसिंह राव और महारानी के पिता मोरोपन्त गए, और राज्य सम्बन्धी वार्ता की तो उसको सुनकर महाराज के कथन का तत्कालीन पारसनीस ने इस प्रकार वर्णन किया—'यद्यपि मुझे अभी तक अपने जीने की आशा है तथापि धर्मानुसार मुझे दत्तक पुत्र लेने की बड़ी इच्छा है। हमारे घराने में वासुदेव नेवालकर का आनन्द राव नाम का एक पुत्र है उसको दत्तक बना लेना चाहिए।' आनन्द राव की उम्र उस समय पाँच वर्ष की थी। लक्ष्मीबाई और महाराज ने उसको गोद लेने का निश्चय किया। झाँसी दरबार से राज्यमंत्री नरसिंह राव, मोरोपन्त ताम्बे, लाहोरीमल आदि लोगों ने समारोह की व्यवस्था की। समारोह में बुन्देलखण्ड के असिस्टेन्ट पॉलिटिकल एजेंट मेजर एलिस और स्थानीय सेनाधिकारी कप्तान मार्टिन भी उपस्थित थे। इन सब लोगों के सामने दत्तक विधान होकर आनन्द राव का नाम दामोदर राव गंगाधर राव रखा गया। 21 नवम्बर 1853 को महाराज का निधन हो गया। उस समय लक्ष्मीबाई की आयु अठारह वर्ष की ही थी। इस अल्प आयु में ही उन्हें वैधव्य का असहनीय दुख झेलना पड़ा।

कुशल प्रशासक

राजा गंगाधर की मृत्योपरान्त झाँसी अनाथ और असहाय सी हो गई। रानी पति वियोग से अत्यन्त उदास हो गईं, परन्तु राजा के जीवनकाल में ही झाँसी राज्य का सामान्य जन रानी लक्ष्मीबाई की प्रशासनिक क्षमता और जनता के प्रति उनके स्नेह भाव से भलीभाँति परिचित हो चुका था। जनता में रानी के प्रति अत्यधिक आदर भाव था। तत्कालीन समय में ग्रामों व नगरों में पंचायतें जमी हुई थीं जो शासन प्रबन्धन में सहयोग और सहायता करती थीं। नगर के प्रमुख पंचों ने एकत्रित होकर रानी लक्ष्मीबाई से राज्य का प्रशासन सँभालने का अनुरोध किया। तत्कालीन लोक कवि 'मदनेश' ने इसका अपने 'लक्ष्मीबाई रासो' में इसका इस प्रकार वर्णन किया है :

जब सूनी झाँसी लखी एन, जुर सचिव मंच पर गहे बैन
श्री बाई लक्ष्मी करे राज, सबको पूरन होय काज
जब आपा साहब झडू आय, चौधरी स्याम बगसी बुलाय
नारायण राव वहाँ बैठे, बंका दीवान तहं पैठे,
जां चुन्नी और जवाहर हे, गनपति गिर मुन्ना साहबहे,
श्रनवीर सिंह नागर जु आय, बरूती के पंच लीने बुलाय।

दुर्ग स्थित रानी झाँसी की अदालत

झाँसी के प्रमुख आपा साहब, झडू, स्याम चौधरी, नारायण राव, बंका दीवान, चुन्नी, जवाहर, गनपति गिर, मुन्ना साहब, रनवीर नागर आदि विविध जाति के पंचों के अनुरोध को मानकर रानी लक्ष्मीबाई राज्य की स्थिति व प्रशासन को सँभालने और उसकी व्यवस्था में जी जान से जुट गईं। शासन सँभालने के पूर्व उनका सारा समय व्यायाम, घुड़सवारी आदि के साथ हिन्दू धर्म के अनुसार पूजा-पाठ, दान-धर्म में बीत जाया करता था। परन्तु राज शासन सँभालते ही उनकी दिनचर्या में भारी परिवर्तन आ गया। उसका वर्णन उनके एक नौकर ने इस प्रकार किया है :

महारानी लक्ष्मीबाई नित्य प्रात:काल पाँच बजे उठकर स्नानादि से निवृत्त हो, सुन्दर, स्वच्छ, सफेद चंदेरी साड़ी पहन कर पार्थिव पूजा करती थीं। उस समय वहाँ गायकगण गान करते और पुराण बाँचने वाले कथा आदि पढ़ते थे। उसके बाद सरदार और आश्रित लोगों का मुजरा होता था। महारानी का ध्यान पूर्ण रूप से प्रत्येक कार्य की ओर रहता था। जब कोई सरदार एक या दो दिन तक मुजरा करने के लिए नहीं आता तब वे तुरन्त उससे पूछतीं कि कल आप कहाँ थे? इसके बाद वे भोजन करतीं या नजरानों की देखभाल करके किसी एक उत्तम वस्तु को स्वीकार करतीं और शेष गरीबों में बाँट देती थीं। तीन बजे वे कचहरी जातीं और वहाँ शाम तक राज्य प्रबन्ध और न्याय आदि का काम स्वयं करतीं।

उनकी पोशाक के विषय में गिलीन नाम के एक लेखक ने 'द रानी' नाम के ग्रन्थ में यह लिखा है : यद्यपि उनका पहनावा स्त्री के पहनावे का सा था, तथापि वह उनके समान ऊँचे दर्जे की स्त्रियों के मामूली पहनावे का सा न था। वे सिर पर एक

चमकीले लाल रेशम की टोपी लगाती थीं, जिनके ऊपर मोतियों की लड़ें और जवाहरात जड़े रहते थे। कम से कम एक लाख रुपये की हीरों की एक छोटी सी माला उनके कंठ को सुशोभित करती थी। उनकी कंचुकी सामने खुली रहती थी, जिससे उनकी सुडौल और भरी हुई छाती दीख पड़ती थी। वह कंचुकी कमर तक पहुँचती थी और सुनहरे जरीदार कमर पट्टे में बँधी रहती थी। इस कमर पट्टे में दो उत्तम नक्काशीदार दमिश्क की बनी हुई और चाँदी से मढ़ी हुई पिस्तौलें रहती थीं। इन्हीं के साथ एक सुडौल पेश कब्ज भी रहता था, जिसकी तेज नोकें विष में बुझाई गई थीं और जिसका एक छोटा सा घाव भी प्राणघातक होता था। मामूली साड़ी के बदले वे एक ढीला पायजामा पहनती थीं।

जब नदी पार की

बाई साहिबा जितनी अधिक दयालु और उदार थीं, उतनी ही अधिक वे जन सुरक्षा का ध्यान रखतीं थीं। यहाँ तक कि बड़े से बड़ा जोखिम उठाने में भी उन्हें कोई हिचक नहीं होती थीं। वर्षा प्रारम्भ हो चुकी थी, बेतवा वेग से बह रही थी। उन्हीं दिनों बरुआसागर से खबरें आईं कि रावली ग्राम का सागर सिंह अपने गिरोह के आदमियों के साथ कई डाके डाल चुका है। आस-पास का सारा इलाका उसकी कारगुजारियों से अत्यन्त भयभीत और दुखी है। कारोबार करने में भी जनता भारी परेशान है। सन्ध्या होते ही लोग अपने-अपने घर में दुबक जाते हैं। यह समाचार पाते ही बाई साहिबा

झाँसी का दुर्ग

झाँसी दुर्ग मुख्य द्वार

झाँसी दुर्ग मुख्य द्वार

ने तोपची खुदाबख्श के नेतृत्व में कुछ सैनिकों को उसे पकड़ने के लिए भेजा। खुदाबख्श कुछ सैनिकों के साथ बरुआसागर पहुँच गए। डाकू सागर सिंह से पास के ही जंगल में सामना होने पर मुठभेड़ में खुदाबख्श घायल हो गया और सागर सिंह उसके हाथ से निकल गया।

बाई साहिबा को जब पता चला कि खुदाबख्श घायल होकर बरुआसागर दुर्ग में है और अपने घावों के ठीक हो जाने पर सागर सिंह को गिरफ्तार करने के लिए उसके घर पर धावा बोलेगा तो बाई साहिबा ने अपनी सहेलियों—सुन्दर, मुन्दर और काशीबाई के साथ प्राणों की परवाह किए बिना घोड़ों को पानी में उतार दिया। फिर सहेलियों सहित नदी पार कर किले में पहुँच गईं जहाँ खुदाबख्श घायलावस्था में पड़ा हुआ था। पहले बाई साहिबा ने उसे ढाँढस बँधाया और उसके उपचार की व्यवस्था की।

लोगों ने बताया कि डाकू सागर सिंह रावली के घने जंगल के मध्य घर में रहा करता है। बाई साहिबा ने अपनी सहेलियों के साथ उसके घर को घेर लिया। बाई साहिबा को देख वह घर से निकलकर जंगल की ओर भागा परन्तु उसे घेरकर पकड़ लिया गया। बाई साहिबा के तेजस्वी रूप को देख उसने अपने डाकेजनी कार्यों के लिए माफी माँगते हुए कहा कि सजा कि रूप में फाँसी न देकर मुझे गोली से उड़ा दिया जाए। बाई साहिबा ने उसे क्षमा कर सेना में नियुक्त कर दिया। डाकू से सैनिक बने कुँवर सागर सिंह ने अंग्रेजों की तोपों का खण्डेराव गेट पर मुकाबला करते हुए झाँसी की रक्षा के लिए प्राण न्योछावर कर दिए। बाई साहिबा सदैव जन जीवन की रक्षा व वीरों के सम्मान के लिए प्राणों की परवाह किए बिना तत्पर रहा करती थीं।

सदाशिवराव को बन्दी बनाया जाना

राजा गंगाधर राव के निधन के बाद बाई साहिबा ने राज्य प्रबन्ध अपने हाथ में लेते ही व्यवस्था बनाए रखने के लिए राजकार्य का विभाजन कर दिया व पदाधिकारों को नियुक्त कर दिया। डॉ. वृन्दावनलाल वर्मा ने 'झाँसी की रानी लक्ष्मीबाई' में लिखा—लक्ष्मणराव प्रधान मंत्री, तोपें ढालने वाला भाऊ, प्रधान सेनापति जवाहर सिंह, पैदल सेना के लिए कर्नल—एक दीवान रघुनाथ सिंह, दूसरा मुहम्मद जमा खाँ, तीसरा खुदाबख्श, घुड़सवारों की प्रधान स्वयं रानी, कर्नल—सुन्दर, मुन्दर और काशीबाई, तोपखाने का प्रधान गुलाम गौस खाँ, नायब दीवान दूल्हाजू, न्यायाधीश नाना भोपटकर, मोरोपन्त कमठाने के प्रधान, जासूसी विभाग मोतीबाई के हाथ में, और नायब—जूही।

राज्य कर्मचारी रानी साहिबा का आदेश पाते ही अपने-अपने काम को अंजाम देने लगे। विद्रोहियों के बाहर चले जाने पर राज्य का वातावरण सामान्य होने लगा। परिस्थितियों का नाजायज लाभ उठाते हुए खानदेश के निवासी सदाशिवराव नारायण

ने स्वयं को राजा का वंशधर बताते हुए अपना दावा पेश किया। मालकम ने उसके दावे को 31 दिसम्बर, 1853 को गर्वनर जनरल के पास अपनी सिफारिशी चिट्ठी के साथ भेजा, जिसमें लिखा था—यदि स्वर्गीय राजा के पूर्वजों में किसी उत्तराधिकारी के अधिकार को मान्यता दी जाएगी तो यह प्रार्थी उसका सबसे निकट सम्बन्धी है, जो झाँसी के राज सिंहासन को प्राप्त करने का अधिकारी हो सकता है।

बाई साहिबा राजा के निधन के बाद से ही अंग्रेज सरकार को अपने पुत्र को उत्तराधिकारी बनाने के लिए अनेक पूर्व सन्धि-पत्रों का हवाला देते हुए प्रार्थना पत्र प्रस्तुत कर चुकी थीं, किन्तु वह रानी को अंग्रेजी शासन का हितैषी नहीं मानते थे। इसलिए अंग्रेजी शासन ने पूर्व में की गई सन्धियों की उपेक्षा कर 27 फरवरी, 1854 को झाँसी को अंग्रेजी राज्य में मिलाने की घोषणा कर बुन्देलखण्ड के राजनीतिक अभिकर्ता मालकम को सूचना भेज दी। विलय की सूचना मिलते ही उसने यह सूचना झाँसी के राजनीतिक अभिकर्ता एलिस को भेज दी, जिसने 7 मार्च, 1854 को घोषणा कर दी कि—'झाँसी राज्य की प्रजा ध्यान दे कि भविष्य में वह अंग्रेजी राज्य के अधीन रहेगी और अपने सभी कर आदि सरकार के प्रतिनिधि मेजर एलिस को देगी।'

एलिस द्वारा झाँसी विलय की घोषणा होते ही रानी ने क्रोधित हो कहा—'मैं झाँसी नहीं दूँगी'। और अंग्रेजों के विरुद्ध युद्ध की तैयारी में जुट गईं। सदाशिवराव उन दिनों झाँसी में ही निवास करता था। 31 मई को कुछ होने वाला है, इसकी खबर उसे लग गई तो उथल-पुथल की परिस्थिति का लाभ उठाने के लिए उसने परेला से तीन हजार सैनिक लेकर झाँसी के अधीन करैरा दुर्ग पर अपना आधिपत्य जमा लिया। करैरा में थानेदार और तहसीलदार नियुक्त थे। उनको सदाशिवराव ने मार भगाया और आस-पास के जागीरदारों से रुपया वसूल कर महाराजा की पदवी ग्रहण कर ली। जिन जागीरदारों ने उसे महाराजा स्वीकार नहीं किया, सैनिक बल के आधार पर उसने उनकी जागीरदारी समाप्त कर दी।

सदाशिवराव के करैरा दुर्ग पर अधिकार किए जाने की सूचना जासूसी विभाग की प्रमुख मोतीबाई ने 13 जून की रात को रानी को जैसे ही दी, रानी तुरन्त घुड़सवार सैनिकों को लेकर करैरा पहुँच गईं। उन्होंने करैरा किले को चारों तरफ से घेर लिया। रानी के बहादुर सैनिकों से किले को घिरा देख सदाशिवराव बिना युद्ध किए हुए नरवर भाग गया, परन्तु रानी ने नरवर दुर्ग को घेर कर सदाशिवराव को पकड़ लिया और उसे झाँसी दुर्ग में कैदी के रूप में बन्द कर दिया।

रानी का निर्णायक युद्ध

कालपी पर अंग्रेजों का आधिपत्य हो जाने पर लक्ष्मीबाई, राव साहब किसी प्रकार ग्वालियर से 75 किलोमीटर दूर गोपालपुरा गाँव पहुँच गए। समाचार मिलते ही तात्या और बाँदा के नवाब भी गोपालपुरा पहुँच गए। अंग्रेजों से बचने का केवल एक ही

रास्ता था कि पुन: उनसे युद्ध किया जाए। इस विषय पर विचार कर युद्ध की रणनीति तैयार की गई। रानी का सुझाव था कि अंग्रेजों से सफलतापूर्वक युद्ध के लिए ग्वालियर दुर्ग पर आधिपत्य जमाया जाए। उस समय ग्वालियर जयाजी राव के अधीन था जो स्वातंत्र्य-सैनिकों को दबाने के लिए हर प्रकार से धन और सैनिकों से अंग्रेजों की सहायता किया करता था। उसे किस प्रकार अंग्रेजों के विरुद्ध किया जाए, इस पर गहन चिन्तन कर रणनीति निर्धारित की गई।

यद्यपि दिल्ली में 1857 में अंग्रेजों के खिलाफ युद्ध छिड़ जाने से उसकी लपटों ने ग्वालियर के सैनिकों को भी अंग्रेजों के विरुद्ध स्वतंत्रता प्राप्ति के लिए उत्प्रेरित कर दिया था। परिणामत: 14 जून, 1857 को ग्वालियर की कान्टीजेंट सेना ने छावनी में विद्रोह कर आग लगा दी, जिसमें बहुत से सैनिक और अधिकारियों को प्राण देने पड़े, परन्तु किसी प्रकार जयाजी राव और उसके चतुर मंत्री सलाहकार दिनकर राव के समझाने पर भड़की हुई सेना शान्त सी हो गई, परन्तु उनके मन में स्वतंत्रता की आग अन्दर ही अन्दर सुलगती रही जो समय पाकर प्रज्वलित हो गई।

कालपी छोड़ने के बाद रानी, बाँदा के नवाब और तात्या टोपे की रणनीति के तहत 28 मई, 1858 को राव साहब आमन गाँव (ग्वालियर के निकट) इस आशय से पहुँचे कि उन्हें जयाजी राव से अंग्रेजों के विरुद्ध सैनिक सहायता मिलेगी, लेकिन सहायता मिलने के स्थान पर जयाजी राव के चार सौ पैदल और डेढ़ सौ घुड़सवार सैनिकों ने उन्हें आगे बढ़ने से रोक दिया, लेकिन तात्या टोपे ने उन सैनिकों को समझाया व उनमें देशभक्ति व स्वातंत्र्य संघर्ष का मंत्र फूँककर उन्हें आजादी के मार्ग का रोड़ा न बनने के लिए प्रोत्साहित किया। नतीजतन राव साहब बिना संघर्ष के ही बढ़ गए और 30 मई, 1858 को पेशवा की सेना बड़ागाँव पहुँच गई। अब क्या था पेशवा ने पूरी तैयारी के साथ मुरार छावनी में पड़ाव डाल दिया। जयाजी राव के दिनकर राव और अन्य सरदारों ने थोड़ा सा युद्ध किया, परन्तु वे रानी की वीरता के सामने टिक न सके और पराजित होकर आगरा भाग गए। ग्वालियर पर पेशवा का अधिकार हो गया।

3 जून को फूलबाग में दरबार हुआ, जिसमें सभी सेनाओं के अधिकारी व दरबारी सम्मिलित हुए। पेशवा का राज्याभिषेक किया गया और उपहार भेंट किए गए। तात्या टोपे को सेनापति घोषित किया गया। सिंहासन पर आरूढ़ होते ही राव साहब मौज-मस्ती में दिन गुजारने लगे। रानी चाहती थीं कि पेशवा जीत को स्थायी करने के लिए सेना को सुसज्जित करें और अनुशासन की ओर ध्यान दें, परन्तु वे दायित्व और कर्तव्य से च्युत होकर रंगरेलियाँ मनाने में ही मग्न रहे। पन्द्रह दिन पश्चात् अंग्रेजों ने विशाल फौज के साथ ग्वालियर पर हमला किया। उसका सामना करने के लिए रानी फिर से डट गईं। पूर्व दिशा के द्वार की रक्षा का भार उन्हें सौंपा गया था। अंग्रेजों की ओर से इस मोर्चे का दायित्व जनरल स्मिथ पर था। रानी और उनकी सैनिक सहेलियाँ काशी और मुन्दर घोड़े पर सवार हुईं। स्मिथ ने रानी के

मोर्चे पर अनेक बार हमले किए, परन्तु उसकी दाल नहीं गली तो उसने अपना मोर्चा दूसरी ओर मोड़ा। मुन्दर घोड़े पर सवार होकर एक टीले पर स्मिथ की सेना की निगरानी कर रही थी। मेक्सफर्सन के अनुसार, अचानक उस पर तलवार का वार हुआ तो 'बाई साहिबा मरी' यह उसके मुख से निकला। उसकी करुण पुकार से रानी का हृदय विदीर्ण हो गया। अपने प्राणों की परवाह न कर रानी ने मुन्दर के हत्यारे पर वार कर उसे मौत के घाट उतार दिया। फिर वे तेजी से आगे बढ़ीं। रानी का घोड़ा मुरार ग्वालियर मार्ग के मोड़ पर नाला आ जाने से रुक गया। इतने में ही अंग्रेज सिपाहियों की ओर से गोलियाँ दागी गईं। एक गोली रानी की बगल में लगी। रानी घायल शेरनी की भाँति ऐसे युद्ध करती रहीं कि उनकी एक आँख भी जाती रही। गुल मुहम्मद, रघुनाथ सिंह और देशमुख रानी को पास ही में स्थित बाबा गंगादास की कुटी में ले गए। वहाँ चिता बनाई गई। रानी ने उस पर बैठकर स्वयं अग्नि प्रज्वलित की। इस प्रकार क्रान्ति की अधिष्ठात्री रानी लक्ष्मीबाई ने 18 जून, 1858 को अपना बलिदान कर दिया।

वीर सावरकर के शब्दों में—'रानी लक्ष्मीबाई अपना लक्ष्य पूरा कर गईं। ऐसा एक जीवन सम्पूर्ण राष्ट्र का मुख उज्ज्वल करता है। वह सब गुणों की निचोड़ थीं। एक महिला, जिसने जीवन के 23 वसन्त ही देखे थे, कोमलांगी, मधुर, विशुद्ध, उसके हृदय में देशभक्ति रत्नदीप की तरह प्रकाशवान थी। अपने देश भारत पर उसे गर्व था। युद्ध कौशल में वह अद्वितीय थी। विश्व में शायद ही कोई ऐसा देश होगा, जो ऐसी देवी को अपनी कन्या और रानी कहने का अधिकारी होगा। इंग्लैंड के भाग्य में यह सम्मान अब तक नहीं बदा है। 1857 के स्वातंत्र्य समर पर ज्वालामुखी की यह अन्तिम ज्वाला है।'

वीरांगना लक्ष्मीबाई की वीर सहेलियाँ सुन्दर, मुन्दर और काशीबाई

1857 की जंगे आजादी में वीरांगना लक्ष्मीबाई के कुशल सैन्य संचालन में सभी जातियों और वर्ग के पुरुषों व स्त्रियों ने अंग्रेजों के विरुद्ध लोहा लिया। इस महासमर में पिछड़े लोगों व दलित वर्ग की महिलाओं की समान भागीदारी रही। उनका पराक्रमी, तेजस्वी और निर्मल चरित्र कालचक्र के कारण दब गया है, जिसे उजागर करने की अति आवश्यकता है। प्रस्तुत है ऐसी ही वीर महिला सैनिकों—काशीबाई, सुन्दर और मुन्दर की शौर्यगाथा, जिन्होंने बलशाली अंग्रेजी फौज को मजा चखा दिया था।

कृष्णराव की मृत्यु के पश्चात उनके पुत्र रामचन्द्र राव झाँसी के हकदार हुए, लेकिन नाबालिग होने के कारण शासन-सूत्र उनकी माँ सखूबाई के हाथ में रहा। बालिग होने पर रामचन्द्र राव ने राजा की स्थायी उपाधि पाते ही शासन सूत्र पूरे तौर पर अपने हाथ में ले लिया। सखूबाई को अपने हाथ से शासन-सूत्र निकल जाना बहुत अखरा। शासन-सूत्र को अपने हाथ में बनाए रखने के लिए उसने पुत्र रामचन्द्र

राव को मार डालने के लिए षड्यंत्र रचा, परन्तु उसके षड्यंत्र का पता चलने पर एक मराठा युवक लालू कोदोलकर और मऊ के आनन्दराव ने उसे बचा लिया और वे झाँसी छोड़कर चले गए।

कुछ दिनों बाद इन तीनों के एक-एक लड़की पैदा हई जिनके नाम काशी, मुन्दर और सुन्दर था। इनका पालन-पोषण बड़ी दरिद्रता में हुआ।

लालू कोदोलकर के रिश्तेदारों को पुनः झाँसी बुला लिया गया। काशीबाई जरा छोटे कद की और संगठित शरीर वाली थी। वह गौरवर्ण थी तथा उसकी आँखें बड़ी-बड़ी थीं। उसका स्वर कोमल था। मुन्दर भी गौरवर्ण थी लेकिन जरा लम्बी थी। उसका चेहरा बिल्कुल गोल, आँखें बड़ी-बड़ी परन्तु चंचल और तेज थीं। वह रानी के किले में रहती थी तथा अत्यन्त विश्वासपात्र थी। वह अच्छी घुड़सवार थी और औरतों को घुड़सवारी करना सिखाया करती थी। सुन्दर जैसा नाम था वैसी ही वह सुन्दर थी। शरीर छोटा, रंग हलका साँवला, चेहरा जरा लम्बा, आँखें बड़ी, नाक सीधी, ललाट प्रशस्त और उजला। गोलन्दाजी में अत्यन्त निपुण थी।

गंगाधरराव का विवाह मनु के साथ झाँसी में सम्पन्न हुआ। नगर वाले गणेश मन्दिर में सामन्ती वर पूजा आदि रीतियाँ पूरी की गईं। विवाह की रस्म के बाद अपरिचित तीनों बालिकाएँ जिनका नाम सुन्दर, मुन्दर और काशीबाई थे, उपस्थित हुईं। लक्ष्मीबाई ने उनसे पूछा, 'तुम कौन हो ?' उन्होंने उत्तर दिया, 'हम आपकी दासियाँ हैं, जो सदैव आपके पास रहा करेंगी।' रानी ने उन्हें अपनी सहेलियाँ बना लिया और वे प्रतिदिन अपनी विश्वासपात्र सहेलियों—सुन्दर, मुन्दर और काशीबाई से रात्रि 10 बजे भेंट कर हाल-चाल मालूम किया करती थीं। ये तीनों किले के महल में रानी के साथ रहा करती थीं और रानी के प्रति समर्पित थीं और रानी की आज्ञा का पालन करती हुई मरने के लिए आगे-पीछे नहीं सोचती थीं।

रानी की दासी होने के लिए लड़कियाँ अब्राह्मण जातियों से रंग-रूप के आधार पर चुनी जाती थीं और उनको आजीवन रानी के साथ कुमारी रहना पड़ता था। यदि उनमें से कोई विवाह कर लेतीं तो उसे महल की नौकरी छोड़ना पड़ती थी। लेकिन रानी ने कभी भी उन्हें दासी नहीं माना। उनके साथ सदैव सहेलियों जैसा प्रेमपूर्ण व्यवहार किया। रानी ने तीनों को घुड़सवारी व शस्त्र चलाने में निपुण बना दिया था। सुन्दर घोड़े पर चढ़ना जानती थी, मुन्दर ने तलवार चलाना सीखा था और काशीबाई ने बन्दूक चलाना। इनका साहस और निर्भीकता को देख रानी लक्ष्मीबाई डाकू सागर सिंह को पकड़ने के लिए इन्हें बरुआसागर ले गई थीं। उसे घेरकर कैदी के रूप में झाँसी लाई थीं।

राजा गंगाधर राव की मृत्यु के पश्चात अंग्रेजी हुकूमत ने झाँसी राज्य का विलय अपने शासन में कर लिया। जब यह समाचार सुन्दर, मुन्दर और काशीबाई ने सुना तो वे तीनों अत्यधिक दुखी हुईं और जब वे विश्राम के वक्त रानी लक्ष्मीबाई से भेंट करने गईं तो दुःख के कारण तीनों ने अपने आभूषण उतार दिए। रानी की ये तीनों

सहेलियाँ जहाँ रानी के लिए समर्पित थीं, वहीं वे देशभक्ति और स्वातंत्र्य भावना से भी परिपूर्ण थीं। जब रानी ने उन्हें धैर्य बँधाया कि हमें अपना साहस और धैर्य रखकर अंग्रेजों से अपनी स्वतंत्रता की रक्षा के लिए पूरी तरह तैयार होकर उन्हें मजा चखाना चाहिए तो वे तीनों उत्साह और जोश से भर उठीं और युद्ध के लिए रानी के आदेश की प्रतीक्षा करने लगीं।

अब क्या था, रानी के सैन्य संचालन में रणभेरी बज चुकी थी। खबर पाते ही तात्या भी रानी की मदद के लिए आ पहुँचा। जैसे ही तात्या टोपे रानी की सहायता के लिए आगे बढ़ा कि टोरियों के बीच आते ही तात्या के दस्तों पर अंग्रेजी तोपखाने ने गोले बरसाए। गोले फूटकर तात्या के घुड़सवारों का सत्यानाश कर रहे थे। दस्तों के तितर-बितर होने पर एक ओर काशीबाई और एक ओर जूही हो गई। काशीबाई वाला दस्ता अंग्रेज घुड़सवारों के बीच फँ स गया। पहले पिस्तौलें चलीं फिर तलवारें खींचीं। काशीबाई हर-हर महादेव कहकर शत्रुओं पर पिल पड़ी। अंग्रेज समझे कि झाँसी की रानी है, इसको जिन्दा पकड़ना चाहिए, परन्तु काशीबाई इतनी तेजी से युद्ध कर रही थी कि दो अंग्रेज सवार तो कट गए, परन्तु एक अंग्रेज सवार की तलवार से उसका घोड़ा कट गया। इस पर वह पैदल ही लड़ने लगी और उस बहादुर ने उस अवस्था में ही कई शत्रुओं को घायल कर दिया। इसी बीच काशीबाई के सिर पर एक तलवार पड़ी, लोहे की टोपी के कारण सिर बच गया और कन्धा कट गया, तब भी काशीबाई शिथिल नहीं हुई। फिर उस पर दूसरी तलवार पड़ी जिससे उनका अन्त हो गया। उस समय फिर उसके मुँह से निकला—हर-हर महादेव। इस प्रकार काशीबाई झाँसी के संग्राम में मारी गई।

तात्या टोपे पराजित होकर लौट गया। रानी ने युद्ध के लिए पूरी तैयारी कर रखी थी और ओरछागेट की रक्षा के लिए दुल्हाजू को तैनात कर रखा था। सुन्दर उसके साथ थी, लेकिन दुल्हाजू और पीरअली राज्य में बड़ी जायदाद पाने की लालच में अंग्रेजों से मिल चुके थे। गोरी पल्टनें टिड्डी दल की तरह ओरछा फाटक पहुँचने के लिए दौड़ीं। दुल्हाजू ने फाटक पर लगे सारे ताले और सांकलें तोड़ डालीं। यह देख नंगी तलवारें लिए सुन्दर आ पहुँची। उसने दुल्हाजू से कड़ककर कहा, 'देशद्रोही, नरक के कीड़े तू अंग्रेजों से कुछ नहीं पाएगा।' सुन्दर दुल्हाजू पर पिल पड़ी। दुल्हाजू ने सुन्दर के पेट में छड़ अड़ा दी। सुन्दर के मुँह से हर-हर महादेव निकला था कि एक गोरे की गोली ने सौन्दर्यमयी सुन्दर को अमर बना दिया। जब रानी ने देखा कि अंग्रेज दुल्हाजू के विश्वासघात के कारण ओरछा गेट से शहर में प्रवेश कर रहे हैं, चारों तरफ नागरिकों को मौत के घाट उतारा जा रहा है तो वे अपने विशिष्ट सलाहकारों के परामर्श से 4 अप्रैल, 1858 की मध्यरात्रि को भाण्डेर होती हुई कोंच, कालपी पहुँचीं।

घोर संघर्ष के बाद उन्होंने ग्वालियर किले में अपना आधिपत्य जमा लिया। परन्तु ह्यूरोज उनका पीछा करता हुआ ग्वालियर जा पहुँचा। रानी ने किले से बाहर

निकलकर घोर युद्ध किया। इस युद्ध में रानी की विश्वासपात्र मुन्दर भी साथ थीं। जब रानी युद्ध करते हुए आगे जा रही थीं तभी मुन्दर पर एक अंग्रेज सवार ने पिस्तौल दागी। उसके मुँह से केवल यह शब्द निकले 'बाई साहिबा मैं मरी।'

यह देख बलवान रघुनाथ सिंह फुर्ती के साथ घोड़े से उतरा, अपना साफा फाड़ा मुन्दर के शव को पीठ पर कसा और घोड़े पर सवार होकर आगे बढ़ा। चिता चुनने के बाद लक्ष्मीबाई और मुन्दर के शवों को चिता पर देशमुख ने रख दिया। इस प्रकार रानी की विश्वासपात्र सहेलियाँ सुन्दर, मुन्दर और काशीबाई वीरांगना लक्ष्मीबाई के सैन्य संचालन में अंग्रेजों से युद्ध करते हुए मुल्क की आजादी के लिये कुर्बान हो गईं। उनका यह अमर बलिदान देशवासियों को संबल प्रदान करता रहेगा।

रानी के तोपची गुलाम गौस खाँ की बहादुरी

1857 की जंगे आजादी में झाँसी की रानी वीरांगना लक्ष्मीबाई का अत्यन्त विश्वासी तोपची, जिसने आजादी के प्रतीक झाँसी दुर्ग की बुर्ज से कड़क बिजली जैसे तोप से गोले दाग-दाग कर फिरंगियों की सेना के हौसले पस्त कर बेमिसाल देशभक्ति, शौर्य और साहस का परिचय दिया और शहादत देकर हिन्दुस्तान की आजादी के युद्ध के इतिहास में स्वर्णिम पृष्ठ जोड़ा, उस बलिदानी का नाम है—झाँसी की रानी की सेना का प्रमुख तोपची गुलाम गौस खाँ।

मराठों ने ओरछा राज्य के बहुत से क्षेत्रों पर अपना आधिपत्य स्थापित कर लिया था जिससे ओरछा की 'लड़ई सरकार' झाँसी राज्य से शत्रुता मानती थी और चाहती थी कि कब समय आए, जब वह अपने बैर का बदला चुका सके। राजा गंगाधर राव की मृत्यु के बाद उसे वह मौका मिल गया। उसने रानी लक्ष्मीबाई को असहाय समझ अपने दीवान नत्थे खाँ के नेतृत्व में बड़ी.बड़ी तोपों, सैनिक सामग्री और बीस हजार सैनिकों को झाँसी पर अधिकार जमाने के लिए भेज दिया।

रानी को जब यह समाचार ज्ञात हुआ, वे क्रोध से भभक उठीं और नत्थे खाँ को युद्ध स्थल में सबक सिखाने का इरादा कर युद्ध की तैयारी में प्राणपण से जुट गईं। डॉ. वृन्दावनलाल वर्मा ने रानी के युद्ध की तैयारी के सम्बन्ध में 'झाँसी की रानी' उपन्यास में लिखा है, 'जवाहर सिंह, कर्नल जमा खाँ, भाऊ बख्शी ने कड़क बिजली दक्षिण की ऊँची बुर्ज पर चढ़ा दी। गुलाम गौस खाँ एक बड़ी तोप और कई छोटी तोपें लेकर ओरछे दरवाजे पर पहुँच गया। सब फाटकों की बुर्जों पर तोपें रख दी गईं। जवाहर सिंह की सेना फाटकों और परकोटे के दीवारों के छेदों के पास बन्दूकें लेकर डट गई। रानी युद्ध वेश में तुरन्त घोड़े पर सवार हुई और अपनी तीनों सहेलियों सुन्दर, मुन्दर और काशीबाई को लेकर ओरछे दरवाजे पहुँचीं। फिर गुलाम गौस खाँ को आज्ञा दी—'शत्रु इसी ओर है। गोलों की वर्षा करो।' गुलाम गौस खाँ ने अपनी तोपों से जल्दी-जल्दी दो बाड़ें छोड़ीं।

1857 इतिहासकारों की दृष्टि में

'हिन्दुस्तान के विद्रोह के सम्बन्ध में समस्त यूरोप में केवल एक ही राय होनी चाहिए। विश्व के इतिहास में जितने भी विद्रोहों की चेष्टा की गई है, उनमें यह एक सबसे ज्यादा न्यायपूर्ण, भद्र और आवश्यक विद्रोह है।'

(द रिवोल्ट ऑफ हिन्दुस्तान, ईस्ट इंडिया कम्पनी कोलकाता-पृष्ठ 51)

'भारत के नरेश या तो विद्रोह के उपस्थित अवसर में फायदा नहीं उठा सके या फिर इसका विरोध करने या दबाने में सक्रिय रहे।'

(द इंडियन स्टेट एंड प्रिंसेज)

'भारतीयों का विद्रोह अंग्रेजों द्वारा गरीब किसानों पर ढाए गए जुल्मों तथा सामान्य जनता पर लगाए जा रहे भारी करों के कारण हुआ। कलेक्टरों द्वारा क्रूरतम वसूली भी जन-विद्रोह का प्रमुख कारण रही।'

(द फर्स्ट इंडियन वार ऑफ इंडिपेंडेंट्स 57-59)

'57 की क्रान्ति संसार की पहली साम्राज्य विरोधी, सामन्त विरोधी तथा 20वीं सदी की जनवादी क्रान्तियों की लम्बी और अपूर्ण शृंखला की पहली महत्त्वपूर्ण कड़ी भी है।'

(डॉ. रामविलास शर्मा लिखित 'राज्य क्रान्ति' का पृष्ठ 531)

'वास्तव में जमीन के नीचे ही नीचे जो विस्फोटक मसाला अनेक कारणों से बहुत दिनों से तैयार हो रहा था, उस पर चरबी लगे कारतूसों ने केवल दियासलाई का काम किया है।'

(इतिहासकार 'मैडले')

'1857 के विद्रोह को भारतीय इतिहास में ब्रिटिश शासन के लिए एक बड़ी सीधी तथा व्यापक चुनौती के रूप में देखा जाएगा। इसी कारण यह अर्द्धशताब्दी के बाद आरम्भ होने वाले सच्चे राष्ट्रीय आन्दोलन का प्रेरक बना। ब्रिटिश शासन के हितों को 1857 की स्मृति ने ज्यादा हानि पहुँचाई।'

(इतिहासकार आर. सी. मजूमदार)

'जब कभी देशी रियासतों के प्रमुख सामन्तों ने क्रान्ति 1857 में शामिल होने से इनकार किया तो उन्हीं रियासतों की जनता अनियंत्रित हो गई तथा शामिल न होने पर उसने सम्बन्धित प्रमुख सामन्तों की सत्ता को उखाड़ फेंकने की कोशिश की ताकि वे राष्ट्रीय संग्राम में सम्मिलित हो सकें।'

(वीर सावरकर लिखित स्वतंत्रता संग्राम)

[जानकीशरण वर्मा जी की कृति 1857 की अमर ज्योति-वीरोत्तमा रानी लक्ष्मीबाई और उनकी झाँसी का अंश।]

झाँसी के स्वाभिमान की विरासत सँजोये रानी का राजवंश

(रानी की 6वीं पीढ़ी के कुँवर योगेश अरुण राव जी एवं झाँसी के महाराष्ट्रियन समाज के व अन्य मित्रों से प्राप्त जानकारी के आधार पर)

प्रो. श्रीराम अग्रवाल*
प्रो. प्रतीक अग्रवाल**

'मैं अपनी झाँसी नहीं दूँगी'

के उद्घोष के साथ अंग्रेजों के विरुद्ध सन् 1857 की क्रान्ति का शंख फूँकने वाली, देश के तमाम सम्पन्नतम व शक्तिशाली राजे-महाराजों द्वारा अपनी जायदाद, सम्पत्ति और महल बचाने हेतु, अंग्रेजों की गुलामी स्वीकार करने की अपेक्षा, देश पर मर मिटने की तमन्ना लिए अंग्रेजों को रणभूमि में लोहे के चने चबाने को मजबूर करने वाली, भारत के प्रथम स्वतंत्रता संग्राम की अग्निशिखा, रणचण्डी, झाँसी की महारानी लक्ष्मीबाई ने अन्तिम साँस रहने तक समर्पण करने के स्थान पर, अपने को, देश की आजादी की ज्वाला में झोंककर अपना, अपनी झाँसी के और राष्ट्र के स्वाभिमान को बनाए रखा। 'श्रीमन्त महाराज दामोदर गंगाधर राव नेवालकर जू देव' और पीढ़ी दर पीढ़ी वर्तमान 6वीं पीढ़ी तक, झाँसी के इस राजवंश के लाड़ले रानी से प्राप्त 'स्वाभिमान' की इसी विरासत को सँजोये एक स्वावलम्बी और स्वाभिमानी आम नागरिक की तरह शान्तिपूर्ण प्रसन्नता से अपना जीवनयापन कर रहे हैं। उनकी विभिन्न पीढ़ियों के पूर्वजों ने अंग्रेजी राज्य के दौरान दुर्धर्ष संघर्ष के साथ अभावपूर्ण जीवनयापन किया। अपने को लगभग गुमनामी में रखते हुए रानी की तीसरी व चौथी पीढ़ी के वंशज, क्रमशः श्रीमन्

* प्रो. श्रीराम अग्रवाल, बुन्देलखण्ड विश्वविद्यालय के पूर्व प्रतिकुलपति एवं संस्कृति मंत्रालय, भारत सरकार के सीनियर फैलो हैं।

** प्रो. प्रतीक अग्रवाल, बुन्देलखण्ड विश्वविद्यालय के पर्यटन एवं होटल प्रबन्धन विभाग में आचार्य हैं।

लक्ष्मण दामोदर राव एवं श्रीमन् कृष्ण लक्ष्मण राव, परिवार के लिए गुजर करने लायक आय प्राप्त करने हेतु कोर्ट कचहरियों में स्वतंत्र रूप से टाइपिंग आदि कार्य करते रहे। बदलते हुए जमाने के अनुसार तमाम अभावों में भी, सन्तुष्ट रहकर अगली पीढ़ी के राजकुँवरों को उच्च शिक्षा प्रदान कराई। वे अपनी मेधा और लगन के साथ प्रतिष्ठित शिक्षा संस्थानों से उच्च तकनीकी शिक्षा ग्रहण कर स्वतंत्र भारत की उन सरकारों के संस्थानों में सेवारत हुए जिनकी सरकारें, उनके पूर्वजों के बलिदान के परिणामस्वरूप, स्वतंत्र भारत में सत्ताधीश बन पायीं। रानी की 5वीं पीढ़ी के वंशज श्रीमान् अरुण कृष्ण राव जी म.प्र. विद्युत मण्डल में सहायक इंजीनियर (असिस्टेंट इंजीनियर) पद पर कार्य करते हुए सेवानिवृत्त होकर वर्तमान में अपने पुत्र झाँसी राजवंश की 6वीं पीढ़ी के कुँवर योगेश अरुण राव और उनके परिवार के साथ नागपुर में निवास कर रहे हैं। कुँवर योगेश जी ने उच्च स्तरीय प्रतियोगिताओं में सफलता अर्जित कर प्रतिष्ठित संस्थान से कम्प्यूटर प्रणाली में उच्च स्तरीय तकनीकी डिग्रियाँ हासिल की तथा वे इस समय नागपुर स्थित एक बहुराष्ट्रीय कम्पनी में सॉफ्टवेयर इंजीनियर के रूप में कार्यरत हैं। श्री योगेश जी की छोटी बहन सुश्री गायत्री जी भी एक उच्च तकनीकी शिक्षित सॉफ्टवेयर इंजीनियर हैं तथा वर्तमान में अपने पति व 2 बच्चों के साथ अमरीका के न्यूजर्सी में आवासित हैं।

महाराजाधिराज झाँसी महाराज
श्रीमन्त गंगाधर राव नेवालकर जू देव

अपनी राज-वेश भूषा में

महारानी श्री रानी लक्ष्मीबाई जू देव

अपनी राज वेशभूषा में, सिंहासन आसीन

दूसरी पीढ़ी

श्रीमन्त दामोदर गंगाधर राव 'झाँसी वाले'

15 नवम्बर, 1849-20 मई, 1906
19 नवम्बर, 1853 को झाँसी के युवराज रूप में प्रतिष्ठित

रानी के बलिदान और ग्वालियर में उनके आत्मोसर्गी आत्मदाह के उपरान्त, उनके 7-8 वर्षीय अबोध पुत्र श्रीमन् दामोदर राव का क्या हुआ, इसका किसी को भान नहीं था। सभी ने यह मान लिया था कि झाँसी के इस प्राणांतक स्वतंत्रता संग्राम में, युद्धभूमि में अपनी माँ साब की पीठ पर बँधे इस बालक का बच पाना कैसे सम्भव हो सका होगा। रानी के झाँसी से जाने के बाद लगातार 4 दिन तक चले विजन में अंग्रेजी फौज द्वारा कत्लेआम, लूटपाट, आगजनी की अफरा-तफरी में लोगों को अपनी सुध नहीं थी। 5 मई, 1860 को जिन हालातों में इन्दौर पहुँचाकर, उन्हें संरक्षित किया जा सका, उन हालातों के चलते, श्री दामोदर राव जी और उनके साथ रह रहे रानी के विश्वस्त साथियों ने, लगभग श्री दामोदर राव जी की मृत्यु-1906—तक लगभग अज्ञातवास जैसा जीवन ही व्यतीत करना उचित समझा होगा। बाद में भी उनके पुत्र श्री लक्ष्मण राव जी ने भी कभी किसी से कोई गिला शिकवा नहीं किया। 1956 में कहीं जाकर, सुश्री महाश्वेता देवी जी के अपने उपन्यास में उनसे भेंट का सन्दर्भ मिलता है। इसके पश्चात, 1959 में, श्री वाई.एन. केलकर की मराठी पुस्तक में 'श्रीमन्त महाराज दामोदर जी के कथित स्वलिखित संस्मरण' के रूप में प्रकाशित विवरण से उनके दुर्धर्षपूर्ण बचपन की व्यथा गाथा, स्वतंत्र भारत के लोगों को, सम्भवत: पहली बार जानने को मिली। इस औपन्यासिक विवरण के अनुसार, बाई साब ने देहावसान के पूर्व ही कहीं, 60 सैनिकों, 60 ऊँटों तथा 22 घोड़ों के साथ, दामोदर राव को अपने 7-8 विश्वस्त सरदारों कों कहीं सुरक्षित स्थान पर ले जाने के लिये सौंप दिया था। इन लोगों ने लगभग 2 वर्ष खुले आसमान के नीचे जंगलों में रहते हुए, गाँव वालों और आदिवासियों की रहनुमायी में गुजारी और रसद व आश्रय के लिये उन्हें ऊँट घोड़ों तथा धन के रूप में भारी

कीमत भी चुकानी पड़ी। यहाँ तक कि इन लोगों को माँ साब के 32 तोले सोने के तोड़े भी बेचने पड़े। जैसे-तैसे ये लोग झालारपाटन के स्थानीय पॉलिटिकल एजेंट मि. फ्लिंक तक पहुँचे और उनके समक्ष समर्पण करते हुए उनसे अनुरोध किया कि यह बच्चा किसी को कोई नुकसान कैसे पहुँचा सकता है। इसे जंगलों में जानवरों जैसी जिन्दगी काटनी पड़ रही है। इसकी जिन्दगी बख्श दी जाए। उन्होंने अपने सिफारिशी पत्र के साथ इन्दौर भेज दिया जहाँ 'दयालु अंग्रेज अफसरों' ने उन्हें संरक्षण प्रदान किया। ये कथित संस्मरण भी काफी समय तक आम जनों के संज्ञान के नहीं आये। 1857 की क्रान्ति के 60 वर्षीय आयोजनों के समय इनका अंग्रेजी अनुवाद लोगों के बीच पहुँचा। उसके उपरान्त तो सोशल साइट्स पर, उनमें दिन प्रति दिन नयी नयी बातें जुड़ती चली जा रही हैं।

सुश्री महाश्वेता देवी ने अपने उपन्यास 'झाँसी की रानी' लिखने में बड़ा परिश्रम किया। न केवल उन्होंने विभिन्न अभिलेखागारों से अनेकानेक दस्तावेज/प्रतियाँ प्राप्त कीं अपितु रानी से जुड़े तमाम स्थानों पर भी गईं। उनकी पुस्तक में मात्र 6 ऊंटो का जिक्र आया है जिनकी संख्या शिवपुरी से झालारपाटन जाते समय मात्र 3 रह गई थी। उनके अनुसार झालारपाटन पहुँचकर उनके लोगों को महाराजा पृथ्वीसिंह के माध्यम से वहाँ के स्थानीय पालीटिकल एजेंट से मिलने के लिये नजराने की व्यवस्था करने हेतु रानी के 32 तोले के तोड़े बेचने पड़े। तब एजेंट ने उन लोगों की सुरक्षा हेतु 2 अंग्रेज सिपाहियों के साथ, उन्हें इन्दौर भेजा। इन्दौर में उनके साथ केवल 2-3 लोगों को ही रूकने की इजाजत दी गई। उन्होंने यह भी लिखा है कि दामोदर राव के लिये एक मुश्त रु. 10,000/- तथा रु. 200/- प्रतिमाह का गुजारा भत्ता स्वीकार किया गया जो कि उनकी मृत्यु के बाद रु. 100/- रह गया। स्वतंत्र भारत की उत्तर प्रदेश सरकार ने वह काटकर मात्र 50/- कर दिया। यह भी उल्लेखनीय है कि 1956 में सुश्री महाश्वेता जी ने अपने उपन्याास 'झाँसी की रानी' लिखने के पूर्व श्रीमन् लक्ष्मण राव जी से स्वयं भेंट कर उनसे काफी जानकारी प्राप्त की थी। पर उनके इस उपन्यास में कहीं भी इन कथित संस्मरणों का कोई उल्लेख नहीं है।

परिवार सूत्रों के अनुसार इन कथित संस्मरणों के सम्बन्ध में कभी पूर्वजों ने कोई जिक्र नहीं किया है। एक तो जिस समय रानी के बलिदान के बाद दर बदर होकर जंगलों में भटकते रहे तब दामोदर राव़ जी की आयु 7-8 वर्ष रही होगी। वे जंगलों में छुपते-छुपाते घूम रहे थे तब उनके साथ 7-8 आदमियों से अधिक और बड़ा लाव लश्कर साथ होना-; कथित संस्मरण के अनुसार, 60 सैनिक, 60 ऊँट, 25 घोड़े-कैसे सम्भव रहा होगा। इन कथित संस्मरणों में दी गई इस बात को भी परिवार के लोग स्वीकार नहीं करते कि श्रीमन् दामोदर राव जी ने इन्दौर के पालिटिकल एजेंट के समक्ष समर्पण किया था। (श्रीमन् दामोदर राव जी की आयु तो उस समय मात्र 10-11 वर्ष की ही रही होगी।) हाँ परिवार को इस बात

की जानकारी दी गई है कि इनके साथ रहे 7-8 विश्वस्त संरक्षक, श्रीमन् दामोदर राव जी को लेकर, रानी साहिबा के राज-मित्र झालारपाटन के महाराजा पृथ्वीसिंह के पास पहुँच सके थे और उन्होंने इन लोगों को कुछ समय हेतु अपने किले में अपनी संरक्षा में रखा, क्योंकि झाँसी में ब्रिटिश अधिकारियों तथा सैनिकों की आशातीत जनक्षति होने के कारण, अंग्रेजी फौज के लोग उनके पुत्र की हत्या करने के लिये उन्हें भूखे भेड़ियों की तरह ढूँढ़ते फिर रहे थे। फिर महाराजा पृथ्वीसिंह जी के सिफारिशी पत्र पर इन्दौर के पालिटिकल एजेंट सर हेमिल्टन तथा छावनी के कर्नल रिचमण्ड शेक्सपियर ने उनको इन्दौर में आकर रहने की इजाजत दे दी। अंग्रेजों द्वारा उन्हें संरक्षण दिये जाने का एक कारण तो यह भी रहा कि 1858 में इंग्लैंड की सरकार ने भारत का शासन अपने हाथ में ले लिया था। दूसरे, तब तक रानी की बलिदान गाथा देश के कोने कोने में जाहिर हो चुकी थी। अंग्रेजों को आशंका थी कि कहीं उनके पुत्र के जीवित जनता के बीच पहुँचने से रानी के नाम पर लोगों के मन में फिर किसी विद्रोह की आग न भड़क जाए। इतना ही नहीं अपितु, इस समय तक ब्रिटेन सहित यूरोप के कई देशों में भी रानी की शौर्य गाथा प्रचलित हो चुकी थी। लोग उन्हें एक ऐसी बहादुर महिला के रूप में सम्मान देने लगे थे जिसने बड़े-बड़े राजा-महाराजाओं की तरह, अंग्रेजों के सम्मुख आत्मसमर्पण कर अपना शेष जीवन राजसी ठाठ बाट, सम्पत्ति व बड़े-बड़े तमगों के साथ व्यतीत करने की अपेक्षा, सीमित सैनिक बल परन्तु अपार स्वाभिमान बल के साथ, स्वयं रणवेश धारणकर अपनी ममता को सुरक्षित अपनी पीठ पर बाँधकर, दोनों हाथों में तलवार लेकर रणभूमि में दुश्मन को मारती काटती, दुश्मन की घेराबन्दी से सुरक्षित निकलकर, स्वयं जीवनदाह के साथ आत्मोसर्ग कर दिया। कहा जाता है कि उनके सम्मान में स्थानीय ब्रिटिश रेजीमेंट के सैनिकों के लाल कोट के बटन पर रानी लक्ष्मीबाई की मूर्ति उकेरी जाने लगी थी।

इन्दौर में संरक्षण प्राप्त करके समय श्रीमन् दामोदर राव जी की आयु 10-11 वर्ष रही होगी। इस समय केवल 7 लोग उनके साथ थे। उनके पास अपनी माँ के कोई भी आभूषण या धन नहीं बचा था। अंग्रेजों द्वारा उन्हें अंग्रेजी, उर्दू तथा मराठी पढ़ाने हेतु, कदाचित् मुंशी धरमनारायण नामक, एक काश्मीरी शिक्षक को भी तैनात किया गया था तथा इनके व्यय हेतु रु. 10000/- प्रतिवर्ष की सम्मान राशि निर्धारित कर दी गई थी, जो कि श्री लक्ष्मण राव के समय मात्र 200/- प्रति माह व श्री कृष्ण राव के समय मात्र 100/- कर दी गई थी। बाद में यह पूरी तरह यह बन्द कर दी गई। तथापि अंग्रेजों ने जो वायदा किया था कि रानी के सभी आभूषण तथा झाँसी महल से लूटी गई सम्पत्ति तथा महाराजा गंगाधर राव जी के 7 लाख रुपये दामोदर राव के बालिग होने पर लौटा दिया जाएगा, (जिसका उल्लेख बताते हैं कि ब्रिटिश म्यूजियम में रखी ब्लू बुक में सुरिक्षत है) उससे वे पूरी तरह मुकर गये और उनके बालिग होने पर उन्हें कुछ भी नहीं लौटाया गया।

इन्दौर में संरक्षण प्राप्त करने के पश्चात, उनका पूरा जीवन अंग्रेजों की सैनिक छावनी में उनको दिये गये मकान में, अंग्रेज गुप्तचरों की कड़ी निगरानी में बीता। उनके प्रत्येक क्रियाकलाप तथा उनसे मिलने वालों की अंग्रेज एजेंट बहादुर को रिपोर्टिंग की जाती थी। तब ऐसे में कब उनके द्वारा संस्मरण लिखे गये और कैसे अंग्रेजों की नजर से बचकर वे कहाँ पहुँच गये। कहाँ किस पुस्तकालय अथवा संग्रहालय में वे सुरक्षित हैं, इसके सम्बन्ध में कथित संस्मरणों से कुछ भी स्पष्ट नहीं है। चूंकि श्रीमन दामोदर राव जी की मृत्यु (1906) के समय उनके पुत्र श्रीमन् लक्ष्मण राव जी लगभग 27 वर्ष के हो चुके थे, तथा उनकी मृत्यु (1959) के समय उनके पुत्र श्रीमन् कृष्णराव जी लगभग 50 वर्ष की आयु के थे और उनकी मृत्यु (1967) के समय रानी के 5वीं पीढ़ी के वर्तमान में विद्यमान वंशज श्रीमन् अरुण राव जी की आयु लगभग 22 वर्ष की थी। ऐसे में परिवार वालों का मानना है कि यदि श्रीमन् दामोदर राव जी ने कोई संस्मरण लिखे होते तो वे अपने पुत्र और फिर पीढ़ी दर पीढ़ी यह जानकारी अभी तक वंशधरों को ठीक उसी प्रकार उपलब्ध रहती, जिस प्रकार वे परिवार में पीढ़ी दर पीढ़ी से उपलब्ध रानी के युद्ध वेश वाले चित्र के लिए विश्वासपूर्वक कहते हैं कि यह चित्र रानी जी के पुत्र श्रीमन् दामोदर राव द्वारा स्वयं बनाया गया था।

ऐसे में यह अवश्य सम्भव है कि उनके साथ रहे किन्हीं साथी संरक्षक ने इस सम्बन्ध में कहीं चर्चा की हो और वही आधी अधूरी सूचनाएं, आगे जाकर साहित्यिक और ऐतिहासिक लेखकों की कलम से घटती बढ़ती, कथित रूप से संस्मरण के नाम से उल्लिखित की जाने लगी हों।

महारानी लक्ष्मीबाई का युद्ध वेश में यह चित्र (पेंटिंग) उनके परिवार में अभी तक सुरक्षित है। जिसे पीढ़ी दर पीढ़ी बताया गया है कि यह चित्र रानी के पुत्र श्रीमन्त दामोदर राव जी के द्वारा स्वयं बनाया गया था। यह सभी को विदित है कि श्रीमन्त दामोदर

''मैं अपनी झाँसी नहीं दूँगी''

रणवेश में वीरोत्तमा रानी

चित्र (पेंटिंग) रानी के पुत्र श्रीमन्त दामोदर राव जी की कुशल तूलिका से निर्मित है तथा गत 5 पीढियों से अभी भी परिवार के पास सुरक्षित धरोहर है।

राव जी बहुत ही कुशल चित्रकार थे तथा उन्हें फोटोग्राफी का भी शौक था। इस सम्बन्ध में कतिपय शंकायें व्यक्त की गई क्योंकि उस पर उनके हस्ताक्षर नहीं हैं, जो कि निराधार हैं। कारण कि वे व्यवसायिक चित्रकार नहीं थे और उन्होंने अपनी माँ का चित्र अपनी याददाश्त के चलते बनाया था और वे हस्ताक्षर करने से चित्र की पृष्ठभूमि, को खंडित नहीं करना चाहते रहे होंगे।

सुश्री महाश्वेता देवी की कृति ''झाँसी की रानी'' में वर्णित 'एक श्रुति' के अनुसार 1861, में झाँसी से कोई चित्रकार इन्दौर आया था। इन्दौर के धनी सरदार कि वे तथा सरदार बालिया के अनुरोध पर उसने 'सिर पर साफा बाँधे ढाल और तलवार हाथ में लिये' एक चित्र बनाया था। कहा जाता है कि इस चित्र के नीचे जहाँ चित्रकार का परिचय लिखा था उसका कुछ भाग दीमक ने खा लिया। अत: सरदार बालिया ने चित्र का वह भाग काटकर फेंक दिया गया तथा चित्र को सुरक्षित रूप में फ्रेम करवा दिया। कालान्तर में 1928 में, श्रीयुत् चिन्तामणि ताम्बे के साले श्री विनायक मुले को इसकी जानकारी मिली। 1929 में जब उनके पुत्र श्री गोविन्दराम जी को इस बात का पता चलता है तो उनके अनुरोध पर सरदार बालिया ने ताम्बे परिवार को यह चित्र दे दिया। उन्होंने अत्यन्त समारोहपूर्वक इस चित्र को अपने घर में स्थापित किया। परन्तु 1930 में सरदार बलिया साहब ने उस चित्र को वापस

तीसरी पीढ़ी

श्रीमन् लक्ष्मण दामोदर राव 'झाँसी वाले'

23 अक्टूबर 1879 - 04 मई 1959

चौथी पीढ़ी

श्रीमन् कृष्ण लक्ष्मण राव 'झाँसी वाले'

15 जून 1909-21 अगस्त 1967

ले लिया। तब ताम्बे परिवार ने उसकी एक हूबहू अनुकृति किन्हीं चित्रकार से बनवायी। श्री दामोदर राव जी स्वयं एक कुशल चित्रकार थे। हो सकता है कि उन्होंने भी सरदार बालिया से वह चित्र प्राप्त कर स्वयं उसकी हूबहू अनुकृति बनायी हो। यह चित्र उनके पुत्र श्रीमन् लक्ष्मण राव के समय से ही, पीढ़ी दर पीढ़ी हस्तांतरित होकर उनके परिवार के पास सुरक्षित है। वास्तविकता यही है कि परिवार के पास सुरक्षित यह चित्र, श्रीमन्त दामोदर राव जी के द्वारा ही बनाया गया मूल चित्र अथवा उनके द्वारा ही बनायी गई अनुकृति है।

प्राप्त जानकारी के अनुसार, झाँसी की रानी की जीवनी व इतिहास की कुछ प्रचलित पुस्तकों में, रानी के वंशजों के चित्रों में जो चित्र श्री लक्ष्मण राव का बताया गया है वह वास्तव में चौथी पीढ़ी के श्री कृष्णराव जी का है तथा जो चित्र किन्हीं विश्वासराव का बताया गया है वह वास्तव में तीसरी पीढ़ी के श्री लक्ष्मण राव जी का है। बताया गया है कि श्रीमन्त महाराजा दामोदर गंगाधर राव जी की वंश परम्परा में विश्वासराव नाम के कोई पूर्वज नहीं थे।

श्रीमन् लक्ष्मणराव जी का जीवन अति अल्प आय में गुजरा। लक्ष्मण राव जी को मिलने वाली सम्मान राशि भी कम करके मात्र रु. 200/- प्रतिमाह कर दी गई। उन्होंने इन्दौर की जिला जजी के प्रांगण में निजी तौर पर टाइपिस्ट का कार्य करते हुए, पूर्ण स्वाभिमान एवं आत्मसम्मान के साथ शेष जीवन यापन किया। इन्दौर में अंग्रेजों द्वारा श्रीमन दामोदर राव व उनके साथियों को देने के लिये सुरक्षित छावनी क्षेत्र में जो कोठी दी गई थी वह 1906 में उनकी मृत्यु के पश्चात परिवार से खाली करा ली गई थी। बाद में अब उस कोठी को पहचानना सम्भव नहीं क्योंकि उसे अंग्रेजों ने किसी प्रकार से ऐतिहासिक रूप नहीं लेने दिया। इसके पश्चात श्री लक्ष्मण राव जी अपने परिवार के साथ इमली बाजार स्थिति पीरगली के एक मकान में किराये पर रहने लगे। यह राजवंशी परिवार उसी पुराने व क्रमशः जर्जर हो चुके परिवार में लगभग 70 वर्ष (1975 तक) रहता रहा। 1975 में पत्नी के देहावसान के बाद, श्रीमन कृष्णराव जी अपने पुत्र श्रीमन अरुण राव जी के साथ उनकी पोस्टिंग के स्थानों पर उनके साथ रहते रहे।

श्रीमन लक्ष्मण राव जी के सुपुत्र श्रीमन कृष्णराव झाँसी वालों ने अपना जीवन अपने पिता की भाँति पूर्ण सादगी से व्यतीत किया। उनके पिता की मृत्यु के बाद उन्हें मिलने वाला सम्मान भत्ता, आधा कर मात्र रु. 100/- प्रतिमाह कर दिया गया। वे इन्दौर की प्रसिद्ध हुकुमचन्द कपड़ा मिल में स्टेनो व टाइपिस्ट के रूप में कार्य करते रहे। उन्होंने अपनी अल्प आय में सादगी के साथ जीवन व्यतीत करते हुए अपने पुत्र श्रीमन अरुण राव 'झाँसी वाले' को उच्च तकनीकी शिक्षा प्रदान कराकर वंशानुगत स्वाभिमान एवं स्वालम्बन की परम्परा पर आगे बढ़ाया। परिणामस्वरूप वे मध्य प्रदेश इलैक्ट्रिसिटी बोर्ड में अधिकारी के रूप में कार्य करते हुए उच्च पद से सेवा निवृत्त हुए।

पाँचवी पीढ़ी

श्रीमन अरुण कृष्ण राव

जन्म 1945

झाँसी वाले स्व. श्रीमती वैशाली
पत्नी श्रीमन अरुण राव झाँसी वाले

देहावसान सन 2011

श्रीमन अरुण कृष्णराव झाँसी वाले प्रारम्भ से ही अत्यन्त सरल, सीधे, स्वभाव और मेघा शक्ति वाले रहे। उन्होंने अपनी प्रतियोगी प्रतिभा के बलबूते इन्दौर में ही एक प्रसिद्ध उच्च तकनीकी संस्थान से इलैक्ट्रिक इंजीनियरिंग की शिक्षा ग्रहण की। उनकी नियुक्ति मध्य प्रदेश इलेक्ट्रिसिटी बोर्ड में हो गई। वे म.प्र. में जगह-जगह स्थानान्तरित होते रहे। उन्होंने लगभग 100 वर्ष पुराने उसे पुराने जर्जर होते किराये के मकान को छोड़ दिया तथा 1994 में परिवार सहित इन्दौर के धन्वतरिनगर स्थित अपने निर्मित कराये नये मकान में आ गये। 2003-2004 में असिस्टेंड इंजीनियरिंग के पद से सेवा निवृत्त होने के उपरान्त व 2011 तक अपनी पत्नी श्रीमती वैष्णवी जी के साथ उसी मकान में रहते रहे। परन्तु वैशाली जी के मृत्यु के उपरान्त वे अपने पुत्र कुँ. योगेश राव जी के परिवार के साथ नागपुर में निवास कर रहे हैं। जहाँ श्री योगेश जी बहुराष्ट्रीय कम्पनी में 'साफ्टवेयर इंजीनियर' के रूप में कार्यरत हैं। अभी इन्दौर वाला मकान परिवार के पास सुरक्षित है। वे बताते हैं कि अब हम लोग गाहे-बगाहे तीन-चार माह में समय निकालकर इन्दौर वाले मकान में जाते रहते हैं।

श्री योगेश अरुण राव जी का जन्म 1978 में हुआ था। उनकी अधिकांश शिक्षा इन्दौर में ही सम्पन्न हुई। उन्होंने 2001 में एम. एस.सी. स्टेटिसटिक्स उत्तीर्ण करने के बाद, अध्यापन कार्य करते हुए, साफ्टवेयर इंजीनियरिंग क्वालिटी टेस्टिंग विश्लेषण में अन्तरराष्ट्रीय मानक की शिक्षा भी ग्रहण की। बाद में वे 2005-06 से इन्दौर में ही एक बहुराष्ट्रीय कम्पनी में साफ्टवेयर क्वालिटी विश्लेषक के पद पर कार्य करना

छठवीं पीढ़ी

श्रीमती गायत्री पुत्री श्रीमन अरुण राव, 'झाँसी वाले',

वर्तमान में अपने परिवार के साथ न्यूजर्सी, अमरीका में निवास

प्रारम्भ किया। अपने क्षेत्र में उच्च स्तरीय विशेषज्ञता रहते, वे कई बार विदेशों में भी अपनी सेवाएँ प्रदान कर चुके हैं। वर्तमान में वे नागपुर की एक बहुराष्ट्रीय कम्पनी में उच्च पदासीन होकर अपनी सेवाएँ दे रहे हैं। श्रीमती प्रीति की शिक्षा इन्दौर में ही हुई जहाँ से उन्होंने एम.ए. अर्थशास्त्र तथ एम.काम. की शिक्षा ग्रहण कर कुछ समय एक बहुराष्ट्रीय निजी कम्पनी में काम किया। विवाह के उपरान्त वे कुशल गृह प्रबन्धन के साथ परिवार की देखभाल कर रहीं हैं।

कुँवर योगेश अरुण राव, 'झाँसी वाले'

जन्म 1978

श्रीमती प्रीति पत्नी श्री योगेश, झाँसी वाले'

गृह-प्रबन्धक

कु. योगेशराव जी की छोटी बहन सुश्री गायत्री झाँसी वाले ने अपनी शिक्षा इन्दौर व भोपाल में प्राप्त की। एम.सी.ए. की डिग्री प्राप्त करने के बाद उन्होंने इन्दौर में ही साफ्टवेयर इंजीनियर के रूप में कुछ समय काम किया। विवाहोपरान्त आजकल वे अपने पति तथा दो बच्चों के साथ न्यूजर्सी अमरीका में आवासित हैं तथा वहाँ पर एक प्रख्यात बहुराष्ट्रीय कम्पनी में सॉफ्टवेयर इंजीनियर के रूप में भी कार्यरत हैं।

छठवीं पीढ़ी

कुँ. प्रियेश योगेश राव 'झाँसी वाले'

आयु 7 वर्ष, कक्षा 2 में अध्ययनरत

कुँ. धनिका योगेश राव, 'झाँसी वाले'

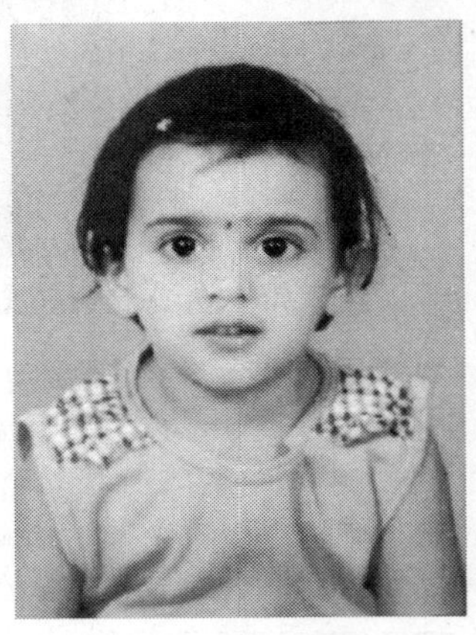

आयु 3 वर्ष नर्सरी में अध्ययनरत

झाँसी के इन राजवंशियों ने न केवल ब्रिटिश सरकार परन्तु स्वतंत्र भारत की वर्तमान सहित अभी तक आयी किन्हीं भी सरकारों के समक्ष कभी भी हाथ पसारकर अपने परिवार के वंशानुगत किले या महलों पर अपना दावा पेश करने का प्रयास तो क्या मंशा भी नहीं रखी। ऐसे में जब स्वतंत्रता पूर्व ब्रिटिश सरकार के समक्ष समर्पण कर, देश की बड़ी-बड़ी रियासतों तथा रजवाड़ों के सम्पन्नतम शासकों ने न केवल अपने राजवंशी सम्मान सूचक अलंकरण अपने नाम के साथ बनाए रखे बल्कि कथित सन्धियों के माध्यम से आत्म समर्पण करते हुए अपने पूर्वजों के खजानों तथा राजमहलों पर भी कब्जा जमाये रखा एवं अपनी रियासती जनता की भावनाओं के बल पर स्वतंत्र भारत की राजनीति में भी वर्चस्व बनाए रहे, झाँसी के इन लाड़ले राजकुमारों ने अपने सभी राजवंशी सम्मान सूचक अलंकरण व उपनामों को त्याग दिया। परन्तु उनके मन में हमेशा एक आन रही कि उनकी आने वाली पीढ़ियां अपनी उन रानी माँ साहब की एक मात्र धरोहर, 'उनके स्वाभिमान' तथा उनकी 'मेरी अपनी झाँसी' को

रानी वंशजों का वर्तमान परिवार छायाचित्र

बांये से पौत्र कुँ. प्रियेश, पुत्र कुँ. योगेश, श्रीमन्त् अरुण कृष्ण राव, पुत्रवधू श्रीमती प्रीति एवं पौत्री कुँ. धनिका, 'झाँसी वाले'

कहीं विस्मृत न कर बैठें, अत: श्रीमन्त महाराज दामोदर गंगाधर राव ने अपने नाम के साथ 'झाँसी वाले' जोड़ दिया। ये 'झाँसी वाले' अपने स्वाभिमान की इस विरासत को न भूले हैं और न इनकी आगे आने वाली पीढ़ियाँ भूल सकेंगी। भले ही झाँसी के रहने वालों ने और इस स्वतंत्र राष्ट्र के नए सामन्तों ने 150 वर्षों तक इनकी सुध न ली हो।

देश के स्वतंत्र होने के बाद, और 1857 के स्वतंत्रता संग्राम में रानी के बलिदान के लगभग 100 साल बाद, जब 1959 में पूना के इतिहास लेखक श्री वाई.एन. केलकर की 'इतिहासाच्या साहली' नामक पुस्तक में श्रीमन् दामोदर राव के नाम से प्रकाशित उनके कथित 'संस्मरण' से यह प्रगट हो गया था कि समर भूमि में रानी की पीठ पर बँधे जिस अबोध बालक को पूरे राष्ट्र ने जीवित न बच सकने की 'सम्भावना' से रानी के वंश को विस्मृत कर दिया था, उनके जीवित बने रहने की पुष्टि हो गई थी। देश के दुर्भाग्य की बात तब रही जब इतनी जानकारी मिलने के बाद भी देश के अपने प्रकार के इस इकलौते दुर्भाग्यपूर्ण राजवंश की सुध न झाँसी वालों को मिली और तब से आज तक की सरकारों ने यह जानने की आवश्यकता नही समझी कि आखिर तमाम दुर्धर्ष संघर्षों के बाद भी प्रबल जीवनी शक्ति के स्वामी इस राजवंश की श्रीमन् दामोदर राव के बाद की पीढ़ियाँ कहाँ और किस हालत में है। श्री लक्ष्मण

राव ने अपनी 1956 की भेंट में महाश्वेता देवी जी को बताया कि एक बार वे भत्ता लेने झाँसी गए। वहाँ झाँसी के किले को बड़ी हसरत से देखते रहे। सम्भवतः उस समय किले की बुर्ज जहाँ से उनकी दादी रानी माँ उनके पिता को साफे से पीठ पर बाँधकर अपनी घोड़ी से कूदी थी। वह अंग्रेजों के गोलों से क्षतिग्रस्त होकर उस समय तक वैसी ही रही होगी। उन्होंने रानी महल को भी बाहर से देखा जहाँ उनके पिता दामोदर राव का (4-8 वर्ष) का बचपन रानी माँ की ममता के साथ खेलते हुए बड़ा हुआ। तब भी स्वतंत्र भारत के किसी राजनेता को यह जानकारी नहीं रही, जब उत्तर प्रदेश सरकार द्वारा लक्ष्मण राव को रु. 50/- की पेंशन निर्धारित की गई। पेंशन बही में पूरा नाम, वर्णन व पेंशन का कारण भी दर्ज रहा होगा परन्तु पेंशन देने वाले अफसरों ने भी यह जानने की कोशिश नहीं की कि रानी लक्ष्मीबाई के पुत्र दामोदर राव का यह पेंशनर वारिस कौन है। उनके लिये वे केवल पेंशनरों की पंक्तियों में खड़े एक 'अन्य पेंशनर' मात्र थे। सम्भवतः इन्हीं सब बातों को अपने सीने में बोझ की तरह ढोते हुए अपनी पहचान बताना तो दूर, उन्होंने पुनः कभी झाँसी आने का मन नहीं बनाया।

अभी लगभग 10-11 वर्षों पूर्व झाँसी के वरिष्ठ पत्रकार श्री मोहन नेपाली, जो कि स्वतंत्र देश में इसी प्रकार के उपेक्षित रहे 'तुम मुझे खून दो मैं तुम्हें आजादी दूँगा' के ब्रिटिश सरकार के कथित घोषित युद्ध अपराधी, राष्ट्र के रणबांकुरे नेता जी सुभाष बोस की कई वर्षों से जयन्ती का निरन्तर आयोजन करते आ रहे हैं, ने अपने निजी सूत्रों से, जान-बूझकर गुमनामी ओढ़े झाँसी के इन स्वाभिमानी राजवंशियों को इन्दौर में ढूँढ निकाला। उसके उपरान्त श्रीमन अरुण राव जी को महाराष्ट्र समाज के निजी व सामाजिक कार्यक्रमों में आमंत्रित भी किया जा चुका है। महाराष्ट्र समाज द्वारा विगत कुछ वर्षों से आयोजित किए जा रहे, रानी के प्रतीकात्मक शोभायात्रा के शहर भ्रमण में जब श्रीमन् अरुणराव जी पारम्परिक राजसी वेशभूषा में बग्घी पर सवार होकर सम्मिलित हुए तो 'झाँसी की प्रजा' रानी की जय-जयकार करते, अपनी रानी के विद्यमान इन ज्येष्ठतम वंशज, अपने 'श्रीमन्त् महाराज अरुण कृष्णराव नेवालकर' 'झाँसी वाले' की एक झलक पाने सड़कों पर उतर आयी थी। इसके अतिरिक्त दिसम्बर 2015 के झाँसी जन समारोह में उनका नागरिक अभिनन्दन भी किया गया था। श्रीमन अरुण राव जी और उनके पुत्र कुँवर योगेश राव जी एवं पूरा परिवार झाँसी की जनता के इस स्नेह व सम्मान से अभिभूत हैं।

यह पूछने पर कि अब जबकि उनका झाँसी की जनता के साथ पुनर्सम्बन्ध हो गया है तो क्या वे लोग कभी यहाँ झाँसी में अपने लोगों के बीच पुनः नहीं बसना चाहेंगे। अचानक सन्नाटे भरे मौन के कुछ क्षणों के बाद, कुँवर योगेश जी ने जैसे एक टीस सी भरी आवाज के साथ कहा कि अब व्यावसायिकता के इस आधुनिक युग में परिवार का लालन-पालन अधिक महत्त्वपूर्ण प्राथमिकता हो गई

श्रीमन् अरुण कृष्ण राव नेवालकर 'झाँसी वाले'

झाँसी में समारोहपूर्वक आयोजित नगर शोभा यात्रा पर।

है उन्हें अथवा भविष्य में आने वाली उनकी पीढ़ियों को जब भी कोई ऐसा उचित समयानुकूल एवं मनोकूल अवसर उपलब्ध होता है, तो निश्चित तौर पर वे 'अपनी झाँसी' रानी की 'मेरी झाँसी' मे अपने लोगों के बीच सम्मानपूर्ण पर स्वावलम्बी जीवन व्यतीत करना चाहेंगे। देखिये यह कब सम्भव होता है। यहाँ के उनके अपने लोग 'मैं अपनी झाँसी नहीं दूँगी' का उद्घोष करने वाली रानी के स्वाभिमान की धरोहर सँजोये, वतन की शान पर खून देने वाले, मिट्टी की आन पर जान छिड़कने, भूखे रहकर भी मान की रक्षा करने वाले रानी के वंशजों, अपने इन लाड़लों की, आँखों पलक बिछाये प्रतीक्षा करेंगे। उन्हें उनकी झाँसी सौंपने के लिये, रानी की 'मेरी झाँसी', रानी के वंशजों को समर्पित करने के लिये। झाँसी की रानी की प्रजा, उस दिन की भी प्रतीक्षा करेगी जब देश की स्वतंत्रता की 72वीं वर्षगाँठ पर जगह-जगह स्वतंत्र भारत का राष्ट्रध्वज फहराकर 'रानी लक्ष्मीबाई अमर रहें'—'रानी तेरा ये बलिदान, याद करेगा हिन्दुस्तान' जैसे नारे लगवाकर, अपनी जय जयकार करवाने

वाले, इन नये सामन्तों और नौकरशाहों को, सम्भवतः यह स्मरण आ जाए कि रानी•के उसी किले पर, कभी एक बार उसी रानी के इन विद्यमान वंशजों के हाथों, स्वतंत्र भारत का यह राष्ट्रीय ध्वज फहरवाकर, अंग्रेजों पर अकेली भारी पड़ी, उस मर्दानी रानी और उनके पौत्र की हसरत पूरी हो सकेगी।

हमारे आपके समय में या कभी तो, वह दिन अवश्य आयेगा।

आभार

— रानी की 5वीं पीढ़ी के श्रीमन्त महाराज अरुण कृष्ण राव झाँसी वाले के पुत्र 6वीं पीढ़ी के कुँवर योगेश अरुण राव झाँसी वाले जो अपने परिवार के साथ वर्तमान में नागपुर में आवासित हैं, से सीधे प्राप्त महत्त्वपूर्ण जानकारी एवं रानी साहिबा की 7वीं पीढ़ी तक के वंशजों के फोटो चित्र तथा विवरण हेतु,

— श्री मोहन नेपाली, झाँसी के वरिष्ठ पत्रकार को उनके द्वारा उपलब्ध कराए गए दस्तावेजों तथा श्री योगेश राव के सम्पर्क सूत्र हेतु,

— श्री अरिन्दम घोष, टाइम्स आफ इंडिया, झाँसी प्लस, के स्थानीय प्रतिनिधि को उनके समाचार पत्र में प्रकाशित, उनके लेख हेतु, तथा,

— महाराष्ट्रियन समाज के पुरोहित श्री गजानन कृष्ण खानवलकर (प्रसिद्ध स्वतंत्रता सेनानी एवं श्री लक्ष्मी व्यायाम मन्दिर के संस्थापक श्रद्धेय अन्नाजी के सुपुत्र), प्रसिद्ध बाल चिकित्सक डॉ. अशोक सक्सेना, श्री सतीश लिखधारी, श्री हितेन खटकावकर, श्री राज टण्डन, श्री मनोज अग्रवाल तथा इतिहास के पी-एच.डी. शोध छात्र श्री शक्ति सक्सेना आदि मित्रों द्वारा तत्परता से प्रदत्त त्वरित जानकारी हेतु, लेखक हृदय से आभारी हैं।

निवेदन

हम न इतिहासकार हैं न इतिहास लेखक। प्रस्तुत लेख में, हमने विभिन्न सूत्रों से मिली निजी एवं लिखित जानकारी को ही, अपने ढंग से प्रस्तुत करने का प्रयास किया। हमारे प्रस्तुतीकरण के इस प्रयास में, यदि कहीं कोई त्रुटि रह गई हो या हो गई हो तो उसका पूर्ण उत्तरदायित्व, हमारा और सिर्फ हमारा है।

सन्दर्भ

— रानी की 6वीं पीढ़ी के कुँवर योगेश अरुण राव जी, से प्राप्त महत्त्वपूर्ण पारिवारिक जानकारी एवं परिवार चित्र।

— सुश्री महाश्वेता देवी जी द्वारा मात्र 26 वर्ष की आयु में रचित प्रथम 'औपन्यासिक इतिहास' कृति 'झाँसी की रानी'—जिसका मूल संस्करण सम्भवतः 1956-58 के मध्य प्रथम बार

बांग्ला भाषा में प्रकाशित हुआ था—का उरई निवासी श्री रमाशंकर द्विवेदी द्वारा हिन्दी में अनूदित संस्करण, 2013-पृष्ठ 7,8,33-34, 271.275, 287-290।

— श्रीमन् लक्ष्मण दामोदर राव जी द्वारा सुश्री महाश्वेता देवी जी को लिखा गया पत्र : "27, Imli Bazar, Indore, 20 January, 1956 – Greatly appreciate your attempt in undertaking this difficult task and wish you all success."–Laxman Rao Jhansiwale, Grandson of Maharani Laxmibai Sahiba...

— श्री वाई.एन. केलकर—'इतिहासाच्या साहली', 1959 प्रकाशित श्रीमन्त महाराज दामोदर के कथित संस्मरण के श्री अक्षय चव्हाण के अंग्रेजी अनुवाद ^* Jhansis Forgotten Child, published in Livehistory India, 18 June, 2017

— श्री अरिन्दम घोष—Ranis Descendants visit their Home Land, in TOI- Jhansi Plus, 03 Jan, 2016.

झाँसी का राजनीतिक इतिहास

पन्नालाल 'असर'*

महारानी लक्ष्मीबाई के कारण वर्तमान काल में झाँसी का जितना महत्त्व है, उतना ही इसका महत्त्व प्राचीन काल में भी था। बुन्देलखण्ड नाम से विख्यात भूभाग यमुना के दक्षिण में सिन्ध, पुष्पावती, दशार्ण तथा कर्णावती के जल से सिंचित और विन्ध्याचल की पर्वत श्रृंखलाओं से सुसज्जित प्राचीन काल में चेदि महाजनपद के नाम से विख्यात था। पुरा पाषाण काल में यह मानव का कर्मस्थल रहा है, ताम्रपाषाण काल के एरच में मिले मृद्‌भांडों के टुकड़ों से यही ज्ञात होता है। वैदिक युग एवं रामायण काल में इसे दंडकारण्य का एक भाग माना जाता था। आर्यों की चेदि शाखा का निवास होने के कारण विन्ध्य का यह भू भाग चेदि राष्ट्र के नाम से प्रसिद्ध हुआ। महाभारत काल में भी चेदि नरेश शिशुपाल का जिक्र आता है।

झाँसी में प्राचीन काल के ऐसे अवशेषों का पता चला है, जिससे पूरे बुन्देलखण्ड का वह इतिहास प्रकाशित हो जाता है जो अभी तक अज्ञात था। झाँसी वर्तमान समय में जिस क्षेत्र में स्थित है, महाजनपद काल में यह क्षेत्र चेदि, चेदिराष्ट्र या चेदि जनपद कहा जाता था जो विन्ध्याचल और यमुना के बीच स्थित था। ऋग्वेद वसुवैद्य की पहचान महाभारत के वसु से की जाती है। शिशुपाल चेदि का शासक कहा गया है और इसकी राजधानी मध्य प्रदेश में गुना जिले में स्थित चन्देरी बताई जाती है। नल की पत्नी दमयन्ती ने चेदि शासक सुबाहु के राज्य में दो दिन बिताए थे। ऐतिहासिक काल में चेदियों के शासक की शाखा उड़ीसा में भी ज्ञात होती है, जिसका पता खारवेल के हाथीगुम्फा अभिलेख से चलता है। इस क्षेत्र के चतुर्दिक साँची (विदिशा), रूपनाथ (जबलपुर), कौशाम्बी (इलाहाबाद) और गुजरा (दतिया) से मिलने वाले अशोक के अभिलेखों के आधार पर पता चलता है कि अशोक के समय में यह क्षेत्र मौर्य साम्राज्य के अन्तर्गत था। मौर्य साम्राज्य के अन्तिम सम्राट वृहद्रथ की हत्या के बाद यह क्षेत्र सेनापति पुष्यमित्र के अधिकार में चला गया था। कालिदास के 'मालविकाग्निमित्र' नाटक के अनुसार पुष्यमित्र का पुत्र अग्निमित्र विदिशा का शासक

---

* बुन्देली लोक तथा संस्कृति के अध्येता, सुकवि-लेखक।

था। वहाँ से वह इस क्षेत्र पर भी शासन कर रहा था। यह स्थिति ईसापूर्व दूसरी शताब्दी की थी, लेकिन ईसापूर्व दूसरी शताब्दी के एक नवीन शासक मृगमुख के कुछ सिक्के झाँसी जिले की गरौठा तहसील के अन्तर्गत बेतवा नदी के दाहिने किनारे पर स्थित एरच से प्राप्त हुए हैं। यहीं पर लगभग पहली शताब्दी ईसापूर्व के शासक दाममित्र के ईष्टिका अभिलेख पाए गए हैं, जिनमें ब्राह्मी लिपि में 'रञो बंबकिस दाममितस पोंडरीक' अंकित है। इसी शासक के ईष्टिका अभिलेख यमुना नदी के बाएँ किनारे पर स्थित मूसानगर (कानपुर देहात) से भी मिले हैं, जिस पर 'बंबके अश्व वतायनी पुतसमितस अश्वमेध' अंकित है। इससे पता चलता है कि ईसापूर्व पहली शताब्दी में बैम्बिक वंश का दाममित्र एक ऐसा शासक था जिसने दो प्रकार के यज्ञ—अश्वमेध एवं पौंडरीक यज्ञ किए थे। पौंडरीक यज्ञ की यह प्रथम अभिलेखीय सूचना है।

लगभग पहली-दूसरी शताब्दी के कुछ अन्य ईष्टिका अभिलेख एरच से मिले हैं, जिनमें 3 पंक्तियों का लेख है—सिद्धं सेनापतेः शतानीकस्य प्रपौत्रेण सेनापतेः अदितमित्रस्य पौत्रेय सेनापतेः दशापर्णधिपतेः मूलमित्रस्य पुत्रेण सेनापतिन दशार्पेश्वरेण वासिष्ठीपुत्रेण अषाढ़मित्रेण पुष्कारिणी खानिता।

इस प्रकार इस अभिलेख से शतानीक के राजवंश की सूचना प्राप्त होती है जिसमें चार सदस्य हैं—शतानीक, अदितमित्र, मूलमित्र और अषाढ़मित्र। इस अभिलेख में मूलमित्र और अषाढ़मित्र को दशार्णाधिपति और दशार्णेश्वर कहा गया है, जिससे पता चलता है कि ये दशार्णाधिपति एरच के शासक थे। इस सन्दर्भ में उल्लेखनीय है कि महाकवि कालिदास ने अपने ग्रन्थ 'मेघदूत' में विदिशा को दशार्ण की राजधानी बताया है, लेकिन एरच के अभिलेखों के आधार पर विदिशा के स्थान पर एरच दशार्ण की राजधानी ज्ञात होती है। ऐसी स्थिति में पता चलता है कि ईसापूर्व दूसरी शताब्दी के बाद विदिशा का पराभव प्रारम्भ हो गया था तथा एरच दशार्ण की राजधानी के रूप में प्रतिष्ठित हो गई थी। इस प्रकार झाँसी जिले का एरच इस क्षेत्र का सबसे महत्त्वपूर्ण स्थल ज्ञात होता है, जहाँ से पाषाण काल से लेकर अब तक के अवशेष प्राप्त होते हैं।

उल्लेखनीय है कि एरच अभिलेख में अषाढ़मित्र के बाद इस क्षेत्र के पूर्वी भाग पर कौशाम्बी के मघों एवं पश्चिमी भाग पर पद्मावती के नागों का आधिपत्य हो गया था और यह स्थिति ईसापूर्व लगभग दूसरी शताब्दी की थी। चौथी शताब्दी के मध्य में पद्मावती के गणपति नाग को जब समुद्रगुप्त ने पराजित किया था, तब इस क्षेत्र में गुप्त साम्राज्य का आधिपत्य हो गया था और उसका शासन केन्द्र सागर जिले का एरण बना था। बाद में उत्तर गुप्त शासकों ने भी इस क्षेत्र पर शासन किया।

भवभूति ने झाँसी मंडल के अन्तर्गत कालपी में भगवान कालप्रियनाथ के मन्दिर में आयोजित होने वाले मेले की चर्चा की है, जिसमें उसके नाटकों का

मंचन किया गया था। तदनन्तर इस क्षेत्र पर प्रतिहार एवं चन्देलों ने शासन किया। चन्देलों के काल में पुनः एरच उनका शासन केन्द्र था। मध्य काल के चाँदपुर, ललितपुर, दुधई, सीरौन, बाणपुर, कालिंजर, महोबा, देवगढ़ एवं गैराहा का शिव मन्दिर तथा जरामठ आदि अनेक महत्त्वपूर्ण अवशेष विद्यमान हैं, जो झाँसी क्षेत्र के पुरातात्त्विक, धार्मिक एवं कलात्मक महत्त्व को प्रदर्शित करते हैं। इसके पूर्व के देवगढ़ का गुप्तकालीन दशावतार मन्दिर तथा वाराह मन्दिर एवं कलाकृतियाँ पूरे विश्व में प्रसिद्ध हैं।

ईसापूर्व छठी शताब्दी में चेदि भारत के प्रसिद्ध सोलह महाजनपदों में से एक था। इसी शताब्दी के मध्य में अवन्ति के शासक चंडप्रद्योत ने इस महाजनपद को अपने राज्य में मिला लिया। ईसापूर्व चौथी शताब्दी में अवन्ति के साथ चेदि भी मगध साम्राज्य में विलीन हो गया। नन्दवंश का विनाश कर मगध के सिंहासन पर चन्द्रगुप्त मौर्य विराजमान हुआ। उसके पश्चात् बिम्बसार और फिर अशोक। ईसापूर्व द्वितीय शताब्दी में पुष्यमित्र शुंग ने मौर्यवंश का अन्त कर मगध के सिंहासन पर अधिकार कर लिया। एरच से ही ईसापूर्व प्रथम शताब्दी के ब्राह्मीलिपि लिखे अभिलेख से प्रतीत होता है कि अदितिमित्र इस क्षेत्र का शासक था। इसी से ईसापृर्व द्वितीय शताब्दी से प्रथम शताब्दी ईस्वी तक शासन करने वाले छः राजाओं के विषय में जानकारी प्राप्त होती है जिनके विषय में अन्य किसी स्रोत से ज्ञान प्राप्त नहीं होता। एरच तथा बड़ागाँव से प्राप्त मुद्राएँ प्रमाणित करती हैं कि यहाँ नागवंशियों का भी राज्य रहा होगा। झाँसी जनपद के गजेटियर के पृष्ठ 339 में इस सम्बन्ध में विस्तृत विवरण दिया हुआ है।

चौथी शताब्दी के मध्य समुद्रगुप्त की दिग्विजय के फलस्वरूप यह क्षेत्र गुप्त साम्राज्य का अंग बन गया। छठवीं शताब्दी के प्रथम चरण में हूण नरेश मिहिरकुल ने ग्वालियर तक के विशाल भू भाग को अपने साम्राज्य में मिला लिया था। मालवा के स्वतंत्र शासक यशोवर्मन ने शीघ्र ही मिहिरकुल को पराजित कर इस क्षेत्र को हूणों से मुक्त कर दिया। चीनी यात्री ह्वेनसांग की यात्रा के समय ग्वालियर, मालवा तथा इस भू भाग (बुन्देलखण्ड) पर ब्राह्मण राज्य कर रहे थे। सम्भवतः वे सम्राट हर्षवर्धन के सामन्त थे। उज्जैन के प्रतिहार नरेश नागभट्ट द्वितीय (लगभग 800 ई.–833 ई.) ने कन्नौज पर अधिकार कर उसे अपनी राजधानी बनाया और यह भू भाग प्रतिहार साम्राज्य में विलीन हो गया। नागभट्ट द्वितीय के पौत्र मिहिरभोज के पुत्र महेन्द्र पाल प्रथम (लगभग 855 ई.–915 ई.) के आधिपत्य में यह क्षेत्र था। चन्देल वंश का संस्थापक राजा नन्नुक (लगभग 831ई.–884 ई.) प्रतिहार नरेश नागभट्ट द्वितीय का सामन्त था। नन्नुक के पश्चात् वाक्यपति राजा बना। वाक्यपति के पश्चात् क्रमशः दो पुत्र जय शक्ति एवं विजय शक्ति चन्देल सिंहासन पर विराजमान हुए। जयशक्ति के नाम पर उसका राज्य जैजाकभुक्ति कहलाने लगा क्योंकि जयसिंह को जैजा नाम से भी पुकारा गया। विजय शक्ति के पश्चात्

उसका पुत्र राहिल एवं पौत्र हर्ष चन्देलों का राजा हुआ। हर्ष के पुत्र यशोवर्मन (लगभग 930 ई.-950 ई.) ने चन्देलों की स्वतंत्र सत्ता स्थापित की। झाँसी के रघुनाथ महल के परिसर में कुएँ की खुदाई में प्राप्त सती स्तम्भ व अन्य अभिलेखों से प्रतीत होता है कि बलवन्त नगर के रूप में झाँसी की स्थापना चन्देल काल में हो चुकी थी।

रघुनाथ राव महल

चन्देल नरेश विद्याधर पर महमूद गजनवी ने 1020 ई. एवं 1022 ई. में दो आक्रमण किए परन्तु चन्देल शक्ति अक्षुण्ण बनी रही। मोहम्मद गौरी ने चाहभान नरेश पृथ्वीराज द्वितीय का 1192 में तथा गहड़वल नरेश जयचन्द्र का 1193-94 ई. में अन्त कर दिया। कुतुबउद्दीन ऐबक के नेतृत्व में 1202 ई. में चन्देलों पर आक्रमण किया गया। इसी समय चन्देल नरेश परमर्दि देव की मृत्यु हो गई। कालिंजर दुर्ग में पानी की कमी के कारण चन्देल पराजित हो गए। परमर्दि देव के पुत्र त्रैलोक्यवर्मन ने तुर्कों को पराजित कर अपने राज्य पर पुनः अधिकार कर लिया। इसी समय खंगारों के रूप में एक स्थानीय शक्ति का वर्चस्व हुआ और इसके संस्थापक राजा खेत सिंह ने गढ़कुंडार को अपनी राजधानी बनाया। इस प्रकार झाँसी क्षेत्र पर खंगार शासन स्थापित हो गया। खेतसिंह के पश्चात् खूबसिंह तथा छत्रसाल सिंह और मानसिंह राजा हुए। दिल्ली सुल्तान मुहम्मद तुगलक के साथ युद्ध में मानसिंह मारा गया और स्त्रियों ने जौहर दिखाकर सतीत्व की रक्षा की।

खंगारों के पश्चात् इस क्षेत्र पर बुन्देला सत्ता स्थापित हुई और कालांतर में जैजाकभुक्ति कहलाने वाला क्षेत्र बुन्देलखण्ड कहलाने लगा। प्रारम्भ में बुन्देला शासकों

ने गढ़कुंडार से ही शासन किया। बुन्देला राजा रुद्रप्रताप ने 1538 में बेतवा नदी के तट पर ओरछा नगर की स्थापना की। रुद्रप्रताप के पुत्र भारतीचन्द्र ने 1539 ई. में गढ़कुंडार से हटाकर ओरछा को अपनी राजधानी बनाया। ओरछा नरेश मधुकर शाह की 1592 में मृत्यु के पश्चात् उनका ज्येष्ठ पुत्र रामशाह ओरछा के सिंहासन पर बैठा। अन्य राजपुत्रों को जागीरें प्राप्त हुईं। रामशाह के भाई वीरसिंह को बड़ौनी की जागीर प्राप्त हुई। वीरसिंह को 1606 में ओरछा राज्य के स्थान पर चन्देरी बानपुर की जागीर प्रदान की गई। जब महाराजा वीरसिंह जू देव ओरछा के सिंहासन पर बैठे, उस समय यह राज्य बुन्देली संस्कृति, कला व स्थापत्य का स्वर्णयुग था। वीरसिंह जू देव ने अपने राज्य में विभिन्न स्थलों पर 52 भवनों की नींव डलवाई और ओरछा के जहाँगीर महल, चतुर्भुज मन्दिर, फूलबाग और दतिया के महल का निर्माण कराया। इसके अलावा ओरछा से मात्र 10 किलोमीटर दूर बलवन्त नगर के खँडहरों के मध्य बंगरा पहाड़ी पर दुर्ग शैली के मौजामहल का निर्माण कराया जो ओरछा के अत्यधिक निकट होने के कारण राजधानी की सुरक्षा चौकी के रूप में उपयोगी था और ओरछा से जहाँगीर महल से उसकी झाँई (छाया) दिखने के कारण पहले झाँइसी और फिर झाँसी के रूप में विख्यात हुआ।

प्रातः स्मरणीय रानी लक्ष्मीबाई की पुण्य स्मृति से अविभाज्य रूप से जुड़ी झाँसी की कहानी बुन्देलखण्ड के सर्वाधिक शक्तिशाली और जनप्रिय शासक वीरसिंह देव बुन्देला से शुरू होती है। वीरसिंह देव 1605 ई. से 1627 ई. तक ओरछा के शासक रहे। वे मुगल बादशाह जहाँगीर के अत्यन्त कृपापात्र थे। फिर भी वे मुगलों से सावधान रहते थे। यही कारण है कि उन्होंने अपनी राजधानी ओरछा की रक्षा के लिए तथा उसकी ओर बढ़ते हुए शत्रु से पहले ही मोर्चा लेने के लिए दतिया और ओरछा के बीच एक मजबूत किला बनवाने की आवश्यकता अनुभव की। इसके लिए ओरछा के पश्चिम में लगभग दस मील की दूरी पर एक पहाड़ी चुनी गई। इस पहाड़ी के आस-पास चन्देलों के शासनकाल में कोई छोटी बस्ती रही होगी, जो तब तक उजड़ चुकी थी और आस-पास के अहीर पशुओं को चराया करते थे। इस पहाड़ी को बंगरा पहाड़ी कहा जाता था और उससे कुछ दूर बसे गाँव को लहरगिर्द। वीरसिंह देव ने इसी बंगरा पर एक किला बनवाना शुरू किया। इसका निर्माण कार्य सन् 1613 ई. से 1618 ई. तक चलता रहा। जब किला बनकर तैयार हुआ, तब इसका नाम मंज महल रखा गया और उसकी शरण में बसी बस्ती का नामकरण बलवन्त नगर हो गया।

इस बलवन्त नगर का नाम झाँसी होने के बारे में एक लोकश्रुति है कि जैतपुर का कोई राजा वीरसिंह देव से भेंट करने ओरछा आया। वीरसिंह देव ने ओरछा के अपने महल की सबसे ऊपर की मंजिल पर उसका स्वागत-सत्कार किया। इसी के दौरान हाल में ही बने बलवन्त नगर के किले की चर्चा हो उठी। वीरसिंह देव ने दूर से किले की स्थिति की ओर जैतपुर के राजा का ध्यान आकर्षित किया। राजा ने

नजरें गड़ाकर देखा। दूरी और मौसमी व्यवधान के कारण उसे किला अस्पष्ट सा ही नजर आया। अतएव उसने वीरसिंह देव के पूछने पर कहा कि उसे किले की झाँई-सी ही दिख रही है। झाँई-सी को झाँसी होते देर नहीं लगी और वीरसिंह देव का बलवन्त नगर कालांतर में झाँसी नाम से प्रसिद्ध हो उठा।

झाँसी का इसी नाम से प्रथम ऐतिहासिक उल्लेख सम्राट शाहजहाँ के काल में अब्दुल हमीद लाहौरी के पादशाहनामा में मिलता है। वीरसिंह देव की मृत्यु के पश्चात् उनका उत्तराधिकारी जुझार सिंह ओरछा का राजा था। उसने शाहजहाँ के विरुद्ध 1628 ई. और 1635 ई. में दो बार विद्रोह किया था। पहले विद्रोह में उसने क्षमा याचना कर ली, किन्तु दूसरे विद्रोह में शाहजहाँ का क्रोध भड़क उठा। मुगल सेनाओं ने ओरछा पर आक्रमण कर दिया। तब झाँसी जुझार सिंह के किलेदार बसन्त के अधिकार में थी। ओरछा के साथ झाँसी भी मुगलों के कब्जे में चली गई और मकरमत को झाँसी का किलेदार नियुक्त कर दिया गया। झाँसी और झाँसी का किला तब कितना महत्त्वपूर्ण हो उठा था, इसका पता इससे चलता है कि मुगलों को झाँसी के किले में बहुत सी तोपें, सीसा, बारूद, ढले गोले-गोलियाँ और अस्त्र-शस्त्रों के अलावा लूटपाट में अपार धन मिला था। तोपों में वीरसिंह देव की ढलवाई दस बड़ी तोपें थीं। झाँसी के केवल कुओं से ही मुगलों को चौंतीस लाख रुपये प्राप्त हुए थे। सोना, चाँदी, और रत्नजड़ित आभूषण अलग। इन सबको हाथियों पर लदवा कर आगरा भेज दिया गया था।

ओरछा के जुझार सिंह और उसके पुत्र, पौत्रों के मारे जाने के बाद ओरछा और झाँसी दो वर्ष तक चन्देरी के राजा देवी सिंह के हाथ में रहे और फिर सुप्रसिद्ध चम्पतराय के अल्पकालीन मुगल विरोधी संघर्ष के बाद वीरसिंह देव बुन्देला के तृतीय पुत्र पहाड़ सिंह को सौंप दिए गए। पहाड़ सिंह को सन् 1742 ई. में ओरछा का राजा बना दिया गया। तब से अगले सौ वर्षों तक झाँसी ओरछा के बुन्देला राजाओं के शासन के अन्तर्गत रही।

पन्ना नरेश महाराज छत्रसाल बुन्देला पर 1729 ई. में इलाहाबाद के मुगल सूबेदार मोहम्मद खान बंगस ने आक्रमण किया। वृद्धावस्था और असहायता की स्थिति में छत्रसाल को मराठों की सहायता लेनी पड़ी। पेशवा बाजीराव प्रथम ने बंगरा को परास्त कर बुन्देलखण्ड से भगा दिया। कृतज्ञ छत्रसाल ने मराठा पेशवा बाजीराव प्रथम को अपने राज्य का कुछ भाग उपहार स्वरूप प्रदान किया और इस प्रकार बुन्देलखण्ड में मराठों का प्रवेश हुआ। मराठा अत्यन्त महात्वाकांक्षी थे। महाराजा छत्रसाल की सन् 1731 ई. में मृत्यु के बाद उनके राज्य का तिहाई भाग जब पेशवा बाजीराव को प्राप्त हुआ, तब उसने बुन्देलखण्ड के छत्रसाल द्वारा प्रदत्त प्रदेशों में अपने मराठा सरदारों को नियुक्त करना शुरू कर दिया। इसके साथ ही शेष बुन्देलखण्ड में मराठों का प्रभाव बढ़ चला। मराठा सरदारों ने बुन्देला के राजा-रजवाड़ों को आतंकित कर उनसे 'खंडणी' अथवा राज्य कर वसूल करना शुरू

कर दिया। यह क्रम पेशवा बाजीराव की सन् 1773 ई. में मृत्यु के बाद उसके पुत्र पेशवा बालाजी बाजीराव के काल में और गति पकड़ गया। इस समय ओरछा के राजा पृथ्वी सिंह थे। पेशवा ने आधुनिक सिन्धिया घराने के एक पूर्व पुरुष ज्योतिबा सिन्धिया को पृथ्वी सिंह से 'खंडणी' वसूल करने भेजा। ज्योतिबा उस समय बरुआसागर में था। उसके प्रतिनिधि या वकील झाँसी आ पहुँचे। उन्होंने पृथ्वी सिंह से पिछली सब 'खंडणी' चुका देने की माँग की और न चुकाने पर उसके ऊपर पचास हजार रुपये का जुर्माना ठोंक देने की धमकी दी। पृथ्वी सिंह आखिर था तो ओरछा का राजा ही। उसे ज्योतिबा सिन्धिया और उसके वकीलों का दुर्व्यवहार चुभ गया। उसने उसी रात ज्योतिबा को बरुआसागर में और वकीलों को झाँसी में एक ही धावे में मौत के घाट उतार दिया। इस घटना से उत्तेजित पेशवा ने नारोशंकर को ओरछा के राजा पृथ्वी सिंह बुन्देला को दंडित करने के लिए झाँसी की ओर रवाना कर दिया। नारोशंकर ने 1742 ई. में झाँसी के किले पर कब्जा कर, ओरछा को ध्वस्त कर डाला और पृथ्वी सिंह को बन्दी बना लिया। पेशवा ने क्रोध ठंडा होने पर पृथ्वी सिंह को पुन: ओरछा की गद्दी पर आसीन तो कर दिया, पर ओरछा और दतिया के बुन्देलों पर नियंत्रण रखने की दृष्टि से झाँसी हस्तगत कर ली। इस प्रकार झाँसी का मराठा सूबा निर्मित हुआ और नारोशंकर झाँसी का प्रथम सूबेदार या शासक बना। झाँसी को इस नवीन मराठा राज्य की राजधानी बनाया गया। पेशवा ने नारोशंकर को यहाँ का सूबेदार नियुक्त किया, क्योंकि नारोशंकर झाँसी राज्य का संस्थापक था और उसने इसका सुधार तथा विस्तार किया था। उसने गोसाइयों को भी भूमिदान तथा सुविधाएँ देकर शान्त किया। पन्द्रह वर्ष के अन्तराल में उसने झाँसी को एक सुदृढ़ शक्ति सम्पन्न मराठा राज्य बना दिया।

मराठा राज्य के विस्तार के लिए राव होल्कर ने 1735 ई. में बुन्देलखण्ड पर आक्रमण किया परन्तु ओरछा और दतिया की सम्मिलित सेनाओं ने उसे परास्त कर दिया। परन्तु इसके कारण बड़ी अव्यवस्था फैल गई। झाँसी के किलेदार इन्द्र गिरि गोसाईं ने मोंठ में अपने लिए एक छोटा सा राज्य स्थापित कर लिया जिससे सिद्ध होता है कि गोसाईं झाँसी के प्रशासक थे। कालान्तर में नारोशंकर ने ओरछा और दतिया से भूभाग हथिया कर झाँसी राज्य की सीमाओं का विस्तार किया। उसने महाराष्ट्र से मराठों और ब्राह्मणों को लाकर झाँसी में बसाया। इस प्रकार नारोशंकर के समय में झाँसी में महाराष्ट्रियनों की अच्छी आबादी हो गई और झाँसी नगर की जो तरक्की हुई उसके कारण वह उत्तरी भारत में पूना के पश्चात् मराठा साम्राज्य का सर्वाधिक महत्त्वपूर्ण नगर समझा जाने लगा।

1757 ई. में नारोशंकर को वापस बुला लिया गया और माधव गोविन्द काकड़े तथा बाबूलाल राव कोन्हेर को क्रमश: सूबेदार बनाया गया। इस समय सन् 1761 के पानीपत के तृतीय युद्ध के बादल घिरने लगे थे, इसलिए नारोशंकर को सन् 1756 ई. से 1761 ई. के बीच हटाकर दिल्ली की ओर भेज दिया गया। फिर सन्

1756 से 1761 ई. के बीच महादजी गोविन्द काकड़े और बाबूराव कोन्हेर झाँसी के शासक या कमावी सरदार रहे। सन् 1761 ई. में पानीपत के युद्ध की पराजय के बाद झाँसी में मराठों की स्थिति कमजोर हो गई, जिससे मौका पाकर अवध के नबाव शुजाउद्दौला और उसके सरदारों बशीरा खाँ और हिम्मत बहादुर गोसाईं ने झाँसी पर अधिकार कर लिया, किन्तु वे झाँसी मुश्किल से दो साल के लगभग ही अपने कब्जे में रख सके। 1761 ई. में नारोशंकर को पुनः झाँसी का सूबेदार बनाया गया और इसी वर्ष बुन्देला सरदारों ने झाँसी के आस-पास की मराठा चौकियों पर अधिकार कर लिया। अवध का नवाब शुजाउद्दौला बुरहन उल मुल्क बुन्देलखण्ड को अपने राज्य का अंग मानता था और इसी आधार पर उसने मोंठ पर अधिकार कर लिया। गणेश संभाजी नामक मराठा नायक मराठों से विश्वासघात करके मुगलों से मिल गया और 31 जनवरी, 1762 ई. को अवध सेना झाँसी पर अधिकार करने में सफल हो गई। अवध के नवाब ने मोहम्मद बशीर को झाँसी का फौजदार नियुक्त किया। गणेश संभाजी को झाँसी में अधिकारी बनाया गया। 1766 ई. में मराठा योद्धा मल्हार राव होल्कर ने झाँसी पर पुनः अधिकार कर लिया। नारोशंकर की मृत्यु के उपरान्त उसके भाई विश्वासराव लक्ष्मण को झाँसी का सूबेदार बनाया गया, जिसने 1766 ई. से 1769 ई. तक प्रशासन सँभाला। इसके पश्चात् रघुनाथ राव (द्वितीय) नेवालकर को सूबेदार नियुक्त किया गया। रघुनाथ राव ने कुलदेवी महालक्ष्मी मन्दिर, रानी महल बनवाया और राज्य का विकास किया। 1786 ई. में अपने भाई शिवराव हरि के पक्ष में अपना पद त्याग कर वह धार्मिक जीवन व्यतीत करने चला गया।

अब विश्वासराव को झाँसी का सूबेदार नियुक्त कर दिया गया। विश्वासराव लक्ष्मण पाँच साल झाँसी का सूबेदार रहा। फिर पेशवा माधव राव ने 1770 में रघुनाथ हरि नेवालकर को झाँसी की सूबेदारी सौंप दी। रघुनाथ हरि के काम से यह सूबेदारी वंशानुगत हो गई। रघुनाथ हरि की 1795 में मृत्यु हो गई। उसका कोई औरस पुत्र नहीं था, इसलिए अब उसका भाई शिवराव भाऊ झाँसी का सूबेदार बना। 31 दिसम्बर, 1802 में बेसीन में ईस्ट इंडिया कम्पनी एवं पेशवा बाजीराव द्वितीय के मध्य सन्धि हुई। इसकी पूरक सन्धि पर 16 दिसम्बर, 1803 ई. को पुणे में हस्ताक्षर हुए। इस सन्धि के फलस्वरूप ईस्ट इंडिया कम्पनी को पेशवा के राजनैतिक उत्तराधिकारी के रूप में मराठा साम्राज्य के शासन सूत्र प्राप्त हो गए। झाँसी का सूबेदार पेशवा का प्रतिनिधि था, इसी आधार पर शिवराव हरि ने 1803 ई. एवं 1804 ई. में ईस्ट इंडिया कम्पनी से सन्धियाँ कीं। इन सन्धियों के फलस्वरूप सूबेदार को कम्पनी की सेवाओं की सहायता का आश्वासन प्राप्त हुआ। झाँसी का सूबेदार कम्पनी की सेवाओं की सहायता हेतु सहमत भी हो गया।

सन् 1756 ई. झाँसी के पूर्वाधिकारी गुसाइयों ने राज-विद्रोह कर झाँसी प्रान्त अपने अधिकार में कर लिया। तब पेशवा ने रघुनाथ हरि नेवालकर को झाँसी का

सूबेदार बनाकर दक्षिण से बुन्देलखण्ड भेजा। उसने गुसाइयों को परास्त करके पेशवा का राज्य झाँसी में पुनःस्थापित किया। इनकी सूबेदारी के समय ताँबे और चाँदी के पर्याप्त सिक्के झाँसी की बलवन्त नगर नामक टकसाल से निकाले गए, जो अन्वेषण में उपलब्ध हुए हैं। रघुनाथ हरि नेवालकर ने वृद्धावस्था में अपने भाई शिवराव भाऊ को झाँसी की सूबेदारी दे दी। इसके पश्चात् सन् 1796 से पूना में द्वितीय पेशवा के शासनकाल में सम्पूर्ण महाराष्ट्र में अव्यवस्था फैल गई और मराठे स्वतंत्र होने का प्रयास करने लगे। अंग्रेजों ने इस अव्यवस्था का लाभ प्राप्त करना चाहा और लेक साहब ने झाँसी के सूबेदार शिवराव भाऊ और ब्रिटिश सरकार में सन्धि स्थापित की जिसका उद्देश्य संकट के समय परस्पर सहायता करना था। शिवराव की 1814 ई. में मृत्यु हो गई। उसने अंग्रेजों से जो अच्छे सम्बन्ध स्थापित कर लिए थे, उनकी बदौलत उसके तीन अयोग्य पुत्र उसकी सन् 1814 ई. में मृत्यु के बाद झाँसी की गद्दी पर क्रमशः बैठे। ये थे—रामचन्द्र राव, रघुनाथ राव और गंगाधर राव। इसके पश्चात् शिवराव भाऊ के ज्येष्ठ पुत्र कृष्णराव के पुत्र रामचन्द्र राव झाँसी के सूबेदार नियुक्त हुए। रामचन्द्र राव के अल्पवयस्क होने के कारण उसकी माता सखूबाई राज्य कार्य करती थी। सखूबाई अत्यन्त क्रूर स्वभाव की महिला थी। उसने राज्य लिप्सा के कारण अपने पुत्र रामचन्द्र राव को लक्ष्मी तालाब में भाले गड़वाकर मरवाने का प्रयास किया था क्योंकि रामचन्द्र राव नित्य वहाँ तैरने जाया करते थे। सखूबाई के इस षड्यंत्र का भण्डाफोड़ होने पर झाँसी दरबार के राजमंत्रियों ने सखूबाई को जन्म भर के लिए कारागार में डाल दिया था।

पेशवा बाजीराव द्वितीय एवं ईस्ट इंडिया कम्पनी के मध्य 13 जून, 1817 ई. को समझौता हुआ, जिसके फलस्वरूप बुन्देलखण्ड में पेशवा के समस्त अधिकार ईस्ट इंडिया कम्पनी को प्राप्त हो गए। 17 नवम्बर, 1817 को रामचन्द्र राव ने कम्पनी सरकार से सन्धि की, जिसके फलस्वरूप रामचन्द्र राव को वंशानुगत रूप से झाँसी राज्य का स्वामी स्वीकार किया गया। रामचन्द्र राव की सेवाओं को देखकर कम्पनी ने उन्हें 'राजा' फिर 'महाराधिराज' की उपाधियाँ दीं और ब्रिटिश राष्ट्रध्वज के साथ अपने राज्य के ध्वज का प्रयोग करने का अधिकार भी दिया। बदले में कम्पनी को काफी राजस्व मिलता था और अंग्रेज सेना भी वहीं रहती थी।

1835 ई. में राजा रामचन्द्र राव की मृत्यु हो गई। राजा के कोई सन्तान नहीं थी। रानी ने अपनी ननद के सागर के सूबेदार वंश के पुत्र कृष्ण राव चान्दोरकर को अपना दत्तक पुत्र बनाया। लेकिन मृतक राजा के वंश के नारायण राव व शिवराव हरि के दो पुत्रों रघुनाथ राव एवं गंगाधर राव ने राजा बनने के अपने-अपने दावे प्रस्तुत किए। कम्पनी सरकार ने रघुनाथ राव (तृतीय) को झाँसी का राजा मनोनीत किया। लेकिन रघुनाथ राव (तृतीय) कुष्ठ रोगी, दुर्व्यवसनी था। 1838 ई. में उसकी मृत्यु हो गई। उसका भी कोई वैध पुत्र नहीं था। अब कम्पनी सरकार ने गंगाधर राव को राजा मनोनीत किया। उस समय कम्पनी सरकार का राज्य प्रशासक कैप्टन

रास था। राजा गंगाधर राव को 1843 ई. में राज्य के समस्त अधिकार प्राप्त हो गए। उसके पहले 1842 ई. में राजा गंगाधर राव का मनु के साथ विवाह हुआ, जिनका नाम लक्ष्मीबाई रखा गया। लक्ष्मीबाई अस्त्र-शस्त्र, व्यायाम, अश्वारोहण में प्रवीण होने के साथ-साथ अध्ययनशील व विदुषी थीं। 1851 में लक्ष्मीबाई के एक पुत्र हुआ जो तीन माह पश्चात् चल बसा। इससे राजा गंगाधर राव को गहरा आघात लगा और वे काफी अस्वस्थ हो गए। फिर राजा ने अपने ही वंश के एक वर्षीय बालक आनन्दराव को दत्तक पुत्र बनाया और दत्तक संस्कार के अवसर पर बालक का नाम दामोदर राव रखा गया। गंगाधर राव 21 नवम्बर, 1853 ई. को स्वर्गवासी हो गए। तब कम्पनी सरकार ने दामोदर राव को मान्यता नहीं दी। रानी लक्ष्मीबाई ने 1817 ई. में हुई सन्धि के उल्लेख के साथ दतिया एवं ओरछा राज्यों का उदाहरण देते हुए दामोदर राव को राज्य का स्वामी बनाने के लिए अनेक पत्र लिखे परन्तु डलहौजी की नीति के रहते कुछ न हुआ। दामोदर राव को ब्रिटिश सरकार ने मान्यता न दी और झाँसी में कम्पनी राज्य स्थापित कर दिया। आखिरकार मेजर मलकाम ने 13 मार्च, 1854 ई. के राज्य के अधिग्रहण की सूचना राज्य के निवासियों को दी।

सन् 1857 ई. को रानी लक्ष्मीबाई के स्वतंत्र समर में अंग्रेजों को सिन्धिया से बहुत अधिक योगदान प्राप्त हुआ था। इसका कारण यह था कि 1861 ई. में ब्रिटिश सरकार ने झाँसी का किला और नगर जीवाजी राव सिन्धिया को प्रदान कर दिया, जो 1886 ई. तक ग्वालियर राज्य का एक भाग बना रहा। सन् 1886 ई. में अंग्रेजों ने सिन्धिया को ग्वालियर दुर्ग और मुरार छावनी देकर झाँसी का दुर्ग और नगर वापस ले लिया। उस समय के झाँसी के उपलब्ध सिक्कों पर बलवन्त नगर टकसाल का उल्लेख है तथा जीवाजी राव सिन्धिया के नाम का प्रथम अक्षर 'जी' काराती भाषा में अंकित है।

झाँसी की बलवन्त नगर नामक टकसाल के चाँदी के सिक्कों का संक्षिप्त विवरण इस प्रकार है :

1. झाँसी के सूबेदार रघुनाथ हरि नेवालकर के काल का आलमगीर द्वितीय (1754-1759 ई.) का सिक्का वर्ष प्रथम बलवन्त नगर।
2. झाँसी के सूबेदार रघुनाथ हरि नेवालकर के काल के शाह आलम द्वितीय (1759-1806 ई.)का सिक्का वर्ष छः बलवन्त नगर।
3. हामिद्दीन आलम बादशाह 1189 हिजरी—मौमनत मानूस सनह जुलूस 16 बलवन्त नगर।
4. हामिद्दीन आलम बादशाह—मौमनत मानूस सनह जुलूस 12 बलवन्त नगर।
5. हामिद्दीन आलम बादशाह—मौमनत मानूस सनह जुलूस 2 बलवन्त नगर।
6. हामिद्दीन आलम बादशाह—मौमनत मानूस सनह जुलूस 32 बलवन्त नगर।
7. हामिद्दीन आलम बादशाह—मौमनत मानूस सनह जुलूस 36 बलवन्त नगर।

1857 का विद्रोह गदर नहीं, प्रथम जन-स्वतंत्रता संग्राम

अंग्रेजों ने 1757 में प्लासी के युद्ध में सिराजुद्दौला को हराकर व चौबीस परगना हासिल कर गद्दार मीर जाफर को नवाबी का पद देकर उसे हिन्दुस्तान की धरती में अपने पैरों पर खड़े होने का मौका दिया तो 1764 के युद्ध के नवाब मुगल बादशाह शाह आलम और मीर कासिम की सम्मिलित सेना को हराकर उत्तर भारत में अपने आधिपत्य का रास्ता खोल लिया।

इससे बंगाल, बिहार और उड़ीसा की दीवानी उनके हाथ में आ गई। इस प्रकार विदेशी पूँजीवाद ने भारतीय समाज का स्वाभाविक विकास रोक दिया। किसानों, मजदूरों, कारीगरों, देशी व्यापारियों का शोषण शुरू हो गया। 1772 में एक अंग्रेज सौदागर विलियम बोल्स ने 'हिन्दुस्तान के मामलों पर विचार' नामक पुस्तक में लिखा कि 'अंग्रेज अपने बनियों और काले गुमाश्तों को साथ लेकर मनमाने ढंग से तय कर देते कि माल बनाने वाले कारीगर कितना माल बनाएँगे और उन्हें क्या कीमत मिलेगी। बेचारे बुनकरों की रजामन्दी जरूरी नहीं समझी जाती थी, क्योंकि कम्पनी के गुमाश्ते उनसे कोरे कागजों में दस्तखत करा लेते थे। वे कीमत लेने से इनकार करते तो उन्हें मारा-पीटा जाता। गुमाश्ते ही कीमत निश्चित कर देते, जो 15 से 40 प्रतिशत तक कम होती।'

बंगाल, बिहार, उड़ीसा की दीवानी हाथ आते ही प्रत्यक्ष कर के अलावा किसानों, व्यापारियों, कारीगरों, कामगारों की लूट-खसोट बढ़ गई। मुनाफे का एक बड़ा हिस्सा ब्रिटेन भेजा जाता, जिससे वहाँ पूँजी का विकास होना शुरू हो गया। ईस्ट इंडिया के स्वेच्छाचारी शासन ने देश की दुर्दशा कर दी। 1765 से 84 के बीच में बंगाल प्रान्त की जो दुर्गति हुई, उस पर ब्रिटिश पार्लियामेंट के एक सदस्य विलियम्स फुलार्टन ने लिखा कि 'बंगाल के देहात राष्ट्र में अन्न के भंडार थे लेकिन हमारे बुरे शासन के 20 वर्ष के थोड़े समय में देहात के इलाके वीरान हो गए। खेत जोते-बोए नहीं जाते। बहुत सी जमीन में जंगली झाड़ियाँ उग आई हैं। किसान लूटा जाता है, कारीगर सताया जाता है। आम आदमी परेशान है।' 18 सितम्बर, 1798 को गवर्नर जनरल लॉर्ड कॉर्नवालिस ने अपनी रिपोर्ट ब्रिटिश शासन को भेजी जिसमें उसने लिखा 'मैं विश्वास से जोर देकर कह सकता हूँ कि हिन्दुस्तान में कम्पनी के शासन में कृषि भूमि का 1/3 भाग अब जंगल बन गया है जिसमें सिर्फ जंगली जानवर रहते हैं।' प्लासी के युद्ध के बाद हिन्दुस्तान की दौलत बरसाती नदी के तरह ब्रिटेन की तरफ बह चली जिससे ब्रिटेन में औद्योगिक क्रान्ति हुई। भाप के इंजन, पॉवर लूम, बड़े पैमाने पर सामान तैयार करने वाली मशीनें ईजाद हुईं, जिन्होंने हिन्दुस्तान की कृषि, उद्योग एवं व्यापार को चौपट कर दिया, जिससे हिन्दुस्तानियों के दिल और दिमाग में कम्पनी सरकार के प्रति घृणा एवं नफरत का भाव पैदा होने लगा। मराठा, पेशवा और अब्दाली के मध्य 1761 में हुए तृतीय पानीपत के युद्ध में हारने बाद हिन्दुस्तान

की सबसे बड़ी ताकत पूना में पेशवा का पतन होना प्रारम्भ हो गया और 1818 ई. आते-आते पूना इतना कमजोर हो गया कि उसे अंग्रेजों से सन्धि करना पड़ी, जिसे इतिहास में 1818 की सहायक सन्धि के नाम से जाना जाता है। इस सन्धि का परिणाम यह हुआ कि पेशवा को पूना छोड़कर बिठूर आकर रहना पड़ा और अंग्रेजों की पेंशन पर गुजारा करना पड़ा। साथ ही दक्षिण के राज्य के साथ उत्तर भारत में बुन्देलखण्ड और बघेलखण्ड का 1/3 भाग जो छत्रसाल से पेशवा को मिला था, वह भाग भी स्वतः यानी सन्धि के अनुसार अंग्रेजी राज्य में मिल गया। बुन्देलखण्ड और बघेलखण्ड के सभी राजा-महाराजाओं ने धीरे-धीरे अंग्रेजों से सन्धियाँ कीं और कम्पनी सरकार के अधीन हो गए। सन्धि के अनुसार सभी राजा-महाराजाओं के दरबार में अंग्रेज रेजिडेंट की नियुक्ति हो गई और अंग्रेज सेनाएँ राजाओं के खर्चे पर सुरक्षा के नाम पर उनके राज्य में रहने लगीं। देशी राजा व महाराजा तथा जागीरदार जनता की चिन्ता किए बिना अंग्रेजों की चमचागीरी में लग गए, उनको खुश करने में अपना सारा समय व्यतीत करने लगे, जिससे किसानों, मजदूरों, कारीगरों तथा कामगारों का शोषण होना प्रारम्भ हो गया। चारों ओर जनता में असन्तोष फैल गया। राजा-महाराजाओं व जनता के बीच की कड़ी कमजोर हो गई। राजा-महाराजा जनता की समस्याओं की ओर से अपना ध्यान हटाकर अंग्रेजों को खुश करने में ज्यादा लगाने लगे। अंग्रेज अफसर व उनके कारिन्दे जनता की बहू-बेटियों की इज्जत से खिलवाड़ करने लगे। राजा-महाराजाओं ने लगान में काफी वृद्धि कर दी। व्यापार पर तमाम कर लगा दिए जिससे जनता राजा-महाराजाओं से नाखुश हो गई। राजा-महाराजा अंग्रेजों के डर के मारे अंग्रेज अधिकारियों के गलत कामों को रोक पाने में असफल हो गए।

पेशवा को पूना छोड़कर आने के बाद बिठूर में अपना जीवन-यापन करना पड़ा। लॉर्ड डलहौजी के बनाए गए राज्य हड़पो कानून के तहत पूना, सतारा, झाँसी को अपने राज्यों में मिला लिया गया। नाना साहब पेशवा बिठूर की पेंशन रोक दी गई। ऐसे में असन्तोष आम जनता से लेकर राजा-महाराजाओं तक फैल गया। अंग्रेजों के खिलाफ नफरत के बीज ने एक महान वृक्ष का रूप ले लिया, जिसके परिणामस्वरूप पूरे हिन्दुस्तान में अंग्रेजों के खिलाफ विद्रोह हुए, पर उनको कम्पनी सरकार ने विफल कर दिया। इन विद्रोहों में संन्यासी विद्रोह 1763 से 1800 ई., मैदनी पर विद्रोह 1766 से 1767, शमशेर गाजी विद्रोह 1767 से 1768, बुनकरों का संग्राम 1770 से 1800, चकमा विद्रोह 1776-1789, गोरखपुर विद्रोह 1778 से 1781, बुन्देलखण्ड एवं बघेलखण्ड का विद्रोह 1808-1812, कोल विद्रोह 1831-1832, गौड़ विद्रोह 1833, और बुन्देला विद्रोह 1842 आदि विशेष रूप से उल्लेखनीय हैं। इसके साथ ही अंग्रेज तथा भारतीय सैनिकों की सेवा-सुविधाओं के अन्तर ने देशी पल्टनों के मन में विद्रोह की यह भावना पैदा कर दी, कि अंग्रेज और भारतीयों में सरकार भेदभाव कर रही है। इसीलिए 1857 से पहले देशी पल्टनों ने चार बार बगावत की। हुआ यह कि

1844 में 34वीं देशी पल्टन को और 1849 में 22वीं देशी पल्टन को बर्मा, रंगून भेजा जा रहा था लेकिन उन्होंने जाने से इनकार कर दिया। उनके इनकार करने पर तथा बगावत पर उतारू होने पर सिक्ख रेजिमेन्ट को बर्मा भेजना पड़ा। इस प्रकार आम जनता के साथ ही देशी पल्टनों ने भी अंग्रेजों के खिलाफ अपनी मानसिकता विद्रोहजनक बना ली।

नाना साहब पेशवा की पेंशन रोकना, अवध के नवाब को कलकत्ता में कैद करना, दिल्ली के बादशाह बहादुर शाह जफर को कैद करना, सिक्खों का चिह्न समाप्त करना और तमाम देशी रियासतों को अंग्रेजी राज्य में मिलाना जैसी घटनाओं के साथ ही जनता व सैनिकों के विरोध ने 1857 के संग्राम को जन्म दिया। तमाम अंग्रेज लेखकों, इतिहासकारों ने इस महान संग्राम को जनता का महासंग्राम बताया। लन्दन टाइम्स के विशेष प्रतिनिधि, जो 1857 में क्रान्ति के समय में भारत में ही थे, सर विलियम हरबर्ट रसल ने लिखा, 'यह एक ऐसा युद्ध था, जिसमें सम्पूर्ण राष्ट्र ने अपने ऊपर से विदेशियों के जुए को फेंककर इसकी जगह पर देशी नरेशों की सत्ता और देशी धर्मों के पूरे अधिकार फिर से कायम करने का संकल्प कर लिया था।' इसी प्रकार 27 जुलाई, 1857 को ब्रिटिश सांसद डिजरैली ने कहा था 'इसे सिर्फ सिपाही विद्रोह कहना गलत है क्योंकि यह राष्ट्रीय विद्रोह है।' चर्चित नेता अरनिस्ट जोन्स ने इसे सबसे न्यायपूर्ण आवश्यक विद्रोह कहकर 1857 के संग्राम का स्वागत किया था। इतिहासकार जस्टिन मैकार्थो ने भी इस विद्रोह को अंग्रेजी सत्ता के विरुद्ध भारतवासियों की आम जनता का विद्रोह कहा, जिसने महाविद्रोह का रूप ले लिया था और जो क्रान्तिकारी और राष्ट्रीय एकता का प्रतीक था। इस प्रकार भारतीय जनता और यहाँ के राष्ट्रभक्त राजा-महाराजाओं ने 1857 की महान क्रान्ति का बिगुल फूँका। इसके प्रमुख कर्णधार बिठूर के नाना साहब पेशवा, उनके वकील अजीम उल्ला, दिल्ली के बादशाह बहादुर शाह जफर, उनकी बेगम जीनत महल, अवध के नवाब वाजिद अली शाह, झाँसी की रानी लक्ष्मीबाई, तात्या टोपे, बानपुर के राजा मर्दन सिंह, शाहगढ़ के राजा बखतबली, सतारा के रंगो बापू जी, रुहेलखंड के खान बहादुर खाँ, बाँदा के नवाब अली बहादुर और जगदीशपुर के कुँवर सिंह आदि जनता के विद्रोह में उनके साथ हो लिये या यह कहा जाए कि आम जनता ने इन राजा-महाराजाओं को पुनःस्थापित करने के लिए यह महान संग्राम लड़ा। 31 मई, 1857 को क्रान्ति को प्रारम्भ करने की तिथि तय हुई थी किन्तु बैरकपुर छावनी में नियुक्त मंगल पाण्डेय ने 29 मार्च, 1857 को परेड के समय सार्जेन्ट मेजर ह्यूजसन को गोली से उड़ा दिया। इस प्रकार उत्तर भारत में कई जगह क्रान्ति की ज्वालाएँ भभक उठीं। 1 जून, 1857 को झाँसी की 11वीं देशी आर्टिलरी के जवानों ने विद्रोह कर दिया। हवलदार गुरबक्श सिंह ने अपने साथियों के साथ मिलकर अंग्रेजों के स्टार फोर्ट में रखे कम्पनी सरकार के खजाने एवं गोला-बारूद को लूट लिया। खजाने में 5 लाख रुपये नगद और तमाम गोला-बारूद मिला। अंग्रेज सुरक्षा की दृष्टि से भागकर झाँसी दुर्ग में चले गए।

6 जून को झाँसी छावनी में अहसान अली नाम का एक व्यक्ति, जो दिल्ली से आया था, ने नमाज के बहाने सिपाहियों को इकट्ठा किया और अंग्रेज अधिकारियों पर आक्रमण करने के लिए उकसाया। 8 जून, 1857 को हकीम सुलेमान, जो झाँसी के प्रतिष्ठित व्यक्ति थे, किले में गए और सुरक्षित बाहर जाने की शर्त पर अंग्रेज किला छोड़ने पर राजी हो गए। लेकिन जैसे ही अंग्रेज किला छोड़कर छावनी की ओर जाने लगे तो रास्ते में झोकन बाग में बख्शीश अली दरोगा ने कर्नल स्किन को देखा तो वह आगबबूला हो गया और उसने भयंकर कत्लेआम शुरू कर दिया, जिसमें कैप्टन गार्डन, कैप्टन डनलप, लैफ्टिनेन्ट टायर, लैफ्टिनेन्ट काम्वेक समेत 73 अंग्रेज मारे गए। इनमें 12 औरतें एवं 23 बच्चे भी शामिल थे। इसमें मुख्य भूमिका बख्शीश अली दरोगा एवं रिसालेदार काले खाँ की थी। इस कत्लेआम में रानी लक्ष्मीबाई का कोई हाथ नहीं था।

इसके साथ ही कानपुर, इलाहाबाद, लखनऊ समेत समस्त उत्तर भारत की जनता ने कम्पनी सरकार के खिलाफ क्रान्ति का बिगुल बजा दिया और संग्राम छिड़ गया। झाँसी जिला कचहरी में 1857 के युद्ध के दौरान आम जनता पर जो मुकदमे चले, उनका मिसिल बन्द रजिस्टर 1858 का मिला, जिसमें आम जनता ने युद्ध में जो हिस्सा लिया था, उन पर जो मुकदमे चलाए गए थे, उसका विवरण दर्ज है। ये मुकदमे झाँसी में नियुक्त कमिश्नर मैक्मिलन साहब, जालौन में नियुक्त कप्तान फैरीन साहब, चन्देरी में नियुक्त मैकलीन साहब तथा हमीरपुर में नियुक्त कमिश्नर साहब के न्यायालयों में चले थे। इस विवरण से स्पष्ट है कि बुन्देलखण्ड में सभी जातियों व धर्मों के लोगों तथा अमीर-गरीब लोगों ने स्वतंत्रता संग्राम में बढ़-चढ़कर हिस्सा लिया था। इन मुकदमों की सबसे की सबसे बड़ी विशेषता यह रही है कि मुकदमे तो 3 ही दिन में बिना किसी नियम-कानून के निस्तारित कर दिए गए और लोगों को फाँसी की सजा देने के साथ ही उनकी सब सम्पत्ति जब्त कर ली गई। ऐसा नहीं है कि उस समय कोई नियम-कानून न हो। लॉर्ड कार्नवालिस के द्वारा बनाई गई दंड संहिता उस समय थी जिसके अनुसार, मुल्जिम को बयान देने के बाद पूरी सफाई देने का मौका दिया जाने, गवाहों से जिरह किए जाने का अवसर दिए जाने का प्रावधान था, किन्तु ऐसा नहीं किया गया। मनमाने ढंग से बिना किसी नियम-कानून के मुकदमे चलाए गए और लोगों को फाँसी की सजा दी गई। मिसिल बन्द रजिस्टर के अनुसार सभी जातियों व धर्मों के लोगों जैसे—भंगी, चमार, सुनार, काछी, तेली, तमोली, खंगार, मुस्लिम, ईसाई पर मुकदमे चलाए गए, जिससे स्पष्ट है कि स्वतंत्रता संग्राम में सभी जातियों एवं धर्मों के लोगों ने हिस्सा लिया था।

इन मुकदमों में सबसे महत्त्वपूर्ण मुकदमा था मु.नं. 19, जो सन् 1858 में झाँसी में चला, इसमें तात्या टोपे और उनके साथी मल्थू, पदमसिंह व चन्ना हरकारा थे। यह 23 सितम्बर, 1858 को अदालत में पेश हुआ और 13 नवम्बर, 1858 को

निर्णीत हुआ, जिसमें लिखा 'पेशी दरोगा ने बताया कि चन्ना हरकारा मारा गया। शेष मुल्जिम फरार हैं, उनके खिलाफ फरारी का इश्तिहार जारी किया जाए।'

इस क्षेत्र की जनता को उसकी स्वतंत्रता की इच्छा के लिए राजनीतिक एवं आर्थिक दृष्टि से दंडित किया गया। हजारों लोग झाँसी में मारे गए। उनकी सम्पत्ति लूट ली गई या जला दी गई। राजा गंगाधर राव के बहुमूल्य पुस्तकालय को अंग्रेजी फौजों ने आग की भेंट चढ़ा दिया। झाँसी की जनता की अदम्य शक्ति को प्रशासन द्वारा निरन्तर दबाया जाता रहा। बुन्देलखण्ड के पिछड़ेपन का यह एक बड़ा कारण माना जाता है।

1857 का विद्रोह ब्रिटिश भारत के इतिहास में एक मोड़ साबित हुआ। इसके बाद ही भारत का शासन ईस्ट इंडिया कम्पनी से ब्रिटिश शासन के अन्तर्गत आ गया। 1857–58 को भारत के स्वतंत्रता संग्राम का प्रथम चरण माना जा सकता है। 1858 से 1900 की अवधि में झाँसी की जनता को भीषण निराशा एवं उपेक्षा का सामना करना पड़ा, लेकिन इस अवधि में झाँसी की जनता ने अपने आपको नई राजनीतिक व्यवस्था का सामना करने के लिए सामाजिक-राजनीतिक दृष्टि से तैयार किया। 4 अप्रैल, 1858 को झाँसी किले पर सर ह्यूरोज के नेतृत्व में ब्रिटिश सेना ने कब्जा कर लिया। इसके पूर्व राजस्व प्रशासन के लिए 1854 में झाँसी जिला घोषित किया गया। 1858 में झाँसी में कमिश्नरी की स्थापना हुई। 1865 में झाँसी को सेना का एक मुख्यालय बनाया गया। 1884 में झाँसी कैन्ट का नामकरण हुआ। 1866 में झाँसी में न्यायालय स्थापित हुआ। झाँसी रेल लाइन से 1883–89 में सम्बद्ध हुआ।

इन घटनाओं ने झाँसी क्षेत्र में नई राजनीतिक-सामाजिक-आर्थिक चेतना का विकास किया। 1887 में इलाहाबाद बैंक की पहली शाखा स्थापित हुई। इसके पूर्व 1867 में झाँसी सिटी बोर्ड अस्तित्व में आया। सेना तथा अन्य विभागों के साथ कुछ बंगाली बन्धु झाँसी में आए। उन्होंने 1861 में बांधव समिति की स्थापना कर झाँसी को नई संस्कृति से सम्पन्न किया। 1881 में बंगाली बंधुओं और स्थानीय उदारमना लोगों के सहयोग से आधुनिक शिक्षा प्रदान करने के लिए सिटी स्कूल की स्थापना की गई, जिसके संस्थापक, प्रधानाचार्य आचार्य बिपिन बिहारी बनर्जी बने। 1896 में इसका नाम मैकडॉनेल हाईस्कूल किया गया। इन घटनाओं ने झाँसी की जनता में नया उत्साह पैदा किया। ब्रिटिश शासकों के अत्याचारों एवं उपेक्षा का सामना करने के लिए झाँसी की जनता में धीरे-धीरे राजनीतिक चेतना जाग्रत हुई। 1885 में कांग्रेस की स्थापना पर यहाँ काफी उत्साह देखा गया। 1890 में झाँसी की जनता ने कांग्रेस के इलाहाबाद अधिवेशन में झाँसी का प्रतिनिधित्व किया। 1900 ई. आने तक कांग्रेस के नेतृत्व में अंग्रेजों से लड़ने के लिए झाँसी तथा आस-पास की जनता तैयार हो चुकी थी।

1900 से 1947 तक झाँसी जनपद में राष्ट्रीय आन्दोलन कांग्रेस पार्टी के आन्दोलन से प्रेरित होता रहा। 1905 में बंग विभाजन तथा 1919 में जलियाँवाला बाग की

घटनाओं ने देश के अन्य क्षेत्रों की भाँति झाँसी की जनता को भी झकझोर कर रख दिया। 1916 में झाँसी किले के मैदान में श्री सी.वाई. चिन्तामणि की अध्यक्षता में पहला प्रादेशिक राजनीतिक सम्मेलन आयोजित किया गया, जिसमें देश के लिए उत्तरदायी सरकार की माँग की गई। इसी वर्ष जिला कांग्रेस कमेटी तथा होम रूल लीग की स्थापना की गई। उस समय लोकमान्य बाल गंगाधर तिलक का झाँसी आगमन हुआ। 1920 में झाँसी में ब्रिटिश सामान के बहिष्कार, चर्खा/खादी के उपयोग, साम्प्रदायिक सद्भाव तथा राष्ट्रभाषा हिन्दी अपनाने के लिए व्यापक जन प्रदर्शन एवं आन्दोलन हुए। 30 नवम्बर, 1920 को मौलाना शौकत अली के साथ महात्मा गांधी के झाँसी आगमन ने इस क्षेत्र की जनता में नए उत्साह का संचार किया। ब्रिटिश शासकों ने अनेक नेताओं को गिरफ्तार किया लेकिन जनता का उत्साह कम नहीं हुआ। अन्य राष्ट्रीय नेताओं के आगमन से राजनीतिक चेतना सुदूर ग्रामों तक फैल गई।

1920 से 1947 तक अनेक राष्ट्रीय नेता झाँसी आए। महात्मा गांधी, बाल गंगाधर तिलक, जवाहर लाल नेहरू, सरोजिनी नायडू तथा एनी बेसेंट ने 1922, 28, 29, 30, 31 एवं 37 में झाँसी का दौरा किया। 1924 में खान अब्दुल गफ्फार खाँ (सीमान्त गांधी) साम्प्रदायिक सद्भाव के लिए झाँसी आए। 1929 में पुरुषोत्तम दास टंडन एवं महामना मदन मोहन मालवीय झाँसी आए। 1935 में मोहम्मद अली जिन्ना ने झाँसी में मुस्लिम लीग की स्थापना की। 1940 में नेताजी सुभाष चन्द्र बोस ने झाँसी में एक सभा को सम्बोधित किया।

1921–30 के दशक में झाँसी में क्रान्तिकारी आन्दोलन का सूत्रपात हुआ। सन् 1924 में मास्टर रुद्रनारायण सिंह झाँसी में क्रान्तिकारी आन्दोलन के केन्द्र बन गए। 1923 में शचीन्द्र नाथ बख्शी यहाँ आए। इसके बाद चन्द्रशेखर आजाद, सुखदेव, राजगुरु, सदाशिव मल्कापुरकर, भगवानदास माहौर सहित अनेक क्रान्तिकारियों ने झाँसी तथा आस–पास के क्षेत्रों में अपनी राष्ट्रीय गतिविधियों का संचालन किया। यह कार्य हिन्दुस्तान रिपब्लिकन एसोसिएशन के नेतृत्व में सम्पन्न हुआ। देश से बाहर पं. परमानन्द युवकों को राष्ट्रीय भावना से ओत–प्रोत कर रहे थे। 1929 में जब साइमन कमीशन के सदस्य झाँसी स्टेशन से गुजरे तो उन्हें काले झंडे दिखाए गए। झाँसी के ही कामरेड अयोध्या प्रसाद एवं लक्ष्मण राव कदम बहुचर्चित मेरठ षड्यंत्र केस में पकड़े गए।

नमक सत्याग्रह तथा असहयोग आन्दोलन ने जनता को राष्ट्रीय आन्दोलन से जुड़ने का एक और अवसर प्रदान किया। पं. आर.वी. धुलेकर के नेतृत्व में चिरगाँव के निकट औपारा गाँव में 29 अप्रैल, 1930 को हुए नमक सत्याग्रह ने झाँसी की जनता को पुनः जाग्रत किया। हजारों लोगों ने विदेशी वस्त्रों व सामानों का बहिष्कार किया, विदेशी शराब की दुकानों को बन्द कराया गया। यह आन्दोलन ग्रामीण क्षेत्रों में तेजी से फैला।

1930–32 में कांग्रेस के नेतृत्व में इस क्षेत्र की जनता राजनीति में सक्रिय रही। 1930 में रेलवे में श्रमिक आन्दोलन सक्रिय हुआ, जबकि यहाँ हुई हड़ताल ने ब्रिटिश शासन को हिला दिया। 1939 में व्यापक स्तर पर व्यक्तिगत सत्याग्रह आयोजित किया गया। 1942 में भारत छोड़ो आन्दोलन के दौरान हड़ताल, जूलूस, प्रदर्शन आदि आयोजित किए गए। अनेक स्थानों पर रेल पटरियों को उखाड़ा गया तथा टेलीफोन के तारों को नष्ट किया गया। इन आन्दोलनों में हजारों ने भाग लिया। 1947 तक यही क्रम चलता रहा। 1857 के बाद झाँसी की विशेषकर तथा बुन्देलखण्ड की जनता को ब्रिटिश दमन एवं अत्याचारों का सामना करना पड़ा। इस कारण स्वतंत्रता आन्दोलन यहाँ धीरे–धीरे आगे बढ़ सका। इसमें सन्देह नहीं कि यहाँ की राजनीतिक चेतना के अलावा सामाजिक एवं शैक्षणिक जागरूकता ने राष्ट्रीय आन्दोलन को सफल बनाने में महत्त्वपूर्ण योगदान दिया है।

ऐतिहासिक तिथियाँ एवं घटनाएँ :

सन् 1613 – ओरछा नरेश वीरसिंह देव द्वारा झाँसी दुर्ग का निर्माण।

19 नवम्बर, 1836 – लक्ष्मीबाई का वाराणसी में जन्म।

जन्म के चार वर्ष बाद माँ भागीरथी बाई का निधन।

13 वर्ष की आयु में लक्ष्मीबाई का राजा गंगाधर राव (40 वर्षीय विधुर) से विवाह।

सन् 1835 – रामचन्द्र राव की मृत्यु (निःसन्तान)।

सन् 1838 – रघुनाथ राव की मृत्यु।

सन् 1850 – राजा गंगाधर राव का लक्ष्मीबाई के साथ काशी, प्रयाग, (माघ शुक्ल सप्तमी सं. 1907), गया आदि स्थानों पर भ्रमण के लिए प्रस्थान।

सन् 1851 – राजा गंगाधर राव और रानी लक्ष्मीबाई के पुत्र (मार्गशीर्ष शुक्ल एकादशी संवत 1908) उत्पन्न हुआ, जिसका 3 माह बाद निधन हो गया।

21 नवम्बर, 1853 – राजा गंगाधर राव का निधन। उस समय रानी की आयु 18 वर्ष थी।

5 जून, 1857 – रानी के नेतृत्व में अंग्रेजों के विरुद्ध घमासान युद्ध आरम्भ।

23 मार्च, 1858 – अंग्रेजों ने ह्यूरोज के नेतृत्व में झाँसी दुर्ग की घेराबन्दी की।

4 जून, 1858 – गुलाम गौस खाँ (मुख्य तोपची), मोतीबाई (तोपची) एवं खुदाबख्श (वीर सैनिक) की युद्ध में वीरगति।

4 अप्रैल, 1858 – पुत्र दामोदर राव को पीठ में बाँधकर श्वेत अश्वारूढ़ होकर रानी का झाँसी से कालपी को प्रस्थान।

17 जून, 1858 – ब्रिगेडियर स्मिथ की अंग्रेजी सेना रानी का भीषण युद्ध।

18 जून, 1858 – वीरांगना रानी की वीरगति।

सन् 1859 – तात्या टोपे को शिवपुरी में अंग्रेजों ने फाँसी दी।

गजरा बाई का मकबरा

सन् 1885 – रामचन्द्र देशमुख का निधन।
–विश्वस्त एवं बहादुर सैनिक बरहामुद्दीन की कब्र बाबू जादो नाथ चौधरी के बाग में स्थित कब्रों के पास में है।
–शिवराव भाऊ (राजा गंगाधर राव के पिता) की प्रेयसी गजरा नामक वेश्या की कब्र जिला चिकित्सालय झाँसी के निकट है।
–रामचन्द्र राव की समाधि तहसील–झाँसी से आगे वन विभाग के कार्यालय के सामने सड़क के उस पार गली में है।

[झाँसी एवं बुन्देलखण्ड की लोककथा, संस्कृति एवं इतिहास के विशद ज्ञाता, प्रसिद्ध समाजसेवी श्री हरगोविन्द कुशवाहा द्वारा प्रदत्त जानकारी हेतु, लेखक उनका हृदय से आभारी है।]

स्टार फोर्ट झाँसी : राष्ट्रीय अस्मिता का प्रतीक

डॉ. मुन्ना तिवारी*

झाँसी नगर को लेकर अनेक कथाएँ प्रचलित हैं। इसकी अवस्थापना और नामकरण को भी कई कथाओं का आधार बनाया गया है। भारतीय स्वाधीनता संग्राम का इतिहास ही झाँसी के किले से शुरू होता है। बुन्देलखण्ड के इतिहास के कुछ ज्ञाता झाँसी को जहाँगीर द्वारा बसाया जाना स्वीकार करते हैं। झाँसी का नाम जहाँगीर नगरी रहा है, जो अपभ्रंश होते–होते झाँसी हो गया। बताते हैं कि परकोटे के भीतर झाँसी की बनावट पर मुगल छाप होना तथा मुख्यमार्ग को छोड़कर गलियों के भीतर बाजारों का ढाँचा मुगलशाही द्वारा बसाए गए बाजारों के अनुकूल जान पड़ता है। मुगलकाल की झाँसी को लेकर कई तथ्य महत्त्वपूर्ण हैं, लेकिन बहुत कुछ ऐसा है जिनसे इतिहास ने परदा नहीं हटाया है। उन तथ्यों पर इतिहासकारों को अभी बहुत कार्य करने की आवश्यकता है। एक तथ्य यह भी बताया जाता है कि सम्राट अकबर को 27 वर्ष की उम्र में पुत्र की प्राप्ति हुई। उसका नाम मिर्जा नूरुद्दीन बेग मोहम्मद खान सलीम रखा गया। उस समय अकबर के हरम की दो रानियाँ रुकैया बेगम और सलीमा सुल्तान बेगम ऐसी थीं जिन्हें सलीम बहुत प्यारा था। सलीम, जिसे जहाँगीर (फारसी में विश्व विजेता) का खिताब मिला था, की सुरक्षा को लेकर काफी चिन्ता थी। उसे सुरक्षित रूप से बड़े ही गोपनीय तरीके से पढ़ाई और प्रशिक्षण के लिए बीरबल के संरक्षण में ओरछा में रखा गया था। ओरछा में जहाँगीर महल से कुछ ही दूरी पर राजा बीरबल के महल के अवशेष अभी भी मौजूद हैं। ऐसा कहा जाता है कि इसी अवधि में ओरछा नरेश रामचन्द्र की पुत्री से सलीम को प्यार हो गया और बाद में दोनों का विवाह भी हो गया। इसका उल्लेख झाँसी गजेटियर के 1950 के पेज 45 पर किया गया है। इससे पूर्व ही सलीम के निर्देश पर झाँसी के किले के निर्माण की बात भी आती है। यह भी कहा जाता है कि ओरछा नरेश ने सलीम के सम्मान में झाँसी के किले और किले के अन्दर मौज महल का निर्माण कराया था।

* अध्यक्ष हिन्दी विभाग, बुन्देलखण्ड विश्वविद्यालय, झाँसी

सलीम की कटार से अबुल फजल की मृत्यु

ओरछा और दतिया का महल सलीम ने अपनी रुचि से महज 18 वर्ष की आयु में बनवा लिया था। उधर अकबर बार-बार सलीम को वापस बुला रहे थे, लेकिन सलीम जाने को तैयार नहीं था। अकबर ने अपने वजीर अबुल फजल को हर हाल में सलीम को वापस लाने के लिए भेजा था। ऐतिहासिक तथ्य है कि 11 अगस्त, 1602 को अंबाबाय गाँव के पास सलीम और अबुल फजल की मुलाकात हुई थी। दोनों में बातचीत शुरू हुई और झगड़ा हो गया। सलीम की जहर बुझी कटार के वार से अबुल फजल घायल हुए और 12 अगस्त, 1602 को उनकी मृत्यु हो गई। परन्तु अबुल फजल की मृत्यु ओरछा नरेश के वार से होना आज के इतिहासकार बताते हैं। यह तथ्य उचित प्रतीत नहीं होता है क्योंकि अबुल फजल सलीम की कटार से घायल हुए थे और उसी से उनकी मृत्यु हुई थी। यह भी सत्य है कि मुगल सेना ने ओरछा पर सलीम को ले जाने के लिए चढ़ाई की थी और ओरछा नरेश ने सलीम को बेहोशी की हालत में अपनी अनिच्छा से भेज दिया था। इसके बाद से झाँसी के किले में मुगल फौजदार और कुछ सैनिक रहने लगे थे जिनका कार्य ओरछा की रक्षा करना था।

मराठों का झाँसी पर कब्जा

मुगल सल्तनत से अलग होकर मराठों ने किस तरह झाँसी पर अपना आधिपत्य किया, यह भी ऐतिहासिक दृष्टि से बहुत ही महत्त्वपूर्ण है। इस बारे में बुन्देलखण्ड में प्रचलित है कि औरंगजेब एक तरफ हिन्दू मन्दिरों को ध्वस्त करवा रहा था लेकिन ओरछा को पूरा संरक्षण दिए हुए था। यही वजह है कि चम्पत राय का साथ पाकर औरंगजेब को उत्तरी भारत में जब विजय मिल गई तो उसने चम्पत राय को ही ओरछा का राज्य सौप दिया। चम्पत राय अच्छे राजा नहीं साबित हुए। उनकी प्रशासनिक अव्यवस्था से परेशान होकर औरंगजेब ने जब उनको गद्दी से हटाया तो चम्पत राय ने अपनी पत्नी के साथ आत्महत्या कर ली। इसके बावजूद छत्रसाल औरंगजेब की सेना में बने रहे। 3 मार्च, 1707 को औरंगजेब की मृत्यु हो गई और मुगल सल्तनत का बिखराव हो गया। उसी समय छत्रसाल ने बुन्देलखण्ड पर अपना आधिपत्य कायम कर लिया। उसी दौरान मोहम्मद खान बंगस ने बुन्देलखण्ड पर कब्जा करना चाहा लेकिन पेशवा बाजीराव की सहायता से छत्रसाल ने अपना राज्य बचा लिया। यहाँ के लोग मानते हैं कि छत्रसाल का राज्य तो बच गया, लेकिन इस दौरान इस क्षेत्र में मराठा सरदारों का आगमन हो चुका था। जहाँगीर की भूमि और किलों की देखभाल ठीक से नहीं हो पा रही थी। ऐसे में मुगल फौजदार को आसानी से हटाकर झाँसी के किले पर मराठा काबिज हो गए। अब तक सभी राज्यों को बुन्देलखण्ड के सामरिक महत्त्व का पता चल चुका था। यहाँ के राजा छत्रसाल ने मुगलों से मुकाबले में मराठों के सहयोग से जीत तो पा ली, लेकिन झाँसी पर मराठों का आधिपत्य हो गया।

आधुनिक झाँसी

आधुनिक झाँसी गजेटियर में नवाबाद झाँसी के नाम से दर्ज है। इसका निर्माण रामचन्द्र राव ने किया, ऐसा दर्ज है। वैसे झाँसी की रूपरेखा उसी समय बननी शुरू हो गई थी। इस बारे में कहा जाता है कि मराठों के कालपी के सूबेदार नारोशंकर का स्थानांतरण झाँसी के लिए किया गया था। नेवालकर परिवार के झाँसी में प्रवेश के बाद रघुनाथ राव प्रथम की अंग्रेजों से दोस्ती ने झाँसी में अंग्रेजों के प्रवेश की दिशा तय कर दी। अपनी इंग्लैंड यात्रा के पूर्व रघुनाथ राव ने मराठी और संस्कृत के अतिरिक्त डच, फ्रेंच और अंग्रेजी सीखी।

उन्होंने अंग्रेजों से तीन सन्धियाँ कीं, जो 1800 से 1804 के मध्य हुईं। चौथी सन्धि रामचन्द्र राव ने झाँसी के विकास को लेकर की। दिल्ली को डिजाइन करने वाले 'बेकर एंड संस' ने स्टारफोर्ट और परकोटे के बाहर की झाँसी की रूपरेखा रखी। 1817 से 1857 तक के पहले का निर्माण तथा 1886 से 1940 तक, दो हिस्सों में झाँसी विकसित हुई।

स्टार फोर्ट

4 जून, 1857 को प्रथम स्वतंत्रता क्रान्ति, जिसे अंग्रेजों ने सिपाही म्यूटिनी करार दिया, इसी स्टार फोर्ट से आरम्भ हुई थी। 17 सितम्बर, 1817 को तत्कालीन झाँसी के राजा रामचन्द्र राव नेवालकर ने एक सन्धि के तहत नया नगर बसाने का संकल्प लिया और सैकड़ों एकड़ जमीन, परकोटे के बाहर कम्पनी हुकूमत को प्रदान कर दी। इसे नौवाबाद झाँसी नगर का नाम दिया गया। इसमें पहुज नदी के पूर्वी छोर से समस्त भूभाग सीपरी, सिविल लाइन, रेलवे एवं छावनी का क्षेत्र आता है। अंग्रेजी

स्टार फोर्ट

कम्पनी द्वारा 1820 में स्टारफोर्ट (किला) के निर्माण कार्य कराए गए जिसमें कोषागार, जेल, आयुध भंडार आदि थे। ये स्टारफोर्ट के अन्दर अंग्रेजी शासनकाल में बुन्देलखण्ड के राजाओं, जमींदारों आदि से वसूली जाने वाली लगान की राशि, इसी कोषागार में जमा होती थी। लगान न देने पर अंग्रेज सैनिकों द्वारा राजाओं और जमींदारों को यहाँ की जेल में कैद कर रखा जाता था। मार्च 1842 में राजा गंगाधर राव ने 40 हजार रुपये इसी कोषागार से निकाले थे, जिसका प्रमाण मौजूद है।

महारानी लक्ष्मीबाई और क्रान्ति

यहाँ यह प्रचलित है कि झाँसी की महारानी लक्ष्मीबाई द्वारा स्वराज के लिए सम्पूर्ण देश में एक साथ क्रान्ति का तानाबाना कालपी में 26 अक्टूबर, 1856 को धनतेरस के दिन गुप्त मंत्रणा में बना। इसमें दिल्ली के बहादुरशाह जफर सहित अनेक राजा सम्मिलित हुए। सभी यमुना जल मार्ग से आए थे। 31 मार्च, 1857 की तारीख क्रान्ति के लिए तय हुई थी। रोटी और कमल प्रतीक चिह्न व स्वराज का सन्देश छावनी-छावनी, गाँव-गाँव पहुँच चुका था। सभी क्रान्ति के लिए आतुर थे। रानी लक्ष्मीबाई ने झाँसी से ही क्रान्ति का सूत्रपात करने का निर्णय लिया। इसके फलस्वरूप झाँसी में आरूढ़ अंग्रेज सेना की चौदहवीं कैवलरी तथा नौगाँव स्थित बारहवीं बंगाल इन्फैन्ट्री के सिपाहियों में सहमति होते ही 4 जून, 1857 को प्रथम स्वतंन्त्रता क्रान्ति शुरू हो गई। इसे अंग्रेजों ने सिपाही म्यूनिटी करार दिया। यह क्रान्ति इसी स्टारफोर्ट, झाँसी से आरम्भ हुई थी।

आज की रिसालाचुंगी है उस क्रान्ति की जमीन

उस दिन रात्रि 8 बजे के समय जहाँ से क्रान्ति शुरू हुई, वर्तमान में वह स्थल रिसालाचुंगी के नाम से जाना जाता है। यहीं एकत्र होकर, जुलूस निकालकर सैनिक छावनी के सिपाही सफेद लिबास में घंटे बजाते, शंखनाद करते हुए स्टारफोर्ट के पश्चिमी छोर पहुँच गए। वहाँ उन्होंने दो बड़ी तोपों से स्टारफोर्ट की दक्षिणी बुर्ज को ध्वस्त कर दिया। अन्दर प्रवेश कर उन्होंने गोला, बारूद, असलहा तथा अन्य कोषागार को लूट लिया और कब्जा कर लिया। इसके बाद झाँसी के किले के पास भयंकर युद्ध हुआ। आखिर में सभी अंग्रेज अधिकारियों एवं उनके परिवारों ने रानी लक्ष्मीबाई के सामने समर्पण कर दिया। वे संरक्षण की गुहार लगा रहे थे। रानी ने अपने महल में ही उन्हें संरक्षण दिया। उनमें कुल 66 बच्चे, महिलाएँ, अंग्रेज अधिकारी और सैनिक थे। इस बीच कुछ ऐसा हुआ कि सुबह 8 जून को वे सभी एक कुएँ में मारकर फेंके हुए पाए गए। इस नृशंस घटना का सारा दोष अंग्रेज हुकूमत ने रानी लक्ष्मीबाई पर मढ़ दिया, जिसके फलस्वरूप रानी लक्ष्मीबाई आज भी ऑफेंडर या भगोड़ा घोषित हैं। उनकी समस्त सम्पत्ति, जो भारत में जहाँ भी थी, जब्त कर ली गई।

सिपाही क्रान्ति की आग क्रमशः कानपुर में 7 जून, ग्वालियर में 9 जून, लखनऊ में 14 जून, 1857 और पूरे देश में फैलती गई। इसका वर्णन इतिहासकारों ने अपनी

पुस्तकों में किया, लेकिन ब्रिटिश हुकूमत के पक्ष को ही प्राथमिकता दी गई। इसमें से चौदहवीं कैवलरी का नाम हटा दिया गया और बारह इन्फैन्ट्री का नाम अभिलेखों में दिखाया गया। क्रान्तिकारी सैनिकों ने झाँसी के किले पर 5 जून को आक्रमण कर दिया और 6 जून को अंग्रेज अधिकारियों ने हार का सामना होने पर इस घटनाक्रम की अपने अनुसार ही रिर्पोटिंग की, जिसका उल्लेख आज भी सच्चाई को घुमा-फिरा कर किया जाता है।

दबी पड़ी हैं अनगिनत कथाएँ

स्टारफोर्ट के इस महत्त्वपूर्ण गौरवशाली इतिहास से झाँसी की सेना, जनता और प्रशासन परिचित नहीं है। दरअसल यहाँ का वास्तविक इतिहास लिखा ही नहीं गया, ऐसा प्रतीत होता है कि 1857 की प्रथम राष्ट्रीय क्रान्ति, जिसका आगाज इसी स्टारफोर्ट (किला) से हुआ, वह इतिहास में दर्ज नहीं हो सका है। झाँसी के बुजुर्गों का दावा है कि यही क्रान्ति बाद में पूरे देश में स्वाधीनता संग्राम की ज्वाला बनी। अंग्रेजों ने इसे महज सिपाही म्यूटिनी के रूप में दर्ज किया और उसी रूप में आधुनिक इतिहासकार भी लिख रहे हैं। वास्तविकता यह है कि झाँसी यानी स्टारफोर्ट की ऐतिहासिक गाथा में अनेक वीर गाथाएँ हैं, जिनसे सामान्य भारतीयों को रूबरू होना चाहिए। भारतीय स्वाधीनता संग्राम का इतिहास तब तक लोगों के सामने ठीक से नहीं आएगा जब तक झाँसी के इस इतिहास को वास्तविक रूप में प्रस्तुत नहीं किया जाता।

[लेखक प्रसिद्ध समाजसेवी एवं इतिहासविज्ञ श्री मुकुंद मेहरोत्रा का उनके द्वारा प्रदत्त जानकारी हेतु हृदय से आभारी है।]

झाँसी मण्डल का काव्य परिदृश्य

डॉ. पुनीत बिसारिया*

झाँसी मण्डल का काव्य परिदृश्य चिरकाल से समृद्धि से परिपूर्ण रहा है। झाँसी के काव्य परिदृश्य की चर्चा करते समय झाँसी की भौगोलिक स्थिति के कारण उसमें उत्तर प्रदेश तथा मध्य प्रदेश के कतिपय स्थलों को सम्मिलित करना अपरिहार्य हो जाता है क्योंकि उत्तर प्रदेश के ललितपुर, जालौन, बाँदा, हमीरपुर, महोबा और चित्रकूट तथा मध्य प्रदेश के समीपवर्ती ओरछा, दतिया, टीकमगढ़, सागर, दमोह, छतरपुर और पन्ना को झाँसी से विलग करने पर हम झाँसी के काव्य वैभव के साथ पूर्णतः न्याय नहीं किया जा सकते। वस्तुतः झाँसी उत्तर प्रदेश तथा मध्य प्रदेश के विभक्त बुन्देलखण्ड की प्रतिनिधि नगरी है। इसीलिए आलेख के शीर्षक में नामकरण करते समय विशेष सावधानी बरतते हुए 'झाँसी' के स्थान पर 'झाँसी मण्डल' शब्द प्रयुक्त किया गया है।

वाल्मीकि की 'रामायण' में बुन्देलखण्ड की नैसर्गिक सुषमा पर मुग्ध होकर राम सीता से कहते हैं :

विचित्रं पुलिनां रम्यां हंस सारस सेवितां।
कुसुमै रूप सम्पन्नां पश्य मन्दाकिनी नदीम्॥

आपत्ति काल में इस धरती ने सर्वदा सभी को अपने अंचल की छाँव दी। मर्यादा पुरुषोत्तम भगवान श्रीराम जब तक इस अंचल में थे, तब तक सुरक्षित रहे और जैसे ही उन्होंने इस स्थल का त्याग किया, वैसे ही उन्हें पत्नी हरण का दुर्योग सहना पड़ा। 'रत्नाकर' दस्यु को 'महर्षि वाल्मीकि' इसी पुण्यभूमि ने बनाया। यह सब सोचकर ही सम्भवतः रहीम ने इस अंचल के विषय में लिखा था :

चित्रकूट में रमि रहे, रहिमन अवध नरेस।
जा पर बिपदा परत है, सो आवत यहि देस॥

यदि अतीत के पन्नों की ओर नज़र दौड़ाएँ तो पाते हैं कि वैदिक एवं संस्कृत काल से ही इस अंचल में काव्यात्मक संस्कारों का प्रस्फुरण होने लगा था। वस्तुतः भारतीय काव्य परम्परा के प्रारम्भिकतम सृजन का स्फुरण यहीं हुआ।

* सह आचार्य हिन्दी विभाग, बुन्देलखण्ड विश्वविद्यालय, झाँसी उ.प्र.।

वैदिक काल की अनेक ऋषिकाओं ने इस अंचल में जन्म लेकर अथवा इसे कर्मभूमि बनाकर ऋचाएँ लिखीं। ऋषि अगस्त्य और उनकी पत्नी लोपामुद्रा ने यहाँ निवास किया। लोपामुद्रा ने स्वयं ऋग्वेद की अनेक ऋचाएँ प्रकट कीं तथा अपने पति को गृहस्थ जीवन में होने के बावजूद तत्कालीन मान्यता से संघर्ष करते हुए गुरु मण्डल में स्थान दिलाया। ऋषि अंगिरा तथा विश्वकारा की सुपुत्री शरूवती ने पति के पुरुषत्व खो बैठने पर घोर तप से उन्हें पुनः पुरुषत्व की प्राप्ति करवाई और अनेक वैदिक ऋचाओं को अनुभूत किया। मान्यता है कि ऋषि दधीचि ने यहीं तपस्या की और उनकी अस्थियों से निर्मित वज्र से इन्द्र ने वृत्रासुर का संहार किया। उनकी तपोभूमि उनके इस अपरिमित त्याग के कारण ही रत्नगर्भा हुई, जिसे आज पन्ना के नाम से जाना जाता है। आदि कवि वाल्मीकि ने यहीं चित्रकूट में (वर्तमान लालापुर की पहाड़ी) रहकर 'रामायण' का सृजन किया। सम्भवतः गर्भिणी सीता ने गृहत्याग के पश्चात यहीं वाल्मीकि के आश्रम में निवास किया था। महर्षि वेद व्यास ने यहीं जन्म लेकर 'महाभारत' का प्रणयन किया, जो तत्समय 'जय', 'जयसंहिता' अथवा 'भारत महाकाव्य' के नाम से जाना गया। भगवान श्रीकृष्ण के 'श्रीमद्‌भगवद्‌गीता' के कर्मयोग को भी इसी महाकाव्य में शब्दरूप मिला। झाँसी के चिरगाँव से लगभग 25 किलोमीटर दूर बाघाट कौरवों तथा पांडवों के गुरु द्रोणाचार्य की जन्मस्थली है। मान्यता यह भी है कि कविकुलशिरोमणि कालिदास की जन्मस्थली भी यही धरा थी, परन्तु इसके बारे में पूर्ण विश्वास से कुछ कहना कठिन है। इस आधार पर यह निष्कर्ष निकालने में कोई हिचक नहीं होनी चाहिए कि वन-अरण्य से आवेष्टित यह भूमि अपने प्रारम्भिक समय में 'तपोभूमि' थी, जो झाँसी की रानी वीरांगना लक्ष्मीबाई तथा अनेक वीरों यथा—वीरवर लाला हरदौल, वीरवर आल्हा-ऊदल, बुन्देलखण्ड के शेर पन्ना नरेश अजेय महाराजा छत्रसाल, राजा गण्ड, मदनपाल, परमाल, वीरसिंह जू देव, चम्पतराय, खेतसिंह खंगार, झलकारी बाई, और सुन्दर-मुन्दर आदि तथा नन्द वंश का समूल नाश कर देने वाले कूटनीतिज्ञ विष्णुगुप्त चाणक्य के कूटनीतिक शौर्य से 'वीरभूमि' में परिणत हो गई।

यदि हिन्दी काव्य में झाँसी अंचल के योगदान पर दृष्टिपात करें तो पाते हैं कि सन् 1140 ईस्वी के आसपास से ही इस अंचल में साहित्यिक गतिविधियों का सूत्रपात होने लगता है। जनकवि जगनिक इस समय महोबा नरेश महाराज परमर्दिदेव अथवा परमाल के आश्रित होकर काव्य सृजन कर रहे थे। 'परमाल रासो' एवं 'आल्ह खण्ड' ग्रन्थ उनकी कीर्ति के आधार हैं। 'परमाल रासो' में परमाल नरेश की वीरता और न्यायप्रियता का बखान किया गया है। परमाल रासो की हस्तलिखित प्रति के एक छन्द से कवि की जन्मभूमि घटहरी ग्राम थी, ऐसा ज्ञात होता है। यह छन्द इस प्रकार है :

ग्राम घटहरी घर धर्‌यो, दो दुरगा महारानि।
जेठि देवल दे कहीं, लहुरी थी, जसखानि।
जगनिक ताही गाम कौ, वीर वृत्तिया भट्ट।
महराजा परमाल कौ, मित्त रहे रन सथ्थ।

जगनिक की कीर्ति पताका का मूल उत्स 'आल्हखण्ड' है। देश-काल की सीमाओं का अतिक्रमण कर यह सम्पूर्ण विश्व को अपने वीरत्व भाव का भान करा रहा है। इस ग्रन्थ के कुछ रौद्र रस के उदाहरण द्रष्टव्य हैं—

खट-खट-खट-खट तेगा बाजै, बोले छपक-छपक तलवार।
चलै जुनब्बी औ गुजराती, ऊना चलै बिलायत क्यार।
तेगा चटकैं बर्दवान के, कटि-कटि गिरैं सुघरुआ ज्वान।
पैदल के संग पैदी अभिरे, औ असवारन ते असवार।
हौदा के संग हौदा मिलिगै, ऊपर पेश कब्ज की मार।
कटि-कटि शीश गिरै धरनी में, उठि-उठि रुण्ड करैं तलवार।
आठ कोस के तहँ गिरदा में, अन्धाधुन्ध चलै तलवार।

जनकवि जगनिक के बाद सर्वाधिक महत्त्वपूर्ण नाम विष्णुदास का आता है, जिनके 'रामायण कथा', 'महाभारत कथा', 'स्वर्गारोहण कथा', 'रुक्मिणी मंगल' तथा 'सनेह लीला' महत्त्वपूर्ण ग्रन्थ हैं। विष्णुदास को हिन्दी का पहला रामकथा एवं कृष्णकथा प्रणेता माना जाता है। ये सन् 1450 ई. के आसपास काव्य सृजन कर रहे थे, जो वल्लभाचार्य से पहले का समय है। 'रामकथा' महाकाव्य से एक उदाहरण द्रष्टव्य है :

सत्त बिनु पुरुष न कोई लहै, ऐसो बचन कौसल्या कहै।
वाचा सत्य प्रीत अरु धर्म, यह ई धर्म जो उत्तम कर्म।

महाभारत कथा 'छह पर्वों'—आदि पर्व, सभा पर्व, वन पर्व, विराट पर्व, उद्योग पर्व और राज्यारोहण पर्व में विभक्त है। इसका एक उदाहरण निम्नलिखित है :

विनसै मन्दिर रावर पासा, विनसै काज पराई आसा।
विनसै बिधा कुसीषि पढ़ाई, विनसे सुन्दरि पर घर जाई।
विनसै रुख जो नदी किनारे, विनसै घरू न चलै अनुसारे।
विनसै खेती आरसु कीजै, विनसै पुस्तक पानी भीजै।

'स्वर्गारोहण कथा' पाण्डवों के स्वर्गारोहण पर आधारित है, जो महाभारत की कथा का ही एक अंश है। इसके एक अंश में कलि काल के आगमन पर समाज में उत्पन्न होने वाली बुराइयों की चर्चा की गई है :

कलि के बिप्र बिगरि रहैं देवा, महू मोर मदु मछरी खावा।
बिनु अस्नाने भोजन करईं, हरि की पूजा चित्त न धरईं।
कलि में गर्भ डारिहे नारी, अन्यायी बसैं नगर मझारी।
कलि मैं कन्या बेचै बापू, महा जु कलि में चलिहै पापू।

'रुक्मिणी मंगल' तथा 'सनेह लीला' कृष्णलीला पर आधारित काव्य ग्रन्थ हैं। 'रुक्मिणी मंगल' में भगवान श्रीकृष्ण तथा रुक्मिणी के विवाह की कथा है। इस

सरल तथा पारम्परिक कथा में भी कवि ने सौन्दर्य सम्बन्धी अपनी दृष्टि के यत्र-तत्र दर्शन कराए हैं :

मोहन महलन करत बिलास।
कनक मन्दिर में केलि करत हैं और कोउ नहिं पास।

'सनेह लीला' में कवि ने श्रीकृष्ण द्वारा उद्धव को गोपियों को निर्गुण का सन्देश देने के उद्देश्य से ब्रज भेजने के प्रसंग को लिया है, किन्तु अन्त में वे गोपियों के सगुण भक्ति रूपी कृष्ण प्रेम से प्रभावित होकर लौटते हैं—

अस गोपिन के प्रेम की, महिमा कहूँ अनन्त।
मैं पूछौं घटमास सौं, तहूँ न पायो अन्त॥

उनके परवर्ती सूरदास ने सम्भवतः विष्णुदास से प्रेरणा लेकर ही उद्धव-गोपी प्रसंग की उद्भावना की होगी।

हिन्दी साहित्यकाश के दैदीप्यमान नक्षत्र गोस्वामी तुलसीदास की जन्मभूमि के विषय में विद्वान एकमत नहीं हैं। अनेक साक्ष्यों एवं गीता प्रेस, गोरखपुर द्वारा प्रकाशित 'श्रीरामचरितमानस सटीक' से उनकी जन्मभूमि राजापुर, बाँदा प्रमाणित होती है, जो वर्तमान बुन्देलखण्ड परिक्षेत्र में आती है। कविवर ने भी चित्रकूट को अनेक स्थलों पर श्रद्धापूर्वक स्मरण किया है। तुलसी की काव्य प्रतिभा विलक्षण थी। 'श्रीरामचरितमानस' उनकी ख्याति का उच्चतम आधार है, जो उनके प्रयाण के लगभग 400 वर्षों के बाद आज भी जन-जन का कंठहार बना हुआ है। 'विनयपत्रिका', 'कवितावली', 'गीतावली', दोहावली', 'बरवै रामायण', 'रामललानहछू', 'श्रीकृष्णगीतावली', 'रामाज्ञा प्रश्न', 'जानकी मंगल', 'पार्वती मंगल', 'वैराग्य सन्दीपनी' प्रभृति उनके द्वारा प्रणीत अन्य महत्त्वपूर्ण ग्रन्थ हैं। इनके काव्य में दोहा, चौपाई, सोरठा, रोला, कवित्त, बरवै, छप्पय, तोमर, नाराच आदि विपुलता से प्रयुक्त हुए हैं। 'श्रीरामचरितमानस' में गोस्वामी जी एक व्यक्ति, एक परिवार, एक समाज, एक राजा, प्रजा और विभिन्न रिश्तों के उच्चतम रूप की छवि को 'राम' के माध्यम से उकेरते हैं तथा एक 'रामराज्य' का स्वरूप गढ़ते हैं, ऐसा राम हो जो 'गरीबनिवाज' हो, ऐसा रामराज्य हो जहाँ कोई 'अबुध' और 'लक्षणहीन' न हो और सब नर 'परस्पर प्रीति' से रहते हों। उनका रामराज्य ऐसा श्रेष्ठतम समाज है कि उसके गुणों का बखान शेषनाग जी और सरस्वती जी भी नहीं कर सकतीं :

रामराज कर सुख सम्पदा, बरनि न सकइ फनीस सारदा।

दरअसल तुलसीदास जी के समय में मुग़लों विशेषकर अकबर और जहाँगीर का शासन था, जिनकी सनातन धर्म के प्रति वैमनस्य की भावना स्वतः स्पष्ट थी। इसीलिए मानस के उत्तरकांड में उन्होंने उनकी निन्दा करते हुए लिखा :

नृप पापपरायन धर्म नहीं, करि दंड बिडंव प्रजा नित हीं।

इससे भी आगे जाकर दोहावली में वे अकबर का उपहास उड़ाते हुए लिखते हैं :

गोंड गँवार नृपाल महि, जमन महामहिपाल।
साम न दाम न भेद कलि, केवल दंड कराल॥

अकबर के 'दीने इलाही' पर प्रहार करते हुए वे कहते हैं :

कलिमल ग्रसे धर्म सब, लुप्त भए सद्ग्रन्थ।
दंभिन्ह निज कल्प करि, प्रगट किए बहु पन्थ॥

पृथ्वी के राजाओं के दरबारों पर आक्षेप करते हुए वे कहते हैं :

बड़े बिबुध दरबार तें, भूमि भूप दरबार।
जापक पूजत पेखियत सहित निरादर भार॥

अब ऐसे में राम का आदर्श ही समाज को प्रबोधन और प्रेरणा प्रदान कर सकता था। ऐसे में उन्हें 'राजसत्ता' के बरक्स एक 'लोकमान्य सत्ता' का आदर्श प्रस्तुत करना था, जो रामकथा से ही पूर्ण हो सकता था।

कन्हरदास सन् 1530 ई. के आसपास काव्य सृजन कर रहे थे। उनका जन्म तत्कालीन ओरछा राज्य के पथरेड़ी ग्राम में हुआ था, जो वर्तमान समय में झाँसी के बामौर ब्लॉक में आता है। वे ओरछा नरेश महाराज मधुकर शाह के आश्रित थे। ओरछा में श्री रामराजा सरकार की प्रतिष्ठापना के पावन अवसर पर महाराज मधुकर शाह ने उन्हें भदरेह ग्राम की 311 बीघा जमीन देते हुए 'स्वामी' के पद से विभूषित किया था। आचार्य केशवदास ने उन्हें सम्मानपूर्व स्मरण करते हुए लिखा है :

करि कै अपने प्रेमप्रकास, पहिराए द्विज कान्हरदास।

कवि कन्हरदास का एक ही ग्रन्थ प्राप्त हुआ है, जिसका नाम अस्पष्ट है। उनके पदों में श्रीराम की स्तुति तथा अपने आश्रयदाता महाराज मधुकर शाह एवं महारानी गणेश कुँवर की प्रशंसा मिलती है। प्रभु श्रीराम के प्रति उनकी भक्ति दास्य भाव की है, जिसका एक उदाहरण निम्नलिखित है :

मन नहिं लागत प्रभु की ओर।
काम-क्रोध लोभादि मोद-मद, कठिन करै बरजोर।
मैं बहु विनय करत ही हारौ, मानत नाहिं निहोर।
कन्हर प्रभु के सरन भए तै, भागि जाँय सब चोर।

ओरछा नरेश महाराज मधुकर शाह स्वयं भी अच्छे कवि थे। उन्होंने अपने गुरुदेव हरिराम व्यास को वृन्दावन से ओरछा आकर रहने हेतु निवेदन करते हुए एक काव्यमय पत्र लिखा था, जो इस प्रकार था :

ओरछो वृन्दावन सों गाँव
गोबरधन सुख सील पहरिया
जहाँ चरत हैं गाय।
जिनकी पद रज उड़त सीस पर
मुक्त-युक्त हो जाय।
सर्पधार मिल बहत बेतवा
जमना जल उन्मान।

इसके उत्तर में उनके गुरु ने उन्हें काव्यात्मक आशीर्वाद देते हुए वृन्दावन में ही रहने की इच्छा प्रकट की थी तथा ओरछा की सुख-समृद्धि की कामना की थी :

रुचत माहि वृन्दावन कौ साग
कंद-मूल-फल-फूल जीविका
मैं पाई बड़भाग।
घृत-मधु-मिश्री-मेवा
मेरे या ये छाग।
एक गाय पै बारौं
कोटिक ऐरावत से नाम
जमुना जल पै बारौं।

महाराज मधुकर शाह के ज्येष्ठ पुत्र रामशाह भी भक्त कवि थे। उनकी भक्ति रस से परिपूर्ण एक कविता द्रष्टव्य है :

प्रभु तुम अपनो कर मोहि जानौ।
रामशाह मधुकर कौ बेटा ता नाते मोय मानौ।
कंठी तिलक छाप उर माला
येई भक्त कौ बानौ।
वचन कहत सुधि रही
न मोको हतो प्रेम को सानौ।
देउ दरस अब आदि बिहारी
लखौ सो सकल जमानौ।
जौ पुर नृपत परीछा कारन
कपट रूप कौ ठानौ।
जौं प्रन पूरौ होय न मोरौ
तुरतइ देनौं तानौ।
तातै लाज राख दो प्रन की।
जनम भक्त पहचानौ।

गुलाब कवि महाराज रामशाह के आश्रित कवि थे। उनका जन्म सन् 1540 ई. के आसपास ओरछा में हुआ थे। ये भक्त कवि थे। इनकी भक्ति में दास्य भाव परिलक्षित होता है :

अस सब तामै सब तामै सब तामै हतु
सो है सब तामै गुन इष्ट ब्रजवारी है।
अर्थिन कौ काम तर काम तर काम तर का मधुवा
कूरम सुजान जस वेद पनवारी है।
मोरपच्छिवारौ पच्छिवारौ कंत लच्छिवारौ
तन-मन वारौ सुरधेन धिरवारौ है।

जालिम दसारौ पति वारौ नलपति धारौ
राम रखवारौ प्रभुता कौ रखवारौ है।

माना जाता है कि महाकवि बलभद्र मिश्र ओरछा निवासी पंडित काशीनाथ मिश्र के सुपुत्र तथा आचार्य केशवदास के अग्रज थे। इनका जन्म ओरछा में हुआ था। 'बलभद्री व्याकरण', 'हनुमन्नाटक', 'नखशिख वर्णन', 'गोवर्धन सतसई', 'दूषण विचार' आदि उनके प्रमुख ग्रन्थ हैं। आपने अपनी रचनाओं में नायिका भेद, नख-शिख वर्णन तथा विविध अलंकारों का सुन्दर प्रयोग किया है। नायिका के सौन्दर्य का एक चित्रण निम्नवत है :

पाटल नयन को कनद कैसे दल दोउ,
बलभद्र बासर अनींदी लखी बाल में।
सोभा के सरोवर में बाडव की आभा कैंधों,
देव धुनी भारती मिली है पुण्य काल में।
काम कै बरत कै धो नासिका उडप बैठो,
खेलत सिकार तरुनी के मुख तान में।
लोचन सितासित में लोहित लकीर मानों,
बाँधे जुग मानि रेसम की डोर लाल में।

ओरछा नरेश महाराज इन्द्रजीत का शासन काल सन् 1648 से 1662 ई. है। वे 'धीरज नरेन्द्र' उपनाम से काव्य सर्जना करते थे। आचार्य केशवदास इनके ही राज्याश्रित थे। इनके दरबार में ही राय प्रवीन अपनी कला का प्रदर्शन करती थी। जब मुग़ल सम्राट अकबर ने राय प्रवीन को अपने दरबार में उपस्थित होने का आदेश दिया तो वे विचलित हो गए थे क्योंकि राय प्रवीन से इनका प्रेम सम्बन्ध था। कविता के माध्यम से अपनी प्रेमिका राय प्रवीन की कमनीयता का चित्रण करते हुए उन्होंने लिखा था :

वह हेरनि अरु वह हँसनि, वह मधुरी मुसक्यानि।
वह खैंचानि भरसान की, हिय महँ खटकत आनि॥

स्पष्ट है कि श्रृंगार निरूपण में उनकी विशेष रुचि थी। उनके कुछ अन्य छन्द भी द्रष्टव्य हैं :

चहचही चटकीली चुनि-चुनि चातुरी सौं,
चोखी चारु चाँदनी की रंगी, रंग गहरे।
कंचन किनारी तापै लागी छोर लौहैं खुली,
दामिनी सी गोरे गाँव प्यारी सारी पहरे।
'इन्द्रजीत' धनुष सों कहीं न परत छबि,
आनन झलक चहुँ ओर ऐसी छहरे।
गहगही लसैं ये लहरिया की लहरें।

रामकथा के तीन सर्वश्रेष्ठ गायक हुए हैं, ये हैं— महर्षि वाल्मीकि, गोस्वामी तुलसीदास और केशवदास। यह सुखद संयोग है कि तीनों की जन्मस्थली बुन्देलखण्ड

रही है किन्तु रेखांकित करने योग्य तथ्य यह है कि भारतीय और विश्व मनीषा ने महर्षि वाल्मीकि और गोस्वामी तुलसीदास के कृतित्व को तो पर्याप्त सम्मान एवं यश दिया किन्तु आचार्य केशवदास को इससे वंचित रखा, जो अत्यन्त खेद की बात है। दुर्भाग्यवश उनका आचार्य रूप उनके कवि रूप पर भारी पड़ा और उनके कवित्व की शक्ति साहित्य संसार में उपेक्षा का शिकार हो गई। यद्यपि यह भी सत्य है कि प्रारम्भ से ही विद्वानों ने आचार्य केशवदास को सूर और तुलसी के बाद हिन्दी का सर्वश्रेष्ठ कवि स्वीकार किया है और यह लोक प्रचलित उक्ति इस बात का पुष्ट प्रमाण है :

सूर-सूर तुलसी ससी, उड्डगन केसवदास।
बाकी कवि खद्योत सम, जहँ-तहँ करत प्रकास॥

किन्तु केशव की विद्वत्ता और उनके आचार्यत्व के कारण उन्हें क्लिष्ट, कठिन काव्य का प्रेत, हृदयहीन कवि आदि अभिधान देकर साहित्य जगत से बहिष्कृत रखने की दुरभिसन्धि उनके इस धरा से जाने के बाद से ही शुरू हो गई थी और उनके विरोधियों ने यह प्रचारित करना प्रारम्भ कर दिया :

कवि कौ देन न चहै बिदाई, पूछिए केसव की कविताई।

इस प्रचलित उक्ति के यथातथ्य होने में मुझे भारी सन्देह है क्योंकि केशव जैसा कवि जो स्वयं राजाओं के दरबार में रहा हो तथा अपने आश्रितों का कृपापात्र रहा हो, क्या उसकी कविता समझे बगैर उसके आश्रयदाता नरेश उसे सम्मान एवं धन-धान्य देते रहे होंगे; वह भी एक नहीं अनेक राजागण। जोधपुर नरेश महाराज चन्द्रसेन, ओरछा नरेश महाराज इन्द्रजीत सिंह, ओरछा नरेश महाराज वीरसिंह जूदेव तथा उनके बड़े भाई रामशाह, मेवाड़ नरेश राणा अमरसिंह जैसे केशव के आश्रयदाता नरेशों ने उनकी कविताओं को समझे बिना उन्हें इतना मान-सम्मान तो नहीं दिया होगा।

आचार्य रामचन्द्र शुक्ल सम्भवतः इसी कारण भ्रमवश लिख बैठे—'केशव को कवि हृदय नहीं मिला था। उनमें वह सहृदयता और भावुकता नहीं थी, जो एक कवि में होनी चाहिए।' अब उनके इस वक्तव्य से भला कैसे सहमत हुआ जा सकता है! बिना कवि हृदय पाए कोई कवि कैसे कई राजाओं का स्नेहभाजक हो सकता है? रसिकप्रिया का प्रणेता रसहीन कैसे? रसिकप्रिया में राधा के षोडश श्रृंगार वर्णन में वे लिखते हैं :

प्रथम सकल सुचि मंजन अमल बास,
जावक सुदेस केस-पास को सुधारिबो।
अंगराग भूषन बिबिध मुख-बास-राग,
कज्जल-कलित लोल लोचन निहारिबो।
बोलनि हँसनि मृदु चातुरीं चितौनि चारु,
पल-पल प्रति पतिव्रत प्रतिपारिबो।
'केसोदास' सबिलास करहू कुँवरि राधे,
इहिं बिधि सोरह सिंगारनि सिंगारिबो।

उपर्युक्त पंक्तियों में शृंगार रस की छटा स्पष्ट है। यदि विनोदप्रियता रससृजन की शर्त है तो प्रस्तुत हैं उनकी बहुप्रचलित-बहुसन्दर्भित पंक्तियाँ, जिनमें बाल सफेद हो जाने पर नवयुवतियों द्वारा उन्हें बाबा कहकर सम्बोधित करने पर व्यथित होकर उन्हें कहना पड़ा :

केशव केसन असि करी, जस अरिहू न करायँ।
चन्द्र वदनि मृग लोचनी, बाबा कहि-कहि जायँ॥

मूल गुसाईं चरित में भी उनके रसिक रूप की चर्चा आई है। बाबा वेणीमाधवदास ने केशव-तुलसी मिलन प्रसंग की चर्चा करते हुए मूल गुसाईं चरित में लिखा है :

कवि केशव दास बड़े रसिया।
घनस्याम सुकुल नभ के बसिया।

आचार्य केशवदास

इसी रचना में आगे वर्णित है कि जब केशवदास गोस्वामी तुलसीदास से मिलने हेतु गए तो तुलसीदास ने 'प्राकृत कवि को आने दो' कहकर उनका अपमान किया। इससे रुष्ट होकर वे वापस लौट गए और रामचन्द्रिका के प्रणयन के बाद तुलसीदास जी से मिले। इससे स्पष्ट है कि उनमें कितनी प्रचुर कवित्व शक्ति रही होगी। केशव के गम्भीर कवि रूप पर ही आलोचकों का ध्यान गया है किन्तु उनकी हास्यवृत्ति की उपेक्षा कर दी गई है। डॉ. हीरालाल दीक्षित ने रसिकप्रिया से दो उदाहरण सन्दर्भित किए हैं, जिनमें उनकी हास्यप्रियता वर्णित है :

आई है एक महावन ते कतय गावत मानो गिरा पगुधारी।
सुन्दरता जनु काम की कामिनी बोलि कह्यो वृषभानु दुलारी।
गोपिकै ल्याइ गुपालहि वै अकुलाइ मिली उठि सादर भारी।
केशव भेंटत ही भरि अंक हँसी सब कीक दै गोपकुमारी।

(रसिकप्रिया छन्द संख्या 16)

× × ×

सखि बात सुनो इक मोहन की निकसी मटुकी शिरी हलकै।
पुनि बांधि लई सुनिये नत नारु कहूँ कहुँ बूँद करी छलकैं।
निकसी उहि गैल हुते जहँ मोहन लीनी उतारि जबै चलकै।
पतुरी धरी श्याम खिसाइ रहे उत ग्वाल हँसी मुख आँचल कै।

(रसिकप्रिया छन्द संख्या 17)

कहा जा सकता है कि केशवदास को एक समर्थ आलोचक नहीं मिला, जो उनके कविकर्म की प्रवृत्तियों को सतत उद्घाटित करते हुए उन्हें उनके बहुप्रतीक्षित स्थान पर प्रतिष्ठित करता। दूसरी समस्या चिरप्राचीन काल से उनके सम्बन्ध में

चला आ रहा क्लिष्टता भय और आचार्य शुक्ल द्वारा उन पर प्रश्नचिह्न लगाना था। यद्यपि छिटपुट तौर पर उन्हें स्थापित करने के प्रयत्न अवश्य हुए जो सम्भवत: यथेष्ट नहीं थे। आज आवश्यकता इस बात की है कि हिन्दी काव्यशास्त्र के प्रवर्तक के रूप में, रामभक्ति शाखा के प्रमुख स्तम्भ के रूप में, रीतिकाल के महत्त्वपूर्ण कवि के रूप में, कृष्णभक्ति शाखा के गायक के रूप में, कवित्व शक्ति के सर्वश्रेष्ठ निरूपक के रूप में, एक उत्कृष्ट काव्य शिक्षक के रूप में तथा सर्वांगत: एक महाकवि-आचार्य के रूप में उनकी पुनर्प्रतिष्ठा हो तभी हम इस महान कवि के प्रति न्याय कर सकेंगे।

राय प्रवीन बुन्देलखण्ड की सुविख्यात नर्तकी तथा काव्य-संगीत कला एवं छन्दशास्त्र में प्रवीण थीं। ये आचार्य केशवदास की कृपापात्र शिष्या तथा महाराज इन्द्रजीत की प्रिया एवं उनके दरबार की नृत्यांगना थीं। आचार्य केशवदास ने 'कविप्रिया' ग्रन्थ का प्रणयन राय प्रवीन को काव्य कला का ज्ञान देने के उद्देश्य से किया था। 'कविप्रिया' में आचार्य केशवदास ने राय प्रवीन की प्रशंसा करते हुए लिखा है :

राय प्रवीन की सारदा, सुचि रुचि रंजित अंग।
वीना पुस्तक धारिनी, राजहंस युत संग।
वृषभ वाहिनी, अंग युत, बासुति लसति प्रवीन।
सिव संग सोहे सर्वदा, सिवा की राय प्रवीन।

राय प्रवीन ने 'नायिका भूषण' तथा 'प्रवीण विनोद' की रचना की। इन ग्रन्थों में उन्होंने अपने गुरु की भाँति ही नायिका भेद तथा आलंकारिकता का प्रचुर मात्रा में प्रयोग किया है। राय प्रवीन की काव्य प्रतिभा, नृत्य कौशल एवं संगीत ज्ञान की चर्चा जब मुग़ल सम्राट अकबर तक पहुँची तो उसने राय प्रवीन को अपने दरबार में उपस्थित होने का आदेश दिया किन्तु ओरछा नरेश महाराज इन्द्रजीत के राय प्रवीन को भेजने से आनाकानी करने पर क्रुद्ध होकर उसने उन पर एक करोड़ का जुर्माना लगा दिया। तब आचार्य केशवदास राय प्रवीन को लेकर अकबर के नवरत्नों में से एक बीरबल के पास पहुँचे। बीरबल के कहने पर अकबर ने जुर्माना माफ कर दिया लेकिन राय प्रवीन को दरबार में उपस्थित किए जाने को कहा। कहा जाता है कि अकबर ने राय प्रवीन से काव्यमय प्रश्न किए, जिनका उत्तर राय प्रवीन ने कविताओं में ही दिया। माना जाता है कि जब अकबर उन पर आसक्त हुआ तो उन्होंने इन पंक्तियों से न सिर्फ अपनी लाज बचाई, अपितु अकबर को भी पानी-पानी कर दिया :

बिनती राय प्रबीन की, सुनिए साह सुजान।
जूठी पातर भखत है, बारी, बायस, स्वान।

बालकृष्ण मिश्र महाकवि बलभद्र मिश्र के पुत्र तथा आचार्य केशवदास के भतीजे थे। काव्य सृजन उन्हें दाय में प्राप्त हुआ था। आपने 'रस चन्द्रिका' ग्रन्थ की रचना की थी। आपका रचना काल सन् 1615 ई. के आसपास था। शिवसिंह सरोज तथा

मिश्र बन्धु ने इन्हें मिश्र महाकवि बलभद्र मिश्र का पुत्र तथा आचार्य केशवदास का भतीजा तो माना है किन्तु इनका नाम बालकृष्ण त्रिपाठी लिखा है, जो सम्यक् नहीं प्रतीत होता। इनकी काव्य प्रतिभा का एक उदाहरण नीचे दिया जा रहा है :

सम्पति सुमति नीकी, विपति सुधीन नीकी,
गंगा तीर मुक्ति नीकी, नीकी टेक राम की।
पतिव्रता नारी नीकी, परहित बात नीकी,
चाँदनी सुराति नीकी, नीकी जाति काम की।
'बालकृष्ण' वेदविद, उग्र नीकी भूसुर की,
भक्ति नीकी, नीकी है, रहनि हरिधाम की।
अगन की हानि नीकी, तात की मिलनि नीकी,
सुर मिलि तानि नीकी, प्रीति नीकी राम की।

ओरछा में जन्मे 'प्रताप हजारा' के रचयिता खेमराज ने इस ग्रन्थ के माध्यम से राजा रुद्रप्रताप के नौ पुत्रों का वर्णन किया है। इस ग्रन्थ में उनकी श्रृंगारवृत्ति भी देखी जा सकती है :

आनन्द कन्द वृन्दावन सरद मन्द-मन्द पवन,
कुसुम पुंज ताप दवन धुनित कल कुटीरे।
रुधित किंकिनी सुचारु नूपुर तिनि वलय हारु,
अंगबर मृदंग ताल तरंग रंग भीरे।
गावत अति रंग रहौ निरखि नैन सीरें।

ओरछा नरेश महाराज मधुकर शाह के राजगुरु पंडित हरिराम शुक्ल 'व्यास' जी श्रेष्ठ कवि थे। इनका जन्म ओरछा में हुआ था। मिश्र बंधुओं ने इनका रचनाकाल सन् 1552 ई., ग्रियर्सन ने सन् 1555 ई. तथा वियोगि हरि ने सन् 1563 ई. माना है। व्यास जी पहले गौड़ सम्प्रदाय में दीक्षित थे, किन्तु कालान्तर में हित हरिवंश के शिष्य होकर राधावल्लभी सम्प्रदाय में दीक्षित हो गए थे। नाभादास ने भक्तमाल में उनके ग्रन्थ 'रास रसिक' को अत्यन्त महत्त्वपूर्ण माना है। रासपंचाध्यायी मूलतः भागवत पुराण के दशम स्कंध के उन्तीसवें से लेकर तैंतीसवें अध्याय तक के पाँच अध्यायों को कहते हैं। इसमें भगवान श्रीकृष्ण की रासलीला का वर्णन है। सूरदास, नन्ददास और रहीम की भाँति आपने भी रासपंचाध्यायी का आधार लिया है, किन्तु उनकी रासपंचाध्यायी की साखियों में अपेक्षाकृत मौलिकता है तथा अंधानुकरण की प्रवृत्ति न होकर उनके समाज सुधारक एवं उपदेशक रूप के दर्शन होते हैं। एक उदाहरण देखते हैं :

व्यास मिठाई विप्र की तामे लागे आगि,
वृन्दावन के स्वपंच की जूठनि खैए मांगि।
मुहरै मेवा अनन्त के मिथ्या भोग विलास,
वृन्दावन के स्वपंच की जूठनि खैए व्यास।

बलभद्र कायस्थ का जन्म सन् 1553 में ओरछा में हुआ था और वे ओरछा नरेश रामशाह के दरबारी कवि थे। इन्होंने 'अबुल फजल' नामक ग्रन्थ लिखा, जिससे एक उदाहरण नीचे दिया जा रहा है :

अहो वीर रनवीर मिश्र चिर सिंध सुनिज्जय,
साह वजीर निकम्म ताहि को मंच कहिज्जय।
बांह साल कर लई तख्त यह औरहि दिज्जय,
सो कंटक मम तार जगत में जस लै लिज्जय।
जहाँगीर इम उच्चारहि तुमहि आय दिल्ली तखत,
अब्बल फजल बिनास करि लौट मिलब जाही बखत।

केहरि कवि भी ओरछेश रामशाह के दरबार में रहते थे। इनका जन्म सन् 1563 ई. में ओरछा में हुआ था। इनकी रचनाओं के विषय में प्रामाणिक जानकारी नहीं है, किन्तु मोतीलाल त्रिपाठी 'अशान्त' ने अपने ग्रन्थ 'बुन्देलखण्ड का साहित्यिक इतिहास' में इनकी एक रचना उद्धृत की है, जो निम्नवत है :

इतै साहिजादे जू बनाए सार मोरचनि,
उतै कोट भीतर दबाए दल है रह्यौ।
केहरि सुकवि कहै सूर मोह से अधीन,
तहाँ अब तरनि तमासै आनिबे रह्यौ।
औचक गलीन में गनामि दल गाति उठ्यौ,
तुण्ड गजराजन के मद आगे च्वै रह्यौ।
समर संहारै भट भेदे रविमण्डल कौ,
मण्डल घरी कनक कुंडल सो ह्वै रह्यौ।

केशव के अनन्य मित्र पतिराम सुनार का जन्म ओरछा में सन् 1563 में हुआ था। इनकी रचना का एक अंश निम्नवत है :

एक समै सम गोपि कुमारि पै, खेलत अधिक रात विहरानी।
हौ हूँ दाई दूरिबे कौ जहाँ, दुरिबै कौ जहाँ, सुदुरयों तहाँ मोहन हौं अभिमानी।
ये पतिराम लखै जब तै, तब तै पल एक नहीं हहरानी।
भागि अटा ते गई सिगरी, यों घटा तें मनों बिजुरी बिझुकानी।

श्री मित्रमिश्र ओरछेश राजा वीरसिंहजूदेव के आश्रित थे। उन्होंने काव्य तथा काव्येतर विधाओं में समान रूप से लेखनी चलाई। 'आनन्दकंद' चम्पू काव्य उनकी साहित्यिक मेधा का सुफल है।

बुन्देलखण्ड के सरस कवि के रूप में विख्यात कवि मतंग का जन्म ओरछा में सन् 1570 के आसपास हुआ था। इन्होंने 'वीरसिंह विजय' ग्रन्थ लिखा था जिससे एक अंश उद्धृत किया जा रहा है :

कहै बलभद्र अमरेस कृपाराम दोउ,
मूरतसिंह धारूसा बड़े मान वारे हैं।

दुर्गसिंह पाइक बुन्देला हैं दलीप सिंह,
छुट्टे नकीब दउवा जालम झुवारे हैं।
काइथ कल्यान मनमोहन अमोल सिंह,
मेरे तट जल घट कराद दातारे हैं।
गेही सूर सोरा विरसिंह देव संघ राख,
बड़े-बड़े राजन के दाँत तोर डारे हैं।

कल्याण मिश्र का जन्म सन् 1580 के आसपास ओरछा में हुआ था। मिश्र बंधुओं ने इन्हें अमरकोष का रचयिता माना है। 'शिवसिंह सरोज' में संकलित इनका एक कवित्त निम्नलिखित है :

नैन जग राते माते प्रेममय देखियत,
आनन जम्हात ठौर ठौरनि खगात हैं।
कचरा कुटनि लागै अधरनि और कौर,
सकुच सरम नहिं सोहैं सोहैं खात हैं।
केसव कल्यान प्रानपति जानि पाए जाहु,
नेकु पहिचानी सब हौ तिहारी बात हैं।
धौलि-धौलि बतियाँ न छैल बर बोलौ कहूँ,
कट कै छिपाएते छपाकर छिपात हैं।

केशव पुत्रवधू नाम से एक कवयित्री हुई हैं, जिनका जन्म सन् 1580 ई. के आसपास हुआ था। कहा जाता है कि एक बार इनके पति तरुणावस्था में ही वैराग्य से ग्रस्त हो गए थे। उसी समय केशव पुत्रवधू के पैर पर एक बकरे ने अपना पैर रख दिया। उस समय अपने पति को सुनाते हुए इन्होंने कहा था :

जैहे सबै दुखि भूलि तनै जब नैकत दृष्टि दे मो ते चितैहे।
भूमि में आंकु बनावट भेटति पोथी लिए सबरे दिन जैहैं।
दुहाई कका जी की साँची कहौ गति प्रीतम के तुम हूँ कौ दैहै।
मानो तो मानो भलै अजिया सुत कैहौ कका जू सो तोहै पठैहै।

रामजू कवि ओरछा नरेश सुजान सिंह के आश्रित कवि थे। इनका जन्म सन् 1605 में ओरछा में हुआ था। आपकी रचना से एक उदाहरण दिया जा रहा है :

बारिजात बारिजात दोऊ पारिजात देखि,
प्रबल प्रताप की कुमाच कुमलाती हैं।
आबन दिखात आफ़ताब सो भुलात देखि,
ग़ालिब गुलाब को गरूर गरकाती हैं।
रामजू सुकवि जाहिं देखत प्रकाश होत,
पाप की पनाली पास पास ह्वै बिलाती हैं।
राधा ठकुराइन कै पाँवन कै तीर कवि,
उक्ति मँडराती खिसियाती फिरि जाती हैं।

परमेश बन्दीजन केशवदास के समकालीन थे। आपका श्रृंगार वर्णन अत्यन्त उत्कृष्ट है। एक उदाहरण देखते हैं :

आवती जावती कितै वट पूजन बाल बाका छू कै सनेह नहिं,
ठाड़ौ रहै उत लालची लाल सनेह सों हूसे जात बनै नहिं।
बीत गई तिथियो परमेस जू औ तियान की भाँति मनै नहिं,
सांवरी सूरत सों अटकी वटकी भट भाँवरी देत गनै नहिं।

शिवलाल मिश्र का जन्म सन् 1625 के आसपास ओरछा में हुआ। इन्हें केशवदास का प्रपौत्र माना जाता है। कहा जाता है कि एक बार ये श्रीजगन्नाथ जी के दर्शन करने गए। उन दिनों वहाँ यह नियम था कि जो भगवान को 18 रुपये चढ़ाएगा, वही दर्शन कर सकेगा। इन्हें यह परम्परा अनुचित लगी तो इन्होंने तत्काल एक सवैया सुनाया :

जात जुलाहे जुरे दरजी, मरजी में मिल्यौ चक चूकि चमारौ।
दीनन की कह कौन सुनै, निसि धौस रहै इन ही को अखारौ।
को 'शिवलाल' की बात सुने, दीनानाथ कै द्वार पै कोउ पुकारौ।
ऐसे बड़े करुणाकर कौ, इन पाजिन ने दरबार बिगारौ।

प्रवीण कवि का जन्म सन् 1635 में ओरछा में हुआ था। 'हजारा' इनका प्रमुख ग्रन्थ है। ये नीतिपरक और शान्त रस की रचनाएँ करने के लिए विख्यात हैं। एक उदाहरण देखिए :

क्रूर भए कुँवर मजूर भए मालदार, सूर भए गुपति अजूर भए जबर,
दाता भए कृपन, अदाता कहै दाता हम, धनी भए निधन निधन भए गबरे।
सांचन की बात न पत्यात कोउ जग मांझ, राज दरबारन बुलैये लोग लबरे।
मनत प्रवीन अब छीन भई हिम्मत सों, कलजुग अदल बदल डारे सबरे।

महाकवि हरिसेवक मिश्र जी ओरछा नरेश महाराज उदोत सिंह के दरबार में रहकर कविता करते थे। इनका जन्म सन् 1660 ई. के आसपास ओरछा में हुआ था। 'कामरूप' महाकाव्य में इन्होंने राजकुमार कामरूप तथा उनके छह मित्रों की सिंहल द्वीप यात्रा का वर्णन किया है तथा ऋतु, रस चित्रण, वन, नगर, जीव-जन्तु, स्वयंवर आदि का रोचक चित्रांकन किया है। उन्होंने अपने कुल गोत्र के विषय में स्पष्ट लिखा है :

सुप्रख्यात इति गोत हुअ मिश्र सनावढ धंस,
नगर ओरछौ बसत वर कृष्णदत्त भुव अंस।
कृष्णदत्त सुत गुन जलधि कासिनाथ परमान,
तिनके सुत जु प्रसिद्ध है केसवदास कल्यान।
कवि कल्यान से तनय हुव परमेश्वर इहि नाम,
तिनके पुत्र प्रसिद्ध हुव प्रागदास अभिराम,
तिन सुत हरिसेवक कियौ यह प्रबन्ध सुखदाय,
कविजन भूल सुधारिबौ अपनी चातुरताय।

पंडित श्रीकृष्ण कवि का जन्म ओरछा में लगभग 1660 ई. में हुआ था। ये ओरछा नरेश महाराज उदोत सिंह के आश्रित थे। इन्होंने यूँ तो 'धर्मसंवाद' तथा 'विदुर प्रजागर' ग्रन्थ लिखे हैं परन्तु इनकी कीर्ति का मुख्य आधार कविवर बिहारी की 'बिहारी सतसई' की टीका है। बिहारी के एक प्रसिद्ध दोहे का उनके द्वारा सवैया में किया गया रूपान्तर दर्शनीय है :

सीस मुकुट करि काछनी, कर मुरली उर माल।
यह बानिक मो मन सदा, बसौ बिहारीलाल।

(दोहा—बिहारीलाल)

छवि सों कवि सीस किरीट, बन्यौं रुचिमाल हिए वनमाल लसै।
कर कंजहि मंजुर ली मुरली, कछनी कटि चारु प्रभा बरसै।
कवि कृष्ण कहैं लखि सुन्दर मूरतियों अभिलाष हिये सरसै।
वह नन्दकिशोर बिहारी सदायहि बानिक मो हिय मांझ बसै।

(सवैया—श्रीकृष्ण कवि)

कोविद मिश्र का जन्म ओरछा में सन् 1680 ई. के आसपास हुआ था। ये भी ओरछा नरेश महाराज उदोत सिंह के आश्रित थे। इनके प्रमुख ग्रन्थ 'भाषा हितोपदेश', 'राजभूषण', 'मुहूर्त दर्पण', और 'नायिका भेद' हैं। 'मुहूर्त दर्पण' ग्रन्थ में उन्होंने विभिन्न कार्य करने हेतु मुहूर्त विचार किया है, जिसका एक उदाहरण नीचे दिया जा रहा है :

मूरत के जन्म लग्न जन्म रासि सोहि जनु,
स्वामी औरन के उदय में सदा बसै।
तीजै, छठै, दशम, एकादश भवन रास,
तिन होतै तन माह अटियत वहाँ नसै।
अरिजन्म लग्न रास, स्वामी औ तिनके जौ,
तिन तेहु उपचय रासि जौ कहु बसै।
चौथे, सातवें शुभ वर्ग सीरोदय माह,
करै नृप गौन सुख सम्पति लहै जसै।

ओरछा में सन् 1690 ई. के आसपास जन्मे गोप कवि ओरछा नरेश महाराज पृथ्वी सिंह के आश्रित थे। 'रागभूषण' तथा 'अलंकार चन्द्रिका' इनके द्वारा विरचित ग्रन्थ हैं। इनकी काव्य प्रतिभा का एक उदाहरण देखिए :

मन को हरत रमा छहस्त हय होत,
एड़ मौन ढावै गज जोति मत गाइए।
वृन्द सुख दानी पारजात सील सुर भीते,
सीतल प्रकास इन्दु लालिमा नवाइए।
घूमे मद दरद जान वैद मारे गरल ज्यों,
वसुधा रतन राधे नैनन में पाइए।

सुखराम कायस्थ का जन्म लगभग 1710 ई. में ओरछा में हुआ था और ये ओरछा नरेश महाराज सावंत सिंह के दरबार में थे। इनके ग्रन्थ का नाम 'ईद विजय है, जिसका एक अंश नीचे उद्धृत है :

सुन-सुन ओरछे के राजन की वीरताई,
तुरत बहादुरशाह पत्रिका लिखाई है।
महाराज सावंत सिंह आइए हमारे हेतु,
मेरे निज गुलाम जोर बाँधो अधिकाई है।
कढ़न न देत किले बाहर सों काहुँ भाँति,
ईदुल फितर मौका वौ दो सुखदाई है।
जैसे पत राखौ वीरसिंह जहाँगीर साह,
तैसो पत राख लीजै जगत बड़ाई है।

दूलहराय कवि का जन्म ओरछा में लगभग सन् 1710 ई. में हुआ था। आपने श्रीमद्‌भगवद्‌गीता का पद्यानुवाद किया है, जिसका एक अंश निम्नलिखित है :

मैं ही बलिवंतु मैं ही बलनु कौ अन्त मैं ही,
कामना को मद मैं ही सर्व मद धारौ हौं।
मैं राजस कौ रूप मैं ही तामस तामस सरूप मैं ही,
सात्विक अनूप मैं ही गुनिन अधारौ हौं।
त्रिगुन प्रकास मैं ही माया को प्रभास मैं ही,
मोह कवि आस बिस्वास नहीं कारौ हौं।
माहि ध्यावत अनन्य वह अर्जुन है धन्य,
माया व्यापै तनु मैं हौं सब हितकारौ हौं।

बल्लभ कवि का जन्म सन् 1720 ई. के आसपास ओरछा में हुआ था। इन्होंने 'लग्नमंजरी' नामक ग्रन्थ लिखा है। इन्हें बुन्देलखण्ड के श्रेष्ठ कवियों में परिगणित किया जाता है। इनकी काव्य सर्जना का एक लघुतम अंश द्रष्टव्य है :

तीन अंगम सोंक करकै भूमि सीधि रोपिए।
नाप छाया अंगारन सों अनिल मिश्रित जों किए, भाग त्रेसठ मध्य लेखिए।
मध्यान तौ दिन चढ़त दिन भर, अस्तावरन सुलेखिए।

ओरछा से अपनी राजधानी को टीकमगढ़ ले जाने वाले महाराज विक्रमाजीत सिंह का जन्म सन् 1740 ई. के आसपास ओरछा में हुआ था। आप एक उत्कृष्ट कवि थे। आपकी रचनाओं में 'माधव लीला', लघु सतसई' तथा 'स्फुट पदावली' सम्मिलित हैं। आपकी रचना से एक उदाहरण दिया जा रहा है :

तू मोहन उर बस रही मोहन उर बस कौन ?
सब लीनें तोमें रहें तू उन ही बिच लीन।
है जमुना जमना जहाँ जमुना नाम प्रकास,
बाहुल सुक्ला नहत है मिटै जमपुरी त्रास।

ओरछा नरेश महाराज मधुकर शाह के कुल पुरोहित मोहनदास मिश्र का जन्म सन् 1740 ई. के आसपास ओरछा में हुआ था। ये एक श्रेष्ठ कवि थे। 'भाव चन्द्रिका', 'भागवत दशम स्कंध' तथा भाषा रामाश्वमेध' आपकी मुख्य रचनाएँ हैं। आपकी काव्य मेधा का एक उदाहरण द्रष्टव्य है :

गोकुल गैल में छैल फिरे अति फैल करे मन मैन जगावै,
नेक विलोकत मोहत मोहन मानिन मान को दूर भगावै।
विष्णु विरंचि विचार मनावत गावत कीरति मांद जगावै।
बारी जौ पै कलंक लगै निरसंक ह्वै कोहे न अंक लगावै।

सन् 1740 ई. के आसपास दतिया में जन्मीं बसन्त कुँवरि (प्रिया सखी) का प्रमुख ग्रन्थ 'बानी' है। इनकी एक रचना का अंश निम्नलिखित है :

छोटे-छोटे कैसे तृन अंकुरित भूमि भए,
जहाँ-तहाँ फैली इन्द्रवधू वसुधान में।
लहकि-लहकि सीरी डोलति बयारि और,
बोलत मयूर माते यघन लतान में।
धुरब धुकारे पिक दादुर पुकारैं बक,
बाँधि कै कतारैं उड़ैं कारे बदरान में।
अंस भुज डारैं खरे सरजू किनारे प्रेम,
सखी वारि डोर देखि पावस वितान में।

टीकमगढ़ नरेश महाराज हम्मीर सिंह के दरबारी कवि दामोदर देव का जन्म लगभग सन् 1780 ई. में ओरछा में हुआ था। इन्होंने 'बलभद्र शतक', 'बलभद्र पचीसी', 'वृन्दावन चन्द्र', 'उपदेश अष्टक' आदि ग्रन्थों का प्रणयन किया। आपकी काव्य सर्जना का एक मोती निम्नवत है :

पियत सुधा के सुधि विन्दु टपकौ सो वायु,
बेतें सुआय फैल चपको अकास ही।
तातें तार निकस धरा लौ सोध सो है आइ,
तहो के चलाय तासों चलत सुपास ही।
'दामोदर' मानो कीरति महो पैमई,
उछ्ल अकासै चढ़ी करत विलास ही।

हीरालाल प्रधान सम्भवत: जनमानस के कवि थे और उन्हें कहीं राज्याश्रय प्राप्त नहीं था। अन्तर्साक्ष्यों से ज्ञात होता है कि ये ओरछा के किले में रहते थे और टीकमगढ़ नरेश महाराज तेज सिंह के समय में विद्यमान थे। आपने 'श्री नासिकेत की कथा' तथा 'सत्यमंजरी' काव्य ग्रन्थ लिखे हैं, जो क्रमश: नासिकेतोपाख्यान तथा चार सत्यव्रती राजाओं की कथाओं पर आधारित हैं। श्री नासिकेत की कथा से वह अंश उद्धृत है, जिससे हीरालाल प्रधान का आत्म परिचय प्राप्त होता है :

काइथ कुलीन कुल उत्तिम कनौटा बार,
दासन कौ दास सीताराम कौ अधार है।

नगर ओरछे में बसत नदी बेतवे तीर,
राज करत आनन्द सौं तेज सिंह नृप धीर,
बसत किले भीतर जहाँ हीरालाल प्रधान,
जिसके मन आई यहै हरि जस करहु बखान।

कवि नरेश टीकमगढ़ नरेश महाराज तेज सिंह और महाराज सुजान सिंह के दरबारों में थे। इनका जन्म सन् 1800 ई. के आसपास हुआ था। इनकी ख्याति का आधार 'झाँसी की रानी लक्ष्मीबाई' काव्य ग्रन्थ है, जिसका एक अंश उद्धृत है :

हुकुम सुनायौ बाई साब ने किले के मध्य,
सुन रंगनाथ सिद्ध जुर हौ मैं।
किरच कृपानन सों कोटिन अरिन काट,
श्यामवे की संग लैके जमपुर पैरहौं मैं।
कहत नरेश नाम रैहे ये दिनन के मध्य,
हौ तौ हूँ जनानी काम मर्द कौ दिखौहौ मैं।
जैसे हरनाम पृथ्वीराज कौ बिगारौ हौस,
तैसे रंग गोरे गुलाबी कर दैहौं मैं।

टीकमगढ़ नरेश प्रताप सिंह के आश्रित कवि गंगाधर भट्ट का जन्म ओरछा में सन् 1830 ई. के आसपास हुआ था। इनके प्रमुख ग्रन्थ हैं—'रत्नमाला', 'प्रताप मार्तण्ड', 'व्यवहार कौस्तुभ' तथा 'रत्न परीक्षा'। इनकी कविता का एक उदाहरण देखते हैं :

विगत विशाल गुन भवन सघन श्याम,
वर्ष धन पुष्प प्रीत पूरन पटी सी है।
प्राकृत प्रभा है पूर पूरित प्रभाकर सी,
प्राकृत प्रवृत्त वृत्त जायत जटी सी है।
धवल भुजधार सी नवल बलाक पंक्ति,
क्रलित कालिन्दी गंगाश्री जुत नटी सी है।
उदित महेन्द्र धनतड़ित तदाकृत है,
नाटक निरत नृत नृत्यति नटी सी है।

सन् 1868 ई. को दतिया में जन्मीं कनकलता दतिया नरेश भवानी सिंह की खवासिन थीं तथा ये वल्लभ सम्प्रदाय की अनुगामिनी थीं। इन्होंने 'हित चरित्र', 'तीर्थयात्रा', 'वनमाला', 'बृजभूषण', 'धनपच्चीसी', 'रसिक विनोद' आदि ग्रन्थों की रचना की थी। इनका एक पद नीचे दिया जा रहा है :

भज मन गिरिजापति कैलासी,
भस्म अंग सिर अंग बिराजै लखै इन्द्र छवि रासी।
काल कपाल माल मुंडन की जटा जूट सिर जासी।
पासवान की विनय यही है मैं दासी गिरिजा की।

टीकमगढ़ की महारानी वृषभान कुँवरि का जन्म सन् 1855 ई. को तिहारी ग्राम में हुआ था। उनका विवाह टीकमगढ़ नरेश सवाई महेन्द्र राजा श्री प्रतापसिंह जूदेव से

सन् 1869 ई. को हुआ था। आप भगवान श्रीराम की अनन्य उपासिका थीं। आपका उपनाम 'रामप्रिया सहचरी' था। आपने 'श्रीरामचन्द्र माधुर्य' तथा लीलामृतसार' ग्रन्थों की रचना की थी। उनका हरिगीतिका छन्द में रचित भगवान रामभक्ति में आपूरित एक काव्यांश यहाँ उद्धृत है :

जिहिं धरन संकर ध्यान हिय, श्रुति नेति कहिं जस गावहीं।
मुनि सिद्धि वर जोगीस सेस, गनेस वार न पावहीं।
यह कन्यका वर हेतु जब, मिथिलेश धनु नख बिस्तरैं।
तब राम क़ौसिक साथ लछ्मन सहित इत आनन्द भरैं।

टीकमगढ़ की महारानी वृषभान कुँवरि की सुपुत्री कमल कुमारी जू देवी 'प्रियाजू' उपनाम से कविताएँ लिखती थीं। वियोगि हरि ने इनके पदों का संग्रह 'युगल प्रिया पदावली' नाम से प्रकाशित किया है। गुरु वन्दना करते हुए इन्होंने लिखा है :

श्री गुरुदेव भरोसो साँचौं।
अष्टजाम गुरु ध्यान हिये अरु,
भारी काम क्रोध रिपु पाँचौं।
तन-मन-धन सरवस ले अरपौ,
श्री गुरु कृपा भक्ति रंग राचौं।
युगल प्रिया श्री गुरु गोविन्द कौ,
निमिस न भूल खेल सब काँचौं।

झाँसी के पिछोर में सन् 1880 ई. के आसपास जन्मे श्यामनारायण दास जी वृन्दावन निवासी पंडित दुर्गादत्त द्विवेदी के शिष्य थे। इनके ग्रन्थों के विषय में अधिक जानकारी नहीं है किन्तु फुटकर रचनाएँ यत्र-तत्र मिल जाती हैं। इनका एक काव्यांश निम्नवत है :

जाति रूपी अंक के प्रत्यंग में बहु रोग है।
इनके शमन को चाहिए भैषज्य वैद्य सुयोग्य है।

दतिया नरेश महाराज श्री गोविन्द सिंह की धर्मपत्नी महारानी प्रेमकुँवरि का जन्म सन् 1888 ई. के आसपास हुआ था। आप श्रीकृष्ण की उपासिका थीं। आपके पदों का संग्रह 'प्रेम प्रकाश' नाम से प्रकाशित हुआ है। आपका एक पद निम्नवत है :

राधा राधावर सुमिर समझ भक्त कौ पन्थ,
प्रेम प्रकाश प्रकाशमय रचना रची सुग्रन्थ।
श्री गुरुदेव कृपा करी सुमत हरीहर दीन,
जुगल रूप राधारमण आन ध्यान लवलीन।
मंगलमय मंगलकरन हरन अमंगल भार,
'प्रेमकुँवरि' धर ध्यान उर बार-बार बलिहार।
तन मन के आधीन है मन प्रभु के आधीन,
राधावर श्रीकृष्ण जू प्रेम भक्त लवलीन।

विजावर नरेश महाराज सावंत सिंह जू देव की धर्मपत्नी महारानी कंचन कुँवरि का जन्म सन् 1894 ई. को दतिया में हुआ था। ये अत्यन्त धर्मपरायण थीं। इन्होंने अनेक मन्दिरों का जीर्णोद्धार कराया था। आपकी कविताओं में रामभक्ति हिलोरें लेती है। एक उदाहरण देखते हैं :

लखन संग खेलत चारों भैया,
मणिमय जटित सुभग सुचि आँगन तैसइ रैन जुन्हैया।
गेंद खेल खेलत तहँ लालन सन्तन के सुख दैया।
दौरत हँसत गिरै नहिं आली अति डरपत मनमैया।
आपहि पुनि पीछे उठि धावत जस बछरा संग गैया।
'कंचन कुँवरि' चूमि मुख फिरि-फिरि लेती ललन बलैया।

इनके अतिरिक्त कवयित्री कृष्णा देवी का जन्म सन् 1895 ई. को टीकमगढ़ में हुआ था। इनकी काव्य 'मेधा' का एक उदाहरण निम्नलिखित है :

साहस सहनशील सुन्दर सुहाग सनी,
मुदित महीप मन मधुर सुरागरी।
नीति अलि जाने प्रति प्रेम पहिचाने पूर्ण,
रुचित रसज्ञ की रसील रस गागरी।
हिय सों हुलास भरी हेरन हरण युत,
विद्या, बल, विपुल, विवेक छवि आगरी।

पन्ना नरेश महाराज छत्रसाल काव्यगुण ग्राहक थे। वीरता एवं ओज की साकार विभूति, राष्ट्रीयता के आग्रही कवि शिरोमणि भूषण उनके दरबार में थे। भूषण की काव्य प्रतिभा आश्रयदाता की झूठी प्रशंसा पर आधारित नहीं थी, वरन उसमें राष्ट्र के कल्याण हेतु सक्षम-समर्थ पौरुष बल से युक्त व्यक्तित्व को अपनाने का भाव था, इसीलिए उन्होंने लिखा था :

राजत अखण्ड तेज छाजत सुजस बड़ो,
गजत गयंद दिग्गंजन हिय साल को।
जहिके प्रताप से मलीन आफताब होत,
ताप तजि दुजन करत बहु खयाल को।
साज-सजि गज तुरी पैदर कतार दीन्हीं,
'भूषन' भनत ऐसी दीन प्रतिपाल को।
श्रीराव राजा एक मन में न ल्याऊँ मैं,
सिवा कौ सराहौं, के सराहौं छत्रसाल को।

औरंगजेब द्वारा दिल्ली को तहस-नहस किए जाने पर अत्यन्त दुखी होकर शिवाजी का आह्वान करते हुए उन्होंने लिखा था :

दारा की न दौर यह, रार नहीं खजुबे की,
बाँधिबो नहीं है कैंधों मीर सहवाल को।

मठ विश्वनाथ को न बास ग्राम गोकुल को,
देवी को न देहरा, न मन्दिर गोपाल को।
गाढ़े गढ़ लीन्हें अरु बैरी, कतलाम कीन्हें,
ठौर-ठौर हासिल, उगाहत हैं साल को,
बूड़ति है दिल्ली, सो सँभारे क्यों न दिल्लीपति,
धक्का आनि लाग्यौ, सिवराज महाकाल को।

छत्रसाल के पौरुष की प्रशंसा करते हुए उन्होंने लिखा था :

निकसत म्यान तें मयूखैं प्रलैभानु कैसी,
फारैं तमतांम से गयंदन कें जाल कों।
लागति लपटि कंठ बैरिन के नागिनी सी,
रुद्रहिं रिझावै दै दै मुंडन के माल कों।
लाल छितिपाल छत्रसाल महाबाहुबली,
कहाँ लौं बखान करौं तेरी तलवार कों।'

कहा जाता है कि उन्होंने कुछ फुटकर छन्दों में अपने आश्रयदाता नरेशों शिवाजी तथा छत्रसाल के अलावा दारा शिकोह, शाहूजी, पेशवा बाजीराव, मिर्जा राजा जयसिंह, महाराज रनसिंह, कुमायूँ नरेश, गढ़वार नरेश आदि की भी प्रशंसा की है।

पन्ना नरेश छत्रसाल स्वयं भी कवि थे। उनकी कविता का एक उदाहरण द्रष्टव्य है, जिसमें वे श्रीकृष्ण से अभ्यर्थना करते हुए स्वयं का भी परिचय दे देते हैं :

तुम घनश्याम हम जाचक मयूर मत,
तुम शुचि स्वाति हम चातक तुम्हारे हैं।
चारु चन्द्र प्यारे तुम लोचन चकोर मोर,
तुम जग तारे हम छतारे उचारे हैं।
'छत्रसाल' मीत मित्रजा के तुम ब्रजराज,
हमहँ कलिंदजा के कूल पै पुकारे हैं।
तुम गिरिधारी हम कृष्ण व्रतधारी, तुम,
दनुज प्रहारे, हम यवन प्रहारे हैं।

एक अन्य कविता में वे नीति की बात करते हुए कहते हैं :

लाख घटे, कुल साख न छोड़िए,
वस्त्र फटै प्रभु और हूँ दैहैं,
द्रव्य घटे जड़ता नहीं कीजिए।
देहै न कोऊ पर लोक हँसैहै,
भूप छता जल राशि को पैरिको,
कौनहुँ बेर किनारे लगैहै।
हिम्मत छोड़े ते किम्मत जाएगी,
जाएगो काल कलंक न जैहै।

लाल कवि महाराज छत्रसाल के आश्रित थे। इनका पूरा नाम गोरेलाल पुरोहित था। इन्होंने महाराज छत्रसाल के जीवन पर आधारित 'छत्रप्रकाश' ग्रन्थ लिखा है। इनके वर्णन इतिहास सम्मत हैं। इनके अन्य ग्रन्थों में 'विष्णु विलास' तथा 'राज-विनोद' के नाम लिए जाते हैं। विष्णु विलास बरवै छन्द में लिखा गया है तथा राज-विनोद में श्रीकृष्णचरित वर्णन मिलता है। 'छत्रछन्द', 'छत्रसालशतक', छत्रहजारा', 'छत्रदंड', 'छत्रकीर्ति', 'छत्रप्रशस्ति', 'छत्रछाया'आदि को भी उनके द्वारा विरचित माना जाता है किन्तु ये ग्रन्थ अब अप्राप्त हैं। लाल कवि की कवित्व शक्ति के कतिपय उदाहरण द्रष्टव्य हैं :

बड़भाग सुहाग भरी पिय सों, लहि फागुन में रागन गायो करै।
कवि 'लाल' गुलाल की धूँधर में, चख चंचल चारु चलायो करै।
उझकै झिझकै झहराय झुकै, सखि मण्डल को मन भायो करै।
छतियाँ पर रंग परे ते तिया, रति रंग ते रंग सवायो करै।

लाल कवि ने 'छत्रप्रकाश' में लिखा है कि महाराज छत्रसाल की आज्ञा से वे इस ग्रन्थ का सृजन कर रहे हैं :

धनि चम्पत के औतरो, पंचम श्री छत्रसाल।
जिनकी आज्ञा शीश धरि करी कहानी 'लाल'।

बख्तबली महाचार्य ने चम्पतराय के युद्धों का वर्णन अपनी रचनाओं में किया है तो उनके पुत्र भानुभ ने महाराज छत्रसाल की प्रशस्ति करते हुए उनके शौर्य के चित्र अंकित किए हैं।

कोविद मिश्र महाराज उदोत सिंह के आश्रित थे। इन्होंने 'हितोपदेश', 'रामभूषण मुहूर्त, 'दर्पण', 'नायिका भेद' आदि ग्रन्थ लिखे। सागर के सुवेश कायस्थ ने 'हितोपदेश' तथा 'मित्रमिलाप' काव्य गंथों का प्रणयन किया। दतिया के रोहुँड़ा ग्राम के हरिकेश के 'जगतसिंह दिग्विजय' में बुन्देलखण्ड का इतिहास मिलता है। कविवर बख्शी हंसराज के 'मेहराज चरित्र', 'सनेहसागर' और 'विरह विलास' भी उल्लेखनीय हैं। नवलसिंह कायस्थ ने 'रास पंचाध्यायी', 'आल्हा रामायण', रामचन्द्र विलास' और 'रूपक रामायण' कृतियों में चित्रात्मक काव्य का निरूपण किया है। चरखारी के प्रतापसाहि रतनेस वंदीजन के पुत्र माने जाते हैं। इनके शृंगार निरूपण तथा बिम्ब अंकन की मौलिकता के कारण इन्हें दूसरा पद्माकर कहा जाता है।

कृष्णकवि, गोपकवि, रसनिधि तथा उनके दरबारी कवि रूपनारायण मिश्र, दतिया के खण्डन कायस्थ, कवीन्द्र ज्ञानी जू, गुमान मिश्र, बोधा, दामोदर, देव, ठाकुर, पन्ना के पजनेस, गदाधर भट्ट, ललितपुर के सरदार कवि, पन्ना के भगवंत कवि, छतरपुर के गंगाधर व्यास, चरखारी के ख्यालीराम, रूपसाहि, मंचित, महाराज उदोत सिंह, दतिया के जागीरदार, कालपी के श्रीपति, रतनेस वंदीजन, पद्माकर के पिता मोहन भट्ट इत्यादि का भी प्रदेय स्तुत्य है।

पद्माकर अपनी फागों तथा नैसर्गिक सौन्दर्य के प्रभावशाली चित्रण के लिए विख्यात हैं। उन्होंने बुन्देली समाज को शृंगार की चाशनी में डुबोकर ऐसा परोसा कि

जनमानस उनकी लेखनी के समक्ष नतमस्तक हो गया। 'जगतविनोद', पद्माभरण', 'प्रबोध पचासा' तथा 'गंगालहरी' इनकी कृतियाँ मानी जाती हैं। इनके फाग का एक उदाहरण देखिए :

फागु के भीर अभीरन तें गहि, गोविन्दै लै गई भीतर गोरी।
भाय करी मन की पद्माकर, ऊपर नाय अबीर की झोरी।
छीन पितम्बर कंमर तें, सु बिदा दई मोड़ि कपोलन रोरी।
नैन नचाय कह्यौ मुसक्याइ, लला! फिर खेलन आइयो होरी।

अतिशय शृंगारिकता के कारण अनेक बार इनके वर्णन अश्लील हो जाते हैं। पद्माकर के अतिशय शृंगार से ओतप्रोत एक काव्यांश का उदाहरण भी देखिए :

अधखुली कंचुकी उरोज अध आधे खुले,
अधखुलै बेष नख रेखन के झलकैं।
कहैं 'पद्माकर' नवीन अध आधी खुली,
अधखुले छहरि छराके छोर छलकैं।
भोर जग प्यारी अध ऊरध इतै की ओर,
भायी झिकि झिरकि उघारि अध पलकैं।
आँखैं अधखुलीं अधखुली खिरकी है खुली,
अधखुले आनन पै अधखुली अलकैं।

रीतिमुक्त कवि बोधा रीतिकाल के विख्यात कवि थे। ये तुलसी की जन्मस्थली माने जाने वाले राजापुर के निवासी थे। इनका मूल नाम बुद्धिसेन था। ये सुभान नामक वेश्या पर आसक्त थे। इनके दो ग्रन्थ 'इश्कनामा' तथा 'विरहवारीश' ज्ञात हैं। 'विरहवारीश' ग्रन्थ इसी के वियोग में इन्होंने लिखा था। इनकी एक कविता निम्नांकित है :

अति छीन मृनाल के तारहु ते, तेहि ऊपर पाँव दै आवनो है।
सुई बेह ते द्वार सकीन तहाँ, परतीति को हाँड़ो दावनो है।
कवि 'बोधा' अनी घनी जेजहु ते, चढ़ि तापे न चित्त डरावनो है।
यह प्रेम को पन्थ कराल महा, तरवारि की धार पै धावनो है।

ठाकुर जैतपुर नरेश केसरी सिंह के आश्रित कवि थे किन्तु बुन्देलखण्ड के प्रत्येक दरबार में इनका सम्मान था। इनका जन्म ओरछा में सन् 1763 ई. के आसपास माना जाता है। पद्माकर और ठाकुर में कविता को लेकर अक्सर रार छिड़ जाया करती थी। ये अत्यन्त स्वाभिमानी थे। एक बार बाँदा के राजा हिम्मतबहादुर गोसाईं द्वारा कटूक्ति का प्रयोग करने पर इन्होंने म्यान से तलवार निकालकर कविता पढ़ी थी। इनकी ठसक का उदाहरण निम्नवत है :

सेवक सिपाही सदा उन राजपूतन के,
दान युद्ध वीरता में नेकु जे न मुरके।
जस के करैया हैं मही के महिपालन के
हिम के विशुद्ध हैं सनेही साँचे डर के।

झाँसी को इस हेतु गर्वान्वित होने का पूर्ण अधिकार है कि हिन्दी पद्य को ब्रजभाषा तक सीमित रखने की मानसिकता से मुक्त कर खड़ी बोली में ले जाने का महती कार्य इसी पुण्य धरा से प्रारम्भ हुआ। भारतेन्दु युग के रचनाकारों में यह भावना बलवती थी कि कविता हेतु जिस सुकोमलता, मिठास की आवश्यकता होती है, वह खड़ी बोली में नहीं आ सकती, इसलिए उन्होंने द्वैध पथ अंगीकृत करते हुए काव्य सर्जना ब्रजभाषा में तथा गद्य सर्जना खड़ी बोली में की। इससे हिन्दी के सम्बन्ध में भाषायी दुविधा का वातावरण सृजित हो गया। दूसरी बात यह भी हुई कि जाने-अनजाने इन दोनों की ज़रूरी, गैरज़रूरी आवाजाही भी हिन्दी गद्य-पद्य में होती रही। ऐसे में आवश्यकता एक ऐसे महनीय व्यक्तित्व की थी, जो हिन्दी को परिनिष्ठित कर उसे साहित्यानुरूप स्वरूप प्रदान करता तथा तदनुरूप कवि लेखकों को राष्ट्रीय फलक पर लाता। रायबरेली के दौलतपुर ग्राम में जन्मे एक लाल ने झाँसी रेलवे स्टेशन के तारघर में नौकरी करते हुए इस काम को करने का बीड़ा उठाया और उसे सफलतापूर्वक अंजाम तक पहुँचाया।

इस लाल का नाम था महावीर प्रसाद द्विवेदी। सरस्वती सम्पादक आचार्य द्विवेदी स्वयं भी एक श्रेष्ठ कवि थे। उनकी काव्य मेधा का एक उदाहरण द्रष्टव्य है :

जै जै प्यारे देश हमारे, तीन लोक में सबसे न्यारे।
हिमिगिरि मुकुट मनोहर धारे, जै जै सुभग सुवेश॥
जै जै भारत देश॥ (1)
जै जै हे देशों के स्वामी, नामवरों में भी हे नामी।
हे प्रणम्य तुझको प्रणयामी, जीते रहो हमेश।
जै जै भारत देश॥ (1)

राष्ट्रकवि मैथिलीशरण गुप्त आधुनिक कविता जगत में खड़ी बोली की कविता के सर्वप्रथम सबसे बड़े कवि हैं झाँसी के चिरगाँव कस्बे में जन्मे गुप्त जी का नामकरण संस्कार करते हुए शिशुनाम 'लाला मदनमोहन जू' रखा गया। कालान्तर में पिता सेठ रामचरण गुप्त 'कनकने' द्वारा उनका नाम 'मिथिलाधिप नन्दिनीशरण' कर दिया गया। आचार्य महावीरप्रसाद द्विवेदी से मिलने से पूर्व वे ब्रजभाषा में 'रसिकेश' तथा 'रसिकेन्द्र' उपनाम से 12 वर्ष की अल्पायु से काव्य सृजन कर रहे थे, किन्तु आचार्य महावीरप्रसाद द्विवेदी से मिलने के बाद उन्होंने खड़ी बोली में काव्य सृजन आरम्भ किया। द्विवेदीयुगीन हिन्दी कविता की विचारधारा को सर्वश्रेष्ठ ढंग से धरातल पर उतारने का काम राष्ट्रकवि मैथिलीशरण गुप्त ने

मैथिलीशरण गुप्त

किया। उन्होंने द्विवेदी जी की भावना के अनुरूप कविता में खड़ी बोली का प्रयोग करते हुए पुरातन का नवीन सन्दर्भों में अन्तर्भाव किया तथा नवजागरण की अपेक्षा के अनुरूप सुषुप्तप्राय हिन्दी पट्टी को जाग्रत करने में महती भूमिका का निर्वाह किया। आचार्य रामचन्द्र शुक्ल ने गुप्त जी के विषय में लिखा है, 'गुप्त जी वास्तव में सामंजस्यवादी कवि हैं; प्रतिक्रिया का प्रदर्शन करने वाले अथवा मद में झूमने (या झीमने) वाले कवि नहीं। सब प्रकार की उच्चता से प्रभावित होने वाला हृदय उन्हें प्राप्त है। प्राचीन के प्रति पूज्य भाव और नवीन के प्रति उत्साह दोनों इनमें है।'

गुप्त जी का 'भारत-भारती' महाकाव्य स्वाधीनता आन्दोलन के युवाओं का पथप्रदर्शक बन गया। इसके 'अतीत खण्ड' के 'मंगलाचरण' में वे लिखते हैं :

मानस भवन में आर्यजन जिसकी उतारें आरती,
भगवान भारतवर्ष में गूँजे हमारी भारती।
हो भद्रभावोद्भाविनी वह भारती हे भवगते!
सीतापते! सीतापते! गीतामते! गीतामते!!

वैष्णवोपासक कवि गुप्त जी मर्यादापुरुषोत्तम भगवान श्रीराम के अनन्य भक्त थे। अपने लगभग सभी काव्य ग्रन्थों का मंगलाचरण उन्होंने अपने आराध्य प्रभु श्रीराम की उपासना से किया है। 'कुणाल' खण्डकाव्य के मंगलाचरण में वे लिखते हैं :

वहाँ पन्थमय क्या भला, मेरे अंध प्रबन्ध,
जहाँ खींचता है तुम्हें, रामचरण रजगन्ध।

'द्वापर' में मंगलाचरण करते समय अपनी इसी भावना को स्पष्ट करते हुए वे कहते हैं :

धनुर्बाण या वेणु लो श्याम रूप के संग,
मुझ पर चढ़ने से रहा राम दूसरा रंग।

उपेक्षा की शिकार स्त्रियों के प्रति उनकी करुणा आक्रोश के रूप में आती है। विधृता अपने पति के अत्याचारों से क्षुब्ध होकर कह उठती है :

व्रतियों की उन कुल स्त्रियों के प्रति अश्लील रहो तुम,
फिर भी श्रोत्रिय-होत्री ठहरे, क्यों न सुशील रहो तुम।
मैं भूखों को भोजन देने जाकर भी दुःशीला।
ललना तो छलना है ओ हो, धन्य तुम्हारी लीला।
अविश्वास, हा अविश्वास ही, नारी के प्रति नर का।
नर के तो सौ दोष क्षमा हैं, स्वामी है वह घर का।

कवीन्द्र रवीन्द्र के भारतीय संस्कृति के उपेक्षित पात्रों पर कलम चलाने के आह्वान को गुप्त जी ने अपने काव्य सृजन का लक्ष्य बनाया और रामायण की उर्मिला, कैकेयी, महाभारत की विधृता और गौतम बुद्ध की पत्नी यशोधरा प्रभृति को उनके यथायोग्य स्थान पर प्रतिष्ठित करने का महती कार्य किया। उनकी काव्यकृतियाँ हैं—'रंग में भंग', 'जयद्रथ वध', 'भारत-भारती', 'पंचवटी', 'यशोधरा', 'द्वापर', 'सिद्धराज',

'नहुष', 'अंजलि और अर्ध्य', 'अजित', 'अर्जन और विसर्जन', 'काबा और कर्बला', 'किसान', 'कुणाल गीत', 'साकेत', 'गुरु तेगबहादुर'', 'गुरुकुल', 'जयभारत', 'झंकार', 'पृथ्वीपुत्र', मेघनाद वध' और 'सैरन्ध्री'।

राष्ट्रकवि मैथिलीशरण गुप्त के अनुज सियारामशरण गुप्त भी एक उत्कृष्ट कवि के रूप में विख्यात रहे हैं। 'मौर्य विजय', 'अनाथ', 'दूर्वादल', 'विषाद', 'आर्द्रा', 'आत्मोत्सर्ग', 'मृण्मयी', 'बापू', 'उन्मुक्त', 'दैनिकी', 'नकुल', 'नोआखाली''जय हिन्द', 'पाथेय' और 'गीता संवाद' आपके काव्य ग्रन्थ हैं। आपने 'ईशोपनिषद', 'धम्मपद' और 'भगवतगीता' का पद्यानुवाद भी किया।

सियारामशरण गुप्त जी की कविता 'प्यारे बापू' निम्नांकित है :

'हम सबके थे प्यारे बापू।
सारे जग से प्यारे बापू।
जगमग–जगमग तारे बापू।
भारत के उजियारे बापू।
लगते तो थे दुबले बापू।
थे ताकत के पुतले बापू।
नहीं कभी थे डरते बापू।
जो कहते थे करते बापू।
सदा सत्य अपनाते बापू।
सबको गले लगाते बापू।
हम हैं एक सिखाते बापू।
सच्ची राह दिखाते बापू।
चरखा खादी लाए बापू।
है आजादी लाए बापू।
कभी न हिम्मत हारे बापू।
आँखों के थे तारे बापू॥'

झाँसी मण्डल के अन्य महत्त्वपूर्ण कवियों में अक्षर अनन्य, ईश्वरीप्रसाद खरे, मुंशी अजमेरी, डॉ. रामकुमार वर्मा, देवीदास, मदनमोहन द्विवेदी 'मदनेश' (लक्ष्मीबाई रासो), हरनाथ, ख्यालीराम, गंगाधर व्यास, नाथूराम माहौर, भगवानदास माहौर, रामचरण हयारण 'मित्र', हरि प्रसाद 'हरि', तन्मय बुखारिया, गौरीशंकर द्विवेदी 'शंकर', द्वारिकेश, सन्त ब्रजेश सुधाकर शुक्ल 'शास्त्री', ज्वालाप्रसाद ज्योतिषी, शम्भुदयाल श्रीवास्तव 'ब्रजेश', भैयालाल व्यास, लक्ष्मीनारायण पथिक, चतुर्भुज दीक्षित, रघुनाथप्रसाद 'गुरु', रामदयाल श्रीवास्तव, मुंशी रामाधीन खरे, आचार्य कवि घनश्यामदास पाण्डेय तथा इनके पुत्र नरोत्तमदास पाण्डेय 'मधु', घासीराम व्यास, डॉ. किशोरीलाल गुप्त, रामनाथ त्रिवेदी, सुखराम चौबे 'गुणाकर', रामचन्द्र भार्गव, शिवसहाय चतुर्वेदी, लोकनाथ सिलाकारी, सुधाकर शुक्ल शास्त्री, केदारनाथ अग्रवाल

(प्रगतिवादी कविता के महत्त्वपूर्ण हस्ताक्षर हैं 'युग की गंगा', 'फूल नहीं रंग बोलते हैं', 'पंख और पतवार', 'गुलमेहँदी', 'है मेरी तुम', 'बोल बोल अबोल', 'जगुन जल तुम', 'यार प्यार की थापें' और 'अपूर्वा' आपके कविता संग्रह हैं।) डॉ. किशोरीलाल गुप्त, फिल्मी गीतकार इन्दीवर (अनेक हिन्दी फिल्मों के गीतकार, उनके — *चन्दन सा बदन चंचल चितवन, ज़िन्दगी का सफर है ये कैसा सफर, है प्रीत जहाँ की रीत सदा, बड़े अरमान से रखा है सनम, ओ रे ताल मिले, मेरी बेरी के बेर मत तोड़ो, पल भर के लिए कोई हमें प्यार कर ले, ये मेरा दिल प्यार का दीवाना, लैला मैं लैला, होंठों से छू लो तुम, जब कोई बात बिगड़ जाए, फूल तुम्हें भेजा है खत में, कसमे-वादे प्यार वफा सब, जीवन से भरी तेरी आँखें, कोई जब तुम्हारा हृदय तोड़ दे, न कजरे की धार, दिल ऐसा किसी ने मेरा तोड़ा, वक्त करता जो वफा* और *तुझ संग प्रीत लगाई सजना* गीत प्रमुख हैं), महाकवि अवधेश ('श्रमणा', 'शबरी के राम', 'श्रीमद्‌भगवतगीता सार', 'ब्रजनन्दन', 'महाकवि अवधेश का रचना संसार', भाग-1 तथा भाग-2, 'अंजलि', 'प्रायश्चित'), डॉ. मोहनलाल गुप्त 'चातक', गौरीशंकर उपाध्याय 'सरल', ('आँखें' तथा 'भावभारती'), डॉ. ओमप्रकाश बरसैंया 'ऊँकार', द्वारिकाप्रसाद मिश्र, रमेश चौबे, त्रिभुवननाथ त्रिवेदी 'व्यंगेश', फटीचर, कृष्णबिहारी भौंड़ेले, चन्द्रसखी, परशुराम शुक्ल 'विरही', गिरीशचन्द्र साहू, वंशीधर पण्डा, विनोद सक्सेना, लक्ष्मीनारायण पाण्डेय, लक्ष्मीनारायण वत्स, मित्र जी, लघुदास नीखरा, चतुरेश, रामपाल सिंह चन्देल 'प्रचण्ड', चोखेलाल वर्मा 'निर्मल' ('बुन्देलखण्ड की अमर शहीद वीरांगना झलकारी बाई', 'बुन्देलखण्ड के स्वतंत्रता संग्राम में पूरन गोलंदाज' और 'त्रेता' महाकाव्य), सुन्दरलाल द्विवेदी 'मधुकर', शील चतुर्वेदी, प्रो. ओमशंकर अत्रि, मदन मानव, अशोक बुन्देली, डॉ. रवीन्द्र शुक्ल 'रवि' ('शत्रुघ्न चरित' महाकाव्य), ओमप्रकाश हयारण 'दर्द', ओमप्रकाश सक्सेना 'प्रकाश', इन्द्रपालसिंह परिहार 'अभय', कमला श्रीवास्तव 'करुणा', कमलेश झा, काशीराम सैन 'मधुप', कृष्णचन्द्र शर्मा 'नारद', कृष्णमुरारी श्रीवास्तव, कृष्णराव देवकर, गयाप्रसाद वर्मा 'मधुरेश', छोटेलाल ओझा 'मधुकर', जगदीश झा 'जगदीश', जगन्नाथप्रसाद मालवीय, जनकप्रसाद द्विवेदी 'विदेह', डॉ. जवाहरलाल कंचन, जिनेन्द्र जैन, जीवनलाल पाण्डेय, सरदार जे.एस.'राही', प्रेमशंकर असर, भग्गीदाऊ जू श्याम, डॉ. हरिमोहन गुप्त (कुणाल), दिनेश गुरुदेव, चन्द्ररेखा सिंह, दीपशिखा शर्मा, दुर्गाप्रसाद दुबे, डॉ. देवीप्रसाद खरे 'पारदर्शी', नन्दकिशोर 'नन्द', नरेन्द्र नामदेव 'नरेन्द्र', नाथूराम बुटौलिया 'उपेन्द्र', नाथूराम शर्मा, नाथूराम साहू 'कक्का', नाथूलाल सूर्यवंशी 'राही', निहारिका वर्मा, डॉ. नीति शास्त्री, कालीचरण स्नेही, परमानन्द परम, पूर्णिमा तिवारी, प्रगति शर्मा 'बया', प्रियंका शर्मा, बकाउल्ला खाँ 'सागर कादिरी', बैजनाथ साहू 'बैजू', ब्रह्मादीन 'बन्धु', भगवतनारायण भट्ट 'कक्का', भगवतीशरण दास 'दास', भगवान सिंह 'राही', मयंक त्रिपाठी 'मयंक', डॉ. महेन्द्र वर्मा, माणिकचन्द्र कुल्हारे 'माणिक', मेघराजसिंह कुशवाहा 'मेघ', आरिफ शहडोली,

मोहम्मद सिद्दीकी खान कमर, यज्ञदत्त वर्मा, रघुवीरप्रसाद गुप्त, डॉ. रमाकान्त पाराशर, रमाशंकर पाण्डेय, रमेशचन्द्र मिश्र, डॉ. रमेशचन्द्र वर्मा 'चन्द्र', रमेशचन्द्र त्रिपाठी 'चन्द्र', रवीन्द्र कुमार जैन 'रवीन्द्र', राजेन्द्र कुमार श्रीवास्तव, बृजनन्दन गोस्वामी 'गुरु', रामकुमार पुरोहित 'राही', रामनारायन तिवारी 'राम', रामलखन परिहार, रामस्वरूप गोस्वामी 'रामेन्द्र', प्रकाश सक्सेना, अशोक चतुर्वेदी, साकेत सुमन चतुर्वेदी, अर्जुन सिंह 'चांद', अनामिका रिछारिया, सरोज त्रिपाठी, अवधकिशोर श्रीवास्तव 'अवधेश', अखिलेश नारायण त्रिपाठी 'विशेष', अनिल कुमार 'वेदराज', आत्माराम शुक्ल, यमुना प्रसाद दीक्षित, डॉ. के.बी.एल. पाण्डेय, रामकुमारी चन्देल, राधाचरण द्विवेदी 'चरण', रामसेवक पाठक 'हरिकिंकर', रामसेवक त्रिपाठी 'सेवकेन्द्र', रामेश्वरप्रसाद गुप्त 'इन्दु', पन्नालाल असर (बुन्देली रसरंग), लक्ष्मीप्रसाद शुक्ल 'वत्स', विजयकुमार सक्सेना, शाम गणपति ढमढेरे, शीलेन्द्र कुमार वशिष्ठ, डॉ. शुभेश, शंकरस्वरूप सक्सेना 'भारती', श्यामशंकर सोनी 'यथार्थ', श्रवण कुमार, श्यामाकान्त पाराशर, सत्यप्रकाश ताम्रकार 'सत्य', सत्येन्द्र झा, सीताराम चतुर्वेदी 'अटल', सुखराम चतुर्वेदी 'सूबेदार', सुन्दरलाल रायकवार 'सुन्दर', सुभाषचन्द्र शर्मा 'शुभ्रांशु', सूरजप्रसाद श्रीवास्तव 'सूरज', हरशरण शुक्ल, ज्ञानेन्द्र स्नेही, अरमान तिवारी, निहालचन्द्र शिवहरे, ओमप्रकाश श्रीवास्तव ('अभिव्यंजना' काव्य संग्रह), सुमन मिश्रा ('काव्यांजलि' काव्य संग्रह), ब्रजबाला शर्मा, राकेश वीरकमल (फ्रीडम्स आँधी), दिनेश बैस, दयाराम वर्मा 'बेचैन', सुमित ओरछा आदि उल्लेखनीय हैं। उर्दू शायरों में ताबाँ झाँसवी, अयाज झाँसवी, आफाक अहमद झाँसवी, श्रीराम अरोड़ा 'शाद', सैयद मकसूद अली 'नश्तर भारती', सआदत खाँ 'उरूज झाँसवी', अश्क झाँसवी तथा राजकुमार अंजुम ('आपसे प्यार हो गया' म्यूजिक एल्बम तथा अनेक गजलें) ने देश भर में ख्याति अर्जित की है। विस्तार भय से इन पर सुविस्तृत टिप्पणी दे पाना सम्भव नहीं है।

बुन्देली के कवियों में ईश्वरी प्रसाद उर्फ 'ईसुरी' अग्रगण्य हैं। उनकी फागों ने देश काल की सीमा का अतिक्रमण करते हुए अपनी पहचान बनाई है। उनके फाग का एक उदाहरण देखिए :

हम पै बैरिन बरसा आयी, हमें बचा लेव माई।
चड़के अटा घटा न देखें, पटा देव अँगड़ाई।
बारादरी दौरियन में हो, पवन न जावें पाई।
जे द्रुम कटा छटा फुलबगिया, हटा देव हरियाई।
पिय जस गाव सुनाऔ 'ईसुर', जो जिय चाव भलाई।

इनके अतिरिक्त सहदेव कवि, मानिक कवि, मेघनाथ कवि, गंग कवि, कन्हरदास कवि, कवि चन्द्रसखी, सन्त कवि तुलसीदास, कवि राजबली, बीरबल, गोविन्द स्वामी, अमरेश, तानसेन, कवि परमेश, विक्रम कवि, राम मिश्र, अग्रदास, केशव-पुत्र-वधू, सुंदर दास, पतिराम, बिहारीलाल, महाचार्य बख्तबली, कृष्णदत्त कवि, कवि सुख

जू, जोगीदास भाण्डेरी, लक्ष्मी नारायण, जोगले शायर, कवि दीन, सुखदेव बड़ेरिया, भान कवि, लाल कवि, गुलाब कवि, देवी दास, बालकृष्ण नायक, गनेश प्रसाद, कवि रामसखे, हाजी वलीशाह, परवते कवि, ठाकुर दास, केशवराय, कवि टेर, कवीन्द्र उदयनाथ, कवि रामदास, वृंदावन उर्फ विन्द, दिबिया काइथ, गोप कवि, कारे वेग, पंचम प्रधान, दूलह कवि, कवि भैंरोलाल, रामकृष्ण चौबे, ज्ञानी कवि, दूलह त्रिवेदी, कविवर द्विज हरिकेश, करन कवि, शिवप्रसाद खरे, कवयित्री प्रेमसखी, कवि शिवदास उर्फ जगन्नाथ, बखत कुँवरि, विक्रमाजीत सिंह, कवि चैन दास, बुन्देलखण्डी तुलसीदास, कवि मोहनदास मिश्र, हरवंश राय, माधव सिंह, कवि जुझार सिंह, मंचित कवि, मोहनलाल मिश्र, कवि राजाराम, रंग कवि उर्फ हिम्मत बहादुर नरेन्द्र गिरि, कवि भोज, भग्गीदाउ जू 'श्याम', कवि मोहनदास, विश्वेश्वरदत्त मिश्र, बुधजन कवि, प्रेम कुंवरि, पं. दुर्गाप्रसाद मिश्र 'द्विज दुर्गा', कवि टट्टू दास, कवि गम्भीर सिंह, कवि निधानगिरी, बल्देवप्रसाद पाण्डे, खान फकीरे, ईश्वरी प्रसाद खरे, वृन्दावनदास, राजा रनजोर सिंह, शंकर लाल वर्मा 'ललितेश', कवि दुज किशोर, कवि दुरजन, शिवदयाल कमरिया, भवानी प्रसाद रिछारिया, कवि रामप्रसाद सक्सेना, हीरालाल व्यास 'हृदेश', ठाकुर रूप सिंह, मन्नू कवि, धनीराम, डॉ. भवानी सिंह 'भगवन्त', वृषभान कुँवर, सूरश्याम, रघुनाथ शाह, गंगा प्रसाद सुनार, सेठ अयोध्या प्रसाद अग्रवाल 'दाऊ', कवि जुगलेश, रामचरण यदुवंशी, गौरीशंकर 'सुधा', हीरालाल 'लाल', रनमत सिंह सिसौदिया 'ठाकुर', पं. रामरतन पाठक (गढ़कुंडार दर्शन), माधौ सिंह बुन्देला, श्रीधर बदलू राय, ईसुर मिश्र, अमानसिंह गोटिया, देवीप्रसाद प्रीतम, पंडित हरिराम त्रिवेदी, सैयद मीर अमीर अली, जवाहर दास, महीपत कवि, बैजनाथ व्यास, गोविन्दसिंह यदुवंशी, जानकीप्रसाद द्विवेदी, डॉ. भगवतदयाल सिलोइया, कवि नन्दकिशोर, पंडित नारायण व्यास, कविवर रामदास दरजी, मूलचन्द कवि, सेठ भोगीलाल लालन, रामभरोसे शर्मा, परमलाल, बैजनाथ द्विवेदी, रामचन्द्र भार्गव, गयाप्रसाद गुप्त, शम्भूदयाल नायक, भुजबल सिंह, शिवसहाय चतुर्वेदी, ,हीरालाल तिवारी, द्विज महेश, कविराज बिहारीलाल, मुंशी दामोदरदास खत्री, मुन्नालाल चतुर्वेदी, रामकिशोर 'किशोर', गौरीशंकर 'गिरीश', बाबूलाल वर्मा 'छैल', श्रवणप्रसाद मिश्र 'श्रवणेश', कंचन कुंवरि, मास्टर रुद्रनारायण सिंह, स्वामी स्वराज्यानन्द, आचार्य चतुर्भुज 'चतुरेश', रामसहाय कारीगर, पंचम सिंह श्रीवास्तव, रामचरणलाल मिश्र, परमानन्द बुधौलिया, शंकरलाल रजक, भगवानदास जोशी 'दास', घनश्यामदास मिश्र, गयाप्रसाद विदुआ 'शास्त्री', दीने चौकीदार, प्यारेलाल द्विवेदी 'दिनेश', उमाशंकर नगायच 'उमेश', रामभरोसे कवि, लक्ष्मीनारायण पथिक, कवि रघुनन्दन, मोहम्मद वजीर, सांई दद्दू शाह, जुगलकिशोर ज्योतिषी, अछरू सोलंकी, घनश्यामदास नौगरैया, बालचन्द्र नायक, रामेश्वरप्रसाद पाठक, गयाप्रसाद पाठक, नारायनदास रायकवार, मदनगोपाल शुक्ला 'मदन अली', चतुर्भुज शर्मा 'चतुरेश', कविरत्न हरिदेव, जानकीप्रसाद चतुर्वेदी, कड़ोरे लाल, शम्भुदयाल श्रीवास्तव 'बृजेश', डॉ. मुँशीलाल

पटैरिया 'शशिधर', कुंजीलाल द्विवेदी, मोतीलाल 'धनंजय', वासुदेव गोस्वामी, रामचरण लाल उर्फ 'राम', लक्ष्मीप्रसाद शुक्ल 'वत्स', बैजनाथ निरंजन, भगवानसिंह गौड़, डॉ. पूरनचन्द्र श्रीवास्तव, रामस्वरूप शास्त्री 'अमर', प्रभुदयाल नामदेव, बल्देवप्रसाद वर्मा, बाबूलाल गुप्त, रामदास कुशवाहा, नारायनसिंह सिसौदिया 'ठाकुर', मान खाँ, हरिसेवक द्विवेदी, नाथूराम साहू 'कक्का', पंडित मुन्नीलाल पुजारी, देवीप्रसाद गुप्त, रामभरोसे हयारण 'अभिराम', चुन्नीलाल कवि, पंडित बलराम शास्त्री 'कंज', केशवप्रसाद नायक 'केशव', गेंदालाल सिंघई, रामऔतार सिंह कुशवाहा, रामस्वरूप हयारण 'रमेश', सुन्दरलाल रायकवार, नाथूराम पहारिया, भगवतीप्रसाद स्वर्णकार, ऊधौराम धानुक, अमानदास 'अमान', श्रीसीताराम शरण, रसिकबिहारी श्रीवास्तव 'रसिक', सीताराम विश्वकर्मा, छक्कीलाल वर्मा 'सोनी', आचार्य गंगाराम शास्त्री महामहोपाध्याय, हरप्रसाद रायकवार 'जलेश', नारायणदास साहू 'दास', तुलसीदास हयारण, डॉ. वंशीधर पण्डा, कपिलदेव तैलंग, मदनमोहन वैद्य, बाबूलाल पाठक, रामस्वरूप गोस्वामी 'रामेन्द्र', सीताराम चतुर्वेदी 'अटल', सियाबाई मिश्रा, ओमशंकर खरे 'असर', भगवतनारायण शर्मा, सन्तोष सिंह बुन्देला, डॉ. कैलाशबिहारी द्विवेदी, डॉ. हरीश सक्सेना, डॉ. नर्मदाप्रसाद गुप्त, शिवसहाय दीक्षित, बाबूलाल जैन 'सलिल', हरगोविंद त्रिपाठी 'पुष्प', हरिविष्णु अवस्थी, शंकरदयाल खरे 'शंकर', महाकवि अवधेश, डॉ. कैलाश मड़वैया, डॉ. रामनारायण शर्मा, कामता सागर, डॉ. एस.बी.एल. पाण्डेय, भगवतनारायण भट्ट 'कक्का', शिवानन्द मिश्र बुन्देला, ओमप्रकाश सक्सेना 'प्रकाश', हरगोविंद विश्व, लक्ष्मी शर्मा, डॉ. नारायणदास गुप्त 'कमलेश', देवीप्रसाद खरे 'विचित्र', डॉ. अवधकिशोर जड़िया, डॉ. बैजनाथ गौतम, अवधबिहारी रावत, कवि बद्रीप्रसाद दीक्षित 'प्रेमी', भारतेंदु अड़जरिया 'इन्दु', डॉ. हरिसिंह 'हरीश', डॉ. बलभद्र तिवारी, नाथूराम, श्री बल्देवप्रसाद रायकवार, परमलाल डबरया, शिवशंकर दयाल 'अशान्त', डॉ. सीताकिशोर खरे, रामनारायण श्रीवास्तव 'श्याम', ठाकुर जमनाप्रसाद 'जलेश', एम.डी. मिश्र 'आनन्द', ओमप्रकाश बरसैंया 'ऊंकार', रामचरण शर्मा 'मधुकर', सीताराम खरे 'चातक', सरमनलाल जैन 'सरस', डॉ. भगवंत भट्ट, हरिमोहन सरावगी 'हरि', पं.श्यामसुंदर शुक्ल, राधाचरण गुप्त 'चरन', रामकिशोर त्रिपाठी 'किशोर', रतिभानु तिवारी 'कंज', नवलकिशोर ओमस्वर्णकार 'नवल', कृष्णानन्द व्यास 'बेआस', डॉ. गंगाप्रसाद गुप्त 'बरसैंया', डॉ. रमेशचन्द्र खरे, रघुवीरप्रसाद गुप्त, कवि ब्रजनन्दन गुप्त 'ब्रजेश', कृष्णकुमार चौरसिया 'पथिक', गुणसागर शर्मा 'सत्यार्थी, हाजी जफरउल्ला खां उर्फ जफर, डॉ. रामकुमार तिवारी 'सुमित्र', प्रभा विश्वकर्मा 'शील', मणि मुकुल, रमावल्लभ पाण्डेय 'बटोही', डॉ. नारायणदास सोनी 'विवेक', डॉ. गौरीशंकर उपाध्याय 'सरल', मनमोहन पाण्डेय, डॉ. दुर्गेश दीक्षित 'दुर्गेश', मुंशीराम सहाय, श्री पन्नालाल सोनी 'पन्नी', श्री प्रेमनारायण खरे, मोतीलाल सुल्लेरे 'राहुल', मालती श्रीवास्तव, डॉ. देवीप्रसाद खरे 'पारदर्शी', जमुनाप्रसाद सरसैंया, दयानन्द विद्यार्थी, शिवकुमार गुप्त 'सागर', रामसेवक कुशवाहा

'सर्वेश', यमुनाप्रसाद दीक्षित 'वियोगी', शिवगुलाम सिंह 'केहरि', रामकुमार पुरोहित 'राही', नाथूराम गुप्ता 'वियोगी', कृष्णराव 'देवकर', रमेशचन्द्र 'मृदुल', कवि छेदालाल बरदिया, श्रीराम सहोदर शर्मा, राजकुमार पुजारी, प्रागीलाल स्वर्णकार 'प्रगल्भ', डॉ. लोकेंद्र सिंह 'नागर', नवलकिशोर सोनी 'मायूस', डॉ. मोहनलाल गुप्त 'चातक', कन्हैयालाल शास्त्री 'मुकुल', चौ. शीलचन्द्र जैन, रामदास गुप्ता 'पारस', जगन्नाथ प्रसाद 'सुमन', डॉ. आर.ए. गुप्ता, फूलचन्द्र कुशवाहा, राजाराम साहू 'विक्रम', तुलसीदास शर्मा, डॉ. रविशंकर पाण्डेय, महेशकुमार मिश्र 'मधुकर', आचार्य रसूल अहमद सागर, कैलाशनाथ गुप्ता, श्यामसुंदर खरे, दिनेशचन्द्र दुबे, कवि रामचरन पांचाल, सुरेन्द्र शर्मा 'शिरीष', डॉ. रघुनन्दन चिले, डॉ. एल.आर. सोनी 'सीकर', बीरबल सिंह सेंगर 'अर्पण', डॉ. लालजी श्रीवास्तव 'लाल', मेघराज सिंह कुशवाहा, दिनकरराव 'दिनकर', सुरेन्द्र गुप्त 'वर्धन', जुगलकिशोर साहू, डॉ. सुरेशचन्द्र तिवारी 'अवाक', मयंकमणि चतुर्वेदी, रामस्वरूप 'स्वरूप', लल्लूमल चौरसिया, रामहुजूर दांगी, शिवचरण शर्मा 'अरुणेश', राधेश्याम मिश्रा, डॉ. रामेश्वरप्रसाद गुप्त, डॉ. हरिसिंह घोष, भगवानदास कुशवाहा, फीरोज खान, किशोरीलाल वाजपेयी 'दास', नरेन्द्र अड़जरिया, मोहन लोधिया, उमाशंकर खरे 'उमेश', रामप्रकाश वर्मा 'प्रकाश', आशाराम त्रिपाठी, अमरसिंह भदौरिया 'हिमकर', सन्तोष सोनकिया 'नवरस', स्वतंत्र प्रभाकर रावत, हरिशंकर आनन्द, विजयसिंह पाल 'गीतकार', भगवानसिंह भदौरिया 'अरुणोदय', पुष्पा खरे, ध्रुवराम द्विवेदी 'तरंग', रफीक 'नीर', दीनदयाल तिवारी 'बेताल', देवेन्द्रसिंह कुशवाहा 'दाऊ', कवि द्वारिकाप्रसाद विश्वदेवा 'निडर', देशपति नीखरा, डॉ. रामनाथ सेन राणा, मनोहरलाल पुरोहित, कवि डालचन्द अनुरागी, जगदीश किंजल्क, जगदीश सिंह परमार, डॉ. किसन तिवारी, रामकृष्ण भट्ट, गोविंददास वर्मा, बृजलता मिश्र, हरीराम पाठक 'पाठक', गुप्तेश्वर गुप्त, वीरेन्द्रबहादुर खरे, निहाल अहमद सिद्दीकी, कवि बालकृष्ण बाथम, श्यामबहादुर श्रीवास्तव 'श्याम', शिवकुमार श्रीवास्तव, कवि बाबूलाल अहिरवार, देवदत्त द्विवेदी, पुष्पा चिले, मलखानसिंह शाक्यवार, पं. रामस्वरूप पाण्डेय, कवि अनंत बिहारी गोस्वामी, कवि श्याम चरण 'श्याम', डॉ. कामिनी, डॉ. ज्ञानप्रकाश चतुर्वेदी, डॉ. किंकरपाल सिंह जादौन कवि, रामसेवक पाल, पूजा ठाकुर, कल्याणदास साहू 'पोषक', धर्मजीत 'रामजी' पटेल, ईश्वरचन्द्र मिश्र, हरिकृष्ण प्रजापति 'हरि', सोबरन सिंह परमार 'सुधाकर', महेश कटारे 'सुगम', डॉ. लखनलाल खरे, कविवर शोभाराम दांगी 'इन्दु', अजीत श्रीवास्तव, साकेत सुमन चतुर्वेदी, डॉ. राज गोस्वामी, प्रभुदयाल श्रीवास्तव 'पीयूष', जगदीशप्रसाद रावत 'जगदीश्वर', सन्तोष बिजावरी, डॉ. अवधेश चंसौरिया, दुर्गाप्रसाद श्रीवास 'भानु', रामबिहारी सोनी 'तुक्कड़', डॉ. जवाहरलाल द्विवेदी, गीता दीक्षित, श्याम श्रीवास्तव 'सनम', रामगोपाल रैकवार 'कँवल', निर्मला योगी, भारतविजय बगेरिया, डॉ. शरद सिंह, डॉ. बहादुरसिंह परमार, अनूप गोस्वामी, डॉ. श्रीनारायण पाठक, सुधा रावत 'क्षमा', भगवानसिंह परिहार, डॉ. लखनलाल पाल, राजीव नामदेव 'राना लिधौरी'

प्रभृति के नाम उल्लेखनीय हैं। पृष्ठ सीमा के कारण सबका विस्तृत विवेचन कर पाना सम्भव नहीं है। यदि किसी महत्त्वपूर्ण कवि का नाम छूट गया है, तो इसके लिए लेखक क्षमाप्रार्थी है।

सन्दर्भ सूची

1. The Gazetteer of India Volume One, Publications Division, Government of India, August 1965.
2. M.P. Jaiswal, A linguistic study of Bundeli (A dialect of Madhyadesa), Leiden, E.J.Brill. 1962.
3. Gupta, Dr. Bhagwan Das, A history of the rise and fall of the Marathas in Bundelkhand (1731-1804), Neha Prakashan, Delhi, 1987.
4. kavitakosh.org
5. झाँसी गजेटियर, 1965.
6. शर्मा, डॉ. राम नारायण, बुन्देली के रचनाकार ग्रन्थ, 695/3, रानी लक्ष्मीबाई पार्क, सिविल लाइन्स, झाँसी, प्रथम संस्करण, 2011.
7. प्रभाकर माचवे, हिन्दी के साहित्य-निर्माता वृन्दावनलाल वर्मा, राजपाल एंड सन्ज़, दिल्ली, 1990.
8. डॉ. मोतीलाल त्रिपाठी 'अशान्त', बुन्देली भाषा का साहित्यिक इतिहास।
9. डॉ. मोतीलाल त्रिपाठी 'अशान्त', बुन्देलखण्ड दर्शन।
10. राष्ट्रकवि डॉ. मैथिलीशरण गुप्त अभिनन्दन ग्रन्थ, सरदार पटेल इण्टर कॉलेज, चिरगाँव, झाँसी, प्रथम संस्करण, 1970.
11. महाकवि अवधेश, श्रमणा शबरी के राम, अंजलि प्रकाशन, झाँसी, 1986.
12. महाकवि अवधेश, श्रीमद्‌भगवतगीता सार, अंजलि प्रकाशन, झाँसी, 2001.
13. महाकवि अवधेश, ब्रजनन्दन, अंजलि प्रकाशन, झाँसी, 2015.
14. महाकवि अवधेश, महाकवि अवधेश का रचना संसार, भाग-1 तथा भाग-2, अंजलि प्रकाशन, झाँसी, 2010.
15. महाकवि अवधेश, प्रायश्चित, अंजलि प्रकाशन, झाँसी, 2002.
16. महाकवि अवधेश, अंजलि, अंजलि प्रकाशन, झाँसी, 2016.
17. चोखेलाल वर्मा 'निर्मल' बुन्देलखण्ड की अमर शहीद वीरांगना झलकारी बाई, बुन्देलखण्ड विश्वविद्यालय, प्रकाशन, झाँसी, 1988.
18. चोखेलाल वर्मा 'निर्मल' बुन्देलखण्ड के स्वतंत्रता संग्राम में पूरन गोलंदाज, झाँसी।
19. चोखेलाल वर्मा 'निर्मल' त्रेता महाकाव्य, झाँसी।
20. कीर्तिशेष राष्ट्रकवि पं. घासीराम व्यास श्रद्धांजलि अंक, व्यास स्मृति न्यास, झाँसी, 2002.
21. गुप्त, प्रो. नर्मदाप्रसाद, बुन्देली संस्कृति और साहित्य, मध्य प्रदेश आदिवासी लोककला परिषद, भोपाल, प्रथम संस्करण, 2001.
22. अयोध्याप्रसाद गुप्त 'कुमुद', बुन्देलखण्ड का लोकजीवन, नमन प्रकाशन, कानपुर, प्रथम संस्करण, 1997.
23. अयोध्याप्रसाद गुप्त 'कुमुद', बुन्देलखण्ड की फागें, उत्तर प्रदेश संगीत नाटक अकादमी, लखनऊ, प्रथम संस्करण, 2000.
24. रवीन्द्र शुक्ल 'रवि', शत्रुघ्न चरित, ज्ञान गंगा, दिल्ली, 2016.

25. पुरवार डॉ. हरीमोहन एवं सन्ध्या पुरवार, बुन्देली लोक गीतों में भक्ति भावना, बुन्देलखण्ड संग्रहालय समिति, उरई, प्रथम संस्करण, 2009.
26. 'सरल' डॉ. गौरीशंकर उपाध्याय, भाव भारती, सरल साहित्य संगम, झाँसी, 2000.
27. 'सरल' डॉ. गौरीशंकर उपाध्याय, आँखें, सरल साहित्य संगम, झाँसी, 2005.
28. गुप्त डॉ. हरिमोहन, कुणाल, पवनपुत्र पब्लिकेशन, लखनऊ, 2005.
29. सुमन मिश्रा, काव्यांजली, प्रकाशक-श्री अशोक मिश्रा, झाँसी, 2017.
30. 'असर', पन्ना लाल, बुन्देली रसरंग, भारत बुक सेंटर, लखनऊ, प्रथम संस्करण, 2015.
31. पाण्डेय, रमाशंकर, दिनेश गुरुदेव, श्रीमती सरोज त्रिपाठी, सीताराम चतुर्वेदी 'अटल' (सम्पादक), काव्य चन्द्रिका, नवचेतना साहित्य एवं कला संस्थान, झाँसी, प्रथमावृत्ति, 1997.
32. पाण्डेय, डॉ. ए.के., बुन्देलखण्ड की लोक परम्परा, राजकीय संग्रहालय, झाँसी, 2008.
33. मदन सिंह, बुन्देलखण्ड के लोकगीतों में 1857 की लोकलहर, बिहान पब्लिकेशन (प्रा.) लिमिटेड, लखनऊ, प्रथम संस्करण, 2015.
34. मदन सिंह, राजस्थान और बुन्देलखण्डः इतिहास एवं संस्कृति, क्रिएशन ग्राफिक्स, लखनऊ, प्रथम संस्करण, 2013.
35. वर्मा, जानकी शरण, बुन्देली लोकगीतों में साहित्य संस्कृति, प्रकाशक-मयंक वर्मा-झाँसी, प्रथम संस्करण, 2005.
36. पाठक, पंडित रामरतन, गढ़कुंडार दर्शन, बुन्देली साहित्य सदन, टीकमगढ़, म.प्र., 2006.
37. श्रीवास्तव, ओमप्रकाश, अभिव्यंजना, प्रकाशक-ओमप्रकाश श्रीवास्तव, झाँसी, प्रथम संस्करण, 2015.
38. काव्यामृत, प्रधान सम्पादक- छन्दाचार्य डॉ. ओमप्रकाश बरसैंया 'ऊँकार', श्री सरस्वती काव्य कला संगम, झाँसी, 2009.
39. हिन्दी के समर्पित साहित्यकार, प्रधान सम्पादक- छन्दाचार्य डॉ. ओमप्रकाश बरसैंया 'ऊँकार', उज्ज्वल प्रकाश, झाँसी, 2003.
40. ईसुरी पत्रिका, संस्थापक सम्पादक- प्रो. कान्तिकुमार जैन, हिन्दी विभाग, डॉ. हरीसिंह गौर विश्वविद्यालय, सागर, म.प्र. के कतिपय अंक.
41. बुन्देली बसन्त पत्रिका, सम्पादक- डॉ. बहादुर सिंह परमार, बुन्देली विकास संस्थान, छतरपुर, म.प्र. के कतिपय अंक।
42. बुन्देलखण्ड संस्कृति एवं साहित्य, भारतीय हिन्दी परिषद, प्रयाग, जनवरी-दिसम्बर, 2014.
43. बुन्देली बानी स्मारिका, पाँचवाँ बुन्देली भाषा-साहित्य एवं संस्कृति सम्मेलन, झाँसी, 2015.
44. शर्मा, डॉ. राम नारायण, बुन्देली के रचनाकार ग्रन्थ, 695/3, रानी लक्ष्मीबाई पार्क, सिविल लाइन्स, झाँसी, प्रथम संस्करण, 2011.
45. डॉ. उमा शुक्ला, मैथिलीशरण गुप्त के काव्य में नारी की विविध भूमिका, सन्मार्ग प्रकाशन, दिल्ली, 2014.
46. प्रतिभा सोलंकी, ओरछा राज्य के कवियों की परम्परा में हीरालाल प्रधान का योगदान (पी-एच.डी. शोध प्रबन्ध), बुन्देलखण्ड विश्वविद्यालय, झाँसी, 2011.
47. www.ignca.nic.in

झाँसी मण्डल का काव्येतर साहित्य

प्रो. सुरेन्द्र दुबे*
डॉ. पुनीत बिसारिया**

झाँसी के विषय में जब चर्चा करते हैं तो इसके भौगोलिक स्वरूप के कारण कई बार चीज़ें गड्डमड्ड सी दिखने लगती हैं क्योंकि वर्तमान झाँसी के नक्शे को यदि ध्यान से देखें तो पाएँगे कि उत्तर प्रदेश के एक छोर पर स्थित यह नगर मध्य प्रदेश के कुछ नगरों से इस प्रकार नाभिनाल जुड़ा है कि उनको विलग कर झाँसी के किसी इतिहास पर बात की ही नहीं जा सकती। झाँसी मण्डल के काव्येतर साहित्य पर चर्चा करते समय भी इस तथ्य को ध्यान में रखा जाना अपरिहार्य होगा। अत: जब हम झाँसी की चर्चा करेंगे तो मध्य प्रदेश से ओरछा, दतिया, टीकमगढ़, विदिशा, सागर, दमोह, छतरपुर और पन्ना को तथा उत्तर प्रदेश से ललितपुर, जालौन, चित्रकूट, महोबा, हमीरपुर और बाँदा को भी साथ लेकर चलना होगा। वस्तुत: झाँसी उत्तर प्रदेश तथा मध्य प्रदेश के बुन्देलखण्ड अचल के प्राय: समस्त भूभाग का प्रतिनिधित्व करती है।

झाँसी का नाम लेते ही बुन्देलखण्ड की वीरता का स्मरण होने लगता है। याद आ जाती हैं शौर्य की साकार प्रतिमा झाँसी की रानी वीरांगना महारानी लक्ष्मीबाई, जिनकी वीरता के आगे अंग्रेज़ों को भी अपना शीश झुकाना पड़ा था। याद आते हैं वीरवर लाला हरदौल, जिन्होंने हँसते-हँसते विषपान कर लिया था। याद आते हैं वीरवर आल्हा और ऊदल, जिनकी वीरता की गाथाएँ आल्हा या आल्हखण्ड के माध्यम से बुन्देलखण्ड की भौगोलिक सीमाओं का अतिक्रमण कर विश्वपर्यंत विश्वविश्रुत हैं। याद आते हैं बुन्देलखण्ड केसरी महाराजा छत्रसाल, जिन्होंने अपने जीवन काल में 52 युद्ध लड़े और सभी में विजयश्री का वरण किया। याद आते हैं— चाणक्य, राजा गण्ड, मदनपाल, परमाल, वीरसिंह जू देव, चम्पतराय, खेतसिंह खंगार, झलकारी बाई, और सुन्दर-मुन्दर, जिन्होंने अपनी कीर्ति से इस अंचल का नाम जगत विख्यात किया।

---

* कुलपति, बुन्देलखण्ड विश्वविद्यालय, झाँसी एवं कुलपति, सिद्धार्थ विश्वविद्यालय, कपिलवस्तु, सिद्धार्थनगर, उ.प्र.।

** सह आचार्य-हिन्दी विभाग, बुन्देलखण्ड विश्वविद्यालय, झाँसी उ.प्र.।

चिर काल से साहित्यिक दृष्टि से बुन्देलखण्ड का महत्त्व निर्विवाद रहा है। वैदिक काल में यह अनेकानेक ऋषियों-मुनियों की कर्मभूमि रही है। महर्षि अगस्त्य, अत्रि, लोपामुद्रा प्रभृति ने यहाँ निवास किया। संस्कृत साहित्य पर दृष्टिपात करें तो आदि कवि वाल्मीकि विरचित 'रामायण' की रामरससिक्त काव्य वाणी यहीं चित्रकूट (वर्तमान लालापुर की पहाड़ी) में निःसृत हुई, वेद व्यास ने यहीं (अदरी, बाँदा अथवा कालपी, जालौन) जन्म लेकर 'महाभारत' जैसे अमर महाकाव्य का प्रणयन किया तथा भगवान श्रीकृष्ण के 'श्रीमद्भगवद्गीता' के कर्मयोग को सम्पूर्ण विश्व का कंठहार बनाया। विष्णुगुप्त चाणक्य ने पन्ना से 25 मील दूर चणक-नचना ग्राम में जन्म लेकर विश्व को कूटनय का पाठ पढ़ाते हुए 'अर्थशास्त्र' जैसी अमर कृति दी। आचार्य वररुचि ने चित्रकूट के कोसम में जन्म लेकर 'वृहत्कथासरित्सागर' की रचना की।

वेद व्यास

भवभूति ने पद्मपुर में जन्म लेकर 'उत्तररामचरितम्' जैसा नाटक लिखा, जिसका मंचन वर्तमान कालपी के कालप्रियनाथ मन्दिर में किया जाता था। चन्देल नरेश कृति वर्मा के समकालीन कृष्णमित्र ने 'प्रबोध चन्द्रोदय' नाटक लिखा, जिसका मंचन खजुराहो के मन्दिर प्रांगण में किया गया था। कालिंजर नरेश प्रमर्दिदेव के अमात्य वत्सराज ने 12वीं शताब्दी में छह भिन्न प्रकार के रूपकों की रचना की, जो 'षट्रूपकम्' के नाम से विख्यात हुए। पन्ना-सागर-दमोह के गोंडवंशी शासक राजा संग्राम शाह ने 15वीं शताब्दी में 'रास-रत्नमाला' का प्रणयन किया। राजगोंड दलपतिशाह, जिनका विवाह रानी

तुलसीदास

दुर्गावती से हुआ था, ने 'गढ़ेशनृपवर्णनश्लोका:' लिखा। श्री मित्रमिश्र ओरछेश राजा वीरसिंहजूदेव के आश्रित थे। उन्होंने काव्य तथा काव्येतर विधाओं में समान रूप से लेखनी चलाई। 'वीरमित्रोदय मीमांसा का महानिबन्ध', 'याज्ञवल्क्य स्मृति टीका' तथा 'आनन्दकण चम्पू' उनकी कीर्ति के आधार स्तम्भ हैं। पन्ना नरेश महाराज छत्रसाल के सुपुत्र हृदयशाह ने 'हृदय कौतुकाद' तथा 'उदय प्रकाशन' की रचना की। हमीरपुर के श्री शुक्लेश्वर ने 'प्रबोधोद्यम' नाटक लिखा। सागर के पं. माधवदास ने 19वीं शताब्दी में 'मानसोपायनम्' तथा 'हरिश्चन्द्र कला' लिखे। दतिया के रामदयाल पंडित ने 'प्रश्न शिरोमणि' लिखा। दतिया के ही सुधाकर शुक्ल ने 'इन्दुमति नाटिका' लिखी। डॉ. हरीसिंह गौर विश्वविद्यालय, सागर के संस्कृत विभागाध्यक्ष रहे रामजी उपाध्याय ने 'द्वासुपर्णा' संस्कृत उपन्यास, 'संस्कृत निबन्धावली' आदि का सृजन किया। सागर के परगुँआ ग्राम में जन्मे पन्नालाल जैन ने 'गद्यचिन्तामणि', 'जीवनधर', 'चम्पू' आदि लिखे। सागर के ही गोविन्द शास्त्री दुर्खेकर ने 'सुभद्रा हरणम', 'हरहरमहादेवनाटकम्' तथा 'सीताचरित्रचन्द्रिकातीम:' लिखे। डॉ. हरीसिंह गौर विश्वविद्यालय, सागर के संस्कृत विभागाध्यक्ष रहे प्रो. राधावल्लभ त्रिपाठी ने 'प्रेमपीयूषम्' रूपक तथा अनेक काव्य ग्रन्थों की रचना की। झाँसी के मथुराप्रसाद दीक्षित ने 'वीरप्रताप' नाटक तथा अनेक काव्य रचनाएँ देकर संस्कृत को समृद्ध किया। जालौन के डॉ. हरिनारायण दीक्षित ने 'संस्कृत निबन्धावलि', 'शोध लेखावली', 'भारतीय काव्यशास्त्रमीमांसा' आदि पुस्तकें लिखकर संस्कृत के श्रीभंडार में योगदान किया। सागर के डॉ. भगीरथ त्रिपाठी 'वागीश' ने 'सारस्वत सुषमा' शोध पत्रिका का सम्पादन किया तथा एक धातु क्रिया से 64000 शब्दों की उत्पत्ति सिद्ध की। उनके ग्रन्थों में 'धात्वर्थ विज्ञानम्'-दो खण्ड, 'पाणिनीय धातुपाठ समीक्षा', 'टॉलस्टाय कथा', 'मंगलमयूख' उपन्यास, 'कृपकाणंनागपाश' रेडियो नाटक आदि प्रमुख हैं। पीताम्बरा पीठ दतिया के स्वामी जी संस्कृत के उद्भट विद्वान थे। उन्होंने 'बगुलामुखी रहस्यम्', 'वैदिक उपदेश', 'सिद्धांत रहस्य', 'दर्शन शास्त्र संग्रह' आदि ग्रन्थों का प्रणयन किया तथा अनेक संस्कृत ग्रन्थों का प्रकाशन कराया। ललितपुर के जयकुमार 'जलज' ने 'संस्कृत नाट्यशास्त्र-एक पुनर्विचार', 'संस्कृत और हिन्दी नाटक-रचना और रंगकर्म' ग्रन्थ लिखे। इनके अतिरिक्त रामचरण त्रिपाठी (बाँदा), सुरेन्द्रनाथ वर्मा (झाँसी), कृष्णदत्त अवस्थी (बाँदा), डॉ. श्यामसुन्दर 'बादल' (झाँसी), देवदत्त शास्त्री 'विरक्त' (चित्रकूट), रामकृपाल द्विवेदी (बाँदा), कृष्णदत्त चतुर्वेदी (बाँदा), डॉ. हरिराम मिश्र (पन्ना) का भी संस्कृत काव्येतर साहित्य के भंडार की श्रीवृद्धि में अमूल्य योगदान है।

काव्येतर दृष्टि से इस अंचल के हिन्दी के साहित्यिक वैभव पर दृष्टिपात करें तो पाते हैं कि ओरछा निवासी अक्षर अनन्य ने यहाँ सर्वप्रथम गद्य की आधारशिला रखने का कार्य किया। अक्षर अनन्य निर्गुणमार्गी सन्त थे और माना जाता है कि पन्ना नरेश छत्रसाल उनसे प्रभावित होकर उनके उनके शिष्य बन गए थे। उनके जन्म एवं प्रारम्भिक काल के विषय में कोई प्रामाणिक जानकारी नहीं मिलती। यह भी ज्ञात

होता है कि वे दतिया नरेश पृथ्वी सिंह 'रसनिधि' के आश्रित थे। उनके समकालीन छत्रसाल, महामति प्राणनाथ, रसनिधि आदि से जुड़े उनके कतिपय प्रसंगों के आधार पर उन्हें सत्रहवीं शताब्दी का माना जाना चाहिए। मिश्रबंधु, शिवसिंह सरोज तथा आचार्य रामचन्द्र शुक्ल ने उनका जन्म संवत 1710 विक्रमी माना है, जबकि अम्बाप्रसाद श्रीवास्तव द्वारा लिखित तथा साहित्य अकादेमी द्वारा 'अक्षर अनन्य' नाम से प्रकाशित विनिबंध में श्रीवास्तव जी ने उनका जन्म संवत 1700 विक्रमी अर्थात सन् 1643 ईसवी माना है।

चूँकि अक्षर अनन्य निर्गुण सन्त थे, अतः उन्होंने जो उपदेश दिए, वे निर्गुण उपासना का मार्ग बताते हैं। ये बुन्देली गद्य रूप में हैं और चिट्ठा के नाम से जाने जाते हैं। महाराजा छत्रसाल को लिखे पत्रों में भी उनके उत्कृष्ट गद्य की झलक मिलती है। इसके अतिरिक्त उनके द्वारा प्रणीत 'आसंका रामचन्द्रिका' तथा 'आसंका गीता' ग्रन्थों में उपदेशपरक गद्य की छटा देखने को मिलती है। 'आसंका रामचन्द्रिका' से उनके गद्य का एक अंश द्रष्टव्य है :

'राम जू ने वशिष्ठ कौ पूछी के जीव वासना के बस जनम-मरन अनेक कने सनि में परे हैं सु कौन भाँति उधरै ?'

इसी प्रकार 'आसंका गीता' ग्रन्थ से अर्जुन उपदेश प्रकरण देखते हैं :

'अरजुन सौ कही कै तुम्हारी देह में जु ईश्वरता है ताही के सरन होउ। सुईश्वरता करता है। देह में वाही कौ करयौ होत।'

उनका स्पष्ट कहना था—'हम हैं निपन्थ पन्थ सबई हमारे हैं।'

अक्षर अनन्य के पश्चात रामकृष्ण चौबे का गद्य इस अंचल में देखने को मिलता है। कालिंजर के निकट दादुरी ग्राम में संवत 1770 विक्रमी को जन्मे रामकृष्ण चौबे का सम्बन्ध पन्ना नरेश छत्रसाल तथा अमान सिंह हिन्दूपत से भी रहा। इनके पिता खेमराज कालिंजर दुर्ग के किलेदार थे। काव्य रचना के अतिरिक्त उन्होंने अनेक ग्रन्थों की गद्यात्मक टीकाएँ लिखीं, जो उनकी बहुविध रचनाशीलता का परिचायक है। रामकृष्ण चौबे जी द्वारा प्रणीत 'ध्यान मंजरी' से एक गद्यांश यहाँ उद्धृत किया जा रहा है :

'अरु मंगलाचरन में रघुवर गुरुए पद संदिग्ध हैं श्री रघुवर कहे रघुनन्दन वा सम्पूरन रघुवंशी तिनके गुरु वशिष्ठ जी वा रघुनन्दन के गुरु विश्वामित्र जी का कवि के अपने गुरु को भावना स्वरूप सम्बन्ध मान के श्री रघुवर गुरु कहा अथवा गुरु इष्ट सम्प्रदाय करके इष्ट श्री रघुनन्दन अरु उपदेव तिनको कहा तहाँ अब निधार करते हैं कि यो उपासक इष्ट सम्बन्धी ग्रन्थ बना ले तो प्रथम परत्व घटे पश्चात माधुर्य कहे या सम्प्रदाय है अन्यथा जिज्ञासु को प्रतिकूल होत तहाँ प्रमान है श्री तुलसी कृते मंगलाचरण वैदेहं तमशेष कारण वा रामाख्यमीशं हरि—अरु श्री वशिष्ठ अरु श्री विश्वामित्र जी श्री रघुनन्दन गुरु माधुर्य हैं ताते ये अर्थ नहीं बने अथवा कवि ने अपने को भावना सम्बन्ध रघुवंशी मान के वशिष्ठ जी की वन्दना करी तो भवतर नए पद में विरोध होत काहे तौ तहाँ सिद्ध अवस्था है।'

झाँसी तथा इसके आसपास के अंचल में नाटकों के मंचन की भी स्वस्थ परम्परा रही है। झाँसी नरेश महाराजा गंगाधर राव के महल में भी एक नाट्यशाला थी, जिसमें प्राय: नाटकों का मंचन हुआ करता था। यहाँ यह तथ्य उल्लेखनीय है कि बुन्देलखण्ड में रामलीला तथा कृष्णलीला पर आधारित जो भी नाटक लिखे गए, वे ब्रजी अथवा अवधी में लिखे गए। जालौन जनपद स्थित कोंच की रामलीला जगविख्यात है ही।

कन्नौज में संवत 1886 विक्रमी को जन्मे ईश्वरीप्रसाद खरे को बाल्यकाल में ही सर से पिता का साया उठ जाने के परिणामस्वरूप माँ मायके महोबा ले आईं, जहाँ रहकर उनमें साहित्यिक संस्कारों का प्रस्फुरण हुआ। आपने 'आल्हा समरसारावली' नाम से पुस्तक लिखी, जो 'तवारीख महोबा' के नाम से भी जानी जाती है। इसका गद्य नाटकीय रूप से ब्रजी, बुन्देली और फारसी का मिश्रण है।

चूँकि इस लेख में काव्येतर साहित्य की चर्चा ही अभिप्रेत है, अत: हम उन प्रवृत्तियों की ही चर्चा करेंगे, जिनसे आचार्य महावीरप्रसाद द्विवेदी जी ने हिन्दी के काव्येतर साहित्य को प्रभावित किया। सर्वप्रथम उन्होंने भारतेन्दु युग में निबन्ध के क्षेत्र में व्याप्त हास्य-व्यंग्यात्मकता को गम्भीरता की ओर उन्मुख किया क्योंकि यह सच है कि किसी विधा में गम्भीर लेखन की अपनी अलग अहमियत है तथा इसी कारण से उन्होंने भाषाई परिमार्जन को शीर्ष वरीयता पर रखा। इसके लिए उन्होंने संस्कृत के कालजयी और अंग्रेज़ी के महत्त्वपूर्ण रचनाकारों की कृतियों का हिन्दी में अनुवाद किया और मौलिक लेखन भी करते हुए हिन्दी को दूसरी बार नयी चाल में ढालने का काम किया। उन्होंने कालिदास, वेद व्यास, माघ, श्रीहर्ष, भारवि, भर्तृहरि, जयदेव, भट्टनारायण, बिल्हण, पंडितराज जगन्नाथ जैसे संस्कृत के कवियों तथा फ्रांसिस बेकन, जॉन स्टुअर्ट मिल, बायरन, हर्बर्ट स्पेंसर, लुई कोने जैसे पाश्चात्य लेखकों-कवियों के सृजन को हिन्दी में अनूदित किया अथवा उनसे प्रभावित होकर स्वतंत्र लेखन करने का कार्य किया। इसके अतिरिक्त उन्होंने 'सम्पत्तिशास्त्र', 'वैज्ञानिक कोश', 'हिन्दी भाषा की उत्पत्ति', 'आलोचनांजलि', 'पुरातत्व प्रसंग', 'आध्यात्मिकी', 'कौटिल्य कुठार', 'नाट्यशास्त्र', 'प्राचीन चिह्न', 'वैचित्र्य चित्रण', 'साहित्यालाप', 'महिलामोद', 'वनिता विलाप', 'तरुणोपदेश', 'पुरावृत्त', 'अतीत स्मृति' आदि 80 से अधिक रचनाएँ देकर हिन्दी साहित्य भंडार की श्रीवृद्धि की। इनमें विज्ञान, पुरातत्त्वशास्त्र, अर्थशास्त्र, इतिहास, भूगोल, उद्योग, अध्यात्म, समाजशास्त्र, अनुवाद, शिक्षाशास्त्र, राजनीति विज्ञान, जीवनी, महिला अध्ययन, तरुण ज्ञान, आलोचना, पुस्तक समीक्षा जैसे अनेक विषय अनुशासन सम्मिलित हैं। 'सरस्वती' के सम्पादक के रूप में कार्य करते हुए उन्होंने कवियों को ही नहीं वरन लेखकों-सम्पादकों को भी गढ़ा। आचार्य द्विवेदी जी की प्रेरणा से ही आचार्य रामचन्द्र शुक्ल, बंग महिला, पदुमलाल पुन्नालाल बख्शी, विश्वम्भरनाथ शर्मा 'कौशिक', माधवप्रसाद मिश्र, सरदार पूर्ण सिंह, चन्द्रधर शर्मा 'गुलेरी', गंगाप्रसाद अग्निहोत्री, गोविन्दनारायण मिश्र, पद्मसिंह शर्मा, श्याम सुन्दर दास, मुकुटधर पाण्डेय, किशोरीलाल गोस्वामी, बाबू गोपालराम गहमरी, अयोध्यासिंह उपाध्याय 'हरिऔध',

बाबू शिवनन्दन सहाय, राय देवीप्रसाद 'पूर्ण', पंडित ईश्वरीप्रसाद शर्मा, पारसनाथ त्रिपाठी, गिरिजाकुमार घोष, गिरिजादत्त वाजपेयी, पार्वतीनन्दन, जयशंकर प्रसाद आदि अनेक लेखकों ने विविध काव्येतर विधाओं में विपुल साहित्य का सृजन किया। पदुमलाल पुन्नालाल बख्शी ने आचार्य द्विवेदी के बारे में लिखा है—'मुझसे कोई अगर पूछे कि द्विवेदी जी ने क्या किया तो मैं समग्र आधुनिक हिन्दी साहित्य दिखाकर कह सकता हूँ कि यह सब उन्हीं की सेवा का फल है।'

आचार्य महावीरप्रसाद द्विवेदी से झाँसी में मिलने से पूर्व तक राष्ट्रकवि मैथिलीशरण गुप्त ब्रजभाषा में 'रसिकेश' तथा 'रसिकेन्द्र' उपनाम से ब्रजभाषा में 12 वर्ष की अल्पायु से ही काव्य सृजन कर रहे थे, किन्तु आचार्य द्विवेदी से मिलने के बाद उनका हृदय परिवर्तन हो गया और वे खड़ी बोली में लेखन की ओर प्रवृत्त हुए। काव्येतर दृष्टि से भी मैथिलीशरण गुप्त जी के साहित्यिक योगदान को विस्मृत नहीं किया जा सकता। उन्होंने 'तिलोत्तमा', 'स्वप्नवासवदत्ता', 'चन्द्रहास' तथा 'अनघ' नाटक एवं 'लीला' गीति नाट्य लिखे, जिनमें प्रथम दो पौराणिक हैं तथा तृतीय भास के नाटक 'प्रतिज्ञा यौगन्धरायण' की कथा पर आधारित है एवं अन्तिम नाट्यरूपक है, जो समसामयिकता तथा कल्पना शक्ति का मणिकांचन संयोग उपस्थित करता है। 'लीला' गीति नाट्य रामकथा पर आधारित है।

आचार्य महावीर प्रसाद द्विवेदी

आचार्य द्विवेदी का प्रभाव राष्ट्रकवि मैथिलीशरण गुप्त के भाई सियारामशरण गुप्त पर भी पड़ा था और अपने भाई की भाँति वे भी द्विवेदी युग के महत्त्वपूर्ण कवि-लेखक के रूप में हमारे सामने आते हैं। काव्येतर सृजन के क्षेत्र में उन्होंने 'पुण्यपर्व' नाटक, 'झूठा-सच' निबन्ध संग्रह, 'मानुषी' कहानी संग्रह, 'उन्मुक्त' गीति नाट्य, 'गीता संवाद' (अनुवाद) तथा 'गोद', 'अन्तिम आकांक्षा' एवं 'नारी' उपन्यासों की सर्जना की। इन रचनाओं के माध्यम से उन्होंने नारी तथा दलितों-वंचितों के प्रति करुणा, गांधीवादी दृष्टि तथा मानवता के प्रति असीम प्रेम के भावों का प्रस्फुटन किया है।

मुंशी अजमेरी जी का वास्तविक नाम प्रेमबिहारी अजमेरी था। आपके पिता डिंगल कवि विशम्भर जी थे। आपका जन्म झाँसी के चिरगाँव में हुआ था। आप हिन्दी, डिंगल और बुन्देली के कवि, उर्दू के शायर, अनुवादक, कथाकार तथा राष्ट्रकवि मैथिलीशरण गुप्त के प्रेरक रहे हैं। हिन्दी में वे 'प्रेम' उपनाम से कविताएँ लिखते थे। आपने बंगाल के द्विजेन्द्रलाल रॉय द्वारा लिखित 'रुस्तम सोहराब' के अमर फारसी कथानक पर

आधारित नाटक का उर्दू रूपान्तरण किया। उन्होंने 'कबीरदास', 'श्रीपाल चरित', 'मनोरमा' और 'रामलीला' शीर्षक से एकांकी लिखे तथा 'अछूतोद्धार' एवं 'वीर बालक' शीर्षक से नाटक लिखे। अजमेरी जी का एक अप्रकाशित नाटक 'रामचरित' है और उनके ही निर्देशन में इन एकांकियों तथा नाटकों का चिरगाँव में सफल मंचन हुआ करता था और वे स्वयं भी इनमें अभिनय किया करते थे। उनकी 'मधुकरशाह' नामक रचना पर मुग्ध होकर ओरछा नरेश वीरसिंहजू देव ने उन्हें एक सहस्र रुपये दिए तथा उन्हें अपना राजकवि घोषित करते हुए 50 रुपये मासिक वृत्ति नियत की थी। उन्होंने अनेक कहानियाँ भी लिखीं। उनकी कहानियों की विशेषता यह है कि वे अपनी कहानियों में पात्रों के शब्दचित्र अंकित कर दिया करते थे। उनकी 'भद्‌भद्‌' कहानी की हरिऔध जी ने भूरि-भूरि प्रशंसा की थी। 'हेमलासत्ता' उनकी एक अन्य महत्त्वपूर्ण कहानी है। अजमेरी जी के बुन्देलखण्ड एवं बुन्देली प्रेम की बानगी मैथिलीशरण गुप्त द्वारा उन पर लिखे संस्मरण से होती है, जिसमें वे लिखते हैं : प्रताप प्रेस, कानपुर में स्वर्गीय गणेशशंकर विद्यार्थी जी के साथ हम लोग चाय पी रहे थे। और भी अनेक सज्जन थे। हास्य-विनोद की बातें हो रही थीं। स्वर्गीय पंडित नन्दकुमार देव शर्मा भी वहाँ थे। उन्होंने किसी प्रसंग में कहा, 'ब्रजभाषा के समान कोई भाषा नहीं और ब्रज की संस्कृति भी अनुपम है।' गणेशजी ने अजमेरी जी की ओर देखा और बोले, 'कहिए मुंशी जी, अब आप क्या कहेंगे? गई बुन्देलखण्ड की बात!' अजमेरी उनकी हँसी से उनके मन की बात समझ गए। बोले, 'शर्मा जी ब्रज के हैं। उनका ऐसा कहना ठीक ही है परन्तु ये बुन्देली भाषा संस्कृति से अपरिचित हैं। अन्यथा सोच-समझकर बोलते।' शर्मा जी ने कहा, 'मैंने क्या झूठ कहा है, अजमेरी जी?'

'नहीं, आपने अपनी संस्कृति के अनुरूप ही कहा है। वास्तव में बात यह है कि पढ़े-लिखे लोग तो सभी प्रदेशों में एक-से नागरिक होते हैं। स्थानीय साधारण जनता से ही हम कहीं की बोली और संस्कृति जान सकते हैं। मैं ब्रजभाषा भी बोलना जानता हूँ, जैसे ब्रज के लोग जानते हैं। बुन्देली भाषा तो मेरी है ही। अतएव तथ्य मैं जानता हूँ। हमारे यहाँ के लोग गाली भी देंगे तो विपक्षी को जू लगाकर सम्बोधन करेंगे—अच्छा ससुर जू, सालेजू, हम समझ लेंगे। यह तो आप भी मानेंगे कि हमारा प्रदेश ब्रज की अपेक्षा विशाल है।'

'कलम के सिपाही' प्रेमचन्द का भी बुन्देलखण्ड से गहरा नाता रहा है। महोबा में रहकर उन्होंने 'नवाब राय' उपनाम से कुछ अमर कहानियाँ लिखीं। उर्दू का अपना पहला कहानी संग्रह 'सोजे वतन' उन्होंने यहीं रहकर 1908 में लिखा, जिसे हमीरपुर के तत्कालीन जिला कलेक्टर ने 'देशद्रोही' घोषित करते हुए जब्त कर लिया था। इस घटना के बाद से ही वे प्रेमचन्द में परिवर्तित हो गए। माना जाता है कि उन्होंने 'नमक का दारोगा' कहानी यहीं की एक सच्ची घटना से प्रेरित होकर लिखी थी।

एकांकी सम्राट डॉ. रामकुमार वर्मा की जन्मदायिनी बुन्देली भूमि सागर है। एकांकी, नाटक, कविताएँ, आलोचना विधाओं पर उनका समान अधिकार रहा है।

उनका सन् 1930 में प्रकाशित 'बादल की मृत्यु' हिन्दी का पहला एकांकी माना जाता है। उनके एकांकी संग्रह हैं—'पृथ्वीराज की आँखें', 'रेशमी टाई', 'खट्टे-मीठे एकांकी', 'ललित एकांकी', 'कैलेण्डर का आखिरी पन्ना', 'चारुमित्रा', 'विभूति', 'सप्तकिरण', 'रूपरंग', 'रजतरश्मि', 'ऋतुराज', 'दीपदान', 'रिमझिम', 'इन्द्रधनुष', 'पांचजन्य', 'कौमुदी महोत्सव', 'मयूरपंख' और 'जुही के फूल'। उनके नाटक संग्रह हैं—'विजय पर्व', 'कला और कृपाण', 'नाना फड़नवीस' और 'सत्य का स्वप्न'। गद्यगीत संग्रह है—'हिमालय'। आलोचना एवं साहित्येतिहास के अन्तर्गत 'कबीर का रहस्यवाद', 'इतिहास के स्वर', 'साहित्य समालोचना', 'साहित्यशास्त्र', 'अनुशीलन', 'समालोचना समुच्चय', 'हिन्दी साहित्य का आलोचनात्मक इतिहास' और 'हिन्दी साहित्य का संक्षिप्त इतिहास' सम्मिलित हैं। उन्होंने 'कबीर ग्रन्थावली' का सम्पादन किया, जो अत्यन्त महत्त्वपूर्ण कार्य है। छायावाद की वृहद् त्रयी के पश्चात छायावाद की 'वर्मा त्रयी' अथवा 'लघुत्रयी' में महादेवी वर्मा एवं भगवतीचरण वर्मा के साथ डॉ. रामकुमार वर्मा का भी नाम लिया जाता है। उनके एकांकियों एवं नाटकों में भारतीय संस्कृति, समसामयिक रागात्मकता, आत्मोत्सर्ग तथा आदर्शवाद हिलोरें लेता है।

बनारसीदास चतुर्वेदी का भी बुन्देलखण्ड से गहरा नाता रहा है। सन् 1930 में टीकमगढ़ नरेश वीरसिंह जू देव के प्रस्ताव पर वे टीकमगढ़ आए और कुंडेश्वर में काफी समय तक रहे। यहीं रहते हुए उन्होंने 'मधुकर' का सम्पादन कई वर्षों तक किया। उन्होंने कुंडेश्वर में 'गांधी भवन' की स्थापना की।

हिन्दी उपन्यासों के सर वाल्टर स्कॉट कहे जाने वाले और ऐतिहासिक उपन्यासों के जनक डॉ. वृन्दावनलाल वर्मा के ज़िक्र के बिना झाँसी का काव्येतर साहित्य अधूरा कहा जाएगा। 9 जनवरी, 1889 को झाँसी के मऊरानीपुर में जन्मे वर्मा जी ने कविता सहित साहित्य की अनेक विधाओं पर लेखनी चलाई है। वाल्टर स्कॉट के ऐतिहासिक उपन्यास पढ़ने के बाद वर्मा जी के मन में आया कि अंग्रेज़ भारत के गौरवशाली इतिहास को आम जनता के हृदय पटल से विस्मृत करने में प्राणपण से लगे हुए हैं। ऐसे में यहाँ के चरित नायकों को उपन्यास के रूप में प्रस्तुत कर जनता को इनके गौरवशाली इतिहास से परिचित कराया जा सकता है। रानी लक्ष्मीबाई तथा अन्य प्रेरणादायी स्त्रियों के शौर्य पर लिखने की प्रेरणा उन्हें कैसे मिली, इस विषय में उन्होंने स्वयं

वृन्दावनलाल शर्मा

एक संस्मरण में लिखा है : मैं रेलगाड़ी से बाँदा की ओर जाने को था। तब झाँसी के प्लेटफॉर्म पर मिट्टी के तेल वाले लैम्प जला करते थे। सन्ध्या हो गई थी। प्रकाश क्षीण था। एक सुन्दर पुष्टकाय स्त्री डिब्बे में बैठने वाली ही थी कि किसी गुंडे ने उस पर हाथ डाला। मैं कुछ दूरी पर था, पर दिखलाई पड़ रहा था। स्त्री ने तुरन्त पलटकर उसे लात मारकर गिरा दिया। चढ़ बैठी उस पर और लगी उसे ठोंकने। मेरे मन में भी आया कि गुंडे को दो लातें तो मैं भी जमा दूँ, परन्तु मैं उस स्त्री के शौर्य का हिस्सा नहीं बाँट करना चाहता था। गुंडा फड़फड़ाकर स्त्री की पकड़ से निकल भागा। हमारे समाज में स्त्रियों की उस युग में क्या दशा थी, उसके अनेक चित्र आते-जाते बने रहे। मैंने उस स्त्री की करामात से प्रेरणा पायी और निश्चय किया कि स्त्रियों के चरित्रों को उभारने की पूरी चेष्टा करूँगा।

यही कारण है कि उनके प्रायः सभी उपन्यासों की नायिकाएँ अत्यन्त सशक्त रूप में हमारे सामने आती हैं। वर्मा जी ने 19 वर्ष की अल्पायु में 'बुद्ध का जीवन चरित' लिख डाला था। इसके अगले वर्ष उनका नाटक 'सेनापति ऊदल' आया, जिसमें अभिव्यक्त विद्रोही तेवरों को देखते हुए अंग्रेज़ सरकार ने इसे प्रतिबन्धित कर दिया था। उन्होंने 'झाँसी की रानी', 'अहिल्याबाई', 'भुवन विक्रम', 'गढ़ कुंडार', 'विराटा की पद्मिनी', 'कचनार', 'मुसाहिबजू', 'माधवजी सिन्धिया', 'मृगनयनी', 'टूटे कांटे', 'संगम', 'लगान', 'कुंडली चक्र', 'प्रेम की भेंट', 'प्रत्यागत', 'कभी न कभी', 'अचल मेरा कोई', 'राखी की लाज', 'अमर बेल', 'उदय किरण' रायगढ़ की रानी', 'महारानी दुर्गावती', 'आहत', 'ललितादित्य', 'हंस मयूर', 'खिलौने की खोज', 'सोती आग', 'देवगढ़ की मुस्कान', 'कीचड़ और कमल' और 'सोना' उपन्यास लिखे हैं। इनमें 'झाँसी की रानी' पर सोहराब मोदी ने फिल्म बनाई थी, किन्तु वर्मा जी इसके फिल्मांकन तथा पात्रों एवं कथा में हुए गैरज़रूरी बदलावों से अत्यन्त रुष्ट थे। उनके 'मृगनयनी', 'संगम' और 'लगान' उपन्यासों पर भी फिल्मकारों ने फिल्में बनाई थीं। आपने कहानियाँ भी लिखी हैं। उनकी कहानियों के संग्रह 'वीर का बलिदान तथा अन्य कहानियाँ', 'कलाकार का दर्द' और 'श्रंघात सृंघात' नाम से आए थे। उनके अन्य प्रमुख कहानियों के संग्रह 'शरणागत', 'खजुराहो की दो मूर्तियाँ', 'जहाँगीर की सनक', 'थोड़ी दूर और', 'रक्षा', 'रामशास्त्री की निस्पृहता', 'रिहाई तलवार की धार पर', 'शेरशाह का न्याय', 'शहजादे की अग्नि परीक्षा', 'सच्चा धर्म', 'राजपूत की तलवार', 'राखीबन्द भाई', 'सफरेजिस्ट की पत्नी', 'अँगूठी का दान', 'कलाकार का दंड', 'रश्मि समूह', 'तोषी', मेढक का ब्याह', 'गौरव गाथाएँ', 'एक-दूसरे के लिए', 'सरदार राणे खाँ', राष्ट्रीय ध्वज की आन' और 'दबे पाँव' हैं। आपने नाटक भी लिखे थे, जिनके नाम 'धीरे-धीरे', 'मंगलसूत्र', 'राखी की लाज', 'जलंदर शाह', 'फूलों की बोली', 'बांस की फांस', 'काश्मीर का कांटा', 'झाँसी की रानी', 'बीरबल', 'पूर्व की ओर', 'कनेर', 'पीले हाथ', 'नीलकंठ', 'केवट', 'निस्तार' तथा 'ललित विक्रम' हैं। आपकी आत्मकथा 'अपनी कहानी' हिन्दी आत्मकथा साहित्य की

महत्त्वपूर्ण निधि के रूप में समादृत है। आपने 'हृदय की हिलोर' शीर्षक से गद्यकाव्य भी लिखा है। 'सगुन', 'तीन एकांकी' तथा 'लो भाई पंचो लो' उनके एकांकी संग्रह हैं। अपने शिकार के अनुभवों को उन्होंने 'दबे पाँव' शीर्षक से लिपिबद्ध किया था। 'युद्ध के मोर्चे से' में उन्होंने वीर सैनिकों की जीवनियाँ प्रस्तुत की हैं। उन्होंने '1857 के अमरवीर' शीर्षक से रेखाचित्र लिखे हैं। प्रभाकर माचवे के मतानुसार आपने 'गोलमालानन्द', गोबरानन्द' और गिटपिटानन्द' के छद्म नामों से भी प्रताप समाचार पत्र में लेख लिखे। उनके उपन्यास 'टूटे काँटे' का 'The Broken Throns' नाम से आई.सी. श्रीवास्तव ने अंग्रेज़ी में अनुवाद किया था, जिसका Introduction स्वयं वृन्दावनलाल वर्मा जी ने 27 अगस्त, 1954 को लिखा था।

महामहोपाध्याय डॉ. भगवानदास माहौर स्वतंत्रता संग्राम सेनानी थे और नाटक तथा लघु नाटिका लेखन के लिए विख्यात रहे हैं।

आधुनिक हिन्दी कथा साहित्य में झाँसी की चर्चा हो और मैत्रेयी पुष्पा का नाम न लिया जाए, यह असम्भव है। अलीगढ़ के सिकुर्रा ग्राम में जन्मीं मैत्रेयी जी बहुत कम उम्र में माँ के साथ रहने हेतु झाँसी के खिल्ली गाँव आ गईं और यहाँ आकर इतना रम गईं कि आज भी उनके व्यक्तित्व और कृतित्व में यह गाँव साँसें लेता है। हिन्दी साहित्य में प्रेमचन्द, शिवपूजन सहाय और फणीश्वरनाथ रेणु के बाद ग्राम्यांचल कथानक को नेपथ्य से उठाकर प्रधान परिदृश्य पर लाने का श्रेय उन्हें दिया जाना चाहिए। हिन्दी साहित्य में बुन्देलखण्ड विशेषकर झाँसी के जीवन को मज़बूती के साथ स्थापित करने का श्रेय भी उन्हें ही है। 'गुनाह-बेगुनाह', 'कही ईसुरी फाग', 'त्रिया हठ', 'बेतवा बहती रही', 'इदन्नमम', 'चाक', 'झूला नट', 'अल्मा कबूतरी', 'अगनपाखी' और 'विजन' उनके उपन्यास हैं। इन उपन्यासों में बुन्देलखण्ड की ग्रामीण स्त्रियों का दर्द पूरी शिद्दत के साथ सामने आता है। 'गुड़िया भीतर गुड़िया' और 'कस्तूरी कुंडल बसे' उनके आत्मालाप (आत्मकथा) हैं। मैत्रेयी जी ने कहानियाँ भी लिखी हैं। 'फाइटर की डायरी', 'समग्र कहानियाँ अब तक', '10 प्रतिनिधि कहानियाँ', 'पियारी का सपना', 'गोमा हँसती है', 'लालमुनिया' और 'चिन्हार' उनकी कहानियों के संग्रह हैं। मैत्रेयी जी स्त्री विमर्श की मुखर प्रवक्ता रही हैं, इसलिए उन्होंने स्त्री विमर्श पर भी लेखनी चलाई है। इस विषय पर उनकी 'खुली खिड़कियाँ', 'सुनो मालिक सुनो', 'चर्चा हमारा', 'आवाज' और 'तब्दील निगाहें' पुस्तकें आ चुकी हैं। उनकी 'फैसला' कहानी पर 'वसुमती की चिट्ठी' शीर्षक से टेलीफिल्म प्रसारित हो चुकी है।

सुरेन्द्र वर्मा ने झाँसी की पावन माटी में जन्म लेकर अपनी साहित्यिक प्रतिभा से इस धरा को गौरवान्वित किया है। 7 सितम्बर, 1941 को झाँसी में जन्मे वर्मा जी ने अपने साहित्यिक जीवन का प्रारम्भ सन् 1972 में 'सूर्य की अन्तिम किरण से सूर्य की पहली किरण तक' नाटक लिखकर नाटककार के रूप में किया। यह नाटक स्त्री लैंगिकता, स्त्री-पुरुष सम्बन्ध तथा लैंगिक समानता जैसे विषयों पर बेबाकी से बात करता है। अमोल पालेकर ने सन् 1972 में ही इस नाटक का निर्देशन किया था और

सन् 2003 में उन्होंने इस नाटक पर आधारित मराठी फिल्म 'अनाहत' बनाई। सन् 1974 से राष्ट्रीय नाट्य विद्यालय की रिपर्टरी में इसके अनेक शो हुए हैं। 'आठवाँ सर्ग', 'छोटे सैयाद बड़े सैयाद', 'क़ैद-ए-हयात', 'रति का कंगन', 'द्रौपदी' और 'शकुन्तला की अंगूठी' उनके नाटक हैं। 'नींद क्यों रात भर नहीं आती' उनके लघु नाटकों का संग्रह है। 'क़ैद-ए-हयात' मिर्जा ग़ालिब के जीवन की दुश्वारियों पर आधारित है तथा उस दौरान उनके दीवान का चित्रांकन करने वाली क़ातिबा नामक स्त्री से उनके त्रासद प्रेम पर आधारित है। इसका मंचन सुप्रसिद्ध रंग निर्देशक रामगोपाल बजाज ने राष्ट्रीय नाट्य विद्यालय की रिपर्टरी में सन् 1989 में किया। उनके उपन्यास भी अत्यन्त चर्चित रहे हैं। 'मुझे चाँद चाहिए', 'दो मुर्दों के लिए गुलदस्ता और 'कटना शमी का वृक्ष पद्मपंखुरी की धार से' उनके उपन्यास हैं, जिन पर उनके नाटकों का प्रभाव स्पष्ट परिलक्षित होता है। सन् 1993 में उन्हें 'संगीत नाटक अकादमी सम्मान' तथा सन् 2016 में उन्हें 'व्यास सम्मान' से अलंकृत किया गया।

रवीन्द्र वर्मा का जन्म 01 दिसम्बर, 1936 को झाँसी में हुआ। आप वर्तमान समय के अग्रणी उपन्यासकार, कहानीकार हैं। आपकी विशेषता यह है कि आपने अपने सभी उपन्यासों एवं कहानियों में झाँसी को अपने लेखन का प्रधान विषय बनाते हुए लेखन कार्य किया है। 'मैं अपनी झाँसी नहीं दूँगा', 'क्रान्ति कक्का की जन्मशताब्दी', 'किस्सा तोता सिर्फ तोता', गाथा शेख़चिल्ली', 'घास का पुल', 'एक डूबे जहाज की अन्तर्कथा', 'पहले प्यार की आख़िरी दास्तान', 'माँ और अश्वत्थामा', 'जवाहरनगर', 'निन्यानबे', 'पत्थर ऊपर पानी', 'दस बरस का भँवर' और 'आख़िरी मंज़िल' उनके उपन्यास हैं। 'कोई अकेला नहीं है', 'पचास बरस का बेकार आदमी' और 'रवीन्द्र वर्मा की चुनिन्दा कहानियाँ' उनके कहानी संग्रह हैं। उनके कृतित्व की प्रवृत्तियों को यदि वर्गीकृत करना चाहें तो वे हैं—सांस्कृतिक-ऐतिहासिक दृष्टि, सम्बन्धों की तरलता को शब्दों में बाँध देने का उपक्रम, उपभोक्तावाद पर प्रहार, स्वातंत्र्योत्तर समाज के परिवर्तन, पुरानी पीढ़ी की मानसिकता और उदारीकरण से जन्मा नवउदारवादी मध्यमवर्ग और इन सबके केन्द्र में एक शहर, जिसका नाम है झाँसी, को रख सकते हैं।

अतर्रा, बाँदा में जन्मे गोविन्द मिश्र हिन्दी के लब्धप्रतिष्ठ लेखक हैं। उनका रचनात्मक फलक बहुआयामी रहा है। उपन्यास जगत में वे 'वह अपना चेहरा', 'उतरती हुई धूप', 'लाल-पीली जमीन', 'हुजूर दरबार', 'धीर समीरे', 'तुम्हारी रोशनी में', 'पाँच आँगनों वाला घर', 'फूल, इमारतें और बन्दर', 'कोहरे में कैद रंग' तथा 'धूल पौधों पर' के माध्यम से मज़बूत उपस्थिति दर्शाते हैं। उनके उपन्यासों में नया परिवेश, नयी प्रकृति, नये लोग देखने को मिलते हैं। सरकारी दफ्तरों का वातावरण, कॉलेज जीवन के अनुभव, छोटे शहर के टूटते हुए लोग, संत्रास, विवाहेतर सम्बन्ध, ब्रज की चौरासी कोसी परिक्रमा, सचिवालय, मध्यवर्गीय जिजीविषा और एम.फिल शोध छात्रा तथा वयोवृद्ध शोध निर्देशक के सम्बन्धों की कथा ये उनके उपन्यासों के वर्ण्य

विषय हैं। 'पुराने माँ बाप', 'अन्तःपुर', 'धाँसू', 'रगड़ खाती आत्महत्याएँ', 'अपाहिज', 'मेरी प्रिय कहानियाँ', 'खुद के खिलाफ', 'ख़ाक इतिहास', 'पगला बाबा', 'आसमान कितना नीला', 'हवाबाज', 'अर्थ ओझल' और 'मुझे बाहर निकालो' उनके कहानी संग्रह हैं। 'धुंध भरी सुर्खी', 'दरख़्तों के पार शाम', 'झूलती जड़ें', 'परतों के बीच' और 'यात्राएँ' उनके यात्रा वृत्तान्त हैं। 'साहित्य का सन्दर्भ', 'कथा भूमि', 'संवाद अनायास', 'समय और सर्जना' उनके साहित्यिक निबन्ध हैं। 'सतपुड़ा के भीतर से' और 'रंगों की गन्ध' उनके संस्मरण हैं।

मुंशी अजमेरी के पौत्र गुणसागर सत्यार्थी बुन्देली साहित्य के अधिकारी विद्वान हैं। उनके उपन्यास 'एक थी राय प्रवीणा' को साहित्य अकादमी से पुरस्कृत किया गया है। 'बुन्देली की व्युत्पत्ति', 'मेघदूत का बुन्देली अनुवाद', 'तीन खूँट का गरम समोसा', 'वनवास' आदि उनकी प्रमुख रचनाएँ हैं।

झाँसी के जानकी शरण वर्मा ने झाँसी के इतिहास पर गहन शोध किया है तथा अनेक मौलिक निष्कर्ष निकाले हैं। 'बुन्देली लोकगीतों में साहित्य संस्कृति', '1857 की अमर ज्योति वीरोत्तमा झाँसी की रानी लक्ष्मीबाई और उनकी झाँसी' और 'अमर बलिदानी' उनके महत्त्वपूर्ण शोध ग्रन्थ हैं।

झाँसी के महाकवि अवधेश ने काव्य तथा काव्येतर विधाओं में खड़ी बोली तथा बुन्देली में समान अधिकार से सृजन किया है। काव्येतर सन्दर्भ में उनका पौराणिक नाटक 'श्री चित्रगुप्त', हिन्दी तथा बुन्देली नाटकों का संग्रह 'नाटिका बाटिका', निबन्ध संग्रह 'अपने अनुभव और बुन्देल भारती', हिन्दी तथा बुन्देली कहानी संग्रह 'बुन्देली पंचतंत्र', उपन्यास 'बनवीर' तथा आत्मकथा 'स्मृति की गोद में' विशेष उल्लेखनीय है।

झाँसी के ही राजीव सक्सेना ने साहित्य अकादमी के 'मेकर्स ऑफ इंडियन लिटरेचर' शृंखला के अन्तर्गत वृन्दावनलाल वर्मा पर 'वृन्दावनलाल वर्मा' नाम से एक मोनालॉग अंग्रेज़ी में लिखा था, जो सन् 1982 में प्रकाशित हुआ था। एक उपन्यास, कुछ नाटक तथा चीन, तत्कालीन सोवियत संघ एवं चेकोस्लोवाकिया के क्लासिकल साहित्य का हिन्दी अनुवाद उनके कृतित्व का परिचायक हैं। सुविख्यात लेखक प्रभाकर माचवे ने भी 'हिन्दी के साहित्य-निर्माता वृन्दावनलाल वर्मा' शीर्षक से एक विनिबन्ध लिखा है। डॉ. शशिभूषण सिंहल ने 'कथाकार वृन्दावनलाल वर्मा' शीर्षक से हरियाणा साहित्य अकादमी के लिए ग्रन्थ लिखा।

सागर के डॉ. कान्तिकुमार जैन डॉ. हरीसिंह गौर विश्वविद्यालय, सागर के हिन्दी विभागाध्यक्ष तथा वहाँ स्थापित बुन्देली शोध पीठ के अध्यक्ष एवं माखनलाल चतुर्वेदी पीठ के प्रोफेसर और मुक्तिबोध पीठ के निदेशक रहे हैं। उन्होंने डॉ. हरीसिंह गौर विश्वविद्यालय के हिन्दी विभाग से बुन्देलखण्ड की लोक संस्कृति पर केन्द्रित पत्रिका 'ईसुरी' का दस वर्षों तक सम्पादन किया। संक्रमणशील बुन्देली की रचना, भारतेन्दु पूर्व गद्य, नयी कविता, कबीरदास आदि उनके प्रमुख आलोचनात्मक ग्रन्थ हैं।

सागर की डॉ. शरद सिंह का नाम कथा लेखिकाओं में किसी परिचय का मोहताज नहीं है। वे अपने उपन्यासों 'पिछले पन्ने की औरतें', 'कस्बाई सिमोन' और 'पचकौड़ी' से क्रमशः बेड़िया समुदाय की औरतों, दैहिक शोषण के शिकार स्त्री-पुरुषों एवं लिव-इन जैसे विषयों पर बात करती हैं। 'बाबा फरीद अब नहीं आते', 'तीली-तीली आग', 'छिपी हुई औरत और अन्य कहानियाँ', 'राख तरे के अंगरा', 'गिल्ला हनेरा' उनके उल्लेखनीय कहानी संग्रह हैं। साहित्य अकादमी से उनकी पुस्तक 'बुन्देली लोककथाएँ' तथा 'आदिवासी जीवन' आई हैं। धर्म, विज्ञान, जीवनी, इतिहास, साक्षरता, राष्ट्रवादी व्यक्तित्व आदि विषयों पर भी उनकी लेखनी प्रवाहमान रही है। उन्होंने सन् 1857 को केन्द्र में रखकर 'गदर की चिनगारियाँ' नाटक तथा स्त्री सशक्तीकरण पर 'आधी दुनिया पूरी धूप' रेडियो नाटिका लिखी है।

मऊरानीपुर, झाँसी के वल्लभ सिद्धार्थ समर्थ लेखक-अनुवादक हैं। 'कठघरे' तथा 'शेष प्रसंग' उनके कहानी संग्रह हैं। फ्रांज काफ्का के जीवन पर आधारित गुस्ताव जैनुक की पुस्तक का उन्होंने 'फ्रांज काफ्का का जीवन और विचार' नाम से हिन्दी में अनुवाद किया है।

रजनी गुप्त उस चिरगाँव की बेटी हैं, जिसने हिन्दी साहित्य जगत को राष्ट्रकवि मैथिलीशरण गुप्त जैसा कवि दिया। उनकी कहानियों में भी बुन्देलखण्ड विशेषकर झाँसी और चिरगाँव साँस लेता है। 'एक नयी सुबह', 'हाट बाजार', 'प्रेम सम्बन्धों की कहानियाँ', 'अस्ताचल की धूप', 'फिर वहीं से शुरू' उनके कहानी संग्रह हैं। उनके उपन्यासों में 'कहीं कुछ और', 'किशोरी बिन्नू', 'एक न एक दिन', 'कुल जमा बीस', 'आम रास्ता नहीं', 'कितने कठघरे' और 'नये समय का कोरस' प्रमुख है। 'किशोरी बिन्नू' उपन्यास में वे ग्राम्य जीवन से नगरीय जीवन में प्रवेश करने में आने वाली समस्याओं का खाका खींचती हैं, जिसमें चिरगाँव पूरी इयत्ता के साथ उपस्थित है। रजनी जी ने स्त्री विमर्श पर भी विचार किया है। अपनी पुस्तकों, 'सुनो तो सही', 'बहेलिया समय में स्त्री', 'आज़ाद औरत कितनी आज़ाद', 'मुस्कुराती औरतें' तथा 'आखिर क्यों लिखती हैं स्त्रियाँ', के माध्यम से वे स्त्री की चुनौतियों पर गहराई से विचार करती हैं।

कुलपहाड़, महोबा के महेन्द्र भीष्म ने अपने कहानी संग्रहों, नाटक तथा उपन्यासों से सबका ध्यान आकृष्ट किया है। 'एक अप्रेषित पत्र', 'क्या कहें', 'लाल डोरा' और 'तेरह करवटें' उनके कहानी संग्रह हैं। अपने उपन्यासों 'किन्नर कथा' तथा 'मैं पायल' से वे किन्नरों की समस्याओं पर विमर्श में सार्थक हस्तक्षेप करते हैं तो 'जय हिन्द की सेना' उपन्यास राष्ट्रीयता का उद्घोष करता है। नाटक 'तीसरा कम्बल' में वे निर्धनता की असहायता से रूबरू कराते हैं।

विवेक मिश्र झाँसी के युवा कथाकार हैं, जो समकालीन हिन्दी साहित्य जगत में तेज़ी से अपनी पहचान बना रहे हैं। अपने पहले कहानी संग्रह 'हनिया तथा अन्य कहानियाँ' में उन्होंने बुन्देली जीवन को अत्यन्त यथार्थपरक ढंग से उकेरने का काम

किया है। इसके अब तक 12 संस्करण आ चुके हैं तथा इसकी कहानी पर फिल्मकार राजा बुन्देला फिल्म बना रहे हैं। उनके दूसरे कहानी संग्रह 'पार उतरना धीरे से' में शामिल कहानी 'थर्टी मिनट्स' पर इसी नाम से येशु दास ने 2016 में हिन्दी फिल्म बनाई थी। इसी संग्रह में संकलित 'दोपहर' कहानी ललितपुर के तालबेहट कस्बे की पृष्ठभूमि पर आधारित है, जहाँ उनकी ननिहाल रही है। 'ऐ गंगा तुम बहती हो क्यों ?' उनका तीसरा कहानी संग्रह है। इसमें संकलित 'और गिलहरियाँ बैठ गईं' कहानी भी बुन्देलखण्ड की कहानी कहती है। इस संग्रह की 'निर्भया नहीं मिली' कहानी दिल्ली के नृशंस कांड पर आधारित है; इस पर भी फिल्म बन रही है। उनका उपन्यास 'डोमिनिक की वापसी' भी काफी चर्चित रहा है।

उपन्यासकार वीरेन्द्र जैन ने बुन्देलखण्ड विशेषकर राजघाट, ललितपुर में बाँध विस्थापितों की समस्या को केन्द्र में रखते हुए 'डूब' उपन्यास लिखा था, जो सन् 1998 में प्रकाशित होकर काफी चर्चा में रहा था। इसके अतिरिक्त 'एक और नीलांजना', 'तीन दिन दो रातें', 'दे ताली', 'पंचनामा', 'पार', 'बहस बीच में', 'मुक्तिदूत', 'सबसे बड़ा सिपहिया', 'सुखफरोश' तथा 'हास्यकथा बत्तीसी' उनकी उल्लेखनीय कृतियाँ हैं।

उरई के डॉ. रामशंकर द्विवेदी महाश्वेता देवी द्वारा लिखित उपन्यास 'झाँसी की रानी' के हिन्दी अनुवाद के लिए चर्चा में रहे हैं और साहित्य की अनेक विधाओं में लगातार लिख रहे हैं।

ललितपुर निवासी डॉ. कैलाश मड़वैया वर्तमान समय में भोपाल में निवास कर रहे हैं और बुन्देली के प्रचार-प्रसार हेतु सतत प्रयत्नशील हैं। वे एक अच्छे कवि भी हैं। उन्होंने कविता के अतिरिक्त 'बुन्देली के ललित निबन्ध' नाम से बुन्देली में तथा 'मयूरपंख' नाम से हिन्दी में निबन्ध लिखे हैं। इसके अतिरिक्त 'बहता पानी निर्मला' शीर्षक से यात्रा वृत्तान्त, 'बुन्देलखण्ड के जैन तीर्थ' नाम से पुरातत्त्व, 'बुन्देलखण्ड के इतिहास पुरुष' और 'बुन्देलखण्ड का विस्मृत वैभव' शीर्षक से इतिहास, 'बुन्देल केसरी छत्रसाल' नाम से बुन्देली का पहला महानाट्य और 'बुन्देली लोककथाएँ', 'नीके बोल बुन्देली के', 'डगर बुन्देली-नजर बुन्देली' शीर्षक से यात्रा व आलोचना ग्रन्थ व 'बुन्देलखण्ड समग्र' लिखा है, जो उनके हिन्द भाषा बुन्देली बोली के प्रति गहन अनुराग के परिचायक हैं।

डॉ. रामनारायण शर्मा झाँसी के ऐसे बिरले रचनाकार हैं, जिन्होंने 'बुन्देली के रचनाकार ग्रन्थ' लिखकर बुन्देलखण्ड के सभी कवियों लेखकों को संकलित किया है। उनके कहानी संग्रह, 'सच-सच टुकड़ा', 'बुन्देली कहानियाँ' एवं उपन्यास 'जीवन प्रहरी', 'कथा सूत्र', 'वटवृक्ष', तथा 'जय राष्ट्र', 'यात्रा कथा', 'बुन्देली यात्रा संस्मरण तथा बुन्देली भाषा साहित्य का इतिहास', 'ओरछा राजवंश का इतिहास', 'कन्हरदास', '1857 क्रान्ति के विस्मृत सेनानी', 'बुन्देलखण्ड की वीरांगनाएँ', 'बुन्देली के कथाकार', 'बुन्देली-वार्ताकार' और 'बुन्देली के रचनाकार ग्रन्थ'—ये आलोचनात्मक ग्रन्थ विशेष उल्लेखनीय हैं।

शिवपुरी निवासी पद्मा शर्मा सिद्धहस्त कथाकार हैं। उनकी अनेक कहानियों ने हिन्दी साहित्य जगत में हलचल मचाई है। 'जीवन की नयी सुबह', 'रेत का घरौंदा', 'जलसमाधि एवं अन्य कहानियाँ' उनके कहानी संग्रह हैं तथा 'लोकतंत्र के पहरुए', 'मन की साध', 'हैलीपैड', 'रेत का घरौंदा', 'विषकन्या', 'सौदामिनी', 'जलसमाधि', 'इज्जत के रहनुमा' उनकी चर्चित कहानियाँ रही हैं।

झाँसी के बरुआसागर में जन्मे डॉ. प्रमोद कुमार अग्रवाल सशक्त लेखक हैं। उपन्यास, नाटक, कहानी, निबन्ध आदि पर उन्होंने समान रूप से लेखनी से शब्द वर्षा की है किन्तु उनका उपन्यासकार रूप अधिक प्रभावशाली रहा है। 'बेतवा की कसम', 'आवेश के कदम', 'मीरजाफर', 'साहिबगंज की बहू', 'चित्रा', 'स्वदेश', 'सतलज से टेम्स तक' और 'प्रकाश' उनके प्रमुख उपन्यास हैं।

झाँसी के बृज मोहन ने कुछ देर से लिखना शुरू किया किन्तु समकालीन कथा लेखन में उन्होंने तेज़ी से अपनी पैठ बनाई है। सन् 2002 में उनका पहला कहानी संग्रह 'इसे जन्म लेने दो' आया और इसके लगभग 14 वर्ष बाद 'खिड़की' कहानी संग्रह आया, जो पर्याप्त चर्चित हुआ। अभी उनका तीसरा कहानी संग्रह 'मोपेड वाली लड़की' भी आ चुका है तथा 'नौ मुलाकातें' नाम से एक उपन्यास भी छप चुका है।

उरई के लखनलाल पाल समकालीन युवा कथा लेखकों में महत्त्वपूर्ण स्थान रखते हैं। समकालीन साहित्य की सभी महत्त्वपूर्ण पत्रिकाओं में वे लगातार लिख रहे हैं और उनकी कहानियाँ साहित्य जगत में अपनी छाप छोड़ने में सफल रही हैं। हंस में छपीं 'मन ते काहे द्वन्द्व मचाए' और 'उपसंहार', लमही में छपीं 'दस बीघा' तथा 'पूर्णिमा-अमावस्या', कथाक्रम में छपी 'दोआब' और कथादेश में छपी 'ये तो रे...।' ये कहानियाँ और बुन्देली कहानी 'दोऊ पक्ष' साहित्य जगत में रुचिपूर्वक पढ़ी गई है। उनके तीन उपन्यास 'बाड़ा', 'रमकल्लो की पाती' और 'ऋतदान' भी चर्चा में रहे हैं।

दतिया की इन्दिरा दाँगी ने बीते कुछ वर्षों में तेज़ी से अपनी पहचान बनाई 'हवेली सनातनपुर' और 'रपटीले राजपथ' उनके चर्चित उपन्यास हैं। 'एक सौ पचास प्रेमिकाएँ', 'शुक्रिया इमरान साहब' उनके कहानी संग्रह हैं। इनमें 'दाहिनी आँख', 'द हीरो', 'लवस्टोरी', 'लीप सेकंड', 'बकरी', 'गुड़ की डली', 'नईम कव्वाल', 'एक नन्ही तितली आती तो है...' उनकी विशेष उल्लेखनीय कहानियाँ हैं। उनके नाटक 'राई', 'रानी कमलापति', 'आचार्य' और 'पिथौरा' अत्यन्त चर्चित रहे हैं।

झाँसी के दिनेश बैस रेलवे से सेवानिवृत्त हैं तथा व्यंग्य और कहानी लेखन में आपकी विशेष गति है। 'दूसरी पारी', 'और विश्वनाथ', 'ह्यूमन रिलेशंस', 'रोमियो', 'बेतवा थमती गई' उनकी उल्लेखनीय कहानियाँ हैं। व्यंग्य के क्षेत्र में भी वे खासे सफल रहे हैं। 'वापसी', 'पहले पन्ने की सूचना', 'शरीफ लोग', 'पंखा बन्द आयोजन', 'दादागिरी से कविता तक', 'कवि सम्मेलन के अध्यक्ष की योग्यता' उनके ध्यानाकर्षक व्यंग्य हैं।

कोंच, जालौन के निवासी तथा वर्तमान समय में कोलम्बस, ओहायो, अमेरिका में निवास कर रहे दीपक मशाल अपनी लघु कथाओं के लिए विख्यात हैं। 2017 में उनका लघुकथा संग्रह 'खिड़कियों से' प्रकाशित हुआ है। 'यक़ीन', 'शिकार', 'ठेस', 'सयाना होने के दौरान', 'साँचा', 'फिर जूलिया', 'गाँव की शादी', 'कुएँ में भाँग', 'सूद समेत', 'ढाई सूखी पत्ती गुलाब', 'आईने में', 'चिया बाबा', 'तूफान के वक्त में', 'नया साल' और 'अहम्' उनकी चर्चित लघु कथाएँ हैं। व्यंग्य, अनुवाद और चित्रकारी की ओर भी उनका झुकाव है। देवास के मनीष वैद्य '...कि हरदौल आते हैं' कहानी द्वारा वीर हरदौल की गाथा को कहानी में पिरोकर लाए और यह कहानी अत्यधिक चर्चित हुई। डॉ. लखनलाल खरे शिवपुरी में पदस्थ हैं और बुन्देली कहानियों के लिए विख्यात हैं। कोंच, जालौन के सुरेन्द्र नायक नए उपन्यासकार हैं, जिनके रचना शिल्प ने आलोचकों का ध्यान आकृष्ट किया है। 'प्रतिप्रश्न', 'कितनी सत्ताएँ', 'नेफ्रो वार्ड' और 'अनुबन्धों में अन्तराल' उनके उपन्यास हैं।

गोरेलाल तिवारी ने 'बुन्देलखण्ड का प्रामाणिक इतिहास' लिखकर बुन्देलखण्ड से आम पाठकों को परिचित कराने का कार्य किया। उरई के अयोध्याप्रसाद गुप्त 'कुमुद' बुन्देली के ख्यातलब्ध विद्वान हैं और उन्होंने 'बुन्देलखण्ड का लोकजीवन', 'लोक संस्कृति', 'बुन्देलखण्ड की फागें', 'बुन्देलखण्ड की काव्यात्मक कहावतें', 'सप्तदल', 'साहित्य मंजूषा', 'सुरम्य बुन्देलखण्ड', 'भारतीय लोककलाओं के विविध आयाम', 'लोकस्मृति में बुन्देलखण्ड के इतिहास-प्रसंग' समेत अनेक पुस्तकें लिखकर एवं सम्पादित कर बुन्देली लोक को समाज के सामने रखने का महती कार्य किया है। झाँसी के डॉ. मोहनलाल गुप्त 'चातक' ने 'बुन्देली कोश' लिखकर महत्त्वपूर्ण कार्य किया है। झाँसी के बुन्देलखण्ड महाविद्यालय तथा ललितपुर के नेहरू महाविद्यालय में क्रमशः प्राध्यापक एवं प्राचार्य के रूप में अपनी सेवाएँ देने वाले डॉ. महेश प्रसाद जायसवाल ने 'ए लिंग्विस्टिक स्टडी ऑफ बुन्देली (ए डायलेक्ट ऑफ़ मध्य देशा)' ग्रन्थ लिखकर बुन्देली के लिए बड़ा काम किया है। डॉ. भगवानदास गुप्त ने 'ए हिस्ट्री ऑफ़ द राइज़ एंड फॉल ऑफ़ द मराठाज़ इन बुन्देलखण्ड (1731-1804)' ग्रन्थ लिखा।

राष्ट्रकवि मैथिलीशरण गुप्त जी के असामायिक निधन पर सरदार पटेल इण्टर कॉलेज, चिरगाँव, झाँसी के प्रधानाचार्य रामेश्वर प्रसाद गुप्त ने सन् 1970 में पंडित बनारसीदास चतुर्वेदी, डॉ वृन्दावनलाल वर्मा एवं डॉ. नगेन्द्र की प्रेरणा से 'राष्ट्रकवि डॉ. मैथिलीशरण गुप्त श्रद्धांजलि-ग्रन्थ' प्रकाशित किया, जिसमें तत्कालीन राष्ट्रपति सर्वपल्ली राधाकृष्णन, उपराष्ट्रपति ज़ाकिर हुसैन, प्रधानमंत्री लालबहादुर शास्त्री, सन्त विनोबा भावे, अनेक राज्यपालों, मंत्रियों तथा संसद सदस्यों एवं गणमान्य नागरिकों ने अपने शोक सन्देश भेजे थे तथा मुंशी अजमेरी, विष्णु प्रभाकर, सेठ गोविंद दास, डॉ. विजयेन्द्र स्नातक प्रभृति ख्यातलब्ध मनीषियों ने संस्मरण लिखकर तथा अनेक कवियों ने अपनी कविताओं के माध्यम से उन्हें भावपूर्ण श्रद्धांजलि दी थी। राजकीय

संग्रहालय, झाँसी के संस्थापक निदेशक डॉ. एस.डी. त्रिवेदी ने 'बुन्देलखण्ड का पुरातत्व' नाम से सन् 1984 में एक महत्त्वपूर्ण पुस्तक लिखी।

छतरपुर के डॉ. गंगाप्रसाद बरसैंया ने 'बुन्देलखण्ड के अज्ञात रचनाकार ग्रन्थ' लिखकर यहाँ के अल्पख्यात रचनाकारों को प्रकाश में लाने का कार्य किया है। झाँसी निवासी रामचरण हयारण 'मित्र' प्रख्यात बुन्देली कवि रहे हैं। उन्होंने 'बुन्देलखण्ड की संस्कृति और साहित्य पुस्तक' लिखकर बुन्देली संस्कृति को आम पाठकों के समक्ष रखा है। डॉ. कैलाश बिहारी द्विवेदी ने 'बुन्देली शब्दकोश', आचार्य दुर्गाचरण शुक्ल ने 'बुन्देली का व्युत्पत्ति कोश', झाँसी के गौरीशंकर उपाध्याय 'सरल' ने 'बुन्देली लोकोक्ति कोश' तथा कतिपय संस्मरण लिखकर बुन्देली माटी के प्रति अपने ऋण को चुकाया है। छतरपुर के डॉ. बहादुर सिंह परमार बुन्देली के अधिकारी विद्वान हैं तथा अब तक वे बुन्देली पर केन्द्रित पत्रिका 'बुन्देली बसन्त' के 20 अंक निकाल चुके हैं एवं बुन्देलखण्ड को विश्व मंच पर स्थापित करने का कार्य कर रहे हैं। आपने 12 भागों में 'बुन्देलखण्ड का इतिहास' सम्पादित किया है। 'बुन्देली लोक साहित्य', 'लोकसाहित्य में मानव मूल्य', 'छतरपुर जिले की लोक कथाएँ', 'बुन्देलखण्ड में छन्दबद्ध काव्य परम्परा', 'बुन्देली व्यंजन', 'आर्य देवकुल का इतिहास', 'अमरकान्त का कथा साहित्य' और 'आचार्य नन्ददुलारे वाजपेयी की आलोचना' उनकी लेखन प्रतिभा का प्रमाण हैं।

टीकमगढ़ के डॉ. हरिविष्णु अवस्थी आई.ए.एस. रहे हैं और बुन्देलखण्ड से उनका गहन अनुराग उनके लेखन में परिलक्षित होता है। 'बुन्देलखण्ड के शिलालेख', 'कहत कबीर सुनो भाई साधो', 'सन्त कबीर', 'बुन्देली वीरांगना रानी लक्ष्मीबाई', 'बुन्देलखण्ड के अमर स्वतंत्रता सेनानी', बुन्देली कहानी—'अहाने के बहाने', 'बुन्देलखण्ड की कवयित्रियाँ' (दो खण्ड), 'बुन्देलखण्ड में जल संरक्षण की परम्परा' उनके कृतित्व की परिचायक हैं।

उरई के डॉ. हरीमोहन पुरवार ने 'कुँवर हरदौल', 'बुन्देली लोकसाहित्य', 'बुन्देली लोकचित्रकला', 'बुन्देलखण्ड में सोलह संस्कार', 'बुन्देली लोकगीतों में भक्ति भावना', 'बुन्देली जनजीवन—एक परिचय', 'बुन्देली लोक सुभाषित', 'बुन्देलखण्ड के लोकवाद्य', 'बुन्देलखण्ड के लोकनृत्य', 'बुन्देली बाल लोक साहित्य', 'बुन्देलखण्ड की इतिहास यात्रा', '1857 : कुछ टेलीग्राम, कुछ दस्तावेज' (देवेन्द्र कुमार सिंह के साथ) प्रभृति ग्रन्थ लिखकर बुन्देली समृद्धि को प्रकाश में लाने का महती कार्य किया है। देवेन्द्र कुमार सिंह ने 1857 की क्रान्ति के दबे पृष्ठों को प्रकाश में लाने का महत्त्वपूर्ण दायित्व निर्वहन किया है। झाँसी के लक्ष्मनदास रायक्वार ने 'बुन्देली संस्कृति के संस्कार' पुस्तक लिखी। तालबेहट, ललितपुर के श्रवणकुमार त्रिपाठी ने डॉ. वृन्दावनलाल वर्मा की भाँति ऐतिहासिक घटनाओं का आधार लेकर उपन्यास लिखे हैं। उनके उपन्यासों में 'जय ओरछा', 'हरदौल की यशगाथा', 'जेबुन्निसा का सपना—शिवाजी', 'शिप्रा के तट पर', 'आग और सुहाग', 'राजुल राजमति', 'क्रान्तिपथ

1857', 'बुन्देलखण्ड की अमर क्रान्ति' और 'जाहर-पीर' शामिल हैं। आपने 'भारतीय रेल इतिहास के स्वर्णिम पृष्ठ आचार्य महावीरप्रसाद द्विवेदी' पुस्तक लिखकर आचार्य द्विवेदी को श्रद्धासुमन अर्पित किए हैं। झाँसी के डॉ. किशोरीलाल गुप्त सूर साहित्य के अधिकारी विद्वान रहे हैं। आपने सूर साहित्य के अतिरिक्त भी अनेक विषयों पर महत्त्वपूर्ण लेखन कार्य किया है। सूर साहित्य पर 'महाकवि सूर और सूर नवीन', 'सूर चिन्तन', 'सूर का छन्दोविधान' उनके आलोचनात्मक ग्रन्थ हैं। इनके अतिरिक्त 'प्रसाद का विकासात्मक अध्ययन', 'हिन्दी साहित्य का प्रथम इतिहास', 'गोसाईं चरित', 'भूषण, मतिराम तथा उनके अन्य भाई', 'हिन्दी साहित्य के इतिहासों का इतिहास' आदि उनके अन्य उल्लेखनीय ग्रन्थ हैं।

छतरपुर के डॉ. नर्मदाप्रसाद गुप्त ने बुन्देलखण्ड की संस्कृति, इतिहास, समाज पर गहन चिन्तन किया है तथा अनेक ग्रन्थ लिखे हैं। 'आज़ादी के गायक हरबोले' 'बुन्देली संस्कृति और साहित्य' और 'आल्हखण्ड और अल्हैत' उनकी महत्त्वपूर्ण पुस्तकें हैं। बुन्देली लोकसाहित्य पर केन्द्रित 'मामुलिया' पत्रिका का उन्होंने कई वर्षों तक सम्पादन किया। डॉ. कन्हैयालाल 'कलश' ने भी बुन्देली लोक को प्रकाश में लाने में अहम भूमिका का निर्वहन किया है। दतिया की डॉ. कामिनी ने अपनी रचनाधर्मिता से बुन्देलखण्ड तथा हिन्दी साहित्य भंडार में अनवरत योगदान दिया है। डॉ. मोतीलाल त्रिपाठी 'अशान्त' ने 'बुन्देली भाषा का साहित्यिक इतिहास' तथा 'बुन्देलखण्ड दर्शन' ग्रन्थ लिखकर बुन्देलखण्ड के विस्मृतप्राय साहित्यिक-सांस्कृतिक वैभव को प्रकाश में लाने का कार्य किया। स्यावरी, गरौठा, झाँसी निवासी डॉ. दयाराम वर्मा ने 'बुन्देलखण्ड के अज्ञात कवि' के माध्यम से बुन्देलखण्ड के अनेक अल्पज्ञात-अज्ञात कवियों को खोज निकाला। गौरीशंकर द्विवेदी ने 'बुन्देलखण्ड का वैभव' तथा 'सुकवि सरोज' पुस्तकें लिखीं। मध्य प्रदेश के राजकवि सम्मान से अलंकृत शिवपुरी तथा ललितपुर में निवास करने वाले लेखक-कवि डॉ. परशुराम शुक्ल 'विरही' ने 'बुन्देलखण्ड की संस्कृति' ग्रन्थ लिखा। डॉ. श्यामसुन्दर 'बालक' ने 'बुन्देली का फाग साहित्य' पुस्तक में बुन्देलखण्ड के फागों को एक स्थान पर संकलित किया। लक्ष्मण सिंह गौर ने 'ओरछा का इतिहास' पुस्तक लिखी। ललितपुर निवासी बुन्देलखण्ड महाविद्यालय, झाँसी के प्राध्यापक डॉ. जवाहरलाल कंचन ने 'बुन्देलखण्ड समग्र' ग्रन्थ लिखा। काशीप्रसाद त्रिपाठी ने 'बुन्देलखण्ड का वृहत इतिहास' लिखकर यहाँ के इतिहास को प्रस्तुत किया। डॉ. श्रीमती मधु श्रीवास्तव, तालबेहट, ललितपुर ने बुन्देलखण्ड की चित्रकला पर महत्त्वपूर्ण कार्य किया है। मैनपुरी में जन्मे प्रो. पवन अग्रवाल सम्प्रति लखनऊ विश्वविद्यालय के हिन्दी विभाग में आचार्य हैं किन्तु उनके जीवन का एक बड़ा हिस्सा झाँसी में व्यतीत हुआ है। इस ऋण से उऋण होने हेतु आपने 'बुन्देली लोक संस्कृति', 'आल्हा और अल्हैत' पुस्तकें तथा आल्हा एवं अल्हैतों पर अनेक शोध पत्र लिखे हैं तथा भारतीय हिन्दी परिषद द्वारा प्रकाशित 'हिन्दी अनुशीलन' के बुन्देलखण्ड विशेषांक के सम्पादन मण्डल में रहे हैं। राजकीय संग्रहालय,

झाँसी के पूर्व निदेशक डॉ. ए.के. पाण्डेय ने 'बुन्देलखण्ड की लोक परम्परा' पुस्तक का सम्पादन किया है, जिसमें इस अंचल की लोक परम्पराओं को उद्घाटित करने का प्रयास किया गया है।

डॉ. दया दीक्षित का जन्म छतरपुर में हुआ था और उन्होंने एक कथाकार के रूप में अपनी पहचान बनाई है। 'रूप विरूप कुरूप' उनका कहानी संग्रह तथा 'गुन अवगुन की गली में जिद' उपन्यास है। आपने गिरिराज किशोर तथा राजेन्द्र राव की कहानियों के सम्पादन किए हैं तथा 'जिनकी यादों में हैं राष्ट्रकवि' नाटक लिखा है। आपने कुछ बुन्देली कहानियाँ भी लिखी हैं। विवेक मोहन ने 'झाँसी की रानी लक्ष्मीबाई' शीर्षक से उनकी गौरवशाली जीवनगाथा लिखी, जो राजा पॉकेट बुक्स से प्रकाशित हुई है। राजीव नामदेव 'राना लिधौरी' का 'लुकलुक की बीमारी' शीर्षक से बुन्देली व्यंग्य संग्रह प्रकाशित हुआ है।

मदन सिंह ने 'बुन्देलखण्ड के लोकगीतों में 1857 की लोकलहर' तथा 'राजस्थान और बुन्देलखण्ड : इतिहास एवं संस्कृति' पुस्तकें लिखकर यहाँ की सम्पन्न विरासत को जगजाहिर किया। पंडित रामरतन पाठक ने 'गढ़कुंडार दर्शन' पुस्तक लिखी है। डॉ. सतीशचन्द्र शर्मा ने 'बेहतर दुनिया की तलाश' पुस्तक में स्वयं द्वारा समय-समय पर लिखे लेखों का संकलन किया है।

इनके अतिरिक्त कृष्णानन्द गुप्त, डॉ. ओमप्रकाश बरसैंया 'ऊँकार', डॉ. ब्रजवासी लाल, गनेशीलाल बुधौलिया, डॉ. मनुजी श्रीवास्तव, झाँसी, डॉ. नीति शास्त्री, डॉ. श्यामबहादुर श्रीवास्तव 'श्याम' नौगाँव, देवेन्द्र सिंह, झाँसी, मोहन नेपाली, झाँसी, डॉ. कृष्णलाल हंस, गौरीशंकर द्विवेदी 'शंकर', जयश्री शावरीकर, डॉ. अयोध्याप्रसाद पाण्डेय, लक्ष्मीचन्द्र नुना, हरगोविन्द कुशवाहा, राजेन्द्र कुमार पाठक, डॉ. अवधकिशोर जड़िया, छतरपुर, पन्नालाल असर, झाँसी, डॉ. दयाराम वर्मा 'बेचैन', मऊरानीपुर, झाँसी, डॉ. केबीएल पाण्डेय, दतिया, डॉ. सरोज गुप्ता, सागर, डॉ. दुर्गेश दीक्षित, टीकमगढ़, लक्ष्मी शर्मा, जबलपुर, सुरेन्द्र नायक, पन्ना, सेवकेन्द्र त्रिपाठी, झाँसी, रामस्वरूप पाण्डेय, टीकमगढ़, डॉ. रामस्वरूप खरे, डॉ. सुरेन्द्रनारायण सक्सेना, डॉ. उषा सक्सेना, उरई, गुप्तेश्वर द्वारका गुप्त, दतिया, डॉ. मनीषा शर्मा, डॉ. शुभेश, डॉ. महेश कुमार मिश्र 'मधुकर', डॉ. हरिप्रसाद दुबे, अवधकिशोर श्रीवास्तव, डॉ चन्दा गुप्ता, घनश्याम कश्यप, राजमति दिवाकर, नरेन्द्र कुमार पाठक, डॉ. वीरेन्द्रसिंह यादव, ममता जैन, डॉ. कुमारेन्द्र सिंह सेंगर, उरई, डॉ. चित्रगुप्त, झाँसी, देवेन्द्र भारद्वाज, झाँसी, गुलनाज़ तंवर, डॉ. वी.डी. झा, भावना गुप्ता, सुषमा श्रीवास्तव प्रभृति साहित्यकार अपने-अपने क्षेत्र में साहित्य भंडार की श्रीवृद्धि में संलग्न रहे हैं।

बुन्देलखण्ड को केन्द्र में रखकर अनेक शोध प्रबन्ध लिखे गए हैं, जिन पर विभिन्न विश्वविद्यालयों द्वारा पी-एच.डी. तथा डी.लिट. की उपाधियाँ प्रदान की गई हैं। इनमें डॉ. महेशप्रसाद जायसवाल को 'ए लिंग्विस्टिक स्टडी ऑफ बुन्देली' विषय पर हॉलैंड यूनिवर्सिटी ने डी.लिट. की उपाधि दी थी। पी-एच.डी. उपाधि प्राप्त करने वाले

महत्त्वपूर्ण लोगों में भगवानदास गुप्त को 'महाराजा छत्रसाल बुन्देला' विषय पर (लखनऊ विश्वविद्यालय), तो श्यामसुन्दर बादल को 'बुन्देली फाग साहित्य' विषय पर हिन्दी साहित्य सम्मेलन, प्रयाग द्वारा महामहोपाध्याय की उपाधि दी गई। इनके अतिरिक्त अब तक श्यामसुन्दर लाल दीक्षित को 'बुन्देली भाषा-उद्गम और विकास' विषय पर (आगरा विश्वविद्यालय), शालिग्राम गुप्त को 'ब्रज और बुन्देली लोकगीतों में कृष्णवार्त्ता' विषय पर (प्रयाग विश्वविद्यालय), गनेशीलाल बुधौलिया को 'बुन्देलखण्डी फड़ साहित्य' विषय पर (आगरा विश्वविद्यालय), स्वाधीनता सेनानी भगवानदास माहौर को 'मदनेश कृत लक्ष्मीबाई रासो' विषय पर (आगरा विश्वविद्यालय), शंकरलाल शुक्ल को 'बुन्देली लोक साहित्य' विषय पर (विक्रम विश्वविद्यालय, उज्जैन), बलभद्र तिवारी को 'बुन्देली भाषा और साहित्य' विषय पर (डॉ. हरीसिंह गौर विश्वविद्यालय, सागर), वीरेन्द्र सिंह परिहार को 'बुन्देली लोकगीतों में प्रेम भावना' विषय पर (विक्रम विश्वविद्यालय, उज्जैन), श्रीनारायण अग्निहोत्री को 'ओरछा राज्य के दरबारी कवि' विषय पर (कानपुर विश्वविद्यालय), उमाशंकर शुक्ल को 'बुन्देली लोकगीत' विषय पर (डॉ. हरीसिंह गौर विश्वविद्यालय, सागर), रामेश्वरप्रसाद अग्रवाल को 'बुन्देली भाषा का अध्ययन' विषय पर (लखनऊ विश्वविद्यालय), शिवदयाल निरंजन को 'बुन्देलखण्डी लोक साहित्य' विषय पर (जीवाजी विश्वविद्यालय, ग्वालियर), रामभरोसे साहू को 'बुन्देली लोकगीतों की सांस्कृतिक व साहित्यिक विवेचना' विषय पर (कानपुर विश्वविद्यालय), चतुर्भुज द्विवेदी को 'ब्रजभाषा एवं बुन्देलखण्डी का तुलनात्मक अध्ययन' विषय पर (आगरा विश्वविद्यालय), रामनारायण शर्मा को 'बुन्देलखण्ड के साहित्य का अनुशीलन विषय पर (बरक़तुल्ला विश्वविद्यालय, भोपाल), हरगोविन्द सिंह को 'बुन्देली की कृषि उद्योग शब्दावली' विषय पर (आगरा विश्वविद्यालय), रामकृष्ण शर्मा को 'बुन्देलखण्ड के संग्रह ग्रन्थागार' विषय पर (अलीगढ़ मुस्लिम विश्वविद्यालय), नाथूराम चौरसिया को 'लोककवि ईसुरी-जीवन और साहित्य' विषय पर (अवधेश प्रताप सिंह रीवा विश्वविद्यालय), सरिता किशोर को 'दतिया जिले की बोली, सर्वनाम, अव्यय और कारक चिह्नों का तुलनात्मक अध्ययन' विषय पर (जीवाजी विश्वविद्यालय, ग्वालियर), राधाबल्लभ शर्मा को 'गंगाधर व्यास का काव्य' विषय पर (अवधेश प्रताप सिंह विश्वविद्यालय, रीवा), कृष्णलाल पाण्डेय को 'ओरछा राज्य के कवि कृष्ण और उनका साहित्य' विषय पर (कानपुर विश्वविद्यालय), विजयशंकर राय को 'बुन्देलखण्ड जनपद की कहावतें' विषय पर (रानी दुर्गावती विश्वविद्यालय, जबलपुर), मोतीलाल चौरसिया को 'बुन्देली लोकगीतों का सांस्कृतिक अध्ययन' विषय पर (डॉ. हरीसिंह गौर विश्वविद्यालय, सागर), कामताप्रसाद सड़ैया को 'दतिया राज्य के कवि और उनका काव्य' विषय पर (लखनऊ विश्वविद्यालय), रोहित को 'बुन्देलखण्ड के मन्दिर और सांस्कृतिक केन्द्र' विषय पर (लखनऊ विश्वविद्यालय), नसरीन को 'बुन्देली लोककथाएँ' विषय पर (कानपुर विश्वविद्यालय), अलका मिश्रा

को 'बुन्देली लोककथाएँ, पर्व, रीति-रिवाज और रहन-सहन' विषय पर (कानपुर विश्वविद्यालय), वन्दना को 'बुन्देली लोक संस्कृति' विषय पर (बुन्देलखण्ड विश्वविद्यालय, झाँसी), राकेश वर्मा को 'बुन्देली साहित्यकारों के साहित्य में बुन्देली संस्कृति' विषय पर (काशी हिन्दू विश्वविद्यालय, वाराणसी), रमेश खरे को 'बुन्देली कविता में सामाजिक चेतना' विषय पर (डॉ. हरीसिंह गौर विश्वविद्यालय, सागर), प्रीति गुप्ता को 'कृष्णानन्द गुप्त : व्यक्तित्व एवं कृतित्व', विषय पर (डॉ. हरीसिंह गौर विश्वविद्यालय, सागर), मनोज कुमार पाण्डेय को '16/17वीं शताब्दी में ओरछा के अभिलेख व ताम्रपत्र, सनद आदि' विषय पर (इलाहाबाद विश्वविद्यालय), नीलम मेंहदीरत्ता को 'बुन्देली भाषा की कहानियाँ' विषय पर (पेरिस यूनिवर्सिटी, पेरिस), डॉ. प्रीति अग्रवाल को 'बुन्देलखण्ड की कंठहार-लोकगाथा हरदौल' विषय पर (लखनऊ विश्वविद्यालय), सन्दीप मिश्रा को 'बुन्देली लोकसाहित्य से सम्बन्धित हिन्दी पत्रिकाओं का वस्तुनिष्ठ विवेचन' विषय पर (लखनऊ विश्वविद्यालय), हिमांशु द्विवेदी को 'बुन्देली लोकनाट्य-स्वांग' विषय पर (पंजाब विश्वविद्यालय, चण्डीगढ़), बाबूलाल को 'बुन्देली लोकनाट्य' विषय पर (बुन्देलखण्ड विश्वविद्यालय, झाँसी), विमला को 'डॉ. रामनारायण शर्मा के बुन्देली गद्य का अनुशीलन' विषय पर (जीवाजी विश्वविद्यालय, ग्वालियर), डॉ. छाया राहुल को 'बुन्देलखण्ड के साहित्यकारों का साहित्यिक अवदान' विषय पर (जीवाजी विश्वविद्यालय, ग्वालियर) द्वारा पी-एच.डी. शोध उपाधियाँ प्राप्त हो चुकी हैं।

सन्दर्भ सूची

1. The Gazetteer of India Volume One, Publications Division, Government of India, August 1965.
2. Saxena Rajeev, Vrindavanlal Verma, Sahitya Akademi, New Delhi, 1982.
3. M.P. Jaiswal, A linguistic study of Bundeli (A dialect of Madhyadesa), Leiden, E.J.Brill. 1962.
4. Gupta, Dr. Bhagwan Das, A history of the rise and fall of the Marathas in Bundelkhand (1731-1804), Neha Prakashan, Delhi, 1987.
5. Srivastava, I.C., Toote Kante (The Broken Thorns), Diamond Publications, New Delhi, 1994.
6. Sardesai, Govind Sakharam, The Main Currents of Maratha History, Phoenix Publications, Bombay, Revised and amended Edition, 1949.
7. gadyakosh.org
8. झाँसी गजेटियर, 1965.
9. गुप्त श्री मैथिलीशरण, स्वप्न वासवदत्ता, साहित्य सदन, चिरगाँव, झाँसी, 1929.
10. गुप्त सियारामशरण, गोद, साहित्य सदन, झाँसी, 2008.
11. गुप्त सियारामशरण, अन्तिम आकांक्षा, साहित्य सदन, झाँसी, 2008.
12. वर्मा वृन्दावनलाल, झाँसी की रानी, सम्पादक—डॉ. पुनीत बिसारिया, प्रभात प्रकाशन, दिल्ली, 2017.
13. वर्मा वृन्दावनलाल, ललितादित्य, मयूर प्रकाशन प्राइवेट लिमिटेड, झाँसी, 1995.

14. वर्मा वृन्दावनलाल, वीर का बलिदान तथा अन्य कहानियाँ, प्रभात प्रकाशन, दिल्ली, 2011.
15. प्रभाकर माचवे, हिन्दी के साहित्य-निर्माता वृन्दावनलाल वर्मा, राजपाल एंड सन्ज़, दिल्ली, 1990.
16. सिंहल, डॉ. शशिभूषण, कथाकार वृन्दावनलाल वर्मा, हरियाणा साहित्य अकादमी प्रथम संस्करण, 1993.
17. शर्मा, डॉ. राम नारायण, बुन्देली के रचनाकार ग्रन्थ, 695/3, रानी लक्ष्मीबाई पार्क, सिविल लाइन्स, झाँसी, प्रथम संस्करण, 2011.
18. गुप्त, डॉ. भगवानदास, महाराजा छत्रसाल बुन्देला, शिवलाल अग्रवाल एंड कम्पनी प्रा. लिमिटेड, आगरा, प्रथम संस्करण, 1958.
19. डॉ. मोतीलाल त्रिपाठी 'अशान्त', बुन्देली भाषा का साहित्यिक इतिहास।
20. डॉ. मोतीलाल त्रिपाठी 'अशान्त', बुन्देलखण्ड दर्शन।
21. डॉ. कैलाश मड़वैया, बुन्देलखण्ड के इतिहास पुरुष, मनीष प्रकाशन, भोपाल, 1993.
22. वर्मा, जानकी शरण, अमर बलिदानी, शिवम प्रकाशन, झाँसी, प्रथम संस्करण, 1999.
23. वर्मा, जानकी शरण, बुन्देली लोकगीतों में साहित्य संस्कृति, प्रकाशक-मयंक वर्मा-झाँसी, प्रथम संस्करण, 2005.
24. शर्मा रामविलास, तीन महारथियों के पत्र, वाणी प्रकाशन, नयी दिल्ली, प्रथम संस्करण, 1997.
25. अवस्थी हरिविष्णु, बुन्देलखण्ड के शिलालेख, मरुभूमि शोध संस्थान, श्रीडूंगरगढ़, राजस्थान, 2014.
26. राष्ट्रकवि डॉ. मैथिलीशरण गुप्त, अभिनन्दन ग्रन्थ, सरदार पटेल इण्टर कॉलेज, चिरगाँव, झाँसी, प्रथम संस्करण, 1970.
27. विवेक मोहन, झाँसी की रानी लक्ष्मीबाई, राजा पॉकेट बुक्स, दिल्ली, प्रथम संस्करण, 2001.
28. त्रिवेदी, एस.डी., बुन्देलखण्ड का पुरातत्व, राजकीय संग्रहालय, झाँसी, 1984.
29. डॉ. भीष्म मखीजा, उपन्यासकार वृन्दावनलाल वर्मा और लोकजीवन, नटराज पब्लिशिंग हाउस, करनाल, हरियाणा, 1984.
30. अयोध्याप्रसाद गुप्त 'कुमुद', बुन्देलखण्ड का लोकजीवन, नमन प्रकाशन, कानपुर, प्रथम संस्करण, 1997.
31. 'कुमुद', अयोध्याप्रसाद गुप्त, बुन्देलखण्ड की फागें, उत्तर प्रदेश संगीत नाटक अकादमी, लखनऊ, प्रथम संस्करण, 2000.
32. महाकवि अवधेश, मर्यादा पुरुषोत्तम श्रीराम सखा निषाद बनवीर, भाग-1 तथा भाग-2, अंजलि प्रकाशन, झाँसी, 2014.
33. महाकवि अवधेश, स्मृति की गोद में आत्मकथा जीवन के भूले-बिसरे चित्र, अंजलि प्रकाशन, झाँसी, 2015.
34. महाकवि अवधेश, बुन्देली पंचतंत्र, अंजलि प्रकाशन, झाँसी, 2000.
35. महाकवि अवधेश, महाकवि अवधेश का रचना संसार, भाग-1 तथा भाग-2, अंजलि प्रकाशन, झाँसी, 2010.
36. महाकवि अवधेश, नाटिका बाटिका, प्रकाशक—श्रीमती कुँवर श्रीवास्तव, झाँसी, 1989.
37. गुप्त, प्रो. नर्मदाप्रसाद, बुन्देली संस्कृति और साहित्य, मध्य प्रदेश आदिवासी लोककला परिषद, भोपाल, प्रथम संस्करण, 2001.
38. सुरेश आचार्य एवं लक्ष्मी पाण्डेय, कान्तिकुमार जैन, संस्मरण को जिसने वरा है, अनुज्ञा बुक्स, दिल्ली, 2014.

39. त्रिपाठी श्रवण कुमार, क्रान्ति पथ 1857, प्रकाशक—राजेश त्रिपाठी, तालबेहट, ललितपुर, 1984.
40. त्रिपाठी श्रवण कुमार, शिप्रा के तट पर, मानसरोवर प्रकाशन, तालबेहट, ललितपुर, 2007.
41. पुरवार डॉ. हरीमोहन एवं सन्ध्या पुरवार, बुन्देलखण्ड में सोलह संस्कार, बुन्देलखण्ड संग्रहालय समिति, उरई, प्रथम संस्करण, 2007.
42. पुरवार डॉ. हरीमोहन एवं सन्ध्या पुरवार, बुन्देली लोकगीतों में भक्ति भावना, बुन्देलखण्ड संग्रहालय समिति, उरई, प्रथम संस्करण, 2009.
43. पुरवार डॉ. हरीमोहन एवं सिंह देवेन्द्र कुमार, 1857: कुछ टेलीग्राम, कुछ दस्तावेज, जनपद जालौन, बुन्देलखण्ड संग्रहालय समिति, उरई, प्रथम संस्करण, 2007.
44. सिंह देवेन्द्र कुमार एवं पुरवार डॉ. हरीमोहन, बरजोर सिंह, भारतीय सांस्कृतिक निधि, उरई अध्याय, प्रथम संस्करण, 2011.
45. 'सरल' डॉ. गौरीशंकर उपाध्याय, बुन्देली लोकोक्ति कोश, भाग-1 तथा भाग-2, सरल साहित्य संगम, झाँसी, 2013.
46. रायक्वार, लक्ष्मनदास, बुन्देली संस्कृति के संस्कार, शब्दशक्ति प्रकाशन, कानपुर, प्रथम संस्करण, 2014.
47. 'असर', पन्ना लाल, बुन्देली रसरंग, भारत बुक सेंटर, लखनऊ, प्रथम संस्करण, 2015.
48. पाठक, पंडित रामरतन, गढ़कुंडार दर्शन, बुन्देली साहित्य, सदन, टीकमगढ़, म.प्र., 2006.
49. 'राना लिधौरी', राजीव नामदेव, लुकलुक की बीमारी, सरस्वती साहित्य संस्थान, इलाहाबाद, प्रथम संस्करण, 2017.
50. मदन सिंह, बुन्देलखण्ड लोकगीतों में 1857 की लोकलहर, बिहान पब्लिकेशन (प्रा.) लिमिटेड, लखनऊ, प्रथम संस्करण, 2015.
51. मदन सिंह, राजस्थान और बुन्देलखण्ड: इतिहास एवं संस्कृति, क्रिएशन ग्राफिक्स, लखनऊ, प्रथम संस्करण, 2013.
52. पाण्डेय, डॉ. ए.के., बुन्देलखण्ड की लोक परम्परा, राजकीय संग्रहालय, झाँसी, 2008.
53. डॉ. छाया राहुल, बुन्देलखण्ड के साहित्यकारों का साहित्यिक अवदान, आशा प्रकाशन, कानपुर, प्रथम संस्करण, 2013.
54. ईसुरी पत्रिका, संस्थापक सम्पादक—प्रो. कान्तिकुमार जैन, हिन्दी विभाग, डॉ. हरीसिंह गौर विश्वविद्यालय, सागर, म.प्र. के कतिपय अंक।
55. बुन्देली बसन्त पत्रिका, सम्पादक—डॉ. बहादुर सिंह परमार, बुन्देली विकास संस्थान, छतरपुर, म.प्र. के कतिपय अंक।
56. बुन्देलखण्ड संस्कृति एवं साहित्य, भारतीय हिन्दी परिषद, प्रयाग, जनवरी-दिसम्बर, 2014.
57. बुन्देली बानी स्मारिका, पाँचवाँ बुन्देली भाषा-साहित्य एवं संस्कृति सम्मेलन, झाँसी, 2015.

बुन्देलखण्ड : ऐतिहासिक एवं सांस्कृतिक परिदृश्य

अयोध्या प्रसाद गुप्ता 'कुमुद'

बुन्देलखण्ड भारतवर्ष का हृदय स्थल है। इसका क्षेत्रफल लगभग 71000 वर्ग किलोमीटर है। इसमें उत्तर प्रदेश तथा मध्य प्रदेश के अन्तर्गत तेरह सम्पूर्ण जिले तथा पंद्रह जिलों के आंशिक भाग आते हैं। देश की स्वाधीनता के पश्चात बुन्देलखण्ड प्रान्त बन गया था। संघीय सरकार के अन्तर्गत गठित संयुक्त राज्य विन्ध्य प्रदेश के अन्तर्गत दो प्रान्त गठित किए गए थे—बुन्देलखण्ड तथा बघेलखण्ड। दोनों प्रान्तों के पृथक-पृथक मुख्यमंत्री थे। बुन्देलखण्ड प्रान्त का मुख्यालय नौगाँव तथा बघेलखण्ड प्रान्त का मुख्यालय रीवा रखा गया था। बुन्देलखण्ड प्रान्त का मुख्यमंत्री कामता प्रसाद सक्सेना को बनाया गया था। इसके निमित्त केन्द्र सरकार की ओर से भारत सरकार के सचिव, रियासती विभागाध्यक्ष तथा देशी रियासतों के राजाओं के मध्य एक विलय सन्धि भी हुई थी। इसके अन्तर्गत ब्रिटिश-भारत के स्वतंत्र क्षेत्र तथा इस अंचल की छोटी-मोटी पैंतीस रियासतों के रजवाड़ा क्षेत्रों की विलय सन्धि की प्रस्तावना में यह स्वीकार किया गया था कि दोनों प्रान्तों की एक विधायिका, न्यायपालिका तथा कार्यपालिका द्वारा ही सशक्त श्रेष्ठतम हित सम्भव है। कालान्तर में राजनीतिक कारणों से उक्त संयुक्त राज्य विन्ध्य प्रदेश का पुनर्गठन होता रहा तथा अन्ततः इस राज्य के कुछ हिस्से उत्तर प्रदेश तथा कुछ हिस्से मध्य प्रदेश को दे दिए गए।

बुन्देलखण्ड की संस्कृति का प्राचीनतम स्वरूप इस अंचल में विन्ध्य पर्वत मालाओं की गुफाओं में प्रागैतिहासिक शैलचित्रों में देखने को मिलता है। चिरगाँव के निकट बेतवा के उस पार बीगाट-बाजोर में वाकाटककालीन गुफाओं के शैलचित्रों तथा चित्रकूट के निकट के शैलचित्रों में मानवीय सभ्यता, संस्कृति, रहन-सहन, आखेट आदि के प्रसंग चित्रित हैं। कालपी में यमुना नदी के किनारे हुए उत्खनन में भू-वैज्ञानिकों ने हाथी दाँतों के अति प्राचीन जीवाश्म खोज लिए हैं। इन्हें लगभग आठ हजार वर्ष प्राचीन बताया गया है। सात फुट लम्बे तथा बीस से.मी. व्यास के हाथी दाँत तथा लगभग पाँच फुट लम्बी कन्धे की हड्डी के जीवाश्म ने नई शोधों का मार्ग खोज लिया है। यह क्षेत्र मुगल शासकों का आखेट क्षेत्र रहा है। भारतीय

पुरातत्त्व सर्वेक्षण के महानिदेशक डॉ. राकेश तिवारी के अनुसार यह गंगा घाटी की सभ्यता-संस्कृति का क्षेत्र है।

यमुना के दक्षिण से नर्मदा तक विस्तृत और विन्ध्य पर्वतमालाओं की गोद में स्थित बुन्देलखण्ड देश के मध्य भाग में होने के कारण भारत का हृदय स्थल कहा जाता है। प्राचीन काल में पुलिन्द देश, चेदि, दशार्ण, जिजौति, जैजाकभुक्ति, चिचिन्टों, मध्य प्रदेश तथा बुन्देलखण्ड आदि नामों से विख्यात इस क्षेत्र की ओर अन्तरराष्ट्रीय पर्यटकों को आकर्षित करने के लिए उत्तर प्रदेश पर्यटन विभाग ने व्यापक योजना बनाई है।

सभी प्रकार के रत्नों, वनसम्पदा, पुरातत्त्व, साहित्य, संस्कृति और शौर्य से समृद्ध यह भूमि अपनी विशिष्ट भौगोलिक स्थिति के कारण सभी कालखंडों में देश के शासकों के लिए आकर्षण का केन्द्र रही है। कुछ विद्वानों ने शौरसैनी प्राकृत के महत्त्वपूर्ण काव्यग्रन्थ—'तिलोयपण्णत्ती' रचनाकाल पाँचवी-छठी सदी में वर्णित विजयार्ध प्रदेश इसी क्षेत्र को माना है। उक्त ग्रन्थ में विजयार्ध भूमि को उत्तम रत्नों में पद्मराग मणियों से समृद्ध बताया गया है। उसमें वज्रार्गल, वज्राढ्य, वज्राभ, सूर्याभ, चूड़ामणि, वज्रांतर, रत्नाकर, रत्नपुर जैसे मणिनामात्या रत्नमणि नाम वाले अनेक नगर हैं। इससे उस भूमि के रत्नगर्भा होने के संकेत मिलते हैं। बुन्देलखण्ड में आज भी अनेक प्रकार के रत्न एवं खनिज सम्पदा प्रचुर मात्रा में है। कुछ इतिहासकारों के अनुसार विन्ध्याचल भारत की रीढ़ है। कुछ इतिहासकारों के अनुसार रावण की लंका कहीं विन्ध्यशिखर पर थी। स्वर्णमयी लंका को मणिरत्नों से समृद्ध बताया गया है। 'तिलोयपण्ण्त्ती' के सापेक्ष लंका की भौगोलिक स्थिति का पुनः अध्ययन अपेक्षित है।

बुन्देलखण्ड की सीमाओं के बारे में यह लोकोक्ति प्रायः उद्धृत की जाती है :

इत यमुना उत नर्मदा इत चम्बल उत टौंस।
छत्रसाल सों लरन की रही न काहू हौंस।

जनपदी अध्ययन के मनीषी डॉ. वासुदेवशरण अग्रवाल प्राचीन जनपद को सांस्कृतिक भौगोलिक इकाई की संज्ञा देते हैं। सिद्धान्ततः यह मत अधिक उचित है। इस मत के अनुसार उक्त तेरह जिलों तथा दो तहसीलों के अतिरिक्त मध्य प्रदेश के रायसेन, नरसिंहपुर जिले तथा निम्नांकित जिलों के आंशिक भाग भी इसमें आ जाते हैं। जैसे, ग्वालियर जिले की विदिशा, कुरवई, बसौदा तथा सिरौंज, शिवपुरी जिले की पिछौर, होशंगाबाद जिले की होशंगाबाद तथा सोहागपुर और जबलपुर जिले की जबलपुर तथा पाटन तहसीलें। बुन्देलखण्ड की लोक संस्कृति के अध्येता डॉ. नर्मदा प्रसाद गुप्त भी सांस्कृतिक, भाषाई एवं भौगोलिक दृष्टि से लगभग यही सीमाएँ मानते हैं।

प्राचीन काल में यह क्षेत्र मुख्यतः वनाच्छादित था। देश के तीन प्रमुख प्राचीन वनप्रान्तों—नैमिषारण्य, तुंगारण्य तथा दंडकारण्य में से यह भूभाग तुंगारण्य के अन्तर्गत

आता था। तुंगारण्य की सीमाएँ ओरछा से चित्रकूट तक जाती थीं। वहाँ से दंडकारण्य प्रारम्भ हो जाता था। इस वन प्रान्त में अनेक ऋषियों के आश्रम थे। जिनमें पाराशर, वेदव्यास, कर्दम, च्यवन, जमदग्नि आदि प्रमुख रूप से उल्लेखनीय हैं। उस समय इस क्षेत्र में वनवासी जातियाँ पुलिन्द, शबदर, कोल, गोंड, निषाद आदि निवास करती थीं। इस क्षेत्र में पाए गए लगभग एक सहस्त्र शैलाश्रयों में पाषाणकालीन उपकरणों तथा आयुधों से इन वनवासी जातियों की जीवनशैली और संस्कृति के सम्बन्ध में विस्तृत जानकारी मिलती है।

ऐतिहासिक दृष्टि से बुन्देलखण्ड का अस्तित्व सर्वप्रथम वैदिक काल में चेदि राष्ट्र के रूप में मिलता है। यह अग्नि तथा इन्द्र की पूजा का केन्द्र था। वैवस्वत मनु की पुत्री का नाम इला था, जिसका विवाह सोम से हुआ था। इसी से ऐल अर्थात् चन्द्रवंश की स्थापना हुई, जिसका आदि पुरुष पुरूरवा था। पुरूरवा के अधीन ऐल साम्राज्य का विस्तार हुआ। अपने साम्राज्य का विस्तार करते हुए उसने वर्तमान बुन्देलखण्ड के क्षेत्र पर भी अधिकार कर लिया। पुरूरवा की चौथी पीढ़ी में हुआ ययाति इस क्षेत्र का शासक बना। उसने यह क्षेत्र अपने पुत्र यदु को दिया जिसको चर्मण्वती (चम्बल), वेत्रवती (बेतवा) तथा शुक्तिमती (केन) की धाराओं से सिंचित प्रदेश प्राप्त हुआ। इन्हीं यदु से यादव वंश की स्थापना हुई। इसी यदुवंशी परम्परा के राजा कौशिक ने चर्मण्वती (चम्बल) और शुक्तिमती (केन) के मध्य के प्रदेश अर्थात् बुन्देलखण्ड में राज्य स्थापित किया, जो चेदि जनपद कहलाया। इसी काल में विदर्भ के एक प्रसिद्ध राजा भीमरथ की सुन्दर कन्या दमयन्ती से नलपुर के राजा नल ने विवाह किया था। जनुश्रुति के अनुसार नल ने ही नलपुर नगर बसाया था, जो आधुनिक शिवपुरी जिले में नरवर के रूप में विद्यमान है। ऋग्वेद 8-5-37-39 में चेदि के एक शक्तिशाली राजा वसु की दानस्तुति भी मिलती है।

रामायण में इसका उल्लेख दशार्ण तथा दक्षिण कौशल के अन्तर्गत मिलता है। भगवान राम के वनवास की चौदह वर्ष की अवधि का अधिकांश भाग इस अंचल के चित्रकूट आदि में ही बीता था।

महाभारत में चेदि राष्ट्र का उल्लेख विस्तार से प्राप्त होता है। इसकी राजधानी शुक्तिमती नगरी थी, जिसकी स्थिति वर्तमान बाँदा जिले में केन नदी के किनारे मानी जाती है। चेदि नरेश शिशुपाल का मुख्यालय वर्तमान चन्देरी में होना बताया जाता है। श्रीकृष्ण द्वारा चेदि नरेश शिशुपाल का वध किया जाना सुविदित है। जनश्रुतियों के अनुसार पांडवों ने अपने अज्ञातवास का अधिकांश समय बुन्देलखण्ड में ही बिताया था। आज भी अनेक स्थल उनके नाम पर जाने जाते हैं। महाभारत के युद्ध में वत्स, काशी, चेदि, कारूष, दशार्ण और मत्स्य अर्थात् वर्तमान बुन्देलखण्ड और बघेलखण्ड की सीमाओं के जनपदों के राजा अपनी सेनाओं के साथ पांडवों की ओर से लड़े थे। महाभारत में दशार्ण प्रदेश का भी उल्लेख आया है, जिसकी राजधानी विदिशा थी। पाणिनि के अष्टाध्यायी 4-2-11 में भी चेदि देश का उल्लेख है।

मौर्यकाल में बुन्देलखण्ड मौर्य साम्राज्य का अंग था। सम्राट अशोक सत्ता सँभालने के पूर्व इसका प्रान्तपति रह चुका था। उसने विदिशा के एक साहूकार की कन्या से विवाह किया था। इस कन्या ने अशोक कुमार मौदगल्यायन और संघमित्रा को जन्म दिया था, जिन्होंने लंका में बौद्ध धर्म का प्रचार किया था।

बुन्देलखण्ड में देवी-देवताओं की रथयात्रा निकालने की सांस्कृतिक परम्परा है। यह परम्परा दो हजार वर्ष से भी अधिक प्राचीन बताई जाती है। फाहियान ने अपने यात्रा विवरण में इस अंचल में रथ यात्रा निकालने का रोचक वर्णन किया है।

मौर्य वंश के अन्तिम शासक को सत्ताच्युत करके पुष्यमित्र ने यहाँ शुंग वंश की पताका फहराई। बुन्देलखण्ड के एरिच क्षेत्र में सिक्कों तथा ईटों के माध्यम से मित्रवंश की नयी नामावली मिल जाने से इतिहास में एक नये अध्याय का प्रकटीकरण हुआ। अब तक के शोधों में इन्हें पुष्यमित्र से भिन्न वंश का बताया गया है। इनका शासनकाल 200 से 50 वर्ष ई.पू. प्रकाश में आया है।

दशार्ण क्षेत्र में सत्ता का केन्द्र बने एरिच को बौद्ध ग्रन्थों में 'एरिचकच्छ' तथा 'एरिचकछ' नाम दिया गया है। सिक्कों के अनुसार यहाँ के शासकों को 'दशार्णेश्वर', 'दशार्णधिपति', 'महासेनापति' की उपाधि दी गई है।

शुंग वंश के पराभव के उपरान्त ईसा से लगभग 75 वर्ष पूर्व यहाँ कण्व वंश का शासन रहा, जिन्हें दक्षिण के सातवाहन शासकों ने अपदस्थ करके इस क्षेत्र में सातवाहन संस्कृति का प्रचार-प्रसार किया। इसके पश्चात इस क्षेत्र में शक-छत्रपों का शासन रहा है। शक-छत्रप श्री दामन के सिक्के पिछोर से मिले हैं तथा विदिशा, एरण क्षेत्र में राज्य करते हुए नये शक वंश के शासक श्रीधर वर्मन का एक अभिलेख एरण से एवं दूसरा साँची के निकट कानाखेरा से प्राप्त हुआ। एरिच, एरण और विदिशा में नागवंशी शासकों के सिक्के भी प्रचुर मात्रा में मिले हैं। इन शैवमतावलम्बी शासकों का राजचिह्न दो सर्पों के मध्य शिवलिंग था। इस कारण इन्हें भारशिव भी कहा गया। इनकी राजधानी भारगढ़ (वर्तमान बरगढ़, जिला चित्रकूट) में थी। नचना कांचन (पन्ना) तथा देवरदार (टीकमगढ़) में एक राजवंश के कलात्मक निर्माण पुरातत्त्व की धरोहर हैं।

इसी कालखंड में बीजोर-बागाट (जिला टीकमगढ़), जो चिरगाँव (झाँसी) से 10 किलोमीटर दूर बेतवा के उस पार स्थित है, के शैल गुहा क्षेत्र में वाकाटक वंश के उद्‌भव के प्रमाण मिले हैं। जिन वाकाटकों की देन अजन्ता की गुफाएँ हैं, उनकी वैसी ही गेरुए रंग की शैल चित्रकला बागाट की द्रोण-तलैया की गुफाओं में मिलती है। सुप्रसिद्ध इतिहासकार डॉ. काशीप्रसाद जायसवाल ने अंधकार युगीन भारत में उन्हें द्रोण का वंशज बताते हुए वाकाटक से बागाट नामकरण होने का संकेत दिया है। इस वंश के प्रतापी राजा भीमसेन ने विन्ध्यशक्ति की उपाधि धारण की और पूर्वी बुन्देलखण्ड के भाग को जीतकर किलकिला नदी के तट पर पन्ना को अपना केन्द्र बनाया। प्रवरसेन का विवाह नागवंशी राजकुमारी

(भवनाग की पुत्री) गौतमी से हुआ तथा उसे नागवंशी राज्य का एक भाग उत्तराधिकार में प्राप्त हुआ।

319 ई. से पाँचवी सदी के अन्त तक बुन्देलखण्ड गुप्त वंश के अधीन रहा, जहाँ उनके द्वारा निर्मित कराए गए दशावतार मन्दिर (देवगढ़) जैसे भव्य अवशेष अभी भी विद्यमान हैं। ऐरण में बुधगुप्त का प्रशस्ति लेख भी इस अंचल में भारतीय इतिहास के स्वर्णयुग में गुप्त शासकों के कृतित्व का उल्लेख करता है। गुप्त शासक मातृविष्णु के निधनोपरान्त उनके भाई धान्य विष्णु ने अपनी सत्ता हूणराज तोरमाण को हस्तान्तरित करके इस क्षेत्र को हूणों के अधीन बनाया किन्तु सम्राट नरसिंह बालादित्य ने तोरमाण के पुत्र एवं उत्तराधिकारी मिहिरकुल को पराजित कर दिया, जिससे वह मध्य भारत छोड़कर कश्मीर की ओर चला गया। बुन्देलखण्ड में प्राप्त अभिलेखों से पता चलता है कि 5वीं ई. में जब उत्तर भारत में गुप्त का आधिपत्य था, उस समय पन्ना जिले में परिव्राजक नामक वंश के राजाओं का राज्य चला हुआ था। ये गुप्त सम्राटों के माण्डकिल को गए थे तथा उनकी प्रभुसत्ता स्वीकार की थी।

तत्पश्चात् यह क्षेत्र वर्धन राज्य का अंग बन गया। इस वंश के सर्वाधिक यशस्वी शासक हर्ष के काल में इस क्षेत्र में कला-संस्कृति खूब फूली-फली। उसके राजकवि बाणभट्ट ने 'हर्षचरित' में विन्ध्य क्षेत्र का विस्तार से वर्णन किया है। कालपी के निकट पुराणकालीन कालप्रियनाथ सूर्यमन्दिर का पुनर्निर्माण इसी काल में हुआ तथा वहाँ लगने वाले चर्चित वार्षिक मेला कालप्रियनाथ-यात्रा के दौरान भवभूति के नाटक 'उत्तर रामचरितम' का प्रथम मंचन एवं अन्य नाटकों का भी मंचन हुआ। 17 वर्ष के हर्ष के शासनकाल में चीनी यात्री ह्वेनसांग ने इस क्षेत्र को चिचिन्टों लिखा। कुछ इतिहासकारों का अनुमान है कि चित्रकूट के कारण ही उसने यह नाम दिया।

वर्धन शासकों के पश्चात यहाँ प्रतिहारों, कल्चुरि तथा हैहय शासकों ने भी राज्य किया। अमरकंटक का कर्णदहिया मन्दिर, तीन शिखरों युक्त देवालयों का समूह, भेड़ाघाट का चौसठ जोगिनी मन्दिर तथा गौरीशंकर मन्दिर कल्चुरि राजवंश की ही देन है।

शुंग वंश के इस कालखंड तक कला-शिल्प की दृष्टि से बुन्देलखण्ड का उल्लेखनीय योगदान रहा है। बुद्ध की प्रस्तर मूर्तियों का निर्माण उसी समय से प्रारम्भ हुआ। यहाँ की शिल्प कला पर विदेशी कलाओं का प्रभाव भी पड़ा, विशेषकर यूनान-रोमन प्रभाव स्पष्ट है। गान्धार कला तथा मथुरा कला ने भी इस अंचल के कलाकारों को विशेष रूप से प्रभावित किया। इस क्षेत्र में जैन तथा बौद्ध धर्म के प्रभाव से उक्त दोनों धर्मों के संस्थानों, मन्दिरों में मूर्तिकला निखरी है। इसका सर्वश्रेष्ठ उदाहरण महोबा से प्राप्त सिंहनाद अवलोकितेश्वर की मूर्ति है, जो भारतीय मूर्तिकला में विशिष्ट है। यह राज्य संग्रहालय, लखनऊ में संरक्षित है।

इसके बाद इस क्षेत्र में गौरवशाली चन्देल वंश का उदय हुआ। चन्देल वंश के प्रथम शासक नन्नुक की तीसरी पीढ़ी में जयशक्ति उर्फ जेजा के नाम पर इस क्षेत्र का नाम जैजाकभुक्ति के रूप में चर्चित हुआ। उसकी राजधानी महोत्सव नगर (वर्तमान महोबा) कला-संस्कृति का केन्द्र बनी। चन्देलों ने प्रतिहारों के अधीन सामन्तों के रूप में सेवा करते हुए कई पीढ़ियों तक उनकी अधीनता के पश्चात महाराजा धंग के पराक्रम से चन्देल वंश की स्वतंत्र सत्ता इस क्षेत्र में महोबा को केन्द्र बनाकर स्थापित की, लेकिन चन्देल वंश के हर्ष और यशोवर्मन जैसे शासक स्वयं स्वतंत्र शासकों जैसी सत्ता स्थापित करके भी प्रतिहारों की अधीनता स्वीकार करते आए थे। धंग ने इस इतिहास को बदलकर चन्देल वंश को स्वतंत्र शासकों की पंक्ति में लाकर खड़ा कर दिया। इसके पूर्व बुन्देलखण्ड बाहरी शासकों का शासित क्षेत्र था। पहली बार इस क्षेत्र के राजवंश ने अपनी सत्ता देश के दूर भागों तक फैलाकर अन्य शासकों तक बुन्देलखण्ड की यशोपताका फहराई, इसलिए इसकी चर्चा कुछ विस्तार में करना आवश्यक है। उसने कान्यकुब्ज के शासक को पराजित किया, ग्वालियर का किला (गोपाद्रि गिरि) प्रतिहारों से जीतकर स्वयं को सर्वसत्ताधीश घोषित कर दिया तथा चन्देलों में उसने सर्वप्रथम महाराजाधिराज की उपाधि धारण की। वह सौ वर्ष तक जीवित रहा।

नवीं शताब्दी तक देश के अनेक राजवंशों ने यहाँ शासन किया। उन्हीं की सांस्कृतिक प्रवृत्तियाँ फलती-फूलती रहीं। तब तक इस अंचल के किसी राजवंश को शासन करने का अवसर नहीं मिला था। इससे इसके योजनाबद्ध विकास का प्रयास नहीं हो सका था। फलतः भौगोलिक संरचना तथा आवश्यकता के अनुरूप विकास की परिकल्पना नहीं की जा सकी थी तथा यहाँ की सांस्कृतिक विशिष्टताओं तथा प्रतिभाओं की क्षमता का भी उपयोग नहीं हो सका था। इस क्षेत्र के अपने राजवंश चन्देलों तथा बुन्देलों ने इस दृष्टि से अनेक महत्त्वपूर्ण कार्य किए।

चन्देल काल में कुछ महिलाएँ श्रेष्ठ शासक तथा क्रान्ति-ज्वाला के रूप में गिनी जाती हैं। इसमें चन्देल नरेश कीर्तिराय की पुत्री और गोंडवाना नरेश दलपति शाह की पत्नी रानी दुर्गावती ने अकबर की सेना के सामने आत्मसम्मान की रक्षा के लिए युद्ध क्षेत्र में कटार सीने में घोंपकर आत्महत्या कर ली थी किन्तु सतीत्व पर आँच नहीं आने दी थी।

चन्देलों का शासन 831 ई. से 1315 तक रहा। बुन्देला राजवंश का उदय 1071 ई. में हो चुका था तथा इसका अधिकतम विस्तार महाराज छत्रसाल बुन्देला के शासनकाल में हुआ। उसके पश्चात यह राज्य छोटी-छोटी रियासतों में बँट गया, जिनसे अष्टगढ़ी राज्यों का गठन हुआ।

चन्देल वंश के प्रतापी सम्राट धंगदेव, गंडदेव और विद्याधर ने सीमा पार से प्रारम्भ होने वाले तुर्कों के आक्रमण को विफल करने की दृष्टि से देश के प्रमुख हिन्दू राजाओं को एक सूत्र में संगठित करके एक हिन्दू संघ बनाया था। राजतरंगिणी

में भी यह उल्लेख मिलता है कि उस समय छत्तीस राजपूत वंशियों का एक संगठन बन चुका था, जिससे विदेशी आक्रांता विफल होते रहे, किन्तु आलोच्य कालखंड में यह एकता बिखर गई। भारतीय राजपूत परस्पर युद्धों में जन-धन-सैन्य शक्ति नष्ट करके राष्ट्रीय-सामर्थ्य की क्षति करते रहे। उन्होंने कभी इस बात पर विचार नहीं किया कि मिथ्याभिमान, अपने को ऊँचा दिखने की होड़ तथा सुन्दरियों के अपहरण में जो भारतीय शक्ति नष्ट होकर बिखर रही है, उसके चलते क्या वे सुसंगठित तुर्क सेना का मुकाबला कर सकेंगे? तुर्कों की संगठन तथा आक्रमण शक्ति के समक्ष उन्होंने स्वयं को अवमूल्यित किया। विदेशी आक्रमणकारी जानते थे कि हिन्दू शक्ति बिखरी हुई है, उन्हें उनकी संगठित शक्ति का मुकाबला नहीं करना पड़ेगा। परिणामतः पारस्परिक वैमनस्य, बिखराव और संघर्ष से देश के समक्ष एक अभूतपूर्व राष्ट्रीय संकट खड़ा हो गया। इस संघर्ष ने विदेशी शक्तियों को खुला निमंत्रण दिया।

चन्देलों ने सत्ता के एक प्रमुख अंग के रूप में दुर्गों पर विशेष ध्यान दिया था। चन्देलों के 21 दुर्ग थे जिनमें 8 प्रमुख दुर्ग माने जाते हैं—कालिंजर (बाँदा), बारीगढ़ (चरखारी), अजयगढ़ (म.प्र.), मनियागढ़ (छतरपुर), मड़फा (बाँदा), मौधा (हमीरपुर), गढ़ा (जबलपुर) तथा मैहर (सतना)। इसके अतिरिक्त देवगढ़, महोबा, जैतपुर एवं चरखारी (मंगलगढ़) भी महत्त्वपूर्ण दुर्ग थे। कुछ विद्वान सतना के स्थान पर कालपी की गणना करते हैं।

इनमें कालिंजर सैन्य दृष्टि से उत्तर भारत का सबसे प्रमुख दुर्ग था। यह चन्देलों की सैन्य राजधानी भी थी। यह दुर्ग बुन्देलखण्ड के दक्षिण छोर पर स्थित मैदान में समुद्र तट से 1230 फुट की ऊँचाई पर एक पहाड़ पर 7-8 मील की परिधि में स्थूल आकार की प्राचीर से घिरा बना है।

सामाजिक दृष्टि से समाज में वर्ण-व्यवस्था विद्यमान थी, इसके अनुसार समाज ब्राह्मण, क्षत्रिय, वैश्यों में विभाजित था। ब्राह्मण सर्वाधिक सम्मानित वर्ग था, किन्तु एक मुस्लिम इतिहासकार खुर्ददब के लेखों से यह पता चलता है कि उस समय हिन्दुओं में सात वर्ग थे। पहले सब्कुत्रिया थे, जो सर्वोच्च माने जाते थे। इन्हीं में से राजा बनाए जाते थे। अन्य वर्गों के लोग इनके प्रति पूज्य भाव रखते थे। दूसरे ब्राह्मण थे, जो मदिरा और उस जैसे पेयों से सर्वदा दूर रहते थे। तीसरे क्षत्रिय थे, जो तीन चषक से अधिक मद्य नहीं पीते थे। ब्राह्मणों की कन्या उन्हें विवाह में नहीं दी जाती थी, किन्तु ब्राह्मण उनकी कन्या ग्रहण करते थे। चौथे बैसुर थे, जो कृषि का व्यवसाय करते थे। पाँचवें शूद्र थे, जो सेवा और गृह धन्धों से जीवनयापन करते थे। छठे संडालिया थे, जो निम्नकोटि के भृत्य कर्म करते थे। सातवें लहुड थे, जिनकी स्त्रियाँ आभरण-प्रिय और पुरुष विनोद और चमत्कारिक खेलों के प्रेमी होते थे। यह वर्णन वास्तविक स्थिति से बहुत कुछ साम्य रखता है। ये वर्ग शासक ब्राह्मण, क्षत्रिय, वैश्य, शूद्र, चांडाल और लहुड की भ्रमणशील जाति के ही हैं।

इन चन्देल शासकों की सबसे बड़ी देन यह थी कि इन्होंने इस पर्वतीय और वन्य प्रदेश में नगरीय स्थापन, नगर व्यवस्थाओं का विस्तार, कृषि विकास, सिंचाई साधनों के रूप में बड़े-बड़े जलाशयों का निर्माण और दुर्ग, महलों तथा देवालयों का निर्माण कराकर बुन्देलखण्ड को वन प्रान्त से नगर क्षेत्र में परिवर्तित करने का महत्त्वपूर्ण कार्य किया था। तमाम सारी विकास योजनाओं के बावजूद आज तक चन्देलकालीन जलाशय बुन्देलखण्ड में सिंचाई के श्रेष्ठतम साधन हैं। चन्देलों के शासन काल में चन्देलकालीन स्थापत्य कला और संस्कृति खूब फली-फूली। इस काल में मूर्तिकला का परिष्कृत स्वरूप देखने को मिला। विश्व प्रसिद्ध खजुराहो और मन्दिरों जैसी सांस्कृतिक धरोहरों का निर्माण चन्देलों की ही देन है।

दिल्ली के शासक पृथ्वीराज चौहान और परमर्दिदेव (परमाल) के मध्य अनेक लड़ाइयाँ हुईं, जिनमें परमाल के एक सामन्त दस्सराज बनाफर के पुत्रों आल्हा-ऊदल की महत्त्वपूर्ण भूमिका रही। इनके शौर्य के कारण इन्हें आल्हा की बावन लड़ाइयों के नाम से जाना जाता है। यद्यपि लड़ाइयों की संख्या पर विद्वानों में मतभेद है। इस लेख में हम उस विवाद में नहीं पड़ना चाहते हैं। पृथ्वीराज चौहान के राजकवि चन्दबरदाई ने 'पृथ्वीराज रासो' के महोबा खंड में इनमें से कुछ लड़ाइयों का वर्णन अपने ढंग से किया है। 'रामचरितमानस' के पश्चात 'आल्हखंड' देश का सर्वाधिक लोकप्रिय जनकाव्य है, जिसे देश के बड़े भू-भाग में बड़े चाव के साथ गाया और सुना जाता है।

यहाँ एक और महत्त्वपूर्ण प्रसंग की चर्चा आवश्यक है। परमाल ने अपने एक सामन्त वासुदेव परिहार की पुत्री से विवाह करके वासुदेव को उरई कोटरा का शासक बना दिया। वासुदेव ने अपने बड़े पुत्र माहिल को उरई तथा छोटे पुत्र भोपतशाह को कोटरा का राज्य देकर वहाँ के किले सौंप दिए। माहिल ने उरई की गद्दी पर बैठते ही भोपतशाह से कोटरा का राज्य छीन लिया। भोपत ने अपने बहनोई परमाल से मदद माँगी। परमाल ने उरई पर आक्रमण की योजना बनाई। इसके जवाब में चतुर कूटनीतिज्ञ माहिल ने परमाल के शत्रु दिल्लीपति पृथ्वीराज चौहान से मित्रता कर ली। परमाल के साले होने के कारण यही माहिल जगत मामा बन गए। परमाल के राजकवि जगनिक ने अपने 'आल्हखंड' में अपने संरक्षक राजा के शत्रु माहिल को चुगलखोर माहिल के रूप में चित्रित किया है। चारण कवि के रूप में अपने राजा के शत्रु को यह संज्ञा देकर और ऐसा चरित्र गढ़कर उसने कुछ भी अस्वाभाविक कार्य नहीं किया, किन्तु अब 'आल्हखंड' को छोड़कर अन्य अभिलेखों के सापेक्ष कूटनीतिज्ञ माहिल के चरित्र के पुनर्मूल्यांकन की आवश्यकता अनुभव की जा रही है। माहिल पुत्र अभई ने परमाल की ओर से युद्ध करते हुए महोबा में आत्मोत्सर्ग करके माहिल पर लगे कलंक को धो दिया था।

पृथ्वीराज और परमाल के बीच आखिरी लड़ाई के स्थान को लेकर इतिहासकारों में मतभेद है। कुछ इतिहासकारों ने जालौन में अकोड़ी तथा बैरागढ़ को अलग-अलग

मानकर उन स्थानों के पक्ष में तर्क दिए हैं, जबकि वास्तविकता यह है कि ये स्थान एक ही मैदान के दो छोर हैं। इस प्रकार अन्तिम लड़ाई अकोड़ी तथा बैरागढ़ के बीच मैदान में हुई। आल्हा ने यहाँ जयतिस्तम्भ (सांग) गाड़कर माँ शारदा देवी से विजय का वरदान माँगा था। अत: इसे जैतखम्भ की लड़ाई भी कहते हैं। इस युद्ध में चन्देलों के पराभव के फलस्वरूप इस क्षेत्र का बड़ा भाग पृथ्वीराज चौहान तथा इसके बाद कुतुबुद्दीन ऐबक एवं दिल्ली के अन्य शासकों के अधिकार में चला गया तथा पूरा क्षेत्र छोटी-छोटी जागीरों में बँट गया। उन्हीं में से एक गढ़कुण्डार खंगार शासकों की राजधानी के रूप में शक्ति का प्रमुख केन्द्र बना।

इस बीच एक महत्त्वपूर्ण घटना घटी। काशी के गहिरवार क्षत्रिय वंश के हेमकरन पारिवारिक विवादवश निर्वासित एवं सत्ताच्युत होकर विन्ध्यवासिनी देवी की शरण में चले गए। एक लोकश्रुति के अनुसार उन्होंने रक्त की बूँद से देवी का अभिषेक किया। पाँच बार रक्त की बूँदों से अभिषेक के कारण उनका नाम पंचम बुन्देला पड़ा और वह बुन्देलों के आदि पुरुष के रूप में विख्यात हुए। देवी से वरदान पाकर तथा यहीं रहकर शक्ति संचय कर उन्होंने मिहौनी को अपनी राजधानी बनाया तथा अपना खोया हुआ काशी राज्य प्राप्त कर लिया। उसके पुत्र वीरभद्र ने अपने राज्य की सीमाएँ दक्षिण-पश्चिम की ओर अधिक बढ़ाकर मऊ मिहौनी को अपनी राजधानी बनाया। इस स्थान का नाम महोनी लिखा जाता है। लालकवि ने 'छत्रप्रकाश' में 'सोष्यौ वीरपुत्र कौ पानी, करी महोनी राजधानी' लिखकर इसकी पुष्टि की है।

अर्जुनपाल के तीन पुत्र थे। एक रानी से सोहनपाल तथा दूसरी रानी से वीरपाल एवं दयालपाल। अर्जुनपाल की मृत्यु के पश्चात् सोहनपाल को सिंहासन मिला किन्तु उसके दोनों भाइयों ने उसे सत्ताच्युत करके निर्वासित कर दिया। सोहनपाल ने शक्ति संचय कर खंगार सत्ता के केन्द्र गढ़कुंडार को लक्ष्य बनाया तथा उसके राजा की हत्या करके गढ़कुंडार पर कब्जा करके उसे राजधानी बनाया। बाद में मिहौनी राज्य को भी अपने राज्य में मिला लिया। इस प्रकार गढ़कुंडार बुन्देलों की राजधानी बना। उसके पुत्र सहजेन्द्र ने राज्य का विस्तार कालपी तक करके अपनी प्रतिभा का परिचय दिया। उसके वंशज 1531 ई. तक गढ़कुंडार से ही शासन करते रहे। इसी वंश के राजा रुद्रप्रताप ने ओरछा को राजधानी बनाने का निश्चय किया तथा वैशाख सुदी 13 सं. 1588 (तद्नुसार 21 अप्रैल, 1531 ई.) को ओरछा की नींव डाली तथा उसे अपनी राजधानी बनाया। सम्भवत: इसी समय से इस क्षेत्र का नाम विन्ध्येलखंड (बुन्देलखण्ड) पड़ा। इसके पूर्व कहीं भी बुन्देलखण्ड शब्द पढ़ने-सुनने में नहीं आया। इस वंश के राजाओं की उपाधि इस प्रकार थी 'श्रीसूर्य कुलावतंश काशीश्वर पंचम ग्रहरवार विन्ध्येलखंड मंडलाधीश्वर श्री महाराजाधिराज श्री ओरछा नरेश।'

राजा रुद्रप्रताप की मृत्यु एक चीते से गाय की रक्षा करते समय 1531 में हो गई। तदनन्तर उसके दो पुत्रों भारतीचन्द्र (1531-1534) तथा मधुकरशाह (1554-1592) ने राज्य किया। ये दोनों भाई अत्यन्त वीर तथा स्वाभिमानी थे। भारतीचन्द्र

ने शेरशाह सूरी को पराजित करके भगा दिया था तथा मधुकरशाह सम्राट अकबर के निषेधादेश के बावजूद कृष्णानन्दी टीका लगाकर उनके दरबार में गए। वह जानते थे कि सम्राट अकबर के आदेश के उल्लंघन की सजा गरम लोहे से माथा दाग देने की है, किन्तु उन्होंने स्वाभिमान की खातिर उसकी परवाह नहीं की। अकबर द्वारा पूछे जाने पर उन्होंने स्पष्ट शब्दों में कहा कि यह टीका उनकी आन-बान है, वह मरना पसन्द करेंगे, किन्तु टीका लगाना नहीं छोड़ेंगे। अकबर मन ही मन में कुढ़ता होगा, किन्तु उसने मधुकरशाह के स्वाभिमान की दरबार में प्रशंसा की तथा उस टीके को 'मधुकरशाही' टीका कहने का आदेश दिया। इससे इस टीके को सम्मानसूचक ख्याति मिली। इन्हीं मधुकरशाह की रानी गनेशकुंअरि सं. 1631 में 'रामराजा' को अयोध्या से ओरछा ले आईं तथा उन्हें नौचौकिया महल में प्रतिष्ठित किया। तब से 'रामराजा' वहीं विराजमान हैं। ओरछा में 'रामराजा' आज भी राजा हैं तथा उन्हें प्रतिदिन सशस्त्र सलामी दी जाती है। मधुकरशाह कला-संस्कृति के प्रेमी थे। आचार्य केशवदास इन्हीं के आश्रित कवि थे।

मधुकरशाह के पश्चात उनके ज्येष्ठ पुत्र रामशाह गद्‌दी पर बैठे। वह कामकाज में अधिक दक्ष नहीं थे तथा उन्होंने अपने राजकाज का संचालन सूत्र अपने छोटे भाई इन्द्रजीत सिंह को दे रखा था। इनके शासनकाल में ओरछा का अखाड़ा कला-संगीत, नृत्य तथा साहित्य का महत्त्वपूर्ण केन्द्र था। महाकवि केशव की एक शिष्या कवयित्री तथा नर्तकी रायप्रवीन इन्हीं इन्द्रजीत सिंह की प्रेयसी तथा उनके दरबार में नर्तकियों की प्रधान थी। वह इन्द्रजीत सिंह को पतितुल्य मानती थी तथा पतिव्रतकर्म का पालन करती थी। रायप्रवीन के सौन्दर्य तथा गुणों की चर्चा सम्राट अकबर के दरबार तक पहुँची। उसने ओरछा दरबार को आदेश भेजा कि रायप्रवीन को मुगल दरबार में आगरा भेज दिया जाय। इन्द्रजीत सिंह द्वारा उसे भेजने से इनकार करने पर अकबर ने ओरछा राज्य पर एक करोड़ रुपया अर्थदंड लगा दिया तथा अपने एक सिपहसालार को भेजकर बलात् रायप्रवीन को ओरछा से आगरा मंगा लिया। अकबर ने उसके सामने प्रणय-प्रस्ताव रखा। इस पर उसने एक स्वरचित दोहा सुनाया :

विनती रायप्रवीन की, सुनिए साह सुजान।
जूठी पातर भकत हैं बारी, वायस, स्वान॥

अकबर दोहा सुनकर मन ही मन लज्जित हुआ तथा ग्लानि से भर गया। उसने ओरछा राज्य पर लगा एक करोड़ रुपया दंड माफ कर दिया तथा रायप्रवीन को ससम्मान ओरछा वापस भेज दिया।

इस बीच ओरछा नरेश रामशाह के एक अन्य छोटे भाई वीरसिंह देव ने अकबर के पुत्र सलीम से मित्रता कर ली। उन दिनों सलीम राज्य प्राप्ति हेतु अकबर के विरुद्ध योजना बना रहे थे। उसमें अकबर का प्रमुख सलाहकार अबुल फजल बाधक था। वीरसिंह देव ने सम्राट अकबर की नाराजगी की चिन्ता किए बिना उसके प्रमुख

सलाहकार अबुल फजल का सिर काटकर सलीम के पास इलाहाबाद भेज दिया। इससे सलीम (जहाँगीर) अत्यन्त प्रसन्न हुआ तथा उसने सम्राट बनते ही ओरछा के सिंहासन से रामशाह को अपदस्थ करके वीरसिंह देव को ओरछा नरेश बनाने में मदद की। वीरसिंह देव ओरछा राज्य के योग्यतम शासक सिद्ध हुए। उनका शासनकाल बुन्देला साम्राज्य का स्वर्णयुग माना जाता है। उन्होंने माघ सुदी पंचमी सं. 1675 (सन् 1618) को ओरछा राज्य के बावन भवनों का शिलान्यास कराया था। उनके शासनकाल में अनेक महलों, किलों, गढ़ियों, बावड़ियों तथा सरोवरों का निर्माण हुआ। वीरसिंह देव अपनी दानवीरता तथा न्यायप्रियता के दुर्लभ उदाहरण थे। उन्होंने 1614 ई. में मथुरा में 81 मन का तुलादान कर स्वर्णदान दिया था। अपने पुत्र जगतदेव को उन्होंने शिकारी कुत्तों से जनता दरबार में सार्वजनिक रूप से इसलिए मरवा डाला था क्योंकि उसने एक साधु को शिकारी कुत्ते से मरवा डाला था।

वीरसिंह देव की मृत्यु के उपरान्त सम्राट जहाँगीर की कृपा से उनके ज्येष्ठ पुत्र जुझार सिंह ओरछा के शासक बने। इन्होंने अपने छोटे भाई लाला हरदौल दीवान को अपनी पत्नी से अनुचित सम्बन्धों के सन्देह में अपनी रानी से ही विषपान कराया था। भाभी को मातृतुल्य मानने वाले लाला हरदौल लोकदेवता बनकर अमरत्व पा गए, किन्तु जुझार सिंह के कृत्य की सजा उन्हें ईश्वर ने दी। चौरागढ़ में शाहजहाँ की सेनाओं के व्यूह में फँसे जुझार सिंह को बुन्देले सैनिकों ने ही तलवार और कटार भोंककर मार डालना चाहा परन्तु तभी शाही सैनिक उन पर टूट पड़े और उन्होंने अधिकांश बुन्देलों को मारकर उनकी स्त्रियों को बन्दी बना लिया। जुझार सिंह अपने पुत्र विक्रमजीत के साथ जंगल में भाग गए। वहाँ गोंडों ने उन्हें मार डाला तथा उनके सिर काटकर शाहजहाँ के पास भेज दिए। अन्य विद्रोहियों के सम्मुख शाही प्रतिशोध का भयानक उदाहरण प्रदर्शित करने के लिए सम्राट के आदेशानुसार ये कटे हुए सिर सीहोर नगर के दरवाजों पर टाँग दिए गए। राजकुमारों को मुसलमान बना दिया गया और स्त्रियों को धर्म परिवर्तन के पश्चात मुगल काल में अपमानजनक जीवन व्यतीत करने के लिए भेज दिया गया।

जुझार सिंह के पश्चात उनका भाई देवी सिंह शासक बना, किन्तु वह शासन अधिक दिन नहीं चला सका। पारिवारिक कलह का लाभ उठाकर मुगलों ने राज्य पर अधिकार कर लिया। उसके प्रतिरोध में बुन्देला वंश के एक साहसी युवक चम्पतराय ने, जो अपनी माँ के साथ ग्राम कटेरा में रहने लगा था, बुन्देलों को पुनः संगठित करके मुगलों के विरुद्ध झण्डा उठाया तथा पहाड़ी क्षेत्रों में छापामार युद्ध शैली से औरंगजेब को खूब छकाया, किन्तु जीवन के अन्तिम चरण में अपने द्वारा उपकृत राजा इन्द्रमणि धंधेरा के संरक्षण में रहते हुए उसके विश्वासघात के शिकार हो गए। धंधेरा सैनिकों ने उस पर हमला कर दिया। चम्पतराय तथा उसकी पत्नी लालकुँवर ने आत्महत्या कर ली। चम्पतराय का सिर काटकर उसे औरंगजेब के दरबार में प्रस्तुत किया गया।

इसी चम्पतराय के पुत्र महाराजा छत्रसाल हुए। उन्होंने अपने पराक्रम और सूझबूझ से मुगलों का सफाया कर इस क्षेत्र में बुन्देला राज्य की पुन: स्थापना की तथा बुन्देलखण्ड का सर्वाधिक विस्तार किया। उन्होंने पन्ना को राजधानी बनाकर शासन का संचालन किया। उन्होंने देश में हिन्दू शक्तियों को संगठित करने के लिए शिवाजी से भेंट की। स्वाभिमानी छत्रसाल की प्रशंसा में महाकवि भूषण ने 'छत्रसाल-दशक' लिखा। छत्रसाल के जीवन के अन्तिम चरण में फर्रुखाबाद के नवाब बंगश ने उन पर आक्रमण कर दिया। उस समय तक उनके सैनिक उदासीन हो गए थे और उनकी सेनाएँ सामर्थ्य और अभ्यास खो चुकी थीं। उन्होंने पूना के पेशवा बाजीराव से सैन्य सहायता माँगी। उन्हें भेजे गए पत्रों में छत्रसाल ने ये मार्मिक पंक्तियाँ लिखीं—

जो गति भई गजेन्द्र की, सो गति पहुँची आय।
बाजी जात बुन्देल की, राखौ बाजीराय।

छत्रसाल ने बाजीराव को अपना पुत्रवत् मानने का आश्वासन दिया। बाजीराव ने एक सन्धि के आधार पर सहयोग किया। छत्रसाल की विजय हुई। छत्रसाल के मरणोपरान्त सन्धि के अनुसार बुन्देलखण्ड का एक तिहाई भाग बाजीराव पेशवा को दिया गया। इस प्रकार बुन्देलखण्ड के एक बड़े भू-भाग पर मराठों का शासन स्थापित हो गया। सागर गुरसरांय तथा जालौन इनके प्रमुख केन्द्र बने। इस गैरक्षेत्रीय मराठा सत्ता ने बुन्देलखण्ड पर उपनिवेश की भाँति शासन किया।

छत्रसाल एक बड़े परिवार के मुखिया थे। उनकी रानियों तथा पुत्रों की संख्या पर इतिहासकारों में मतभेद है तथापि रानियों की संख्या 19 तथा पुत्रों की संख्या 68 बताई जाती है। कुँवर कन्हैया जू उनके 64 पुत्रों का उल्लेख करते हैं, जिनमें से केवल 52 पुत्रों को वह छत्रसाल का औरस पुत्र मानते है, शेष को मुँहबोला या दत्तक पुत्र मानते हैं। सैयद लतीफ से सम्बन्धित एक लोकगीत में भी 'राजा छतारे के बावन बेटा, मेरौ अकेलौ सैयद गाजी' कहकर उनके बावन पुत्रों का उल्लेख है। अत: प्राय: यही संख्या मानी जाती है।

इतने विशाल परिवार के बँटवारे में उनका राज्य छोटी-छोटी रियासतों में बँट गया। ज्येष्ठ पुत्र हिरदेशाह को पन्ना तथा जगतराज को जैतपुर राज्य दिया गया। पन्ना में हिरदेशाह (1732-39) के पश्चात उनके पुत्र सभा सिंह (1739-52) तत्पश्चात उनके पुत्र अमान सिंह (1752-58), हिन्दूपत (1758-76), तत्पश्चात हिन्दूपत के पुत्र अनिरुद्ध सिंह (1776-80) गद्दी पर बैठे, लेकिन पारिवारिक कलह में उनका राज्य विखंडित हो गया। जगतराज के ग्यारह पुत्र थे। उंन्होंने अपने ज्येष्ठ पुत्र कीरत सिंह को जैतपुर राज्य का उत्तराधिकारी घोषित कर के शेष पुत्रों को सात बड़ी जागीरें दीं। कुछ वर्षों पश्चात ओरछा के दीवान हरदौल को प्रदत्त राज्य (बड़ागाँव) उनके उत्तराधिकारी राय सिंह के आठ पुत्रों में आठ राज्यों में विभक्त हो गया। इसमें आठ गढ़ियाँ होने के कारण यह अष्टगढ़ी राज्य के नाम से प्रसिद्ध हुआ।

अकबर के शासनकाल में इस अंचल की कला-संगीत और साहित्य की अनेक प्रतिभाओं को नवरत्नों में स्थान मिला। इनमें हाजिरजवाबी में विख्यात राजा बीरबल, राजा टोडरमल तथा संगीत सम्राट तानसेन प्रमुख हैं। बीरबल का जन्मस्थान कालपी में था। कालपी में आज भी बीरबल का रंगमहल है। राजा टोडरमल कालपी में घर-जमाई बनकर रहते थे। आज भी वहाँ टोडरमल की कचैरी नामक भवन है। तानसेन का जन्म ग्वालियर के निकट बेहट ग्राम में हुआ था। इसके अतिरिक्त अब्दुर्रहीम खानखाना कालपी के गवर्नर थे। इसी समय तानसेन के गुरुभाई बैजू बावरा भी अच्छे संगीतकार थे।

बुन्देलों के शासन काल में कला-संस्कृति खूब फली-फूली। 17-18वीं शताब्दी में यहाँ चित्रकला की ओरछा तथा दतिया दोनों प्रणालियाँ विशेष रूप से चर्चित रहीं। मध्य भारत की लघु चित्रकला में उनका राष्ट्रीय महत्त्व है। इस कालखंड में भित्तिचित्रों की सशक्त परम्परा रही। ओरछा के जहाँगीर महल, अष्टगढ़ी राज्यों के बिजना, टोड़ी फतेहपुर, चिरगाँव, दतिया और टीकमगढ़ के मोहनगढ़ दुर्ग के साथ ही रहली (सागर) के जैन मन्दिर के भित्तिचित्रों का कला के इतिहास में विशिष्ट स्थान है। यह स्वतंत्र शोध का विषय है।

गैरक्षेत्रीय मराठों ने बुन्देलों के इस कलह का पूरा लाभ उठाया। परिणामस्वरूप बुन्देलों और मराठों में भी विवाद बढ़ते गए। मराठों ने अपने बाहुबल में वृद्धि के लिए आतंक के पर्याय अमीर खाँ पिंडारी को संरक्षण दिया। 1761 ई. के पश्चात् इन्दौर के होल्कर मल्हारराव ने कोंच में अपना प्रभाव बढ़ा कर सत्ता स्थापित कर ली तथा इस क्षेत्र में होल्कर संरक्षित पिंडारियों का केन्द्र बनवाया। अंग्रेजों ने इस क्षेत्र को यशवन्तराव होल्कर की पुत्री बीमाबाई साहिबा को देने पर सहमति व्यक्त की। 1802 में बेसीन की सन्धि द्वारा बुन्देलखण्ड मराठों के शासन से निकलकर ईस्ट इंडिया कम्पनी के अन्तर्गत आ गया तथा इस क्षेत्र में अंग्रेजी हुकूमत प्रारम्भ हो गई। मराठा काल में इस अंचल में विनायक पूजन व गणेशोत्सव की परम्परा व्यापक रूप में सामने आई। महिला परिधानों में दो कांछ की धोती भी यहाँ आ गई। मराठा शासकों में झाँसी की रानी लक्ष्मीबाई ने 1857 की क्रान्ति के समय एक कुशल साम्राज्ञी, सर्वश्रेष्ठ सैन्य-निपुण सेना नायिका तथा मर्दानी के रूप में ख्याति अर्जित करके देश की नारी शक्ति का मस्तक गर्व से ऊँचा किया।

उस समय बुन्देलखण्ड के अधिकांश राज्य और रियासतें मराठा आतंक से परेशान थे तथा सुरक्षा की तलाश में थे। ईस्ट इंडिया कम्पनी ने उनकी इस विवशता का लाभ कूटनीतिक ढंग से उठाया तथा उनसे सन्धि या समझौते करके सनद के माध्यम से उन्हें कम्पनी के अधीन वफादार राज्य बनाया। उन्होंने तीन प्रमुख राज्यों ओरछा, दतिया तथा समथर को सन्धि के आधार पर समानता एवं मैत्री का दर्जा देकर सन्धि-राज्य बनाया। 27 छोटी रियासतों से अनुबन्ध करके उन्हें सनद-राज्य का दर्जा दिया तथा उन्हें सुरक्षा की गारंटी दी। सनद-राज्य थे—पन्ना, चरखारी, अजयगढ़, बिजावर,

छतरपुर, बावनी, बरौधा, आलीपुर, बंका पहाड़ी, बेरी, भैसुण्डा, बीहट, बिजरा, धुरबई, गरौंली, गौरिहार, हसां, जिगनी, कामता-रजौला, खनियाधाना, लुगासी, नैगवां-रिबई, पहरा, पालदेव, सरीला, तरौन, टोड़ी फतेहपुर।

इन सन्धियों तथा समझौते से कम्पनी सरकार को सभी राज्यों से बेरोकटोक सेना के आने-जाने तथा उत्तराधिकार के मामले में हस्तक्षेप करने का अधिकार मिल गया था। अपने-अपने राज्यों में उपद्रव, लूट या अराजकता का दमन स्थानीय राज्य का दायित्व था। इन राज्यों को प्रतिनिधि रखने की अनिवार्यता थी। छावनी का सर्वोच्च अधिकारी पॉलिटिकल-एजेंट कहलाता था।

कम्पनी सरकार के अधीन बुन्देलखण्ड में सर्वप्रथम जन असन्तोष का प्रकटीकरण जालौन जिले के अमींटा-बिलायाँ ग्राम में 1804 में हुआ। अंग्रेजों के राजस्व वसूली के अपमानजनक तरीके से क्षुब्ध होकर वहाँ के दीवान जवाहर सिंह ने विद्रोह का बिगुल बजा दिया तथा निकटवर्ती जमींदारों को भी संगठित किया। अंग्रेजों ने इस विद्रोह को कुचलने तथा अमींटा-बिलायाँ के दुर्ग को ध्वस्त करने के हेतु बुन्देलखण्ड में नियुक्त सेनानायक फावसैट को भेजा। दीवान जवाहर सिंह ने अमीरखां पिंडारी का सहयोग लिया। 22 मई, 1804 को हुए भीषण संघर्ष में 50 अंग्रेज अधिकारी तथा अनेक सैनिक मारे गए। ब्रिटिश सेना की इस बड़ी पराजय का दंड सेनानायक फावसैट को भुगतना पड़ा। उसे हटा दिया गया। इस स्थान अमींटा-बिलायाँ को जालौन जिला गजेटियर में अमांटा-मलाया लिखा है, जो त्रुटिपूर्ण है। इसी अमींटा-बिलायाँ में आगे चलकर दीवान बरजोर सिंह क्रान्तिकारी हुए।

इसके कुछ दिन बाद अंग्रेजों की नीति के विरुद्ध विद्रोह की लहर पूरे बुन्देलखण्ड तथा देश में फैलने लगी। पुरानी प्रथाओं एवं परम्पराओं में परिवर्तन करके नई लगान वसूली में उत्तराधिकारी के अभाव में दत्तक पुत्र को मान्यता न देकर राज्य हड़पो नीति, विशेषाधिकारों की समाप्ति, निर्मम वसूली, पुलिसिया दमन, सतीप्रथा निषेध ने इस विद्रोह के स्वर को और तेज कर दिया। जैतपुर के राजा परीछत की विधवा रानी राजो, झाँसी के राजा गंगाधर राव की विधवा रानी लक्ष्मीबाई तथा जालौन के राजा नाना गोविन्दराव की पत्नी ताईबाई को दत्तक पुत्र गोद लेने की अनुमति न देकर उनके राज्य हड़प लिए गए। इन एक समान कारणों से नाना साहब पेशवा के नेतृत्व में सत्तावनी क्रान्ति का सूत्रपात हुआ। उधर मेरठ में चर्बी भरे कारतूस को लेकर मंगल पांडे का विद्रोह और इधर झाँसी की रानी सहित बुन्देलखण्ड का विद्रोह विप्लव के रूप में सामने आया। 5 जून, 1857 को झोकन बाग, झाँसी में ब्रिटिश अधिकारियों का भारी पैमाने पर कत्लेआम करना इन स्वतंत्रता सेनानियों को महँगा पड़ा। लगभग पाँच माह तक कालपी को केन्द्र बनाकर संघर्ष हुआ। चन्देल दुर्ग के एक हिस्से को मराठों का कोषागार तथा भूमिगत शस्त्र निर्माण की जगह बनाकर क्रान्तिकारियों ने पूरे क्षेत्र में अंग्रेजी शासन का मुकाबला किया, किन्तु झाँसी की रानी तथा उनके साथी अंग्रेजी सेना के सामने न टिक सके और भारी जन-धन की

क्षति के बाद गोपालपुरा होते हुए ग्वालियर की ओर गए। अन्त में 22 मई, 1857 को कालपी के पतन के पश्चात बुन्देलखण्ड में अंग्रेजों की सत्ता पूरी तरह स्थापित हो गई।

1862 में अंग्रेजों ने अधीनस्थ संघ की स्थापना करके यहाँ की सभी तीस रियासतों को उसके अधीन कर दिया। अधीनस्थ राजाओं ने 1877 में हुए विक्टोरिया दरबार में उन्हें अपनी महारानी स्वीकार किया। इसी वर्ष बुन्देलखण्ड की तीस रियासतों को सन्धि राज्य तथा सनद राज्य के बजाय नया वर्गीकरण करके दस को सलामी राज्य (सलूटेड) तथा बीस को गैर सलामी राज्य (नॉन सलूटेड) कर दिया गया। सलूटेड राजाओं को हिज हाइनेस की सम्मानित पदवी दी गई। पद प्रतिष्ठा के अनुसार तोपों की सलामी की संख्या निर्धारित की गई। सलामी वाले राज्य ये थे—ओरछा (17 तोप), दतिया (15 तोप), समथर, पन्ना, चरखारी, अजयगढ़, बिजावर, छतरपुर, बावनी सभी (11 तोप) तथा बरौधा (9 तोप)। शेष बीस राज्य नॉन सलूटेड में रखे गए।

सत्तावनी क्रान्ति में बुन्देलखण्ड के राजाओं की एकता देखकर इस क्षेत्र की सांस्कृतिक एवं राजनैतिक एकता को खंडित करने के लिए प्रशासनिक सुविधा के बहाने अंग्रेजों ने 1886 में बुन्देलखण्ड को चार भागों में बाँट दिया—सागर, दमोह, शाहगढ़ तथा जबलपुर। सेंट्रल प्रॉविंस (सी.पी.) में झाँसी, जालौन, बाँदा, हमीरपुर, ललितपुर और यूनाइटेड प्रॉविंस (यू.पी.) में करैरा, पिछोर, भंडेर, शिवपुरी, तथा लहार परिक्षेत्र सिन्धिया राज्य में मिला दिए गए। शेष क्षेत्र बुन्देलखण्ड की छोटी रियासतों में बँटा रहा।

1885 में कांग्रेस की स्थापना के बाद देश में नई चेतना जाग्रत हुई तथा वैधानिक सुधारों की माँग उठने लगी। 1927 में एक ओर ब्रिटिश सरकार ने सरकार और रियासतों के बीच सम्बन्ध सुदृढ़ करने के लिए बटलर कमेटी गठित की तो दूसरी ओर देशी रियासतों में जनजागृति के लिए देशी राज्य लोक परिषद का गठन किया गया, जिसमें जनता के अधिकार, राजाओं से जनता को सौंपने की माँग की गई।

देश के स्वतंत्रता आन्दोलन के साथ बुन्देलखण्ड में भी क्रान्तिकारी तथा गांधीवादी नेतृत्व सक्रिय हुए। एक का नेतृत्व पं. परमानन्द, चन्द्रशेखर आजाद, भगवान दास माहौर, शिवराम मल्कापुर कर रहे थे, तो दूसरी ओर नेतृत्व रघुनाथ विनायक धुलेकर, स्वामी स्वराज्यानन्द, दीवान शत्रुघ्न सिंह, रानी राजेन्द्र कुमारी, पं. मन्नीलाल पांडे, बेनीमाधव तिवारी, चतुर्भुज शर्मा, प्रेमनारायण खरे, चतुर्भुज पाठक, रामसहाय तिवारी, रामकृष्ण वर्मा, मोहनलाल गौतम तथा लालाराम बाजपेई आदि कर रहे थे।

15 अगस्त, 1947 को भारत की स्वाधीनता की घोषणा के साथ ही अंग्रेजों ने देशी राज्यों को सन्धियों तथा समझौतों से मुक्त कर दिया। इससे सभी राजागण अपने को स्वतंत्र राजा मानकर राज्य न छोड़ने की हिमाकत करने लगे। इस महत्त्वपूर्ण समय में देश के उप-प्रधानमंत्री सरदार वल्लभ भाई पटेल ने गृह मंत्रालय के अन्तर्गत

रियासती विभाग गठित करके इन राज्यों में उत्तरदायी शासन की स्थापना की पहल की। सर्वप्रथम ओरछा के महाराजा वीरसिंह देव (द्वितीय) ने 17 दिसम्बर, 1947 को उत्तरदायी शासन की स्थापना की। 12 मार्च, 1948 को सभी देशी राज्यों ने अपनी सत्ता त्यागकर उसके बदले में प्रिवीपर्स तथा विशेषाधिकार लेकर अपने-अपने राज्यों का विलीनीकरण संयुक्त राज्य विन्ध्य प्रदेश में करने पर सहमति दे दी। इस हेतु इसी दिन एक सहमति पत्र (कन्सेप्ट) लिखा गया, जिसमें यह स्वीकार किया गया कि इस क्षेत्र के निवासियों का हित एक ऐसे राज्य की स्थापना द्वारा ही हो सकता है, जो उक्त क्षेत्र को मिलाकर गठित हो तथा उसकी एक विधायिका, एक कार्यपालिका तथा एक न्यायपालिका हो। इस सहमति पत्र के फलस्वरूप संयुक्त राज्य विन्ध्य प्रदेश का निर्माण हुआ, जिसमें तीस राज्यों (सलूटेड एवं नॉन सलूटेड) के अतिरिक्त बुन्देलखण्ड के पाँच अन्य राज्यों को सम्मिलित किया गया। इस नवनिर्मित राज्य की दो इकाइयाँ बुन्देलखण्ड तथा बघेलखण्ड बनाए गए। बुन्देलखण्ड राज्य का मुख्यालय नौगाँव बना और मुख्यमंत्री कामताप्रसाद सक्सेना बनाए गए। रीवा राज्य के राजा के अधीन बघेलखण्ड राज्य का मुख्यालय बनाया गया। इस सहमति पत्र की मंशा के अनुसार न होने पर 20 दिसम्बर, 1948 को एक विलय सन्धि (मर्जर एग्रीमेन्ट एंड स्पेशल प्रिवेलेजेज ऑफ रूलर्स) लिखी गई, जिसके द्वारा उक्त सभी देशी राज्यों ने संयुक्त राज्य विन्ध्य प्रदेश के स्थान पर एक जनवरी, 1950 से विन्ध्य प्रदेश राज्य बनाने पर सहमति प्रदान कर दी। भारतीय संविधान लागू होने के ठीक पूर्व उक्त विन्ध्य प्रदेश में से कुछ विलीनीकृत राज्यों समथर, बावनी, चरखारी, सरीला, बेरी, जिगनी, बोहट, नैगुवां, रिवई तथा चौबे राज्यों को निकालकर उत्तर प्रदेश में मिलाया गया।

भारतीय संविधान लागू होने के बाद राज्यों के पुनर्गठन की आवश्यकता अनुभव की गई। इस हेतु पहली बार 1953 में राज्य पुनर्गठन आयोग गठित किया गया। इसके चेयरमैन न्यायमूर्ति फजरत अली थे। इस आयोग के समक्ष बुन्देलखण्ड राज्य निर्माण का भी प्रस्ताव आया। आयोग के एक सदस्य के.एम. पणिक्कर ने बुन्देलखण्ड के एकीकरण की आवश्यकता अनुभव की, किन्तु उसे स्वतंत्र राज्य बनाने के बजाय नया आगरा राज्य बनाकर उसमें बुन्देलखण्ड के कुछ भाग (उत्तर प्रदेश से तत्कालीन झाँसी डिवीजन, विन्ध्य प्रदेश से दतिया) तथा मध्य भारत से चार जिलों—भिंड, मुरैना, ग्वालियर तथा शिवपुरी को सम्मिलित करने का सुझाव दिया। वर्तमान सागर सम्भाग के जिले सागर, पन्ना, दमोह, टीकमगढ़ तथा छतरपुर के बारे में उन्होंने कोई मत व्यक्त नहीं किया था। यह रिपोर्ट 30 सितम्बर, 1955 को दी गई, किन्तु श्री पणिक्कर के प्रस्ताव को आयोग ने अस्वीकार कर दिया तथा उनके मत को असहमति (डिसैन्ट नोट) के रूप में आयोग की रिपोर्ट का भाग बनाया गया। इस आयोग के पश्चात हुए पुनर्गठन के फलस्वरूप मध्यप्रदेशीय बुन्देलखण्ड के विन्ध्य प्रदेश वाले जिलों को मध्य प्रदेश राज्य में ही सम्मिलित किया गया तथा देशी राज्यों

को मध्य प्रदेश के दतिया, छतरपुर, टीकमगढ़, पन्ना, दमोह तथा सागर जिलों में समायोजित किया गया। इसमें दतिया ग्वालियर सम्भाग तथा शेष जिले सागर सम्भाग में आते हैं। प्रारम्भ में भाण्डेर को ग्वालियर जिले की तहसील बनाया गया था, बाद में उसे दतिया जिले में सम्मिलित कर दिया गया।

इधर कुछ चर्चा बावनी राज्य की भी करना प्रासंगिक है। बुन्देलखण्ड की एकमात्र मुस्लिम रियासत बावनी (कदौरा) थी। यह मुस्लिम संस्कृति तथा उर्दू साहित्य का चर्चित केन्द्र था। मिर्जा गालिब के पन्नों में भी कदौरा के 'अदब' की चर्चा मिलती है। यहाँ की बेगम शौकत जहाँ अच्छी शायरा तथा संगीत प्रेमी थीं। वह बुन्दू कव्वाल नामक अपने उस्ताद को अपने साथ मायके से ही लाई थीं। उनकी संगीत साधना में बाधा न पड़े, इसलिए मन्दिरों में शंख, घंटा, घड़ियाल, बजाने की मनाही थी। इस राज्य में तिरंगा फहराना भी प्रतिबन्धित था। बावनी राज्य में बेगारी प्रथा तथा शोषण के विरुद्ध भयंकर आक्रोश था। भारत के स्वाधीन होने के बाद भी यहाँ की जनता गुलाम थी। बावनी राज्य के शासक नवाब मु. मुश्ताक उल हसन खाँ ने उत्तरदायी शासन की स्थापना में आनाकानी की तथा इस हेतु गठित बावनी राज्य प्रजामंडल के कार्यकर्ताओं पर दमनात्मक कार्यवाही की। 25 सितम्बर, 1947 को जब ग्राम हरचन्दपुर में राष्ट्रीय झण्डा फहराने का कार्यक्रम बनाया गया, तब रियासत की पुलिस ने देशभक्तों पर गोलियाँ जिस स्थान पर चलाईं, वह स्थान जलियाँवाला बाग के जैसा था, कहीं से भागने का रास्ता न था। पुलिस की गोलियों से ग्यारह व्यक्ति शहीद तथा छब्बीस घायल हुए। इस घटना के पश्चात मामला सरदार पटेल तक गया। 7 फरवरी, 1948 को दीवान का पद समाप्त करने तथा लोकप्रिय मंत्रिमंडल की घोषणा की गई। पं. विश्वनाथ व्यास प्रधानमंत्री बनाए गए। मंत्रिमंडल के कुछ प्रस्तावों से नाराज होकर नवाब ने 4 अप्रैल, 1948 को मंत्रिमंडल भंग कर दिया। इस पर केन्द्र सरकार ने बावनी राज्य को संयुक्त राज्य विन्ध्य प्रदेश में सम्मिलित करने का आदेश दिया। 24 अप्रैल, 1948 को बावनी राज्य विन्ध्य प्रदेश में मिला लिया गया। कार्यवाहक प्रशासक पं. विश्वनाथ व्यास को बनाया गया। अन्त में 25 जनवरी, 1950 को इसे उत्तर प्रदेश में मिला दिया गया।

25 जनवरी, 1950 को विन्ध्य प्रदेश से निकालकर जिन जिलों को उत्तर प्रदेश में मिलाया गया था, उन्हें पूर्व में ब्रिटिश शासित चार राजस्व जिलों झाँसी, जालौन, हमीरपुर तथा बाँदा जिलों में समायोजित किया गया। इनमें समथर को झाँसी जिले में, बबीना को जालौन जिले में तथा शेष को हमीरपुर एवं बाँदा जिले में सम्मिलित किया गया। इतिहासकार डॉ. काशीप्रसाद त्रिपाठी का यह कथन त्रुटिपूर्ण है कि उक्त सभी विलीनकृत राज्यों को हमीरपुर जिले में विलीन कर दिया गया।

इस प्रशासनिक पुनर्गठन के पश्चात झाँसी के ललितपुर परगना को जो सन् 1891 ई. तक जिला था, पहली अप्रैल, 1947 को पुनः जिला बना दिया गया। 1995 में हमीरपुर जिले को दो भागों में विभक्त कर करके हमीरपुर तथा महोबा

जिलों में बाँट दिया गया। फरवरी, 1995 से महोबा जिला अस्तित्व में आया। इसी प्रकार बाँदा जिले को 1997 में दो भागों में विभक्त करके बाँदा तथा शाहूजी नगर नामक दो जिले बना दिए गए। 13 मई, 1997 से शाहूजी नगर बन गया। बाद में 8 सितम्बर, 1998 को शाहूजी नगर का नाम बदलकर चित्रकूट कर दिया गया।

इन सभी सात जिलों की प्रशासनिक व्यवस्था के लिए झाँसी मंडल (कमिश्नरी) को भी 20 अक्टूबर, 1997 को झाँसी एवं चित्रकूट दो मंडलों में बाँट दिया गया। इनमें से झाँसी मंडल के अन्तर्गत झाँसी, ललितपुर तथा जालौन जिले रखे गए तथा चित्रकूट मंडल में बाँदा, शाहूजी नगर (बाद में चित्रकूट) हमीरपुर एवं महोबा जिले सम्मिलित किए गए।

इस प्रकार बुन्देलखण्ड राजनीतिक दृष्टि से दो राज्यों में विभक्त है, किन्तु वह भौगोलिक, सांस्कृतिक, भाषाई दृष्टि से एक इकाई है। दो राज्यों में विभक्त बुन्देलखण्ड का एकीकरण करके बुन्देलखण्ड राज्य निर्माण की माँग समय-समय पर उठायी जाती रही है।

सर्वप्रथम 1941 में ओरछा नरेश वीरसिंह देव (टीकमगढ़) ने इस माँग को लेकर प्रान्तीय आन्दोलन खड़ा किया था। उन्होंने प्रान्त निर्माण के पूर्व इस क्षेत्र की सांस्कृतिक एकता के अभिलेखीकरण पर जोर दिया। इसके लिए उन्होंने पं. बनारसीदास चतुर्वेदी, यशपाल जैन, कृष्णानन्द गुप्त, अम्बिका प्रसाद दिव्य आदि साहित्यकारों को आमंत्रित करके कुंडेश्वर को केन्द्र बनाया। बुन्देलखण्ड पर केन्द्रित 'मधुकर' तथा 'लोकवार्ता' नामक पत्रिकाएँ प्रारम्भ की गईं। कालान्तर में इस माँग को उठाने के लिए जिन जनप्रतिनिधियों ने अलग-अलग मंच बनाए, इनमें विन्ध्यप्रदेश के पूर्व मंत्री महेन्द्र कुमार मानव (छतरपुर), पूर्व मंत्री नरेन्द्र सिंह (सागर), पद्मनाभ तैलंग (सागर), पूर्व मंत्री चर्तुभुज शर्मा उरई, ओमप्रकाश रिछारिया तथा विधायक सुदामाप्रसाद गोस्वामी (झाँसी), देवकरन यादव विधायक (बाँदा), बादशाह सिंह खरेला (हमीरपुर), पूर्व सांसद विश्वनाथ शर्मा (झाँसी), गंगाचरण राजपूत (उरई) तथा लक्ष्मी नारायण नायक (निवाड़ी, टीकमगढ़)के नाम विशेष रूप से उल्लेखनीय हैं। पूर्व केन्द्रीय मंत्री (तथा बाद में राजा बुन्देला) साध्वी उमा भारती ने भी बुन्देल राज्य निर्माण की माँग उठाई।

बुन्देलखण्ड प्रान्त निर्माण के लिये सर्वाधिक प्रभावी जनजागरण अभियान 1989 से 2001 तक स्व. शंकर लाल मेहरोत्रा के नेतृत्व में बुन्देलखण्ड मुक्ति मोर्चा की ओर से चलाया गया। इसकी स्थापना नौगाँव (म.प्र.) में की गई, किन्तु बाद में संगठन की सुविधा के विचार से मोर्चा का मुख्यालय झाँसी लाया गया। उन्होंने मध्यप्रदेश के पूर्व मंत्री विट्ठल भाई पटेल (सागर), फिल्म अभिनेता राजा बुन्देला (ललितपुर-बंबई) जैसे चर्चित तथा मुकुन्द किशोर गोस्वामी (चरखारी), सुरेश मोदी (दमोह) हरिमोहन विश्वकर्मा (झाँसी) आदि निष्ठावान कार्यकर्ताओं को जुटाया तथा जीवन के अन्तिम क्षण तक बुन्देलखण्ड के लिए संघर्ष करते रहे।

1995 में इनके नेतृत्व में लोकसभा में 9 आन्दोलनकारियों ने सुरक्षाघेरा तोड़कर सदन में पर्चे फेंके व दंडित किए गए। 12 दिसम्बर, 1996 को हमीरपुर के सांसद गंगाचरण राजपूत ने लोकसभा में बुन्देलखण्ड प्रान्त निर्माण की माँग उठाई तथा प्रान्त न बनने तक उत्तराखंड की भाँति बुन्देलखण्ड के विकास के लिये 325 करोड़ रुपया स्पेशल ग्रान्ट देने का प्रस्ताव रखा। श्री मेहरोत्रा ने 1997 में छोटे राज्यों की माँग करने वाले 12 संगठनों का झाँसी में महासम्मेलन बुलाया तथा छोटे राज्य निर्माण संघर्ष समिति का गठन किया। पूर्व केन्द्रीय मंत्री अजित सिंह संयोजक, पूर्व राज्यपाल मधुकर दिघे अध्यक्ष व शंकरलाल मेहरोत्रा महामंत्री बनाए गए। छत्तीसगढ़ उत्तराखंड, झारखंड, गोरखालैंड, बोडोलैंड, विदर्भ, तेलंगाना आदि इसके प्रमुख घटक संगठन थे। इनमें से तीन छत्तीसगढ़, उत्तरांचल तथा झारखंड अब राज्य बन गए है। वह 1998 में आन्दोलन का नेतृत्व करने के एवज में राष्ट्रीय सुरक्षा कानून के अन्तर्गत छह माह कारागार में रहे। उनका निधन 22 नवम्बर 2001 को हुआ। उनके निधन के पश्चात विट्ठल भाई पटेल (सागर) को बुन्देलखण्ड मुक्ति मोर्चा का अध्यक्ष बनाया गया। सम्प्रति लगभग एक दर्जन संगठन इस दिशा में सचेष्ट, किन्तु बिखरे हुए हैं।

यहाँ राज्य निर्माण की संवैधानिक स्थिति पर भी विचार करना प्रासंगिक है। राज्य विलीनीकरण हेतु सहमति पत्र पर हस्ताक्षर करने वाले एक राजवंश के अनुसार उन्होंने अपने राज्य का विलीनीकरण एक राज्य के निर्माण के लिये किया था— जिसमें एक विधायिका, एक न्यायपालिका तथा एक कार्यपालिका हो, किन्तु इसे दो राज्यों में विभक्त करके भारत सरकार ने इस संधि का उल्लघंन किया है। अत: इस आधार पर बुन्देलखण्ड के एकीकरण हेतु न्यायालय हस्तक्षेप कर सकता हैं।

प्रथम राज्य पुनर्गठन आयोग ने नये राज्य निर्माण हेतु चार मानक निर्धारित किए थे—(1) भौगोलिक एकता, (2) भाषाई एवं सांस्कृतिक एकता, (3) प्रशासनिक सुविधा तथा (4) आत्मनिर्भरता। राज्य निर्माण हेतु आन्दोलन के परिप्रेक्ष्य में यह भी विचारणीय है कि एकीकृत बुन्देलखण्ड क्या उक्त चार मानक पूरे करता है? बुन्देलखण्ड के इतिहास में चर्चा के उपर्युक्त प्रसंग में यह स्पष्ट किया जा चुका है कि उत्तर प्रदेश शासन तथा मध्य प्रदेश शासन दोनों ने ही बुन्देलखण्ड विकास प्राधिकरण बनाए हैं। केन्द्र सरकार के भारतीय चरागाह शोध संस्थान द्वारा प्रकाशित बुन्देलखण्ड की एटलस में उक्त जिलों के अतिरिक्त ग्वालियर जिले की भांडेर (जो अब दतिया जिले में है) तथा भिंड जिले की लहार तहसील को सम्मिलित करके एक समवेत भौगोलिक संरचना का स्वरूप प्रस्तुत किया है। बुन्देलखण्ड मुक्ति मोर्चा ने इस संरचना के पूरक एवं सीमावर्ती दस अन्य जनपदों ग्वालियर, भिंड, मुरैना, शिवपुरी, गुना, विदिशा, रायसेन, नरसिंहपुर, जबलपुर तथा सतना की भाषाई एकता के आधार पर प्रस्तावित बुन्देलखण्ड राज्य का मानचित्र तैयार किया है। इस प्रकार बुन्देलखण्ड तथ्यात्मक दृष्टि से एक भौगोलिक इकाई है।

भाषाई दृष्टि से उक्त सभी जिलों में बुन्देलखण्डी भाषा बोली जाती है। उसके अनेक क्षेत्रीय रूप, उप बोलियाँ, व्याकरण तथा लोकभाषा साहित्य की विगत आठ सौ वर्षों की अविराम परम्परा है। इसमें जगनिक के आल्हखंड (12वीं सदी) से लेकर ईसुरी तथा प्रकाश तथा वर्तमान तक के अनेक कवियों की सारस्वत-साधना रही है।

सांस्कृतिक दृष्टि से सभी जगह रीति-रिवाजों, परम्पराओं, लोकसंगीत, लोकनृत्य, लोकनाट्य, लोकदेवता, लोकपर्व तथा लोकसभ्यता की समानधर्मी विशेषताएँ हैं। बुन्देली संस्कृति पर सैकड़ों ग्रन्थों की रचना की गई है, जिनमें यमुना से नर्मदा तक के इस विन्ध्य प्रांगण को एक सांस्कृतिक अंचल के रूप में निरूपित किया गया है।

आर्थिक आत्मनिर्भरता की दृष्टि से बुन्देलखण्ड पर्याप्त सक्षम है। बुन्देलखण्ड में पर्याप्त जल-संसाधन, कृषि योग्य उर्वर भूमि, विश्व के लगभग सभी खनिज, वनसम्पदा, वनौषधियाँ एवं पर्यटन-स्थल प्रचुर मात्रा में उपलब्ध हैं। यहाँ की लाखों एकड़ बीहड़ भूमि को कृषि योग्य बनाया जा सकता है। कुछ वर्ष पूर्व भारतीय चरागाह संस्थान द्वारा सम्पन्न कराए गए एक सर्वेक्षण से इस तथ्य की पुष्टि हुई है कि बुन्देलखण्ड में जल संसाधन आवश्यकता से दुगुनी मात्रा में उपलब्ध है। यह जलराशि प्रबन्धन के अभाव में व्यर्थ जाती है। इसका श्रेष्ठतम उपयोग चन्देलकालीन जल प्रबन्धन शैली द्वारा सम्भव है। इसी शैली के उपयोग से वर्तमान समय में महोबा में पान तथा बरुआसागर में शाक-भाजी का उत्पादन, उन्हें अपने-अपने क्षेत्र में अग्रणी बनाए हुए है। पन्ना की हीरा खानें, भेड़ाघाट का संगमरमर, सोना, चाँदी, मैंगनीज, ताँबा, लोहा, अभ्रक, अनेक प्रकार के पत्थर (ग्रेनाइट, गोरा, कलई, चूना, सजर, मोरम) के अक्षय स्रोत यहाँ हैं। बुन्देलखण्ड में तेंदू पत्ता तथा सागौन के भारी जंगल हैं। तेंदू पत्ते की रॉयल्टी से लगभग 200 करोड़ रुपये का राजस्व प्राप्त होता है। पन्ना में हीरा क्षेत्र की लगभग एक वर्ग किमी. पट्टी की रॉयल्टी 700 करोड़ रुपए प्रतिवर्ष मिलती है।

हीरा क्षेत्र लगभग 40 किमी. लम्बा तथा 12 किमी. चौड़ा है, जो आज देश में पर्यटन के प्रमुख उद्योग के रूप में विकसित हो रहा है। बुन्देलखण्ड में खजुराहो, देवगढ़, अजयगढ़, कालिंजर, चन्देरी, चित्रकूट, सेंवढ़ा, अमरकंटक, सोनागिरी, पावागिरी, सूर्य मन्दिर (उन्नाव), राष्ट्रीय प्राणी उद्यान, शैल चित्र युक्त गुफाएँ, पचनदा तथा बीहड़ों में अनेक सुरम्य सलिलाएँ हैं, जिनका पर्यटकीय दृष्टि से विकास न केवल एक राज्य की आत्मनिर्भरता को, अपितु देश की अर्थ व्यवस्था को महत्त्वपूर्ण दिशा दे सकता है।

बुन्देलखण्ड में पर्यटन की दृष्टि से अनेक क्षेत्र हैं—इनमें आलमपुर में मल्हार राव होल्कर की छतरी, ललितपुर के निकट नई खोजी गई शिव गुफा, विष्णु गुफा, बुद्ध गुफा व ककरावल प्रमुख हैं। बीहड़ पर्यटन के लिए उत्तर प्रदेश, मध्य प्रदेश,

सीमावर्ती क्षेत्र पचनदा का विकास सम्भावनाओं पर नया बिन्दु है। राम वन गमन मार्ग के अनेक स्थलों की खोज हाल में मध्य प्रदेश शासन ने की है। इस आधार पर एक पर्यटन पथ विकसित किया जा सकता है।

केवल उत्तर प्रदेशीय संभाग से व्यापार कर विभाग से 55 करोड़ रुपये से अधिक का राजस्व शासन को प्राप्त होता है।

महुआ, बेर खाकर जीवनयापन के अभ्यस्त श्रमिक यहाँ सहज तथा बड़ी संख्या में उपलब्ध हैं। इस क्षेत्र के खनिजों, वन सम्पदा आदि का दोहन करके उसके कच्चे माल से यहाँ उत्पादन हो, तो इन श्रमिकों को रोजगार के बहुत अवसर उपलब्ध हो सकते हैं। अभी तक इस क्षेत्र का कच्चा माल अनेक प्रान्तों तथा महानगरों की औद्योगिक समृद्धि का साधन रहा है। ये सभी संसाधन इस क्षेत्र को आर्थिक दृष्टि से आत्मनिर्भर बना सकते हैं।

झाँसी का सांस्कृतिक इतिहास

पन्नालाल 'असर'*

सृष्टि में नौ रसों व सात रंगों का समुच्चय है, जिनके बिना संसार में कोई भी कार्य सम्भव नहीं। हर व्यक्ति के जीवन में रस व रंग दोनों ही क्रियाशील होते हैं। मनुष्य के सारे व्यवहार रसरंगों में समाहित हैं।

सांस्कृतिक विचारों के आदान-प्रदान से व्यक्ति, समाज और क्षेत्र की पहचान होती है। देश, प्रदेश, शहर, गाँव, मुहल्ले आदिकाल से ही विकसित होते गए, लेकिन आज भौतिकतावादी युग में भी नये प्रतिमानों के साथ विकसित सभी बोलियाँ, भाषाएँ अपनी विरासत हैं। पुरानी कहावत है, 'कोस-कोस पे पानी बदले, चार कोस पे बानी।' झाँसी के सांस्कृतिक इतिहास में बुन्देली लोक जीवन में रचे-बसे रसरंगों के बारे में जानने के लिए पुस्तकें, ग्रन्थ, काव्य आदि भी शायद कम पड़ जाएँगे। आज व्यक्ति के पास समय का अभाव है। रोजमर्रा की आपाधापी में जो थोड़ा समय मिलता है, उसी में व्यक्ति पढ़कर जानने-समझने का प्रयास करता है।

झाँसी के सांस्कृतिक इतिहास के पन्ने यहाँ के निवासियों की जीवन पद्धति में कला-कौशल, ज्ञान-विज्ञान, सामाजिक कार्य, व्यापार-संगठन, पर्व-उत्सव, तीज-त्योहार आदि को बताते हैं। आज सांस्कृतिक संस्कृति का अर्थ स्थान विशेष से उत्खनन से प्राप्त खँडहर, उनसे प्राप्त धातु निर्मित प्रतीक—नृत्य, संगीतादि की मुद्राएँ, मूर्तियाँ, प्राचीन लिपि-लेखों के पठन-पाठन तक ही सीमित न मानें।

हमारा ऐतिहासिक ज्ञान सांस्कृतिक गौरव की परिधि में निश्चित ही बढ़ता है और यह आवश्यक भी है। जब कभी सांस्कृतिक कार्यक्रम के शब्द प्रसंगवश सुनने-पढ़ने में आते हैं तो स्वतः ही लोकगीत, लोकनृत्य आदि आमोद-प्रमोद के अनेक रूपात्मक बिम्ब मानस पटल पर चित्रित हो जाते हैं। सांस्कृतिक कार्यक्रम, मानव जीवन का संस्कार बोध है। सांस्कृतिक इतिहास का यह रस-रंग मानव से महामानव की ओर उत्प्रेरित करने का गम्भीर दर्शन है।

---

* वरिष्ठ साहित्यकार

इतिहास में बुन्देलखण्ड व झाँसी की सांस्कृतिक परम्पराएँ लगभग एक जैसी हैं, परन्तु भौगोलिक स्थिति में परिवर्तन के कारण थोड़ा-सा अन्तर भी होता है विशेषकर क्रिया और बोल-चाल (उच्चरित शब्द-ध्वनि) में फर्क नजर आता है।

झाँसी विश्व के समक्ष अपना गौरवशाली इतिहास, सौन्दर्य और शिल्प, चित्रकला, वास्तुकला, मूर्तिकला, नृत्यकला व गायन, वादन के अद्‌भुत उदाहरणों की शृंखला की उपस्थिति दर्शाता है। वहीं काव्यकला के धनी वेदव्यास, तुलसीदास, केशव, बिहारीलाल, गिरधर, पद्माकर, मुंशी अजमेरी, ईसुरी जगनिक, गंगाधर व्यास, मैथिलीशरण गुप्त, वृन्दावनलाल वर्मा, राय प्रवीन, संगीतज्ञ उस्ताद आदिल खाँ, असगरी बाई, छत्रपति सिंह जूदेव (बिजना महाराज) की साधना स्थली भी झाँसी के सांस्कृतिक इतिहास में उल्लिखित है। विशेष तौर से झाँसी की सांस्कृतिक परम्पराओं में वर्ष के बारह महीनों के रसरंग भी क्रमवार विद्यमान है। चैत्र में चैती-बिलवारी, वैशाख में दोहे-साखी-भजन, जेठ में भक्तिरस, आषाढ़ में आल्हा-मल्हार, सावन में सावन-झूला, कजरी-राछरा, भादों में कृष्ण जन्म, बधावा-तीजा-गणेश, गुणगान-ढोला। क्वार में देवी भजन-अचरी-ध्यानू-भगत-टेसू-मामुलिया-निर्गुण, कार्तिक में कृष्ण-गोपी संवाद, प्रभुलीला-कार्तिक गीतों के अनेक रूप, जैसे प्रश्न-उत्तर, तालाबों-नदियों की महिमा आदि, अगहन में विवाह संस्कार गीत-गारी-हास्य व रस्म-रिवाज की प्रस्तुतियाँ, आदर-सत्कार से जुड़े कथानक, पौष में स्वांग-रावला-कहरवा आदि, माघ में बम्बुलिया-लमटेरा-शंकर भजन-गंगा महिमा-यमुना गुणगान आदि और फाल्गुन में हर्ष-उल्लासपूर्ण होली-फाग-चौकड़िया-रसिया-राधा-कृष्ण संवाद की मनमोहक प्रस्तुतियों का अपार भंडार भरा हुआ है। यहाँ का गायन, वादन एवं नृत्य ही संगीत का मूल रूप है। सांस्कृतिक धरोहर में झाँसी के लोक गायन व लोक साहित्य और लोक वाद्यों का जिक्र भी महीनेवार दर्शाया गया है। गीतों में चैती बिलवारी, फाग-दीवारी, रामा-श्यामा, दादरे, सौहरे, लोरी-गारी, बन्ना-बन्नी, टेसू, मामुलिया, झिंझिया, अचरी-गोट, कहरवा-रसिया-लाँगुरिया, आल्हा-ढोला, सावन-राधा, कजरी-खयाल, बम्बुलिया-लमटेरा, भजन, दोहा, कार्तिक लीला आदि का भाव लोक है, तो लोक वाद्यों में नगड़िया, ढोलक, मृदंग, पखावज, झाँझ, मंजीरा, खड़ताल, खंजरी, डमरू, डेरू ढांक, लोटा, चमीटा, अलगोजा, बाँसुरी, सारंगी, रेगनी, चकाड़ा, ढप, तुरई, रमतूला, तमूरा (इकतारा) झींका, झांझ आदि की मधुर स्वर लहरी है। यहाँ के लोकनृत्यों की छवि समूचे भारत के साथ-साथ विदेशों में भी झाँसी और बुन्देलखण्ड के गौरवशाली इतिहास के विस्तारीकरण व सांस्कृतिक शृंखला को बनाने में सफल हुई है। यहाँ के लोकनृत्यों की संक्षेप में बात करें तो लोकनृत्यों में नृत्य भाव-भंगिमाएँ, कदम ताल-थाप, नैनों के इशारे, वेश-भूषा, हाथों और अंगुलियों की भाव मुद्राएँ हमें कथानक से अवगत कराती हैं। अनेक विद्वानों के अनुसार लोकगीतों व लोकनृत्यों में गाए जाने वाले गीत, सुर, ताल, लय एवं रागबद्ध होते हैं।

झाँसी के नृत्यों में—बधावा नृत्य, पलना/चंगेर नृत्य, दीवारी नृत्य, होरी नृत्य, मौनिया नृत्य, पाईडंडा/चाचर नृत्य, राई नृत्य, ढिमरयाई नृत्य, धुबयाई नृत्य, कछयाई नृत्य, घट नृत्य, जवारा नृत्य, भुंजारिया नृत्य, कहरवा नृत्य, लाँगुरिया नृत्य, झिंझिया नृत्य, ढोला नृत्य, सैरा नृत्य, रावला नृत्य, स्वांग नृत्य, सुआटा नृत्य, ददरिया नृत्य, शैली नृत्य, आदिवासी नृत्य आदि प्रमुख हैं, जिनसे मनोरंजन प्राप्त कर झाँसीवासी ही नहीं, अन्य लोग भी भाव-विभोर हो जाते हैं।

झाँसी की नृत्यकला

झाँसी की नृत्यकला के इतिहास की चर्चा करने से पहले यह जानना अति आवश्यक है कि मानव जीवन के सांस्कृतिक स्वरूपों में नृत्यकला का अपना एक भावलोक है और विभिन्न जातियों में विभिन्न तरीकों से त्योहारों, पावन पर्वों और विशेष आयोजनों पर या स्वत: रीति-रिवाजों की श्रृंखला में नाम और गुण के आधार पर नृत्य आयोजित किए जाते हैं। यूँ तो झाँसी की नृत्यकला का वृहद इतिहास है, किन्तु संक्षेप में झाँसी की नृत्यकला में लोकनृत्यों की पहचान ही श्रेयस्कर है। झाँसी के लोकनृत्यों को मुख्यत: चार भागों में वगीकृत किया जा सकता है :

(1) पारिवारिक लोकनृत्य। (2) सार्वजनिक लोकनृत्य।
(3) आदिवासी लोकनृत्य। (4) वर्णगत लोकनृत्य।

(1) पारिवारिक लोकनृत्य

सांस्कृतिक रसों से ओत-प्रोत लोक जीवन जब खुशी के वातावरण में होता है, तब व्यक्ति का तन-मन उमंग से थिरकने लगता है। थिरकन की गति ही नृत्य का भावपूर्ण, सशक्त और सजग रूप है। गर्भाधान से आरम्भ होकर जीवन की अन्तिम साँस तक के रस्म-रिवाजों में पारिवारिक लोकनृत्य रचा-बसा हुआ है। लोकनृत्य में भाव-भंगिमाएँ, कदमों की ताल, थाप, नैनों के भाव, वेषभूषा और अंगुलियों की मुद्राएँ हमें कथानक से अवगत कराती हैं।

पारिवारिक नृत्यों में देवी पूजन नृत्य, बधावा/बधाई नृत्य, पलना/चंगेर नृत्य, ओली भराई नृत्य, बन्ना/बन्नी नृत्य, जुगिया नृत्य, बहू उतरवाई नृत्य, दादरा/कहरवा भाव-भंगिमाएँ आदि प्रमुख हैं।

पालना/चँगेर नृत्य

शिशु जन्म पर शिशु की बुआ जब बधावा लेकर आती है, तब बड़ा ही खुशनुमा वातावरण हो जाता है। जिस पालने को बुआ लाती है, उसमें शिशु के कपड़े (वस्त्र), खेल-खिलौने, गुब्बारे आदि रखे होते हैं। बुआ बच्चे के लिए जेवर में हैसियत के मुताबिक हंसली, कठला, ताबीज, चूरा, छूटा या कमर में बाँधे जाने वाली करधनी लाती है। चन्दा-सूरज के पुतरियानुमा हार आदि सजाकर वह पालना सिर पर रखती है तब नृत्य आरम्भ होता है। सिर पर पालना रखकर नाचने की यह विधा पालना

नृत्य कहलाती है। दूर पिछड़े ग्रामीण अंचल, जहाँ हाट, बाजार, होते हैं, वहाँ बुआ गाँव में बाँस की बड़े आकार (डलिया के आकार) की चंगेर बनवाकर लाती है। इस कारण इसे चंगेर नृत्य की संज्ञा दी जाती है।

इसमें महिलाएँ वाद्य यंत्रों में ढोलक, मंजीरा, झींका का प्रयोग कर बारी-बारी से अपने सिर पर पालना रखकर नृत्य करती हैं। इस नृत्य में एक पुरुष रमतूला बजाता रहता है। गीतों में बुआ अपनी भाभी से नेग में लाल (शिशु) की बधाई या पालना उतरवाई की माँग करती है, तब भाभी भी ना-नुकर कर ननद को चिढ़ाने के लिए गाती है। इस नृत्य में द्विपक्षीय गीत गाने का प्रचलन है। ऐसे ही एक गीत में भाभी ननद से कहती है :

अठन्नी ले लो ननदी
लाल की बधाई

इस पर ननद अपनी भाभी से कहती है :

पलना ले आई तोरे अंगना
बनुआ दो भौजी सोने के कंगना

बाबा/गौरइयाँ/जुगिया नृत्य
स्त्रीप्रधान नृत्य

यह लोकनृत्य प्रत्येक जाति की महिलाओं का प्रधान नृत्य है। जब लड़के की बारात चली जाती है, तब विवाह वाले घर में पास-पड़ोस की एकत्र महिलाएँ और मेहमान महिलाएँ इसमें सम्मिलित रूप से भाग लेती हैं। आपस में स्वांग करने के लिए कुछ स्त्रियाँ पुरुषों के कपड़े पहनकर, श्रृंगार करके पाँवों में घुंघरू बाँधकर, हाथ में डंडा-मूसर लेकर, आँखों में चश्मा लगाकर, कमर पे चुनर बाँधकर द्विअर्थी गीत अथवा आवेशवश अश्लील जो कि कर्णप्रिय गीत होता है, गीत गाते हुए नृत्य करती हैं। आपस में स्त्रियाँ पति-पत्नी के समान हाव-भाव का प्रदर्शन करती हैं। बाद में गोरइयाँ भोज भी होता है, जिसमें केवल महिलाएँ ही भोज करती/कराती हैं।

भोज में कढ़ी, चावल, गोरस, बरा आदि विशेष रूप से परोसे जाते हैं। इसमें गाये जाने वाले कुछ गीतों के उदाहरण प्रस्तुत हैं :

1. *भोला शंकर ओगड़ दानी*
   जिनके संगे आदि भवानी
   तीन लोक से न्यारी काशी
   जो बाबा काशी को वासी
2. *अब तो हमें बैठ के चाने*
   अब न खेते-हारे जाने
   सेठानी सी बनके राने
   बोल सजन के अब ना साने।

लाँगुरिया नृत्य

यह नृत्य मूलतः रसमय (रसिक) और शृंगारपरक है। इस नृत्य के माध्यम से नर्तकी अपने मन के भावों को उकेरने का प्रदर्शन करती है और स्पष्ट रूप से मग्न होते हुए नृत्य मुद्रा में वह सब कुछ कह जाती है, जिसे वह दूसरों के समक्ष कहने में हिचकिचाती है। इसका प्रचलन झाँसी जनपद के उन सभी शहरी और ग्रामीण अंचलों में होता है जो बुन्देली सीमा से भी सटे हुए हैं। धीरे-धीरे यह नृत्य इतना लोकप्रिय हो गया कि लाँगुरिया आज के समूची झाँसी के प्रमुखतम बुन्देली नृत्यों में शुमार हो गया है।

ऐसे ही कुछ गीतों की लोकप्रिय पंक्तियाँ उदाहरण के तौर पर प्रस्तुत हैं :

1. *चरखी चल रइ बर के नेचें*
   रस पी ले लाँगुरिया
   पी ले लाँगुरिया रस पी ले लाँगुरिया...
2. *दो-दो जोगनी के बीच में*
   अकेलो लाँगुरिया...
   पैली जोगिनी जो कहे मोय बेंदा लिया दै मोल
   दूजी जोगिनी जो कहै मोय हरवा लादै मोल
   दो-दो...

सार्वजनिक नृत्यों में दीवारी नृत्य, भुँजरिया नृत्य, होरी नृत्य, मौनिया पाई डंडा/चाचर नृत्य, घट नृत्य, झिंझिया नृत्य, मामुलिया नृत्य, लाँगुरिया नृत्य, स्वांग नृत्य, ढोला नृत्य आदि।

दिवारी नृत्य

दीपावली के अवसर पर किया जाने वाला यह नृत्य अहीरों, पशुपालकों के समुदाय द्वारा किया जाता है। यह दंड, युद्ध कौशल का प्रतीकात्मक नृत्य है, इसे पाई झण्डा नृत्य व बरेदी नृत्य भी कहते हैं। दीवारी नृत्य में कृष्ण, ग्वालों, चरवाहों का रूप वर्णित है। नर्तक मोर पंख के मूठ हाथों में लेकर फूँदनादार बण्डी, रंगीन जांघिया पहने रहते हैं और कमर में घुँघरू बाँधे रहते हैं। कुछ नर्तक अपनी ऊँचाई के बराबर दंड (डंडा) या हाथों में डेढ़ से दो फुट के बीच की डंडियाँ लेकर नृत्य करते हैं। इसे पाई डंडा नृत्य भी कहते हैं। नर्तक डंडों को आपस में टकराने की ध्वनि से नृत्य के ताल-लय को बाँधते हैं। वाद्यों में ढोल, नगड़िया, रमतूला का प्रयोग मुख्यतः होता है। गीत गायन में दोहा अथवा साखी के टेर से नृत्य की शुरुआत हो जाती है :

सदा भवानी दाहिनें, सनमुख रहें गनेश
पाँच देव रक्षा करें, ब्रह्मा, विष्णु, महेश

इसी तरह क्रम से कई व्यक्ति दोहे, साखी की दो पंक्तियों की टेर से सामूहिक स्वर में इसे आगे गति प्रदान करते हैं :

मनुष बली न होत है, समय होत बलवान
भीलन लूटी गोपिका, बेई अर्जुन बेई बान

वर्तमान में कबीर, रहीम, ईसुरी की रचनाओं में वर्णित दोहे भी गायन के तौर पर उपयोग में हैं।

होली नृत्य

होली के अवसर पर समूह बनाकर ग्रामीण अंचलों में कुछ पुरुष नायिकाओं की वेश-भूषा में, तो कुछ जोकर का लिबास पहनकर निश्चित स्थानों पर रंग-गुलाल उड़ाते हैं तथा एक-दूसरे को रंग लगाते हुए गायन-वादन के साथ नृत्य करते हैं। कहीं फड़ फागों का प्रदर्शन होता है, तो कुछ लोग भांग का रसास्वादन करते हुए मस्ती में झूमकर होली के गीत में कन्हैया, राधा, गोपी, गोपिकाओं का चरित्र-चित्रण करते हैं। ये नर्तक वाद्य में ढोलक, नगड़िया, झींका, मंजीरा, बाँसुरी, अलगोजा आदि का प्रयोग करते हुए बारी-बारी से गीत गाते हैं। इन गीतों द्वारा ये नर्तक भाईचारे का वातावरण भी बनाते हैं और स्वांग करते हुए घेरा बनाकर भगवान कृष्ण की महिमा का गुणगान, लांगुरिया, होरी गीत गाते हैं :

मुखड़ा —मेरो बारो सो कन्हैया नादान बिरज में
धरे मुकुट खेले होरी...
अन्तरा —अरे हाँ रे बिरज में, कै मन केशर घोरियो
सौ कै मन उड़त गुलाल। बिरज में धरे मुकुट...
अन्तरा —अरे हाँ रे बिरज में नौ मन केशर घोरियो
सो दस मन उड़त गुलाल। बिरज में धरे मुकुट...

सैरा नृत्य

द्वापर में पांडवों के अज्ञातवास के समय सहारिया जाति के लोगों ने उनके मनोरंजन के तौर पर नृत्य किया, इसी से सैरा नृत्य का नामकरण हुआ। झाँसी में सावन माह में प्राय: यह नृत्य किया जाता है, किन्तु कुछ खास अवसरों पर इसका स्वरूप नामों में परिवर्तित हो जाता है। कहीं मनोरंजक प्रस्तुतियों में, कहीं कथानक के तौर पर जैसे—लहकी-सैरा विवाह के अवसर पर गोलाकार समूह में, तो हिरौनी-सैरा प्रतिस्पर्धाओं में महिला-पुरुष सम्मिलित रूप से इस नृत्य को करते हैं। सैरा नृत्य में नर्तक हाथों में छोटे-छोटे लकड़ी के डंडे और मोर पंखों के मूठ लेकर वृत्ताकार खड़े होकर दाएँ-बाएँ डंडों को आड़ा-तिरछा किन्तु सम-ताल-लय में संगीत के साथ गायन और गायन के भावों पर नृत्य करते हैं। सावन में ये जैसे बारिश की

चाह में गीत गाते हैं। सहारिया समुदाय द्वारा किए जाने के कारण यह सैरा नृत्य कहलाया।

गीत :

कारी बदरिया रे कारी बदरिया
तोहे सुमरन करूँ हो लैंके राम के नाम
आज तो बरस जा मोरे कनवज में
मोरे कंत धरे रै जाएँ
कारी बदरिया रे...

समूह स्वर में भी यह गीत आगे बढ़ता रहता है।

मौनियाँ/चाचर नृत्य

दीवाली के एक दिन बाद गोवर्धन पूजा के दिन ग्रामीण अंचलों से कुछ लोग टोलियाँ बनाकर गाँव-गाँव जाते हैं। मौनियाँ/चाचर नृत्य के नर्तक मौन व्रत रखते हैं और इस नृत्य में कृष्ण, ग्वालों व चरवाहों का रूप वर्णित करते हुए समूह के साथ गोलाकार (परिधि) में नृत्य करते हैं। ये रंगबिरंगे जाँघिए पहनते हैं जिनमें चमकदार काँच, कौड़ी, मोती आदि जड़े होते हैं और इनकी कमर में घुंघरुओं का पट्टा बँधा होता है। ये आँखों में काजल और माथे पर हलदी-रोली का तिलक लगाए रहते हैं और इनके हाथों में मोरपंखी की मूठ और चाचरनुमा डंडे होते हैं। इन डंडों को आपस में टकराते हुए नर्त्तक विभिन्न मुद्राओं में डंडों को घुमाते हुए उछल कर व ठुमक-ठुमक कर नाचते हैं। पाँच, सात या नौ गाँवों की परिक्रमा करके ये घर लौटते हैं तो गाँव में सामूहिक भोज कराया जाता है। तभी नर्तकों का मौन व्रत टूटता है। इस कारण इसे मौनियाँ नृत्य तथा डंडों के सम के साथ डंडों का टकराना चाचर नृत्य कहा गया है। वाद्य-यंत्रों में नगड़िया, ढोलक, झींका, मंजीरा, अलगोजा, बाँसुरी, रेगनी, खंजरी आदि प्रमुख हैं। इसके गायक मौन व्रत नहीं रखते और ये टोली में रहकर गाते हैं।

उदाहरण :

ऊँची अटारी बाबा नन्द की, चढ़ी देखें जशोदा माय।
दिन डूबो न आए बरेदी, न लौटी एकऊ गाय॥

झिंझिया नृत्य

यह नृत्य क्वार माह में अविवाहित बालिकाओं द्वारा (नौरता) किया जाता है। नारे सुआटा का एक पक्ष है। छोटे-छोटे घड़े, जिनमें चारों ओर छिद्र होते हैं उसे झिंझिया कहते हैं। रात्रि के समय घड़ों में दीपक जलाकर उनको किशोरियाँ अपने सिर पर रखती हैं। उनकी झिलमिल रोशनी बाहर आती हैं जो ध्यान आकर्षित करती है। गोलाकार समूह बनाकर सभी बालिकाएँ झिंझिया को सिर पर कुड़री पर रखकर

नृत्य करती हैं। तालियों की थाप और गीत के बोल ही इस नृत्य का प्रमुख गीत-संगीत है। इसमें वृत्त के बीच में एक नर्त्तकी रहती है और सभी बालिकाओं को बारी-बारी से एक-एक करके बीच में खड़े होकर नृत्य का अवसर मिलता है। कहीं-कहीं ढोलक, नगड़िया, झींका, मंजीरा के साथ वृद्ध महिलाएँ भी यह नृत्य करती हैं और गीत गाती हैं।

उदाहरण :

पूंछत-पूंछत आए हैं नारे सुआटा
कौन गली तोरी पौर भईया रे तोरी
कौन गली है पौर
पौरा बैठे पौरूआ, खिरकन बैठे कोतवाल
कड़ याओ दुलईया रानी बायरें
बिटियन खौं डारो नौने दान
तुम जिन जानो भौजी बिटिया माँगनू
घट-घट देत आशीष नारे सुआटा
कौन गली तोरी पौर

घट नृत्य

झाँसी में कई क्षेत्र पथरीले हैं, जिसके कारण यहाँ जल स्तर गहरा होने से जीवन यापन के लिए पानी की समस्या अधिकतर बनी रहती है। ग्रामीण अंचल की महिलाएँ दूर-दराज के तालाबों से पानी लाती हैं। कहीं-कहीं कुछ कुँओं में 60-70 हाथ गहरा पानी मिलता है, जहाँ से पानी भर कर लाने में बड़ी कठिनाई होती है। फिर भी इस समस्या को यहाँ की महिलाएँ हँसकर आमोद-प्रमोद के रूप में हल करती हैं और गाकर-नाचकर कई समूह बनाकर सिर पर दो-चार घट (घड़े) लेकर जब पानी भरने निकलती हैं तो उस रास्ते को तय करती हैं। लौटकर घर आते समय घड़े भरे हुए होते हैं, वहीं उनके सिर पर घड़ों का सन्तुलन, कदमों की कदमताल-थाप दर्शनीय होती है।

इस विचित्र कष्ट को हास्य तथा नृत्य मनोरंजन के रूप में यदा-कदा चौपाल, उत्सवों पर प्रदर्शित किया जाता है। इस नृत्य में वाद्य यंत्रों का प्रयोग सम, ताल, लय में होता है। कहीं किसी क्षेत्र में गीत और वाद्य दोनों का प्रचलन है। बदलते समय के साथ कुछ गीतों के बोल मुखरित हुए हैं।

उदाहरण स्वरूप :

दो-दो ना धरियो गगरिया
तुम रे लाग जै है नजरिया
गागर ऊपर गगरी, गगरी ऊपर दो-दो गगरा
काँधे ऊपर रस्सा नेचें, है पथरीली डगरा
लफ-लफ जाए कमरिया तुम रे...

आदिवासी नृत्य—

रावला नृत्य

वर्तमान में यह नृत्य पिछड़े व दलित समुदाय का होकर रह गया है, जबकि पूर्व में यह नृत्य उत्सवों तथा विशेष खुशी के मौकों पर या माँगलिक कार्यों में रावला-स्वांग नृत्य मंडलियों को बुलाकर प्रदर्शित किया जाता था और इसमें प्रत्येक वर्ग-जाति के कलाकार भाग लिया करते थे।

रावला में सभी संवाद, अभिनय हास्य प्रधान होते हैं। नृत्य में स्त्री की भूमिका पुरुष ही करते हैं तथा एक हास्य कलाकार होता है, जिसे जोकर कहते हैं। यह विशेष वेशभूषा व मेकअप में होता है, जिसे देखने, सुनने से ही हँसी-ठहाकों का माहौल उत्पन्न हो जाता है।

वाद्यों में ढोलक, नगड़िया, रेगनी, अलगोजा, बाँसुरी, झींका, मंजीरा आदि तो सुविधानुसार सांरगी, डमरू का प्रयोग किया जाता है। एक गीत का उदाहरण प्रस्तुत है :

मुखड़ा — कजरवा ने मारे विदेशी ज्वान
मारे विदेशी ज्वान कजरवा ने...
अन्तरा — कै मारै कै घायल कर दिए
कै तो डरे मैदान। कजरवा ने...
अन्तरा — नौ मारे दस घायल कर दए
दस तो डरै मैदान। कजरवा ने...
अन्तरा — कछु-कछु तो बैठेई रे गए
तन जैसे बेजान। कजरवा ने...
अन्तरा — नैनबान के मारे मर गए
लाखन रन दरम्यान। कजरवा ने...

जवारा नृत्य/भुजरियाँ नृत्य

चैत्र मास तथा क्वार मास में नवरात्रि के समय झाँसी में माता दुर्गा की भक्ति में लोग व्रत के साथ प्रथम दिवस में जवारे बो देते हैं। कोरे (नये) घड़े को आधा काटकर उसमें मिट्टी के संग गेहूँ, जवा के दाने मिलाकर डाल देते हैं। प्रतिदिन उसमें जल डाला जाता है और धूप, दीप, अगरबत्ती लगाकर पूजा स्थल पर उस बोए हुए जवारे घट का पूजन करते हैं। प्रतिदिन ये (जवारे के पौधे) हरे, पीले रंग में अंकुरित होकर बड़े होते रहते हैं। यही पौधे जवारा/जवारे कहलाते हैं। आस्था के अनुरूप लहलहाते घने जवारों से होने वाली फसल का आकलन भी किया जाता है कि फसल अच्छी होगी कि नहीं। घर के लोग अष्टमी या नवमी के दिन इसकी पूजा करके कन्याओं, महिलाओं के सिर पर यह घट रखकर गाँव/शहर में नजदीक के मन्दिर तक गाते-नाचते हुए ले जाते हैं। मन्दिर में पूजा उपरान्त जवारे तालाब में विसर्जित कर दिए जाते हैं।

घर से मन्दिर व तालाब की दूरी के बीच रास्ते भर भक्त पुरुष/महिलाएँ नृत्य करते हुए चलते हैं। मुख्य पुजारी किसी अन्य पुरुष के गाल में लोहे की सांग (नुकीली छड़) आर-पार कर अपने हाथ में सांग लेकर कलाबाजी (नृत्य) करता/कराता हुआ आगे बढ़ता जाता है। यह प्रदर्शन रुक-रुक कर रास्ते, चौराहों पर करते हुए लोग जवारे विसर्जन की रस्म अदा करते हैं। कुछ जवारे (भुजरियाँ) तोड़कर आपस के दोस्तों, सगे सम्बन्धियों, पड़ोसियों में बाँट दिए जाते हैं, जिन्हें भुजरियाँ बाँटना कहा जाता है। इसी कारण जवारा नृत्य को ही भुजरियाँ नृत्य की संज्ञा दी गई है।

अन्य आदिवासी नृत्यों में—नटकला नृत्य, नैन जुगानी नृत्य, सुआ नृत्य, झुमकिया नृत्य, सैरा नृत्य आदि हैं, तो जातिगत नृत्यों में ढिमरयाई नृत्य, रावला नृत्य, राई नृत्य, कछयाई नृत्य, धुबियाई नृत्य आदि प्रमुखता से हैं।

करमा नृत्य

नाम के अनुरूप यह कर्म प्रधान नृत्य है। यह नृत्य भूमियाँ, काँवर, बैगा, गौड़ आदिवासी संस्कृति से मेल खाता है। फसल एकत्र करने के बाद जीवन संघर्ष के कथानकों के कारण ही इसे करमा नृत्य की संज्ञा दी गई है। झाँसी में सहारिया जाति व इससे जुड़े समुदाय के लोग विशिष्ट अवसरों पर यह नृत्य करते हैं।

चित्रकूट के निकट पाठा क्षेत्र के कोल, भीलों द्वारा कोलियाई गीतों के गायन के साथ इस नृत्य की प्रस्तुति होती है, जिसका प्रचलन झाँसी में भी आज भी है। वाद्यों में ढोलक, नगड़िया, कसेरू, खंजरी, ढप की प्रधानता है।

पटा बनैती नृत्य

झाँसी में यह पटा व तलवार द्वारा किया जाने वाला युद्ध कौशल का प्रतीक नृत्य माना जाता है। कहीं-कहीं अग्नि की लपटों के बीच युद्ध करने की विभिन्न मुद्राओं को प्रदर्शित करते हैं। आगे बढ़ना, दाएँ-बाएँ होकर गोलाकार घूमना इस नृत्य की प्रमुखता है। इसमें दाँव-पेंच के नृत्य का प्रदर्शन मनमोहक और रोमांचकारी हो जाता है।

वाद्य यंत्रों में ढोलक, रमतूला, कसेरू, चमीटा, झींका, शंख प्रमुख हैं। गीत प्रायः ओजपूर्ण ढंग से इस तरह गाए जाते हैं।

उदाहरण :

साँचे वीर सपूत वे जो जीतें घरें आएँ।
नई तो रण मैदान में लरत-लरत मर जाएँ॥

पारिवारिक नृत्यों में ढोलक, मंजीरा, झींका और करतल तालियों की थाप लयबद्धता से प्रयुक्त होती है, वहीं सार्वजनिक, आदिवासी, जातिगत नृत्यों में प्रायः ढोलक, रेंगनी, चकाड़ा, ठप, ढाँक, रमतूला, झींका, मंजीरा, खंजरी, खड़ताल, अलगोजा, बाँसुरी, सारंगी, मृदंग, नगड़िया, लोटा, झाँझ, चमीटा, शहनाई आदि वाद्यों का प्रयोग किया जाता है।

वर्णगत लोक नृत्य—

ढिमरयाई नृत्य

यह (केवट) (धीवर) ढीमर/रायकवार कहार जाति/समुदाय का नृत्य है। विवाह अथवा शुभ माँगलिक अवसरों पर या जब कभी इस वर्ग के लोग नदी, तालाबों में अपने पूरे दिन का कार्य निपटा कर अपने घर वापस लौटते हैं और इस दिन कुछ खास मछलियाँ (शिकार) उनके हाथ लगती हैं तो अपनी दिनभर की थकान को मिटाने के लिए मनोरंजन के तौर पर चौपाल में लगाकर आपस में गाते-बजाते व नृत्य करते हुए अपनी खुशी का इजहार करते हैं।

यह नृत्य पुरुषों तथा महिलाओं द्वारा सम्मिलित रूप से किया जाता है। इस नृत्य में प्रमुख वाद्य के रूप में लोटा, खंजरी, रेगनी, तुरई, ढोलक, नगड़िया, रमतूला, अलगोजा आदि का प्रयोग किया जाता है। गीतों में प्राय: विरह, सजनई, कहरवा, स्वांग, साखी अटका/पहेली आदि का गायन विशेष है। कुछ गीतों में सवाल-जवाब होते हैं। एक गीत उदाहरण के तौर पर प्रस्तुत है :

गीत :

मेरो अटका दिओ सुरझाय, बीद गई अटका में...
एक अचम्बो हमने सुनो, मुरदा रोटी खाय
टेरें-टेरें बोलत नईयाँ, मारे से चिल्लाय
जो—ताल, मृदंग कहाय। बीद गई अटका में...
एक अचम्बो हमने सुनो, कुआँ में लग गई आग
पानी-पानी जर गओ, मछरी खेले फाग
जो दियला तेल कहाय। बीद गई अटका में...
एक अचम्बो हमने सुनो, चिन्टा बराते जाय
सोरहा गज को साफा बान्धे लटकत मटकत जाय
जो आतम जीव कहाय। बीद गई अटका में...

राई नृत्य

राई नृत्य झाँसी के मशहूर नृत्यों में शामिल है। सामन्तवादी व रसिक वर्ग को रिझाने के लिए श्रृंगार व रति मुद्रा प्रधान इस नृत्य को बेड़नी समुदाय की स्त्रियाँ बासंतिक पर्व (नृत्य विशेष) के तौर पर इसे करती हैं। नर्तकी नौ कली अथवा सोलह कली का विशेष घाघरा, सितारे और काँच जड़ित चोली व चूनर पहनती/ओढ़ती है। नृत्यांगनाओं के साथ मृदंग, ढोलक वादक भी नृत्य करते हैं। राई के तेल में भीगी मशालों की छनती हुई रोशनी के नर्तकी के चेहरे पर पड़ते ही नर्तकी की सुन्दरता में चार चाँद लग जाते हैं। जिस प्रकार थाली में राई का दाना लुढ़कता है ठीक उसी प्रकार नर्तकी नृत्य करते हुए एकाएक पल झपकते ही लुढ़ककर दर्शकों के बीच बैठे हुए किसी रसूखदार व्यक्ति की गोद में बैठ जाती है और अपना घूँघट खोलकर

उपहार के रूप में आभूषण या नगदी प्राप्त कर लेती है। राई नृत्य में वाद्यों के रूप में मृदंग, ढोलक, नगढ़िया, झींका, मंजीरा, खंजरी, रमतूला आदि का प्रयोग होता है। गायन में विशेषकर द्विअर्थी फागें, कहरवा आदि मुख्य हैं और खयाल, टप्पा, लावनी गीत भी गाये जाते हैं। यह नृत्य खासतौर से बेड़नी जाति का प्रमुख नृत्य है।

गीत :

मुखड़ा — दगा दे गए बेईमान, नैना रसीले तोरे रतनारे...
अन्तरा — नैना बढ़े गरीब हैं रयें पलकन की ओट
दाव परे चूकें नहीं, करें लाख में चोट
ऐसे विष के जे बान। नैना रसीले...
अन्तरा — सपनों अपनो होत ना परदेशी को प्यार
जिया बीच चाहे राखियो बना गरे का हार
डसें दे के मुस्कान। नैना रसीले...

धुबियाई नृत्य

यह पुरुष प्रधान नृत्य है एवं श्रीवास या धोबी वर्ग विशेष का लोकप्रिय नृत्य है। इसमें नर्तक सिर पर पगड़ी, पाँव में घुँघरू बाँधकर मथनी की तरह घूमता-नाचता है। साथी संगतकार पुरुष गीत गाते हैं। इस नृत्य में बारी-बारी से सभी समूह संगतकार अपने नृत्य की क्षमताओं व कलाओं का प्रदर्शन करते हैं। यह नृत्य मांगलिक व विवाह के अवसर पर ही किया जाता है। इसके कथानक धार्मिक, मर्मस्पर्शी प्रसंग भी प्रस्तुत करते हैं। वाद्यों में चकाड़ा, खंजरी, लोटा, चमीटा, ढप का प्रयोग किया जाता है। गीत के कुछ बोलों का उदाहरण प्रस्तुत है :

1. *मत कर नगन मान जा रे पापी...*
2. *लकरी जर कोय्ला भई*
   कोयला भई न राख
   मैं पापिन ऐसी जरी
   कोयला भई न राख

कछ्याई नृत्य

पारम्परिक वाद्य यंत्रों की धुनों पर कुशवाहा (काछी) समुदाय के लोग विभिन्न अवसरों पर मांगलिक त्यौहार व विशेष उत्सव और कभी-कभी स्वतः सुख की अनुभूति के लिए गायन-वादन व नृत्य के माध्यम से अपना प्रदर्शन समूह स्वर में एकाग्रता और बड़े ही मनोयोग से करते हैं। इसे कछ्याई नृत्य कहा जाता है।

कछ्याई नृत्य में जहाँ गायन के बोल और वाद्य यंत्रों के साथ उनका मेल ताल-सम के सहित अपना एक स्वरलोक का स्वरूप स्थापित कर लेता है, वहीं दूसरी ओर गायन-वादन की धुन पर नर्तक बहुत सुन्दर भाव-भंगिमाओं द्वारा दर्शकों का मन

मोह लेते हैं। वाद्य यंत्रों में रमतूला, रेगनी, खंजरी, रमतूला, लोटा, झींका, मंजीरा, चकाड़ा, ढोलक, नगड़िया, अलगोजा, कसेरू आदि प्रयुक्त होते हैं।

गीत गायन में मंडली में गायक सदस्य बारी-बारी से गीत, साखी, कथानक, उपदेशक भजन आदि गाते हैं।

नृत्य गायन में रसिक, श्रृंगार, हास्य, स्वांग प्रसंग प्राय: होते हैं तो भक्ति रस में भक्ति से ओत-प्रोत गीत, जैसे—शारदा मोरी माई, बजरंग करें सुहाई। कछयाई नृत्य में कबीर दास, रैदास, मलूकदास, तुलसीदास, मीरा, पलटूदास के पदों की प्रस्तुतियाँ मुख्यत: होती रहती हैं।

लोकनृत्यों में स्त्री-पुरुष की सहभागिता होती है। कहीं-कहीं नायिका के पात्र का पुरुष यानी नायक ही निर्वहन करता है।

झाँसी में लोकनृत्यों में दो नृत्य अति विशेष हैं :

(1) जुगिया नृत्य जो कि स्त्री-प्रधान होता है। इस नृत्य में केवल महिलाएँ ही होती हैं।

(2) धुबियाई नृत्य पुरुष-प्रधान नृत्य है। इसमें पुरुष ही सहभागिता करते हैं।

झाँसी की चित्रकला

चित्रकला का मानव जीवन में बहुत बड़ा स्थान है। चित्रकला जनमानस की स्मृतियों की अभिव्यंजना होती है। झाँसी के शासक कलाप्रिय थे इसलिए झाँसी व बुन्देलखण्ड क्षेत्र में 9वीं शताब्दी से 12वीं शताब्दी में बनाए गए मठों, महलों, मन्दिरों, बावड़ियों और राजदरबारों के खास व आम भवनों में शैल चित्रों का प्रचलन प्रमुखता से रहा है। कहीं-कहीं भित्ति चित्र का प्रचलन भी उजागर हुआ है।

झाँसी की चित्रकला का श्रेष्ठतम काल महाराजा गंगाधर राव (1838-53) एवं तत्पश्चात् महारानी लक्ष्मीबाई के समय काल रहा क्योंकि कला व साहित्य प्रेमी विशेषत: संस्कृति प्रेमी गंगाधर राव व उनकी महारानी के समय में सुप्रसिद्ध चित्रकार सुखलाल एवं जवाहर और मगन व गिरिधारी एवं इनके पूर्वज हुए। ये सभी जाति से कुशवाहा (काछी) थे और इनका मूल निवास लक्ष्मी दरवाजे का समीपवर्ती क्षेत्र था। ये सभी चित्रकार भित्ति चित्रों के साथ-साथ कागज पर चित्र बनाने में पूर्ण दक्ष थे। इन लोगों की आलेखन कला सम्प्रति में रानी महल, झाँसी के ऊपरी दालान व महारानी के व्यक्तिगत कक्ष तथा सीढ़ियों की छतों पर दृष्टव्य है। महारानी के कक्ष के आलेखन में तो मुगलशैली की स्पष्ट छाप है। कहा जाता है कि सुखलाल द्वारा निर्मित चित्र शहर के रघुनाथ मन्दिर में बने थे, जो अब नष्ट हो गए हैं।

इन चित्रों में महारानी लक्ष्मीबाई का और गंगाधर राव व उनके पिता शिवराव भाऊ का चित्र प्रमुख है लेकिन मंडप की छतों पर बने विशाल चित्र, जो राम विवाह, अयोध्या आदि से सम्बन्धित थे, भी उल्लेखनीय हैं। ये चित्र भीड़भाड़ होते हुए भी सजीवता व मौलिकता की दृष्टि से बेजोड़ कहे गए हैं।

राष्ट्रकवि मैथिलीशरण गुप्त के आवास पर उपलब्ध भगवान राम का चित्र भी सुखलाल का ही बनाया कहा जाता है। सेठ पन्नालाल के यहाँ (महाराज गंगाधर राव के समकालीन) बने चित्र भी सुखलाल व जवाहर के बनाए हुए हैं। ये दोनों चित्रकार स्मृति से किसी का भी चित्र बनाने में सिद्धहस्त थे। इन चित्रों के नारी पात्रों में तत्कालीन मराठों की छाप अवश्य दिखाई देती है। मगन, गिरिधारी के चित्र ग्वालियर के गौमुखी मन्दिर में बने हुए थे, जो अब नष्ट हो गए हैं। लक्ष्मी दरवाजे के पास स्थित सोने राव के मन्दिर में भी धार्मिक तथा अनेक राजाओं के चित्र बने हैं, जो 19वीं शताब्दी के अन्त और 20वीं शताब्दी के प्रारम्भिक काल के हैं। ये चित्र असुरक्षा के कारण धीरे-धीरे नष्ट हो रहे हैं। कतिपय मन्दिरों में जहाँ चित्रकला थी, वह भी अब पुताई में नष्ट हो गई है।

आधुनिक चित्रकला के काल में झाँसी की क्रान्ति के जनक मास्टर रुद्रनारायण ही कहे जा सकते हैं। इनके द्वारा निर्मित 6 फुट लम्बा व 4 फुट चौड़ा महारानी लक्ष्मीबाई का युद्धरत चित्र एवं चन्द्रशेखर आजाद के चित्र विशेष रूप से उल्लेखनीय हैं। इनके शिष्यत्व में देश के ख्यातिप्राप्त चित्रकार स्व. कालीचरण वर्मा हुए जिनके चित्रों की किसी समय सम्पूर्ण देश में धूम थी। इनके द्वारा सैकड़ों चित्र बने, जिनका आधार ही मूलतः धार्मिक ही रहा। इसके अतिरिक्त भी उन्होंने कई प्रकार के चित्र बनाए। उनके चित्रों का माध्यम तैल रंग व अन्य रंग दोनों ही रहे। उनकी शिष्य परम्परा में स्व. शंकर वर्मा, स्व. हरगोविन्द वर्मा के अतिरिक्त डॉ. महेन्द्र वर्मा, रामबाबू वर्मा और जफर इकबाल प्रमुख रूप से रहे। डॉ. महेन्द्र वर्मा ने तो चित्रकला के विविध आयामों के साथ-साथ चित्रकारिता में भी काफी ख्याति अर्जित की है। कालीचरण की शिष्य परम्परा के अतिरिक्त झाँसी के कलाकारों में स्व. के.सी. धाड़गे, ओमशंकर असर, महेन्द्र कृष्ण खरे, डॉ. शुभेष, के.डी. शर्मा, रमेश, अशोक वर्मा, राकेश चरण वर्मा, कमलेश वर्मा प्रमुख रूप से उल्लेखनीय हैं। वर्तमान समय में डॉ. शुभेष, कामिनी बघेल, नूरुद्दीन, विकास वैभव सिंह, किशन सोनी, विशाखा गुप्ता, वन्दना अग्रवाल, कु. अरसी बक्स, मुन्नासिंह सिकरवार आदि चित्रकार साधनारत हैं।

झाँसी की वास्तु-मूर्तिकला

झाँसी की वास्तुकला के सन्दर्भ में बात करने से पहले इतना जान लेना जरूरी है कि पूर्व में ललितपुर, बाँदा, महोबा, चित्रकूट, जालौन, हमीरपुर आदि सभी जिले झाँसी से ही सम्बद्ध थे, अब ये पृथक हो चुके हैं। वास्तुकला के रूप में देवगढ़ (ललितपुर) का दशावतार मन्दिर एक श्रेष्ठतम उदाहरण है।

झाँसी जनपद में झाँसी-खजुराहो बस मार्ग पर झाँसी से 16 कि.मी. की दूरी पर स्थित जराय का मठ वस्तुतः एक शिव मन्दिर है। यह एक ऊँचे टीले पर बना है। मुख्य मन्दिर के चारों कोनों पर चहारदीवारी के भीतर ही एक लघु मन्दिर है। इन मन्दिरों में नाग-बल्लियों की तक्षण कला देखते ही बनती है। मन्दिर के गर्भगृह

में काले पत्थर के कलापूर्ण आलेखों से युक्त स्तम्भ गर्भगृह की शोभा बढ़ाने में बड़े प्रभावशाली हैं। मुख्य प्रतिभा उमा महेश्वरी की है, जो विशाल होते हुए भी खंडितावस्था में वर्तमान समय में श्वेत प्रतिमा रानी महल संग्रहालय में सुरक्षित है। झाँसी जनपद के गैराहा (गौरैभा) एवं झाँसी नगर की कामांक्षा देवी (कैमासन) बुन्देलखण्ड विश्वविद्यालय के शिखर पर स्थित पहाड़ी पर स्थित हैं तथा लहर की देवी की अद्‌भुत धरोहर दर्शनीय है। ललितपुर, दक्षही, जहाजपुर, सीरोन खुर्द, पाली, जैरोन, बानपुर, मदनपुर, मड़ावरा, देवगढ़ में तो चन्देल कालीन मन्दिरों के अतिरिक्त विभिन्न प्रकार के हिन्दू देवी-देवताओं तथा जैन तीर्थांकरों के साथ-साथ विविध प्रकार के कलापूर्ण आलेख, और शार्दूल, ब्याल (नर ब्याल, शुक ब्याल, गज ब्याल, अश्व ब्याल) की कलापूर्ण लघु एवं विशाल प्रतिमाएँ वास्तु एवं मूर्ति शिल्प का अद्‌भुत उदाहरण हैं। इन तमाम स्थानों से प्राप्त कुछ प्रतिमाएँ आज भी रानी महल, झाँसी में सुरक्षित हैं। इन प्रतिमाओं में, चतुर्भुज नृसिंह के दोनों हाथों में पाश है तथा दाहिना हाथ हिरण्यकश्यप की बाँह पकड़े दर्शाया गया है, जबकि बायाँ हाथ असुर की कमर को कसे हुए है। वराह रूपधारी विष्णु वामन, लक्ष्मी नारायण स्वरूपधारी गरुड़ वाहन और गणेश की भी तमाम प्रतिमाएँ विशेष रूप से संग्रहीत हैं। ओरछा वैसे मध्य प्रदेश में है किन्तु बिना ओरछा की बात किए झाँसी का सही चित्रण भी करना नामुमकिन होगा। बरुआसागर, एरच, समथर, चिरगाँव, अमरा, बालाजी, महोबा, मोंठ, गुरसराय, मठ और चरखारी सभी वास्तु व मूर्तिकला के जीवन्त उदाहरण हैं। झाँसी में वर्तमान में कई संस्थाओं, समूहों द्वारा चित्रकला/पुलिंद कला आदि पर लगातार कार्य व कार्यशालाओं का आयोजन होता रहता है, जिसमें विगत कई दशकों से पुलिंद कला के माध्यम से यह प्रयास आज भी अनवरत जारी है, जिसके माध्यम से अनेक चित्रकार, कलाकार राष्ट्रीय व अन्तरराष्ट्रीय स्तर पर ख्याति पाकर झाँसी में आज भी साधनारत हैं।

झाँसी की ऐतिहासिक एवं पुरातात्त्विक सम्पदा

डॉ. नीता यादव*

वीरंगना रानी लक्ष्मीबाई की नगरी झाँसी अपनी शौर्य गाथा के साथ-साथ अनुपम धरोहर और ऐतिहासिक सम्पदा के लिए भी विख्यात है। आज भी चन्देल, प्रतिहार, बुन्देल, खंगार, मराठों, तथा अंग्रेजों की इमारतें, किले, गढ़ी तथा मन्दिर अपनी भव्यता की कहानी प्रस्तुत करते हैं। चूँकि झाँसी नगर से मुख्य राजमार्ग होकर गुजरते थे अतएव यहाँ प्रत्येक राजवंश के चिह्न प्राप्त होते हैं। चन्देल कालीन मन्दिरों की श्रृंखला में लहर की देवी का मन्दिर एवं विश्वविद्यालय की पहाड़ी पर स्थित कैमासन, करगुँवा का मन्दिर आज भी जन मानस की आस्था का प्रतीक है।

भारतीय पुरातत्त्व सर्वेक्षण विभाग ने झाँसी की धरोहर को सँभाल कर रखा है, जो आगामी पीढ़ी तथा इतिहासकारों के लिए अत्यधिक लाभकारी है। झाँसी का किला आकर्षक किला है, जो आज भी उस काल की कथा को स्वयं में समेटे है।

झाँसी का किला

इस किले का निर्माण ओरछा के राजा वीरसिंह देव बुन्देला के द्वारा 1613 ई. में कराया गया। 25 वर्ष तक बुन्देलखण्ड का शासन इस किले से किया गया तथा उसके उपरान्त इस किले पर क्रमशः मुगलों, मराठों व अंग्रेजों का आधिपत्य रहा। इस दुर्ग का पुनर्निर्माण मराठा शासक नारोशंकर ने 1729-30 में कराया तथा उन्होंने इस किले के भीतर कई अहम बदलाव किए। उन्होंने परिवर्धित क्षेत्र को शंकरगढ़ का नाम दिया। डलहौजी अपनी 'हड़प नीति' के तहत इस किले पर अपना कब्जा करना चाहता था, जिसका विरोध रानी ने डट कर किया तथा अन्तिम साँस तक वे इस क्षेत्र की लड़ाई लड़ती रहीं और अन्त में वीरगति को प्राप्त हुईं। इसके पश्चात् अंग्रेजों ने इसे अपनी छावनी में परिवर्तित कर दिया। 1938 ई. में इस किले को

* सहायक आचार्य, विधि संस्थान, बुन्देलखण्ड विश्वविद्यालय, झाँसी।

केन्द्रीय संरक्षण में लिया गया तथा आम जनता के दर्शनार्थ इसे खोला गया। आज भी यहाँ दर्शकों के लिए लाइट एंड साउंड प्रोग्राम आयोजित किया जाता है।

यह दुर्ग 15 एकड़ भूमि पर फैला हुआ है। इसमें 22 बुर्ज और दो तरफ रक्षा खाइयाँ हैं। नगर के बाहरी परकोटे में दस द्वार थे और चार खिड़कियाँ थीं। ये दस द्वार इस प्रकार थे—खंडेराव द्वार, दतिया द्वार, उन्नाव द्वार, ओरछा द्वार, बड़ागाँव द्वार, लक्ष्मी द्वार, सागर द्वार, सैंयर द्वार, भांडेर द्वार, और झिरना द्वार। झाँसी की जनता इन द्वारों को दरवाजे के नाम से पुकारती थी, जैसे खंडेराव दरवाजा और अंग्रेजों के आगमन के बाद इन्हें गेट कहा जाने लगा। प्रथम आठ द्वारों में आज भी लकड़ी के वृहद दरवाजे मौजूद हैं। शेष दोनों द्वारों में पहला पूरी तरह से बन्द हो चुका है, दूसरे का पूरी तरह से खुला दरवाजा है। चार खिड़कियों के नाम क्रमशः इस प्रकार हैं—गणपतगीर की खिड़की, जो खंडेराव व दतिया द्वार के मध्य स्थित है। अलीगोल की खिड़की, जो उन्नाव व दतिया द्वार के मध्य स्थित है। सुजान खान की खिड़की, जो भांडेर व बड़ागाँव द्वार के मध्य स्थित है और सागर खिड़की, जो लक्ष्मी व सागर द्वार के मध्य स्थित है। आज भी इन खिड़कियों को द्वार के रूप में ही प्रयोग किया जाता है। बुन्देली स्थापत्य कला का बेजोड़ नमूना है झाँसी का किला।

दुर्ग के भीतर बारादरी, पंचमहल, शंकरगढ़, और रानी के नियमित पूजा स्थल—शिव मन्दिर व गणेश मन्दिर विद्यमान हैं, जो मराठा स्थापत्य कला के सुन्दर उदाहरण हैं।

किले में अन्य दार्शनिक स्थल भी हैं जिनमें—कुदान स्थल, कड़क बिजली तोप, रंगमहल इत्यादि महत्त्वपूर्ण हैं। फाँसीघर को राजा गंगाधर राव के द्वारा प्रयोग में लाया जाता था किन्तु इसका प्रयोग रानी के द्वारा बन्द करा दिया गया था। किले के भीतर से ग्वालियर तक के लिए एक गुप्त द्वार भी है, जिसे अब सुरक्षा की दृष्टि से बन्द करा दिया गया है।

किले के भीतर का स्थापत्य

शंकरगढ़ : किले के भीतर का एक छोटा हिस्सा जिसे शंकरगढ़ के नाम से जाना जाता है, मराठा सरदार नारोशंकर द्वारा निर्मित किया गया था। इसका निर्माण 1742 ई. में किया गया था, इसमें एक शिव मन्दिर और कुएँ का निर्माण भी किया गया था। इस कुएँ में हमेशा पर्याप्त जल रहता है और अंग्रेजों के शासनकाल में यह पूरी छावनी की जलापूर्ति करता था।

शिव मन्दिर : किले के भीतर निर्मित शिव मन्दिर मराठा स्थापत्य का बेजोड़ नमूना है। इसका शिखर खरबुजिया गुम्बदाकार है तथा चारों कोनों पर छोटे मन्दिरों का निर्माण किया गया है। परिक्रमा करने हेतु इसमें पर्याप्त गलियारा भी बनाया गया है। मन्दिर को दीवार से घेरा गया है, जिसमें अन्दर प्रवेश के लिए

गोलाकार द्वार निर्मित किया गया है। महारानी लक्ष्मीबाई यहाँ नियमित पूजा-अर्चना करती थीं। मुख्य शिवलिंग ग्रेनाइट पत्थर द्वारा निर्मित है। राजपूत शैली का नीचे की ओर मुख किए हुए कमल, जो धीरे-धीरे गुम्बदाकार में बदलता गया, इस मन्दिर में स्पष्ट दिखाई देता है। इस शिखर पर तीन कलश, घट व पल्लव दर्शित हैं।

गणेश मन्दिर : किले के भीतर ही गणेश मन्दिर का निर्माण भी नारोशंकर द्वारा ही कराया गया था। यह बुन्देली स्थापत्य कला से प्रभावित है, जिसमें पालकी आकार की छत दर्शायी गई है। रानी का यह नियमित पूजा स्थल हुआ करता था।

पंचमहल : यह पाँच मंजिला इमारत है, जिसके भूतल का प्रयोग रानी के द्वारा किया जाता था। इसकी सबसे ऊपरी छत को ब्रिटिश सरकार द्वारा बनवाया गया था।

कुदान स्थल : यह स्थान रानी के द्वारा घोड़े पर बैठकर अपने पुत्र के साथ किले से निकलने के लिए प्रयोग किया गया था।

कड़क बिजली तोप : किले के मुख्य द्वार पर कड़क बिजली तोप है, जिसका संचालन गुलाम गौस खाँ जनाब किया करते थे।

बारादरी : इसका निर्माण गंगाधर राव ने अपने भाई के लिए कराया था, जिन्हें संगीत और नाट्यकला का बेहद शौक था। बारादरी का मध्य भाग पुष्प तथा ज्यामितीय आकृतियों से चित्रित है।

आमोद बाग : किले के भीतर आमोद बाग आज भी दर्शकों का मन मोह लेता है। राजपूत काल से ही सुन्दर बाग व नाट्य, नृत्य के लिए पर्याप्त स्थान बनाए जाते थे, जिनका सुन्दर अनुमान ओरछा की बुन्देली स्थापत्य कला व उद्यानों से लगाया जा सकता है।

इसी प्रकार किले के भीतर कई आकर्षक स्थल हैं, जैसे—ध्वज स्थल, रंगमहल, काल कोठरी, आगन्तुक घंटी, उद्यान, फाँसीघर इत्यादि जिन्हें स्वयं देखना ज्यादा उत्साहकारी होगा। प्राचीन वैभव का उत्कृष्ट नमूना है यह किला।

रानी महल : किले के भीतर से रानी महल तक जाने का रास्ता था। रानी महल का निर्माण नेवालकर परिवार के रघुनाथ राव द्वितीय ने करवाया था। यह दो मंजिला इमारत है, जिसकी छत सपाट है व बीच में चौकोर आँगन है। आँगन के एक ओर कुआँ है तथा दूसरी ओर फव्वारा है। इस महल में छह कक्ष हैं, जिनमें प्रसिद्ध दरबार हॉल भी शामिल है। ये कक्ष गलियारे के साथ-साथ बनाए गए हैं, जो एक-दूसरे के समानान्तर चलते हैं। दरबार कक्ष की दीवारों और छत को विभिन्न वनस्पतियों और जीव-जन्तुओं के चमकदार रंगों वाले चित्रों से सजाया गया है। इस विशाल इमारत का बड़ा हिस्सा अंग्रेजी तोपखाने ने नष्ट कर दिया था किन्तु वर्तमान में इसे संग्रहालय का रूप दे दिया गया है, जिसमें पुरातात्त्विक

संरक्षण का संग्रहालय है। इस संग्रहालय में 9–12वीं शताब्दी तक की मूर्तियाँ रखी गई हैं।

रानी महल

गणेश मन्दिर : झाँसी की पुरानी बजरिया में स्थित गणेश मन्दिर रानी के जीवन की सबसे महत्त्वपूर्ण जगह थी। यहाँ रानी का विवाह महाराज गंगाधर राव के साथ सम्पन्न हुआ था। ऐतिहासिक दृष्टि से यह अत्यन्त महत्त्वपूर्ण है। आज भी मराठी सम्प्रदाय के लोग विवाह की रस्में यहाँ पूर्ण करते हैं। इस मन्दिर में एक बड़ा कक्ष है तथा यह मराठी शैली में निर्मित है।

गणेश मन्दिर पानी वाली धर्मशाला
(रानी लक्ष्मीबाई का विवाह इस मन्दिर से सम्पन्न हुआ था)

महालक्ष्मी मन्दिर : यह मन्दिर लक्ष्मी तालाब के किनारे स्थित है। रानी इसी तालाब से होकर मन्दिर में नियमित पूजा-अर्चना हेतु पधारती थीं। मराठी शैली में निर्मित यह मन्दिर 18वीं शताब्दी में बनाया गया था। यह मन्दिर लक्ष्मी द्वार के पास निर्मित है। लक्ष्मी जी को झाँसी की कुलदेवी भी माना जाता है। इसका निर्माण भी रघुनाथ राव द्वितीय के द्वारा कराया गया। अब पुरातत्त्व विभाग इसकी देख-रेख करता है।

लक्ष्मी मन्दिर

गंगाधर राव की छतरी : राजपूत काल में छतरियों का निर्माण बड़ी संख्या में किया गया। राजा की अन्तिम विदाई के बाद एक स्मारक बनाना राजपूत कला की पहचान है। इसी परम्परा को आगे बढ़ाते हुए इसका निर्माण रानी लक्ष्मीबाई द्वारा नवम्बर, 1853 को उनके अपने पति गंगाधर राव की मृत्यु के उपरान्त कराया गया। लक्ष्मी ताल के किनारे स्थित यह स्मारक एक ऐतिहासिक इमारत है। इसकी घुमावदार छत बारह कलात्मक नक्काशीदार स्तम्भों पर टिकी है, जो उस समय की शानदार वास्तुकला का उत्कृष्ट उदाहरण है।

काली मन्दिर : यह मन्दिर झाँसी के खटिकयाने मोहल्ले में स्थित है। इस मन्दिर की स्थापना लगभग 400 वर्ष पूर्व की गई थी। ऐसा माना जाता है कि रानी लक्ष्मीबाई अपने पति के साथ हर शुक्रवार यहाँ पूजा-अर्चना हेतु आती थीं। मुगलों व अंग्रेजों ने इसे तोड़ने का भरसक प्रयत्न किया किन्तु वहाँ तक पहुँच पाना उनके लिए सम्भव न हो सका।

पंचकुइयाँ मन्दिर : पाँच कुओं से घिरे होने के कारण यह स्थान पंचकुइयाँ नाम से जाना जाता है। यह मन्दिर 1600 ई. में चन्देल राजाओं द्वारा निर्मित कराया

गया था तथा झाँसी की कुल देवी शीतला माता के नाम से भी इसे जाना जाता है। प्रमुख गणेश मन्दिर भी इसी स्थान पर स्थित है। आज भी नवरात्र के दौरान यहाँ मेला उत्सव आयोजित किया जाता है।

लहर की देवी : यह मन्दिर चन्देलों के समय का निर्मित है। चन्देल कालीन स्तम्भों पर इसकी छत आधारित है। कुल आठ स्तम्भ हैं, जिनमें चतुर्भुजी शीर्ष बनाए गए हैं। चन्देल राजाओं ने अपनी देवी मनिया देवी को यहाँ स्थापित किया था। आल्हा और ऊदल ने अपने पुत्र इन्दल की यहाँ बलि दी थी। बलि स्तम्भ भी मन्दिर प्रांगण में मौजूद है। यह एक गुफा में निर्मित है, जो सम्भवतः चन्देलों ने अपने सुरक्षित निवास के रूप में बनाया होगा। आज की मौजूदा स्थिति में यह सीपरी क्षेत्र के लहरगिर्द में स्थित है।

कैमासन मन्दिर : बुन्देलखण्ड विश्वविद्यालय की पहाड़ी पर स्थित कैमासन मन्दिर भी अति प्राचीन है। यह क्षेत्र करगुवां क्षेत्र के अन्तर्गत आता है। यह मन्दिर चन्देल कालीन है। करगुवां ग्राम का उल्लेख चन्देल कालीन ताम्रपत्र में संवत् 1223 (1176 ई.) में प्राप्त हुआ है जिसमें यह उल्लेख है कि यह ग्राम उस समय एक मुख्य नगर था तथा इसका नाम करिग्राम था। यहाँ चन्देल कालीन कुएँ और मन्दिरों के अवशेष भी प्राप्त हुए हैं। कैमासन मन्दिर का जीर्णोद्धार बाद में बुन्देला राजाओं द्वारा कराया गया। मन्दिर प्रांगण में दीप ज्योति स्तम्भ है, जिसे उत्सव के समय दीपों से सजाया जाता है।

गुसाईं मठ : गुसाईं पुरा स्थित गुसाईं मठ का निर्माण गुसाइयों द्वारा किया गया था। राजा उद्योत सिंह के शिथिल कार्यकाल से लेकर (1689-1735) झाँसी में बाजीराव पेशवा जैसे सशक्त सूबेदार के आने तक का काल झाँसी के इतिहास में गुसाईं काल माना जाता है।

गुसाईं समाधि स्थल : यह तालपुरा क्षेत्र में स्थित है। यहाँ मन्दिर रूपी समाधियों को गुसाईं राजाओं द्वारा निर्मित कराया गया था।

सेंट जूड चर्च : ब्रिटिश स्थापत्य का बेजोड़ नमूना सेंट जूड चर्च 1947 में स्थापित किया गया। इसमें आज भी देश-विदेश के लोग, जो कैथोलिक क्रिश्चियन हैं, जाते हैं। 28 अक्टूबर को प्रतिवर्ष यहाँ सेंट जूड मेला आयोजित किया जाता है।

राजकीय संग्रहालय : झाँसी स्थित राजकीय संग्रहालय वह उत्तम स्थान है, जहाँ बुन्देलखण्ड के समस्त प्राचीन उपकरण, शिलाएँ, मूर्तियाँ, स्तम्भ, शाखाएँ, सिक्के, पुस्तकें आदि उपलब्ध हैं। संग्रहालय में शैव, विष्णु, बौद्ध एवं जैन वीथिकाएँ हैं, जो इतिहास लेखन के लिए अत्यधिक उपयोगी हैं। चन्देलकालीन, परमारकालीन तथा मुगलकालीन धरोहर यहाँ उपलब्ध हैं।

झाँसी में चित्रकला की विकास यात्रा एवं लोक संस्कृति

डॉ. मधु श्रीवास्तव

वर्तमान समय में बुन्देलखण्ड के नाम से प्रसिद्ध क्षेत्र का इतिहास अत्यन्त प्राचीन है। कालान्तर में इसे अनेक नामों से प्रसिद्धि प्राप्त हुई। बुन्देलखण्ड के प्राचीन नाम चेदि, दशार्ण, आटविक, मध्यदेश, जैजाक भुक्ति रहे हैं। ऐतिहासिकता के आधार पर यह मौर्यकाल, गुप्तकाल, राजा हर्षवर्धन के समय तथा परवर्तीकाल में स्वतंत्र प्रदेश न रह कर किसी प्रदेश विशेष के अन्तर्गत रहा है। बुन्देलखण्ड का प्राचीन नाम 'दशार्ण' रहा है, अर्थात दस नदियों का देश। वे दस नदियाँ क्रमशः केन, धसान, पहूज, बेतवा, सिन्ध, जमुना, नर्मदा, टोंस, जामनेर तथा चम्बल हैं। नदियों के अतिरिक्त विन्ध्याचल की पर्वत श्रेणियाँ भी इस क्षेत्र की गरिमा बढ़ाती हैं। विन्ध्याचल पर्वत का उल्लेख पौराणिक ग्रन्थों और घटनाओं में आता है। इसी आधार पर हम यह कह सकते हैं कि पृथ्वी और प्रकृति के साथ ही बुन्देलखण्ड क्षेत्र का अस्तित्व है।

चित्रकला के प्रार्दुभाव के सम्बन्ध में विद्वानों ने कई प्रश्न उठाए। चित्रकला का जन्म कब हुआ ? इसका इतिहास क्या है ? अनेक तर्क-कुतर्क के मध्य केवल यह कहा जा सकता है कि सृष्टि और मानव जीवन के प्रारम्भ से ही कलाओं व चित्रकला का अभ्युदय हुआ है। भाषा के विकास के पूर्व आदि मानव अपनी कल्पनाओं और भावनाओं को प्रकट करने के उद्‌देश्य से पृथ्वी तथा रेत पर अपनी अंगुलियों से रेखाएँ खींचते थे। फिर वे लकड़ी से ठोस जमीन पर रेखाएँ बनाते रहे। इन्हीं क्रियाओं के मध्य भूरे लाल रंग की मिट्‌टी और पत्थर के मेल से बना एक टुकड़ा मिला, जिससे किसी ने कंदरा में चट्‌टानों पर रेखाएँ खींचीं थीं। ये रेखाएँ स्थायी बन गईं। वह पत्थर गेरू था। तभी प्राचीन गुफा चित्रों में गेरू का प्रयोग मिलता है। अतः चित्रण के प्रारम्भ के सम्बन्ध में हम यह कह सकते हैं कि जब किसी आदि मानव ने किसी पत्थर या नुकीली वस्तु से अपने आश्रय-स्थल गुफा की भित्ति पर आड़ी-तिरछी लकीरें खींचकर भावाभिव्यक्ति की, वही पहला चित्र था तथा वह आदि-मानव पहला चित्रकार था।

यहाँ उल्लेखनीय है कि हम सिन्धु घाटी की सभ्यता को सबसे प्राचीन मानते हैं, किन्तु पुरातत्त्व व इतिहास वेत्ताओं ने जब नर्मदा घाटी के भू-स्तरों की खोज की तब पता चला कि नर्मदा घाटी की सभ्यता सिन्धु घाटी से भी पुरानी है। श्री आर.सी. मजूमदार

द्वारा लिखित 'दि हिस्ट्री एंड कल्चर ऑफ दि इंडियन पीपुल वैदिक एज' तथा मोरेश्वर गंगाधर दीक्षित की पुस्तक 'मध्य प्रदेश के पुरातत्त्व की रूपरेखा' के आधार पर हमें यह पता चलता है कि पृथ्वी जब प्रारम्भ में तप्त थी तब जीव या प्रकृति की कल्पना भी नहीं की जा सकती थी, लेकिन तब विन्ध्याचल पर्वत था। इसके प्रमाण के रूप में भेड़ाघाट (जबलपुर) तथा सागर के दक्षिण में पुरा-पाषाण काल की सामग्री प्राप्त हुई है। इसी प्रकार होशंगाबाद, सागर और छतरपुर जिले में अनेक स्थानों पर प्रागैतिहासिक गुहा चित्र प्राप्त हुए हैं। एरण की खुदाई में प्राप्त मिट्टी के बर्तनों पर ज्यामितीय अलंकरण ईसा से 16-17 वीं शती पूर्व के हैं।

सिन्धु घाटी से प्राप्त सामग्री विकसित संस्कृति को इंगित करती है। मध्य प्रदेश की चित्रकला का इतिहास गुप्त काल में बाघ के गुफा चित्रों से ही आरम्भ होता है। इसके बाद 11 वीं शताब्दी के चित्रकला के अवशेष बीना स्टेशन तथा और भेलसा स्टेशन के बीच उदयेश्वर अथवा नील कंठेश्वर के मन्दिर में है। 12वीं से 14वीं शताब्दी के बीच यहाँ जैन शैली का प्रभाव रहा। मध्य प्रदेश के दतिया, ओरछा, ग्वालियर आदि रियासतों में विभिन्न चित्र प्राप्त हुए हैं। इनमें ग्वालियर शैली का महत्त्व सर्वाधिक है।

वैदिक युग में भी बुन्देलखण्ड में अनेक स्थानों पर कलावशेष प्राप्त हुए हैं। नर्मदा, चम्बल, यमुना और सिन्धु की संस्कृति को ही वैदिक-युग की संस्कृति माना जाता है। बाँदा के सरहाट, करिया कुंड, कर्पटिया में शैल चित्र मिले हैं। सरहाट में शिला पर लाल मिट्टी के रंग से चित्रित तीन अश्व चित्र मिले हैं। यहाँ पर विषयवस्तु की सार्थकता के उद्देश्य से केवल बुन्देलखण्ड क्षेत्र में प्राप्त प्रागैतिहासिक एवं वैदिक युग के शैल-चित्रों का उल्लेख किया गया है।

प्रागैतिहासिक युग की चित्र-सामग्री का अनुशीलन करने वाले श्री डी.एच. गोर्डन का मानना है कि 'ये चित्र प्राचीन निषाद जाति की उन्नतिकालीन संस्कृति के परिचायक हैं।' विन्ध्य पर्वत पर निषाद जाति के आदिवासी निवास करते थे, यह इतिहास से प्रमाणित हैं।

झाँसी के निकट चिरगाँव से लगभग 25-26 कि.मी. दूर बाघाट में प्राचीन चित्रकला के चिह्न पहाड़ी गुफाओं में प्राप्त होते हैं। पौराणिक इतिहास के आधार पर महाभारत कालीन बाकाट (बाघाट) गुरु द्रोण का जन्म स्थान है। पुरातत्त्ववेत्ताओं और इतिहासकारों के अनुसार—बाघाट की पहाड़ियों पर बने चित्रों में जो लाल रंग प्रयुक्त है, उसी रंग से बने चित्र केवल होशंगाबाद, चीन तथा स्पेन में पाए गए हैं। यही रंग फ्रांस के दक्षिण में पिरेनीज और चीन के गौबी जंगलों में पाए जाने वाले चित्रों में प्राप्त होता है। बाघाट की पहाड़ियों में 'स्वास्तिक' प्रतीक चिह्न भी पाया गया है, जो लोक-चित्रकला में विशेष महत्त्व रखता है। इतिहासवेत्ताओं के अनुसार—
"आद्य ऐतिहासिक युग में विश्व के जिन क्षेत्रों में सभ्यता का मुख्य रूप से विकास हुआ वे मिस्र, मेसोपोटामिया, भारत और चीन हैं।"

इसी आधार पर निरन्तर शैल चित्रों की खोज होती रही क्योंकि यही शैल चित्र भविष्य में शोध विषय में परिवर्तित होते हैं। इस प्रकार की खोज में सम्पूर्ण बुन्देलखण्ड के साथ भारत के चित्रकला विशेषज्ञों एवं इतिहासकारों को नवीन दिशा मिलती है। श्री एन.पी. गुप्ता के अनुसार—'बुन्देलखण्ड क्षेत्र में कुछ अन्य चित्रित शैलाश्रय खोज निकाले गए हैं। 1962 में श्री के.पी. जड़िया ने पन्ना के पास बृहस्पति कुंड के शैल चित्र खोजे। सागर विश्वविद्यालय के डॉ. श्याम कुमार पांडेय को 1970 में छतरपुर जिले में देवरा पहाड़ी पर लाल गेरू रंग से निर्मित दो फुट लम्बी मछली का चित्र प्राप्त हुआ था। पन्ना से दक्षिण में चौदह किलोमीटर दूर पन्ना-गुन्नौर मार्ग पर बराछ नामक ग्राम के समीप बहने वाले नाले के किनारे चित्रित शैलाश्रय स्थित हैं। वहाँ एक खुले छत्ते के आकार पर शैलाश्रय 'पंडवन' है। इसकी दीवारों तथा छत पर लाल गैरिक रंग से अनेक चित्र बने हैं। कहीं-कहीं सफेद और काले रंग का भी प्रयोग किया गया है। अनेक स्थानों पर पहले बने चित्रों पर दूसरे चित्रों का प्रक्षेपण किया गया है। यहाँ एक फुट लम्बा लाल रंग का जंगली भैंसे का चित्र सबसे प्रभावशाली है। उसके ऊपर दूसरी चित्र शैली में बनाया गया भागते सांभरों का चित्र है। इसके शरीर की बाह्य रेखाएँ लाल रंग से बनाई गई हैं। अन्दर का भाग आड़ी-तिरछी लाल रंग की रेखाओं के द्वारा बनाया गया है। इसी शैलाश्रय में घुड़सवार योद्धाओं के अनेक चित्र भी बने हैं। योद्धा के एक हाथ में घोड़े की लगाम तथा चन्द्राकार ढाल है तथा दूसरे हाथ में दुधारी तलवार है। पूरा शरीर लाल रंग का है तथा बालों की लहरदार खड़ी रेखाओं से बनी है। योद्धा क्रोध तथा युद्धोन्माद में प्रतीत होता है। यह गतिशील चित्र है। इसी प्रकार हाथी पर सवार योद्धा, बैल, हिरण, बगुला तथा पहाड़ी पर चन्द्र आदि चित्र हैं। इसी शैलाश्रय के समीप एक अन्य शैलाश्रय में योद्धा, बैल और मनुष्य का चित्रण मिलता है।'

पन्ना से लगभग 20 मील दूर पन्ना पहाड़ी खेड़ा मार्ग पर इटावा ग्राम के सामने पहाड़ी पर स्थित चट्टानों पर चित्र बने हैं। उनमें लाल रंग के खजूर वृक्ष उखाड़ता हुए एक हाथी, काले रंग से बना कुत्ता और अठारह शलाका मानव समूह नृत्य में भाग लेते हुए आदि चित्र प्रमुख हैं। इस स्थान को 'लाल पुतरिया' के नाम से जाना जाता है। पन्ना से 2 किमी. दूरी पर कुंजवन नामक ग्राम के पीछे दो चित्रित शैलाश्रय पाए गए हैं, जिनमें पहले का मझपहरा तथा दूसरे का नाम टपकनियाँ हैं। मझपहरा आकार में बहुत बड़ा है, उसकी छत बाहर की ओर निकली है, किन्तु इसमें चित्रों की संख्या कम है। लाल गैरिक रंग से हिरण, सांभर, बन्दर एवं बैल आदि जानवरों के चित्र हैं। चित्रों के साथ 14वीं शताब्दी की देवनागरी लिपि में गोंड आदिवासी लेख भी है, जिसमें विक्रम संवत् 1369 का उल्लेख है।

टपकनियाँ में सफेद रंग से एक जंगली सूअर ज्यामितीय रेखाओं से चित्रित है। सांभर तथा यात्रा जुलूस का सुन्दर चित्र भी है, जिसमें तीन व्यक्ति हाथी पर सवार हैं, जिनके आगे कुछ लोग नृत्य करते और देहाती बीन बजाते जा रहे हैं। एक व्यक्ति कांवर में जल लेकर चल रहा है। इसका सम्बन्ध तीर्थयात्रा से प्रतीत होता है।

पन्ना से दक्षिण में रमपुरा ग्राम के समीप बहने वाले धवारी नाले के मध्य एक बहुत गहरा कुंड है, जिसके समीप एक शैलाश्रय है, इस पर युद्ध दृश्य का बहुत ही सुन्दर चित्रण किया गया है। इस चित्र में पैदल चलते योद्धाओं की तीन पंक्तियाँ हैं। ऊपरी पंक्ति में तेरह पैदल योद्धा एक हाथ में चन्द्राकार ढाल लिये तथा दूसरे हाथ में दोधारी सीधी तलवार लिये अत्यधिक तेज गति से दौड़ रहे हैं। दूसरी दो पंक्तियों के योद्धाओं के पास ढाल-तलवार या भाला-धनुष आदि हैं। कुछ व्यक्तियों को दूर से इन पर धनुष-बाण से वार करते दिखाया गया है। पंक्तियों के मध्य सफेद रंग से एक घुड़सवार चित्रित है, जो काठी पर बैठा है। वह युद्ध का सेनापति या सरदार लग रहा है। घोड़े की गर्दन बहुत लम्बी बनी है, जिससे वह जिराफ प्रतीत होता है। घुड़सवार के पीछे एक व्यक्ति ऊँचे डंडे में बँधे हुए मोर पंख वाला राजदंड लेकर चल रहा है। एक दूसरे चित्र में सफेद रंग की नृत्य करती हुई स्त्री है, जिसका शरीर लम्बा और आयताकार है। यहीं अनेक स्थानों पर कूबड़दार बैल भी बने हैं।

पन्ना से ही दक्षिण में 37 किमी. दूर रामपुर ग्राम के समीप पन्ना-कटनी रोड पर स्थित अमानगंज नामक कस्बे से जो रास्ता जाता है, वहाँ 'पुतरिहाऊ' घाटी स्थित है। यह शैलाश्रय म.प्र. शासन द्वारा विकसित किए गए गंगऊ राष्ट्रीय उद्यान में है। शैलाश्रय बहुत लम्बा है तथा उस पर कई बार चित्रों का आक्षेपण किया गया है। यहाँ लाल गैरिक रंग से लम्बी आयताकार शरीर वाली मानवाकृतियाँ चित्रित हैं, जिन्हें लहरदार खड़ी रेखाओं से चित्रित किया गया है। इसमें अनेक जंगली जानवरों के युद्ध दृश्य में शिकार दृश्य भी बने हैं। मुख्य शैलाश्रय के आस-पास अन्य शैलाश्रय भी हैं, जिनमें ठाढ़ापाथर नामक शैलाश्रय पर सामूहिक नृत्य दृश्यों की अधिकता है।

कल्याणपुर-बिलाड़ी नामक पर्वत के शैलाश्रय पर भी चित्र पाए गए हैं। यह स्थान पन्ना के उत्तर में अजयगढ़-धरमपुर मार्ग में कल्याणपुर ग्राम के समीप है। यह शैलाश्रय जमीन से लगभग तीन सौ फुट ऊपर घने वन में स्थित है। लगभग सौ फुट लम्बे और पचास फुट चौड़े इस शैलाश्रय की दीवार पर अनेक वन-मानव आकृतियाँ, सांभर, बैल तथा बन्दर आदि चित्रित हैं। इन चित्रों में गैरिक और सफेद रंग का प्रयोग हुआ है। आकृतियों का निर्माण लहरदार तथा आयताकार आकारों में किया गया है तथा शरीर को तिरछी रेखाओं से भरा गया है। प्रत्येक रेखा में छोटी-छोटी रेखाओं की शाखा निकाली गई है।

छतरपुर जिले में जटाशंकर क्षेत्र एक धार्मिक स्थल है। यहाँ मन्दिर के ठीक ऊपर लगभग एक फर्लांग तक उभरी छत वाले शैलाश्रय फैले हुए हैं, इनकी चट्टानें बहुत भुरभुरी हैं, जिसके कारण चित्र नष्ट हो गए हैं। कुछ जानवरों और मानवाकृतियों के चित्र दिखते हैं, जिनमें पूंछ ऊपर उठाए बन्दरों की पंक्ति उल्लेखनीय है। जिला छतरपुर में ही देवरा ग्राम के समीप पहाड़ी गुफा में दो फुट लम्बी मछली का सुन्दर चित्र प्राप्त हुआ है, जो लाल गैरिक रंग से बना है। छतरपुर के भौरीगाँव की दो पहाड़ियों के मध्य गुफानुमा शिलाओं पर गेरुए रंग से बने 25-30 शैल चित्र प्राप्त

हुए हैं, जिनमें शिकार के दृश्य प्रमुख हैं। मानवाकृतियाँ हाथों में पत्थर और उनसे बने औजार लिए भैंसा और अन्य जानवरों का पीछा करती नजर आती हैं।

झाँसी–दतिया मार्ग से लगभग 22 किमी. दूरी पर स्थित ग्राम फुलेरा में शैल चित्र पाए गए हैं। वहाँ 'सिद्धन की टोरिया' नामक शैलाश्रयों की भित्तियों पर लाल गेरू रंग से विभिन्न आकृतियाँ चित्रित हैं।

वैदिक काल

वैदिक कालीन यजुर्वेद का अभ्युदय बुन्देलखण्ड में हुआ था। इसी कारण यह क्षेत्र 'यजुर्हौति' कहलाया। बाद में अपभ्रंश होकर आर्य संस्कृति में 'जैजाक भुक्ति' तथा 'जुझौति' के नाम से प्रतिष्ठित हुआ। बुन्देलखण्ड विन्ध्याचल पर्वत की अनन्त श्रेणियों से आवृत है, इस कारण इसे 'विन्ध्य इलाखंड' के नाम से भी जाना जाता रहा है। संस्कृत में 'इला' का अर्थ है पृथ्वी अर्थात विन्ध्याचल की शृंखलाओं से घिरी पृथ्वी या विन्ध्य क्षेत्र की पृथ्वी। हमारी संस्कृति की अमूल्य और प्रामाणिक निधि वेद–पुराण हैं। उन्हीं के आधार पर हम प्राचीन घटनाओं, व्यक्ति व स्थान की प्रामाणिकता का विवेचन करते हैं।

पुरातन काल से समाज में चित्रकला की स्थिति के जीवित प्रमाण तो उपलब्ध नहीं है किन्तु पौराणिक ग्रन्थों एवं वैदिक साहित्य में उसका उल्लेख अवश्य है। जनमानस से जुड़े 'रामायण' एवं 'महाभारत' ग्रन्थों में चित्रकला के विद्यमान होने का जहाँ–तहाँ उल्लेख है। इसी प्रकार 'नीतिसार', 'नाट्यशास्त्र', 'कामसूत्र', 'ज्योतिष', 'आयुर्वेद', 'शिल्पशास्त्र', 'काव्य', 'नाटक' और 'कथा–आख्यायिका' आदि ग्रन्थों में भी चित्रकला की उपस्थिति है। चित्रकला के स्वरूप, विधि–विधानों का विस्तृत वर्णन 'विष्णु धर्मोत्तर पुराण' के चित्र सूत्र में, महाराजा भोज के 'समरांगण सूत्राधार' में हैं और मंत्र संहिताएँ विश्व के साहित्यकारों, कलाविदों और इतिहासकारों की प्रामाणिक प्राचीन ज्ञान विधि हैं।

कात्यायन, कौटिल्य तथा कालिदास आदि विद्वानों ने अपनी कृतियों में 'दशार्ण' शब्द का उल्लेख किया है। 'अर्थशास्त्र' में कौटिल्य ने दशार्ण क्षेत्र में पैदा होने वाले हाथियों को उत्तम कहा है :

'दशार्ण त्रवां पराजित'

कात्यायन ने 'वार्तिक सिद्धान्त कौमुदी' में वर्णित किया है :

'दशार्ण देश नदी च दशार्णा'

यहाँ दशार्ण शब्द का अर्थ है 'दस नदियों वाला'। पुराणों में दशार्ण (धसान) नदी के कारण भी दशार्ण नाम उद्धृत किया गया है।

बुन्देलखण्ड की प्रसिद्ध बेतवा नदी वही है, जिसका पौराणिक नाम वेत्रवती है। वेत्रवती नदी का वर्णन 'वराह पुराण' में मिलता है। यह वेत्रासुर की माता हैं। कथानुसार सिन्धु द्वीप के राजा ने इन्द्र को पराजित करने हेतु घोर तपस्या की। तब वरुण की

पत्नी वेत्रवती ने प्रकट होकर उन्हें विजय का आशीर्वाद दिया। आशीर्वाद के फलस्वरूप वेत्रवती के पुत्र वेत्रासुर ने इन्द्र को पराजित किया।

टीकमगढ़ स्थित कुंडेश्वर नामक स्थल पर भगवान शिव प्रकट हुए थे। 'श्रीमद् भागवत' के दशम स्कन्ध के अनुसार राजा बाणासुर की पुत्री उषा ने जब देवी पार्वती के आशीर्वाद से कृष्ण के पौत्र अनिरुद्ध को पतिरूप में माना, तब पाणिग्रहण के अवसर पर उषा ने भगवान शंकर से प्रकट होने की प्रार्थना की, फलस्वरूप कुंडेश्वर (भगवान शिव) प्रकट हुए। बुन्देलखण्ड क्षेत्र की पौराणिक स्थिति का ज्ञान हमें रामायण कालीन घटनाओं में भी मिलता है। श्री राम ने अपने वनवास का प्रारम्भिक काल चित्रकूट और उसके आसपास व्यतीत किया। श्री राम ने वनवास के प्रारम्भिक काल बुन्देलखण्ड की सुरम्य प्राकृतिक सुषमा के मध्य अत्यन्त सुखपूर्वक व्यतीत किया। भगवान शिव ने कालिंजर में कालकूट विषपान कर उसका प्रभाव जीर्ण किया था, इसी कारण स्थान का नाम 'कालिंजर' पड़ा। सम्पूर्ण विवरण 'कालिंजर महात्म्य' में मिलता है। 'गरुड़ पुराण' में 'कालिंजर' को महातीर्थ, 'अग्नि पुराण' में परमतीर्थ तथा 'पद्म पुराण' में उत्तम तीर्थ कहा गया है। कालिंजर की पर्वत श्रृंखलाएँ वैदिक कालीन ऋषि-मुनियों की तपोभूमि रही हैं। चित्रकूट से आठ मील की दूरी पर कर्वी के पास लालापुर और बागरेही की पर्वत श्रेणियाँ ऋषि वाल्मीकि की तपोभूमि थीं। इसी स्थान पर ऋषि वाल्मीकि ने रामायण का पाठ लव-कुश को स्वयं सुनाया था। निःसन्देह यह स्थान प्राचीन काल से धार्मिक स्थल रहा है। अयोध्या के राजा अज द्वारा अजयगढ़ भी बुन्देलखण्ड क्षेत्र में स्थापित किया गया था। ऋषि वामदेव का जन्म स्थान और तपोभूमि बुन्देलखण्ड में ही थी, जो कालान्तर में बाँदा के नाम से जानी गई। ईस्वी से हजारों वर्ष पूर्व विकसित क्षेत्र तथा पर्वत श्रृंखलाओं का वर्णन वाल्मीकि रामायण में प्राप्त होता है। श्रीकृष्ण के समकालीन शिशुपाल की राजधानी 'चन्देरी' थी। नल-दमयंती की गाथा भी इसी क्षेत्र की है। कालपी ऋषि वेदव्यास की तपोभूमि के रूप में यह आज भी जानी जाती है। दशार्ण हिरण्यवर्मा की पुत्री का विवाह पांचाल के राजा शिखंडी के साथ हुआ था। ऋषि पाराशर ने 'पाराशन' ग्राम को अपना साधना स्थल बनाया था।

दुराचारी राजा हिरण्यकश्यप ने अपने पुत्र प्रहलाद की प्रभु भक्ति से अप्रसन्न होकर उसे पहाड़ की चोटी से फिंकवाया, आग में जीवित जलाने का प्रयत्न किया, किन्तु असफल होने पर अन्त में अग्नि से तप्त खम्भे से बाँध दिया। तब प्रहलाद की रक्षा के लिए भगवान विष्णु ने नृसिंह अवतार लिया। इतिहासकारों और पुरातत्त्ववेत्ताओं के अनुसार यह घटनाक्रम एरच तथा उसके आस-पास के क्षेत्र में हुआ था। कालान्तर में बुन्देलखण्ड हैहय तथा कलचुरी प्रदेश के नाम से विख्यात हुआ। कलचुरी नरेश राजा कर्णदेव ने केन नदी के किनारे 'कर्णवारा' नामक नगर बसाया था, जो आज भी 'कनवारा' के नाम से बाँदा के समीप स्थित है। पाल कालीन अभिलेखों से भी हमें ज्ञात होता है कि राजा कर्णदेव ने ही कर्णवती नामक नगर की स्थापना केन नदी के

किनारे की थी। जबलपुर के पास से प्राप्त गुप्तकालीन शिलालेखों के आधार पर पन्ना का पूर्व नाम पद्मावती था, जो ऋषि दधीचि की कर्मभूमि थी। बुन्देलखण्ड के सुरम्य वन और पर्वत, ऋषि बृहस्पति, अंगिरा, परशुराम, द्रोणाचार्य, मारकण्डेय एवं वाल्मीकि आदि की तपस्या स्थली रहे हैं। उन्होंने लोक कल्याण की भावना से यहाँ तपस्या तथा अनेक यज्ञ किए।

महाभारत के वन पर्व में तुंगकारण्य का जो वर्णन है, उसके अनुसार वह स्थान ओरछा से बेतवा के पूर्वी किनारे पर स्थित माना गया है। पुराणों के अनुसार महर्षि सारस्वत ने तुंगकारण्य में तपस्या करते हुए अन्य ऋषियों को वेदों का अध्ययन कराया था।

वैदिक काल में बुन्देलखण्ड में रामायण व महाभारत ग्रन्थों में भी कला विषयक सामग्री प्राप्त होती है। ये दोनों ग्रन्थ भारतीय साहित्य की उन्नत परम्परा के ग्रन्थ हैं। रामायण में कला का वर्णन अनेक स्थानों पर है, किन्तु उस काल में कला को शिल्प शब्द के प्रयोग के साथ जोड़ा गया। इसके अन्तर्गत गीत, नृत्य, वाद्य, चित्रकर्म, स्थापत्य आदि को शामिल किया गया। कला के प्रति श्री राम की अभिरुचि को देखकर महामुनि वाल्मीकि ने उन्हें संगीत, वाद्य तथा चित्रकारी आदि मनोरंजन के साधनों का ज्ञाता (वैहारिकाणां शिल्पानां ज्ञाता) बताया है। बाल कांड के छठे सर्ग में वाल्मीकि ने अयोध्यावासियों का परिचय कलाविद व सौन्दर्य प्रेमी के रूप में दिया है। अनेक स्थानों पर केशसज्जा, स्त्रियों के कपोलों पर पत्रावली की साज-सज्जा का वर्णन है।

रामायण में शिल्पकला के अनेक सर्वोत्कृष्ट उदाहरण हैं, जैसे—माता सीता की स्वर्ण प्रतिमा, पुष्पक विमान का अलंकृत स्वरूप, अयोध्या व लंका का स्थापत्य आदि, किन्तु यहाँ विषयानुरूप चित्रकला के स्वरूप का वर्णन उपयुक्त होगा। रामायण में दीवारों, कक्षों, रथों और राज भवनों की दीवारों पर चित्रांकन का उल्लेख मिलता है। उत्तरकांड में पुष्पक विमान के सौन्दर्य वर्णन में कहा गया है कि उसके दोनों ओर बेलबूटेदार चित्र अंकित थे। साथ ही विमान में दृष्टि और मन को सुख देने वाले और आश्चर्यचकित कर देने वाले अनेक प्रकार के दृश्य अंकित थे।

सुन्दरकांड और लंकाकांड में चित्रकला के सम्बन्ध में 'चित्रशाला गृहाणि' के प्रयोग से लगता है कि उस समय अनेक चित्रशालाएँ थीं। रावण की लंका में सीता की खोज करते समय हनुमान को एक चित्रशाला और चित्रों से सुसज्जित कई क्रीड़ागृह भी देखने को मिले। ये चित्रशालाएँ व्यक्तिगत, सामाजिक और राजकीय आदि कई प्रकार की थीं।

इस सम्बन्ध में उल्लेखनीय है कि चित्रों से सुशोभित कैकैयी का राजप्रासाद बनाया गया था, और बाली और रावण का शव ले जाने के लिए जो पालकियाँ बनाई गई थीं, उनमें की गई चित्र सज्जा का अद्‌भुत वर्णन रामायण में मिलता है। रामायण काल में हाथियों के मस्तिष्कों पर और रमणियों के कपोलों पर सुन्दर चित्र-रचना अंकित की जाती थी। राम के राजप्रासाद में अनुपम भित्ति चित्र उत्कीर्णित थे। रामायण

के एक प्रसंग में सीता को भ्रम में डालने के लिए रावण ने अपने विद्यज्जित्र चित्रकार को राम का सिर और धनुष की छद्य आकृति बनाने का आदेश दिया था। आशय यह था कि उस कृत्रिम सिर और धनुष को देखकर सीता को राम की मृत्यु का विश्वास हो जाए। महाभारत में चित्रकला से अधिक शिल्प और स्थापत्य कला का उल्लेख है। इसका प्रमुख उदाहरण है—पांडवों का लाक्षागृह। युधिष्ठिर का सभा कक्ष तो आभासित चित्रों एवं रत्नों द्वारा निर्मित कलात्मक वस्तुओं से सुसज्जित था, लेकिन उसमें पहुँच कर व्यक्ति पृथ्वी, जल, दीवार तथा द्वार का अन्तर नहीं कर पाता था। इसी भ्रम के कारण दुर्योधन सभा में गिरा था और हँसी का पात्र बना था। रामायण और महाभारत के बाद पाणिनि (500 ई.पू.) की अष्टाध्यायी में पशु-पक्षी, पुष्प, वृक्ष, नदी, पर्वत आदि के सांकेतिक लक्षणों की भी चर्चा की गई है और उन्हें किस विधि से अंकित किया जाना था इसका भी उल्लेख है।

उपर्युक्त समस्त पौराणिक तथ्यों के आधार पर बुन्देलखण्ड का अस्तित्व अति प्राचीन है। परिस्थितियों के अनुसार नाम तथा स्वरूप परिवर्तित होते रहे हैं।

राजवंशों में चित्रकला

किसी भी क्षेत्र से जुड़े विषय पर विवेचना करने से पूर्व अनेक बिन्दुओं पर क्रमवार ध्यान देना आवश्यक है। उन प्रमुख बिन्दुओं में क्षेत्र का राजनैतिक परिदृश्य परम आवश्यक है। क्रमशः कौन-कौन शासक हुए तथा उनके शासनकाल में हुए परिवर्तनों के आधार पर ही जन-सामान्य की जीवन शैली तथा अभिरुचियाँ परिवर्तित होती रहती हैं।

मौर्यकाल में कौशाम्बी से वत्स तक के सम्पूर्ण भू-भाग पर मौर्यों का साम्राज्य था। सम्राट अशोक के समय विदिशा (भेलसा) उसके राज्य का प्रमुख भाग था। बौद्ध धर्म की दीक्षा लेने के बाद अशोक ने सांची में बहुत से बौद्ध मठ, चैत्य और स्तूपों का निर्माण कराया। उसके शासन काल में चित्रकला का नहीं बल्कि स्थापत्य और शिल्प का विशेष प्रभाव रहा। हाथी दाँत, स्वर्ण, सीप, मिट्टी, काँच और पत्थरों के आभूषण बनाए गए। उज्जयिनी और विदिशा में बिना साँचे की मूर्तियाँ, मिट्टी के खिलौने, गाड़ियों के पहिये, मनुष्य तथा पशु-पक्षियों की आकृति के मृद्भाण्ड और हीरे-मोती से अलंकृत बर्तन इत्यादि बनाए गए। वर्तमान में उनके अवशेषों को देखकर लगता है कि उस समय लोक जीवन अदृश्य देवलोक की अपेक्षा प्रत्यक्ष मानवलोक पर विश्वास करने लगा था। इसी से कलाकृतियों में सामान्य जन-जीवन के दैनिक क्रियाकलाप को अंकित किया जाने लगा था। सम्राट अशोक के शासनकाल की यह महत्त्वपूर्ण देन है कि कला पर राजसी प्रतिबन्ध समाप्त हो गया और कला जन-सामान्य के मनोरंजन का विषय बनी।

सम्राट अशोक की मृत्यु के पश्चात बुन्देलखण्ड क्षेत्र पुष्यमित्र शुंग के अधीन रहा। सम्राट अशोक ने बौद्धधर्म के प्रसार के लिए कला को माध्यम स्वीकार किया

था। यह परम्परा शुंग साम्राज्य में भी बनी रही। इसका प्रमाण शुंगयुगीन अर्द्ध चित्र हैं। हिन्दू-यूनानी युग में भारतीय कला व संस्कृति को प्रोत्साहन तो मिला, किन्तु चित्रकला के क्षेत्र में विशेष उपलब्धि नहीं हुई।

तत्पश्चात् अग्नि मित्र ने यवनों को परास्त कर इस प्रदेश पर अपना अधिकार कर लिया। गुप्तकालीन शासकों का प्रभाव इस क्षेत्र में दीर्घकाल तक रहा। हिन्दू-यूनानी युग में गांधार शैली का प्रचलन हुआ, गुप्त युग में पहुँचकर इसका पूर्ण भारतीयकरण हो गया।

भारतीय साहित्य, संस्कृति एवं कला के उत्थान में गुप्तकाल (275-520 ई.) का विशेष योगदान रहा। गुप्त सम्राट साहित्य मर्मज्ञ, विद्वत सेवी, बड़े-बड़े कलाकारों के आश्रयदाता और शिक्षाविद थे तथा अनेक कलाओं में निपुण भी थे।

वास्तुकला के क्षेत्र में भी गुप्त युग बढ़ा-चढ़ा था। ललितपुर के देवगढ़ मन्दिर और कानपुर के भीतर गाँव मन्दिरों की भव्य वास्तुकला गुप्त युग की उल्लेखनीय निधि है। भास्कर्य शैली का उत्कृष्ट रूप भी गुप्तकाल में ही प्रदर्शित हुआ। गुप्तकाल की अनेक मूर्तियाँ राजकीय संग्रहालयों में सुरक्षित हैं।

ललितपुर के पास देवगढ़ में स्थित दशावतार मन्दिर है, यह गोविन्द गुप्त द्वारा छठवीं शती में निर्मित बताया जाता है। जबलपुर के पास से प्राप्त गुप्तकालीन शिलालेखों से हमें ज्ञात होता है कि पन्ना का पूर्व नाम पद्मावती था। 326 ई. से 336 ई. के मध्य समुद्रगुप्त ने इस क्षेत्र को जीता और अगले दो सौ वर्षों तक यह गुप्तों के अधीन रहा। उस काल में गुप्तकालीन कला और संस्कृति अपनी चरम सीमा पर रही। वासुदेव विष्णु मिराशी के अनुसार, समुद्रगुप्त से पूर्व सं. 306 (सन् 249 ई.) में चेदि राज्य की स्थापना कार्तिक शुक्ल प्रतिपदा को हुई थी, जिसके कारण यह क्षेत्र चेदि राज्य के नाम से विख्यात हुआ। गुप्त वंश के पतन के पश्चात् इस क्षेत्र में नई सत्ता स्थापित हुई। चीनी यात्री ह्वेनसांग ने इस क्षेत्र को हर्ष के राज्य का अंग मानकर इसे 'चि-चि-टो' प्रदेश का नाम दिया तथा आधुनिक खजुराहो को राजधानी लिखा। लगभग 649 ई. तक यह प्रदेश हर्ष के अधीन रहा।

650 ई. तक यह प्रदेश गोंडवाना के नाम से जाना जाता रहा। शुंगकाल और गुप्तकाल के बने हुए मन्दिर स्थापत्य कला के अनूठे उदाहरण हैं। वहीं स्थापत्य शैली, प्रतिहार राजाओं द्वारा आठवीं से दसवीं शताब्दी तक अपनाई गई। झाँसी जिले में झाँसी-बरुआसागर मार्ग पर जराय मठ, टीकमगढ़ जिले में मड़खेड़ा और उमरी के सूर्य मन्दिर प्रमुख हैं। प्रतिहारों के काल में ग्रेनाइट पत्थर से बने छोटे-बड़े अनेक मन्दिरों का निर्माण हुआ, जो छतरपुर तथा रायपुर जिले में हैं। उसके बाद चन्देलों का शासन हुआ है, यह मुंशी शामलाल ने अपनी पुस्तक 'तवारीख-ए-बुन्देलखण्ड' में लिखा है। विक्रमी संवत् 857 में चन्देल राजा नानुक देव ने इस राजवंश की नींव रखी। इसकी पुष्टि राजा धुंगदेव के एक शिलालेख से होती है, परन्तु कुछ इतिहासकार चन्द्रवर्मा को चन्देल वंश का संस्थापक मानते हैं। नानुकदेव के पौत्र जय शक्ति के

प्रभाव से इस क्षेत्र का नाम 'जैजाक भुक्ति' पड़ा, ऐसा माना जाता है। इसकी पुष्टि सन् 1030 ई. में अलबरूनी के लिखित वर्णन से होती है। उसमें इस क्षेत्र का नाम 'जा-जा होती' लिखा है जो कालान्तर में 'जुझौति' के नाम से प्रसिद्ध हुआ। इसी काल में मुस्लिम आक्रमणों का सिलसिला प्रारम्भ हुआ। निजामुद्दीन एवं फरिश्ता के लेख से भी इस तथ्य की पुष्टि होती है कि सन् 989 में राजा धंगदेव ने पंजाब के राजा जयपाल की सुबुक्तगीन के विरुद्ध सैनिक सहायता की थी। इसी प्रकार सन् 1008 में धंगदेव के पुत्र गंडदेव ने पंजाब के राजा जयपाल के पुत्र आनन्दपाल की महमूद गजनवी के विरुद्ध सहायता की थी। महमूद गजनवी ने चन्देल शासक को पराजित विजय प्राप्त की। समयान्तर में चन्देल शासक कीर्ति वर्मा ने चेदि शासक कर्णदेव को पराजित कर विजय प्राप्त की। वि.सं. 1166 के खजुराहो से प्राप्त शिलालेख से उपर्युक्त घटनाक्रम की ऐतिहासिकता की पुष्टि होती है। महोबा एवं मदन वर्मा के राज्यकाल तथा मदनपुर के वैभव का वर्णन वि.सं. 1220 में कालिंजर के शिवमन्दिर से प्राप्त लेख से होता है। कीर्ति वर्मा के बाद राज परमर्दिदेव चन्देल वंश के अत्यन्त शक्तिशाली शासक हुए, जिनका दिल्ली एवं अजमेर के शासक पृथ्वीराज चौहान के साथ 1182-83 में सिरसवागढ़ में युद्ध हुआ था, जिससे चन्देलों की शक्ति का पतन हो गया। सन् 1202 एवं 1208 में कुतुबुद्दीन ऐबक ने आक्रमण कर चन्देल शक्ति को और भी क्षीण बना दिया। चन्देलों का राज्य छोटी-छोटी जागीरों में विभक्त हो गया, जिससे दक्षिण में गोंडों और उत्तर में खंगारों का उदय हुआ। गढ़कुंडार खंगारों की राजधानी के नाम से जाना जाने लगा।

चन्देलों के पराभव के बाद और मुस्लिम शासन काल के मध्य इस प्रदेश में बुन्देलों की सत्ता का उदय हुआ, जिनके कारण यह प्रदेश 'बुन्देलखण्ड' के नाम से प्रसिद्ध हुआ। विन्ध्याचल पर्वत के अंचल में बसा हुआ यह प्रदेश पहले विन्धयेल, फिर बिन्देल और बाद में बुन्देलखण्ड के नाम से प्रसिद्ध हुआ। अन्य मान्यताओं के अनुसार बुन्देलों की उत्पत्ति भगवान रामचन्द्र के वंशजों से हुई। इसी के बाद वि.सं. 731 में गहरवार राजा कर्तराज हुए। कर्तराज के बाद उनके पुत्र मिहिर देव तत्पश्चात् उनके पुत्र वीरभद्र राजा बने। वि.सं. 1105 में वीरभद्र की मृत्यु के पश्चात् उनके सबसे छोटे पुत्र पंचम शासक बने। वे अपने पाँच भाइयों में सबसे छोटे थे किन्तु सबसे योग्य थे। अन्य भाइयों के हिस्से में छोटी-छोटी जागीरें आईं। भाइयों को यह बँटवारा स्वीकार नहीं था। इस कारण उन्होंने मिलकर राजा पंचम पर आक्रमण कर दिया तथा उन्हें राज्य से निष्कासित कर दिया। राजा पंचम विन्ध्यवासिनी देवी के मन्दिर में जाकर आराधना करने लगे, जो वर्तमान में मिर्जापुर जिले में विन्ध्य शृंखला के पूर्वी छोर पर स्थित है। बैशाख सुदी 14 सं. 1105 तदानुसार शुक्रवार 29 अप्रैल, 1048 ई. को देवी के आशीर्वाद से राजा पंचम ने अपने भाइयों से युद्ध किया, किन्तु पुनः पराजित हुए। वे फिर देवी की आराधना में मग्न हो गए। घोर तपस्या करने के बाद एक दिन देवी को प्रसन्न करने के उद्देश्य से उन्होंने अपना शीश काट कर देवी

के चरणों में चढ़ाने का निश्चय किया, किन्तु जैसे ही उन्होंने अपनी तलवार निकाल कर अपनी ग्रीवा पर रखी, तभी देवी प्रकट हो गईं और उन्होंने राजा पंचम को आत्महत्या के पाप से रोकते हुए विजयी होने का वरदान दिया। इसी घटनाक्रम में पंचम की ग्रीवा से रक्त की कुछ बूंदें देवी की प्रतिमा के सम्मुख गिर गईं जिस कारण वे पंचम बुन्देला के नाम से प्रसिद्ध हुए। शब्द 'बून्द' से बुन्देला शब्द की उत्पत्ति मानी जाती है। देवी के आशीर्वाद से संवत 1113 में हुए युद्ध में राजा पंचम विजयी हुए तथा उनके वंशज 'बुन्देला' के नाम से प्रसिद्ध हुए।

आदि काल के पश्चात् चित्रकला का विकास अजन्ता युग में हुआ। उसकी भाव व्यंजना, रहस्यात्मकता तथा मानव जीवन की आदर्शरूपता का प्रभाव बुन्देलखण्ड की चित्रकला में परिलक्षित हुआ। बुन्देली चित्रकला का विकास चन्देलों के समय से माना जाता है। इसका उदाहरण मदनपुर के विष्णु मन्दिर में मिलता है। इसके चित्र चन्देल राजा मर्दन वर्मा (1130-65 ई.) के समय के हैं। चित्र मन्दिर की छत की निचली सतह पर बनाए गए हैं। इनकी पृष्ठभूमि चूना और तेल मिलाकर उसमें भूरे, नीले या अम्बर रंग के पलस्तर को पीट-पीट कर तैयार की गई लगती है। इन पर चित्र बनाने के लिए चित्रों की आकृतियों की बाहरी रूपरेखा जले कोयले या गेरू से खींच ली जाती थी। फिर इस रूपरेखा के बीच में विभिन्न रंग भर दिए जाते थे। इस प्रकार बने चित्र प्राय: सपाट होते हैं और उनमें विशेष प्रकाश-छाया चित्रण नहीं होता है।

मदनपुर के विष्णु मन्दिर में इसी प्रकार के चित्र उपलब्ध हैं। इन चित्रों में गंधर्व, देवी-देवता, महिला, पुरुष, पशु-पक्षी, साँप, दैनिक जीवन के पहलू आदि चित्रित हैं। कुछ पंचतंत्र की कहानियों को प्रदर्शित करते हैं। यह विष्णु मन्दिर (मदनपुर) ललितपुर से 39 मील दक्षिण-पूर्व में स्थित है। 14 वीं से 19 वीं शताब्दी ई. के मध्य राजनीतिक व्यवस्था श्रृंखलाबद्ध न होकर भारतीय रजवाड़ों छोटे-छोटे भागों में बँट गई। इस सामन्तशाही युग में अधिकांश रजवाड़ों में भोग-विलास का साम्राज्य था। इसी के चलते उन पर मुगलों का आधिपत्य हो गया। यह इस काल का दुःखद पहलू है किन्तु मुगल शासकों ने इस देश की कला, संस्कृति व साहित्य के अभ्युथान में अपना विशेष योगदान दिया। इस काल में मुगलों के साथ आए कलाकारों ने भारतीय कलाकारों की कलम व कूंची को नई रंगत प्रदान की। कला में नवीन उपादानों का प्रयोग किया गया।

सिकन्दर लोदी के काल (1488-1517 ई.) में मानसिंह तोमर (1486-1516 ई.) ग्वालियर का शासक था। सिकन्दर लोदी भी कला प्रेमी था, उसका प्रभाव सम्पूर्ण भारत पर था। बुन्देलखण्ड में उस समय बुन्देलों का प्रवेश हो चुका था। ग्वालियर में कला का विकास तीव्र गति से हो रहा था। वहाँ के चित्रों को 'ग्वालियरी चित्रों' के नाम से ख्याति मिलने लगी थी। सन् 1518 ई. में लोदियों ने ग्वालियर पर विजय प्राप्त की। वहाँ के कलाकार तितर-बितर होकर आस-पास के क्षेत्रों में चले गए।

तब तक कला–साधना एक स्थान पर हो रही थी, किन्तु फिर सम्पूर्ण बुन्देलखण्ड में स्वतंत्र इकाइयों के रूप में चित्र बनने लगे। यहाँ उल्लेखनीय है कि तोमरों से पूर्व ग्वालियर पर चन्देलों का शासन था जिस कारण चन्देलों और तोमरों की मिली-जुली परम्पराओं से बुन्देली चित्रकला का स्वरूप बना। उसके बाद बुन्देली चित्रों पर मुगल चित्रकला तथा राजपूत चित्रकला का प्रभाव पड़ा। इसके उदाहरण—ओरछा का राज मन्दिर, जहाँगीर महल, प्रवीन राय का महल, दतिया का सतखंडा महल, तालबेहट के नृसिंह मन्दिर, झाँसी में रानीमहल प्राचीन मन्दिर और भवन व गढ़ियाँ आदि हैं।

चित्रकला पर प्रभाव

बुन्देली चित्रों पर मुगल शैली तथा राजस्थानी शैली का प्रभाव परिलक्षित हुआ। इसके लिए मुगल शैली तथा राजस्थानी शैली का उद्भव, विकास तथा विशेषताएँ जानना आवश्यक है।

मुगल शैली

भारत में मुगलों के सभी पूर्वज चित्रकला प्रेमी थे। वे मध्य एशिया के तुर्की, मंगोली और निकटवर्ती चीनी राजवंशों से सम्बद्ध थे। सुप्रसिद्ध चित्रकार बिजहाद हुसैन उनके संरक्षण में था। अकबर के पिता हुमायूँ को जब शेरशाह ने भारत से खदेड़ दिया, तब उसने अपने प्रवास के वर्ष (1543-44 ई.) ईरान में व्यतीत किए। वहीं वह ईरानी चित्रकारों के सम्पर्क में आया। उसके भारत लौटने तक बिजहाद की मृत्यु हो चुकी

राजस्थानी व मुगल शैली

थी और वह बिजहाद के दो शिष्यों—तब्रेजी मीर सैयद अली और शीराजी ख्वाजा अब्दुस्समद को अपने साथ लेता आया। इन्हीं दोनों चित्रकारों ने भारतीय चित्रकारों के साथ मिलकर चित्र तैयार किए, वे चित्र चीनी, मंगोली, मध्य एशिया, ईरानी और भारतीय शैली के मिले-जुले रूप थे।

इसके पश्चात् अकबर मुगल शैली के भारतीय रूप के प्रमुख संरक्षक माना जाता है। वह सर्वधर्म समभाव का प्रणेता था। इसी भावना के अन्तर्गत उसने ईरानी और भारतीय कलाकारों को सम्मिलित कर चित्रों की रचना करवाई।

ये चित्र समकालीन ग्रन्थों—हम्जानामा, रज्मनामा (महाभारत), वाक्यात बाबरी (बाबर की आत्मकथा), अकबरनामा, अयारदानिश, रामायण, कालिय दमन आदि के लिए तैयार किए गए थे। चित्रों में एक चशम चेहरे, आकृतियों की सुन्दर गढ़न, प्राकृतिक दृश्य, पशु-पक्षी आदि का अद्‌भुत चित्रण किया गया है। उनमें सिन्दूर, नील, प्योरी, हिंगुल, गुलाली, गेरू, सिरोंजी, रामरज और सफेदा आदि रंगों का प्रयोग किया गया। अकबर के बाद जहाँगीर ने चित्रकला परम्परा में रुचि ली तथा इसमें वृद्धि भी की। उसने अपनी सचित्र आत्मकथा 'तुजके-जहाँगीरी' तैयार करवाई। जहाँगीर चित्रकला का प्रशंसक, ज्ञानी, संग्रहकर्ता तथा आलोचक था।

जहाँगीर के बाद शाहजहाँ के शासन काल में चित्रकला की प्रगति लगभग रुक गई। उसे स्थापत्य में विशेष रुचि थी। उसके दरबार में कम चित्रकार थे। उसने 'पादशाहनामा' की सुसज्जित प्रति तैयार करवाई। उसमें भड़कीले रंग की सुनहरी सजावट को प्रमुखता दी गई। शाहजहाँ की चित्रकला विमुखता तथा शाही संरक्षण के अभाव के कारण चित्रकार आश्रय हेतु राजस्थान, बुन्देलखण्ड और हिमालय की तराई के राजे-रजवाड़ों के पास चले गए।

बुन्देली चित्रकला पर हिन्दू-मुगल शैली का प्रभाव

बुन्देलखण्ड के चित्रकार अधिकांशतया छतरपुरी कागज का प्रयोग करते थे, जिसे 'ठर्रा-कागज' भी कहते थे। तूलिका वे स्वयं तैयार करते थे, जिससे कला की बारीकी को चित्रित किया जा सके। चित्रकारी के लिए कागज को कड़ा किया जाता था। उसकी दो या तीन परतें चिपका कर मोटा कागज तैयार किया जाता था। चित्रकारी के लिए सतह का चिकना होना आवश्यक होता है। इस कारण वे सफेदा से पृष्ठ आलेपन कर देते थे। बहुत अधिक संख्या में रंगों का प्रयोग नहीं किया जाता था। विशेष रूप से गेरू, रामरज, नील, सिन्दूर, ईंगुर, प्योरी आदि प्रयुक्त किए जाते थे।

ये रंग देशी तथा स्वयं के तैयार किए होते थे। इनका प्रभाव चित्रों के माध्यम से प्रकट होता था। प्राकृतिक तथा खनिज रंगों की आयु अधिक होती है लेकिन रंगों को पक्का करने के उद्‌देश्य से उनमें गोंद, सरेस इत्यादि पकाकर मिला दी जाती थी। इससे रंगों की जमावट सर्वत्र एक सी प्रतीत होती है। कहीं भी खुरदरापन या भद्‌दापन

दृष्टिगत नहीं होता। बुन्देली चित्रकला में मानव नख-शिख, प्रकृति चित्रण में भी स्पष्टता है, जिसमें सूक्ष्मता भी प्रदर्शित की गई है। बुन्देलखण्ड के चित्रों में आश्रयदाताओं तथा देवी-देवताओं का वर्चस्व है, किन्तु प्रकृति दृश्य अधिक नहीं हैं। प्राकृतिक दृश्य में पेड़, बादल आदि बनाए गए हैं, किन्तु वे केवल स्थानापूर्ति के उद्देश्य से बने हैं। मुख्य पात्र ही चित्र की शोभा होता है। चित्र में स्त्री-पुरुष एक चश्मी (एक पार्श्व) तथा कहीं-कहीं डेढ़ चश्मी (डेढ़ पार्श्व) भी होते हैं। चित्रित स्त्री-पुरुष युवा ही अधिक प्रदर्शित किए गए हैं। वृद्ध या बाल्यावस्था बहुत कम दिखाई गई है। सम्भवत: वीरभूमि बुन्देलखण्ड ओज और वीरता के लिए सदा से प्रसिद्ध रही है, इस कारण चित्रों में यौवन, वीरता तथा सौन्दर्य है। दूसरा कारण यह प्रतीत होता है कि चित्रकला के माध्यम से शासकों को प्रसन्न करना और पुरस्कार प्राप्त करना भी लक्ष्य रहा होगा। बुन्देली कलम राजभवनों और मन्दिरों में अधिक चली है। इसी कारण चित्रण में राजसी वैभव तथा देवी-देवता का प्रभाव अधिक पड़ा है।

यहाँ का चित्रकार वास्तविक रूप बनाने में उतना चतुर नहीं प्रतीत होता है, किन्तु वेशभूषा पर उसकी तूलिका अवश्य सराहनीय है। वेशभूषा से वह चित्रण को अभीष्ट सिद्ध करने में सफल हुआ है। चित्रों में कतैया, गरगा, विशाल कटिवस्त्र, मराठी धोती, पाग, साफा, सेला, मंडील, पुन्नेरी, पागोटे, पगड़ी, शिशुपाली पनैंइया, पिस्सोरी जूते आदि प्रदर्शित किए गए हैं।

बुन्देली चित्रों में मानवाकृति के नैन-नक्श विशिष्टता रखते हैं। उसकी भृकुटि सदैव तनी रहती है। आँखें खुली हुई, छाती फूली हुई यानी शरीर में ओजपूर्ण तनाव चित्रित किया जाता है। कही-कहीं पुरुष के चेहरे पर गलमुच्छे भी बनाए जाते हैं। सामूहिक दृश्यों में मुख्य पात्र का चेहरा प्रमुखता लिये होता है। युद्ध दृश्यों में पशुओं की साज-सज्जा तथा अस्त्र-शस्त्र में चित्रकार ने विशेष ध्यान दिया है। बुन्देली शैली के कागज पर बने ये चित्र वर्तमान में भी संग्रहालयों तथा व्यक्तिगत रूप से संग्रहीत हैं। बुन्देली शैली के चित्र राजमहल तथा मन्दिर की भित्तियों पर भी चित्रित किए गए हैं। इनमें झाँसी, दतिया तथा ओरछा प्रमुख हैं। ओरछा की राजधानी (1513 ई.) बनने से पूर्व भी झाँसी ओरछा के अधीन अरण्य भूभाग था। झाँसी गजेटियर के अनुसार बिरमा तथा असोले अहीरों की बंगरा की पहाड़ी पर बनी कुटिया झाँसी का प्रथम भवन थी। उस समय झाँसी का नाम बलवन्तनगर था।

सन् 1681 ई. में बंगरा की पहाड़ी पर वीरसिंह जू देव (प्रथम) ने झाँसी का किला बनवाया। ओरछा से 'झाँईसी' दृष्टिगोचर होने के कारण उन्होंने इसका नाम 'झाँईसी' रखा जो कालान्तर में 'झाँसी' के नाम से प्रसिद्ध हुआ। झाँसी पर गुसाइयों का प्रभुत्व था। उनके अनेक मठ, स्मारक तथा समाधियाँ सर्वत्र प्राप्त होती हैं। झाँसी के भीतरी के भाग में सैयर गेट, ओरछा गेट तथा लक्ष्मी गेट पर ये समाधियाँ बनी हैं। जिनको उकेरी चित्रकला से सुसज्जित किया गया है। उनमें इस कला की सूक्ष्मता प्रशंसनीय है।

बुन्देलखण्ड में भित्ति चित्रण तकनीक

बुन्देलखण्ड के प्राचीन मन्दिरों, राजमहलों व भवनों में अधिकांशत: टेम्परा पद्धति से चित्र बनाए गए। यह लोकप्रिय पद्धति थी।

बुन्देलखण्ड में भित्ति चित्रण

टेम्परा पद्धति

इस पद्धति में रंगों को किसी गाढ़े पदार्थ में मिलाया जाता था। ज्यादातर अंडे की सफेदी का प्रयोग किया जाता था, किन्तु बुन्देलखण्ड में राजाओं की धर्म प्रवणता के कारण देवालय और निवास की पवित्रता बनाए रखने के लिए अंडे का प्रयोग वर्जित किया गया। अत: अंडे की सफेदी के स्थान पर गोंद, काली गाय का घृत, पके कदलीफल का गूदा तथा सिला को मिश्रित कर रंगों में मिलाकर सिल–लोढ़े से घोंटते थे। लोक भाषा में इसे 'गारना' कहते हैं। गारने के पश्चात् मिश्रण को थोड़े पानी में घोलकर रख देते थे, जिससे रंगों के भारी कण तली में जम जाते थे और हलके कण तथा अनुपयोगी अवयव ऊपर तैरने लगते थे। ऊपर का अतिरिक्त जल निकालकर गाढ़े तैयार रंगों का प्रयोग किया जाता था।

चित्रण हेतु पृष्ठभूमि

बुन्देलखण्ड के कलाकारों द्वारा चित्रण के लिए तीन प्रकार की पृष्ठभूमि प्रयोग की गई :

1. बलुआ प्रस्तर।
2. कौड़ी व चूने से निर्मित भित्ति।
3. चूने से निर्मित भित्ति।

बलुआ प्रस्तर पृष्ठभूमि पर देवगढ़, महोबा मदनपुर की छोटी कचहरी के मंडप, वितान, फूल बाग, ओरछा, चतुर्भुज मन्दिर, ओरछा, नृसिंह मन्दिर, तालबेहट तथा रानी महल, झाँसी में चित्रण किया गया। कौड़ी चूने से तैयार भित्ति पर चित्र राय प्रवीन के प्रासाद तथा ओरछा में प्राप्त होते हैं। शेष सभी स्थानों पर चूने के वज्रलेप पर भित्ति चित्रण किया गया है। बलुआ प्रस्तर व कौड़ी चूने से तैयार भित्ति के चित्रण का स्थायित्व चूने की भित्ति से अधिक होता है।

बुन्देलखण्ड में चित्र रचना (चितोर लिखना) के पूर्व प्लास्टर या वज्रलेप अथवा दोनों से भित्ति तैयार की जाती है। शिल्प शास्त्र में इसे 'भूमि बन्धनम्' कहा गया है। प्लास्टर को खत्तियों का चूना तथा कौड़ी का चूना कहते हैं, जिसे वर्षा ऋतु में पनाले (घरों के छप्पर/छतों के मध्य बनी मोटी नालियाँ) की धार के नीचे भंडारण करके प्रक्षालित या स्वच्छ किया जाता था। टीकमगढ़ जिले में अग्निबंध करके तथा दतिया में बैलों द्वारा चलाई जाने वाली चक्की द्वारा इसे दो दिन तक घोंटा जाता था। प्लास्टर को शक्तिशाली बनाने के लिए बिल्वफल, लभेड़ा, उड़द की दाल का जल तथा गुड़ का प्रयोग किया जाता था। प्लास्टर की उत्तमता उसके सूक्ष्मकणों पर निर्भर करती थी। प्लास्टर या वज्रलेप की अनेक पर्तें आवश्यकतानुसार प्रयोग की जाती थीं। फिर सतह को पटेंगी से समतल किया जाता था, जिससे भित्ति के गड्ढे और असमतल भाग एक सा हो जाए। धरातल से ऊँचाई तक भित्ति का समतलीकरण होने के बाद वज्रलेप को घोंट कर चिकना किया जाता था। इस प्रक्रिया के बाद 'उकेरी' या 'चितौर' बनाने के लिए भित्ति तैयार हो जाती थी।

कौड़ी का चूना तैयार करना

इसे वज्रलेप भी कहा जाता है। कौड़ी का चूना या वज्रलेप को शिल्पकार स्वयं अपनी देखदेख में तैयार करवाते थे। इसे तैयार करने के लिए छह इंच मोटी कंडी (उपले) की सतह पर कौड़ी, सीप, घोंघा उपलों की तहों का दो-ढाई इंच या आवश्यकतानुसार ऊँचा टीला बनवाते थे। दतिया राज्य के शिल्पीगण ने इन वस्तुओं के अतिरिक्त संगमरमर (जबलपुर म.प्र. से प्राप्त) की रोड़ी को वज्रलेप में प्रयोग करके अपने विशिष्ट शिल्प ज्ञान का परिचय दिया। ओरछा राज्य में कौड़ी, सीप, शंखादि को गौ मूत्र में डुबोकर भित्ति पर सिल की लुढ़िया से गारते (पीसते) थे। दतिया, ओरछा तथा समथर के शिल्प मर्मज्ञ, रामरज, हिरमिजी, नीला, हरा, लाल तथा नारंगी रंगों का वज्रलेप प्रयोग करते थे। कौड़ी के चूना से दर्पण भी बनाया जाता था।

वज्रलेप के शिल्पकार और शिल्प

वज्रलेप विशेषज्ञों की संख्या तो बहुत थी, किन्तु टोड़ी फतेहपुर रियासत में हीरालाल, दतिया में फैली, बरुआसागर में घमंडी लाल शर्मा, समथर में रामलाल तथा झाँसी में रामदयाल शिल्पियों के नाम प्रमुख हैं।

झाँसी में कौड़ी चूना के वज्रलेप का प्रयोग महाराजा गंगाधर राव की समाधि (लक्ष्मीताल) में हुआ है। ओरछा में लक्ष्मीनारायण मन्दिर, जहाँगीर महल, प्रवीन राय महल आदि स्थानों पर वज्रलेप का प्रयोग है। दतिया में पुराना महल, दरबार कक्ष में प्रमुखता से इसका प्रयोग हुआ है। बुन्देलखण्ड में कौड़ी चूना का वज्रलेप यदा-कदा अनेक स्थानों पर हुआ, जिनमें बानपुर का किला, सेवढ़ा का दरबार कक्ष व स्तम्भ, राम मन्दिर, गुरसरांय का किला और कर्णसागर पर महाराज पारीछत का मकबरा प्रमुख हैं।

महाराजा गंगाधर राव की समाधि

चित्योरी (चित्रकारी) की कलमें

वज्रलेप के चित्रकार व शिल्पकार तीन प्रकार की कलमों (कूंची अथवा ब्रश) का प्रयोग करते थे—स्थूल, मध्यम व सूक्ष्म। ये कलमें गिलहरी या बकरे (अज) के बालों के प्रयोग से बनाई जाती थीं। गोल पतली लकड़ियों के एक छोर पर क्रमपूर्वक दीर्घ, लघु, अतिलघु बालों को चिपकाने के पश्चात धागे से बाँधा जाता था। इस प्रक्रिया को 'बाल चीरना' कहते थे। इस प्रकार की कलमों और शिल्प सम्बन्धी अनेक यंत्रों का विशाल संग्रह रामदयाल शिल्पी (नई बस्ती, झाँसी) के पास था।

रेखांकन

कौड़ी चूना की लेपित भित्ति अथवा बलुआ प्रस्तर की पृष्ठभूमि को रेखांकित करने के पूर्व जलार्द्र (जल से गीला रखना) किया जाता था। जलार्द्रता से प्रभावित भित्ति पर मुक्त हस्त रेखांकन किया जाता था। सम्मात्रिक रेखांकन (पुष्प पात्र, स्तम्भ, गुम्बद आदि का) भी बिना किसी यांत्रिक सहायता के किया जाता था। उन्हें चित्र व शिल्पशास्त्र में अपूर्ण चित्र कहा जाता है।

वर्ण (रंग) निर्माण विधि

रंगों को घोंटने की तकनीक को 'रंग गारना' कहा जाता था। श्वेत सेलू पत्थर, शंख तथा संगमरमर को गौ–दुग्ध (गाय का दूध) में मिश्रित करके 'गारते' थे, जिससे सफेद रंग प्राप्त होता था। रामरज तथा हिरमिजी जैतवारा की खदानों में सदैव सुलभ होती थी। मीठे तेल (मूँगफली का तेल) का दीपक जलाने से प्राप्त काजल अथवा नारियल के खोल को जलाकर बने कोयले में अरताल मिलाकर एक दिन तक 'गारते' थे। इससे काला रंग बनता था। एक दिन 'गारे' इस रंग में डेढ़ इंच मोटे प्लास्टर (वज्रलेप) को भेदने की शक्ति आ जाती थी। सिन्दूर तथा ईगुल का प्रयोग रक्तिम वर्ण के स्थान पर किया जाता था। इस प्रकार सामान्य वस्तुओं से विशिष्ट रंग मंजूषा तैयार की जाती थी।

झाँसी में चित्रकला

वाचस्पति गैरोला के ग्रन्थ 'भारत की चित्रकला' के अनुसार विद्वानों ने कला को मराठों की दृष्टि में विलासिता की वस्तु बताया है, किन्तु झाँसी राज्य में गुरसरांय व जालौन मराठा जागीरें होने पर भी यहाँ 18वीं तथा 19वीं शताब्दी में चित्रकला की उन्नति हुई। झाँसी में राजा गंगाधर राव के दस वर्षीय शासन काल 1843 ई. के कुछ पूर्व से यहाँ चित्रकला का अभ्युदय दिखाई देने लगा था। राजा गंगाधर राव के समय तथा उनके पश्चात रानी लक्ष्मीबाई के काल में यह अपने चरम पर पहुँचा। रानी लक्ष्मीबाई के शासनकाल में अनेक चित्रकार हो गए। लक्ष्मीद्वार से बड़ागाँव द्वार तक इनका निवास होने के कारण यह स्थान चित्योराना मुहल्ला (चित्रकारों के रहने का स्थान) कहलाने लगा। झाँसी के प्रमुख चित्रकार सुखलाल थे। उनकी पाँच पीढ़ी तक लगातार चित्रकला का कार्य होता रहा। सुखलाल के पुत्र मगन तथा गिरधारी, मगन के पुत्र परम तथा परम के पुत्र निरपत सभी चित्रकार थे, किन्तु धीरे-धीरे कला का स्तर गिरता गया। चुखर के पुत्र कन्हैयालाल, दयाराम तथा काशीराम ग्वालियर में रहते थे। इनके पितामह परम 'ग्वालियरी' कहलाते थे।

राजा गंगाधर राव नाट्य एवं नृत्यकलाओं को प्रोत्साहन देते थे। झाँसी में उनसे पूर्व के राजा रघुनाथ राव (1835–1838 ई.) के समय का निर्मित रघुनाथ मन्दिर है। इसकी चित्रकारी गंगाधर राव के दरबारी सुखलाल तथा उनके पुत्र मगनलाल व गिरधारी द्वारा की गई। मगनलाल को जल, रंग व व्यक्ति चित्रण में कुशलता प्राप्त थी। दोनों कलाकारों के बनाए लगभग तीन सौ चित्र थे।

रघुनाथ जी का मन्दिर

इस मन्दिर में कुछ प्रमुख चित्र थे :

राजा गंगाधर राव—यह चित्र 1 फुट 7 इंच लम्बा तथा 3 इंच चौड़ा है। इसमें मुख छवि पौने दो चश्म है। शीर्ष में मराठी पगड़ी, ऊर्ध्ववस्त्र में कतैया तथा विशाल कटिवस्त्र है। रंगों में चेहरे के लिए गुलाबी, पीले एवं श्वेत रंग का मिश्रण है। पृष्ठावरण में विदेशी आंग्ल प्रभाव तथा रंग हिरमिजी है। चित्र में उभार काजल से किया गया है।

एक अन्य चित्र में राजा गंगाधर राव को ढाल-तलवार लिये बैठा दिखाया गया है। इसमें झुकाऊ मराठी पगड़ी, दाढ़ी एवं मुच्छ, कानों में विशाल बाले एवं बड़े मोती, तिलरा कंठहार तथा हाथों में कड़ा दर्शाया गया है।

मन्दिर की छत पर 2 फुट एवं 6 इंच वर्गाकार में बच्चे के बाल सँवारती महिला बनी है। महिला की नथ की प्रवाहमयी अंडाकार रेखा, तूलिका के एक ही आघात से बनाई गई है।

रानी लक्ष्मीबाई के 'केश-प्रसाधन' चित्र में पौने दो चश्म मुख छवि, लम्बी बाँहों की चोली तथा मराठा शैली की धोती है, जिसका एक छोर सिर पर साफा की तरह बाँधा जाता था। रानी का अश्वारूढ़ चित्रण करना सुखलाल से वर्तमान काल तक परम्परा सी बन गई है।

1963 ई. में त्रि-पथगा सूचना विभाग उ.प्र., लखनऊ में प्रकाशित एक आलेख में चित्रकार महेन्द्र वर्मा ने उल्लेख किया है—'झाँसी के रघुनाथजी के मन्दिर की सीलिंग में चार चित्र हैं, जो अयोध्या तथा जनकपुरी में घटित घटनाओं को प्रदर्शित करते हैं। गोपियों द्वारा निर्मित हाथी की आकृति पर कृष्ण का आरूढ़ होना विशेष चित्र है।'

रानी महल, झाँसी

राजा गंगाधर राव की नाट्यशाला, सिटी चर्च के पास पूर्वाभिमुख गोपुरम युक्त (प्रवेश द्वार) रानीमहल है। इसे पुरानी कोतवाली भी कहते थे। रानीमहल में प्रवेश द्वार के बाईं ओर 4 फुट, 7 इंच चौड़ी तथा 14 फुट, 7 इंच लम्बी सोपान की छत कभी पूर्ण चित्रित थी। इसके ऊपर 54 फुट, पौने पाँच इंच लम्बा, 15 फुट, सवा नौ इंच चौड़ा तथा 15 फुट, 1 इंच ऊँचा विशाल सभागार पूर्ण चित्रित था, जिसके कुछ भाग को पुरातत्त्व विभाग द्वारा पुनरुद्धारित किया जा चुका है। सभागार के पृष्ठ में 24 फुट, डेढ़ इंच लम्बा, 11 फुट, 3 इंच चौड़ा तथा 12 फुट, 7 1/2 इंच ऊँचा विश्रामकक्ष पूर्ण चित्रित है। इन आलेखनों में 20 प्रकार के कल्पित पुष्पों के साथ हरिण, सारस, पिक, शुक, मयूर, शशक, कौआ तथा बाज पक्षियों को आलंकारिक रूप प्रदान किया है। इन आलेखनों में श्वेत-रजत, नींबुई पीला, गहरा पीला, सिन्दूरी लाल, नीला, आसमानी, तुतियाई (नीला तूतिया से निर्मित), हरा, धानी, काला, कत्थई एवं काजल के अनेक टोन कलाकारों ने दिखाए हैं, जिनमें सात प्रकार की रंगयुक्त पृष्ठभूमियाँ हैं। रंगों की अनेक संगतियों का प्रयोग करके भी सिन्दूर का बल सन्तुलित ढंग से प्रयोग किया, इसलिए कि लाल रंग दर्शक पर सुन्दर प्रभाव सम्प्रेषित कर सके।

रानी महल, झाँसी में भित्ति चित्रण

पुष्प पात्रों में सममात्रा बनाए रखने के लिए ट्रेसिंग का प्रयोग नहीं किया गया है। ये चित्र भीखम खाँ और रमजानी द्वारा चित्रित किए गए थे। रानी महल, झाँसी की चित्रकारी हिन्दू-मुसलमान चित्रकारों की अद्‌भुत एकता की प्रतीक है। यहाँ पर मुगल स्मारकों में बने पुष्प पात्रों की विरलता नहीं है। यहाँ हिरमिजी के वज्रलेप की सतह को छीलकर पचास आलेखन बनाए गए हैं।

राजा गंगाधर राव की समाधि

झाँसी की रानी लक्ष्मीबाई के द्वारा लक्ष्मीताल पर राजा गंगाधर राव की समाधि बनवाई गई थी। समाधि के कार्निस के नीचे उकेरी के चित्र बने हैं, जिनके रंग नष्ट हो गए हैं। यहाँ पर दिवंगत राजा का एक व्यक्ति चित्र बहुत ही जीर्ण अवस्था में बना है। झाँसी में अनेक स्थानों पर धनिक वर्ग एवं चित्रकला के प्रशंसक वर्ग ने अपनी हवेलियों, समाज के मन्दिरों इत्यादि में चित्र रचना करवाई थी।

सोने राव का बगीचा

यह बगीचा झाँसी शहर के उत्तर-पूर्वी तटवर्ती भाग में स्थित है। सन् 1850 ई. के लगभग झाँसी के रईस सोने राव ब्रह्मभट्ट ने यह बगीचा क्रय किया था। लगभग 20-25 वर्ष पश्चात् उन्होंने वहाँ शंकर मार्कण्डेय जी का शिवालय बनवाया था तथा उसके बरामदों में कुशल कारीगरों द्वारा चित्र बनवाए थे। चित्रकार खचूरा, जय, महाराज, परताप, फरहद तथा सुमेर के हस्ताक्षर इन चित्रों के नीचे हैं। इस मन्दिर का मुख्यद्वार पश्चिम की ओर तथा गर्भगृह 11 फुट 1/4 इंच वर्गाकार था। गर्भगृह के चारों ओर 33 फुट 1/4 इंच लम्बे तथा 10 फुट चौड़े बरामदों की भित्तियों पर जलरंगीय चित्रण में 78 व्यक्ति चित्र, 40 पौराणिक, सामाजिक तथा ऐतिहासिक विषयों पर आधारित चित्र बनाए गए। व्यक्ति चित्रण के अतिरिक्त पौराणिक चित्रण में दुर्गा, शंकर, कृष्ण, राम, मत्स्य अवतार, नृसिंह अवतार, समुद्र मन्थन सूर्य एवं चन्द्रमा के चित्र प्रमुख थे। सामाजिक विषयों में राजा एवं गुसाइयों की शोभायात्रा, बाई जू का स्नान, झाँसी की रानी के दरबार में संगीत आदि थे। चित्रों में अश्व, गयंद, सिंह, वृषभ, वराह, वानर, गौ, श्वान एवं मूषक बने थे। जलचरों में कच्छप, मीन, ग्राह तथा पक्षियों में शुक एवं मयूर बने थे।

निवास में चित्रकला

खत्रियाना मुहल्ले में बुन्देलखण्ड के इतिहासकार व विद्वान डॉ. भगवान दास गुप्त का निवास भी अनेक चित्रों से सुसज्जित किया गया था। ये चित्र जलरंग की सहायता से सुखलाल के पुत्र मगन द्वारा बनाए गए थे। चित्रों के विषय भागवत, रामायण एवं इतिहास से चुने गए थे। भागवत पर आधारित चित्रों में वंशीवादक कृष्ण, राधा के पाँव दबाते कृष्ण, सुदामा का पद प्रक्षालन, चीरहरण, नागलीला आदि थे। रामायण पर आधारित चित्रों में परशुराम, सहस्त्रार्जुन युद्ध, दशरथ सहित चार पुत्र, पालकी पर आरूढ़ वशिष्ठ, धनुषभंग आदि थे। ऐतिहासिक चित्रों में झाँसी की रानी की शोभायात्रा,

सिन्धिया से झाँसी की रानी का युद्ध आदि थे। अन्य में शंकर-पार्वती का वादन-नर्त्तन, भस्मासुर नृत्य आदि थे। इन चित्रों में देशी व विदेशी दोनों प्रभाव दिखाई दिए हैं। चित्रों में पार्श्वगत तथा पौने दो चश्म चेहरे बनाए गए, आँखें अनुपात में थोड़ी बड़ी तथा कहीं-कहीं एक सीध में भी नहीं थी और कुछ चित्रों में चेहरे की बाह्य रेखा कट भी गई थीं। शारीरिक अनुपात व अंग संरचना भी उच्चकोटि की नहीं थी। वस्त्र चित्रण पर मराठी वेशभूषा का प्रभाव था। मराठी पगड़ी पेंची, झुकाऊ पगड़ी, कन्धे पर उत्तरीय, कटिवस्त्र पतले तथा घुटने तक धोती, पायजामे, कच्छा तथा खिंचाऊ और पिस्सौरी जूते प्रमुख थे।

सुपारी सा'व (साहू) की हवेली

झाँसी के बड़ा बाजार स्थित मुरली मनोहर मन्दिर से बाईं ओर बड़ागाँव द्वार की ओर यह हवेली स्थित है। इसमें पौराणिक विषयों में राम दरबार, दशरथ दरबार, राधाकृष्ण, शिवजी की बारात के चित्र थे। पशुओं में शेर, चीता, अश्व, वृषभ, श्वान तथा जलचर में मीन व मकर बनाए गए। मुरली मनोहर के मन्दिर की भित्तियों पर भी अनेक पौराणिक देवी-देवताओं के चित्रों का अंकन था, किन्तु वर्तमान में भित्तियों के जीर्णोद्धार के कारण ये नष्ट हो गए हैं।

तेलियों का मन्दिर

सुपारी सा'व की हवेली के आगे बड़ागाँव गेट की ओर मुड़ने पर बाईं ओर यह मन्दिर है। मन्दिर में मूर्तिस्थापना—पाषाण विवरण के अनुसार मूर्तियों की स्थापना वि.सं. 1914 (सन् 1857 ई.) में हुई थी। मन्दिर के प्राचीन मुख्यद्वार पर कार्निस व डाटों के नीचे अनेक चित्र बने हैं। प्रदक्षिणा पथ के बरामदे में झाँसी की रानी का युद्ध, अप्सराएँ आदि बनी हैं। स्त्री आकृतियों में लहँगा, लुँगरा, ओढ़नी, चोली तथा मराठी शैली की धोती जैसे परिधान। केश विन्यास में जूड़े व वेणियाँ दोनों बने थे। तेलियों के मन्दिर के गर्भगृह के सम्मुख प्राचीर शीर्षों पर बुन्देलखण्ड के विभिन्न राजाओं के 56 व्यक्ति चित्र बने थे, जिनमें क्षेत्र के प्रभाव के अनुसार ही वस्त्र विन्यास थे। जैसे—मराठी पगड़ी, ग्वालियरी पगड़ी (दोनों ओर से उठी हुई), पेशवाई पेंची, बिजावरी सेला, दतियाशाही साफा तथा मुड़ासा, पंडिताऊ पगड़ी, मराठी शैली की महिला धोती का शीर्ष पर लिपटा भाग, ऊर्ध्व वस्त्रों में कतैया तथा भारी कटिवस्त्र थे। आभूषणों में कानों में बड़ी बालियाँ व तिलरी प्रमुख थे।

अन्य चित्रित स्थल

शहर क्षेत्र में धर्मशाला तालाब के चारों ओर मन्दिर हैं, उनमें प्राचीन शिव मन्दिर की भीतरी दीवारों पर भगवान शंकर के चित्र बने थे। इसी प्रकार लक्ष्मी मन्दिर, काली मन्दिर के चित्र तथा मास्टर रुद्रनारायण के आवास पर बने चित्र, जैन दिगम्बर मन्दिर,

गांधी रोड पर काँच पर पेंन्टिग, चिरगाँव (झाँसी) में राष्ट्रकवि मैथिलीशरण गुप्त की गढ़ी में धनुषधारी राम का सुन्दर चित्र सभी आकर्षक थे। वर्तमान में मन्दिरों में तैलीय रंगों से कुछ चित्र अभी भी बने मिलते हैं। खाती बाबा मन्दिर, नगरा क्षेत्र में चितैरी से बने रामदरबार, वराह अवतार, विष्णु, गरुड़, हनुमान इत्यादि के चित्र प्रदर्शित हैं।

चित्रों में प्रकृति चित्रण

चित्रण में प्रकाश व छाया का प्रयोग नहीं मिलता है तथा पृष्ठभूमि सपाट रहती है। वृक्षों में खजूर, कदली (केले) के और मोरपंखी तथा कोणधारी वृक्ष अधिक बनाए जाते हैं। कही-कहीं क्षैतिज रेखा पर वृक्ष बनाए गए हैं। सम्भवत: ये बुन्देलखण्ड की पथरीली ऊँची-नीची धरती का द्योतक है। कहीं-कहीं चित्रों में स्थानापूर्ति हेतु ब्रश से लम्बे और छोटे आघात (स्ट्रोक्स) से घास बनाई गई है। मेघों को बनाने में चित्रकारों ने कलम को घुमाकर चलाया है। चित्रों में प्रमुख पात्र के चित्र में रंग भरकर उन्हें काली बाह्य रेखाओं से उभारा जाता रहा है, किन्तु प्राकृतिक पृष्ठभूमि में सपाट रंगों का प्रयोग किया जाता रहा है।

चित्रकारों के चित्रण विधान

रानी लक्ष्मीबाई के शासन काल के चित्रकारों के कुछ प्राप्त चित्रों के आधार पर अनेक चित्रण विधानों को जाना जा सकता है। सभी चित्रकार काले रंग द्वारा तूलिका से रेखांकन करते थे। सुखलाल की रेखाएँ प्रवाहपूर्ण, सूक्ष्म तथा शक्तिशाली हैं। कहीं भी रेखाओं को सुधार हेतु दोहराया नहीं गया। इनके चित्रों में आकृतियों का संयोजन इस प्रकार किया गया है कि प्रथम दृष्टि मुख आकृतियों पर स्वत: पहुँच जाती है। परम के चित्रों में आकृतियाँ अल्प संख्या में होते हुए चित्र-धरातल का अधिक भाग घेरती हैं। गिरधारी के चित्रों में प्रमुख पात्र चित्र के पार्श्व में हैं। यह तकनीक अस्वाभाविकता प्रदर्शित करती है। जवाहर का चित्र संयोजन अस्वाभाविक है। उनके रासलीला चित्र में गोपियों के हाथों में पकड़ा वाद्ययंत्र हाथ से पृथक बना है। उनके चित्रों में शारीरिक अनुपात व हाथ-पैरों की उँगलियाँ का चित्रांकन प्रतीक मात्र ही था। सुखलाल, अब्दुल तथा परम लश्करी दूरस्थ वस्तुओं को लघुत्तर तथा निकटतम वस्तुओं को गुरुत्तर बनाते थे, किन्तु वस्तुओं के अलंकरण को निकटता व दूरी के अनुसार छोटा-बड़ा न बनाकर एक ही आकार का लम्बवत् बनाते थे।

सुखलाल के चित्रों की वेषभूषा में ग्वालियरी, बुन्देली एवं मराठी संस्कृति का मिश्रित प्रभाव देखा जा सकता है। परम लश्करी ने दतिया शाही साफे बनाए हैं। वे शिन्देशाही पगड़ी में तुर्रा अवश्य बनाते हैं। मगन तथा परम के चित्रों की पगड़ियों में स्थानीय प्रभाव है। सुखलाल के चित्रों में आकृतियों के वस्त्र उनके सामाजिक स्तर के अनुसार हैं, जैसे—श्रीराम के वस्त्र आलंकारिक हैं तो भृत्यों व अंगरक्षकों के सामान्य हैं। अन्य चित्रकारों ने अपनी-अपनी चित्र शैली के अनुसार इसे अपनाया है।

झाँसी में चित्रित ग्रन्थ

झाँसी के अन्तिम राजा गंगाधर राव के समय (1843-53 ई.) में हस्तलिखित ग्रन्थों का एक विशाल पुस्तकालय था। इसमें चित्रित ग्रन्थ भी थे। सन् 1857 ई. के पश्चात अंग्रेजों के अधीन होने पर पुस्तकालय भीषण अग्निकांड की भेंट चढ़ गया।

'विद्रोही बानपुर' के लेखक वासुदेव गोस्वामी के अनुसार झाँसी में महाभारत की सचित्र प्रति 'शान्ति पर्व' था, जिसमें 243 पृष्ठ थे। प्रत्येक अध्याय के प्रथम दो पृष्ठ सिन्दूरी, काली स्याही तथा स्वर्णाक्षरों से लिखित थे। इस पर्व में बीस चित्र थे। ज्योतिष शास्त्र के अनुसार राजवंशों की जन्म कुंडलियाँ भी चित्रित रहती थीं। उनमें प्रभावी जन्म नक्षत्रों और राशि स्वामी के चित्र बनाए जाते थे।

लोक जीवन में चित्रकला

चित्रकला भक्तिभाव, अमूर्त्त से मूर्त्त रूप का दर्शन और व्यक्ति का आत्मा से परमात्मा का मिलन प्रदर्शित करती है। इस भावना का विस्तार लोक जीवन की कला में पूर्ण रूप से प्रगट हुआ है।

बुन्देलखण्ड में तो लोक-चित्रों की अति प्राचीन परम्परा रही है। पारम्परिक लोक-चित्रों का स्रोत आदिम भित्ति-चित्र ही हैं। उनमें अंकित प्रतीक आज भी लोक-चित्रकला का हिस्सा बने हुए हैं। उनका आकार-प्रकार गुहा चित्रों की शृंखला की वर्तमान कड़ी है। मानव सदैव से रहस्यात्मक प्रवृत्तियों की ओर आकर्षित रहा है। धार्मिक पूजन में बनाए जाने वाले प्रतीकों में जीवन के अनेक रहस्य विद्यमान रहते हैं। लोक-चित्र निराकार ब्रह्म के साकार प्रतीक हैं। ईश्वर किस प्रकार हमारे जीवन को प्रभावित करता है, यह भाव परम्परागत रूप में चित्रित करना लोक-चित्रण का सबल पक्ष है। बुन्देलखण्ड में लोक-चित्र बनाने के अनेक अवसर होते हैं। इनका चित्रण धार्मिक, सामाजिक एवं सांस्कृतिक अवसरों पर किया जाता है। लोक-चित्र अधिकांशतया मानवीय भावों को चित्रित करने का कार्य करते हैं।

लोक-चित्रों के माध्यम भी सरल, सुगम्य होते हैं जैसे—चूना, गेरू, गोबर, मिट्टी व चूने के रंग, घर में प्राप्य सामान्य वस्तुएँ जैसे—हल्दी, चावल, आटा, सिन्दूर, रोली, महावर, चन्दन, काजल, नील आदि। ये सब साधारण जीवन में प्रयोग होने वाली सुलभ सामग्रियाँ हैं, इनके प्रयोग का भाव भी मानव की समर्पणता को परिभाषित करता है।

लोक-चित्रों की विशेषताएँ

1. महिलाएँ ही प्रमुख कलाकार होती हैं। ये उनके एकरस जीवन में नवीनता का संचार करते हैं।
2. ये अस्थायी होते है।
3. अवसर के अनुकूल चित्रणों में भिन्नता पाई जाती है। चित्रण की साज-सज्जा कल्पना व योग्यतानुसार की जाती है।

4. चित्र रचना के माध्यमों पर ऋतु परिवर्तन का प्रभाव भी पड़ता है।
5. पवित्र स्थानों जैसे—पूजागृह की भूमि या भित्ति पर चित्र बनाए जाते हैं। सामान्य स्थान आँगन या घर के प्रमुख द्वार पर भूमि-चित्रण करने से पूर्व गोबर से स्थान लीपकर पवित्र किया जाता है।
6. चित्रण करते समय शारीरिक एवं मानसिक स्वच्छता का ध्यान रखा जाता है। व्रत धारिणी स्त्रियाँ स्नान आदि से निवृत्त होकर चित्रण करती हैं।
7. लोक-चित्रण करने वाली स्त्री को चित्रण की विधि, माध्यम, पूजन विधान तथा सम्बन्धित कथा का ज्ञान होता है।
8. लोक-चित्रण में श्रद्धा तथा धैर्य होना अत्यन्त आवश्यक है।
9. पूजा से पूर्व धार्मिक लोक-चित्रों को मिटाना मान्यताओं के विपरीत माना जाता है।
10. लोक-चित्रों को पूजा के बाद मिटाने की या सामग्री को सिराने (विसर्जित करना) का भी निश्चित प्रावधान होता है।
11. अधिकांश चित्रों और पूजा से सम्बन्धित मूर्तियों तथा सामग्री को वर्ष पर्यन्त रखकर फिर विसर्जित किया जाता है।
12. लोक-चित्रण सदैव चौकोर, आयताकार अथवा गोलाकार सीमारेखा के मध्य किया जाता है।
13. चित्रण में संख्याओं का ध्यान भी रखना अनिवार्य होता है। जैसे—सात, पाँच या नौ पुतरियाँ, भुँजरिया के नौ दोने, सुराती के सोलह कोठा, सुरेता के नौ कोठा, छः भाइयों की एक बहन, देवरानी-जेठानी इत्यादि के चित्र कथानुसार संख्या में निश्चित होते हैं।
14. कुछ लोक-चित्र एक दिन में पूर्ण नहीं हो पाते। उन्हें निश्चित दिवस से कई दिन पहले से बनाया जाता है, किन्तु कुछ विशेष भाग छोड़ दिया जाता है, जिसे पूजन वाले दिन ही बनाया जाता है जैसे—करवा चौथ, हरछठ, जन्माष्टमी, अहोई अष्टमी आदि।
15. कृत्रिम रंगों का प्रयोग पारम्परिक नहीं माना जाता है। रंगों को प्राकृतिक रूप से तैयार या प्राप्त किया जाता है। जैसे—हल्दी, महावर, सिन्दूर, रोली तथा चन्दन आदि।

लोक-चित्रण, अवसर, कथाएँ व लोकगीत

लोक-चित्र अनेक प्रकार से बनाए जाते हैं किन्तु वर्णन की सुविधा से उन्हें तीन भागों में विभाजित करेंगे :

1. भूमि-चित्रण।
2. भित्ति-चित्रण।
3. अन्य वस्तुओं का चित्रण।

भूमि-चित्रण

बुन्देलखण्ड के भूमि–चित्रण में गोबर व मिट्‌टी का प्रयोग विशेष रूप से किया जाता है।

चौक पूरना

बुन्देलखण्ड के भूमि चित्रण में प्रत्येक शुभ अवसर पर चौक पूरना अनिवार्य है। यह आटे या सूखे रंगों से बनाया जाता है। इसे चौक डालना भी कहते हैं। चौक पूरना में 'पूरना' शब्द 'पूर्णता' का अपभ्रंश प्रतीत होता है, जो चौक अर्थात आँगन या चारों दिशाओं की पूर्णता का भाव प्रगट करता है। ये चौक नित्यव्रत, नैमित्तिक, व्रत–त्योहार तथा सोलह–संस्कारों के प्रत्येक चरण पर बनाए जाते हैं। सभी परिवारों में पारम्परिक चौकों को बनाना शुभ माना जाता है। चौक का चित्रांकन बनाने वाली स्त्री की कल्पना–शक्ति तथा कलात्मकता का द्योतक होता है। संस्कारों के समय चौक घर की वरिष्ठ महिला या खवासिन (नाई की पत्नी) डालती है। चौक कई आकारों का होता है—जैसे चर्तुभुजी, छह या सात कोणीय, फूलदार चौक, अष्टकोणीय और नौ ग्रहों की प्रतीक नौ खंडीय चौक आदि। चौक चक्राकार या गोलाकार भी होता है। चौक बनाने में शुभ चिह्नों का प्रयोग अवश्य होता है। कलश, स्वास्तिक, और आड़ी, सीधी व गोलाकार रेखाओं का प्रयोग होता है। इसी प्रकार देवठान और दीपावली की चौक में प्रभुचरण बनाए जाते हैं। चौक बनाने की प्रक्रिया में 'चुटकी' अँगूठे और तर्जनी उँगली की पकड़ की महत्त्वपूर्ण भूमिका होती है। लकीरें सरलता से खींची जाती हैं। यह मुक्त हस्तकला है। इसका आधार केवल स्मृति होती है। महिलाएँ अपनी स्मृति के आधार पर ही विभिन्न प्रकार के चौक बनाती हैं। कभी–कभी नवीनता देने के लिए कल्पना का सहारा भी लेती हैं, जिससे चौक की सुन्दरता बढ़ जाती है। कुछ पूजा ऐसी भी होती हैं, जिनके चौक पारम्परिक होते हैं। उनमें फेरबदल की सम्भावना नहीं होती

भूमि पूजन : चौक पूरना

है। उन्हें पारिवारिक और सामाजिक नियमानुसार ही बनाया जाता है। विवाह के अवसर पर बनने वाला चौक मंडप के नीचे पंडित बनाता है। अवसर अनुकूल लोकगीत चौक बनाते समय गाए जाते हैं :

(1)
सोने के दियल जलाओ गोरी धन चौके आई
चन्दन चौक पुराओ गोरी धन चौके आई।
वामन बुलाओ वैद दिखाओ गुन के गनत लगाओ
गोरी धन...

(2)
आज दिन सोने को महाराज
सोने के सब दिन सोने की रात
सोने के कलस धराओ महाराज
गउआ के गोबर मंगाओ बारी ननदी
ढिक धरै अंगन लिपाऔ महाराज
ढिक धर अंगन लिपाओ बारी ननदी
मोतियन चौक पुराओ महाराज
आज दिन...

उरैन

प्रमुख तीज त्योहारों, शुभ अवसरों पर घर के मुख्य द्वार की भूमि पर उरैन डालने की परम्परा है। 'उरैन' का शाब्दिक अर्थ है उर (हृदय) में रैन (रहना), अर्थात हृदय में रहना। प्रातः काल घर के मुख्य द्वार की भूमि को गोबर और थोड़ी मिट्टी मिलाकर लीपते हैं। यह लिपाई चौकोर आकार में करते हैं। उंगलियों के पोरों की सहायता से उस चौकोर आकार के चारों कोनों को थोड़ा सा बाहर निकाल देते हैं। महिलाएँ सुन्दरता की दृष्टि से कभी-कभी उरैन के चारों ओर के हिस्सों को गोबर से ही गोलाकार या आड़ी-तिरछी रेखाओं से सुसज्जित कर देती हैं। उस लीपे हुए स्थानों पर आटे या सूखे रंग से चौक बनाए जाते हैं।

श्राद्ध पक्ष या पितृपक्ष में प्रतिदिन उरैन डालना आवश्यक होता है। इसके पीछे यह भावना रहती है कि क्वांर मास कृष्ण पक्ष में स्वर्ग से पितृों का आगमन पृथ्वी लोक पर होता है। उनके लिए यह उरैन स्वागत का प्रतीक माना जाता है। पितृ पक्ष में बनाए गए उरैन में, पितृ आगमन के प्रतीक चरण-चिह्न बनाने की परम्परा है। बुन्देलखण्ड में पितृ पक्ष को 'कनागत' (कर्णागत) भी कहा जाता है। कर्णागत अर्थात कर्ण का आना या कर्ण आए। इसी सम्बन्ध में कथा भी प्रचलित है।

कथा

कुन्ती ने क्वांरेपन में सूर्य द्वारा एक पुत्र को जन्म दिया था, जिसके शरीर पर स्वर्ण का कवच एवं कानों में कुंडल थे। कुन्ती उस समय कौंतार–चेदि प्रदेश में थीं। उन्होंने पुत्र को सांसारिक लाजवश नदी में बहा दिया। कालान्तर में वही पुत्र दानवीर कर्ण के नाम से विख्यात हुआ। कर्ण प्रतिदिन पूजन के बाद स्वर्णदान किया करते थे। महाभारत युग में वे कौरवों के सेनापति बने। कुन्ती ने अपने पांडव पुत्रों में से प्रिय अर्जुन के प्राणों की रक्षा हेतु कर्ण से वचन लिया, जिसका पालन करते हुए रणभूमि में कर्ण की मृत्यु हो गई। मृत्यु से पूर्व उन्होंने अपने दान देने की परम्परा बनाए रखते हुए अपने दाँतों में लगे स्वर्ण को भी दान कर दिया। मृत्यु के बाद जब वे देवलोक गए तो वहाँ उन्हें भोजन के स्थान पर स्वर्ण खाने को दिया गया। उन्होंने जब अन्न माँगा तो उनसे कहा गया कि 'पृथ्वी पर तुमने केवल स्वर्ण ही दान किया है, इस कारण तुम्हें स्वर्ण ही यहाँ मिलेगा। यदि अन्न दान करते तो अन्न प्राप्त करने के अधिकारी होते।' यह जानकर कर्ण ने ईश्वर की कृपा से क्वांर मास पितृपक्ष में पुनः पृथ्वी पर आकर पन्द्रह दिनों तक अन्न दान दिया, जिससे उन्हें स्वर्गलोक में समस्त सुखों की प्राप्ति हुई।

इसी कथा के आधार पर 'कनागत' में दान–कर्म करने की परम्परा है। प्रत्येक परिवार में पितरों की स्मृति में मृत्यु की तिथि पर ब्राह्मण को भोजन कराने की परम्परा है। मनुष्यों के साथ गाय और कुत्ते को भी ग्रास दिया जाता है तथा कौए को आवाज देकर 'कागौर' देते हैं। अर्थात इन दिनों पितरों की आत्मा की शान्ति हेतु दान–पुण्य किया जाता है। पशु–पक्षियों को पितृ रूप मानकर भोजन कराते हैं। ये 'करयै' अर्थात 'कड़वे' दिन कहलाते हैं। इन दिनों शुभ कार्य आदि नहीं किए जाते, बल्कि विवाहादि की चर्चा, सम्बन्ध तय करना भी निषेध है।

उरैन माँगलिक अवसरों पर भी डाले जाते हैं, किन्तु उस समय पितरों के चरण नहीं बनाए जाते हैं। इन दिनों पितृ मोक्ष और निर्गुण भजन गाए जाते हैं :

पितृ विसर्जन/कनागत

(1)

मलइया वारे नइया खे वे रे
नइया खे वे रे मोरे फूला लगा दो पार
मलइया वारे, नइया खे दो रे–2
मेरे पुरखा लगा दो पार रे
मलइया ...

(2)

राम राम खौ भजलै प्यारे, क्यों करते सैनाकानी
हम जानी कै तुम जानी

बालापन हंस खेल गंवाए, दूध पिये मुस्का जानी। हम जानी...
आई जुवानी लाल भई अँखिया, अलियाँ, गलिन
इठला जानी। हम जानी...
आओ बुढापौ चकित भई देहिया, लै लठिया पसता जानी
हम जानी...

देवोत्थान एकादशी

इसे बुन्देलखण्ड में 'देवठान' के नाम जाना जाता है। एकादशी व्रत धार्मिक रूप से अत्यन्त महत्त्वपूर्ण और फलदायक माना जाता है। एकादशी व्रत की महिमा स्कन्द पुराण, मार्कण्डेय पुराण तथा पद्म पुराण में वर्णित है। महाभारत में भी कहा गया है कि एकादशी व्रत सभी इच्छित मनोकामनाओं को पूर्ण करने वाला व्रत होता है। इस व्रत के नियम भी होते हैं। वैसे तो एकादशी व्रत में निर्जला रहना शुभ माना जाता है किन्तु यदि न रह सके तो फलाहार के साथ भी रहा जा सकता है। देवठान एकादशी का महात्म्य सर्वाधिक माना गया है। इसे प्रबोधनी एकादशी के नाम से जाना जाता है क्योंकि इस दिन को भगवान विष्णु का देवशयनी एकादशी के पश्चात देवों का सोकर उठने का 'जागरण काल' माना गया है। इसके सम्बन्ध में यह कथा है कि विष्णु भगवान देवशयनी एकादशी पर पाताल लोक में विश्राम हेतु चले जाते हैं। इस बीच वे सांसारिक व्यक्तियों की पूजा स्वीकार नहीं करते हैं किन्तु देवठान एकादशी पर जब पाताल पुरी से वापस आते हैं, तब पूजा स्वीकार करते हैं।

कार्तिक मास की शुक्ल पक्ष ग्यारस को देवठान एकादशी मनाई जाती है। इस दिन आँगन की भूमि को गोबर से लीप कर उस पर गेरू, चूने या आटे से चतुर्भुजी चौक पूरा जाता है। उसके मध्य में प्रभु चरण बनाए जाते हैं। उस निश्चित आकार के

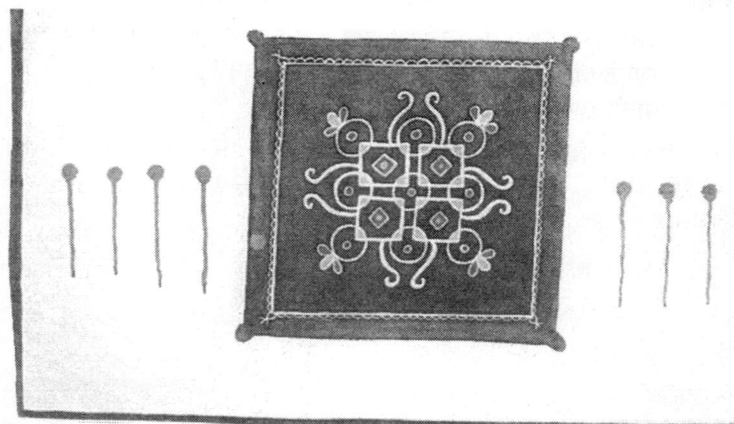

देवठानी ग्यास (देवउठान (देव जागरण) एकादशी पर भित्ति चित्रण)

चौक को महिलाएँ इच्छानुसार कलात्मक रूप से जितना बढ़ाना चाहती हैं, बढ़ा देती हैं। घर के मुख्य द्वार की ड्योढ़ी, अन्य कमरों तथा पूजागृह की ड्योढ़ी पर भी अनेक कलात्मक भूमि चित्रण किए जाते हैं। इनका अर्थ सामान्य रूप से यही माना जाता है कि भगवान घर के प्रत्येक स्थान पर शुभागमन करें। कहीं-कहीं पूजागृह से चौक तक प्रभु चरण बनाए जाते हैं। देवठान का पूजन सान्ध्य बेला के पश्चात किया जाता है। चौक के ऊपर गन्ने का मंडप बनाया जाता है। आँगन में बने चौक पर पूजागृह से भगवान लाकर बिठाए जाते हैं। भगवान को नवीन वस्त्र धारण कराके परिवार के सभी सदस्य क्रम से उनकी पूजा करते हैं और उनको नवीन फसल के गन्ने, भाजी, मूँग की फलियाँ, बेर, शकरकन्द, सिंघाड़ा, कचरियाँ इत्यादि चढ़ाए जाते हैं। भगवान को नये बिस्तर (गद्‌दा, तकिया, रजाई) ऋतु अनुकूल बनाकर समर्पित किए जाते हैं। सर्दी का आगमन होने पर ईश्वर को प्रथम समर्पित कर इन वस्तुओं का उपभोग हम करें, इसी भावना से पूजन किया जाता है। पूजन के पश्चात चौक की परिक्रमा करने की परम्परा है। इसके अलावा परिवार के वरिष्ठ जन भगवान का सिंहासन या पटा उठा कर झूले के समान झुलाते हैं और कहते हैं :

उठो देव, उठो देव क्वांरन के
ब्याव होंय, ब्याहतन के चलाय हौय।

देवठान से शुभ दिन प्रारम्भ माने जाते हैं। घर में विवाह, चलाव (गौना) आदि शुभ कार्यक्रम प्रारम्भ होने लगते हैं। पुराणों में कहा गया है कि 'पाप रूपी घास-फूस को नष्ट करने के लिए एकादशी का माहात्म्य है।' इसी भाव से जलती घास को पहले भगवान के आसन के चारों ओर फिराते हैं। तत्पश्चात उसी जलती घास को अपने तथा परिवारजनों पर फिराया जाता है। घास का पूला (गट्‌ठा) फेरते समय कहते जाते हैं :

औध नई, बोध नई, तेली कौ तेल नऔ
छिपी की सूज नई, नाऊ की मसाल नई
नौनी-नौनी सबई भई, दाद जाय, खाज जाय।

अर्थात, शुभ कार्यों हेतु यह वर्ष नया और बुद्धि नई हो। तेली के यहाँ नया तेल हो, दर्जी की सूई नई हो, नाऊ की मशाल नई हो। शरीर की व्याधियाँ, दाद-खाज नष्ट हों, जिससे शरीर स्वस्थ हो।

गोधन

गोधन अर्थात 'गो-धन' या 'गौ-वर्धन'। यह बुन्देली संस्कृति में अत्यन्त महत्त्वपूर्ण चित्रांकन है। इसके शाब्दिक अर्थ के अनुसार गाय धन के समान होती है, अर्थात गायों की संख्या बढ़े, इस भाव से पूजन होता है।

दीपावली के दूसरे दिन कार्तिक शुक्ल प्रतिपदा को गोधन की पूजा की जाती है। वैसे तो इस त्योहार का पौराणिक महत्त्व ब्रज से सम्बन्धित है, किन्तु बुन्देलखण्ड

कृषि प्रधान तथा पशुपालन क्षेत्र होने के कारण इसका महत्त्व यहाँ भी समान रूप से स्वीकार्य है।

कृषि कार्य सदैव वर्षा पर आधारित रहता है। इस भावना से श्रीकृष्ण के अवतरण के समय तक भगवान इन्द्र, जो कि वर्षा के देवता माने जाते थे, उनकी पूजा का विधान था। इन्द्र को प्रसन्न करने हेतु यज्ञ कराए जाते थे। उस समय गौ-बलि देने का प्रावधान भी था। श्रीकृष्ण ने गौ-बलि के इस पाशविक कृत्य को समाप्त किया।

इस सम्बन्ध में यह कथा प्रचलित है—एक बार श्रीकृष्ण ने सम्पूर्ण ब्रज को पूजा तथा यज्ञ की तैयारी करते देखा। उन्होंने पूछा तब पता चला कि वे वर्षा के देवता भगवान इन्द्र को प्रसन्न करने हेतु यज्ञ व पूजन करने की तैयारी कर रहे हैं। यज्ञ में गौ-बलि भी दी जाती है, यह जानकर श्रीकृष्ण ने पूजन रुकवा दिया। उससे क्रुद्ध होकर इन्द्र ने अति-वृष्टि की, जिससे सम्पूर्ण ब्रज त्राहि-त्राहि करने लगा। सब श्रीकृष्ण से सहायता की गुहार करने लगे। श्रीकृष्ण ने गोवर्धन पर्वत को अपनी कनिष्ठ उंगली पर उठाकर छतरी समान बना दिया, जिसके नीचे सम्पूर्ण ब्रजवासियों, पशुओं आदि ने शरण ली। तब से ब्रज में गोवर्धन पर्वत की महत्ता बढ़ गई। ब्रजवासी इन्द्र की पूजा छोड़कर गोवर्धन पर्वत की पूजा करने लगे। गाय का वध करना समाप्त हुआ तथा उसे भी पूज्य माना जाने लगा।

कालान्तर में पर्वत व श्रीकृष्ण के प्रतीकात्मक चित्र की गोबर द्वारा रचना कर पूजा की जाने लगी। बुन्देलखण्ड में भूमि को गोबर से लीपकर उस पर गोबर की सहायता से चौकोर आकार में हलकी उभरी चारदीवारी बना लेते हैं। नीचे की ओर द्वार बना देते हैं। उस चौखाने में कृष्ण-बलराम की एकाकार आकृति बनाई जाती है। एकाकार से तात्पर्य यह है कि एक धड़, दो हाथ तथा दो पैर बनाते हैं। आकृति के पेट में एक गड्‌ढा बनाया जाता है। आकृति के ऊपर वाले भाग में गोवर्धन पर्वत बनाते हैं। आस-पास बछड़े तथा बरेदी (गाय चराने वाला) और दूध-दही बेचने वाली आदि बनाते हैं। चौखाने के चारों कोनों में अर्धवृत्ताकार सीमा रेखाएँ बनाकर कोठे बना दिए जाते हैं। कुछ लोग कृष्ण-बलराम के दो पुतले अलग-अलग या केवल कृष्ण का पुतला ही बनाते हैं, किन्तु एकाकार आकृति अधिक बनाई जाती है। पूजन विधान में चारों कोठों में खील, लाई, बताशा तथा अनाज भर दिया जाता है। तत्पश्चात् दूध-चावल या खीर बनाकर प्रसाद स्वरूप कृष्ण-बलराम की एकाकार आकृति के पेट में बने गड्‌ढे में भर देते हैं। कहीं-कहीं कढ़ी-चावल भरने का रिवाज भी है। घर के पुरुष यह पूजा करते हैं। गोधन के चारों ओर पाँच या सात गगरियाँ रखी जाती हैं, जो कलश कहलाती हैं। उन कलशों में पकवान डाल दिए जाते हैं। पूजा में मथानी भी रखी जाती है। सम्पूर्ण बुन्देलखण्ड में यह पूजा होती है, किन्तु चित्रण या पूजन विधान में थोड़ी भिन्नता प्राप्त होती है। भिन्नता होने पर भी भाव एक समान होते हैं। कार्तिक प्रतिपदा को 'दिवारी नृत्य' भी किया जाता है और गीत गाए जाते हैं। अहीर जाति के युवक ही यह नृत्य करते हैं। वे फुँदनादार बंडी तथा

रंग-बिरंगा जांघिया पहनते हैं। प्रमुख नर्त्तक हाथ में मोरपंख के मूठ (गड्डी) लेकर नृत्य करते हैं। वे कमर में झेला (घुंघरू) बाँधते हैं। आमतौर पर गीत यह होता है :

आई दिवारी पावनी, लाई दिया में तेल रे
भौजी पटिये पाटियों मोरी माँग लहरिया लोय रे।
वृन्दावन की खोर में ग्वालन दै रई टेर रे
तुम तो कन्हैया बाबा नन्द के मोरो दहया लै लै मोल रे।

दौज

इसे 'भाई दौज' या 'भैया दूज' के नाम से जाना जाता है। चैत्रमास में कृष्णपक्ष द्वितीया को तथा कार्तिक मास में शुक्ल पक्ष की द्वितीया को दौज गोबर से बनाई जाती है। यह घर के मुख्य द्वार के दोनों ओर बनाई जाती है। सर्वप्रथम गोबर की चपटी गोलाकार आकृति बनाई जाती है, फिर इसे धनात्मक चिह्न द्वारा चार भागों में विभाजित कर दिया जाता है। बीच में जहाँ दोनों रेखाएँ मिलती हैं वहाँ देवी आकृति बनाते हैं, जिसे 'दौज माई' कहते हैं। विभाजन रेखा की समाप्ति पर कुंड बनाए जाते हैं। विभाजन रेखाओं के बीच खाली स्थान पर समृद्ध गाँव का दृश्य योग्यता एवं कल्पना के आधार पर बनाते हैं, जिसमें दूध बिलोती देवरानी-जेठानी, भोजन बनाने तथा धान कूटने आदि के दृश्य, और ग्वाले, पशु, पर्वत आदि बनाए जाते हैं।

पूजन करते समय चारों 'कूंड़ों' में दूध भरकर ढक्कन से बन्द कर देते हैं। ये चारों दिशाओं की समृद्धि प्रदर्शित करते हैं। मध्य में निर्मित 'दौज माई' की पूजा करने के बाद बहनें अपने भाइयों को टीका करती हैं। इस पूजन का मुख्य उद्देश्य बहन द्वारा भाई की रक्षा व दीर्घायु होने की मंगल कामना करना होता है। दौज पूजन के बाद बहनें द्वार पर रुई की बनी 'आसें' भी लगाती हैं, जो भाई की दीर्घायु कामना या उम्र जोड़ना कहलाता है। इसके लिए रुई की एक लम्बी माला बनाई जाती है, जिसे हल्दी, गुड़ और पानी की सहायता से बीच-बीच में दबाते चले जाते हैं। इस कारण रुई के सफेद 'गुरिया' (मोती) जैसे दिखने लगते हैं। भटकटैया के काँटेदार पत्तों को मूसल से कुचल कर बहनें कहती हैं :

जो कोऊ बुरई नजर से भैया को देखे,
ऊ की आँखें फूटैं, जो कोऊ गारी देवै,
ऊ कौ मौ बरे, ऊ कौ मौ दौजे-दौजे।

सरल शब्दों में बहन द्वारा भाई के निष्कंटक जीवन की यह मंगल कामना होती है। ऐसा लोक-विश्वास है कि दौज के दिन भाई को अपनी बहन के हाथों का बना भोजन अवश्य करना चाहिए। इससे भाई का मंगल होता है।

दीपावली के बाद आने वाली दौज को 'यम द्वितीया' के नाम से भी जाना जाता है। सम्बन्धित कथानुसार—भगवान सूर्य की पुत्री यमुना और यमराज भाई-बहन थे। यमराज यमुना के यहाँ कभी नहीं जाते थे। यमुना उन्हें हमेशा बुलाती थीं। एक बार

बहुत आग्रह के बाद यमराज कार्तिक मास की शुक्ल पक्ष की द्वितीया पर यमुना के घर गए। यमुना ने स्वागत कर उनका टीका किया और प्रेमपूर्वक भोजन कराया। बहन का प्रेम देखकर यमराज बहुत प्रसन्न हुए। उन्होंने बहन के माँगने पर वचन दिया कि जो भाई इस दिन अपनी बहन के घर जाएगा और टीका कराके भोजन करेगा, मैं उसे मृत्यु से मुक्त कर दूँगा। बुन्देलखण्ड के कुछ भागों में उपर्युक्त कथा को थोड़ा सा परिवर्तित करके भी कहा जाता है कि यमराज को क्षयरोग हो गया तो वे अपनी बहन यमुना के पास गए। जब बहन ने भोजन कराया तब उनका रोग ठीक हुआ। इस कथा के सन्दर्भ में यह उल्लेखनीय है कि यमुना नदी बुन्देलखण्ड क्षेत्र में प्रवाहित होती है। जब भाई दौज को भाई दूर होता है तब बहन भाई को याद करके मार्मिक लोकगीत गाती है :

(1)

बहना रो रो के कै रई बिसूर
के भइया मोरी खबर लियो
नौ मईना माता दु:ख पाए
पैदा भये जब दूध पिलाये
हाथन-हाथन हमें खिलाये
ऐसो बन गऔ कौन कसूर, भइया मोरी खबर लियो...

(2)

कौन दिसा से ऊरी कारी रे बदरिया
कौना बरस गए मेघ रे, बदरिया रानी बरसो वीरन जू के देस
ससुरे में ऊरी जा कारी रे बदरिया
मइके बरस गए मेघ रे बदरिया रानी...

दसैरा

'दशहरा' का त्योहार आश्विन शुक्ल पक्ष की दशमी को मनाया जाता है। इस दिन भगवान श्रीराम ने लंका के राजा रावण का वध कर विजय प्राप्त की थी। इस कारण इसे 'विजय दशमी' भी कहा जाता है। 'ज्योति निर्बन्ध' में लिखा है कि आश्विन शुक्ल दशमी को तारा उदय होने के समय 'विजय' नामक काल होता है। विजय दशमी या दशहरा से सम्बन्धित अनेक पौराणिक एवं ऐतिहासिक कथाएँ तथा प्रसंग हैं, जो दशहरा महात्म्य को उद्‌घाटित करते हैं। मार्कण्डेय पुराण के अनुसार :

प्राचीन काल में देवताओं और असुरों में कई वर्षों तक युद्ध हुआ। असुरों का राजा महिषासुर बड़ा अत्याचारी था। उसे तपस्या करने से यह वरदान मिला था कि उसे कोई पुरुष नहीं मार सकता। ब्रह्मा ने अन्य देवताओं के कहने पर माँ दुर्गा से

प्रार्थना की, तब दुर्गा जी ने काली का रौद्र रूप धारण किया। उन्होंने महिषासुर से नौ दिन तक युद्ध किया। आश्विन शुक्ल दशमी को देवी दुर्गा ने महिषासुर का वध किया, जिससे वे महिषासुरमर्दिनी कहलाईं। इस कथा के अनुसार प्रतिपदा से नवमी तक दुर्गा की प्रतिमा का पूजन कियां जाता है। दशमी को दुर्गा की प्रतिमा का विसर्जन बड़ी धूम-धाम से करते हैं।

दसैंया : दशहरे पर भूमि चित्रण

बुन्देलखण्ड क्षेत्र रामायण और महाभारत काल की घटनाओं का साक्षी रहा है। रामायणकालीन कथानुसार—भगवान श्रीराम ने रावण पर विजय प्राप्त करने के लिए नौ दिनों तक दुर्गा के शक्ति स्वरूप की उपासना की। श्रीराम ने पूजन में एक सौ आठ पद्म पुष्पों को अर्पित करने का संकल्प लिया था। माँ दुर्गा ने परीक्षा लेने के लिए एक पुष्प अदृश्य कर दिया। श्रीराम ने संकल्प पूर्ण करने के उद्देश्य से अपने कमल समान नेत्र को अर्पित करने का निश्चय किया। जैसे ही उन्होंने नेत्र निकालने का प्रयत्न किया, उसी समय माँ दुर्गा ने प्रकट होकर श्रीराम को ऐसा करने से रोका और रावण वध का आशीर्वाद दिया। दशमी को राम ने माँ शक्ति की प्रतिमा का पूजन कर विसर्जन किया। तत्पश्चात रावण से युद्ध कर उसका वध किया।

दशहरे पर शमी वृक्ष की पूजा करना भी शुभ माना जाता है। महाभारत कालीन घटना के अनुसार जब दुर्योधन ने पांडवों को जुए में हरा दिया तो यह शर्त रखी कि वे बारह वर्ष वनवास में रहें और एक वर्ष अज्ञातवास में बिताएँ। अज्ञातवास में पहचाने जाने पर उन्हें पुनः वनवास भोगना पड़ेगा। अज्ञातवास काल में अर्जुन ने अपना गांडीव तथा शस्त्र एक शमी वृक्ष में छुपा दिए और स्वयं बृहन्नला रूप में राजा विराट के यहाँ रहे। राजा विराट के पुत्र कुमार के साथ जब अर्जुन गौओं की रक्षा के लिए वन में गए, तब शमी वृक्ष से अपना धनुष-बाण लेकर शत्रुओं का नाश किया। शमी वृक्ष ने अर्जुन के शस्त्रों की रक्षा की, इस कारण पूजनीय हो गया। इसी प्रकार श्रीराम के लंका विजय हेतु प्रस्थान करते समय शमी वृक्ष ने राम की विजय कामना की थी। सम्बन्धित कथाओं में युद्ध वर्णन के कारण दशहरे का महत्त्व क्षत्रियों के लिए अधिक बढ़ गया।

बुन्देलखण्ड में दशहरे का अलग महत्त्व है। यहाँ कृषि कार्यों की प्रधानता है। इसी के साथ ईश्वर को स्मरण कर सभी कार्य प्रारम्भ किए जाते हैं। इसी श्रृंखला में 'गोबर

पाथने' (कंडा बनाने) का क्रम दशहरे से ही प्रारम्भ किया जाता है। इस कारण विशेषतया ग्रामीण क्षेत्रों में दशहरे के दिन घरों में आँगन की भूमि लीप कर उस पर आटे से चौक पूरा जाता है। उस चौक पर गोबर की दस टिकियाँ रखी जाती हैं, जिन्हें 'दसरैया' कहते है। उन दसरैयों की पूजा काशीफल या तुरई के फूल, 'ऐपन' (हल्दी और चावल का पिसा मिश्रण) तथा अन्य पूजन सामग्रियों से की जाती है। यह पूजन गोबर की उपयोगिता एवं गुणों का आदर प्रदर्शित करता है। पूजा के साथ गीत यह होता है :

दसरये की धरो दसरैया
राम लछमन पधारो दोनों भइया
राम धनुष हाथ में लै लो तुम
लछमन तुम साधो कमनियाँ
राम लछमन पधारो दोनों भइया
दसरये की...

दशहरे पर शमी वृक्ष की पत्तियाँ बाँटी जाती हैं। प्रातः काल 'सोन' (मछली) देखना तथा नीलकंठ का दर्शन शुभ माना जाता है। दशहरे को पान खिलाकर आपस में प्रेम बढ़ाने की परम्परा है तो अनेक स्थानों पर मेले भी लगते हैं।

साँझी

'साँझी' श्राद्धपक्ष में आश्विन कृष्ण पक्ष में भूमि पर चित्रांकित की जाती है। प्रथम दस दिन गोबर व फूलों से सजाई जाती है और शेष पाँच दिन रंगों से बनाई जाती है। यह वास्तव में ब्रज का लोक-चित्रांकन है, किन्तु बुन्देलखण्ड का कुछ भू-भाग विशेषतया दतिया, ब्रज क्षेत्र से सर्वाधिक प्रभावित रहा है। इस कारण वहाँ साँझी का चित्रांकन देखने को मिल जाता है। जब कोई लोक-कला एक स्थान से दूसरे स्थान पर स्थानांतरित होती है, तब उसका लोक रूप परिवर्तित हो जाता है। इसी तरह साँझी भी परिवर्तित रूप में पाई जाती है। सान्ध्य बेला में चित्रांकन करने के फलस्वरूप इसे साँझी कहते हैं।

मान्यता यह है कि श्राद्ध पक्ष में हरियाली हो जाती है। श्रीकृष्ण गाय चराने जंगल जाते थे, और सन्ध्या को जब वापस लौटते थे तब गोपियाँ उनके मार्ग में फूल बिछा देती थीं। उसी परम्परा को लोक मान्यता मिल जाने पर घर-घर साँझी सजाई जाने लगी। बुन्देलखण्ड में साँझी का चित्रांकन करने के लिए एक चौकोर सीढ़ीयुक्त मिट्टी का चबूतरा बनाकर उसके पास मिट्टी की दो दीवारों से यमुना नदी बनाते हैं, और उसमें पानी भर दिया जाता है। फिर मिट्टी के चबूतरे पर साँझी चित्रांकन किया जाता है। इसमें फूल, पत्ती, बेल की आलंकारिक आकृतियों के साथ कुछ विशेष चित्र प्रतिदिन बनाए जाते हैं, जैसे—अमावस्या को पाँच चपेटे, प्रतिपदा को एक पटा, द्वितीया को दो पंखे, तृतीया को एक-दूसरे के भीतर रखे तीन कटोरे, चतुर्थी को चौपड़, पंचमी को पाँच कटोरे, षष्ठी को छह पंखुड़ी का फूल और सप्तमी को सांतिया।

दतिया में कागजी साँचों से भी साँझी तैयार की जाती है। दूधिया पत्थर से सफेद रंग बनाते हैं। सफेद चूर्ण में नीला-पीला रंग मिला देते हैं। खसकीला पत्थर को घिस कर पीला रंग प्राप्त करते हैं। चील बट्टा पत्थर का रंग खैर जैसा लाल-काला होता है। धीरे-धीरे तैयार रंगों का प्रयोग भी किया जाने लगा है। साँझी कला का प्रदर्शन अन्य प्रकार से भी होता है। परातों में पानी भरकर उस पर पिसी सेल खड़िया की परत धीरे से डालकर उस पर कागजी साँचों से रंग बिछाकर सुन्दर साँझी तैयार की जाती है। इसी प्रकार परात की तह में तैलीय रंगों से साँझी चित्रण कर सूखने पर ऊपर से पानी भर देते हैं। वर्तमान में बुन्देलखण्ड के कुछ भागों में ही साँझी बनाई जाती है, और प्रतिदिन कृष्ण लीला व राधाकृष्ण प्रेम के लोक भजन गाये जाते हैं :

(1)

छेड़ो न स्याम कही मानों, फट जैहै चुनरिया जिन तानौं
मैं बेटी बृषभान लाडली, और गुजरिया न जानौ
जाय कहो मैं कंस राजा सो और गुजरिया न जानौ, फट जैहे...

(2)

आरत मंगल तेरो जस गाऊँ, तेरो जस गाऊँ
महाफल पाऊँ, बिमल बिमल स्याम तेरो जस गाऊँ

भित्ति चित्रण

बुन्देलखण्ड की लोक चित्रकला में भित्ति चित्रण अनेक हैं। भित्ति चित्रण अधिक कलात्मक होते हैं। इनमें कुछ चित्रों में सघन चित्रण किया जाता है, किन्तु कुछ चित्र केवल 'पुतरिया' बनाकर पूर्ण समझे जाते हैं।

चितेरी कला

'चितेरी' बुन्देलखण्ड की प्रमुख लोक-चित्रकला है। इसे विवाह के अवसर पर घर की मुख्य भित्ति, मुख्य द्वार के दोनों ओर बनाने का प्रचलन है। चितेरी कला राजस्थान की कला से अभिप्रेरित है। चितेरी कला चित्रकला की अपभ्रंश शैली के बताए गए बारह लक्षणों के अत्यन्त समीप है और जो कलाकार भित्तियों पर चितेरी कला चित्रित करते हैं, उन्हें 'चितेरे' कहा जाता है।

चितेरी मुक्त हस्त चित्रण है। इसके खिलते हुए रंग आकर्षक होते हैं। देखने वालों को प्रतीत होता है कि घर में शुभ कार्य सम्पन्न होने जा रहा है। विवाह के अवसर पर यह गृह सज्जा का सुन्दर पक्ष है। चित्रण में श्रीगणेश और उनके दोनों ओर ऋद्धि-सिद्धि, मूषक मुख्य द्वार की चौखट के ऊपर चित्रित किए जाते हैं। श्रीगणेश विघ्न हरण माने जाते हैं। वे शुभ कार्यों को बिना विघ्न-बाधा के सम्पन्न कराएँ तथा परिवार में ऋद्धि-सिद्धि व्याप्त रहें, इसी भाव से यह चित्रण अवश्य कराया जाता

चितैरी कला विवाह अवसर पर मुख्य द्वार पर भित्ति चित्रण

है। घर की मुख्य भित्ति चित्रकार का कैनवास होती है। वह मंडप में वर-वधू, मंगल कलश धारिणी स्त्रियाँ तथा वरमाला लिये वर-वधू को चित्रित करता है। चित्र में लोक वाद्य वादक—नगड़िया, तुरही, रमतूला आदि बजाते दिखाए जाते हैं। वाद्य-यंत्रों के चित्रण से प्रतीत होता है कि मंगल-ध्वनि बजाई जा रही है। शिव-पार्वती, राधा-कृष्ण, विष्णु-लक्ष्मी आदि देव चित्रित किए जाते हैं। दरबान, बारात का दृश्य, जिसमें वर पारम्परिक पालकी में बैठा है। इसी प्रकार विदाई का दृश्य, जिसमें वधू पालकी में बैठी चित्रित की जाती है। चित्र में सभी स्त्री-पुरुष पारम्परिक वेशभूषा में दिखाए जाते हैं। स्त्रियाँ घाघरा, चुनरी तथा पुरुष अंगरखा, साफा या टोपी पहने चित्रित होते हैं। मुख्य द्वार पर बेल-बूटे, पत्तियों की बेल बनाकर चित्र सज्जा के माध्यम से अवसर के अनुकूल वातावरण बनाया जाता है। कभी-कभी 'चितेरी' में हिरन, शेर, हाथी, बाघ आदि तथा कभी-कभी युद्ध दृश्य और शौर्य तथा पराक्रम प्रदर्शित करते वीर योद्धा, शिकारी इत्यादि भी चित्रित किए जाते हैं। 'चितेरी' भित्ति पर ही नहीं वरन् सावनी की मटकियों, मिट्टी के कलात्मक बर्तनों और खिलौनों की साज-सज्जा के लिए भी प्रयुक्त होती है।

चितेरी बनाने में चूने के रंगों का प्रयोग होता है। रंगों को पक्का करने के लिए बबूल की गोंद या सरेस पानी में पकाकर तैयार रंगों में मिला देते हैं। रंगों का प्रयोग चित्रानुसार किया जाता है। प्रमुख रंग गुलाबी, नीला, पीला, लाल, नारंगी, हरा (हलका, गहरा) होते हैं। चित्र उभारने के लिए काले रंग की रेखाओं का प्रयोग होता है। चित्रकार सर्वप्रथम गेरू से पूरी भित्ति पर आधार चिह्न बना लेता है। तत्पश्चात चित्र के आकार के अनुसार मुख्य रंग मोटे ब्रश से लगाता है। फिर आकृति के चेहरे के लिए गोल,

हाथों के आकार के लिए लम्बे और पैरों के लिए अंडाकार छोटे धब्बे चित्रित किए जाते हैं, जो गुलाबी या पीले रंग के होते हैं। उसके बाद मध्यम मोटाई के ब्रश से मोटी रेखाओं द्वारा आकृतियों के वस्त्र, वस्तु आदि चित्रित करते हैं। इस प्रकार चित्र में मुख्य रंगों को लगाना 'टिपाई' कहलाता है। उसके बाद चित्र को उभार देने के लिए पतले ब्रश की सहायता से काले रंग की रेखाएँ बनाई जाती हैं, जिससे आकृति की रचना स्पष्ट हो जाती है। इसे चित्रण शैली में 'खुलाई' कहा जाता है।

चितेरी की विशेषता यह है कि रंग सूखने की प्रतीक्षा किए बिना ही कलाकार दूसरे रंग का प्रयोग करता है, और एक बार में एक रंग ही प्रयुक्त किया जाता है। चितेरी कला का प्रयोग भित्ति चित्रण के अतिरिक्त कागजों पर भी करते हैं। दीपावली तथा जन्माष्टमी के 'पना' (पन्ना) बनाने में इस कला का पारम्परिक प्रयोग किया जाता है। चितेरी कला के चित्र अपने आकर्षक रंग विन्यास तथा चित्रण के साथ परम्परागत रूप में बुन्देलखंड के घरों की भित्तियों पर सजे रहते हैं। चित्रों के साथ 'स्वागतम्', 'शुभ विवाह' आदि शब्दों को भी लिखा जाता है। शुभ अवसर पर चित्रित चितेरी का वर्णन इस लोकगीत में है :

गोबर से लीपौ देहरिया,
हमाये इतै ब्याव रचो।
द्वारै पै लिख देओ गनेस जू बब्बा
भीतन पे राम और सीता, हमाये इतै...
द्वारे पै लिख लैओ ढोल नगड़िया
संगै बनाओ रमतूला, हमाये इतै...

ढरकौना

ये गेरू से निर्मित शुभ प्रतीक चिह्न हैं जिन्हें 'ढरकौना' कहा जाता है। बुन्देलखण्ड में देवस्थानों, लोक-देवताओं के चबूतरों, मढ़ियों तथा घर के मुख्य द्वारों पर भी ढरकौना देखने को मिल जाता है। ढरकौना बुन्देली शब्द है, इसका शाब्दिक अर्थ है 'ढरक आना' (नीचे की ओर बहना या गिरना)। इसी शाब्दिक अर्थ का पर्याय ढरकौना होता हैं। इनमें गेरू व पानी तथा रुई का प्रयोग होता है। गेरू को पानी में घोलकर थोड़ी सी रुई उसमें भिगो देते हैं। जहाँ ढरकौना लगाने होते हैं वहाँ भित्ति पर उचित ऊँचाई पर रुई को रखकर उँगलियों से दबाते हैं। रुई मुख्य स्थान पर गेरू का गोल धब्बा बनाती है तथा उसका शेष गेरू स्वयं नीचे की ओर बह जाता है। इस प्रकार ढरकौना अपने नाम के अनुरूप बन जाता है। दीपावली व देवठान पर घर के मुख्य द्वार के दोनों ओर ढरकौना 5, 7, 9 या 11 संख्याओं में लगाए जाते हैं। ग्रामीण क्षेत्रों में ये घर से बाहर के पूजा स्थानों, जैसे देव स्थानों या लोक-देव स्थानों पर अवश्य लगाए जाते हैं। ढरकौना सम्बन्धित एक लोकोक्ति भी है :

देवता बसै सब कोना, द्वारे पै ढरका दये ढरकौना।

आरते-मौरते और हाथे

विवाह के अवसर पर जब वर के यहाँ ले जाने के लिए वधू को विदा कराके बारात लौटने वाली होती है, उस समय घर में प्रसन्नता का वातावरण होता है। ऐसे में घर के मुख्य द्वार के दोनों ओर लोक चित्रकारी की जाती है। घर की कोई सुहागिन महिला गेरू, हल्दी या ऐपन से (उपलब्धि या परम्परा के आधार पर) 'आरते-मौरते' बनाती है। ये वर-वधू के स्वागत चिह्न होते हैं। वे गृह रक्षक तथा स्वागतोत्सुक गृह देवता प्रतीत होते हैं। वर-वधू के आने पर मुख्य द्वार की पारम्परिक रस्मों के बाद वर-वधू हल्दी व पानी के घोल में हाथ भिगोकर भित्ति पर 'हाथे' या 'थापे' लगाते हैं। आरते-मौरते तथा हाथे यह प्रदर्शित करते हैं कि घर में वर-वधू का आगमन हो चुका है। आरते-मौरते बुन्देली शब्द है। इसके आधार पर यह लगता है कि 'मौर' धारण करने वालों की आरती करने हेतु हम प्रतीक्षारत हैं। यह प्रतीक चिह्न के समान है। वर-वधू, कुल देवी-देवता तथा देव-स्थानों पर हल्दी से हाथे लगाते हैं। वधू आगमन के लोकगीत भी गाए जाते हैं :

बियाह ल्याये दसरथ ओ जानकी रे।
धन्य भाग था उन ससुरन का
उनै तो बहू मिल गई ओ जानकी रे
बियाह...
धन्य भाग था उन कौसल्या कौ
उनै तो बहू मिल गई ओ जानकी रे

भये के सांतिया

'भये के सांतिया' जन्म के अवसर पर बनने वाले स्वस्ति चिह्न को कहा जाता है। शाब्दिक अर्थ के अनुसार इसका चित्रण शिशु जन्म के अवसर पर किया जाता है। जब शिशु जन्म लेता है, तब परिवार में उल्लास का वातावरण रहता है। ऐसे में पद के अनुरूप सभी सगे सम्बन्धी तथा परिवार के सदस्य लोकाचार करते हैं। ऐसे में बच्चे की बुआ अर्थात् प्रसूता की ननद विशेष मान्य होती है। उसके अनेक नेग होते हैं, जो वह उत्साहित होकर देती है। इसी प्रकार प्रसूति गृह के द्वार की भित्ति पर ननद गोबर से शुभ चिह्न अंकित करती है। उन चिह्नों पर जौ व देवल के दाने लगाकर उन्हें सजाया भी जाता है। भये के सांतिया में स्वास्तिक चिह्न आवश्यक है। इसके अतिरिक्त चक्राकार चित्रण किया जाता है जो स्वास्तिक का रूप ही होता है। चक्राकार चित्रण पुत्र जन्म पर बनाया जाता है। पुत्री जन्म की संरचना भिन्न होती है। इसमें चतुर्भज जैसी रचना की जाती है, जिसमें चारों दिशाओं को इंगित करते गोलाकार कोने भी होते हैं। मध्य में खाली स्थान में भी एक छोटा चतुर्भुज होता है। सांतिया रखने और नेग माँगने के अनेक लोकगीत प्रचलित हैं :

कंगना पैले दै दो भौजी तब मैं सांतिया धर दूंगी
गुबरा कै तुम सांतियां धरतीं, लक्खन के जे कंगना, कंगना...
लक्खन की आसीसे दै हो, जुग-जुग जिये तेरो ललना, कंगना...

दीपावली

बुन्देली में इसे 'दिवारी' कहा जाता है। शरद ऋतु में कार्तिक मास की अमावस्या को दीपावली का त्योहार मनाया जाता है। फसल पक कर खलिहानों में आ चुकी है। भंडार भरे होते हैं। कृषक वर्ग अपने नियमित कृषि कार्यों से मुक्त हो जाता हैं, ऐसे में दिवारी एक महोत्सव के रूप में आती है। वैसे तो दीपावली सम्पूर्ण भारतवर्ष में मनाई जाती है, किन्तु इस दीपोत्सव का स्वरूप बुन्देलखण्ड में अनोखा है। यहाँ दिवारी लक्ष्मी आवाहन के साथ ओजपूर्ण दिवारी गायन एवं नृत्य के लिए भी प्रसिद्ध है।

दिवारी के साथ चार अन्य उत्सव भी सम्मिलित हैं। दिवारी से दो दिन पूर्व धनतेरस, उसके बाद नरक चौदस तथा दिवारी के बाद गोधन तथा दूसरे दिन भैया दूज मनाया जाता है।

इसी दिन आयुर्वेद के प्रवर्तक धन्वन्तरि की जन्म जयन्ती भी मनाई जाती है। इस प्रकार यह भौतिकता एवं शारीरिक स्वास्थ्य की उत्तमता हेतु मंगल कामना का त्योहार बन जाता है।

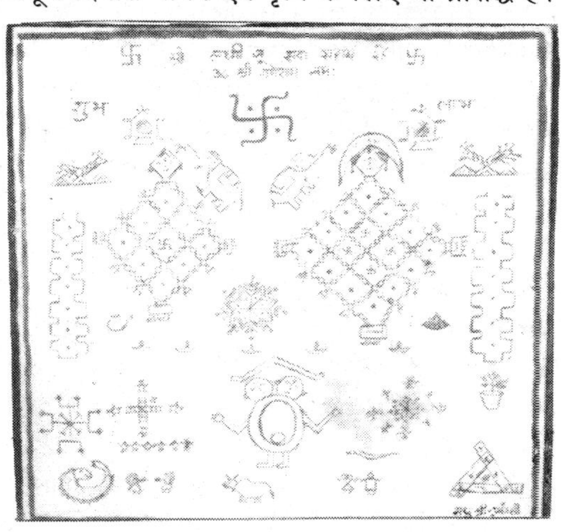

सुराती दिपावली पर भित्ति चित्र

नरक चौदस स्वच्छता का प्रतीक है। इस दिन घर की पूरी सफाई की जाती है। लिपाई-पुताई होने के बाद परिवारी जन स्नान कर 'अज्जा झारौ' और 'करई तुमरिया' को अपने ऊपर से उतारा करके घर के बाहर या पिछवाड़े फेंक देते हैं। इस सम्बन्ध में एक लोकोक्ति है :

अज्जाझारौ, करई तुमरिया, रोग-दोस लै जाय दिवरिया

यह एक प्रकार का टोटका लगता है या फिर पुराने समय में जड़ी-बूटियों से स्नान कर लोग स्वास्थ्य लाभ पाते होंगे, उसी का यह प्रतीकात्मक रूप है। दीपावली से सम्बन्धित पौराणिक कथाएँ भी हैं। उन्हीं में से एक प्रचलित कथा यह है :

एक बार धन एवं समृद्धि की देवी लक्ष्मी देवताओं के भोग-विलास और अहम् भावनाओं से दुखी होकर अपने पिता समुद्र के यहाँ चली गईं। देवताओं में दरिद्रता की स्थिति आ गई। तब श्री गणेश ने देवताओं को सुझाव दिया कि समुद्र का मन्थन कर पुनः लक्ष्मी को प्राप्त करें। देवताओं ने वैसा ही किया। समुद्र मन्थन से चौदह रत्न प्राप्त हुए, जिनमें से एक श्री लक्ष्मी भी थीं। श्री लक्ष्मी के आगमन पर दीपोत्सव

मनाया गया। चूँकि श्री गणेश के बताए उपाय से लक्ष्मी का पुनरागमन हुआ, इस कारण लक्ष्मी के साथ श्री गणेश की पूजा की गई, जो वर्तमान में भी की जाती है।

इसी प्रकार एक पौराणिक कथा यह भी है कि प्राचीन काल में असुर राजा बलि ने तीनों लोकों पर अपना राज्य कर लिया था। विष्णु ब्राह्मण वेश (वामन अवतार) रख कर राजा बलि से दान माँगने गए। उन्होंने तीन पग धरती दान में माँगी। बलि यह षड्यंत्र जानकर भी दान देने को तैयार हो गए। भगवान विष्णु ने तीन पग में तीनों लोक नाप लिए और राजा बलि पाताल लोक में समा गए, किन्तु बलि की दानशीलता से प्रभावित होकर विष्णु जी ने उन्हें पाताल लोक का राजा बना दिया। इसी कथानुसार दीपमालिका प्रज्वलित की जाती है।

दीप प्रज्वलन के सम्बन्ध में 'कल्प सूत्र' में उल्लिखित है कि जब महावीर जी का निर्वाण हुआ, तब सर्वसम्मति से यह निर्णय लिया गया कि अब ज्ञान की ज्योति बुझ गई है। इस कारण उस दिन ज्योति प्रज्वलित की जाए। वह दिन कार्तिक मास की अमावस्या ही थी।

लोक-विश्वास के आधार पर लक्ष्मी और दरिद्रा दो बहनें हैं, जो एक साथ दीपावली की रात पृथ्वी लोक पर विचरण करती हैं। जिस घर में स्वच्छता और प्रकाश होता है, देवी लक्ष्मी वहाँ निवास करती हैं और जहाँ गन्दगी और अन्धकार होता है, वहाँ दरिद्रा स्थान बना लेती है। इसी भावना से बुन्देलखण्ड के दूरवर्ती ग्रामों में महिलाएँ आज भी सूप और डोंडी बजाकर कहती हैं—'निकल दलिद्दर, आय लच्छमी।'

इसी प्रकार की अनेक कथा-कहानियाँ दीपावली से सम्बन्धित हैं, किन्तु सार सबका एक है—लक्ष्मी देवी का पूजन, दीप जलाना और स्वच्छता।

बुन्देलखण्ड में दिवारी भित्ति पर चित्रित की जाती है। यह सम्भवतः अन्य क्षेत्रों से बिल्कुल अलग विधान है। दिवारी चित्रांकन अत्यन्त जटिल प्रक्रिया है क्योंकि यह ज्यामितीय चित्रांकन है। महिलाएँ सही चित्रण करती हैं। उन्हें इसका सम्पूर्ण ज्ञान है। यही लोक-ज्ञान होता है। दिवारी चित्रांकन को 'सुराती' कहते हैं। चित्रांकन का नामकरण सम्भवतः सुर-रात्रि अर्थात देवताओं की रात्रि से किया गया है। इस कारण दिवारी की रात देवताओं के आगमन की रात मानी जाती है।

दिवारी चित्रांकन हेतु पूजागृह की भित्ति छुई या खड़िया से पोतकर सुखाने के बाद उस पर गेरू पानी में घोलकर सुराती लिखते हैं। सुराती लिखने के लिए सींक में रुई लगाकर प्रयोग करते हैं। सांतिया को जोड़-जोड़ कर सोलह कोठे की सुराती बनाई जाती है जो शुभ मानी जाती है। इसी प्रकार विष्णु रूप 'सुरेता' नौ कोठे के शुभ होते हैं। इसके लिए सूरज, चन्दा, श्री गणेश, तुलसीधरा, डबुलिया, धन के भरे सात या नौ घट, स्वास्तिक, चौक बनाते हैं। पाँच दीपक बनाए जाते हैं, जो क्रमशः वृद्धि, ज्ञान, स्वास्थ्य, सुख व समृद्धि के प्रतीक हैं। श्री यंत्र का चित्रण जो सब ओर से समान संख्या का योग देता है, जो विषम परिस्थितियों में संगठन तथा एकता का शुभ होना दर्शाता है। उसमें गोवर्धन, गाय और हाथी समृद्धि तथा वैभव

के प्रतीक के रूप में चित्रित किए जाते हैं। इसके अलावा चौपड़ खेलते चार व्यक्ति तो दूसरी ओर बिना पतियों के बच्चों के साथ पूजा करती स्त्रियाँ चित्रित करते हैं। पांडव भी चित्रित किए जाते हैं, जिसका आशय होता है कि जुआ खेलने से उन्हें अपना राज-पाट हारना पड़ा और वन के दुःख भोगने पड़े। चिड़िया-चिरौटा बनते हैं, मणिधारी सांप, धन का प्रतीक इत्यादि चित्रित किए जाते हैं। सेई और उसके बच्चे बनाए जाते हैं।

चित्र में ऊपर 'ॐ श्री गणेशाय नमः', 'श्रीलक्ष्मी जू सदा सहाय रहें' तथा 'शुभ-लाभ' लिखा जाता है। इन समस्त आकृतियों को रेखाओं द्वारा चौखाने या आयताकार में बन्द कर देते हैं। समस्त देवी-देवताओं की कृपा, धन-धान्य और समृद्धि परिवार में बनी रहे, इसका यही आशय प्रतीत होता है।

धरती पर कमल चौक चित्रित कर मिट्टी से बनीं गणेश-लक्ष्मी की मूर्तियाँ चित्रण के समक्ष रख दी जाती हैं। उनको नई फसल का धन-धान्य, खील-लाई व गन्ने के रस से तैयार शक्कर के बताशे, खिलौने इत्यादि चढ़ाने की परम्परा है। आरती, हवन किया जाता है। लोक भाषा में माँ लक्ष्मी की आराधना की जाती है :

हे लक्षमी मैया, तुमरी जै जै कार भारी
हे लक्षमी मैया...
हे लक्षमी मैया तुमरी कौना सवारी
अरे हाँ लक्षमी मैया तुमरी उल्लू की सवारी
हे लक्षमी मैया...
हे लक्षमी मैया, कौन आसन बिराजी
अरे हाँ लक्ष्मी मैया, तुम कमला पै बिराजी
हे लक्षमी मैया...
हे लक्षमी मैया तुमरी कैसी पूजा, बताओ विध सारी
अरे हाँ लक्षमी मैया, भक्ति संगै पूजा होत रात दिवारी
हे लक्षमी मैया...

अहोई आठें

यह व्रत पुत्र प्राप्ति की कामना तथा पुत्र दीर्घायु हो, इस कामना से रखा जाता है। माँ अपने पुत्र के लिए निर्जल व्रत रहती है। यह व्रत कार्तिक मास के कृष्ण पक्ष की अष्टमी को पुत्रवती स्त्रियों द्वारा किया जाता है। यह पूजन 'बैमाता' (भाग्य लिखने वाली देवी) का होता है। पुत्र दीर्घायु तथा सौभाग्यशाली भी हो, व्रत में ऐसी कामना भी रहती है। अहोई अष्टमी का व्रत चन्द्रमा को अर्ध्य देकर तोड़ा जाता है।

अहोई अष्टमी का भित्ति चित्र रंगीन बनता है। इसे घर में प्राप्त सामग्री हल्दी, महावर, नील, गेरू, सिन्दूर, रज आदि से बनाया जाता है। इसमें अहोई माता के मातृत्व भाव का चित्रण किया जाता है। देवी का चित्रण स्त्री रूप में किया जाता

है। उनका शरीर या लहंगा आयताकार या चौकोर बनाते हैं, फिर उसमें कथानुसार चित्रण किया जाता है। साहूकार, साहूकार की पत्नी, उसके सात पुत्र, सात पुत्र वधुएँ, धन-धान्य से भरे पात्र और पशुधन चित्रित किए जाते हैं, जो समृद्धशाली परिवार के प्रतीक होते हैं। चौकोर आकृति के बाहर गंगा-जमुना, तुलसीधरा, देवरानी-जेठानी, सूरज-चन्दा इत्यादि चित्रित करते हैं। कुछ घरों में ये सारे चित्र सूर्य-चन्द्रमा को छोड़कर देवी के शरीर की आकृति चौखाने के भीतर ही चित्रित किए जाते हैं।

करवा चौथ

सभी हिन्दू जाति की सुहागिन स्त्रियों के लिए यह सुहाग रक्षा का महत्त्वपूर्ण व्रत है। यह प्रत्येक कार्तिक मास में कृष्णपक्ष की चतुर्थी को मनाया जाता है।

बुन्देलखण्ड में करवा चौथ का भित्ति चित्रण किया जाता है। दीवार पर गाय के गोबर से चौरस लीपते हैं। फिर चावल को पीस कर उसके घोल से लकड़ी के अग्र भाग में रुई लपेट कर भित्ति चित्रण किया जाता है। यह चित्रण करने में स्त्रियों को बहुत समय लगता है। इस कारण पर्व के नौ दिन पूर्व अर्थात् दशहरे वाले दिन से चित्रण प्रारम्भ कर दिया जाता है। इसमें मध्य में पार्वती का स्वरूप मुख्य होता है। उनका सीढ़ीदार लहंगा बनाया जाता है। दाएँ-बाएँ सूरज-चन्दा, श्री गणेश, कार्तिकेय, शिव-पार्वती, राधा-कृष्ण, गंगा-जमुना, देवरानी-जेठानी, इमली के पेड़ पर से चलनी से दिया दिखाता भाई, सीढ़ी पर चढ़ी पूजा करती बहन, सिंगार सामग्री, सर्प, धोबी-धोबन और कुम्हारिन-कुम्हार अपने बच्चों सहित और करवा आदि अनेक वस्तुएँ चित्रित की जाती हैं। सम्पूर्ण चित्र का आधार कथात्मक होता है। चित्रण काल्पनिक तथा पारम्परिक होता है। बुन्देलखण्ड में कुछ लोग चित्र में दो गोलाकार आकृतियाँ व नीचे सीढ़ीनुमा आकृति बना कर भित्ति चित्रण करते हैं। यह चित्र भी चारों ओर से रेखाओं द्वारा बन्द रहता है। कुछ परिवारों में भित्ति चित्र में मृत पुतरा बनाते हैं। पूजन के बाद उसे जीवित पुतरे में चित्रित कर देते हैं।

करवा चौथ भित्ति चित्रण

नाग पाँचें

श्रवण मास के शुक्लपक्ष की पंचमी नाग पंचमी के रूप में जानी जाती है। इस तिथि को नागों की पूजा करने का विधान है। वैसे तो नाग पंचमी पूरे देश में मनाई जाती है, किन्तु बुन्देलखण्ड में 'नाग पाँचे' का अलग महत्त्व और रूप होता है। इस तिथि को नाग पूजा की निश्चित तिथि है। इसका उल्लेख 'भविष्य पुराण' तथा 'प्रभास खंड' में मिलता है कि इस तिथि को सर्प-पूजा करने से सर्पों का भय नहीं रह जाता है। ऐतिहासिक कथानुसार आस्तीक ऋषि के पिता आर्य तथा माता नाग जाति की थी। इस कारण कई वर्षों तक उनमें आपस में मित्रता रही, किन्तु नाग जाति के तक्षक के कर्मों के कारण नागों और आर्यों के महोत्सव में नाग पूजा को स्वीकार कर लिया गया। इस मित्रता को चिर स्थायी बनाने के लिए नाग पंचमी को त्योहार के रूप में परिणित कर दिया गया। हैहय वंश में भी नाग पूजा का वर्णन प्राप्त होता है।

वर्तमान समय में सँपेरे घर-घर जाकर जीवित सर्पों के दर्शन करा देते हैं, किन्तु पारम्परिक रूप से बुन्देलखण्ड के कई भागों में नाग पंचमी पर भित्ति चित्रण करके पूजा की जाती है। यह भित्ति चित्रण पारिवारिक परम्परा के अनुसार ही किया जाता हैं। पंचमी तिथि पर पड़ने के कारण चित्रण को स्त्री रूप दिया जाता है। मुख, हाथ, पैर भी चित्रित करते हैं। कहीं घर के बाहर की मुख्य भित्ति पर चित्रण किया जाता है और कहीं पूजा गृह की भित्ति पर सर्प चित्रण करते हैं। भित्ति में गेरू, कोयला या गोबर का प्रयोग करते हैं। चूने से पुती दीवार पर एक चौखाना बना कर उसमें पाँच या सात सर्प चित्रित किए जाते हैं। कभी-कभी चौखाने के बाहर भी सर्प चित्रण होता है। इसका तात्पर्य यह होता है कि घर के अन्दर और बाहर के दोनों स्थान के सर्पों से हमारी रक्षा हो। इसी भावना से उन सर्प आकृतियों की पूजा की जाती है। खीर, दूध, पंचामृत, कमल के फूलों से पूजा की जानी चाहिए, क्योंकि ये नागों की प्रिय वस्तुएँ हैं। धूप, दीप, नैवेद्य के पश्चात् नागों के नाम स्मरण करें जो क्रमशः अनन्त, वासुकि, शेष, पद्म, कम्बल, अश्वतर, धृतराष्ट्र, शंखपाल, कालिया, तक्षक तथा पिंगल हैं। नागंपचमी की पूजा में इन सभी नागों के नाम का नैवेद्य चढ़ाना चाहिए। जीवित सर्पों को दूध पिलाना शुभ माना जाता है।

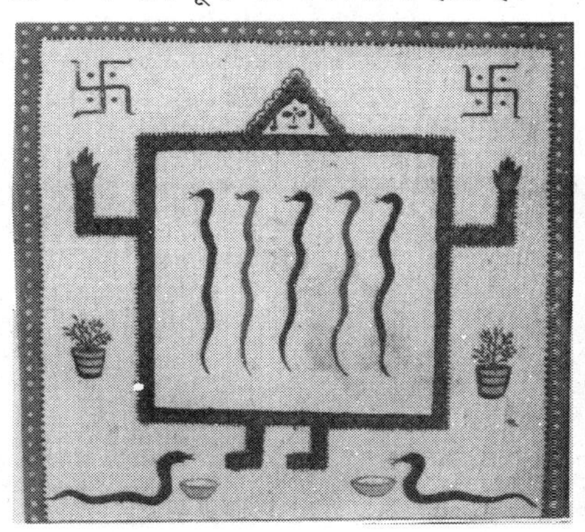

नाग पांचे (नाग पंचमी) भित्ति चित्रण

कुनघुसूं पूने

आषाढ़ मास की शुक्ल पक्ष की पूर्णिमा 'गुरु पूर्णिमा' के नाम से जानी जाती है। बुन्देलखण्ड में इसका स्वरूप भिन्न होता है। यहाँ कुलवधू या गृहवधू की पूजा इसी दिन की जाती है। स्त्री घर की शोभा है, मर्यादा है, सम्माननीय है, वंश-वृद्धि में सहायक है, उसका वधू रूप गरिमामय होता है, जिसमें बड़ों के लिए आदर व छोटों के लिए प्यार होना चाहिए। अपने कुल की मर्यादा में रहकर समाज में मान-सम्मान प्राप्त करना ही कुलवधू का दायित्व है। इन सभी पारिवारिक भावनाओं को अपने में समाहित किए कुनघुसूं की पूजा की जाती है।

इस पूजा का भित्ति चित्रण घर की वरिष्ठ महिला द्वारा किया जाता है। नाम के अनुरूप कुनघुसूं का चित्रण कोने में किया जाता है। पूजागृह या रसोई के चारों कोने गोबर से लीपकर उस पर हल्दी से पुतरियाँ बनाई जाती हैं। ये बहुएँ कहलाती हैं। सम्भवत: यह कुल की देवी या उन बहुओं का प्रतीकात्मक चित्रण है जो पुराने समय से कुल मर्यादा और वंश वृद्धि में सहायक बनीं। यह भी कहा जाता है कि ये भविष्य की बहुएँ हैं, जो परम्परानुसार परिवार को संचालित कर उसे समाज में सम्माननीय स्थिति में रखेंगी।

कुनघुसूं पूने भित्ति चित्रण

भित्ति चित्रण के पश्चात् इन प्रतीकात्मक बहुओं को घी-गुड़ का भोग लगाकर विधिवत पूजा की जाती है। वरिष्ठ महिला ऐसी प्रार्थना करती है कि 'हे कुलवधू; तुम हमारे परिवार की लक्ष्मी बनकर धन-धान्य को परिपूरित कर, वंश बेल में वृद्धि करो और कुल की लाज, मान-मर्यादा तथा पारिवारिक सद्भाव बनाए रखो।' ये समस्त गुण यदि कुलवधू में हैं तो वह परिवार में सुख-समृद्धि बनाए रखने और वृद्धि करने में सहायक होगी। प्रतिवर्ष यह पूजन परिवार की वधुओं को अपने दायित्वों तथा कर्तव्यों को स्मरण कराता है। इसी भावना से प्रेरित यह लोकगीत भी प्रचलित है :

कुल की परम्परा और लाज निभाय जइयों बेटी
ससुराल में जाके बेटी सबको तुम आदर करियों,
अपनो प्यार को व्योहार बनाए रहियो बेटी। कुल की...

हरछठ

भाद्रपद मास में कृष्ण पक्ष की षष्ठी तिथि पर हलषष्ठी मनाई जाती है, जिसे बुन्देली में 'हरछठ' या 'हलछठ' कहा जाता है। बलराम श्रीकृष्ण के बड़े भाई थे। वे अत्यन्त बलशाली थे। उनका जन्म दिवस पुत्रवती स्त्रियाँ बहुत नियम से व्रत रखकर मनाती हैं और प्रार्थना करती हैं कि बलराम जैसा बलशाली और भाग्यवान पुत्र उनका भी हो। भगवान बलराम का मुख्य आयुध हल मूसल था। इसी कारण कृषि कार्य करने वाले हल की पूजा भी उस दिन करते हैं। उस दिन खेतों में हल चलाना मना है।

व्रत रखने वाली स्त्रियाँ भित्ति चित्रांकन कर हरछठ की पूजा करती हैं। वैसे तो यह भगवान बलराम का जन्मदिन है किन्तु षष्ठी तिथि पर होने के कारण इसे देवी का रूप मान लेते हैं। यह षष्ठी देवी के रूप में चित्रित भी की जाती है। भित्ति पर भैंस के गोबर से लीपकर आयताकार आकृति बना लेते हैं। जब वह सूख जाए तब चावल भिगोकर, पीसकर घोल तैयार कर लेते हैं और लकड़ी में रुई लगाकर ब्रश तैयार कर लेते हैं। पिसे चावल के घोल से ब्रश की सहायता से षष्ठी देवी का मुख बनाते हैं, तत्पश्चात उनकी वृहद काया बनाई जाती है। दोनों ओर दो हाथ तथा नीचे दो पैर बनाते हैं। हरछठ में भगवान बलराम तथा श्रीकृष्ण के पारम्परिक शैली के चित्र बनते हैं। उनके अलावा सूर्य–चन्द्रमा, गंगा–जमुना, माँ–पुत्र, खिलौने, दही बेचने वाली, हल चलाता किसान, स्याऊ, झालर गाय, जरिया, छेवला इत्यादि की आकृतियाँ बनाते हैं। बुन्देलखण्ड में यह पुरानी परम्परा का चित्रण है। ग्रामीण क्षेत्रों के दूरवर्ती भागों में छेवले के पत्ते पर हल्दी, ऐपन या चन्दन से छह पुतरियाँ या एक पुतरिया बनाकर काँसे से छह गाँठ लगाकर पत्ते को बाँध देते हैं। फिर उसी की पूजा की जाती है। बुन्देलखण्ड विस्तृत क्षेत्र में कई बार एक ही पूजन के विभिन्न रूप प्राप्त होते हैं।

कहानियों के बाद आँगन में लगाए छेवला और जरिया के डंठल की परिक्रमा की जाती है। स्त्रियाँ छह बार कहती हैं :

जोता खाऊँ न जोता रौदूँ, आज मेरी दौं दौ।

हरियाली अमावस्या

श्रावण मास की अमावस्या 'हरियाली अमावस्या' कहलाती है। बुन्देलखण्ड में कन्या को देवी समान माना जाता है। अपने परिवार की तथा दूसरे की बेटी को सम्मान देकर पैर छूते हैं। विन्ध्य संस्कृति में विन्ध्याचल पर्वत और विन्ध्यवासिनी देवी पूजनीय है। ऐसी संस्कृति को मानने वाले क्षेत्र बुन्देलखण्ड में कन्याओं में देवी रूप देखना अत्यन्त सामान्य बात है। अन्य क्षेत्रों में भी कन्या को देवी स्वरूप मानते हैं, किन्तु यहाँ हरियाली अमावस्या को पूजा गृह में कन्या का चित्रांकन कर पूजन की अनोखी प्रथा है। कन्या महत्त्व की लोकोक्ति भी प्रचलित है :

मोड़ा से मोड़ी भली, जौ कुलबंतिन होय।

हरियाली अमावस्या पर परिवार के मान्यों को 'चूल्ह का न्योता' (सपरिवार भोजन का निमंत्रण) दिया जाता हैं। मान्यों में दामाद, बेटी, ननद, ननदोई तथा उनका परिवार सम्मिलित होता है। घर की वरिष्ठ महिला पूजागृह की भित्ति गोबर से लीप कर उस पर हल्दी से कन्या रूपी 'पुतरिया' चित्रित करती है। श्रावण मास को भाई-बहन के स्नेह का मास कहा जाए तो अतिशयोक्ति न होगी। श्रावण मास में भाई विवाहित बहनों को मायके ले आते हैं। बहन के उद्‌गार एक लोकगीत में प्रदर्शित हैं :

चार मास चौमासे मोसे रहियो न जाए,
कहियों मेरे वीरन से लेअे पठाय।
भइया ने भेजी है पटली लदाय
कहियो मेरी बहना से झूले चारों मास

बहन-भाई के उसी प्रेम के प्रतीक 'सोनी-सोना' गेरू या हल्दी-चावल को पीस कर 'ऐपन' तैयार करके चित्रित किए जाते हैं।

'पुतरिया' तथा 'सोनी-सोना' की पूजा दूध-भात या खीर का भोग लगाकर की जाती है। अक्षत, रोली, धूप, दीप, फूल इत्यादि से विधि-विधान से पूजा होती है।

आमंत्रित परिवार भोजन करते हैं। प्रेमपूर्वक धन या उपहार देकर उनकी विदाई सम्मानपूर्वक की जाती है।

कन्हैया आठें

कृष्ण जन्माष्टमी को बुन्देली में 'कन्हैया आठें' कहा जाता है। कृष्ण जन्म का उत्सव सम्पूर्ण भारतवर्ष में मनाया जाता है।

भादों मास (भाद्रपद) की कृष्ण पक्ष की अष्टमी रोहिणी नक्षत्र में मध्य रात्रि (12 बजे) में श्रीकृष्ण जन्मोत्सव के रूप में मनाई जाती है।

बुन्देलखण्ड में घरों के भीतर पूजागृह या आँगन की चूने से पुती हुई भित्ति पर जन्माष्टमी का चित्रण करना स्त्रियों व बालिकाओं की कलात्मकता का प्रतीक होता है। यह चित्रण जन्माष्टमी से कई दिन पहले से प्रारम्भ हो जाता है। यह रंगीन चित्रण है। इस कारण अत्यन्त लुभावना होता है। इस चित्रण में पारम्परिक रंगों के साथ प्राकृतिक फूल-पत्ती के रसों का प्रयोग भी किया जाता है। रंग प्रयोग भी स्वेच्छा से किया जाता है। आकार का बड़ा या छोटा होना चित्रण करने वाली स्त्री या बालिकाओं की इच्छा पर निर्भर होता है। श्रीकृष्ण जन्म से लेकर बाल्यकाल तक की विशेष घटनाओं को भित्ति पर मनोयोग से चित्रित किया जाता है। इस चित्रण में चित्रों की संख्या या कृष्ण लीलाओं की विशेष घटनाओं के चित्रण का कोई बन्धन नहीं होता है। भित्ति चित्रण उसे बनाने वाली स्त्री के श्रीकृष्ण कथा ज्ञान पर निर्भर करता है। पुराने समय में पास-पड़ोस में सुन्दर 'कन्हैया आठें' लिखने की प्रतियोगिता सी होती थी। वर्तमान में चित्रण परम्परा लगभग समाप्त हो गई है।

प्रसाद के लिए पंजीरी, पंचामृत, सोंठ के लड्डू और हरीरा बनाने का प्रचलन है। कई प्रकार के मेवा भी पागे (शक्कर या गुड़ की चाशनी से जमाना) जाते हैं।

मध्य रात्रि में चित्रांकित भित्ति के समक्ष गोबर से लीपकर चौक पूर लेते हैं। उस पर सिंहासन रखकर बाल-गोपाल श्रीकृष्ण की मूर्ति विराजमान की जाती है। मूर्ति को यमुना जल में स्नान कराके खीरा काटा जाता है जिसे 'नरा छीनना' कहते हैं। बुन्देली लोकगीत में इसका वर्णन है :

ऐसी मिजाजिन दाई कन्हैया को नरा न छीने
नरा न छीने मौ हूँ न बोले, ठाड़ी ओठ बिदोलें।

तत्पश्चात मूर्ति को नवीन वस्त्राभूषणों से सुसज्जित कर सिंहासन पर विराजमान किया जाता है। झूला भी डाला जाता है, जिस पर 'कन्हैया जू' को झुलाते हैं। प्रसाद चढ़ाकर भजन-कीर्तन होता है :

जनम लये बृज में राधे मोहन जनम लये
सुघर सी सासो बुलइयो जसोदा रानी
धरालयै, महलन चरूआ धरा लये, जनम...

बाबू की दौज

बुन्देलखण्ड में लगभग सभी देवी-देवताओं की पूजा होती है। साथ ही लोक-देवता भी पूजे जाते हैं। इसके अतिरिक्त प्रत्येक परिवार की अपनी कुल देवी और कुल देवता होते हैं। उनका पूजन वर्ष में दो बार तथा जन्म या विवाह आदि मंगल कार्यों के समय किया जाता है। 'बाबू की दौज' ऐसी ही पारिवारिक कुल देवी या देवता की पूजा है, जिसमें पूरा परिवार सम्मिलित होता है। इस पूजा को कहीं 'बाबू गुसाईं' और कहीं 'मांय बाबू' की पूजा भी कहा जाता है। 'मांय के पट' प्रत्येक परिवार की कुल देवी या कुल माता का प्रतीकात्मक चित्र होता है। इसको बनाने की विधि एक जैसी ही होती है। एक मिट्टी से निर्मित तख्ती को या फिर पूजागृह की दीवार को गोबर व चूने से पोतकर तैयार किया जाता है। उसे 'पट' कहते है, उस पर हल्दी या गेरू से 'पुतरिया' चित्रित की जाती है। इन पुतरियों की संख्या जाति व परिवार के आधार पर परिवर्तित हो जाती है। सामान्यतः छह या सात पुतरियाँ बनाई जाती हैं।

'मांय के पट' की पूजा हल्दी-चावल-पुष्प से करते हैं। घी की 'जोत' (ज्योति) जलाई जाती है। इसे 'बाबू की जोत' कहते हैं। वास्तव में जिस परिवार के सभी सदस्य मिलजुल कर पूजा करें और कुल देवी का आशीर्वाद प्राप्त करें, उस घर में ज्ञान और प्रेम की ज्योति का महत्त्व तो होना ही चाहिए। परिवार के सभी सदस्य इस 'जोत' को देखते हैं। वर्ष में दो बार होने वाली पूजा, दूर रहने वाले पारिवारिक सदस्यों को पास ले आती है।

पूजा के बाद 'जोत' के ऊपर कोई बर्तन ढँक देते हैं, जिससे जोत बुझ जाती है। इसे 'जोत सिराना' कहते हैं।

सांउन सुदी नमें

बुन्देली लोक जीवन में तिथियों का बहुत महत्त्व है। तिथियों से ही तीज-त्योहार मनाए जाते हैं। 'सांउन सुदी नमें' अर्थात श्रावण मास की शुक्लपक्ष की नवमी को भित्ति चित्रांकन करके शिव-पार्वती की पूजा करने का विधान है। श्रावण मास में शिव-पार्वती का अर्चन करना बुन्देलखण्ड में अति शुभ माना जाता है। श्रावण मास के लगभग सभी त्योहारों में शिव-पार्वती की पूजा की जाती है।

सांउन नोमी (सावन नवमी) सांउन सुदी भित्ति चित्रण

सांउन सुदी नमें का महत्त्व पूजन के साथ-साथ भुँजरियाँ बोने के लिए भी है। भुँजरियाँ बोने के लिए लड़कियाँ और महिलाएँ खेत में उपजाऊ मिट्टी दोने में भरकर रख देती हैं और उसमें गेहूँ के दाने बो देती हैं। भाद्रपद पूर्णिमा अर्थात रक्षा बन्धन के दिन तक गेहूँ अच्छी तरह से उग जाए, इसके लिए प्रतिदिन वे उसकी देख-रेख भी करती हैं। रक्षा बन्धन पर बहनें भाइयों को राखी बाँधती हैं तथा भुँजरियाँ खोंट (तोड़) कर देती हैं। इसे शुभ शगुन के रूप में भाई और अन्य लोग स्वीकार करते हैं। भाद्रपद पूर्णिमा को ही समीप की नदी या तालाब में भुँजरियाँ 'सिराने' (विसर्जित करने) की प्राचीन परम्परा है किन्तु महोबा क्षेत्र में भुँजरियों का सांस्कृतिक महत्त्व है, किन्तु भुँजरियाँ विसर्जन का महत्त्व चन्देल वंश में घटित ऐतिहासिक घटना के कारण द्विगुणित हो गया है।

दिल्ली नरेश पृथ्वीराज चौहान राजा परमाल को पराजित कर उनकी बेटी चन्द्रावली से अपने पुत्र का विवाह करना चाहते थे। भुँजरियाँ विसर्जन के दिन महोबा स्थित

कीर्ति सागर तट पर पृथ्वीराज चौहान और जोगी वेशधारी और वीर शिरोमणि भ्राता-द्वय आल्हा-ऊदल के मध्य घमासान युद्ध हुआ। जगनिक ने लिखा है :

सावन सुद पूनों गई, भादों परमा आन।
इतै कुंवर जोगी सजै, उतै भूप चौहान॥

भुँजरिया सिराने रानी मल्हना व उसकी पुत्री चन्द्रावली पालकी में बैठकर कीर्ति सागर तट पर आईं। उनके साथ नगर की अन्य स्त्रियाँ भी हाथों में भुँजरियाँ के दोने ले कजरी गीत गाती कीर्ति सागर की ओर चलीं। तभी रणभेरी बज उठी। पृथ्वीराज चौहान के शब्दभेदी वाणों को निष्प्रभावी कर चन्देली वीरों ने अपना पराक्रम दिखाया। अन्त में सेना पराजित हुई। आल्हा-ऊदल ने अपने संरक्षण में भुँजरियों का विसर्जन कराया। बहन चन्द्रावली ने उनको भुँजरियाँ खोंट कर दीं तथा हाथ में रक्षा सूत्र बाँधा। इस ऐतिहासिक घटना के कारण बुन्देलखण्ड के कुछ क्षेत्रों में जो आल्हा-ऊदल से प्रभावित रहे हैं, वहाँ भाद्रपद की प्रतिपदा को राखी बाँधी जाती है। भुँजरियाँ सम्बन्धित लोकगीत (सैरा) है :

आरे आरे हाँ लगा साउन मईना अरे नीको लगे हो
गेवडे भई हरयार
साउन में भुजरिया बैदियों हाँ
भादौ में दियो सिराय

'भुँजरियों' को 'कजलियाँ' भी कहते हैं। इनका आर्थिक महत्त्व भी है। यह आने वाली रबी की फसल कैसी होगी, इसकी बानगी प्रस्तुत करती हैं। खेतों की मिट्टी और बीज का गेहूँ जब भुँजरियों का रूप लेता है तो उसके अंकुरण से यह अनुमान लगाते हैं अगर भुँजरियाँ पीली और बिखरी हैं तो बेकार फसल, हरी और घनी होने पर उत्तम फसल मानी जाती है। यह मिट्टी परीक्षण का लोक जीवन का सरल तरीका है।

सांउन सुदी नमें के भित्ति चित्रण से पूर्व भुँजरियों के बारे में वर्णन आवश्यक था क्योंकि चित्रण में भी भुँजरियाँ बनती हैं। सांउन सुदी नमें का भित्ति चित्रण चूने से पुती सफेद दीवार पर ही किया जाता है। यह चित्रण रंगीन होता है। इसमें पारम्परिक तथा चूने के रंगों का प्रयोग होता है, किन्तु विशेष रूप से स्याही तथा महावर प्रयुक्त होता है। चित्रण चौकोर या आयताकार में किया जाता है। यह चित्रण ज्यामितीय होता है। इसमें भगवान शिव की ज्यामितीय आकृति नीली स्याही से तथा देवी पार्वती की आकृति महावर से चित्रित की जाती है। भुँजरियाँ के नौ दोने, तुलसीधरा और श्रावण मास के पक्षी मोर, पपीहा भी चित्रित किए जाते हैं। सांउन सुदी नमें से सम्बन्धित कथा के पात्र देवरानी-जेठानी सिर पर मटकी रखे, पालने में सोता शिशु, पृथ्वी पर टोकरी के नीचे मृत सर्प तथा नेवला भी चित्र में बनाए जाते हैं। आल्हा-ऊदल के पराक्रम से प्रभावित क्षेत्रों में कही-कहीं घुड़सवार, जो सम्भवतः आल्हा-ऊदल हैं, और पालकी में बैठी रानी मल्हना और चन्द्रावली भी चित्रित की जाती है। वैसे उनके चित्र कल्पना आधारित ही होते हैं।

पूजन विधान तो सामान्य तौर पर पकवानों और मौसम के फलों का प्रसाद लगा कर धूप, दीप, फूल, बेलपत्र इत्यादि चढ़कर पूर्ण किया जाता है। साथ ही शंकर भगवान के भजन गाए जाते हैं :

बम भोला महादेव बैरागी
हाथी-घोड़ा मनै न भावै, बूढ़े बैलन में राजी । बम...
महला दुमहला मनै न भावै, टूटी झुपड़िया में राजी। बम...
खांड-चिरौंजी मनै न भावै, गांजा भांग को अहारी। बम...

दस्टौन

जीवन के सोलह संस्कारों में जन्म-संस्कार महत्त्वपूर्ण है। परिवार में शिशु के जन्म के साथ आनन्द-उल्लास का संचार हो जाता है। उसी प्रसन्नता को प्रकट करने के लिए जन्म संस्कार से जुड़े अनेक उत्सव होते हैं। ऐसा ही उत्सव है, 'दस्टौन' जिसमें प्रसूता के मातृत्व की पूजा की जाती है। यह शिशु जन्म के दसवें दिन होता है।

प्रसूति गृह की भित्ति पर दस्टौन का चित्रांकन गोबर या गेरू से किया जाता है। प्रसूता की ननद प्रसूतिगृह की भित्ति पर दस्टौन बनाती है और दस्टौन का पूजन भाभी से करवाती है। घर में बनी भोजन सामग्री प्रसाद रूप में प्रयोग की जाती है। हल्दी, चन्दन, अक्षत व फूल, दीप आदि से दस्टौन के भित्ति चित्र की पूजा की जाती है। प्रसूता की गोद में आटे से बने चन्दा-सूरज डाले जाते हैं। बुआ बच्चे को काजल लगाती है। ननद को इन सब कामों का नेग भी मिलता है।

दस्टौन के भित्ति चित्रण में सूरज-चन्दा, सांतिया, चौक, गंगा-जमुना आदि चित्रित किए जाते हैं। इस देवी स्वरूप का चौकोर आकृति में चित्रण होता है। सम्बन्धित लोकगीत भी गाये जाते हैं :

धन्न-धन्न कौसल्या रानी, कूंख तौ अब कछू सुहाग भरी
रानी बैठी है तखत बिछाए, उसी से डोली पानन की,
रानी चाबैं डबन भर पान, तमोरी बेटा संगै ल्याये
रानी करती है भोग बिलास, हल्वैया संगै ल्याये,
रानी पियती है सरजू जल नीर, ढिमर को संगै ल्याये
जाए है लछमन राम, तौ अब कुछ सुहाग भरी।

दुर्गा आठे

इसे दुर्गा अष्टमी के रूप में भी जानते हैं। दुर्गा की उपासना वर्ष में दो बार—चैत्र मास तथा आश्विन मास में की जाती है। सम्पूर्ण नवरात्रि में देवी के नौ रूपों की आराधना की जाती है। ये नौ रूप क्रमशः शैल पुत्री, ब्रह्मचारिणी, चन्द्रघंटा, कुष्माण्डा, स्कन्दमाता, कात्यायनी, कालरात्रि, महागौरी और सिद्धिदात्री होते हैं।

माँ दुर्गा का प्रादुर्भाव शक्ति स्वरूप में माना जाता है। इससे सम्बन्धित कथा के अनुसार असुर महिषासुर का वध करने के लिए विष्णु और शंकर के तेज से दुर्गा जी का जन्म हुआ, फिर उन्होंने महिषासुर का वध किया। दुर्गा अष्टमी को बुन्देलखण्ड में दुर्गा जी का चित्रांकन भित्ति पर किया जाता है।

भित्ति चित्रांकन के लिए सिन्दूर या रोली को घी में घोल लेते हैं, जिससे दीवार पर सिन्दूर का स्थायित्व बढ़ जाए। इस घोल से एक पुतरिया बनाते हैं तथा माँ दुर्गा का शक्ति प्रतीक त्रिशूल भी बनाया जाता है। माँ दुर्गा की चित्रित छवि को कभी-कभी कपड़े से निर्मित लहंगा-चुनरी से सुसज्जित भी कर देते हैं।

दुर्गा आठे (दुर्गा अष्टमी) भित्ति चित्रण

दुर्गा जी के समक्ष अठवाई, खीर, हलुआ आदि बनाकर प्रसाद के निमित्त रखते हैं। देवी के पूजन की पूर्णता विभिन्न सामग्रियों को अर्पित करने से मानी जाती है।

प्रसाद के आठ 'कोरा' बनते हैं, नारियल फोड़ा जाता है। कन्या 'जिमाई' (भोजन कराना) जाती है। नवरात्रि में बोए गए जवारे आगामी फसल की स्थिति दर्शाते हैं। जवारे सिराने से पहले खोट कर देवी के मन्दिर पर चढ़ाए जाते हैं और सबको बाँटे जाते हैं। ये सुख, सौभाग्य और शान्ति के प्रतीक माने जाते हैं। जवारे की शोभा यात्रा में कोई भक्त शरीर के किसी अंग (जीभ, गाल, बाँह आदि) में लोहे की साँग (शलाका) बेध लेता है किन्तु रक्त एक बूँद नहीं निकलती। इसे माँ का प्रताप माना जाता है। शुभ कार्यों हेतु नवरात्रि के सभी दिन शुभ माने जाते हैं।

इन तिथियों में विवाह, सगाई इत्यादि किए जाते हैं। प्रतिदिन दुर्गा भक्ति और शक्ति के भजन गाए जाते हैं :

माँ दुर्गा द्वारा मैकासुर संहार प्रसंग :

समद किनारे सुरहद माया धरे सुरजगढ़ गाँव
माँ ओ सुरहद में दोनों उपजौ, रूप धरो बिकराल माँ...
लिख-लिख पतियाँ भेजी राम ने, तुम दुरगा चली आव माँ।
हाथ लये चन्दन की छड़िया, वन कजरी खो जाय माँ।
वन कजरी में घले हिंडोरा, झुल मोरि आदि भवानी माँ।
एक सिन्ध खो गई जगतारन, सात सिन्ध ले जाय माँ
हाथ खरग तरसूल सतें मै, झपट भई असवार माँ।
चली-चली जाना गइ माया, नारायण दरबार माँ
हँसि-हँसि पूछे देवी जालपा, काहे के लाने बुलाय माँ
हलानगर में मैकासुर दानौं, जोइके लाने बुलाय माँ
देवी के सजते सजे महादेव, गरुड़ सजै गोपाल माँ
दिन डूबे से दौरे भई, दौर भई सब रात माँ
ऐसो घेरो सुरजगढ़ माया, कुत्ता न बाहर जाय माँ
जब दल गरजो मेगासुर दानौं चले अगन की झार माँ
जब दल गरजों देवी जालपा, बरसे भदइयाँ मेंघ माँ
दानौं मारि देवी भुवन आई, सटे राम के काज माँ

कोहबर या मैहर की पूजा

विवाह के समय अनेक रीति-रिवाज होते हैं। बुन्देलखण्ड में भी लोकाचार होते हैं। जब वर-वधू फेरों से उठते हैं, तब कोहबर की रस्म होती है। यह एक प्रकार से वधू पक्ष वाले वर से अपने पूजागृह में पूजा कराते हैं। इसी अवसर पर साली व सलहज (वधू की बहन व भाभी) वर से हास-परिहास करती हैं। पूजागृह में विवाह के समय एक भित्ति चित्र बनाया जाता है। बुन्देलखण्ड में इसे मैहर की पूजा भी कहते हैं। यह भित्ति चित्र गेरू से बनाने की परम्परा है। चित्र चौखाने में देवी-देवता स्वरूप देकर चित्रित किया जाता है। चित्र में सूरज, चन्दा, सांतिया, चौक, गंगा-जमुना, करवा, मैरइयाँ आदि का चित्रण किया जाता है। परिवार तथा जाति के अनुसार इसमें परिवर्तन भी हो जाता है, किन्तु मुख्यत: इन चित्रों को चित्रित किया जाता है। चित्रण के समक्ष परिवार के सदस्यों द्वारा भरी गई जल की गगरी होती है। संयुक्त परिवार में सबका मैहर एक ही होता है। परिवार में इसे 'मैहर भरना' कहा जाता है। विवाह के प्रारम्भ में ही मैहर की पूजा की जाती है। आटे की मीठी 'मांय' बनती है, जो विवाह के बाद अपने परिवार में बाँटी जाती है।

भित्ति चित्रण के समक्ष वर-वधू को ले जाया जाता है। वधू की भाभी पूजा में दो बाती के दिए में वर से एक बात करने को कहती है। वर को कोई मूल्यवान धातु (सोना, चाँदी) सींक या सिक्का देकर बाती मिलवाई जाती है। यह वर-वधू के मिलन का प्रतीक भी माना जाता है। जलती हुई बाती प्रेम, विश्वास और जीवन्तता की प्रतीक होती है। कोहबर में बाती मिलाई का लोकगीत प्रचलित है :

भाँवर पर गई बाती मिलावे, भीतर लिवाए जाय
बाती तुमैं ताती लगत है अम्मा ने दऔ हैं सिखाय
भाँवर...
जौ बाती न हमें ताती लगत है,
न अम्मा ने दीन्हौं सिखाय
कि बाती मिलाई कछू नेग मिलत है
एकइ में दियो मिलाय
भाँवर...

सोमवती अमावस्या

बुन्देली में इसे 'सोमती अमाउस' कहा जाता है। वैसे तो प्रतिमाह दो पक्ष होते हैं—एक कृष्ण पक्ष, दूसरा शुक्ल पक्ष। कृष्ण पक्ष का अन्तिम दिन 'अमावस्या' और शुक्ल पक्ष का अन्तिम दिन 'पूर्णिमा' कहा जाता है। यदि अमावस्या सोमवार के दिन पड़ती है, तो उसे सोमवती अमावस्या कहते हैं। इस दिन सुहागिन स्त्रियाँ व्रत रहती हैं। वे तुलसीधरा पर अखंड सौभाग्य देने वाले शिव-पार्वती का प्रतीकात्मक चित्रण हल्दी से करती हैं। शिव-पार्वती की आकृति पुतरा-पुतरियाँ जैसी ही बनाई जाती है। तुलसीधरा की पूजा विधि-विधान से करके महिलाएँ उसकी 108 परिक्रमा करती हैं। परिक्रमा की गिनती याद रखने के उद्देश्य से किसी वस्तु को जैसे—इलाइचीदाने, इलाइची या लौंग इत्यादि को गिनकर रख लेती हैं। तुलसी अपनी पवित्रता, धार्मिकता एवं विश्वास के लिए संस्कृति में सम्माननीय हैं। सोमवती अमावस्या को शिव-पार्वती से चित्रित तुलसीधरा समस्त ब्रह्मांड का प्रतीक बन जाता है। सुहागिन स्त्री द्वारा की गई प्रदक्षिणा सौभाग्यदायिनी मानी जाती है। इस दिन तीर्थ स्थानों पर जाते हैं तथा वहाँ की नदियों में स्नान करते हैं। कार्तिक मास की चतुर्दशी को भी तुलसीधरा पर हल्दी से राधा-कृष्ण के प्रतीकात्मक पुतरा-पुतरियाँ बनाकर पूजन किया जाता है। तुलसी आराधना लोकगीत के माध्यम से की जाती है :

तुलसा रानी नमो: नमो:
हरि की पटरानी नमो: नमो:
कौन महीना बोई रानी तुलसा
सो कौन महीना भई पटरानी
तुलसा रानी...

आसाढ़ मास में बोई रानी तुलसा
सो सावन मास भई हरियाली
तुलसा रानी...
कौन महीना में होये तोरी पूजा
सो कौन महीना भई पटरानी
तुलसा रानी...
कातिक मास में होय तोरी पूजा
सो अगहन मास भई पटरानी
तुलसा रानी...

सुहागिलें

बुन्देलखण्ड में प्रत्येक शुभ कार्य में सुहागिन स्त्रियों का महत्त्वपूर्ण स्थान होता है। देवी पूजन में 'सुहागिलें' (सुहागिनें) न्योती जाती हैं। लोक-जीवन में ये सुहागिनें कई प्रकार की होती हैं। इन अवसरों पर भित्ति चित्रित देवी पूजा का विधान है। देवी की प्रतीक पुतरिया अधिकांशतया सिन्दूर से बनाई जाती हैं।

कालका देवी, बीजा सेन, मनसा देवी या दसारानी की सुहागिलें पारिवारिक सुरक्षा, समृद्धि एवं मनोकामना पूर्ति हेतु पूजी जाती हैं। इनमें से कालका देवी तथा बीजा सेन का वार्षिक या घर में मंगलकार्य होते समय 'पाटा भरा' जाता है, जिसका अर्थ है पूजा में सन्दर्भित व्यंजनों तथा वस्तुओं को देवी को अर्पित कर सुहागिनों में या परिवार के सदस्यों में वितरित करना। सुहागिल में न्योती गई महिला व्रत रखती है।

विवाह के समय भी सुहागिलें होती हैं। लड़के की बारात जाने के बाद घर में 'गौरैयाँ' खिलाई जाती हैं। लड़की जब ससुराल से पहली विदा के बाद घर आती है, तब सुहागिलें खिलाई जाती हैं। प्रत्येक सुहागिलों में सुहागिन स्त्रियों को भित्ति चित्रित देवी की पुतरियों की पूजा करना अनिवार्य है, तत्पश्चात् उन्हें देवी पर अर्पित सुहाग चिह्न, चूड़ी, बिन्दी, महावर, सिन्दूर आदि दिया जाता है। बुन्देलखण्ड में संकटा की सुहागिलें भी होती हैं। देवी से अखंड सुहाग का वरदान प्राप्त करने के भाव से लोकगीत गाए जाते हैं :

मइया विनती करें दोई कर जोरे।
मैया पहली अरज मेरी सुन लीजो।
मेरी माँग का सेंदुर अमर कीजो
मइया...
मैया दूजी अरज मेरी सुन लीजो
मेरे माथे की बिंदिया अमर कीजो
मइया...

(इसी प्रकार अन्तरा में चूड़ी, बिछिया, माहुर जैसे सुहाग चिह्नों को जोड़ कर गीत पूरा होता है)

सुआटा

'सुआटा' बुन्देलखण्ड का प्रमुख लोकोत्सव है। यह आश्विन (क्वार) मास की शुक्ल पक्ष की प्रतिपदा से नवरात्रि तक प्रतिदिन उषाकाल में खेला जाता है। यह नवरात्रि में खेला जाता है, इसी प्रकार इसे 'नौरता' भी कहते हैं। नौ+रता अर्थात नौ रातें।

सुआटा से सम्बन्धित अनेक ऐतिहासिक, पौराणिक एवं लोक कथाएँ प्रचलन में हैं। महाभारतकालीन घटना के अनुसार घटोत्कच का पुत्र बर्बरीक अत्यन्त बलशाली और देवी का परम भक्त था। वह महाभारत के युद्ध में पांडवों की ओर से वीरतापूर्वक लड़ा और अन्त में मृत्यु को प्राप्त हुआ। उसकी मृत्यु से पूर्व भगवान श्रीकृष्ण ने अन्तिम इच्छा के बारे में पूछा। बर्बरीक ने कहा मैं अविवाहित हूँ, इस कारण विवाह करना चाहता हूँ। श्रीकृष्ण ने उसकी इच्छा का सम्मान करते हुए उसे वरदान दिया कि कलयुग में समस्त क्वांरी कन्याओं से तुम्हारा विवाह होगा। फिर उसका सिर काट कर श्रीकृष्ण ने समीप की पहाड़ी के शिखर पर रख दिया, जिससे वह युद्ध देखता रहे। इस कथानक को सुआटा से सम्बन्धित करने पर सुआटा की चित्रित दानव आकृति और ढाल-तलवार युक्त छवि बर्बरीक की मानी जाती है। यह भी माना जाता है कि सुआटा खेल में बालिकाओं का विवाह सुआटा से होता है। वीर पुरुष की छवि लिए 'टेसू' का सिर बर्बरीक का कटा सिर माना जाता है, जो पर्वत के शिखर पर था।

सुआटा (दिपावली पूर्व-कन्याओं का आयोजन)

किन्तु दूसरी ओर लोक कथा इसका खंडन करती है। उस लोक कथा के अनुसार—संकटासुर (सुआटा) नामक दैत्य क्वांरी कन्याओं का अपहरण कर उनके साथ विवाह रचाता था। बालिकाओं ने देवी माँ की पूजा कर सुआटा से रक्षा करने की गुहार की। दुर्गा जी ने सुआटा का वध किया और सुआटा को देवी दुर्गा के हाथों मुक्ति प्राप्त हुई, इस कारण प्रतिवर्ष माँ दुर्गा के साथ उसका भित्ति चित्र बनाकर लोकोत्सव मनाया जाता है।

मेरा यह मानना है कि माँ दुर्गा शक्ति स्वरूप में नवरात्रि में पूजी जाती हैं। उन्होंने महिषासुर जैसे राक्षस से नौ दिन युद्ध करके उसका वध किया जिसे कोई पुरुष नहीं

मार सकता था। दुर्गा जी महिषासुरमर्दिनी के नाम से प्रसिद्ध हुईं। सम्भवतः सुआटा महिषासुर का लोक स्वरूप है। नवरात्रि में बालिकाएँ देवी स्वरूपा मानी गई हैं। नवमी को सुआटा का अन्त महिषासुर का वध ही है। दूसरे प्रकार से यह कह सकते हैं कि आसुरी शक्ति पर माँ दुर्गा की देव शक्ति की विजय का प्रतीक सुआटा लोक उत्सव है।

किंवदन्ती है कि राजा हिमाचल की पुत्रियों को सुआटा नामक दैत्य खा जाता था, तब किसी ब्राह्मण ने बताया कि कन्याएँ यदि सुआटा की पूजा करें, तो वह राक्षस प्रसन्न होगा। बालिकाएँ ऐसा ही करने लगीं। इसी कारण सुआटा खेला जाता है।

लोक कथाओं में सबसे प्रचलित लोककथा है कि सुआटा नामक दैत्य बालिकाओं को नवरात्रि में दुर्गा उपासना नहीं करने देता था। वह जंगल के मार्ग में मिलकर उन्हें परेशान करता था। बालिकाएँ सूरजबलि और चन्द्रबलि नामक मुँहबोले भाइयों के संरक्षण में देवी पूजन हेतु जाती थीं। कालान्तर में टेसू नामक दैत्य का उदय हुआ, जिसने सुआटा को मार दिया और उसकी पुत्री ढिरिया से विवाह किया।

एक अन्य लोककथा में सुआटा को भूतनाथ अर्थात शंकर मान लिया गया है, किन्तु अन्त में उसका अंग-प्रत्यंग, साज सज्जा लूट कर उल्लास मनाना इस बात का खंडन करता है।

ऐतिहासिक घटनाक्रम के आधार पर गढ़कुंडार पर मुहम्मद तुगलक ने आक्रमण कर दिया तो अनेक जुझौति वीरों ने अपना बलिदान दे दिया। स्त्रियों द्वारा जौहर किया गया। बचे हुए जुझौति वीर पूर्वजों के देश सौराष्ट्र जाने के लिए कुन्तवार (वर्तमान में भिंड) में डेरा डाले थे। तब दुखी ग्रामीण युवतियों की गुहार उन्हें पुनः जुझौति रणभूमि ले जाने के लिए आई। वे युवतियाँ अपने सतीत्व की रक्षा के लिए उन्हें पुकार रही थीं :

पूंछत-पूंछत आए नारे सुआटा, कौन बड़ी से तेरी पौर।
पौरन बैठे भइया पौरिया, खिरकन बैठे छड़ीदार सुआ।

इस लोक गीत की पंक्ति को स्पष्ट करने हेतु सुआटा का शब्द विन्यास आवश्यक है। सु+अटा अर्थात सुन्दर अट्टालिकाएँ तथा नारे अर्थात जय-जयकार। स्त्रियों की करुण पुकार सुनकर वीर सामन्तों ने जुझौति के अंचलों में वेश बदल कर ग्रामीण युवकों (टेसू) को गुरिल्ला युद्ध हेतु प्रशिक्षित किया, जो शत्रु सेना से शस्त्र व रसद लूट कर उन्हें शक्तिहीन बना देते थे :

टेसू अगड़ करें, टेसू झगड़ करें, टेसू लेई के टरैं।

युवतियाँ रात्रि में ढिरिया के प्रकाश में सैन्य टुकड़ियों को मार्ग दिखाती थीं तथा सूचनाएँ पहुँचाती थीं। उस समय ढिरिया का छिद्रयुक्त घड़ा समाज की जर्जर अवस्था का परिचायक था तथा दीपक धर्म व सतीत्व का प्रतीक था।

नवरात्रि प्रतिपदा से एक दिन पूर्व सुआटा बनाने के लिए बालिकाएँ उचित चबूतरा चुन लेती हैं। घरों के बाहर के चबूतरे इसके लिए उपयुक्त होते हैं। दीवार के सहारे मिट्टी से हिमालय पर्वत या सिंहासन बनाया जाता है। उस पर्वत में नौ सीढ़ियाँ बनाते हैं। पर्वत के ऊपर भित्ति पर मिट्टी से सुआटा दैत्य की आकृति बनाकर उसके हाथ में ढाल-तलवार दे दी जाती है। आँखों, मुँह तथा नाभि में कौड़ियों का प्रयोग किया जाता है। लड़कियाँ अपने पुराने टूटे आभूषणों और चूड़ियों से उसकी साज-सज्जा करती हैं। आकृति के दोनों ओर सूरज-चन्दा बनाते हैं। सीढ़ियों के नीचे दोनों ओर स्तम्भ बनाकर उन पर कुंड बनाए जाते हैं, जिन्हें दुग्ध कुंड कहते हैं।

कथात्मक गीत भी गाए जाते हैं जो सुआटा और गौर से सम्बन्धित होते हैं। चतुर्थी के दिन वे कुम्हार के यहाँ से गौरा रानी की सुसज्जित मूर्ति लाती हैं। उसका नियमित पूजन किया जाता है। गौर की प्रशंसा के लोकगीत भी गाए जाते हैं। अष्टमी के दिन सुआटा का व्रत माना जाता है। उस दिन सन्ध्या को सुआटा खेला जाता है। उस दिन रात्रि जागरण होता है और 'ढिरिया' खेली जाती है। यह एक मिट्टी की छेददार मटकी होती है, जिसकी तली में थोड़ी राख भरकर ऊपर जलता दिया रखकर बालिकाएँ झूम-झूम कर नृत्य करती हैं। मटकी में नौ या ग्यारह छेद होते हैं। नवमी खेल का अन्तिम दिन होता है। इस दिन बालिकाएँ गौर के सामने चौक पूरती हैं। चौक पर पटे पर गौरा शंकर की प्रतिमाएँ रखकर पूजन-हवन करती हैं। अनुष्ठान में हुई गलतियों की क्षमा माँगती हैं। बालक सुआटा के अंग-प्रत्यंग छिन्न-भिन्न करते हैं। कौड़ी घरों में सम्पत्ति के समान रखी जाती है। सुआटा खेल में प्रत्येक चरण पर लोक गीत होते हैं। बालिकाएँ काँये डालते समय गाती हैं :

(1)

हिमांचल की कुंवर लड़ायती नारेसुअटा
गौरा बाई नेरा तो बँधाइयों बेटी नौदिना। नारे...
दस दिन करियों उपास। उपास करें, माई मेड़े लड़े। नारे...

(2)

तिल को फूल तिली के दाने
चन्दा ऊगै बडे भुरारें
ऊंग न पाऔ बारौ चन्दा
सब घर हो गऔ लिपवा पुतवा

(3)

अपई गौर की झांई देखौं, काहौ पैरे देखौ
कान तंरूकुला देखौ, नाक नथुनियाँ देखौ,

हाथन चूरा देखौ, नाक नथुनियाँ देखौ
पराई गौर की झांई देखों, काहौ पैरे देखौ
नाक नकटी देखौ, कान बूंची देखौ।

बालक टेसू खेलते हुए इस प्रकार के गीत गाते हैं :

टेसू आए बानवीर, हाथ लिए सोने का तीर
एक तीर से मार दिया, राजा से व्योहार किया

टेसू-झिंझिया विवाह :

हरी री चिरैया तोरे पीरे-पीरे पंख
सो उड़-उड़ जाय बबूरा तोरी डार
काजर की कजरौटी लाऔ, सेंदूर की सिन्दरौटी लाऔ
आँचर फार उड़निया लाऔ, बेला भर तिल चांउर लाऔ
ऊपर गुड़ की बटी धराव, पाँच टका पावन के लाऔ
लौंग सुपारी रुपया लाऔ, आज विदा हो रई झिझिया जू।

मामुलिया

मामुलियाई के आ गए लिबऊआ, झमक चलीं मामुलिया
जितै आजुल जी के बाग, उतै मोरी मामुलिया
रानी आजी देखन आई बाग, सजाय ल्याई मामुलिया।
ल्याऔ चम्पा चमेली के फूल सजाओ मोरी मामुलिया।
मामुलिया...

विभिन्न माध्यमों पर लोक चित्रण

भूमि और भित्ति चित्रण के अतिरिक्त बुन्देलखण्ड में अन्य माध्यमों पर भी लोक-चित्रण किया जाता है। वे माध्यम—पटा, पान, मिट्टी के बर्तन आदि होते हैं।

गड़ालैनी आठें

भाद्रपद मास की शुक्लपक्ष की अष्टमी को 'गड़ा' लेने का विधान है। 'गड़ा' (गंडा) लेना से तात्पर्य है कि व्रत करने का संकल्प लेना। 'गड़ा' एक पवित्र धागा होता है, जो सौभाग्यवती स्त्रियाँ महालक्ष्मी की पूजा करती हैं, वे 'आठे' से 'गड़ा' लेकर प्रतिदिन उसमें एक गाँठ लगाती हैं। स्त्रियाँ ब्राह्मण से 'गड़ा' लेने के बाद पटे पर हाथी का चित्रण करती हैं। यह चित्रण चन्दन या हल्दी से किया जाता है। चित्रण किया गया पटा पूजागृह में या पवित्र किए स्थान पर रख दिया जाता है।

'गड़ा लैनी आठें' से लेकर महालक्ष्मी व्रत तक स्त्रियाँ प्रतिदिन प्रातः काल 'शुच्च' लेती हैं। यह 'शुच्च' सम्भवतः 'शुचि' का अपभ्रंश है। इसमें सोलह लोटे पानी लेकर उसे शरीर के प्रत्येक अंग के नाम पर जल डाल कर स्नान किया जाता है। स्नान के बाद वे पटे पर चित्रित हाथी के समक्ष रखे गड़े में एक गाँठ लगाती हैं और मन ही मन महालक्ष्मी का स्मरण कर व्रत रखने का संकल्प लेती हैं। जब सोलह गाँठें पूरी हो जाती हैं तब आश्विन मास के कृष्ण पक्ष की अष्टमी आ जाती है। अष्टमी पर मिट्टी के अनपके हाथी को रखकर पूजा की जाती है। ग्रंथियुक्त डोरे (गड़े) को पूजा में अवश्य रखा जाता है। आटे के मीठे सुरा, टिकियाँ या ठेंठरा प्रसाद हेतु बनते हैं। बेसन से हाथी और उस पर विराजमान राजा-रानी के आभूषण और छत्र बनाते हैं। इस पूजन में दूर्वा अवश्य रखी जाती है। महालक्ष्मी वाले दिन हरी दूर्वा से 'शुच्च' लिया जाता है। इस पूजन में सोलह संख्या का बहुत महत्त्व होता है। सोलह गाँठों का धागा, सोलह बत्ती का दीपक, सोलह सुरा सोलह ठेठरा यहाँ तक कि सोलह बोल की कहानी भी कही जाती है। इसे सोलह बार कहने की परम्परा है :

आमोती दामोती रानी, पोला पल पाटन गाँव
हमसो काते, तुमसो सुनती सोरा बोल की,
एक कानियाँ सुनो आमोती दामोती रानी
हाथी पूजियौं।

सम्भवतः पितृपक्ष में होने वाली यह पूजा सोलह संस्कारों की याद दिलाती है या फिर सौभाग्यवती स्त्री के सोलह श्रृंगारों को सन्दर्भित करती है। सोलह दिन तक गड़े में गाँठ लगाना सोलह संख्या के महत्त्व को प्रदर्शित करता है।

पूजा से सम्बन्धित महाभारत कालीन कथा है—कुन्ती से गांधारी ने बड़े गर्व से कहा कि मेरे सौ पुत्र हैं, वे शीघ्रता से मिट्टी के हाथी का निर्माण कर लेंगे, लेकिन तुम्हारे पाँच पुत्रों को देर लगेगी। इस व्यंग्य से आहत कुन्ती को सांत्वना देकर अर्जुन ने बाणों की सीढ़ी बनाकर स्वर्ग से साक्षात ऐरावत हाथी उतार कर पूजा करवाई। कहानी में नैतिक सन्देश है कि परिवार में गर्व से ईर्ष्या उत्पन्न होती है, जो विघटन का कारण बनती है। महाभारत का युद्ध उसी का परिणाम था।

कुठला पूजन

सांउन सुदी नमें के भित्ति चित्रांकन के साथ उसी दिन परिवार की समृद्धि एवं धन-धान्य से पूर्ण कराने की कामना हेतु किया जाता है—कुठला पूजन। कुठला मिट्टी का बनाया जाता है। यह अनाज भंडारण का बड़ा पात्र होता है। इस पूजन को पति-पत्नी दोनों करते हैं।

अनाज से भरे कुठला को गंगाजल से पवित्र करके उस पर नमें माई की नौ पुतरियाँ गोबर या हल्दी से चित्रित की जाती हैं। ये पुतरियाँ 'नौ देवी' या 'नव ग्रह'

की प्रतीक होती हैं। इनको बनाने से यह भावना उत्पन्न होती है कि भंडार भरे रहें, सम्पूर्ण नौ ग्रह और नौ देवियाँ उनकी रक्षा करें, जिससे समृद्धि बनी रहे। ऐसा विश्वास रखा जाता है कि समृद्धि से ही परिवार में प्रसन्नता तथा आपसी प्रेम बना रहता है।

आस माई

आस माई की पूजा वैशाख मास में कृष्ण पक्ष द्वितीया के दिन की जाती है। यह व्रत पुत्रवती स्त्रियाँ करती हैं। व्रत का उद्देश्य है कि पुत्र को सत्कर्म की प्रेरणा मिले तथा वह दीर्घायु हो व समस्त सुखों को भोगे। जीवन में कर्म की महत्ता है। सत्कर्म ही चरित्र का निर्माण करते हैं। व्रत में पूजा के साथ कहानी भी कही जाती है, जिसका सन्देश यह है कि कर्मठ व्यक्ति विपरीत परिस्थितियों में भूख-प्यास व नींद का परित्याग तो कर दे, किन्तु उसे सफलता की आशा नहीं छोड़नी चाहिए।

आस माई का चित्रांकन पान के पत्ते पर चन्दन व हल्दी से किया जाता है। आस माई के साथ भूख माई, प्यास माई तथा नींद माई का चित्रण भी करते हैं। पूजा में चार कौड़ियाँ भी रखी जाती हैं जो सौभाग्य का प्रतीक मानी जाती हैं। चित्रित पान को पटे पर रखते हैं। आँगन में गोबर से लीपकर आटे का कलात्मक चौक बनाया जाता है। चित्रित पान रखकर जल से भरा कलश भी रखते हैं। चित्रित पान यह प्रगट करता है कि मानव जीवन हरे पत्ते के समान है, जो विपरीत स्थिति आने पर मुरझा जाता है। किन्तु हल्दी पिसने के बाद भी अपने रंग व गुण नहीं त्यागती। हल्दी से चित्रित पुतरियाँ प्रत्येक परिस्थिति में कर्म करने की प्रेरणा देती हैं।

ऋषि पंचमी

बुन्देली में इसे 'रिग पाँचे' कहा जाता है। भाद्रपद शुक्ल की पंचमी को बुन्देलखण्ड क्षेत्र में अन्य स्थानों की अपेक्षा अधिक महत्त्व दिया जाता है। पुराणों के अनुसार वृत्रासुर दैत्य के वध से श्रीकृष्ण को पाप लगा। तब इन्द्र की प्रार्थना पर ब्रह्मा ने उस पाप को चार भागों में विभाजित कर दिया—(1) अग्नि की प्रथम ज्वाला में, (2) वर्षाकाल में नदी के फेन में, (3) वृक्ष से टपकने वाली मस्ती में तथा (4) रजस्वला स्त्री में। इसी आधार पर पाप नाशक व्रत के रूप में इसकी मान्यता है।

ऋषि पंचमी व्रत में सप्त ऋषियों का पूजन करने से पापों से मुक्ति प्राप्त होती है। आँगन या पूजागृह में चौक पूर कर उस पर पटा रखते हैं। पान का ताजा हरा पत्ता लेकर उस पर सात पुतरे सप्त ऋषियों के प्रतीकात्मक रूप में हल्दी या चन्दन से चित्रित किए जाते हैं। कुछ स्त्रियाँ अरुन्धती को भी चित्रित करती हैं। फिर जल, हल्दी, चन्दन, रोली, अक्षत, हवन इत्यादि से विधि-विधान से पूजन करते हैं।

स्त्रियाँ महाभारत काल के आख्यान के अनुसार इस व्रत को रखती हैं। उसमें श्रीकृष्ण ने युधिष्ठिर को बताया था कि जो स्त्रियाँ रजस्वला स्थिति में गृह कार्य

करती रहती हैं, उन्हें पाप लगता है। उसकी निवृत्ति हेतु ऋषि पंचमी का व्रत रहना आवश्यक है।

ब्रह्मपुराण के अनुसार ऋषि पंचमी का व्रत व्यक्ति को जन्मों के आवागमन से मुक्ति दिलाकर स्वर्गलोक का वासी बनाता है। व्रत में 'हरछठ' के समान हल का जोता अन्न नहीं खाया जाता है।

चैती पूनों

चैत्र मास की शुक्लपक्ष की पूर्णिमा को बुन्देली में 'पजन पूने' या 'पजनूँ पूने' कहते हैं। 'पजन' शब्द सम्भवत: 'पवन' का अपभ्रंश है। अर्थात् पवन पुत्र हनुमान के लिए प्रयोग किया गया है। यह माँ व पुत्र का स्नेहपर्व होता है। प्रत्येक माता अपने पुत्र की दीर्घायु एवं स्वास्थ्य की कामना करती है। इसी उद्देश्य से चैती का व्रत रखा जाता है। एक प्रकार से यह नई उपज आने का उत्सव भी है। चैत में नई फसल के अन्न से बने पकवान मटकी में भरकर पूजा की जाती है।

एक नई मटकी को धोकर चूने से पोतकर उस पर हल्दी तथा इच्छानुसार रंगों के प्रयोग से चित्रण करते हैं। चित्रण में माँ तथा पुत्र की प्रतीकात्मक रचना की जाती है। चित्रण स्त्री की योग्यता पर निर्भर होता है। वह मटकी को शुभ चिह्नों तथा फूल–पत्ती के अलंकरण से सजा देती है। पूजन के समय आँगन में गोबर से लीप कर उस पर आटे से चौक पूर कर उस पर मटकी स्थापित की जाती है। मटकी में घी के भुने आटे के शक्कर तथा मेवा मिश्रित पौष्टिक लड्डू भरे जाते हैं, साथ में सेव, पपड़ी, खुरमा आदि भी भर देते हैं। मटकी पर मलिया ढँक कर पूजन करते हैं। समस्त पूजन सामग्री से विधिवत पूजन किया जाता है। 'पजनूँ' की कहानी भी कही जाती है। कथा के बाद माँ पुत्र को टीका करती है। पुत्र मटकी के लड्डू निकाल कर माँ के आँचल में डालता है, और माँ प्रेमपूर्वक पुत्र को लड्डू खिलाती है।

चैती पूनों (चैत्र पूर्णमासी) भित्ति चित्रण

माँ यह कामना करती है कि चैत्र पूर्णिमा की मटकी के स्वास्थ्यवर्धक पकवान और लड्डू खाकर पुत्र बलशाली बने। 'पजन पूने' को लोकगीत में भी प्रकट किया गया है :

पजन के लड्डू पजनई खायँ,
बब्बा के घर में दौड़े जायँ।
दौड़-दौड़ मटकियन नौ जायँ,
आजी की ओली में दुक के खायँ।

चरुआ

बच्चे के जन्म के समय परिवार की वरिष्ठ महिला (सास) प्रसूता के लिए जड़ी-बूटी युक्त जल तैयार करती है। यह जल जिस मिट्टी के पात्र में पकाया जाता है, उसे चरुआ कहते है। चरुआ एक संस्कार है।

चरुआ के लिए एक मिट्टी का घड़ा लेते हैं। उसे धोकर पवित्र किया जाता है। फिर उस पर सास गोबर से शुभ चिह्न बनाती है और उस पर जौ, देवल चिपकाकर सुसज्जित करती है। तत्पश्चात् उसमें प्रसूता के स्वास्थ्य के लिए उचित जड़ी-बूटियाँ डाली जाती हैं, जो लोक-ज्ञान का उदाहरण हैं। चरुआ में पानी भरकर उसमें सुपाड़ी, हल्दी की गाँठ, पीपरा मूल, सोंठ, लौंग, ताँबे के पैसे, खैर की लकड़ी आदि डालने की प्रथा है। इसे चरुआ का 'साज' कहते हैं।

चरुआ रखने से पूर्व बुलावा लगाया जाता है। सभी महिलाएँ एकत्रित होकर मंगल गीत गाती हैं। विशेष रूप से चरुआ गीत गाए जाते हैं :

(1)

सिल लोढ़न घिस पीपरे महाराज
आँगन में बै दई सोठिया
धिनौचिन पीपरें महाराज
सिल लुढ़िया घिस बाँटो
कचुरलन पीजियो महाराज...

(2)

चरुआ धर दऔ अंगना बीच
सास मेरी खुसी मना रई रे
गगरी भरी, बूटी ला डारी
देव मना रई रे,
चरुआ को जब नेग बे माँगे
जच्चा मौ को बिदारे रें
चरुआ...

यदि लड़का होता है तो सात कन्याएँ चरुआ का पूजन कर आग पर चढ़ाती हैं। यदि लड़की का जन्म हुआ हो तो पाँच कन्याएँ चरुआ पूजन करती हैं। चरुआ का विधिवत पूजन होता है। सास हल्दी, अक्षत तथा दूर्वा लगाकर चरुआ-पूजन करती है, फिर चूल्हे की आग पर कन्याएँ चरुआ रख देती हैं। कन्याओं को गुड़ या बताशे दिए जाते हैं। प्रसूता सास को 'नेग' (धन या वस्तु) देती है।

ओक-दुआस

भाद्रपद शुक्ल पक्ष की द्वादशी पर गाय-बछड़े की पूजा की जाती है, जिसे बुन्देली में 'ओक-दुआस' कहते हैं। गोधूलि बेला में साक्षात गाय-बछड़े की पूजा की जाती है और पूजा में विशेष रूप से सात उरई की सींकें, पीले कपड़े में बाँध कर गाय के सींग में बाँधी जाती हैं। फिर स्त्रियाँ गाय के कान में कहती हैं—'तुमाओ रोये, हमाओ हँसे'। इसका तात्पर्य यह लगता है कि सींग में सात सींक सात वचन के समान हैं, जो पीले कपड़े में इस विश्वास के साथ बाँधी जाती हैं कि हे गाय माता, आप अपने पुत्र (बछड़े) के हिस्से का दूध मेरे बच्चे को प्रदान करें, जिससे वह स्वस्थ रहे। यह उल्लेखनीय है कि गाय का दूध बच्चों के लिए पौष्टिक होता है।

जब साक्षात गाय-बछड़ा नहीं मिलता, तब सूप पर हल्दी से गाय-बछड़ा चित्रित कर पूजन की परम्परा है। सम्बन्धित लोकगीत भी है :

(1)

गैया जागे, बछरा जागे, जागे रे दूध के पिवैया
खूंटन सो बछरा छूटे, गैयन रहे चुखाय...

(2)

दूध के पोखर, भरी घीयन की धार
दूध-दही ये सब फैलावे, कैसो माने नन्द को छोरा

बुन्देलखण्ड में त्योहार तो लगभग सभी मनाए जाते हैं, किन्तु यहाँ उल्लेख केवल उन्हीं त्योहारों और संस्कारों का किया गया है, जिन पर लोक चित्र बनाए जाते हैं, जिनमें कला को आध्यात्मिक और नैतिक रूप में स्वीकार किया गया है और जिन्होंने कला को 'सत्यम-शिवम्-सुन्दरम्' का प्रतिमान दिया है। बुन्देली लोक जीवन में चित्रकला सभी शुभकार्यों, उत्सवों-त्योहारों पर मंगलमयी स्वरूप में वर्तमान में भी घरों में दिखाई देती है।

चित्रकला को लौकिक एवं पारलौकिक कल्याणकारी मानकर धर्माचार्यों ने इसको धार्मिक व सामाजिक महत्त्व से सम्बन्धित बताकर लोकप्रिय बना दिया। लोक-मानस ने उसे पारम्परिक स्वरूप प्रदान किया। सार यह है कि कला

का उद्देश्य मनुष्य को अपने आप में सीमित न रखकर परम तत्त्व की ओर ले जाना है।

विश्रान्तिर्यस्य सम्भोगे सा कला न कला परा।
लीयते परमानन्दे ययात्मा सा परा कला॥

अर्थात् भोग में पर्यवसित हो जाने वाली कला वस्तुतः कला नहीं है, जिसमें परमानन्द की प्राप्ति है, वही श्रेष्ठ कला है।

गोदना

बुन्देलखण्ड की लोक चित्रकला में गोदना का वर्णन न हो तो बात अधूरी सी प्रतीत होती है। गोदना अंग रेखांकन है, जो आदिवासी और जनजातियों में अधिक प्रचलित है। व्यक्ति की कलाप्रियता की चरमसीमा गोदना है। शारीरिक सौन्दर्य को बढ़ाने के लिए सूई की चुभन सहन करना गोदना का महत्त्व दर्शाता है। स्त्रियों की आभूषणप्रियता ही गोदना गुदवाने की प्रेरणा है।

पौराणिक, ऐतिहासिक तथा धार्मिक सम्बन्धों से जुड़ी गोदना प्रक्रिया के साथ अनेक लोक विश्वास जुड़े हैं। गोदना गुदवाने की सुदीर्घ एवं अविछिन्न परम्परा रही है। प्रारम्भ में मानव ने गुहा चित्रों एवं शैल चित्रों का निर्माण किया, किन्तु कालान्तर में शरीर के किसी अंग पर खुरचने या चुभने से बनने वाले चिह्नों से शरीर चित्रण का विचार मन में आया। गोदना परा शक्तियों के प्रभाव को क्षीण या समाप्त करने के उद्देश्य से बनाए जाते हैं। स्त्रियाँ ही अधिकतर गोदना गुदवाती हैं। पुरुष तो केवल अपना नाम, फूल या देवता की आकृति चित्रित करवाते हैं। स्त्रियाँ शरीर अलंकरण, जादू-टोने की सुरक्षात्मक जादुई लिपि या प्रजनन शक्ति को जाग्रत कर मातृत्व के भाव को उत्पन्न करने हेतु गुदवाती हैं।

गोदना के चिह्न, काल के साथ विकसित होते गए। प्राचीन काल में सूर्य, चन्द्रमा गोदे जाते थे। कृषि युग में पदार्पण के बाद कुआँ, चूल्हा, टोकरी, चावल, अन्न के दाने, आम, सुपारी, ताड़ आदि के वृक्ष चित्रित किए जाने लगे। स्थापत्य कला के विकास के साथ गोदना का भी विकास हुआ। उसमें मन्दिर, कलश, गुम्बद आदि भी बनने लगे। वर्तमान में एक्यूपंचर चिकित्सा पद्धति से इसका गहन सम्बन्ध है। शारीरिक सज्जा हेतु 'टैटू' भी बनवाए जाते हैं।

'मिथ्स ऑफ मिडिल इंडिया' में वेरियर के अनुसार—गोंड जनजाति में प्रचलित एवं पौराणिक कथा से गोदने की उत्पत्ति ज्ञात होती है। महादेव शंकर ने एक बार सभी देवताओं को भोज पर आमंत्रित किया। भोज में एक गोंड देवता भी अपनी पत्नी के साथ गए। सभी देवियाँ एक स्थान पर बैठी थीं। जब गोंड देवता जाने लगे, तब अपनी पत्नी समझ देवी पार्वती के कन्धे पर हाथ रख कर चलने को कहा। उनकी इस भूल से देवी पार्वती क्रोधित हो गईं। महादेव शंकर इस भूल को जान गए थे, इस कारण हँसने लगे, किन्तु पार्वती जी का क्रोध शान्त नहीं हुआ। अन्त में उन्होंने

युक्ति सोची ताकि यह भूल दोबारा न हो। पार्वती जी ने प्रत्येक जाति के लिए पृथक-पृथक गोदना अभिप्राय निर्धारित किए। इन अभिप्रायों को देवियों के अंगों पर गुदवाया जिससे उनकी पृथक पहचान हो सके। तभी से सभी जाति की देवियाँ गोदना गुदवाने लगीं। इस प्रकार संसार में गोदने का प्रचलन हुआ।

जन जातियों में यह विश्वास है कि संसार नश्वर है। मृत्यु के पश्चात् समस्त भौतिक वस्तुएँ यहीं रह जाती हैं। केवल गोदना अंलकरण ही उसके साथ परलोक जाता है।

बुन्देलखण्ड में चित्रकला संरक्षण

बुन्देलखण्ड में कला प्रेमी व संरक्षक शासक भी हुए। ओरछा के मधुकर शाह (1554-92 ई.), राजा इन्द्रजीत सिंह जूदेव (1592-1605 ई.), महाराजा वीरसिंह जूदेव प्रथम (1606-27 ई.), महाराजा उद्योत सिंह जूदेव (1689-1736 ई.), महाराजा विक्रमजीत सिंह जूदेव (1776-1817 ई.), महाराजा हम्मीर सिंह जूदेव (1854-74 ई.) तथा महाराजा प्रताप सिंह जूदेव (1874-1930 ई.) कला को अनवरत संरक्षण देते रहे, जिसका प्रमाण ओरछा की विश्वविख्यात चित्रकला है। पेशवा के दशम् सूबेदार शिवराम हरी (1794-1802 ई.) के काल में बेसिन सन्धि के अनुसार झाँसी अंग्रेजों की सत्ता में आ गई। यहाँ के अन्तिम शासक राजा गंगाधर राव (1843-53 ई.) के समय नाट्य कला के साथ नृत्य, संगीत तथा चित्रकला का उत्थान हुआ। उनके समय हस्तलिखित चित्रित ग्रन्थों को संरक्षण मिला।

दतिया राज्य भी चित्रकला के लिए प्रसिद्ध रहा। वहाँ महाराजा दलपत राय (1683-1707 ई.), महाराजा इन्द्रजीत सिंह द्वितीय (1736-72 ई.) महाराजा शत्रुजीत (1772-1801 ई.), महाराजा पारीक्षत (1801-39 ई.), महाराजा विजय बहादुर (1839-57 ई.), महाराजा भवानी सिंह (1857-1907 ई.) तथा महाराजा गोविन्द सिंह (1907-48 ई.) हुए, जिन्होंने कला को संरक्षण दिया।

समथर का भी चित्रकला में योगदान रहा। यह दतिया जागीर का भाग ही था। यहाँ 1827-90 ई. में हिन्दू पत तृतीय तथा 1890-96 ई. में राजा चतुर सिंह ने कला को संरक्षण प्रदान किया।

बिजना एक छोटी जागीर थी, किन्तु वहाँ दीवान राय सिंह जूदेव, दीवान सावन्त सिंह जूदेव, दीवान अजीत सिंह जूदेव, दीवान धन सिंह जूदेव तथा विजय बहादुर जूदेव के संरक्षण में 16वीं ई. से 18वीं ई. तक चित्रकला फूली-फली।

बिजावर राज्य में महाराजा लछमन सिंह (1832-47 ई.) एवं महाराजा सावंत सिंह जूदेव (1899-1942 ई.) के शासनकाल में चित्रकला को निखरने का अवसर मिला।

पन्ना तथा छतरपुर में कला संरक्षक राजाओं में महाराजा छत्रसाल जूदेव (1662-1707 ई.) तथा राजा हिरदेशाह (1731-39 ई.) के संरक्षण में चित्रकला का विकास हुआ।

अजयगढ़ में चित्रकला के संरक्षक महाराजा जगत राज (1731–59 ई.), महाराजा माधव सिंह जूदेव (1837–49 ई.) तथा महीपत सिंह जूदेव (1849–53 ई.) थे। झाँसी गजेटियर के अनुसार सन् 1858 में झाँसी अंग्रेजों के अधीन हो गई। अंग्रेजों ने राजा गंगाधर राव के पूर्वजों द्वारा संचित हस्तलिखित ग्रन्थों को आग लगाकर नष्ट कर दिया और देवालयों, स्वर्ण आभूषणों से अलंकृत मूर्तियों तथा मूल्यवान धातुओं को हथियाना अपना ध्येय बना लिया।

बुन्देलखण्ड में मुगल तथा राजस्थानी चित्र शैली को आश्रय मिला, जिस कारण यह बुन्देली चित्र शैली में मिलकर सम्पूर्ण बुन्देलखण्ड में प्रसारित हुई। मुगलों के अन्त के बाद भारतीय चित्रकला बुन्देलखण्ड के प्रमुख केन्द्रों में जीवित रही, जिसमें ओरछा प्रमुख है। बुन्देलखण्ड की चित्रकला 15 वीं शती के मध्यकाल से 20वीं शती के मध्यकाल तक निरन्तर विकासशील रही। इस दीर्घ काल में उसने भारत की चित्रकला को अनेक भित्ति चित्र तथा लघु चित्र प्रदान किए, जो भारतीय चित्रकला इतिहास में विशेष स्थान रखते हैं। ये ऐतिहासिकता की महत्त्वपूर्ण कड़ी हैं, जिनके हट जाने से भारत की कला–शृंखला विशृंखलित हो जाएगी।

चित्रकला की आधुनिक धारा

बुन्देलखण्ड की चित्रकला को नवीन आयाम देने में प्राचीन राजवंशों का महत्त्वपूर्ण योगदान रहा, जिससे हमें यह ज्ञात होता है कि वर्तमान में हमें जो कला मिली है, उसके संचय और संरक्षण का बहुत श्रेय यहाँ के राजवंशों को है। विभिन्न शासन कालों में राजदरबारों में कलाकारों को पुरस्कृत कर सम्मान देना आदि ने चित्रकला के विकास में सकारात्मक प्रभाव डाला। इस प्रभाव से जन जीवन में कलानुराग जागृति हुई, जिससे राष्ट्र को बौद्धिक तथा सांस्कृतिक उन्नति का सशक्त अवसर मिला। कलाविदों की वृहद परिषदों का आयोजन कर उस समय नए मानवमूल्यों के विवेचन और विचारों के पारस्परिक आदान–प्रदान करने की सुविधाएँ भी प्रदान की जाती थीं।

कला को राजकीय संरक्षण, पोषण और सम्मान मिला, किन्तु उसकी स्वतंत्रता का हनन नहीं हुआ, जिससे कला जन–जीवन में प्रेरणा व उल्लास का प्रतीक बनी। इससे समाज के सभी वर्गों में कला का सहसम्बन्ध बना रहा।

राजवंशों के पराभव काल में चित्रकारों के समक्ष जीविकोपार्जन की समस्या आ गई। उस समय चित्रकला धनिक वर्ग के सेठ–साहूकारों का शौक बन गई। वे अपने भवन व कोठियों को चित्रों से सुसज्जित कराने लगे। व्यक्ति चित्र परम्परा चरम पर पहुँच गई। इसमें परिवार के सदस्यों के चित्र बनवाकर घरों में सजाने का बहुत प्रचलन हो गया। इन कार्यों के माध्यम से कला को संरक्षण और कलाकारों को जीविकोपार्जन का साधन मिला, किन्तु तकनीक के विकास के साथ चित्रों की अनुकृतियाँ छापी जाने लगीं, जिससे एक चित्र की अनेक अनुकृतियाँ कम मूल्य में

प्राप्त होने लगीं। इससे चित्रकारों को चित्र रचना का कार्य मिलना बहुत कम हुआ। आधुनिकता के प्रभाव के साथ शिक्षा का प्रचार-प्रसार भी हुआ। शिक्षाविदों ने कला के महत्त्व को समझते हुए चित्रकला विषय को पाठ्यक्रम में शामिल किया।

कला विषय में प्रशिक्षित गुरुजन ने गुरु-शिष्य परम्परा के अन्तर्गत प्रशिक्षण देना प्रारम्भ किया। झाँसी में सर्वप्रथम चित्रकार कालीचरन वर्मा ने श्री राम चित्रशाला की स्थापना की। चित्रकार शंकर वर्मा ने भी चित्रकला की शिक्षा देने का कार्य किया। डॉ. शुभेष ने 'जनक कला' व 'शिल्प महाविद्यालय' की स्थापना की, जिसे 'खैरागढ़ संगीत' व 'कला विश्वविद्यालय' से सम्बद्ध किया। इसी प्रकार अन्य कला-संस्थाओं की स्थापना चित्रकला संरक्षण एवं प्रचार-प्रसार हेतु की गई। इनमें प्रमुख हैं—पुलिन्द कला दीर्घा, जिसका संयोजन श्री मुकुन्द मेहरोत्रा ने किया। पुलिन्द कला दीर्घा के माध्यम से अनेक चित्र प्रदर्शनियों का आयोजन किया जाता रहा। वर्तमान में राजकीय संग्रहालय, झाँसी चित्रकला संरक्षण का कार्य अत्यन्त सफलतापूर्वक कर रहा है। संग्रहालय में स्थायी कला दीर्घा में चुने हुए चित्रों व कलात्मक वस्तुओं को प्रदर्शित किया गया है। अस्थायी कला दीर्घा में वर्ष भर चित्र प्रदर्शनियाँ लगाई जाती हैं, जिससे स्थापित नवोदित कलाकारों के बनाए चित्र दर्शक देख पाते हैं। राजकीय संग्रहालय के सभागार में चित्रकला सम्बन्धी विषयों पर भाषण व संगोष्ठियाँ आयोजित की जाती हैं। क्षेत्रीय सांस्कृतिक केन्द्र, झाँसी द्वारा चित्रकला की कार्यशालाएँ और शिविर आयोजित किए जाते हैं, जिनमें बालक-बालिकाओं को नि:शुल्क चित्रकला का प्रशिक्षण दिया जाता है। शिविरों में प्रतिष्ठित चित्रकारों द्वारा प्रतिभागियों को चित्रकला की विभिन्न विधाएँ सिखाई जाती हैं। सबसे महत्त्वपूर्ण चित्रकला संरक्षण बुन्देलखण्ड विश्वविद्यालय, झाँसी के कला संकाय द्वारा किया जा रहा है। यहाँ बी.एफ.ए. तथा एम.एफ.ए. की कक्षाएँ लगाई जा रही हैं। प्रतिवर्ष अनेक छात्र चित्रकला में स्नातक, परास्नातक की डिग्री प्राप्त कर इसके माध्यम से रोजगार प्राप्त कर रहे हैं। कई छात्र मीडिया, विज्ञापन, फिल्मों में कला निर्देशक का कार्य कर देश-विदेश में बुन्देलखण्ड क्षेत्र का गौरव बढ़ा रहे हैं।

झाँसी के चित्रकार

बुन्देलखण्ड की लोक चित्रकला को अनवरत प्रवाहित करने का श्रेय सुखलाल को जाता है। उन्हें रानी लक्ष्मीबाई के समय झाँसी में राज्याश्रय प्राप्त था। बुन्देलखण्ड के अन्य चित्रकारों की भाँति सुखलाल भी काले रंग से रेखांकन करते थे। उनकी रेखाएँ प्रवाहपूर्ण, सूक्ष्म तथा शक्तिशाली रहती थीं।

लोक चित्रकार मगन के चित्रों में लावण्य में कमी तथा आकारों में कठोरता दिखती है। रानी लक्ष्मीबाई के चित्रों में मगन ने सुखलाल का अनुसरण किया है।

एक अन्य चित्रकार परम लश्करी के लोक चित्र भी मिलते हैं। वे सुखलाल के प्रपौत्र थे। उनके चित्रों में आकृतियाँ अल्प संख्या में होती हैं, किन्तु वे स्थान अधिक

घेरती हैं। बुन्देली लोक शैली चित्रों के अन्य चित्रकार जवाहर तथा गिरधारी प्रमुख थे। राजा गंगाधर राव स्वयं कला प्रेमी थे। उनके शासन काल में नृत्य, संगीत तथा चित्रकला तीनों को आश्रय मिला, किन्तु रानी लक्ष्मीबाई ने स्वतंत्रता प्राप्ति को लक्ष्य बनाया, जिससे चित्रकला कुछ कलाकारों तक ही सीमित हो गई। सुखलाल के अतिरिक्त भीखम खाँ का पुत्र रमजानी रानी का प्रिय चित्रकार था। अन्य चित्रकला प्रेमी भी इस समय चित्र रचना करते रहे। तोपची खुदाबख्श तथा मंटू अवकाश के समय में चित्र बनाया करते थे।

सुखलाल तथा रमजानी के वंशज भी चित्रकारी का काम करते थे। उन सभी की तूलिका एक सी चित्र रचना नहीं करती थी, जिससे प्रमुख चित्रकारों के चित्रों जैसा सौन्दर्य व गुण उनमें नहीं पाया जाता था। उन्होंने सम्भवत: चित्र रचना राज्याश्रय, धन तथा सम्मान पाने हेतु की, ऐसा प्रतीत होता है। रानी लक्ष्मीबाई के समय में भवनों तथा मन्दिरों में बुन्देली चित्रकारी की गई है, जिसके अवशेष वर्तमान में भी कुछ स्थानों पर मिलते हैं।

बुन्देलखण्ड के अन्य स्थानों—बिजावर, अजयगढ़, पन्ना, अलीपुरा, कालपी, छतरपुर, बिजना आदि स्थानों पर भी चित्रकला का कार्य हुआ। इन चित्रों में भगवान, राजा-रानी तथा प्रकृति का ही चित्रण मिलता है, किन्तु ये चित्र राजभवन की शोभा बने, जिससे प्रकाश में नहीं आए। ये चित्र समकालीन चित्र विशेषताओं से युक्त बनाए गए थे। कलाकारों ने थोड़ा-बहुत कल्पना या योग्यता के अनुसार अन्तर किया था। बुन्देली चित्रशैली का विकास 18वीं से 19वीं शती के मध्य हुआ। 19वीं शती के बाद चित्रकला पर नये प्रभाव पड़े।

प्राप्ति के आधार पर रानी महल की कलात्मक चित्रकारी, पानी की धर्मशाला के शिवमन्दिर के 'चतेउर', जैन दिगम्बर मन्दिर गांधी रोड में काँच पर पेंटिंग, तेली के मन्दिर, बड़ागाँव गेट में विभिन्न राजाओं के चित्र तथा गुसाइयों के मन्दिर आदि उल्लेखनीय हैं। झाँसी के निकट चिरगाँव में राष्ट्रकवि मैथिलीशरण गुप्त की गढ़ी में धनुषधारी राम का सुन्दर चित्र बना है।

बुन्देलखण्ड में चित्रण कम या अधिक लगातार होता रहा है। यहाँ राजनैतिक उथल-पुथल के कारण स्थायित्व का अभाव रहा, जिससे कला व कलाकार उपेक्षित रहे। संरक्षकों की छाया में तथा उनकी अपेक्षाओं के अनुसार कलाकार चित्रण करता रहा। जिन चित्रकारों के नाम चित्रों पर मिलते हैं, उन्हें तो अभिलेखों में स्थान प्राप्त हो गया। कुछ नाम न लिखने के कारण पहचान न बना सके।

झाँसी में लोक शैली के चित्रकार सुखलाल, मंटू, मगनलाल परमलाल, भीखम खाँ, अजीम, खचोरे, गिरधारी, छज्जू आदि थे। बीना जागीर के चितेरे अर्थात चित्रकार रामबगस तथा गनेशजू थे, जिन्हें लघु चित्रों में महारत थी।

झाँसी में आधुनिक काल के प्रसिद्ध चित्रकार मास्टर रुद्रनारायण ने अपने बनाए चित्रों से सबको चमत्कृत कर दिया। मास्टर रुद्रनारायण की चित्रकला सन् 1920 के

बाद अपने चरम पर थी। उनके बनाए चित्र राजा-महाराजाओं को अधिक पसन्द आते थे, किन्तु उन्होंने कभी राज्याश्रय नहीं लिया। तैल रंगों से बनाए मास्टर रुद्रनारायण के चित्रों में राजा रवि वर्मा की चित्र शैली का प्रभाव दिखता है। 'रानी लक्ष्मीबाई और युद्ध की एक झलक' वाला चित्र उनकी चित्र कुशलता का परिचायक है।

1935 ई. में ओम शंकर खरे ने अपनी चित्रशैली से चित्रकला को नये आयाम दिए। उन्होंने चित्रकला में अपने सिद्धान्त और शैली का विकास किया। 'फन्डामेन्टल्स ऑफ इंडियन आर्ट' में दासगुप्त ने लिखा—'झाँसी के ओमशंकर खरे की अमूर्त्त कला प्रतीकों का विचारपूर्वक संयोजन है।'

सन् 1935 से 1945 तक नाजिर अपनी चित्र साधना के लिए प्रसिद्ध रहे। वे तैलचित्र बनाने के साथ रंगमंच के पर्दे बनाकर जीविकोपार्जन करते थे। बुन्देलखण्ड में एक अलौकिक चित्रकार श्री कालीचरन वर्मा हुए, जिनके बनाए चित्रों ने समाज के प्रत्येक वर्ग पर अपनी छाप छोड़ी। उनके द्वारा मूँगफली के छिलकों से निर्मित गांधी जी के चित्र ने खूब प्रसिद्धि प्राप्त की। यह चित्र शैली 'बिजेंटाइन चित्र शैली' के नाम से विख्यात हुई। उनकी तैल चित्रों की शैली राजा रवि वर्मा की चित्र शैली से प्रभावित थी। उनका मत था कि चित्रों में वास्तविकता की अभिव्यंजना का होना आवश्यक है। मानव जीवन के निकटतम भावों का अंकन चित्रों में उतर कर आना चाहिए।' कालीचरन वर्मा को प्राकृतिक दृश्यों और व्यक्ति चित्रण में महारत हासिल थी। उनके चित्रों में चित्रित वस्तुएँ वास्तविकता का आभास कराती हैं। उनके असंख्य चित्र प्रकाशित हो चुके हैं, जिनमें से राधा-कृष्ण, राम का शिवपूजन, बुद्ध का गृह त्याग, प्रतीक्षा, राम आराधना, हंस, दमयन्ती, द्वार पर खड़ी नारी आदि प्रमुख हैं। बुन्देलखण्ड के चित्रकारों में चिन्तामणि व्यास का नाम भी प्रसिद्ध है। उनकी कलाकृति 'गाँव की गली' पर उन्हें राष्ट्रकवि द्वारा सम्मानित किया गया था। इसी क्रम में श्री सज्जन लाल सक्सेना ने 'आज वीणागान जागे' काव्य शीर्षक पर माँ सरस्वती का सुन्दर चित्र बनाया था। उनके द्वारा बनाया गया वीरांगना लक्ष्मीबाई का चित्र मुरली मनोहर मन्दिर के द्वार पर लगाया गया था। कालीचरन वर्मा के शिष्य श्री शंकर वर्मा और महेन्द्र वर्मा ने भी उन्हीं की चित्र शैली का अनुशीलन किया। शंकर वर्मा के सुपुत्र अशोक वर्मा ने भी तैल रंगों से चित्र सृजन करना प्रारम्भ किया। उनके बनाए तुलसीदास और हनुमान जी के चित्र सजीव चित्रण के अनुपम उदाहरण हैं। डॉ. शुभेष ने वाटर कलर, तैल रंग और लाइफ टैक्नीक के अनेक प्रयोग करके चित्रकला के क्षेत्र में चली आ रही चित्र शैली को परिवर्तित रूप प्रदान किया।

वर्तमान में चित्रकला के क्षेत्र में स्व. कालीचरन वर्मा के सुपुत्र श्री राकेश चरन वर्मा उनकी चित्र परम्परा को बढ़ा रहे हैं। श्री रमेश सोनी के मूंगफली के छिलके से बने चित्रों ने राज्य स्तर पर अपनी पहचान बनाई है। किशन सोनी आध्यात्मिक एवं ऐतिहासिक चित्र बनाते हैं, उनके बनाए चित्रों में रंगों की चमक प्रमुख विशेषता है। विकास वैभव सिंह को बुन्देलखण्ड के किले, गढ़ी एवं ऐतिहासिक स्थल चित्रित

करने में महारत हासिल है। श्रीमती कामिनी बघेल नारी विषयों से सम्बन्धित चित्र बनाकर ख्याति प्राप्त कर रही हैं। मै स्वयं (मधु श्रीवास्तव) बुन्देली लोक चित्र बनाकर बुन्देली कला व संस्कृति के संरक्षण का कार्य कर रही हूँ। भविष्य में नवोदित युवा कलाकार इस क्रम को अवश्य बढ़ाएँगे, ऐसी आशा है।

सन्दर्भ ग्रन्थ सूची

भारतीय चित्रकला—वाचस्पति गैरोला।

कला के दार्शनिक तत्त्व—डॉ. चिरंजीलाल झा।

भारत की चित्रकला का संक्षिप्त इतिहास—श्री लोकेश चन्द्र शर्मा।

बुन्देलखण्ड की संस्कृति और साहित्य—श्री रामचरण हयारण 'मित्र'।

बुन्देलखण्ड की चित्र साधना (अप्रकाशित)—डॉ. जी.पी. शुभेष।

बुन्देलखण्ड की लोक चित्रकला—डॉ. मधु श्रीवास्तव।

नोट—वर्तमान में संरक्षण के अभाव में अनेक मन्दिर व भवनों के भग्नावशेष प्राप्त हैं। जीर्णोद्धार के नाम पर अनेक भित्ति चित्र व शिल्पकला आधुनिक भवन निर्माण सामग्री (संगमरमर, टाइल्स आदि) के प्रयोग से नष्ट हो गई है। इस आलेख में वर्णित झाँसी की चित्रकला डॉ. शुभेष द्वारा लिखित शोधग्रन्थ 'बुन्देलखण्ड की चित्र साधना' के पृष्ठ सं. 92 से 101 तक के अनुसार है।

झाँसी के विकास में प्रवासी समाजों का योगदान

डॉ. नीति शास्त्री*

मराठा सल्तनत का आगमन बुन्देलखण्ड में सन् 1782 के आसपास में हुआ, जब ओरछा नरेश छत्रसाल को महसूस हुआ कि बुन्देलखण्ड में मेरे बाद कौन शासन को सँभालेगा तो उन्होंने पूना में अपने शिष्य को पत्र के साथ भेजकर पेशवा बाजीराव (प्रथम) से बुन्देलखण्ड की सत्ता सँभालने का आग्रह किया। बाजीराव पेशवा अपने खास सूबेदारों को लेकर आए और उन्होंने महाराज छत्रसाल से मुलाकात की। तब महाराज छत्रसाल ने सारी बातें समझाईं और कहा कि वे अपने जीवनपर्यन्त स्वयं राजा रहेंगे एवं उनके बाद मराठा राज्य होगा। तब बाजीराव पेशवा ने अपने सूबेदारों को यहाँ की व्यवस्था सँभालने हेतु नियुक्त किया। उनमें झाँसी में नेवालकर (रानी झाँसी के पूर्वज), ग्वालियर में सिन्धिया और बाँदा के नवाब इत्यादि मुख्य रूप से थे। बाद में सन् 1760 में पेशवा के खास सूबेदार नारो शंकर के सहयोग से झाँसी राज्य की स्थापना की गई एवं पेशवा ने नारो शंकर को यहाँ गवर्नर के रूप में स्थापित किया। एक अन्य सूबेदार रघुनाथ राव नेवालकर को झाँसी राज्य के राजा के रूप में बिठाया। रघुनाथ राव के पश्चात उनके छोटे भाई शिवराम भाऊ नेवालकर ने झाँसी नरेश के रूप में पद ग्रहण किया। शिवराम भाऊ ने झाँसी के परकोटा का निर्माण कराया जो कि आज भी झाँसी में विद्यमान है। इसमें 12 दरवाजे एवं 12 खिड़कियाँ बनाई गई थीं। उनकी धर्मपत्नी सखूबाई बड़ी धर्मपरायण विदुषी महिला थीं। सखूबाई ने झाँसी में सन् 1785 में 3 मन्दिरों की स्थापना की—1. गणेश मन्दिर, 2. श्री मुरली मनोहर मन्दिर, 3. महालक्ष्मी मन्दिर (लक्ष्मी तालाब), जो आज भी विद्यमान हैं एवं जिनकी देखरेख विभिन्न तरीकों से होती है। श्री शिवराम भाऊ व सखूबाई की 3 सन्तानें थीं—1. बड़े कृष्ण राव, 2. रघुनाथ राव, 3. गंगाधर राव। शिवराम भाऊ के पश्चात् कृष्ण राव झाँसी राज्य के राजा नियुक्त हुए, किन्तु अल्पावधि में उनका देहान्त हो गया। फिर रघुनाथ राव को राजा बनाया गया, किन्तु वह भी अकाल मृत्यु को प्राप्त हो गए। कालान्तर में झाँसी नरेश के रूप में श्रीमन्त महाराज गंगाधर राव नियुक्त हुए। उन्हीं का 1842 में विवाह श्री मोरोपन्त ताम्बे की कन्या मनुबाई से झाँसी स्थित

* समाजसेविका, राष्ट्रीय पुरस्कार से सम्मानित शिक्षिका।

श्री गणेश मन्दिर में सम्पन्न हुआ किन्तु विधि के विधान को कौन जाने, श्री गंगाधर राव को महारानी लक्ष्मीबाई से एक पुत्र की प्राप्ति हुई जो कि जल्द ही काल के गाल में समा गया। इससे महाराज बड़े दुखी रहने लगे और बीमार पड़ गए। फाल्गुन चतुर्दशी की रात्रि में उनका देहान्त हो गया। चैत्र प्रतिपदा को उनका अन्तिम संस्कार लक्ष्मी तालाब के किनारे किया गया और आज भी झाँसी के पुराने रहने वाले लोग चैत्र प्रतिपदा को होली नहीं खेलते हैं। उनका मानना है कि इस दिन महाराज साहब का निधन होने से इस दिन होली खोटी है।

महारानी के पदचिह्नों पर चलते हुए झाँसी के यशस्वी स्वतंत्रता संग्राम सेनानियों में श्री रघुनाथ विनायक धुलेकर (1891–1980), क्रान्ति पुरुष गजानन पोतदार, क्रान्तिकारी सदाशिवराव मलकापुरकर, पण्डित सीताराम भास्कर भागवत, श्री बालकृष्ण सीताराम टेंगसे, व्यायाम क्षेत्र के द्रोणाचार्य श्री कृष्ण गणेश खानवलकर अन्नाजी और लक्ष्मण राव कदम साहब जैसे महाराष्ट्रियन महामनाओं ने झाँसी की आन-बान को संवर्द्धित करने में कोई कसर नहीं छोड़ी। स्वतंत्रता सेनानियों की इस श्रृंखला में गुरसराँय परिवार के सदस्य श्री आत्माराम गोविन्द खेर (भू.पू. अध्यक्ष, विधान सभा लखनऊ) 1894 के त्याग को भी हमेशा याद रखा जाएगा, जिन्होंने गुरसरांय के मशहूर राजघराने का सदस्य होते हुए भी अंग्रेजों के विरुद्ध जीवन भर संघर्ष कर महात्मा गांधी के सिद्धान्तों के तहत सतत् कार्यरत रहते हुए भारतीय राजनीति में अपना महत्त्वपूर्ण स्थान बनाया और विधानसभा के अध्यक्ष पद को एक लम्बे समय तक सुशोभित किया।

वर्तमान में झाँसी पंचकुइयाँ से लेकर हींगन कटरा, पानी की धर्मशाला और नरसिंह राव टौरिया शहर के परिक्षेत्र में महाराष्ट्रियन परिवार निवास कर रहे हैं, जिनमें प्रमुख रूप से स्व. आचार्य रघुनाथ विनायक धुलेकर (कक्का), गोविन्द आत्माराम दबले, स्व. आत्माराम गोविन्द खेर, स्व. लक्ष्मण राव कदम, स्व. श्री सीताराम भास्कर भागवत, स्व. श्री सदाशिवराव मल्कापुरकर, स्व. श्री रामकृष्ण देव (नाना), स्व. श्री शंकर राव पेंढारकर, स्व. श्री मधु अक्का, स्व. श्री कृष्ण खानवलकर (अन्ना जी), स्व. श्री श्रीधर स. नेवालकर, स्व. श्री वासुदेव पुरन्दरे, स्व. श्री पुरुषोत्तम हलवे (नाना), स्व. श्री शंकर राव पानसे, स्व. श्री प्रभाकर भालेराव, स्व. श्री बसन्त देव, दिनकार राव गंजीवाले, जी.पी. जोशी (भाऊ साहेब), आर.पी. जोशी (राम भाऊ), मुकुन्द प्र. खेर, विनोद खेर, चान्दोरकर, सुश्री रजनी आग्वेकर, राजकुमार पान्से (बाबा), गिरीश पाठक, तुषार खंडकर, सुबोध खंडकर निदेश, दिवाकर लघाटे, समीर भालेराव संगीत विशेषज्ञ, प्रमोद पल्की उल्लेखनीय हैं।

महाराष्ट्र समाज द्वारा संचालित संस्थाएँ

- महाराष्ट्रीय समिति।
- महाराष्ट्र गणेश मन्दिर कमेटी।

- लक्ष्मी महिला समाज।
- महाराष्ट्र शिक्षण मंडल प्रबन्ध समिति।
- मनुबाई छबीली विद्यालय प्रबन्ध समिति।
- गणेश संगीत विद्यालय (1958)।
- लोकमान्य तिलक सरस्वती शिशु मन्दिर (26.8.73) से।
- लोकमान्य तिलक कन्या इंटर कॉलेज (1920 से संस्थापित एवं संचालित)।

इस प्रकार झाँसी में महाराष्ट्र समाज आज भी महारानी लक्ष्मीबाई की स्वस्थ परम्परा, मराठी लोककला संस्कृति, संगीत प्रशिक्षण, गायन, वादन, शास्त्रीय नृत्य इत्यादि द्वारा समाज को नित नूतन सृजन की ओर बढ़ा रहा है। विगत 19 मई, 2015 से वह महारानी लक्ष्मीबाई की वैवाहिक वर्षगाँठ (174वीं) को समारोहपूर्वक भव्यता के साथ झाँसी में आयोजित कर रहा है, जो एक अनुकरणीय आदर्श है। गणेश मन्दिर एवं आयोजन समिति द्वारा शोभायात्रा का भव्य आयोजन पिछले वर्ष 19 मई, 2017 को किया गया जिससे आम जनमानस महारानी के जीवन से प्रेरित हो सके, इसके अलावा महाराजा गंगाधर राव के साथ महारानी के विवाह (19 मई, 1842) की स्मृतियों को जीवन्त बनाते हुए चार दिवसीय राष्ट्रीय संगीत विशेषज्ञों का कार्यक्रम आयोजित किया गया, जो सबके आकर्षण का केन्द्र रहा, यह परम्परा महाराष्ट्र समाज की अद्‌भुत देन है। महारानी लक्ष्मीबाई के जन्मदिन 19 नवम्बर एवं बलिदान जयंती दिवस 18 जून को सम्पूर्ण झाँसी महारानी लक्ष्मीबाई को नमन करती आई है व शासन-प्रशासन एवं सामूहिक रूप से जनता-जनार्दन महारानी के ऐतिहासिक स्मारक पर महारानी लक्ष्मीबाई पार्क, झाँसी में महारानी को श्रद्धांजलि समर्पित करती ही है किन्तु महाराष्ट्र समाज के द्वारा जन सहयोग से विगत 2 वर्षों से वैवाहिक वर्षगाँठ बनाने की एक अनूठी पहल अनुकरणीय आदर्श है।

झाँसी में ईसाई समाज

ईसाई धर्म के प्रचार की लहरें झाँसी में भी प्रवाहित हो गईं और विदेशी धार्मिक संस्थान के प्रतिनिधियों ने झाँसी का भ्रमण और यहाँ के वातावरण का निरीक्षण किया। ईसाई धर्म की मिशनरी झाँसी कैन्ट में प्रारम्भ हुई। धीरे-धीरे झाँसी में कैथोलिकों की संख्या में वृद्धि हुई, जो फौज में नहीं थे। झाँसी के ईसाई धर्म के प्रबन्धक ऐपिरो के फादर फ्रांसिस ने रोम के सुपीरियर जनरल को 20 दिसम्बर, 1893 को एक पत्र लिखा, 'झाँसी में 450 कैथोलिक हैं, जिनमें 100 सिपाही, 100 अंग्रेज, 100 भारतीय तथा 150 एंग्लो इंडियन हैं।' पैसी (Pesci) पादरी ने एक प्रीस्ट हाउस (Priest House) का निर्माण किया जो बहुत सुन्दर एवं विशाल था। 1915 से 1917 तक झाँसी में 700 कैथोलिक रेलवे की नौकरी में भर्ती हुए। इससे ईसाई धर्म के अनुयाइयों की वृद्धि हुई। कैन्ट का गिरजाघर रेलवे कालोनी से दूर था, इसलिए 1917 में रेलवे कालोनी में चर्च बनाने का विचार किया गया। कैण्टोंमैंट चर्च 1893 में निर्मित किया

गया और 1894 में फ्रांसिस पैसकी द्वारा आशीर्वाद दिया गया। नए चर्च सैन्ट एंथोनी ऑफ पदना को 12 फरवरी को रेव डॉ. एन्जीलो पोलू द्वारा समर्पित किया गया।

सन् 1932 में माल्टा प्रान्त के कैपुचिना फादर ने झाँसी का प्रबन्ध अपने हाथ में लिया। इसके पश्चात झाँसी में मिशनरी का प्रचार कार्य द्रुतगति से बढ़ने लगा और मिशन के कार्यकर्ताओं ने झाँसी के कैथोलिक ईसाइयों के आध्यात्मिक जीवन को विकसित करने के लिए अत्यधिक प्रयत्न किए। उन्होंने लोगों को कैथोलिक धर्म अपनाने के लिए भी प्रयत्न किए। 16 जनवरी, 1940 को क्राइस्ट दि किंग बॉयज स्कूल की स्थापना एक छोटे भवन में हुई। इसमें 26 विद्यार्थी थे। धीरे-धीरे विद्याथियों की संख्या में वृद्धि हुई तो मई के अन्त में झाँसी के एक सुन्दर स्थान पर एक सुन्दर एवं विशाल भवन को खरीद लिया गया और फिर इस विद्यालय के भवन का निर्माण किया गया। सेक्रेड हार्ट चर्च के अन्तर्गत 654 अंग्रेज और एंग्लो इंडियन, कैथेलियस और 125 भारतीय कैथोलिक थे। सेंट एंथोनी चर्च के इंचार्ज फादर प्रीस्ट थे। सेंट फ्रांसिस कॉन्वेंट की स्थापना 1838 में हुई थी। इसके बाद इस विद्यालय के विशाल भवन का निर्माण किया गया। सन् 1927 में इसका विस्तार किया गया, अब यह हाई स्कूल है।

इस प्रकार हम देखते हैं कि झाँसी में रोमन कैथोलिक के प्रतिनिधियों द्वारा शिक्षा के क्षेत्र में अत्यधिक प्रगति हो रही है। झाँसी में रोमन कैथोलिक के नेतृत्व में अनेक प्राथमिक, माध्यमिक शिक्षण संस्थाएँ कार्य कर रही हैं, जिनका भविष्य उज्ज्वल है।

झाँसी में निम्नलिखित शिक्षण संस्थाएँ कार्य कर रही हैं :

1. क्राइस्ट द किंग हाई स्कूल।
2. निर्मला कॉन्वेंट हाई स्कूल, गढ़िया फाटक।
3. सेंट फ्रांसिस कॉन्वेंट हाई स्कूल, कैन्टोनमेंट।
4. सेंट जोसेफ जूनियर हाई स्कूल, कैन्ट।
5. सेंट ज्यूड्स हाई स्कूल, गढ़िया फाटक।
6. सेंट मैरी जूनियर हाई स्कूल, सीपरी बाजार।
7. सेंट थॉमस बेसिक स्कूल, नई बस्ती।

झाँसी में ईसाई समाज का योगदान

ईसाई समाज किसी भी देश या प्रदेश में हो, उसकी सेवा उस स्थान के लोगों के लिए महत्त्वपूर्ण योगदान अवश्य प्रदान करती है। यह समाज विभिन्न लोगों की आवश्यकताओं को ध्यान में रखते हुए अपनी सेवा की रूपरेखा बनाता है। झाँसी में भी जो ईसाई समाज है, वह प्रभू यीशु की प्रेरणा पर चलते हुए जीवन के चार प्रमुख क्षेत्रों में सर्व मानव कल्याण हेतु महत्त्वपूर्ण योगदान प्रदान करता है।

ये प्रमुख क्षेत्र हैं—1. शिक्षा, 2. स्वास्थ्य, 3. समाज कल्याण, 4. आध्यात्मिक कल्याण।

शिक्षा के क्षेत्र में सेवा

शिक्षा के क्षेत्र में अंग्रेजी माध्यम का सबसे पहला स्कूल झाँसी में खोला गया। इस स्कूल का नाम है सेंट फ्रांसिस गर्ल्स हाई स्कूल और इसकी स्थापना 1913 में हुई थी, जिसके द्वारा झाँसी की बच्चियों के लिए उज्ज्वल भविष्य का उत्तम मार्ग खुल गया। तब से लेकर अब तक यह झाँसी का सर्वोत्तम विद्यालय माना जाता है। इस स्कूल में प्रवेश हेतु लोग अपना जी-जान लगा देते हैं। इसलिए यह विद्यालय झाँसी का प्रथम एवं श्रेष्ठतम विद्यालय माना जाता है। इसी की भाँति लड़कों के लिए अंग्रेजी माध्यम का सर्वश्रेष्ठ विद्यालय है क्राइस्ट द किंग स्कूल, जो सन् 1940 में स्थापित हुआ, जिसको लड़कों के लिए एक आदर्श विद्यालय माना जाता है। इस प्रकार अंग्रेजी माध्यम के ये दो विद्यालय कैथोलिक ईसाई समाज के फादर, ब्रदर एवं सिस्टरों की देन है और इनकी नि:स्वार्थ सेवा का परिणाम है।

तीसरा विद्यालय है सेंट ज्यूड्स हाई स्कूल, जो नगरा, प्रेमनगर में स्थित है। सन् 1941 में इसकी स्थापना ब्रदर लोरेंस की सतत् मेहनत का फल है। यह स्कूल लड़कों के लिए विशेष रूप से खोला गया, जिसमें झाँसी के अधिकतर लोगों ने शिक्षा पाई और अपना भविष्य उज्ज्वल बनाया। चौथा स्कूल है निर्मला कॉन्वेंट हाई स्कूल, जो पहले सन्त फ्लोमिना के नाम से जाना जाता था। यह सन् 1945 में स्थापित किया गया। यह गरीब लड़कियों के लिए हिन्दी माध्यम द्वारा बेहतरीन शिक्षा पाने का आदर्श विद्यालय है। इस विद्यालय की प्रसिद्धि अभी भी वैसे ही कायम है जैसे पहले थी। इसी प्रकार अब कई अन्य स्कूल हैं जो ईसाई समाज की देन हैं। ये हैं—सेंट मैरीज कॉलेज, मसीहा गंज (सन् 1953), सेंट जोसेफ जूनियर हाई स्कूल, कैन्ट, झाँसी (सन् 1985) और कैथेड्रिल कॉलेज (सन् 1985)। ये कैथेलिक ईसाई समाज के मठवासी लोगों की देन हैं। इसी प्रकार सेंट मार्क्स कॉलेज और क्रिश्चियन इंटर कॉलेज भी ईसाई समाज का ही अंग हैं, जो सी.एन.आई. संस्था के अन्तर्गत आते हैं तथा जिन्होंने झाँसी के बच्चों की शिक्षा के क्षेत्र में महत्त्वपूर्ण सेवा प्रदान की है।

स्वास्थ्य सेवा

दूसरा महत्त्वपूर्ण एवं अत्यावश्यक जीवन का क्षेत्र है—स्वास्थ्य, जिसके अन्तर्गत सन्त जूड्स अस्पताल, जो जर्मनी अस्पताल कहलाता है, जो सन् 1970 में स्थापित हुआ। यह झाँसी एवं उसके आसपास के जनसाधारण लोगों के लिए स्वास्थ्य के क्षेत्र में विशेष महत्त्व का साबित हुआ। सर्वप्रथम सन्त जूड्स अस्पताल, जो जर्मनी अस्पताल भी कहा जाता है, कुछ जर्मन सिस्टर के द्वारा प्रारम्भ हुआ था। यह अब झाँसी के लोगों का लोकप्रिय अस्पताल है। इसमें समाज सेवा के लिए आजीवन समर्पित लोग बहुत लगन और प्रेम से मरीजों की नि:स्वार्थ सेवा करते हैं। यह अत्याधुनिक चिकित्सा उपकरणों से लैस है, जिसमें प्रसूति विभाग, शल्य विभाग, बाल विभाग, टी.बी. विभाग आदि प्रमुख रूप से हैं। यह भी कैथोलिक ईसाई समाज

की सिस्टरों की देन है। दूसरी ओर क्रिश्चियन अस्पताल भी बहुत सालों से झाँसी के लोगों की सेवा करता आ रहा है। यह सी.एन.आई. प्रबन्धन के अन्तर्गत है।

समाज कल्याण से

सामाजिक कल्याण भी हमारे जीवन का महत्त्वपूर्ण क्षेत्र है। झाँसी सेवा समाज लगभग 25 वर्षों से झाँसी के विभिन्न पिछड़े वर्गों एवं गाँवों में प्रौढ़ शिक्षा और बालबाड़ी-आँगनबाड़ी के माध्यम से गरीब से गरीब लोगों की सेवा में लगा हुआ है। उसने लगभग 200 गाँवों को इस प्रकार की सेवा के लिए चुना है, जहाँ यह शिक्षा, स्वास्थ्य एवं व्यवहार आदि के सम्बन्ध में महत्त्वपूर्ण सेवा देता आ रहा है। जहाँ डॉक्टर लोग नहीं जाना चाहते, वहाँ इससे जुड़े लोग डॉक्टरों को उपलब्ध कराते हुए गरीब लोगों के स्वास्थ्य की जाँच कराते हैं और लोगों का जीवन स्तर और आत्मसम्मान बढ़ाने के लिए सतत प्रयत्न में लगे रहते हैं। इस प्रकार की सेवाओं के लिए कैथोलिक सेवा समाज के पास लगभग 60 स्वयंसेवी लोगों का स्टाफ है, जो प्रतिदिन जाते हैं और अपने कार्यक्रम चलाते हैं।

आध्यात्मिक क्षेत्र में सेवा

झाँसी में प्रभु यीशु के परम भक्त सन्त जूड का महातीर्थ है, जिसे विश्व में द्वितीय स्थान प्राप्त है और यह एशिया भू-खंड में प्रथम स्थान पर है। सन्त जूड एक महान सन्त रहे थे। इनका प्रभाव न मात्र झाँसी भर में है, वरन मुम्बई, नागपुर, पूना, नासिक, भोपाल, बीना, दिल्ली, आगरा, वाराणसी, इलाहाबाद, पंजाब, बंगाल आदि दूर-दूर की जगहों से भक्तगण सन्त जूड के पवित्र तीर्थ पर बारह महीने दर्शन के लिए आते रहते हैं और सन्त जी द्वारा भौतिक एवं आध्यात्मिक लाभ प्राप्त करते हैं। इस तीर्थ स्थान की स्थापना माल्टा के एक पुरोहित ने, जिनका नाम बिशप फ्रांसिस फ्रेनेक था और जो सन् 1954 में झाँसी के प्रथम धर्माध्यक्ष बने, झाँसी के आध्यात्मिक उत्थान हेतु की। तब तक सन्त जूड के विषय में लोग नहीं जानते थे। बिशप फ्रेनेक ने सन्त जी के ताबूत-अवशेष रोम से मँगवाए और सन्त जी के महत्त्व के विषय में लोगों को बताया, जिससे लोग उनके स्थान पर आने लगे और धीरे-धीरे भक्तगणों की संख्या बढ़ती गई।

इस प्रकार अब 50 वर्ष से अधिक समय से यह तीर्थ लोगों का आध्यात्मिक कल्याण करता है। हर वर्ष अक्टूबर 28 को यहाँ महापर्व मनाया जाता है, जिसमें 8 से 10 हजार की संख्या में लोग पूजा-अर्चना के लिए एकत्र होते हैं। विभिन्न प्रान्तों से लोग बस और रेल मार्ग द्वारा झाँसी आते हैं। यहाँ तक कि मुम्बई से हजारों की संख्या में भक्तगण आकर इस तीर्थ की धर्मशालाओं में महीने भर ठहरते हुए आध्यात्मिक साधना करते हैं और सन्त जूड के चरणों में अपनी निवेदन प्रार्थनाओं के साथ कैण्डिल, दीया आदि जलाते हैं। इस प्रकार झाँसी का यह तीर्थ स्थान न मात्र प्रदेश के लिए आध्यात्मिक स्रोत सिद्ध हुआ है, वरन् सम्पूर्ण देश के विभिन्न प्रान्तों से आए लोगों के लिए भी लगभग पचास वर्षों से आध्यात्मिक शान्ति एवं प्रेरणा स्रोत बना हुआ है।

इस्लाम समाज

झाँसी नगर साम्प्रदायिक सद्भावना एवं सौहार्द्र का नगर रहा है और सम्पूर्ण विश्व में कौमी एकता का अनुपम व अनूठा प्रतीक माना जाता है।

हिन्दू मुस्लिम, सिक्ख ईसाई, आपस में हैं भाई-भाई।
हम भारत के हैं चार सिपाही।

स्वतंत्रता संग्राम की लड़ाई में महारानी लक्ष्मीबाई के सेनानियों, सहयोगियों और वफादार अनुयायियों में मुख्य तोपची गुलाम गौस खाँ, सूजे खाँ, खुदाबख्श अश्वारोही एवम् अन्य मुसलमान पठानों ने एक अद्भुत उदाहरण प्रस्तुत किया, जो देशहित में अपनी कुर्बानी देकर अमर हो गए।

इस युद्ध में हिन्दू-मुसलमानों और अन्य जातियों का पारस्परिक सद्भाव सहज ही प्रकट होता है। युद्ध के प्रारम्भ में रानी अपने प्रधान तोपची गौस खाँ को टीका करती हैं। गौस खाँ इस अवसर पर रानी से तोप की पूजा करने का आग्रह करता है, जो इस बात को दर्शाता है कि झाँसी में सभी जाति और सम्प्रदाय के व्यक्ति एक-दूसरे के मत-मजहब का सम्मान करते थे। 1857 के युद्ध में रानी लक्ष्मीबाई के नेतृत्व में मुसलमान और पठानों ने अंग्रेजों से मुक्ति के लिए स्वातंत्र्य युद्ध लड़ा। बाई साहिबा की फौज में मुसलमान और पठान बिना किसी भेदभाव के उच्च पदों पर आसीन रहे। इनमें गुलाम गौस खाँ और खुदाबख्श के नाम विशेष रूप से उल्लेखनीय हैं। सुन्दर और गुल मुहम्मद तो ग्वालियर युद्ध में रानी लक्ष्मीबाई के साथ भी रहे और सुन्दर ने रानी की प्राण रक्षा के लिए गोली खाई।

कवि मदनेश कृत 'लक्ष्मीबाई रासो' में हिन्दू और मुसलमानों ने बड़ी वीरता और एकनिष्ठ भाव से अंग्रेजों के विरुद्ध संघर्ष का वर्णन करते हुए कहा गया है—

एक दिन हिन्दुस्तान में हिन्दू और पठान
बदल गए अंग्रेज सों सकल फौज के ज्वान
फिरी फिरंटन छावनी भयौ गदर असरार

भग्गी दाऊजू ने अपने 'रायसौ' में 1857 के स्वातंत्र्य युद्ध का अत्यन्त सजीव और ओजपूर्ण वर्णन किया है। उन्होंने 'रायसौ' में बताया है कि रानी के नेतृत्व में हिन्दू-मुसलमान सब समान रूप से लड़ते थे, उनमें आपस में लेशमात्र भी वैमनस्य न था। रानी हिन्दू सरदार को जितना चाहती थीं, उतना ही मुसलमान सरदार को भी। विश्वासपात्र सरदार खुदाबख्श के घायल हो जाने पर रानी अत्यन्त विह्वल हो जाती हैं और उसे सांत्वना देती हुई उसके घायल शरीर पर हाथ फेरती हैं। देखें :

खबर सुनी सोई बाई साब ने मुखतें वचन उचारौ
खुदाबख्श मरदान ज्वान को हाथ फेर पुचकारौ
अन्त काल भयौ आननि बक से खुदा कष्ट निरवारौ।

इससे सन्तुष्ट होकर खुदाबख्श शान्ति के साथ अपने प्राणों का परित्याग कर देता है। आपसी सौहार्द्र के सम्बन्ध में कर्मवीर सुन्दर लाल 'भारत में अंग्रेजी राज'

में लिखते हैं—आजादी की लगन ने उस समय भारत के हिन्दू और मुसलमानों को कितना बेचैन कर रखा था, इसकी एक सुन्दर मिसाल यह है कि गाय और सूअर की चरबी के जो कारतूस युद्ध का एक खास सबब थे, एक बार शुरू हो जाने पर युद्ध के अनेक मैदानों में लाखों हिन्दू-मुसलमान सिपाही विदेशियों से लड़ते समय उन्हीं कारतूसों को खुशी के साथ अपने दांतों से काटते हुए दिखाई दिए।

गुलाम गौस खाँ

1857 की जंगे आजादी में झाँसी की रानी वीरांगना लक्ष्मीबाई का अत्यन्त विश्वासी तोपची, जिसने आजादी के प्रतीक झाँसी दुर्ग की बुर्ज से कड़क बिजली तोप से गोले दाग-दाग कर फिरंगियों की सेना के हौसले पस्त कर बेमिसाल देशभक्ति, शौर्य और और साहस का परिचय दिया और शहादत देकर हिन्दुस्तान की आजादी के युद्ध के इतिहास में स्वर्णिम पृष्ठ जोड़ा था, उस बलिदानी का नाम है—झाँसी रानी की सेना का प्रमुख तोपची गुलाम गौस खाँ।

मराठों ने ओरछा राज्य के बहुत से क्षेत्रों पर अपना आधिपत्य स्थापित कर लिया था, जिससे ओरछा की 'लड़ई सरकार' झाँसी राज्य से शत्रुता मानती थी। उसने अपने दीवान नत्थे खाँ के नेतृत्व में बड़ी-बड़ी तोपों, सैनिक सामग्री और बीस हजार सैनिकों को झाँसी पर अधिकार जमाने के लिए भेज दिया। डॉ. वृन्दावनलाल वर्मा ने रानी की युद्ध की तैयारी के सम्बन्ध में 'झाँसी की रानी' उपन्यास में लिखा है—जवाहर सिंह, कर्नल जमा खाँ, भाऊ बख्शी ने कड़क बिजली दक्षिण की ऊँची बुर्ज पर चढ़ा दी। गुलाम गौस खाँ एक बड़ी तोप और कई छोटी तोपें लेकर ओरछे दरवाजे पर पहुँच गया। नत्थे खाँ के सैनिक रानी के तोपचियों के गोलों के सामने टिक नहीं सके और भारी संख्या में मौत के घाट उतार दिए गए। इस समय महारानी ने सन्तुष्ट होकर अपने गोलन्दाज गुलाम गौस खाँ की बहादुरी से प्रभावित होकर चाँदी के तोड़ा उसके वजन भर के पहनाए तथा उसे कुँवर की उपाधि देकर सम्मानित किया। इस सम्बन्ध में एक आल्हा प्रसिद्ध है :

अपनी तौल भरी चाँदी की तोड़ा मन दियौ बनाय
अपने हाथों रानी गौस खाँ का दियो पिन्हाय
तिलक लगाऔ गौस के माथे ओर मुनादी वई कराए
आज से आगे नाम गौस खाँ कुँअर गौस खाँ जाना जाए।
गौस जवान वीर बुन्देला है तो माँ का पूत कहाय।

अभी नत्थे खाँ से लड़ाई का बहुत समय नहीं बीता था कि रानी पर अंग्रेजों की ओर से आफत आ गई। ह्यूरोज को झाँसी की ओर बढ़ता देख रानी भी झाँसी की रक्षा और अंग्रेजी सेना का मुकाबला करने के लिए युद्ध की तैयारी में जुट गईं। किले के हर बुर्ज पर छोटी-बड़ी तोपें लगा दी गईं। दक्षिणी बुर्ज पर लगाई गई तोपें गुलाम गौस खाँ, जो तोपखाने का प्रधान था, के संचालन में दे दी गईं।

उसने तुरन्त तोपखाने को पलीता छुलाया। घनगर्ज और उसकी छोटी बहनों ने इतनी जोर की गर्जना की कि सारी जमीन काँप गई। गौस खाँ ने ऐसे गोले बरसाए कि ह्यूरोज का दक्षिणी दस्ता नष्ट हो गया और अनेक अंग्रेज मारे गए। गौस खाँ की घनगर्ज तोप ने अंग्रेजी फौज में तहलका और तबाही मचा दी। जिस समय गौस खाँ तोप से गोलों की वर्षा कर रहा था, बख्शिन सहयोगी के रूप में उसका साथ दे रही थी। इतने में अंग्रेजी फौज का एक गोला बख्शिन के कन्धे पर गिरा और वह अचेत होकर गिर पड़ी। बख्शिन को वीरगति मिली। रानी को बख्शिन के मारे जाने का अत्यन्त दुःख हुआ और रानी बख्शिन के शव से लिपट गई। गौस खाँ ने रानी को अत्यधिक दुखी देखकर रानी को धैर्य बँधाते हुए कहा, 'यह क्या सरकार? अभी न जाने कितने सरदार कुर्बान होंगे। हुजूर हम लोगों को समझाती हैं कि स्वराज्य की लड़ाई किसी के मरने–जीने पर निर्भर नहीं है। आप ऐसा मोह करेंगी तो हम गोरों से कितने दिन लड़ सकेंगे? आप यहाँ से हट जाएँ और दीवाने खास में बैठकर हुक्म भेजती रहें। मैं इनको मजा चखाता हूँ।' गौस खाँ ने बिसमिल्लाह किया और घनगर्ज को सँभाला। तीन वारों में ही अंग्रेजी मोर्चों का तोपखाना, तोपची और तोप पर काम करने वाले सब स्वाहा हो गए। लेकिन झोकन बाग के पूर्व में गुसाइयों के मन्दिर की आड़ में अंग्रेज सैनिक फाटक पर गोलाबारी कर रहे थे। खुदाबख्श मन्दिरों के मध्य में आ जाने के कारण जवाब नहीं दे पा रहा था। मन्दिरों के बीच में सेंध थी, उसी सेंध से होकर अंग्रेजी तोपखाना शहर की तरफ गोले चला रहा था। यह सेंध खुदाबख्श की सीध में (सामने) नहीं थी परन्तु घनगर्ज की सीध में थी, जिसे गुलाम गौस खाँ संचालित कर रहा था। गुलाम गौस खाँ ने अंग्रेज फौज पर निशाना साधने के लिए घनगर्ज से जैसे ही प्रहार करने की कोशिश की, वैसे ही उसके साथी ने आग्रह किया, 'मन्दिर पर गोला न पड़े, खाँ साहब, नहीं तो बड़ा अनर्थ हो जाएगा।' गुलाम गौस खाँ ने उत्तर देते हुए कहा, 'अगर मन्दिर की एक ईंट भी मेरे गोले से टूट जाए तो तलवार से मेरी गर्दन कलम कर देना।' रघुनाथ सिंह ने दूरबीन और तोप गुलाम गौस खाँ के हवाले कर दी। अब क्या था गौस खाँ ने तोप के ठिये (स्थान) को सँभाला और गोला छोड़ा। अंग्रेज तोपची मारे गए, तोपें नष्ट हो गईं और मन्दिरों पर आँच तक नहीं आई।

गुलाम गौस खाँ अंग्रेजी सेना पर दक्षिणी बुर्ज से जब गोलों की बौछार कर रहा था, उसी समय गोला लगने से वह शहीद हो गया। रानी ने जब सुना तो उनकी आँखों से आँसू झरने लगे। तुरन्त ही गौस खाँ को भी मोतीबाई और खुदाबख्श की कब्रों के पास दफना दिया गया। यह चबूतरा महल के दक्षिणी कोने पर अब भी बना हुआ है। नगरवासी उसके शहीदी दिवस पर श्रद्धांजलि अर्पित करते हैं और चादर व दीपक दान करते हैं।

पठान बंगश खाँ के वीर वंश में पैदा हुए गुलाम गौस खाँ ने मुल्क की रक्षा तथा उसकी स्वतंत्रता की खातिर 2 अप्रैल, 1858 को अपने प्राणों को होम कर दिया। वह

परम देशभक्त और अद्वितीय योद्धा था और उसका वतन हिन्दुस्तान था। वह किसी जाति विशेष का न था। उसका धर्म देशभक्ति था और उसने अपने धर्म और कर्तव्य को जीते जी निभाया। ऐसे शूरवीर की कुर्बानी देशवासियों को हमेशा मुल्क की खातिर मर-मिटने की प्रेरणा देती रहेगी।

मुख्य तोपची गुलाम गौस खाँ के शहीद हो जाने पर उन्हें दफनाने के बाद ही रानी लक्ष्मीबाई ने अपने दत्तक पुत्र दामोदर राव सहित झाँसी किले से प्रस्थान किया था। उस समय दामोदर की आयु लगभग 7 वर्ष के आसपास थी । जब महारानी लक्ष्मीबाई झाँसी दुर्ग को छोड़कर भांडेर होती हुई अपने विश्वस्त सैनिकों के साथ कालपी जा रही थीं, उस समय उनका पीछा करते हुए अंग्रेज सैनिकों के सामने लोहागढ़ के पठान दीवार बनकर खड़े हो गए। अंग्रेज सैनिकों को यहाँ के पठानों से घोर युद्ध करना पड़ा। इसी बीच रानी सुरक्षित कालपी पहुँच गईं। युद्ध में लगभग 500 पठानों ने अपने प्राणों की आहुति देकर रानी की सुरक्षा की। यह गाथा आजादी के इतिहास के स्वर्णिम पृष्ठों में सदैव अंकित रहेगी।

लोहागढ़ में दुर्ग एक ऊँची पहाड़ी पर बना हुआ है। इस दुर्ग के पास ही ऊँचाई पर पीर साहब की दरगाह बनी हुई है। मान्यता है कि यहाँ आने पर सबकी कामनाएँ पूर्ण हो जाती हैं।

18 जून, 1858 को अंग्रेजों से लड़ते-लड़ते रानी लक्ष्मीबाई के सिर व आँख में जख्म हो गया था। उन्होंने बाबा गंगादास की कुटिया में आत्मदाह करने से पूर्व अपने दत्तक पुत्र दामोदर राव को दीवान रघुनाथ सिंह, पठान गुल मुहम्मद खान और रामचन्द्र देशमुख को यह कहते हुए सौंप दिया था कि वे जीते जी अंग्रेजों से दूर रहीं, मरने के बाद भी वे उन्हें नहीं पा सकेंगे। वे लोग दामोदर राव को सुरक्षित निकाल ले गए।

व्यूह रचनाकार अजीमुल्ला खाँ

अजीमुल्ला खाँ अत्यन्त योग्य और विचारवान क्रान्तिकारी थे। उनकी प्रतिभा से प्रभावित होकर नाना साहब ने उन्हें अपना दूत व वकील बनाकर अपनी पेंशन व राज्य को बहाल कराने के लिए इंग्लैंड भेजा परन्तु कामयाबी प्राप्त नहीं हुई। उन्होंने इसे अपना बहुत बड़ा अपमान समझा। उनका स्वाभिमान आहत हुआ। अंग्रेजों के विरुद्ध सहयोग लेने के लिये वे टर्की, रूस तथा मिस्र भी गए, परन्तु वहाँ के शासकों से किसी प्रकार का सहयोग प्राप्त नहीं हुआ। इंग्लैंड में ही उन्होंने रंगोबापू के साथ अंग्रेजों को भारत से खदेड़ने के लिए क्रान्ति की योजना बनाई क्योंकि वे जानते थे, याचना से अंग्रेजों को भारत से भगाया नहीं जा सकता।

कानपुर लौटने पर नाना साहब से मिलकर वे क्रान्ति की तैयारी में जुट गए। नाना साहब राजाओं-नवाबों को सन्देश दे रहे थे तो अजीमुल्ला भेस बदलकर अंग्रेजों की सैनिक छावनियों में जाकर सैनिकों को उनके विरुद्ध विद्रोह के लिए प्रेरित कर

रहे थे। जब नाना साहब और अजीमुल्ला लखनऊ पहुँचे तो वहाँ उनका भव्य स्वागत हुआ और हिन्दू व मुसलमान दोनों अंग्रेजों के विरुद्ध उठ खड़े हुए। दोनों के प्रयास से कानपुर पर उनका आधिपत्य हो गया। परन्तु अंग्रेजों ने पुन: कानपुर पर आधिपत्य जमा लिया। अजीमुल्ला कानपुर छोड़कर नेपाल अथवा कहीं अज्ञात स्थान को चले गए। इस प्रकार देश की आजादी की खातिर अजीमुल्ला ने अपने जीवन को समर्पित कर दिया। 1857 की क्रान्ति में उनके भारी योगदान को भुलाया नहीं जा सकता।

आध्यात्मिक मौलवी अहमद शाह

1857 की क्रान्ति का पैगाम जन–जन में पहुँचाने वालों में मौलवी अहमद शाह का नाम प्रमुख रूप से लिया जाता है। फैजाबाद में अंग्रेजों से मुकाबला करने के लिए उन्होंने सशस्त्र संगठन तैयार किया था। फलस्वरूप अंग्रेजों की हुकूमत ने 19 फरवरी, 1857 को उन्हें कैद कर फाँसी का दंड दे दिया। जनता ने उत्तेजित होकर फिरंगी सरकार के खिलाफ बगावत कर मौलवी साहब को जेल से छुड़ा लिया। विद्रोहियों ने उन्हें अपना चीफ चुन लिया। उन्होंने आगरा और अवध प्रान्त की जनता में क्रान्ति की भावनाओं को जाग्रत कर दिया। मौलवी साहब के नेतृत्व में लखनऊ का पतन हो जाने पर भी उन्होंने अदम्य साहस के साथ शहादतगंज में अंग्रेज सेना का कड़ा मुकाबला किया। बाद में भी वे शाहजहाँपुर को अपनी गतिविधियों का क्रेन्द्र बनाकर अंग्रेजों को मुल्क से बाहर खदेड़ने के लिए संघर्ष करते रहे परन्तु विश्वासघाती राजा जगन्नाथ सिंह के भाई बल्देव सिंह ने 15 जुलाई, 1858 को धोखे से उन्हें गोली मार दी। इस प्रकार महान देशभक्त और दिल से आध्यात्मिक फकीर और वीर योद्धा का अन्त हो गया।

बुन्देलखण्ड में प्रमुख सूफी सन्तों के मजार

झाँसी नगर में पाँच मशहूर सूफी सन्तों के मजारें हैं, जिनमें हजरत निवाड़ी शाह, हजरत खाकी शाह, हजरत जीवन शाह, हजरत कल्लन शाह व हजरत गुलजार शाह हैं, जिन्होंने आपसी सौहार्द्र व कौमी एकता का सन्देश देने में अपनी महत्त्वपूर्ण भूमिका अदा की है और इनसान व इनसानियत का पाठ पढ़ाकर जनमानस को एक सूत्र में बाँधकर भाईचारा बनाए रखने का सन्देश दिया। इन अजीम सूफी सन्तों के मजारों पर प्रत्येक गुरुवार को मेले लगते हैं। मजारों पर चादरें भी चढ़ाई जाती हैं और मनौती भी माँगी जाती है। ये मान्यताएँ आज भी बिना किसी हिन्दू–मुस्लिम भेदभाव के चल रही हैं, जो अपने आप में कौमी एकता का जीवित उदाहरण है।

हजरत निवाड़ी शाह—यह मजार नगर के सबसे ठंडे और रमणीय स्थान राजकीय उद्यान, नारायण बाग की चहारदीवारी (बाउंड्री वाल) के अन्दर है। यहाँ के बड़ागाँव गेट से सिटीगेट तक जाया जा सकता है और द्वितीय रास्ता कानपुर रोड से नारायण बाग की ओर आने वाला इसी नारायण बाग का ही दूसरा गेट, जिसके

अन्दर स्थित खैरापति मन्दिर व बारादरी होकर सम्पूर्ण बाग का आनन्द लेते हुए मजार तक जाया जाता है।

हजरत खाकी शाह—यह मजार बड़ागाँव गेट के बाहर चूना भट्टी के सामने से ढिमरयाने रोड पर श्री अंजनी हनुमान मन्दिर के सामने लक्ष्मीबाई तालाब पर स्थित है। यहाँ काफी बड़ा मैदान है, जहाँ इमली, चिरौल आदि के हरे-भरे वृक्ष लगे हैं। दरगाह के अन्दर आलीशान दालान भी है, जहाँ बैठने की व्यवस्था है। यहाँ से लक्ष्मी तालाब और झाँसी के राजा गंगाधर राव के समाधि स्थल का विहंगम दृश्य भी स्पष्ट दिखाई देता है। मजार के दायीं ओर हजरत मासूम शाह व बायीं ओर हजरत मखूदम शाह की मजारें बनी हैं। मध्य में हजरत खाकी शाह की मजार है, जहाँ टीनशेड लगा हुआ है। मजार के सिरहाने शानदार वृक्ष हैं, जिनके लाल फूल अपनी छटा बिखेरते हुए बाग पर पुष्प वर्षा करते हैं।

हजरत कल्लन शाह—यह मजार शहर मंडी जाते हुए बायीं तरफ ऊँचाई पर टौरिया पर है, यहाँ कानपुर रोड बस स्टैण्ड से मंडी रोड होकर बड़ा बाजार जाते हुए भी जाया जा सकता है। सदियों पुराना यह मजार बुजुर्ग हस्ती का है। यहाँ विशाल मैदान है। समीप में बाबा के खादिमों के मकान हैं। हरे-भरे वृक्ष ठंडी हवाएँ देकर वातावरण को खुशनुमा बनाते हैं। नीचे आबादी बसी है।

हजरत जीवन शाह—यह मजार शहर के खंडेराव गेट, लक्ष्मीबाई पार्क मार्ग से इलाइट सिनेमा जाते हुए रास्ते में बायीं ओर है, जहाँ सीढ़ियों से ऊपर चढ़कर जाना पड़ता है। मजार ऊपर बन्द कमरे में है। ये बाबा अत्यन्त सिद्ध पुरुष थे। वे चमत्कारी भी थे, इसलिए उनके बारे में मान्यता है कि ये बाबा महाराज गंगाधर राव के जमाने के सिद्ध पुरुष थे। यहाँ कई रास्तों से जाया जा सकता है। किले के समीप बनी इस दरगाह के पास कब्रिस्तान भी है। मजार पर नूरे शाह, सलीम शाह, वहीद शाह व इन्हीं के पारिवारिक लोग बैठते व सेवा करते हैं। यहाँ प्रत्येक गुरुवार को मेला लगता है।

हजरत गुलजार शाह—कानपुर रोड पर मिलेट्री कैम्पस के सामने पुराने जल निगम कार्यालय, अब विवाह घर के अन्दर हजरत गुलजार शाह का मजार है, जहाँ सालाना उर्स होता है। इस मजार की दूर-दूर तक ख्याति है। यहाँ लंगर में हिस्सा लेने वालों का नम्बर लगा रहता है। कई-कई दिनों व महीनों बाद लंगर में भाग लेने वालों का नम्बर आता है।

बबीना—यहाँ कैन्ट इलाके में रेल लाइन के किनारे हजरत सैयद एवज अली शाह का मजार है, जिन्हें स्टेशन वाले बाबा के नाम से जाना जाता है। प्रत्येक जुम्मेरात को सैकड़ों नर-नारी बाबा के मजार पर आते-जाते हैं। इन्हीं का चिल्ला 'सबका मालिक एक' के नाम से चित्रा चौराहा, झाँसी में सबको फैज हासिल हो रहा है।

बिजौली—यहाँ ललितपुर रोड पर नहर किनारे 'नहर वाले बाबा' का मशहूर मजार है। ये बाबा सिद्ध सन्त थे। इनका नाम 'हजरत पीर कमाल शाह बाबर' था। कहते हैं, नहर विभाग ने बाबा की पूर्व में बनी छोटे मजार को हटाकर नहर का

निर्माण करना चाहा तो वे निर्माण नहीं कर पा रहे थे। काफी परेशानी के बाद विभाग के अफसरों व ठेकेदारों/इंजीनियरों ने उस स्थान पर माफी माँगी और बाबा के मजार की तामीर कराई, तब नहर का निर्माण सम्भव हो सका था।

टेटा (जमालपुर)—ललितपुर रोड पर ग्राम टेटा में 'हजरत जमाल शाह बाबा' का प्राचीन मजार है, जहाँ हर साल उर्स में देश के ख्याति प्राप्त कव्वाल कव्वाली का मजराना पेश करने आते हैं।

ललितपुर—स्टेशन रोड सिविल लाइन में हजरत सदन शाह का प्रसिद्ध मजार है, जिन्हें 'सदन कसाई' भी कहते हैं। यहाँ प्रतिवर्ष 3 दिवसीय विशाल उर्स/मेला लगता है। ये बाबा एक ही बाँट से हर तरह का वजन तौलने में माहिर थे। उर्स में यहाँ एक दिन शानदार मुशायरा भी होता है, जिसमें देश के मशहूर शायर भाग लेते हैं।

इमामबाड़े

झाँसी शहर तथा अन्य स्थानों पर यानी सीपरी बाजार, गड़िया फाटक, नगरा, नौ नम्बर आदि मुहल्लों में जहाँ ताजिये बनते हैं, वहाँ इमामबाड़े हैं।

समाजसेवी प्रमुख संस्थाएँ

1. जमाते इस्लामी हिन्द (शाखा झाँसी)।
2. मुस्लिम महासभा, गड़िया फाटक, झाँसी।

शैक्षिक, साहित्यिक एवं समाजसेवी संस्थाएँ

एजूकेशनल एंड माइनॉरिटीज वेलफेयर सोसाइटीज, 2-तलैया, झाँसी।

झाँसी में बंगाली समाज

भारत बहुभाषी, बहुसंस्कृति वाला देश है। विभिन्न समुदाय के लोग अपनी भाषा और प्रान्त के नाम से जाने जाते हैं। इसी प्रकार का भारत का पूर्वी प्रदेश बंगाल है, जो विभाजन (1947) के बाद पश्चिम बंगाल और बांग्लादेश के नाम से जाना गया।

भारत के मध्यभाग में बुन्देलखण्ड का विस्तृत पठारी क्षेत्र फैला हुआ है और झाँसी नगर इस अंचल का सरताज है। अंग्रेज शासकों ने इस स्थिति को सैन्य, यातायात, वाणिज्य के सम्बन्ध में महत्त्वपूर्ण समझा। इस कारण झाँसी में उन्होंने एक मजबूत और सुरक्षित कैण्टोनमेंट छावनी की स्थापना की। इसी के साथ नागरिक जीवनचर्या के लिए प्रशासनिक सुविधाएँ उपलब्ध करा कर अपना बहुक्षेत्रीय योगदान किया। कालान्तर में झाँसी निवासी यह अल्पसंख्यक बंगाली समाज बुन्देली जीवन-क्रम में पूर्णतः घुलमिल गया है।

झाँसी की अर्थव्यवस्था एवं शिक्षा व्यवस्था एक ऐतिहासिक सिंहावलोकन

प्रो. श्रीराम अग्रवाल*

विभिन्न राष्ट्रों की सांस्कृतिक, साहित्यिक व राजनीतिक रीति, नीति एवं परम्पराओं पर भौगोलिक परिस्थितियों का प्रभाव तो पड़ता ही है परन्तु जीवन शैली, जीवन यापन तथा आचार-विचार पर तत्कालीन आर्थिक परिस्थितियों का प्रभाव भी पड़ता है। प्रागैतिहासिक काल से ही एक अत्यन्त विस्तृत भू-भाग पर विस्तारित हमारा भारत राष्ट्र अपनी सांस्कृतिक विभिन्नता के लिए इतिहास प्रसिद्ध रहा है। समय-समय पर यहाँ अनेकानेक साम्राज्यों का उदय, विस्तार एवं अन्त भी हुआ है। प्रत्येक समय के तत्कालीन देशी इतिहासज्ञों तथा विदेशी पर्यटकों एवं लेखकों ने इस राष्ट्र के इतिहास को, अपने-अपने दृष्टिकोण से अंकित किया है।

इन लगभग सभी इतिहासकारों ने राज-शासन, राज्य संवर्धन तथा विभिन्न राजवंशों के उत्थान-पतन की कहानी तो अपने लेखन में अंकित की है पर तत्कालीन आर्थिक परिस्थितियों, आर्थिक जीवन व व्यवहार तथा व्यक्ति व समाज समूह में प्रचलित आर्थिक रीति व नीतियों का उल्लेख बहुत कम अथवा मात्र सांकेतिक रूप में ही प्राप्त होता है। बाद में राष्ट्रीय स्तर पर तो आर्थिक इतिहास का कुछ लेखन प्रारम्भ हुआ परन्तु क्षेत्रीय तथा स्थानीय स्तर पर विस्तृत लेखन कम ही हुआ है। जो कालावधि व्यतीत हो चुकी है, उसका इतिहास खोजा तो जा सकता है परन्तु निर्मित नहीं किया जा सकता है। यदि ऐसा प्रयास किया भी जाए तो उसके पीछे लेखक की अपनी सोद्देश्य प्रतिबद्धता ही होती है और वह विवाद का कारण भी बन जाती है। ऐसी ही परिस्थितियों के सन्दर्भ में, झाँसी की अर्थव्यवस्था या झाँसी के आर्थिक इतिहास का उद्घाटन करना एकदम सरल कार्य नहीं रहा।

वीरांगना महारानी लक्ष्मीबाई के 1857 के स्वतंत्रता संग्राम में अप्रतिम योगदान के कारण न केवल झाँसी का नाम राष्ट्रीय इतिहास में, अपितु विश्व इतिहास में भी अपना स्वर्णिम पृष्ठ अंकित हो चुका है। इस कारण भारतीय इतिहासकारों द्वारा हिन्दी तथा मराठी भाषा में झाँसी के इतिहास पर रचित कुछ साहित्य उपलब्ध है। तत्कालीन

* पूर्व प्रति कुलपति एवं कृतकार्य आचार्य/विभागाध्यक्ष, अर्थशास्त्र, बुन्देलखण्ड विश्वविद्यालय, झाँसी।

एवं बाद के स्वतंत्र अंग्रेज इतिहासकारों ने भी अत्यन्त प्रशंसापूर्वक झाँसी के इतिहास पर लेखन किया है। यद्यपि यह बात अलग है कि ब्रिटिश शासन के अन्तर्गत झाँसी तथा बुन्देलखण्ड पर लिखे गए सरकारी गजेटियर्स में एक प्रतिबद्ध दृष्टिकोण सहित ही ऐतिहासिक घटनाओं का काल क्रमवार वर्णित है। अंग्रेज शासकों को अपनी शासन प्रणाली को पुख्ता बनाने एवं आर्थिक परिस्थितियों का अध्ययन करने के लिए विभिन्न आंकड़ों की आवश्यकता थी। इन गजेटियर्स में जनसंख्या, राजस्व व्यवस्था, भूमि व्यवस्था, उद्योग-धन्धों, बाजार प्रचलन एवं मूल्य-भावों का भी समकालीन विवरण प्राप्त होता है।

उपर्युक्त सन्दर्भ में झाँसी के आर्थिक इतिहास तथा झाँसी की अर्थव्यवस्था एवं झाँसी की शिक्षा व्यवस्था का सूक्ष्म विवरण, निम्नवत् तीन कालखंडों में विभाजित करना उचित प्रतीत होता है :

(1) पूर्व ब्रिटिश काल (1700 से 1857)।

(2) ब्रिटिश शासन काल (1857 से 1947)।

(3) स्वातंत्र्योत्तर काल (1947 के उपरान्त)।

आर्थिक इतिहास एवं अर्थव्यवस्था

1. पूर्व ब्रिटिश काल (1700 से 1857)

17वीं-18वीं शताब्दी में झाँसी की राजसत्ता निरन्तर मराठा, मुगल एवं बुन्देला शासकों के हाथों में आती-जाती रही। झाँसी, बुन्देलखण्ड क्षेत्र का अभिन्न अंग रहा और बुन्देलखण्ड क्षेत्र स्वयं, बुन्देला तथा मराठा रियासतों में विभाजित रहा, जिनका विस्तार वर्तमान उत्तर प्रदेश तथा मध्य प्रदेश के भूभाग में विस्तृत रहा। विभिन्न शासन प्रणालियों के कारण इसकी आर्थिक स्थिति, राजस्व, भूमि व्यवस्था तथा व्यापार निरन्तर परिवर्तनशील रहा। 900वीं ईं. के आसपास, बुन्देला शासकों की 80,000 सैनिकों की सशक्त फौज ने अफगान घुसपैठियों, जो कि उत्तरी भारत को पार कर देश के इस मध्यक्षेत्र तक घुस आए थे, को परास्त कर वापस खदेड़ दिया था। बाद में यह क्षेत्र मुगलों से युद्ध में पराजित हो गया था लेकिन कुछ ही समय उपरान्त, इसने मुगलों से भी स्वतंत्रता प्राप्त कर ली थी।

17वीं शताब्दी में स्वतंत्र ओरछा राज्य के तत्कालीन शासकों ने 1615 में झाँसी का किला निर्मित कराया था। इसी समय बुन्देला नरेश महाराज छत्रसाल ने औरंगजेब के आक्रमण को विफल किया था तथा 1732 तक बुन्देलखण्ड एक स्वतंत्र राज्य बना रहा। इस युद्ध में सहायता के उपलक्ष्य में झाँसी का इलाका पेशवाओं की नजर कर दिया गया।

1744 में मराठा सरदार नारोशंकर ने इस क्षेत्र, जो कि बलवन्त नगर के प्राचीन नाम से प्रसिद्ध था, को अपना मुख्यालय बनाया। उस समय यहाँ की जनसंख्या लगभग

30,000 थी। उसने पूर्व में ओरछा नरेश वीरसिंह जूदेव द्वारा बनाए गए किले में काफी परिवर्तन किया। उसने आस-पास के अन्य स्थानों के निवासियों को लाकर इस नगर में बसाया, जिनमें मराठा तथा गुंसाई प्रमुख थे। उसके शासन काल में झाँसी एक समृद्ध शहर माना जाता था। ओरछा किले से इस नगर के किले की झाँई सी (परछाईं) दिखने के आधार पर इसे झाँसी नाम दे दिया गया। 1796-1814 के मध्य मराठा सरदार शिवराव भाऊ ने इसका परकोटा बनाकर इसे सुरक्षित नगर के रूप में विकसित किया। नारोशंकर के बाद नेवालकर परिवार ने झाँसी शहर की खूबसूरती बढ़ाई तथा इसकी प्रसिद्धि को फैलाया, महाराष्ट्र के अनेक लोगों को यहाँ बसने के लिए प्रोत्साहित किया, घर, जमीन, जगह दी, बनारस, लखनऊ, ओरछा से कारीगर हस्तशिल्पियों और कलाकारों को बुलाकर उन्हें काम तथा आवास दिए। इस समय कपड़ा उद्योग, धातु उद्योग, गलीचे, चित्रकारिता तथा मूर्ति उद्योग में झाँसी ने पूरे उत्तर भारत में ख्याति अर्जित की। मालवा व दिल्ली के मार्ग पर बसा यह शहर व्यापार-कारोबार का प्रमुख केन्द्र बन गया। धनवान, सम्पन्न लोगों ने तालाब, मन्दिर, बाग-बगीचे, महल आदि का निर्माण कराया। झाँसी की सम्पन्नता में निकटस्थ लगभग 150 मील के फेर में स्थित सम्पन्न रियासत बानपुर तथा कालपी के व्यापार का माध्यम होने का लाभ भी झाँसी को मिला। उस समय पेशवाओं के अधीन कालपी शहर चीनी, घी, अनाज, नमक, सोना, चाँदी, रेशमी, सूती कपड़े तथा कपास की थोक मंडी था। महाराज छत्रसाल का पन्ना शहर तो हीरों की खदानों के लिए मशहूर था। इस सबकी उत्तर व दक्खिन मंडियों में आवाजाही झाँसी मार्ग से ही होती थी।

1759 में मराठा सेनापति रघुनाथ राव को झाँसी का स्वतंत्र शासक घोषित किया गया। रघुनाथ राव 1795 तक झाँसी के शासक रहे तथा उन्होंने राज्य में समान राजस्व प्रणाली की स्थापना की। सिंचाई के लिए कई कुएँ खुदवाए तथा मन्दिरों का भी निर्माण कराया। 1802 में पेशवा ने, अंग्रेजों से सन्धि कर झाँसी का कुछ भू-भाग ईस्ट इंडिया कम्पनी को सौंप दिया। 1804 में शिवराम ने झाँसी राज्य पर अंग्रेजों की अधीनता स्वीकार कर ली। 1818 में पेशवाओं के पतन के उपरान्त, झाँसी पुनः एक वंशानुगत स्वतंत्र शासन सत्ता के रूप में स्थापित हो गया तथा सिंहासन रामचन्द्र राव को हस्तान्तरित हुआ। विद्रोहियों के दमन में अंग्रेजों का सहयोग करने के उपलक्ष्य में रामचन्द्र राव को महाराजा की उपाधि से विभूषित कर दिया गया। 1835 में उनकी मृत्यु के समय, अंग्रेजों के प्रति अपनी निरन्तर उदारता के कारण झाँसी राज्य पर रु. 70,000/- का कर्ज बकाया हो गया था। अपने काका की मृत्यु के पश्चात् गंगाधर राव झाँसी के महाराज बनकर पीठासीन हुए।

राज्य का सामान्य प्रशासन, अंग्रेजों की देखरेख में 'कोर्ट आफ वार्ड' के द्वारा चलाया जाता था। महाराज गंगाधर राव को कई अंग्रेज इतिहासकारों ने बुद्धिमान, स्वाभिमानी एवं परिश्रमी शासक के रूप में चिह्नित किया है। वैसी कुशलता उन कठिन परिस्थितियों में आवश्यक थी परन्तु उपर्युक्त ब्रिटिश प्रशासन व्यवस्था (कोर्ट ऑफ

वार्ड) के कारण राज्य के कुशल कारीगर बेकार हो गए थे। भूमि मालिकों तथा किसानों से निर्दयता से कर/लगान वसूली के कारण राज्य में विपन्नता छाई हुई थी। महाराज गंगाधर राव ने अपनी दूरन्देशी से झाँसी राज्य के दो क्षेत्रों, जिनका तत्कालीन वार्षिक राजस्व रु. 2,27,000/- था, को अंग्रेजों को सौंपकर प्रशिक्षित सेना की 2 बटालियन, 5000 सैनिक, 2000 पुलिस, 500 घुड़सवार सेना, 22 हाथी तथा 4 विदेशी बन्दूकों को अपने अधीन रखने का अधिकार प्राप्त कर लिया। तत्पश्चात् महाराज गंगाधर राव ने विद्रोही सरदारों तथा ठगों की सेना को कुचलकर झाँसी राज्य का शासन कुशलता से किया। उन्होंने अपने दरबार में शिक्षित विद्वान सलाहकार रखे, जो कि पूरे बुन्देलखण्ड में सर्वश्रेष्ठ माने जाते थे। एक जगह कर्नल स्लीमेन ने लिखा है कि 'मैं झाँसी को बुन्देलखण्ड के सभी देशी राज्यों के रेगिस्तान में एक नखलिस्तान की तरह मानता हूँ, जहाँ कि प्रजाजन पूरे विश्वास एवं भरोसे के साथ सम्पत्ति अर्जित कर एकत्रित कर सकते थे और उसे प्रदर्शित तथा उपयोग करने हेतु राजा की पूर्ण अनुमति प्राप्त थी।' उस समय झाँसी राज्य की जनसंख्या लगभग 60,000 थी।

दुर्भाग्यवश 21 नवम्बर, 1853 को निःसन्तान महाराज गंगाधर राव की मृत्यु हो गई। तब झाँसी के विभिन्न सामाजिक समुदायों के प्रमुख पंचों ने, जिनमें आपा साहब झड़ू, चौधरी श्याम* बख्शी, नारायण राव, बंका दीवान, चुन्नी, जवाहर गनपति गिरि, मुन्ना साहब, रनधीर नागर आदि विभिन्न जातियों के पंचों ने रानी से राज्य सँभालने का आग्रह किया। विभिन्न जातियों के ये सरपंच महारानी साहिबा के विश्वासपात्र थे। रानी ने अपने दत्तक पुत्र दामोदर राव को सिंहासन पर बैठाकर शासन की कमान अपने हाथ में सँभाली, लेकिन तमाम जद्दोजहद और लन्दन तक पैरवी करने के बाद भी उनके दत्तक पुत्र को मान्यता नहीं देकर अंग्रेजों ने झाँसी जागीर को अपने अधीन घोषित कर दिया।

उस समय राजकोष में रु. 2,49,738 के स्वर्ण व रजत सिक्कों के अतिरिक्त अति मूल्यवान आभूषण व हीरे-जवाहरात भी थे। दिवंगत महाराज का कर्जा चुकाने का दायित्व महारानी लक्ष्मीबाई को स्वीकृत रु. 5,000 मासिक पेंशन पर था, जो कि बाद में रोक दी गई थी।

अंग्रेजों द्वारा झाँसी के अधिग्रहण के उपरान्त, 1854-1857 के मध्य, झाँसी की पारम्परिक अर्थव्यवस्था, क्रमशः अधोगति को प्राप्त होती गई। झाँसी का प्रसिद्ध कालीन, पीतल मूर्ति तथा नक्काशीदार फर्नीचर उद्योग पूर्णतः धराशायी हो गया। हस्त कारीगर व्यापारी तथा देशी सैनिक बेकार हो गए। जॉन स्लीमेन के अनुसार, 'देशी दरबार के साथ, व्यापार ठप्प हो गया और पूँजी का निरन्तर क्षरण हुआ, जबकि अंग्रेजों ने दिन दूनी रात चौगुनी तरक्की की तथा उन्होंने एक तरह से 'गंगा' (भारत)

* श्री चौधरी श्याम बख्शी अग्रवाल पंचायत के सरपंच थे। लेखक इसी वंश का परिवारी है। आज भी झाँसी की अग्रवाल पंचायत में पंचों (सदस्यों) का चुनाव होता है, परन्तु निर्वाचित पंचों के द्वारा केवल इसी परिवार से सरपंच (मुखिया-अध्यक्ष) नामित करने का प्रावधान चला आ रहा है।

का ऐश्वर्य सोखकर 'टेम्स' (लन्दन) में भर दिया।' ब्रिटिश सत्ता के अन्तर्गत आए अन्य क्षेत्रों की तरह, झाँसी की ग्रामीण अर्थव्यवस्था भी चौपट हो गई। यहाँ फसल न होने के बावजूद लगान वसूली में पाशविकता बरती जाती थी। 1854 में रेलवे लाइन बिछाना प्रारम्भ कर, लंकेस्टर और शैफील्ड के मिल कपड़ों की भरमार कर देशी राज्यों का हथकरघा उद्योग बर्बाद कर दिया गया। झाँसी भी इस आर्थिक दमन से अछूती नहीं रही। देशी फौज के 60,000 सिपाहियों को हटाने से वे वापस अपने गाँवों में जाकर सूखी, उजाड़ धरती पर निर्भर हो गए।

महारानी लक्ष्मीबाई के समकालीन विष्णु भट्ट गोड़से ने अपने ग्रन्थ 'माझा प्रवास' में झाँसी की सम्पन्नता तथा रानी के सुशासन का आँखों देखा हाल प्रस्तुत किया है। 1856 से 1857 के पूर्व काल में गदर के समय बाहर से आए इन्कलाबी जब क्रमशः कई ब्रिटिश क्षेत्रों पर बेरहमी से अंग्रेजों का कत्ल करते हुए झाँसी पहुँचे तो यहाँ पर भी उन्होंने बेरहमी से अंग्रेजों का कत्ल किया। तब अंग्रेज डर के मारे रानी की शरण में आए। उन्होंने रानी को उनका राज-पाट वापस लौटा दिया। रानी ने विप्लवी विद्रोहियों की सेना के सेनानायक काले खाँ को एक लाख रुपये तथा माणिक मोती देकर बिना लूटपाट किए अपनी झाँसी से जाने को कहा। कुटिल अंग्रेजों के द्वारा पुनः संगठित होकर तथा बाहर से फौजों की सहायता प्राप्त कर झाँसी पर 1857 अप्रैल में आक्रमण कर दिया गया। आक्रमण के पूर्व 11 महीनों में यह पता ही नहीं चलता था कि अंग्रेज झाँसी में हैं भी अथवा नहीं। इस अवधि में रानी ने अप्रतिम कुशलता एवं वीरता के साथ राज्य का संचालन कर झाँसी के वैभव को लौटाया। श्री गोड़से ने लिखा है कि 'लोग बड़े उद्योगी व श्रीमन्त हो गए। गलीचे, रेशमी वस्त्र व पीतल के सामान की ख्याति पुनः पूरे देश में फैल गई। चित्रकारी का बेजोड़ काम होने लगा। पेशवाओं के मराठा राज्यों के इन्दौर तथा उत्तर में मुगल साम्राज्य की बादशाहत के बीच में स्थित होने के कारण यह इलाका व्यापारिक आवाजाही का प्रमुख केन्द्र था। सम्पन्नता की तुलना में जैसे दक्षिण (डेकन) में पुणे था वैसे ही हिन्दुस्तान (उत्तर भारत) में झाँसी का स्थान था। दक्षिण (डेकन) से झाँसी के रास्ते फर्रुखाबाद तथा दोआब के कई शहरों में व्यापार होता था। चन्देरी के वस्त्रों तथा प्रमुख बुन्देला शस्त्रों यथा तीर-धनुष व भाले की पूरे देश में अच्छी माँग थी।'

झाँसी राज्य की सम्पन्नता के दर्शन रानी साहिबा की सवारी के ठाट-बाट में प्रत्यक्ष होते थे। हाथी के हौदे पर जब वे चलती थीं तो 8-10 सुन्दरतम स्त्रियाँ राजसी वस्त्रों व महल के रत्न जड़ित आभूषणों को धारण किए उनके साथ चलती थीं। आगे-पीछे 200 विलायती फौजी लकदक वर्दी में हथियार लिए चलते थे। जब बाई साहिबा स्वयं भी सफेद झक पोशाक में रत्नजटित मालाओं और पगड़ी में सजकर चलती थीं, तब मानो साक्षात् भवानी, कुलदेवी लक्ष्मी का श्रृंगार कर जनता दर्शन के लिए निकलती थीं तो नगरवासी पुरुष-महिलाएँ दोनों मार्ग के दोनों ओर से उन पर पुष्प वर्षा करते थे।

रानी धर्म व समाज के कार्यों पर उदारतापूर्वक व्यय करती थीं। आए दिन अनुष्ठान कराती थीं। एक वर्ष के अन्दर 4 बार सहस्त्र ब्राह्मण भोज देती थीं तथा ब्राह्मणों को 4 आना दक्षिणा तथा मोतीचूर का 1 बड़ा लड्डू बाँटती थीं। महालक्ष्मी मन्दिर के दर्शन के उपरान्त उन्होंने कुछ दीनजनों को देखकर उदारतापूर्वक तुरन्त 4000 निर्धनों के लिए वस्त्र, धन, भोजन की व्यवस्था की। ब्राह्मण कन्याओं के विवाह के लिए भी वे उदारतापूर्वक धन उपलब्ध कराती थीं।

महाराजा गंगाधर राव के समय से ही झाँसी की पुस्तकशाला अत्यन्त समृद्ध तथा सुव्यस्थित थी। वेद, पुराण, स्मृति, भाषा, ज्योतिष, आयुर्वेद आदि पर लगभग 60,000 ग्रन्थों की पांडुलिपियों का अप्रतिम संग्रहण था। उनकी सुरक्षा के लिए, महँगे रेशमी कपड़ों की उनकी जिल्द वहीं बनवाकर उन्हें नक्काशीदार छोटी सन्दूकों में रखा जाता था। झाँसी से 400-500 कोस के फेर में विद्वान इस पुस्तकशाला में इन ग्रन्थों की प्रतिलिपि लेने आते थे। जानवरों के तेल/चर्बी से बनी स्याही का प्रयोग करने पर सख्त पाबन्दी थी। केवल घी में बनाई गई स्याही का प्रयोग ही किया जाता था।

शासन-प्रशासन में रानी साहिबा को दकियानूसी ढंग पसन्द नहीं थे। राजकाज के लिए रानी ने अल्पकाल में ही नये राजस्व व भूलेख कार्यालयों का निर्माण कराया। दरबार की शानोशौकत को लौटाया। महँगे पर्शियन गलीचों, राजस्थानी चित्रों व मराठा सरदारों के चित्रों और झाड़-फानूसों से राजदरबार चकाचौंध रहने लगा।

परन्तु अंग्रेजों से झाँसी की यह सम्पन्नता तथा रानी की लोकप्रियता पचा पाना सम्भव नहीं हो सका। गदर में हुई तमाम जन-धन-राज हानि के बाद अंग्रेजों ने अपनी सैन्य शक्ति को पुनः संगठित किया तथा 1857 में अप्रैल में ह्यूरोज ने विशाल सेना लेकर झाँसी पर आक्रमण कर दिया। रानी ने जनता के समर्थन तथा श्रीमन्तों के सहयोग से अंग्रेजों का डटकर मुकाबला किया। झाँसी के परकोटे के एक दरवाजे से वहाँ के द्वारपाल दूल्हा जू द्वारा रात में अंग्रेजी सेना को नगर में प्रवेश करा दिया गया। रानी को अपने सिपाहसालारों द्वारा आग्रह किए जाने पर छुपकर कालपी की ओर भागना पड़ा।

उसके उपरान्त झाँसी की ग्रन्थशाला को जलाकर राख कर दिया गया। 4 दिन तक झाँसी में अंग्रेज फौजों को खुली छूट की अनुमति दी गई। पहले दिन मद्रास रेजीमेंट को सभी धातु के सामान, दूसरे दिन हैदराबाद रेजीमेंट के देशी सैनिकों को वस्त्र, ओढ़ने, बिछाने के वस्त्र, गलीचे, पर्दे आदि तो तीसरे दिन एक और टुकड़ी को सभी प्रकार का अनाज लूटने की छूट के बाद चौथे दिन सभी को जो मिले, सो लूटो की आजादी दी गई। अंग्रेज इतिहासकारों के विवरणों में इस लूट से लाखों पाउंड्स के कीमती सामान हाथियों के हौदों में भरकर अंग्रेजों द्वारा अपने सुरक्षित ठिकानों पर भेजने का विवरण मिलता है। इस लूट के विवरण से झाँसी की तत्कालीन आर्थिक व वित्तीय सम्पन्नता का संकेत प्राप्त होता है। वीरांगना रानी लक्ष्मीबाई के बलिदान के उपरान्त झाँसी राज्य पर अंग्रेजों का कब्जा हो गया। इस प्रकार झाँसी के गौरवशाली बलिदानी इतिहास का पृष्ठ बन्द हो गया।

इस अंग्रेजी शोषण की अवधि में सामान्यतः नगरीय क्षेत्रों तथा श्रीमन्तों को छोड़कर आम आदमी की स्थिति व ग्रामीण अर्थव्यवस्था की स्थिति कभी भी सन्तोषजनक नहीं रही। मध्यम व निम्न वर्ग के लोग भूमि स्वामित्व से वंचित रहते थे तथा वे बड़े जमींदारों की जमीन पर 'लगुवा' लगकर बन्धक मजदूरों की तरह कार्य करते थे। उपज का अधिकांश भाग भूमि मालिक, धर्म के नाम पर पंडे पुजारी, साहूकार तथा सहायक कर्मी, लोहार, बढ़ई, धोबी, कुम्हार आदि ले लेते थे। किसान को अपने परिवार के लिए पेट भर भोजन भी प्राप्त होना मुश्किल होता था। पोषण के लिए वे अधिकांशतः जंगली फल-फूल पर निर्भर करते थे। इसके विपरीत मालगुजार, जमींदार व उच्चवर्गीय श्रेष्ठ वर्ग के लोगों को विशेष अधिकार प्राप्त होते थे तथा मजदूरों की मेहनत पर वे विलासितापूर्ण जीवन व्यतीत करते थे।

ऊबड़-खाबड़ भूमि की कंकरीली लाल दोमट मिट्टी तथा पानी के अभाव में कृषि की दयनीय स्थिति थी। सिंचाई साधनों का सामान्यतः अभाव था। कृषि व्यवसाय लगभग पूर्णतः वर्षा के जल तथा कुओं पर निर्भर करता था। सुरक्षा बाड़ के अभाव में जंगली जानवर भी खड़ी फसल नष्ट कर जाते थे। सम्पूर्ण बुन्देलखण्ड की तरह झाँसी में भी दुर्भिक्ष की काली छाया सदैव मँडराती रहती थी। 1812, 1825 से 1828, 1829-30, 1833, 1835 तथा 1837 के अकाल ने कृषि व्यवस्था तथा किसान को पूरी तरह बर्बाद कर दिया था।

भूमि व्यवस्था भी दोषपूर्ण तथा शोषणकारी थी। राज्य की भूमि के स्वामित्व के उपरान्त भी बीच में बिचौलियों की फौज होती थी तथा लगान की वसूली बेरहमी से की जाती थी क्योंकि इन बिचौलियों की आय का एकमात्र साधन यही था। जमीन पर हल की नोक रखते ही लगान की देनदारी खड़ी हो जाती थी। लगान राज्य की आय का मुख्य साधन था पर उसकी कोई स्थायी तथा मानक व्यवस्था नहीं थी। लगान की वसूली सकल लगान या ठेका लगान पद्धति से होती थी। मराठी रियासत होने के नाते झाँसी में 'देखा परखी' सिद्धान्त से या 'कूट या अनकूट' और कम्पनी सरकार की व्यवस्था में 5-10-20 साल की ठेका लगान पद्धति से लगान वसूला जाता था। किसान को सभी देयक व कर्ज चुकाने के लिए सस्ती दरों पर उपज की बिक्री करनी पड़ती थी। साहूकार अक्सर लगान की रकम के बदले सारी फसल ले लेते थे, जिसे 'भरोत' कहा जाता था। 1850 में सामान्य भाव प्रति 1 रु. में 25 सेर चावल, 40 सेर गेहूँ, 60 सेर चना व 160 सेर ज्वार प्रचलित था।

मुख्यतः कृषि पर आधारित होने के नाते उद्योग-धन्धों की नगण्यता थी। देशी कारीगरों द्वारा झाँसी में चर्मकारों द्वारा बनाए गए जूते, गड़रिया (भेड़ चराने वाले) के कम्बल, कड़ेरों के द्वारा बनाए लकड़ी के खिलौने, तमेरों के पीतल-ताँबे के बर्तन व अन्य कारीगरों की छपाई, रंगाई, चूड़ियाँ आदि आसपास के क्षेत्र में प्रसिद्ध थीं तथा इनकी माँग होती थी। शिक्षा व तकनीक के अभाव के कारण झाँसी की खनिज सम्पदा का दोहन व प्रयोग भी नहीं किया गया। अदल-बदल की प्रथा के अन्तर्गत किसानों

की मूल्यवान उपज के बदले महाजनों व व्यापारियों द्वारा बाहर से मंगाई गई सस्ती वस्तुएँ तथा नमक, मसाले आदि महँगे बेचे जाते थे।

आन्तरिक यातायात के साधनों का अभाव था पर देशी रियासतों और मराठा शासन के समय मुख्यत: फौज तथा प्रशासन की चुस्ती हेतु बनाए गए बड़े नगरों व व्यापारिक केन्द्रों यथा इन्दौर, पूना, फर्रुखाबाद, इलाहाबाद, कानपुर, दिल्ली को जोड़ने के मार्गों के केन्द्र में स्थित होने के कारण झाँसी में अन्तर्देशीय व्यापार की स्थिति अच्छी थी। इस कारण झाँसी नगर के सामन्तों, व्यापारियों व श्रेष्ठजनों तथा राजकोष को तो भारी आमदनी प्राप्त हो जाती थी।

2. ब्रिटिश शासन काल (1858-1947)

1857-58 के स्वतंत्रता संग्राम के उपरान्त क्रमश: बहुत ही अल्प समय में अंग्रेजों का पूरे भारत में साम्राज्य स्थापित हो गया। उसके उपरान्त लगभग 90 साल का इतिहास पूरे देश के लिए एक जैसा ही है। अंग्रेज इस देश में व्यापार करने आए थे। यहाँ की सम्पन्नता देख तथा देशी छोटी-बड़ी रियासतों में बँटे आपस में लड़ते विभिन्न राजाओं, सामन्तों व जागीरदारों की स्थिति का उन्होंने पूरा लाभ उठाया। यहाँ के कारीगरों का दमन किया। यहाँ से सस्ते में कच्चा माल ले जाकर ब्रिटिश मिलों का महँगा माल यहाँ के बाजारों में भर दिया। इस व्यापार के लिए उन्होंने यहाँ रेल व सड़क साधनों का जाल बिछाया। जगह-जगह अपनी सैनिक छावनियाँ भी स्थापित कर लीं ताकि उनका प्रशासनिक हनन और दमनकारी नीति चलती रहे।

इस अवधि में झाँसी के आर्थिक इतिहास में कोई उल्लेखनीय घटना नहीं हुई और न ही झाँसी, ब्रिटिश साम्राज्य के औद्योगीकरण में आर्थिक प्रगति का हिस्सेदार बना। इस अवधि की अर्थव्यवस्था, भूमि व्यवस्था, जनांकिकी, व्यापार आदि से सम्बन्धित विवरण अधिकांशत: ब्रिटिश काल में लिखे गए गजेटियरों में उपलब्ध हैं। कुछ भारतीय इतिहासकारों ने भारत के आर्थिक शोषण की कहानी भी लिखी है, जो कि ब्रिटिश गजेटियर्स में अंकित किए जाने का प्रश्न ही नहीं उठता था। भारतीय लेखकों द्वारा लिखे गए विभिन्न ग्रन्थ अधिकांशत: 1947 के उपरान्त ही प्रकाशित हुए हैं।

महाराज गंगाधर राव की 1853 में मृत्यु के समय झाँसी राज्य में झाँसी, पिछोर, करेरा, मऊ, बीजागढ़ तथा पंडवाहा परगना के 696 गाँव सम्मिलित थे। 1856 में गरौठा, मोंठ, चिरगाँव, भांडेर मिलाकर झाँसी जिला बनाया गया, जिसमें झाँसी के 195 गाँवों के साथ कुल 1220 गाँव सम्मिलित थे। 1858 में राजस्व मुक्त मोहनपुरा व टोरिया ओरछा राज्य तथा 1861 में 110 राजस्व मुक्त तथा 478 राजस्व गाँव ग्वालियर को हस्तान्तरित कर दिए गए। 1870-71 में मोंठ तथा भांडेर के कुछ गाँव ग्वालियर को हस्तान्तरित कर दिए गए और इस प्रकार झाँसी जिले को लगभग अन्तिम रूप प्रदान कर दिया गया, जिसमें कि पूर्व झाँसी राज्य का अधिकांश भाग सम्मिलित था। सामान्य प्रशासन गैर स्थायी तौर पर 1867 में बनाए गए एक कानून के अन्तर्गत

संचालित था, जिसमें दीवानी फौजदारी तथा राजस्व प्रशासन एक ही अधिकारी के हाथ में रहता था। 1860-61 में 6 मजिस्ट्रेट तथा 12 दीवानी अदालतें जिले में कार्यरत थीं। 1873 तक एक डिप्टी कमिश्नर की नियुक्ति का उल्लेख भी है। 4 तहसीलदार झाँसी नगर से कार्य करते थे।

कृषि कार्य की दृष्टि से झाँसी में मार, काबर, पतली, राकर तथा तरी मिट्टी की जमीन थी। झाँसी परगना में मुख्यतः राकर जमीन पर कृषि कार्य होता था। जिले में प्राकृतिक तौर पर वेत्रवती (बेतवा), धसान व पहूज प्रमुख नदियाँ थीं। गर्मियों में बेतवा को छोड़कर धसान व पहूज व उसकी सहायक धाराओं में पानी काफी कम हो जाता था, परन्तु वर्षा ऋतु में पानी की अधिकता के कारण उत्पन्न बाढ़ की स्थिति में झाँसी, शेष क्षेत्र से पूरी तरह कट जाता था। सड़कों तथा पुलों के अभाव में, बेतवा नदी पर एरच तथा भरुआ घाट से बड़ी-बड़ी नौकाओं से ही नदी पार करनी होती थी। इन घाटों से बड़ी-बड़ी नौकाओं से बसें तथा कानपुर से आए परचूनी माल की बैलगाड़ियाँ तथा सवारियाँ बेतवा नदी को पार करती थीं। वर्षा ऋतु में तेज उफान की स्थिति में घाट भी बन्द कर दिए जाते थे। लेखक ने स्वयं अपने सरकारी सेवाकाल की अवधि में इन घाटों से गुरसरांय तथा बरुआसागर की कई यात्राएँ की हैं। तत्कालीन स्थानीय अधिकारियों ने बाढ़ में बर्बाद होने वाले पानी तथा गर्मी में पानी के आमद की दृष्टि से कुछ महत्त्वपूर्ण स्थानों पर बाँध बनाने के सुझाव दिए, पर झाँसी जैसे छोटे जिले की आवश्यकताएँ उस समय सरकार की प्राथमिकताओं पर नहीं आ सकीं। नौकायन का कार्य इन नदियों के किनारे रहने वाले ढीमर परिवार के लोग करते थे। झीलों में सिंघाड़े तथा गर्मियों में नदी किनारे की भूमि पर चावल-गेहूँ की खेती करना और मछली पकड़ना इनका प्रमुख व्यवसाय था। 1872 में झाँसी में इनकी संख्या 8,197 थी जो कि कुल जनसंख्या का लगभग 2.5 प्रतिशत थी।

खेतिहर भूमि की सिंचाई के लिए झाँसी के दक्षिण में 'कुआँबन्दी' प्रथा थी जिसमें कुएँ से आस-पास की जमीनें संलग्न कर दी जाती थीं। उत्तरी हिस्से में जहाँ काबर व मार की जमीन थी, वहाँ बिना सिंचाई के ही पर्याप्त कृषि कार्य होता था। तत्कालीन समय में सिंचाई के लिये बरुआसागर, अरजार तथा कचनेव झीलों से पतली नहरें निकालकर आस-पास सिंचाई की जाती थी। बरुआसागर झील/तालाब, जिसका निर्माण 1705-1737 के मध्य ओरछा के राजा उदित सिंह के द्वारा कराया गया था, से 4000 एकड़ क्षेत्र में सिंचाई होती थी। अरजार झील का निर्माण 1671 में ओरछा के तत्कालीन राजा सुर्जन सिंह द्वारा कराया गया था। पानी की कमी के चलते फसल के समय इसका सिंचाई के लिए लगभग नगण्य उपयोग होता था। कचनेव झील का निर्माण लगभग 900-1000 सदी में महोबा के चन्देल राजाओं द्वारा कराया गया था, जिस पर लगभग 1690 ई. में ओरछा के राजा अमरेश द्वारा बाँध बनवाया गया था। इस झील का भी पर्याप्त जलभराव नहीं होने के कारण सिंचाई हेतु उपयोग नहीं हो पाता था। 1864-65 में कोछा-भांवर झील की मरम्मत कराई

गई, जिससे लगभग 500 एकड़ भूमि पर सिंचाई होती थी। मगरवारा के समीप पछवारा झील का निर्माण कराया गया, जिस पर ब्रिटिश सरकार ने रु. 26,000/- व्यय किए। यह 6000 एकड़ भूमि को सिंचित करने के लिए पर्याप्त थी।

झाँसी में उस समय तक कोई रेलवे लाइन नहीं थी, लेकिन मोंठ, कालपी होते हुए कानपुर को जोड़ने वाले प्रमुख पक्के मार्ग का 41 मील हिस्सा झाँसी में पड़ता था। इसी तरह मऊरानीपुर होते हुए नौगाँव (छावनी) को जोड़ने वाले मुख्य मार्ग का 64 मील हिस्सा पड़ता था, जिस पर सुखनई नदी पर पक्का पुल (रपटा) बना था। इनके अतिरिक्त छोटे-छोटे टुकड़ों में 119 मील की पक्की सड़कें थीं, जो कि झाँसी जिले के प्रमुख छोटे गावों को झाँसी मुख्यालय से जोड़ती थीं। झाँसी को ललितपुर से जोड़ने वाली सड़क समेत द्वितीय श्रेणी की कच्ची तथा छोटे पुलों वाली सड़कें भी थीं, जिनकी लम्बाई 198 मील थी तथा तृतीय श्रेणी की सड़कें, जो कि वर्षा ऋतु में प्रयोग नहीं हो पाती थीं, की लम्बाई 217 मील थी। प्रमुख सड़कों के किनारे पड़ने वाले छोटे तथा व्यापारिक महत्त्व के स्थानों पर लगभग 29 सरायों तथा टेंटों में यात्रियों के ठहरने की व्यवस्था थी।

जंगली जानवरों का आतंक छाया रहता था। वे बस्तियों में घुसकर जान तथा खेतों में माल का नुकसान कर जाते थे। उस समय शिकारियों को प्रोत्साहन स्वरूप एक शेर को मारने पर 5 रु., तो भेड़िए को मारने पर 2 रु. इनाम दिया जाता था। पालतू तथा कृषि पशुओं की खरीद-बिक्री के लिए पशु हाट लगा करता था। गायें कृषि तथा दुग्ध उत्पादन तथा बैल कृषि कार्य के लिए पाले जाते थे। सामान्यत: एक जोड़ी बैल की कीमत रु. 16 से रु. 60 तक होती थी। धसान तथा बेतवा में मछली पकड़ने का कार्य भी ढीमरों द्वारा किया जाता था, परन्तु अधिकतर मछलियाँ मगरमच्छों का शिकार हो जाती थीं तथा बन्धियों के अभाव में बाढ़ में बह जाती थीं।

झाँसी की ग्रामीण अर्थव्यवस्था मूलत: कृषि प्रधान थी, पर कृषि की स्थिति सामान्य सी ही थी। अंग्रेजी शोषणकारी नीति तथा बिचौलियों की अधिकता के कारण किसानों की स्थिति अति चिन्तनीय थी। 1865-66 में 4,28,348 एकड़ भूमि पर कृषि कार्य होता था। खरीफ में ज्वार, बाजरा, तिल्ली, कोदों, गन्ना आदि की फसल 2,56,725 एकड़ तथा रबी में गेहूँ, चना, बाजरा, मसूर, अलसी आदि की फसल 1,63,623 एकड़ से प्राप्त की जाती थी। शेष पडवा छोड़ दी जाती थी। बैलों की सहायता से सामान्यत: हल तथा पटला से जमीन जोती जाती थी।

गन्ने की क्वालिटी अच्छी न होने के कारण इस क्षेत्र में कोई गन्ना पिराई मिल नहीं थी। पत्थरों की पुरानी पिराई चक्कियों से रस निकालकर गुड़ बनाया जाता था। सबसे अधिक महत्त्वपूर्ण व्यापारिक फसल के तौर पर 'आल' (लाल रंग) के पौधे लगाए जाते थे, जो कि 'खरूआ' कपड़ों को रंगने में काम आता था। खेतों में काम करने वालों कृषकों व कृषक महिलाओं में अब भी इसी रंग के कपड़े पहनने का रिवाज है। इस पौधे की जड़ों का गट्ठर 6 रु. से 15 रु. मन (40 सेर) की दर से

बिकता था। लगान, सिंचाई, ब्याज, परिवहन, बाजार, बिचौलियों आदि सभी का खर्च निकालकर केवल रु. 10 से रु. 15 का प्रति एकड़ लाभ किसान का बचता था। कोदों का उत्पादन, जो कि सबसे सस्ता अनाज था, कृषक परिवार के उपभोग के लिए होता था।

1783, 1833, 1837 तथा 1847–48, 1868–69 के दुर्भिक्षों ने कृषि एवं कृषकों की स्थिति दयनीय कर दी थी। इसके साथ ही बची–खुची कसर 1869 की बाढ़ ने पूरी कर इस क्षेत्र की कृषि को पूरी तरह बर्बाद कर दिया। लोगों के भरण–पोषण के लिए उस समय रु. 10,000 का अनाज कानपुर से मंगाना पड़ा था। बाढ़ के बाद चेचक, हैजा, लू के कारण 1869 में झाँसी क्षेत्र में लगभग 20,331 व्यक्तियों की मौत हुई। रिकॉर्ड के अनुसार लगभग 15,000 व्यक्ति मालवा तथा 30,000 व्यक्ति ग्वालियर क्षेत्र को पलायन कर गए। कुछ समय बाद कुछ लोगों के लौटने पर भी पाया गया कि लगभग 25,000 व्यक्ति स्थायी तौर पर झाँसी क्षेत्र से पलायन कर चुके थे। उस समय लगभग 3 लाख पशुधन थे, जिनमें से 1,50,000 की घास, जल के अभाव से मृत्यु हो गई थी।

झाँसी की वन सम्पदा का लगभग 23,138 एकड़ आच्छादित था, जिसमें से 11,000 एकड़ बबीना के जंगल में सम्मिलित था। इन जंगलों में खेर, रूंगा, ढाक व महुआ तथा शीशम के वृक्ष बहुतायत से थे। वाणिज्यकीय तथा इमारती उपयोग की लकड़ी के लिए संरक्षित पौधारोपण का कार्य भी अंग्रेजों द्वारा कराया गया था, जिसमें शीशम, महुआ, बबूल के वृक्ष प्रमुख थे। 1864–65 में वन संरक्षण पर रु. 988 का व्यय तथा रु. 2929 की आय अर्थात लगभग रु. 2,000 का लाभ आंका गया था। इसके अतिरिक्त लगभग 11–12 संरक्षित चरागाहों का विवरण भी प्राप्त होता है।

इस क्षेत्र में ग्रेनाइट पायरो फ्लाइट व क्वाट्र्ज की खदानें बहुतायत में पाई जाती थीं, परन्तु कोई व्यवस्थागत खदान नहीं थी। सामान्यत: मकानों, गन्ना पिराई, नहरों व तालाबों की मेड़बन्दी तथा मन्दिरों आदि के निर्माण में इनके पत्थरों का प्रयोग होता था। मकान बनाने में बल्लियों तथा शीशम के दरवाजों का प्रयोग होता था। कंकड़ों की बिनाई व भराई सड़क निर्माण के लिए की जाती थी, जिनकी कीमत 2 रु., 12 आने से लेकर 3 रु., 4 आने प्रति 100 घन फुट तक हुआ करती थी। बाँस तथा काँस की घास का प्रयोग भी मकान बनाने में किया जाता था।

1865 में झाँसी की प्रथम सामान्य जनगणना का सर्वे किया गया था। उस समय जिले की कुल जनसंख्या 2, 31,077 थी तथा झाँसी परगना की जनसंख्या मात्र 87,870 थी। झाँसी परगने में हिन्दू जनसंख्या के लगभग 44,000 लोग कृषि कार्य में तथा लगभग 41,000 लोग गैर–कृषि कार्यों में संलग्न थे। इसी प्रकार मुसलमानों में यह संख्या क्रमश: लगभग 287 तथा 3100 थी। कुल 625 गाँवों में बसाहट थी, जिनमें 201 गाँवों में 200 से कम व केवल 1 गाँव में 10,000 से अधिक व्यक्ति निवास करते थे। 1865 में जनसंख्या घनत्व की दृष्टि से 212 व्यक्ति प्रति मील निवास करते थे, जो कि 1872

में घटकर 192 रह गए। भू राजस्व का औसत 1865 में लगभग 2 रु., 1 आना, 1 पाई प्रति एकड़ कृषि भूमि था जो कि 1872 में घटकर 11 आना 7 पाई रह गया।

1872 की जनगणना में झाँसी जिले के 607 गाँवों में से 214 गाँवों में 200 व्यक्तियों से कम निवासी थे तथा मऊरानीपुर मात्र ऐसा गाँव था, जिसमें 15,065 व्यक्ति तथा 4 गाँवों में 5000-6000 तक व्यक्ति निवास करते थे। 1872 में कुल जनसंख्या 3,17,826 तथा औसत घनत्व 203 व्यक्ति प्रति मील था। झाँसी परगना में हिन्दुओं की कुल संख्या लगभग 71,000 तथा मुसलमानों की संख्या लगभग 3, 300 थी। 9,903 भू स्वामी, 20,745 कृषक तथा 42,313 गैर कृषक व्यवसायी थे। झाँसी जिले की कुल जनसंख्या का 40.7 प्रतिशत अर्थात् लगभग 1,29,000 की जनसंख्या कृषि से जुड़ी थी। कृषि भूमि रकबा औसतन 10.3 एकड़ प्रति व्यक्ति तथा प्रति परिवार औसतन 16.25 एकड़ थी।

1872 की हिन्दू जनसंख्या में 87304 ब्राह्मण थे, जिनमें गुजराती तथा दक्खिनी (मराठी) पंडित भी सम्मिलित थे। राजपूतों की संख्या 17,324 और बनियों की संख्या 13,228 थी। अन्य जनगणित 56 हिन्दू जातियों व उपजातियों में 2,37,295 व्यक्ति पाए गए थे, जो कि कुल हिन्दू जनसंख्या का लगभग 70 प्रतिशत थे। कुल लगभग 1,12,000 कार्यरत पुरुषों में 1762 व्यवसायी, 15,726 घरेलू नौकर, 6,222 व्यापारी, 49,000 कृषक, 19,000 गृह उद्योगी तथा 20,500 अस्थिर व अनुत्पादक कार्यों में संलग्न थे। लगभग 340 साहूकार, 163 बैंकर तथा 67 मुद्रा विनिमयकर्ता थे। पूरे जिले में मुसलमानों के 4 गाँव थे और उनका कोई राजनीतिक प्रभाव नहीं था।

एक सर्वेक्षण के आधार पर यह आकलन किया गया कि 'मार' (जमीन की किस्म) के 1 एकड़ पर 37 सेर गेहूँ का बीज बोने पर 247 सेर की पैदावार होती थी, जो कि औसतन प्रति रु. 25 सेर की दर पर बिकता था। कुल आय 9 रु. 9 आना 7 पाई अंकित की गई, जिसमें से बीज, ब्याज, श्रमिक मजदूरी आदि की लागत निकाल कर 3 रु. 3 आना 11 पाई की औसत बचत होती थी। इस बचत का 50 प्रतिशत सरकार लगान के रूप में वसूल कर लेती थी। इस लगान का औसतन सम्पूर्ण कृषि क्षेत्र पर 4 आना 3 पाई पति एकड़ भार आता था। 1867 में एक आकलन के अनुसार झाँसी परगना से कुल रु. 1,23,193 तथा झाँसी जिले से रु. 5,49,303 का भू-राजस्व एकत्रित किया गया था। 1870-71 में रु. 4,71,006 तथा 1872 में रु. 4,71,142 प्राप्त हुआ। झाँसी परगना में 24,289 भूस्वामी थे, पुश्तैनी मौरूसी खेतिहिरों की संख्या 6,177 थी। निर्धारित तथा सस्ती दरों पर 'ठाँसा' या 'ठाका' खेतिहरों की संख्या 17,643 थी तथा अस्थायी खेतिहर कृषक 17,727 थे। 1872 में झाँसी परगना में 2,175 मौरूसी, 1599 ठाका तथा 3,334 अस्थायी खेतिहर थे। झाँसी परगना के चौरासी क्षेत्र (84 गाँवों), बन्दोबस्ती के 53 गाँव 'कुआँबन्दी' की भू-व्यवस्था के अन्तर्गत आते थे। ये कुएँ भू-स्वामियों, मौरूसी काश्तकारों की जमीनों पर होते थे तथा इन पर अपरिवर्तित शुल्क दर एक बार निर्धारित हो जाती थी।

लगान/भू-किराये निर्धारित करने की दर निश्चित नहीं होती थी। फसल तैयार होने पर 2-3 सरकारी कारिन्दे जोती गई भूमि की पैमाइश कर 'खसरा' तैयार कर लागत तथा बचत का अनुमान लगाकर लगान निर्धारित कर देते थे। कुछ इलाकों में अंग्रेजों के प्रति वफादारी के परिणामस्वरूप पूरे जीवनपर्यन्त कोई लगान देय नहीं होता था। 'तिनबारी' (3 बार देना-छोड़ देना) प्रथा भी लागू थी। झाँसी जिले में गुरसरांय के राजा तथा ककरबई के रईस को यह विशेष कृपा प्राप्त थी। 1872 में 638 जमीनें सरकार की लगान सूची में दर्ज थीं, जिनके 9,908 मालिकाना हक वाले काश्तकार थे। इनसे रु. 4,80,896 का कुल राजस्व प्राप्त किया गया था।

औसतन 50 एकड़ के काश्तकार बड़े काश्तकारों, 25 एकड़ तक के मध्यम तथा 5 एकड़ तक के छोटे काश्तकारों की श्रेणी में आते थे। झाँसी में विभिन्न प्रकार की मिट्टी वाले सिंचित खेतों पर भू-स्वामी द्वारा, गैर भू-स्वामी कृषक से लिया जाने वाला भू-किराया औसतन 1 रु. 14 आने से 3 रु. 8 आने तक आता था। गैर सिंचित खेतों पर यह लगभग 1 रु. 6 पाई से 1 रु. 12 आना तक होता था। 1865-66 में झाँसी परगना में कुल कृषि उपज का मूल्य लगभग रु. 8, 30, 116 आंका गया था, जिसमें से 12 प्रतिशत सरकारी (लगान) व 16 प्रतिशत भू-स्वामी (किराया) का होता था तथा 72 प्रतिशत कृषक को प्राप्त होता था। खाद, बीज, पानी, मजदूरी आदि की सारी लागत कृषक को ही वहन करनी होती थी।

नाप-तौल में भूमि नाप में झाँसी जिले के उत्तरी भाग में 'इरची बीघा' 2,256.25 वर्ग गज का होता था। 2 बीघा, 2 बिस्वा तथा 18 बिस्वान्स का 1 एकड़ होता था तो दक्षिणी क्षेत्र में 'जेठरिया बीघा' प्रचलित था जो कि 1444 वर्ग गज का होता था। 2 बीघा, 13 बिस्वा तथा साढ़े 12 बिस्वान्स का 1 एकड़ प्रचलित था। जिस सांकल (चेन) से नाप होता था, उसका आधा हिस्सा 71 फुट 3 इंच का होता था। इस क्षेत्र में पहले 'नारूशंकरी' ठोस रुपया चलता था, बाद में यहाँ 'नानाशाही' मुद्रा प्रचलित थी, जो कि स्थानीय तौर पर टकसाल में ढाली जाती थी (आज भी झाँसी का वह मुहल्ला टकसाल मुहल्ले के नाम से जाना जाता है)।

झाँसी से बाहर निर्यात होने वाले उत्पादों में 'रंग' तथा सूती वस्त्र प्रमुख थे। प्रत्येक 100 थान के एक बंडल का औसत मूल्य 'खरूआ' वस्त्र का 140 रु. तथा 'छींट' का 150 रु. था। 1863 में इन दोनों वस्तुओं के निर्यात का मूल्य रु. 6,80,000 आंका गया था।

इस समय साहूकारों तथा निजी बैंक व्यवस्था में ब्याज की दरें ऊँची होती थीं। कोई वस्तु गिरवी या रेहन रखने पर वस्तु की कीमत का 75 प्रतिशत ऋण प्राप्त हो जाता था तथा उस पर 12 प्रतिशत से 18.75 प्रतिशत प्रति वर्ष का ब्याज लिया जाता था। बड़ी रकम की स्थिति में अचल सम्पत्ति रेहन रखने पर 24 प्रतिशत ब्याज लिया जाता था। किसानों की फसल गिरवी रखने पर फसल की बिक्री पर मुनाफानुसार 25 प्रतिशत अतिरिक्त फसल लेकर ऋण तथा ब्याज का भुगतान होता था। अर्थात

अगर गिरवी फसल का बिक्री दर 20 सेर प्रति रु. है तो साहूकार 25 सेर प्रति रु. मूलधन के हिसाब के फसल लेता था। यह ब्याज चक्र साल दर साल बढ़ता जाता था तथा किसान की भूमि–मकान सब कर्ज की भेंट चढ़ जाता था। 1869 से 1873 से मध्य बड़ी संख्या में किसान दिवालिया होकर क्षेत्र छोड़कर बाहर चले गए।

एक कुशल बढ़ई की मजदूरी 1858 में 2–3 आना से बढ़कर 1872 तक 6 से 8 आना प्रतिदिन हो गई थी। राजगीर की मजदूरी 2 आना प्रतिदिन थी। 1858 से 1867 में गेहूँ का मूल्य 19 सेर 10 छटाँक प्रति रुपये से बढ़कर 14 सेर 14 छटाँक, चावल का मूल्य 12 सेर 15 छटाँक से बढ़कर 9 सेर प्रति रुपया, तो तिल का मूल्य 13 सेर से बढ़कर 9 सेर प्रति रुपया हो गया था। 'खरूआ' (सूती कोरा कपड़ा) की कीमत 2 रु., 'छींट' की 2 रु. 4 आना, 'चुनरी' की 1 रु. 4 आना तथा 'लट्ठे' के कपड़े की 4 आना प्रति 16 फुट × 3 फुट प्रति थान थी।

एक मन सूजी 5 रु., मैदा 4 रु., आटा 2 रु. 10 आना, चोकर 1 रु. 9 आना, भूसा 6 आना 1 पाई, चना दाल 2 रु. 4 आना, बेसन 3 रु., मसूर दाल 2 रु. 8 आना, अरहर दाल 2 रु. 4 आना और चावल 4 रु. में बिकता था। कपास बिनौला 1 रु. प्रति मन, रुई 15 रु., धागा 60 रु., धोती (15 × साढ़े 13 फुट × 2 पीस) 1 रु. 10 आना, 9' × 2' का अंगोछा 12 आना तथा 18' × 1' का टाट 8 आना प्रति पीस की दर से बिकता था।

झाँसी जिले में 1860–61 में कुल रु. 9,59,905 तथा 1870–71 में कुल 8,79,876 का राजस्व प्राप्त हुआ था, जिसमें क्रमशः रु. 7,71,468 तथा 5,60,857 भू–राजस्व से प्राप्त हुआ था। शेष एक्साइज, आयकर, स्टाम्प ड्यूटी, न्यायिक शुल्क आदि मदों से प्राप्त हुआ था। कुल मिलाकर रु. 4,93,517 तथा रु. 3,91,127 का व्यय आंका गया था, जिसमें पी.डब्ल्यू.डी. पर क्रमशः रु. 1,56,471 तथा रु.1,37,695 तथा राजस्व एवं न्याय विभाग पर क्रमशः रु. 2,34,827 तथा रु. 2,26,326 का व्यय हुआ था। जिले में 628 लोगों, जिनकी सालाना आय रु. 500 या अधिक थी, से 6 पाई प्रति रुपया की दर से रु. 24,701 का आयकर प्राप्त हुआ था। 1871–72 में 274 दुकानें देशी तथा 3 दुकानें विदेशी शराब की थीं। अन्य नशीले पदार्थों सहित इनकी बिक्री से 1871–72 में रु. 13,238 प्राप्त हुआ था और स्टाम्प ड्यूटी के रूप में रु. 21,206 तथा रजिस्ट्री शुल्क से रु. 1388 प्राप्त हुआ था।

1881 की गणना के अनुसार झाँसी जिले की जनसंख्या 3,33,227 थी। अब झाँसी नगर के बाहर ही झाँसी नवाबाद नामक एक नया गाँव बसा दिया गया था, जो जिले का प्रशासनिक मुख्यालय था। इसी इलाके में सभी प्रशासनिक विभाग तथा ब्रिटिश अधिकारी वर्ग के आवासीय भवन भी बनाए गए था। इसी से लगा हुआ झाँसी छावनी का सैनिक क्षेत्र पहले से स्थापित था, जिसमें प्रसिद्ध 'स्टार फोर्ट' भी था, जहाँ गदर के समय उपद्रवी गदरबाजों द्वारा कई अंग्रेजी अधिकारियों को मौत के घाट उतार दिया गया था।

एक सर्वे के अनुसार 23,000 एकड़ भूमि वनों से आच्छादित थी, जिससे इमारती लकड़ी, कत्था, आल रंग के पौधे एवं अन्य वनौषधियाँ प्राप्त की जाती थीं। यद्यपि जनसंख्या में वृद्धि हुई थी, पर 1865 के बाद पड़े अकालों में जनहानि के कारण विशुद्ध रूप से जनसंख्या कम हो गई थी। इस समय जिले में 625 गाँवों तथा 54,404 मकानों की गणना की गई थी। हिन्दुओं की संख्या 3,16,429 अर्थात कुल जनसंख्या का 96 प्रतिशत थी। मुसलमान आबादी 13,758 थी। हिन्दुओं में ब्राह्मणों की संख्या 35,073, राजपूत 16,591 (66 गाँवों में), बनिये 10,763 तथा कायस्थ 6,580 थे। शेष अनेक जाति-उपजाति वाले शूद्र वर्ग में 2,47,422 की जनसंख्या थी।

कुल जनसंख्या में 43,748 शहरी (13.2 प्रतिशत) संख्या थी। सैनिकों तथा प्रशासनिक अधिकारियों समेत विभिन्न व्यवसायियों की संख्या 5,429, घरेलू नौकर 1009, व्यापारी 2,898, कृषि एवं वानिकी में संग्लन 73,462, औद्योगिक जनसंख्या 29,258 तथा अनिश्चित/अस्थायी कार्य करने वाले तथा अनुत्पादक श्रेणी के 60,828 व्यक्ति थे।

1881 में कुल 10,02,734 एकड़ के क्षेत्रफल में 4,50,560 एकड़ पर कृषि कार्य होता था। 93,975 एकड़ पर खरीफ फसलें बोई गई थीं। 1,82,058 एकड़ पर रबी फसलें बोई गई थीं, जिसमें से 1,13,779 एकड़ पर गेहूँ की पैदावार की गई थी। आल रंग के पौधों की ही ऐसी खेती थी, जिसमें किसान को कर्ज लेने की आवश्यकता नहीं पड़ती थी। 8,882 एकड़ पर इस आल रंग की खेती होती थी। कृषि अवधि में बेतवा नहर पर कार्य प्रारम्भ कर दिया गया था। कृषि कार्य में लगे हुए पुरुष कृषकों की संख्या 70,630 थी। कुल जनसंख्या का 60.47 प्रतिशत कृषि आधारित थी। कृषकों पर पूर्वजों का ऋणभार सदैव बना रहता था। 1881 में सरकार को 52,410 पौंड का भू-राजस्व प्राप्त हुआ था, जो कि 2 शीलिंग 6 पेंस प्रति एकड़ का औसत था। मजदूरी दरों तथा उत्पादों के औसत मूल्य में कोई उल्लेखनीय परिवर्तन दृष्टिगोचर नहीं था। इस समय तक पुरानी झाँसी खास में हिन्दी तथा उर्दू छपाई के 2 लीथियोग्रफिक छपाई प्रेस स्थापित हो चुके थे। झाँसी खास एवं नवाबाद की प्रशासनिक व शान्ति व्यवस्था के लिए 577 पुलिसकर्मी तैनात थे।

1857-1858 में वीरांगना महारानी लक्ष्मीबाई ने अपने प्राणों की आहुति देकर स्वतंत्रता संग्राम की जो अलख भारत के इस मध्य प्रान्त में लगाई थी, उससे तथा बाद की घटनाओं से अंग्रेजों को स्पष्ट हो गया था कि झाँसी की आबोहवा में आजादी की चेतना को किसी अप्रत्यक्ष शासन व्यवस्था से दबाना सम्भव नहीं होगा। झाँसी के आसपास जो छोटी-बड़ी रियासतें थीं वे पहले ही अंग्रेजों से समझौता कर उनके अधीन अपनी राजसी ठसक बनाए हुए थीं। इन रियासतों को एक अलग प्रदेश विन्ध्यप्रदेश में समाहित कर अंग्रेजों ने झाँसी राज्य को सीधा अपने प्रशासन के अधीन रखा। चौतरफा आवागमन की दृष्टि से अंग्रेजों के लिए देश के केन्द्रबिन्दु में स्थित यह क्षेत्र सामरिक, आर्थिक एवं राजनीतिक सभी दृष्टियों से अपने अधीन रखना

उनकी दूरदृष्टिपूर्ण रणनीति का एक हिस्सा था। इसीलिए झाँसी में अल्प समय में ही शासन व्यवस्था में कई परिर्वन किए गए।

1853 में महाराजा गंगाधर राव की मृत्योपरान्त झाँसी राज्य के साथ ब्रिटिश कब्जे के जालौन व चन्देरी जिलों को मिलाकर झाँसी सुपरिंटेंडेंसी कायम कर दी गई थी। स्वतंत्रता संग्राम में रानी की मृत्यु के पश्चात ह्यूरोज के द्वारा 5 अप्रैल, 1858 को झाँसी के साथ जालौन व चन्देरी जिले को सागर डिवीजन से हटाकर एक अलग झाँसी डिवीजन बना दिया गया था तथा इसे सामान्य प्रशासन हेतु नॉर्थ वेस्ट प्रोविन्स के अधीन रखा गया।

1891में झाँसी डिवीजन को समाप्त किया गया तथा ललितपुर जिला झाँसी में सम्मिलित किया गया। इसके अलावा झाँसी, जालौन जिलों को इलाहाबाद डिवीजन में समाहित कर दिया गया, जो कि यूनाइटेड प्रोविन्स ऑफ आगरा एंड अवध का अंग बन गया। इस प्रकार झाँसी को बुन्देलखण्ड की अन्य विन्ध्य प्रदेशीय रियासतों से पृथक कर दिया गया और तब से बुन्देलखण्ड अभी तक दो अलग राज्यों में विभाजित होकर पिछड़ेपन की त्रासदी भोग रहा है।

झाँसी का इसके बाद का आर्थिक इतिहास ब्रिटिश सरकार द्वारा प्रकाशित विभिन्न गजेटियर्स में उल्लिखित है। अंग्रेजों का भारत पर शासन का प्रमुख उद्देश्य भारत के संसाधनों तथा जनसंख्या के श्रम का शोषण तथा यहाँ के विस्तृत बाजारों में ब्रिटिश अर्थव्यवस्था का पोषण करना था। इस उद्देश्य की पूर्ति के लिए उन्होंने सर्वाधिक ध्यान रेल तथा सड़क मार्गों के विकास तथा अपनी शोषणकारी नीति की सफलता के लिए प्रशासनिक स्थिति को मजबूत करते रहने के उपायों पर दिया।

1871–1909 के मध्य कोई अति महत्त्वपूर्ण परिवर्तन नहीं हुए। स्वाभाविक तौर पर जनसंख्या वृद्धि हुई। कृषि उत्पादन के लागत मूल्यों तथा बाजार में मजदूरी दरों में भी स्वाभाभिक वृद्धि हुई। 1901 की जनगणनानुसार झाँसी जिले (ललितपुर उपजिला सहित) की जनसंख्या 6,16,759 पाई गई, जिसमें 92.7 प्रतिशत हिन्दू जनसंख्या थी। मुसलमान 30,899 और ईसाई 777 पाए गए। हिन्दुओं की 74 जातियाँ तथा उपजातियाँ पाई गई। गाँवों की कुल संख्या 1347 थी, जिसमें 17 टाउन एरिया घोषित किए गए थे तथा झाँसी एकमात्र नगरपालिका थी, जिसकी 1891–1907 के मध्य औसत आय रु. 71,000 तथा व्यय रु. 69,000 था। शहर में पेयजल की पूर्ति पंचकुइंया (5 कुओं का झुंड, अभी भी नगर की पेयजल व्यवस्था का मुख्य स्रोत) से होती थी। 1884 में झाँसी छावनी की स्थापना की गई। 1907 में झाँसी जिला परिषद का गठन हुआ।

जिले की कुल जनसंख्या का 56.5 प्रतिशत कृषि पर निर्भर था। झाँसी तहसील में लगभग 39 प्रतिशत भूमि पर कृषि कार्य होता था। 1902–03 में कृषि योग्य भूमि का 27 प्रतिशत परती पाया गया। 23039 एकड़ क्षेत्र दो फसली था। 689 एकड़ पर जायद फसल प्राप्त की गई। कुल खेतिहर जमीन के 36.59 प्रतिशत पर रबी तथा

63.41 प्रतिशत पर खरीफ की फसल ली गई थी। 1906 के आंकड़ों के अनुसार 89025 एकड़ भूमि पर खरीफ की फसल ली गई। कृषि के उपकरणों में हल, नारू, बाखर तथा पटेला प्रमुख थे। 1909 में कृषि क्षेत्र में खेती के 1,97,471 बैल, 2,67,122 गायें तथा 2,61,067 बछड़े पाए गए थे। प्रति दुधारू भैस की कीमत रु. 60 तथा हलधर बैल की कीमत रु. 50 थी।

सिंचाई के साधनों में कोई नई उल्लेखनीय झील नहीं बनाई गई थी। भूमि व पहाड़ियों में पानी सूख जाता था। 1886-89 के मध्य 2 छोटे तालाबों का निर्माण किया गया था। झाँसी क्षेत्र में कुल खेतिहर भूमि का मात्र 2.7 प्रतिशत झीलों से सिंचित होता था, वहीं पुरानी कुआँबन्दी, देखाभाली, बिजगुना (बीज आधारित) के आधार पर भूमि का किराया निर्धारित किया जाता था, जो उपज का लगभग 26 प्रतिशत होता था। 1906 में कुल भूमि के 28.5 प्रतिशत पर मालिकाना अधिकार तथा 66.5 प्रतिशत किरायेदारी के आधार पर जोता जाता था। मछली पकड़ने वाले चिह्नित ढीमरों की संख्या मात्र 66 थी। आवास निर्माण में ईंटों के प्रयोग पर कारीगर की मजदूरी रु. 15 प्रति 100 घनफुट तथा पत्थरों से निर्मित मकान पर रु. 12 प्रति 100 घनफुट थी। खपरैलों की कीमत रु. 3 प्रति 100 तथा बाँस की कीमत भी रु. 3 प्रति 100 बाँस थी। नाप-तौल में मन-सेर-छटाँक के अतिरिक्त पसेरी (5 सेर) तथा 3 मन की मनि प्रचलित थी। सिक्कों में ओरछा का गजाशाही तथा उसी के बराबर मूल्य का ताँबे का सरकारी सिक्का प्रचलन में था।

धीरे-धीरे सरकारी सिक्कों का प्रचलन बढ़ता गया। 100 सरकारी सिक्कों के विनिमय में 1891 में 116 व 1894 में 138 तथा बाद में 150 गजाशाही सिक्के देने पड़ते थे। धीर-धीरे गजाशाही सिक्के प्रचलन के बाहर होते चले गए।

1901 में जिले में 5 ग्रामीण सहकारी बैंक थे। सामान्यत: ब्याज दर 12 प्रतिशत से 20 प्रतिशत चलन में थी। इस समय तक झाँसी में कोई बड़ी निर्माण उद्योग इकाई स्थापित नहीं हुई थी। घरेलू उद्योग की तर्ज पर रानीपुर का खरूआ, एरच की चुनरी, बरारू की छींट के अतिरिक्त झाँसी में गलीचे/कालीन तथा सिल्क की साड़ियों का भी उत्पादन किया जाता था, जिनकी आस-पास 300 से 500 मील के बीच अच्छी माँग थी।

देश के मध्य क्षेत्र में बुन्देलखण्ड के इस हृदय प्रदेश में 19वीं शताब्दी के अन्त में अंग्रेजों द्वारा जो सबसे उल्लेखनीय कार्य किया गया, वह था, रेलवे तथा सड़क परिवहन के विस्तार की दिशा में। 1889 में इंडियन मिडलैंड रेलवे कम्पनी के द्वारा झाँसी को केन्द्र बनाकर चौतरफा रेल सम्पर्क मार्ग बनाने का कार्य पूरे जोर-शोर से शुरू किया गया। इस कम्पनी का मुख्यालय झाँसी में स्थापित किया गया। इसी समय झाँसी-मानिकपुर सेक्शन, जिसका 50 मील मार्ग इस जिले की सीमा में पड़ता था, झाँसी-कानपुर सेक्शन का 136 मील तथा आगरा की ओर 12 मील का कार्य पूर्ण किया गया। छोटा इंजीनियरिंग मरम्मत कारखाना भी स्थापित किया गया, जिसमें

प्रारम्भ में 50 लोग कार्यरत थे। कुशल मैकेनिक को रु. 50 तथा अकुशल श्रमिकों को रु. 9 मासिक मजदूरी दी जाती थी। अब झाँसी चारों दिशाओं में, मानिकपुर होते हुए इलाहाबाद व पूर्व से कानपुर होते हुए पूरे संयुक्त प्रदेश से, आगरा होते हुए दिल्ली तथा ललितपुर से बीना-भोपाल होते हुए रेल मार्ग से जुड़ चुका था। इस कारण झाँसी में एक विशाल लोको शेड व वर्कशाप की भी स्थापना हुई, जिसमें 5 फोरमैन तथा 2058 कुशल, गैर कुशल श्रमिक कार्य करते थे। सन् 1900 में इंडियन मिडलैंड रेलवे का प्रबन्धन ग्रेट इंडियन रेलवे पेनिन्सुला (जी.आई.आर.पी.) कम्पनी को सौंप दिया गया।

सड़क परिवहन तथा नौका परिवहन व यातायात के लिए महत्त्वपूर्ण पुलों का भी निर्माण कराया गया। 1889 में झाँसी-मानिकपुर सेक्शन पर ओरछा के निकट बेतवा नदी रेलवे पुल का निर्माण कराया गया, जिसकी कुल लम्बाई 2166 फुट थी तथा 150 फुट लम्बे 13 गर्डर के द्वारा यह पुल निर्मित हुआ। आज भी यह पुल पूर्णतः कार्यरत है। जिले में कुल 1341 मील लम्बी सड़कें थीं, जिनमें 348 मील पक्की सड़कें थी। मूलतः ये झाँसी छावनी को एक ओर कानपुर छावनी तथा दूसरी ओर नौगाँव व सागर छावनी से जोड़ने के लिए थीं। ललितपुर मार्ग पर झररघाट तथा मऊरानीपुर मार्ग पर नोटघाट पर बेतवा पर सड़क पुल न होने के कारण राज्य संचालित फौरी सेवाएँ थीं, जो कि मऊरानीपुर तथा ललितपुर के व्यावसायिक प्रतिष्ठानों को झाँसी होते हुए कानपुर, आगरा, दिल्ली तथा बम्बई मार्ग से जोड़ती थीं।

रेलवे जंक्शन होने के कारण झाँसी अचानक मध्य भारत का एक बड़ा थोक बाजार बन गया। 1891 में झाँसी से 2,23,059 मन वाणिज्यकीय फसलों का निर्यात किया गया, जिसमें तिलहन, कच्ची कपास, दालों तथा घी की प्रमुखता थी। इसी वर्ष 3,98,516 मन वस्तुएँ आयात की गईं, जिसमें बम्बई से नमक तथा रिफाइंड शुगर, भवन निर्माण सामग्री, मद्रास बरास्ते रायचूर से सूती मिल निर्मित वस्त्र, पंजाब से गेहूँ तथा कलकत्ता से केरोसिन तेल था। इन्हीं रेल मार्गों के विकास के कारण लगभग 150 मील दूर स्थित एक ग्रामीण कस्बा, कोंच भी उत्तर भारत का प्रमुख व्यापारिक केन्द्र बन गया था, जहाँ से कच्ची कपास की गाँठों तथा गेहूँ के लाखों रु. के माल का निर्यात होता था।

स्वतंत्रता पूर्व का ब्रिटिश भारत का इतिहास एक तरह से भारत के भरपूर आर्थिक शोषण का इतिहास था। सम्पूर्ण भारत या बुन्देलखण्ड या झाँसी के इस आर्थिक शोषण में सबसे महत्त्वपूर्ण भूमिका रेल परिवहन के विकास की ही रही। रेलवे नेटवर्क ब्रिटिश कालीन भारत के आर्थिक विकास का नहीं, अपितु आर्थिक शोषण का नेटवर्क था। 1905 में ब्रिटिश व्यावसायिक हित के लिए इस पर 360 करोड़ रु. व्यय किए गए, जबकि सिंचाई व्यवस्था पर मात्र 50 करोड़ रु.। 1876 में भारत से 43 लाख पौंड के कच्चे कपास का निर्यात किया गया, जबकि ब्रिटेन से 63 लाख पौंड के सूती वस्त्रों का आयात किया गया। वैसे भारत से ब्रिटेन को 29 लाख पौंड का गेहूँ, 17

लाख पौंड का नील तथा 8 लाख पौंड का कच्चा रेशम निर्यात किया गया था, लेकिन किसानों को अपना कच्चा माल सस्ते में बेचना पड़ता था क्योंकि कपास जैसे माल पर 67 प्रतिशत टैक्स वसूला जाता था इससे किसान निरन्तर कर्जदार होते गए। 1911 में किसानों का ऋण 300 करोड़ रु. था, जो बढ़कर 1937 में 1800 करोड़ रु. तक पहुँच गया था। कृषि पूरी तरह से नष्ट होने के कगार तक पहुँच चुकी थी। 1922-23 में जहाँ 19 प्रतिशत फसल पर उन्नत बीजों का प्रयोग हो रहा था, वहीं 1938-39 में यह केवल 11 प्रतिशत रह गया।

उधर अन्तरराष्ट्रीय परिदृश्य पर ब्रिटेन साम्राज्य को बड़े संकटों का सामना करना पड़ रहा था। 1919 के प्रथम विश्वयुद्धोपरान्त 1929-30 की आर्थिक महामन्दी का ब्रिटेन की अर्थव्यवस्था पर सबसे घातक प्रभाव पड़ा था। पुनः 1939 के द्वितीय विश्व युद्ध ने उसकी कमर पूरी तरह तोड़ दी थी। भारत के राष्ट्रीय राजनीति के परिदृश्य में गांधी जी का सविनय अवज्ञा आन्दोलन एवं सत्याग्रह, सुभाष चन्द्र बोस की आजाद हिन्द फौज तथा रण बांकुरे क्रान्तिकारी भगत सिंह व चन्द्रशेखर आजाद के अपने-अपने तरह के स्वतंत्रता आन्दोलन से अंग्रेज यह समझ चुके थे कि भारत में अब उनका सूर्य शीघ्र ही अस्त होने वाला है। उसकी पुष्टि 'साइमन वापस जाओ' आन्दोलन ने कर दी थी, अतः विश्व युद्ध में अंग्रेजी साम्राज्य के वर्चस्व के लिए लड़ने वाले भारतीय सैनिकों को जहाँ एक ओर मेडलों से नवाजा जा रहा था, वहीं दूसरी ओर अपने राष्ट्र की स्वतंत्रता के लिए शान्तिपूर्वक लड़ने वाली भारतीय जनता को बन्दूकों और लाठियों से बेरहमी से कुचला जा रहा था। जलियाँवाला बाग कांड अंग्रेजों की इसी खीझ का परिणाम था।

ऐसी स्थिति में जाते-जाते भारत की अर्थव्यवस्था का अधिक से अधिक शोषण कर, पूरे समाज को धर्म व जाति पर बाँटने का षड्यंत्र रच तथा भारतीय ज्ञान व संस्कृति को मैकाले की शिक्षा पद्धति से आगे आने वाली सदियों तक मानसिक गुलामी की बेड़ियों में जकड़, अन्ततः देश का विभाजन कर 1947 में ब्रिटिश साम्राज्य भारत को अर्थ, कर्म, शिक्षा, ज्ञान संस्कृति आदि सभी क्षेत्रों में तहत-नहस करके छोड़ गया।

(3) स्वातंत्र्योत्तर काल

1947 में स्वतंत्रता प्राप्ति तथा 1950 में गणतंत्र की स्थापना के उपरान्त देश के आर्थिक विकास की कहानी 1951 से 5 वर्षीय योजनाओं की जबानी आंकड़ों में उपलब्ध है। मध्य भारत में झाँसी की स्थिति के कारण देश की आर्थिक प्रगति में इसका अपना महत्त्व योगदान है, लेकिन इस जिले के स्वयं के आर्थिक विकास को सन्तोषजनक नहीं माना जा सकता है।

1965 में उ.प्र. सरकार द्वारा झाँसी का प्रथम गजेटियर प्रकाशित हुआ, जिसमें पुराने इतिहास से लेकर 1901 से 1961 तक की विभिन्न गणनाओं तथा आर्थिक

घटनाओं का उल्लेख प्राप्त होता है। झाँसी जिले की 1901 की जनसंख्या की तुलना में 1961 में औसतन प्रति 10 वर्षों में 7.5 प्रतिशत जनसंख्या की वृद्धि होने से 1961 में 10,87,479 हो गई तथा जन घनत्व में 80 प्रतिशत वृद्धि होने से घनत्व 274 प्रति कि.मी. हो गया था। पुरुषों की संख्या 57 प्रतिशत तथा महिलाओं की संख्या 43 प्रतिशत थी। झाँसी तहसील की जनसंख्या 3,01,565 थी तथा झाँसी नगरपालिका में 1,40,217 जिसमें 73,959 पुरुष तथा 66,258 महिलाएँ थीं। जिले की कुल जनसंख्या का 95 प्रतिशत हिन्दी भाषी थी। जिले में 10,17,415 हिन्दू तथा 48,242 मुसलमान धर्मावलम्बी निवास करते थे। जिले में कुल 1,84,714 परिवार थे, जिसमें 13,669 परिवार शहरी तथा 1,44,845 परिवार ग्रामीण क्षेत्रों में थे।

1960-61 में किए गए सर्वे के आधार पर 24,21,499 एकड़ की झाँसी जिले की भूमि में 10.99 प्रतिशत अर्थात 2,66,182 भूमि कृषि के लिए उपयुक्त नहीं पाई गई, परन्तु जंगलात, घास के मैदान तथा वृक्ष आच्छादित 7,78,577 एकड़ कृषि योग्य भूमि उपलब्ध थी। इसमें से 1,50,535 एकड़ सिंचित एवं 9,26,205 एकड़ अर्थात 86 प्रतिशत असिंचित कृषि भूमि थी। 1,07,054 एकड़ भूमि पर दोहरी खेती होती थी।

सर्वाधिक सिंचाई कुओं से 74,670 एकड़ पर तथा 70,434 एकड़ पर नहरों से होती थी। नहरों से सिंचाई के प्रमुख स्रोत 1885 में निर्मित पारीछा रिजर्व, 1908 में निर्मित ढुकवां रिजर्व तथा बेतवा नहर प्रणाली थी, जिनसे 1960-61 में 26,665 एकड़ की सिंचाई अंकित की गई। सिंचाई की बढ़ती हुई आवश्यकताओं को देखते हुए बुन्देलखण्ड व झाँसी और ललितपुर से संलग्न म.प्र. के क्षेत्र को सिंचित करने हेतु बहुउद्देशीय माताटीला बाँध परियोजना को 1951 से 1956 के मध्य पूरा किया गया। इसका जल भराव 8,000 वर्ग मील के क्षेत्र में और भराव क्षमता 4 करोड़ घन फुट पानी की है। उससे 760 मील लम्बी नहरें निकाली गई हैं, जिनमें 2,59,000 एकड़ भूमि, उ.प्र. तथा 1,54,000 एकड़ भूमि, म.प्र. में सिंचन की क्षमता है। उस समय एक हाइडिल पावर हाउस का निर्माण भी चल रहा था, जो कि अब पूरा हो चुका है तथा कानपुर ग्रिड के माध्यम से बुन्देलखण्ड व उ.प्र. को विद्युत आपूर्ति की जा रही है।

इसके अतिरिक्त जिले में गुरसरांय नहर प्रणाली, ललितपुर नहर प्रणाली, गोविन्द सागर बाँध, कमला सागर बाँध तथा रानीपुर नहर प्रणाली, पहूज व गढ़मऊ नहर, नाराहट पाली, बरुआसागर झील, कचनेह झील, पचवारा झील, मगरवारा झील, अरजार झील, सियोरी झील, बरवार झील, पहाड़ी बाँध, लहचूरा बाँध, खरखरी बाँध, बार पारोन, सनोरी, उरवान, बछेरा, जमालपुर आदि तालाबों से भी जिले में सिंचाई साधनों की सुविधा विस्तारित की जा चुकी थी। उस समय तक राजघाट विद्युत एवं सिंचाई परियोजना पर भी कार्य शुरू हो चुका था, जिससे 42,000 एकड़ सिंचन क्षमता में वृद्धि का आकलन किया गया था। वर्तमान में इस पर हो रहे कार्य के पूर्ण होने के बाद सिंचन नहर प्रणाली को विकसित कर उसका उपयोग किया जा रहा है।

1962–63 में 5,41,566 एकड़ पर खरीफ फसलें प्राप्त की गईं, पर इसका केवल 1 प्रतिशत क्षेत्र सिंचित था। 6,49,273 एकड़ पर रबी फसलें प्राप्त की गईं, जिसका 26 प्रतिशत सिंचित था। 4008 एकड़ पर जायद फसलें प्राप्त की गई थीं। 10.67 मन प्रति एकड़ की औसत से 1,06,697 टन गेहूँ, 5.05 मन प्रति एकड़ की औसत से 52,176 टन चना, 7.10 मन प्रति एकड़ की औसत से 6,059 टन बाजरा, 8.50 मन प्रति एकड़ की औसत से 84,436 टन ज्वार तथा 6.55 मन प्रति एकड़ के औसत से 13,097 टन चावल की फसल प्राप्त की गई थी। इनके अतिरिक्त मक्का, मटर, तम्बाकू, तिलहन, सरसों, रागी, कोदों, कुटकी आदि की भी कुछ फसलें उत्पादित की गई थीं। दलहन फसलें पर्याप्त नहीं होती थीं और अरहर, उर्द व मूंग का अन्य क्षेत्रों से आयात करना होता था। 1962–63 में गन्ना 806 एकड़ पर उत्पादित किया गया, जिसका उपयोग स्थानीय स्तर पर देशी तकनीक से गुड़ बनाने में किया जाता रहा।

कृषि के उन्नत उपकरणों की श्रेणी में 1963–64 में 371 लोहे के हल तथा 120 ट्रैक्टरों के उपयोग का आकलन है। जिले में 30 सहकारी बीज भंडार कार्यरत थे, जिनके द्वारा 33,992 मन गेहूँ तथा 15,924 मन चना और 31 मन कपास बीजों का वितरण किया गया था। गाय के गोबर तथा घास–फूस से कम्पोस्ट बनाने के 9 केन्द्र कार्यरत थे। झाँसी म्यूनिसिपल बोर्ड तथा केंटोन्मेंट एरिया के केन्द्रों में 5,52,000 मन कम्पोस्ट खाद का उत्पादन किया गया था। रासायनिक खाद का प्रचलन अधिक नहीं था। 1960–61 में लगभग 1500 मन रासायनिक खाद का उपयोग किया गया था। इन दो पंचवर्षीय योजनाओं के अन्तर्गत प्रदेश सरकार के कृषि विभाग द्वारा वैज्ञानिक ढंग से खेती करने के कई कार्यक्रमों पर प्रशिक्षण शालाएँ आयोजित कर प्रदर्शन भी किया गया। जापानी ढंग से चावल की खेती, पंक्तिबद्ध बीज बुवाई तथा खादों के वितरण का सराहनीय कार्य किया गया, जिससे गैर खेतिहर खेती योग्य भूमि पर कृषि को बढ़ावा मिला तथा उत्पादकता में भी धनात्मक परिवर्तन आया। 1948 में 35 सरकारी कृषि समितियाँ गठित हुई थीं, जिनकी सदस्यता 1206 थी तथा 6,777 एकड़ क्षेत्रफल पर कृषि कार्यरत थी। द्वितीय पंचवर्षीय योजना के दौरान प्रतिवर्ष औसतन 2,36,541 मन कृषि उत्पादन प्राप्त किया गया।

1961 की पशुगणना के अनुसार कुल 7,77,795 पशुधन पाया गया, जिसमें 4,09,645 बैल थे। 2,68,109 बैलगाड़ियाँ ग्रामीणों के पास उपलब्ध थीं। दुग्ध उत्पादन तथा वंश उत्पादन के उद्देश्य से पाली गई गायों की संख्या 2,51,933 थी। दुधारू भैसों की संख्या 1,49,230 थी।

पशुधन विकास के लिए चार कृत्रिम गर्भाधान केन्द्र कार्यरत थे। प्रथम दो योजनाओं के अन्तर्गत 9200 पशु कृत्रिम रूप से गर्भित किए गए थे। 12 पशु चिकित्सालय थे, जिनमें 1961 तक 1,34,900 पशुओं की चिकित्सा की गई थी। झाँसी में भरारी तथा महरौनी (अब ललितपुर जिले में) के सैदपुर में दो डेयरी फार्म कार्यरत थे। तालाबों में मुख्यतः रोहू, भाकर, कलबोस, भासेर, लांची आदि किस्म

की मछलियाँ पाई जाती थीं। सरकार के मत्स्य पालन विभाग द्वारा 1960-61 तक 9,82,000 मछली बीजों का वितरण किया गया था। जिले की लगभग 2,37,680 एकड़ भूमि वन आच्छादित थी। इससे 1961-62 के दौरान रु. 7,38,823 की वनोपज प्राप्त की गई थी, जिसमें इमारती लकड़ी, बाँस तथा तेंदू पत्ता प्रमुख थीं।

मुगल काल में अपनी आवश्यकतानुसार कपड़ा, कृषि औजार तथा अनाज उत्पादित करने वाला यह जिला एक आत्मनिर्भर आर्थिक इकाई था। स्वतंत्रता संग्राम के पूर्व भी झाँसी राज्य सब तरह से सम्पन्न था। 1883 से 1889 के मध्य रेल नेटवर्क की स्थापना के उपरान्त विदेशी तथा देशी स्थापित मिलों के माल की जिले में भरमार हो गई तथा देशी उद्योग-धन्धे की व्यवस्था चौपट हो गई। गलीचे, तिलहन, सूती वस्त्र, कच्ची कपास आधारित निर्यात उद्योग अब लुप्तप्राय हो गया था।

1962-63 तक झाँसी में बड़े उद्योगों में प्रमुख 1895 में स्थापित रेलवे कैरेज तथा वैगन वर्कशाप था। उस समय मजदूरी बिल रु. 58,36,893 था तथा रु. 1,33,14,693 मूल्य की कैरेज/वैगन मरम्मत का कार्य किया गया। प्रत्येक 10 दिन में 16 वैगन (मालगाड़ी का डिब्बा) तैयार हो जाते थे। प्रथम विश्व युद्ध के दौरान झाँसी के ऊनी गलीचों तथा देशी जूतों की अच्छी माँग बढ़ गई थी, जिन्हें रेलवे नेटवर्क के द्वारा बम्बई, कलकत्ता, आगरा व कानपुर निर्यात किया जाता था, परन्तु 1930 की महामन्दी का प्रभाव इनकी माँग पर भी पड़ा। पंचवर्षीय योजनाओं के दौरान यहाँ की पारम्परिक तथा कई नई औद्योगिक गतिविधियों को सहारा मिला। प्रथम योजना के अन्त तक जिले की 12.1 प्रतिशत जनसंख्या विनिर्माण उद्योगों में कार्यरत थी तथा इन उद्योगों में लगभग रु. 94,74,000 विनियोजित था। 1913 में रेलवे का अपना एक थर्मल विद्युत उत्पादन केन्द्र वर्कशाप के अन्दर कार्यरत था। 1963 में 83,70,250 कि.वा. विद्युत क्षमता का उत्पादन किया गया था, जिसका 80 प्रतिशत उपयोग औद्योगिक क्षेत्र में किया जा रहा था। 1932 में झाँसी इलेक्ट्रिक सप्लाई कम्पनी कार्यरत हो गई थी। 1963 में इसे यू.पी. इलेक्ट्रिसिटी बोर्ड द्वारा अधिगृहीत कर लिया गया था। 1963 में इसकी स्थापित क्षमता 1205 कि.वा. थी, जिसका उपयोग 4,226 घरेलू तथा 198 औद्योगिक उपभोक्ताओं द्वारा किया जाता था।

1961 तक, 1948 में स्थापित बैद्यनाथ आयुर्वेद भवन लि. मात्र एक निजी उद्योग था, जिसमें रु. 6 लाख विनियोजित था तथा रु. 20 लाख की औषधियों का वार्षिक उत्पादन होता था। इसमें 200 कर्मियों को रोजगार प्राप्त था। इसके अतिरिक्त 150 लघु उद्योग इकाइयाँ मुख्यतः इस्पात, पीतल, तेल, बर्फ, बीड़ी, साबुन तथा पत्थर मूर्ति आदि उद्योगों में संचालित थीं। इनमें लगभग 3000 व्यक्तियों को रोजगार प्राप्त था तथा रु. 90 लाख वार्षिक का उत्पादन हो रहा था। 10 इकाइयाँ कृषि उपकरणों के उत्पादन में कार्यरत थीं, जिनमें लगभग 300 व्यक्ति रोजगाररत थे तथा वार्षिक उत्पादन रु. 7 लाख का था।

झाँसी में 6 तेल मिलें भी कार्यरत थीं, जिनमें लगभग रु. 9.50 लाख पूँजी लगी थी तथा 150 व्यक्ति रोजगाररत थे। 1961 में इनसे लगभग रु. 25 लाख का तेल तथा रु. 4.25 लाख की खली का उत्पादन किया गया था। तेंदू पत्तों की वन उपलब्धता के कारण झाँसी बीड़ी निर्माण का प्रमुख केन्द्र बन चुका था, जहाँ से लगभग पूरे देश में बीड़ी का निर्यात होता था। लगभग रु. 5,50,000 के विनियोजन तथा 1300 रोजगाररत व्यक्तियों से रु. 20 लाख सालाना का उत्पादन प्राप्त किया जाता था। इनके अतिरिक्त 2 आइरन फाउंड्रीज, 6 पीतल बर्तन, 4 टिन सामान निर्माण, 4 आइस फैक्ट्री, 2 छोटी आयुर्वेद औषधि निर्माण की, लेबल व रिबन, होजरी और रंग निर्माण आदि की छोटी-छोटी तथा घरेलू उद्योग के तौर पर कई इकाइयाँ कार्यरत थीं। स्टोन तथा ग्रेनाइट क्रेशर की 10 इकाइयाँ भी कार्यरत थीं, जिनमें लगभग 318 व्यक्ति कार्यरत थे तथा रु. 28.50 लाख की गिट्टी का उत्पादन किया गया था।

ग्रामीण क्षेत्र में कुटीर स्तर पर लगभग 21,600 इकाइयाँ कार्यरत थीं, जिनमें रु. 72,35,000 का विनियोजन था। इनमें प्रतिवर्ष रु. 1 करोड़ के कच्चे माल का प्रयोग होकर लगभग रु. 2.25 करोड़ का उत्पादन होता था। इन कुटीर उद्योगों में प्रमुखतः हैण्डलूम, वस्त्र रंगरेजी व छपाई, बाँस रस्सी तथा डलिया, बढ़ईगीरी, ईंट, चीनी मिट्टी के बर्तन, गुड़/खांड़, चमड़ा शोधन तथा जूता निर्माण और लोहारगिरी में छोटी-छोटी इकाइयाँ कार्यरत थीं।

जिले में उद्योगों के विकास तथा कुशल श्रमिकों के प्रशिक्षण हेतु प्रथम पंचवर्षीय योजना में 7 औद्योगिक प्रशिक्षण केन्द्र प्रारम्भ किए गए थे, जिनमें कम्बल निर्माण, लोहारगीरी, सिलाई, बढ़ईगीरी, बुनकरी आदि में प्रशिक्षण दिया जाता था। इनमें 1961-62 तक 468 लोगों को प्रशिक्षण दिया गया था।

कृषि तथा उद्योग के विकास के लिए और स्थानीय साहूकारों पर निर्भरता कम करने के उद्देश्य से बैंकिंग व्यवस्था को सुदृढ़ किया गया। 1887 में इलाहाबाद बैंक, 1925 में स्टेट बैंक (तत्कालीन इम्पीरियल बैंक), 1943 में सेन्ट्रल बैंक ऑफ इंडिया, 1951 में पंजाब नेशनल बैंक की शाखाओं ने झाँसी मुख्यालय पर कार्य प्रारम्भ किया। 1932 में जिला सहकारी बैंक भी झाँसी में कार्यरत हो गया। 1951 में जिले में 475 रजिस्टर्ड साहूकार थे, जो 20 प्रतिशत से 40 प्रतिशत प्रतिवर्ष तक का ब्याज वसूल करते थे। 1961-62 में विभिन्न सरकारी/ सहकारी साख संगठनों द्वारा 5.5 प्रतिशत की ब्याज दर पर रु. 16 लाख का कृषि ऋण प्रदान किया गया था। इन बैंकों के द्वारा विभिन्न ऋणों पर उपयोग तथा जमानती आधार पर 3 प्रतिशत से 9 प्रतिशत तक ब्याज लिया जाता था तथा जमा रकम पर 3 प्रतिशत से 4.5 प्रतिशत तक का ब्याज दिया जाता था। राष्ट्रीय बचत संगठन की विभिन्न योजनाओं में 1963-64 में रु. 11,12,972 प्राप्त किया गया था।

जिले में प्रथम सहकारी कृषि साख समिति 1920 में गठित की गई थी, जिसकी संख्या 1950 तक 594 तथा 1961 में 972 हो गई थी। इन समितियों के माध्यम से

जिला सहकारी बैंक द्वारा 1961 में रु. 25.75 लाख के विनियोग के सापेक्ष रु. 57.46 लाख के ऋण वितरित किए गए थे। 5 सहकारी विपणन समितियों के माध्यम से 1961 में रु. 7.17 लाख का ऋण किसानों को प्रदान किया गया।

1961–62 में जिले से ज्वार–बाजरा, गेहूँ, दाल, बालू तथा ग्रेनाइट पत्थर आदि का लगभग 45 लाख मन सामान अन्य राज्यों को निर्यात किया गया था तथा लगभग 9 लाख मन सामान आयात किया गया था, जिसमें सीमेंट, शक्कर, नमक, किरासिन, लोहा, सूती वस्त्र, फाँग आदि प्रमुख थे। ग्रामीण बाजारों में कृषि उत्पाद की बिक्री के लिए अब तक आढ़तिया प्रथा प्रचलित थी, जिसमें प्रति 100 रु. की बिक्री पर लगभग 20 पैसे से 25 पैसे विक्रेता से तथा प्रति 100 रु. पर लगभग 2 रु. 50 पैसे क्रेता से कमीशन आदि मदों पर लिया जाता था। झाँसी शहर में अनाज तथा किराने का थोक व्यापार 'हार्डीगंज' में होता था, जिसको 1899 में झाँसी के तत्कालीन कलेक्टर ने प्रारम्भ कराया था। अब इसका नाम 'सुभाष गंज' कर दिया गया है। इस समय तक झाँसी में व्यापारी हितों की रक्षा के लिए बीड़ी, वस्त्र, क्रेशर, किराना, गल्ला विक्रेता, स्वर्णकार, पीतल, लघु उद्योग संघ/समितियाँ भी कार्यरत थीं।

स्वतंत्रता प्राप्ति के बाद सड़कों को राष्ट्रीय व प्रान्तीय राजमार्गों में वर्गीकृत कर दिया गया था। लखनऊ–झाँसी–शिवपुरी तथा झाँसी–सागर राष्ट्रीय राजमार्ग का लगभग 134 मील जिले में पड़ता था। इलाहाबाद–झाँसी प्रान्तीय राजमार्ग का 47 मील भी झाँसी जिले में निहित था। लोक निर्माण विभाग, जिला परिषद तथा नगरपालिकाओं द्वारा लगभग 1112 मील तथा वन विभाग द्वारा 458 मील सड़कों की देखरेख की जाती थी। प्रथम पंचवर्षीय योजना में 445 मील तथा दूसरी योजना के अन्तर्गत जिले में 56 मील नई सड़कें बिछाई गई थीं।

ग्रामीण क्षेत्रों में बैलगाड़ी तथा शहरी क्षेत्रों में ताँगे की सवारी प्रचलित थी व स्थानीय माल ढुलाई होती थी। 1962 में झाँसी में 507 ताँगे पंजीकृत थे। 1963 में लगभग 150 मील चलने वाली 315 सवारी बसें पंजीकृत थीं। 1960–61 में कुल लगभग 35 लाख यात्रियों का आवागमन अंकित किया गया था। माल ढुलाई के लिए यद्यपि निजी ट्रकों की सेवाएँ भी उपलब्ध थीं, परन्तु प्रमुखत: रेलवे से माल ढुलाई होती थी। 1961 में लगभग 16 लाख क्विंटल माल रेलवे द्वारा झाँसी जिले में आयात तथा लगभग 29.44 लाख क्विंटल माल निर्यात किया गया था।

स्वतंत्र भारत के आर्थिक विकास के लिए देशकाल परिस्थिति अनुसार अपनी स्वतंत्र नीति–रीति की व्यवस्था व संचालन करना आवश्यक था। 1947 के बाद 1950–51 से 1961 का यह प्रारम्भिक काल अत्यन्त महत्त्वपूर्ण था। इस अवधि में इस कृषि प्रधान अर्थव्यवस्था में आवश्यक जमीनी सुधारों, भू–स्वामित्व की समस्याओं, कृषि से सम्बन्धित अन्य आवश्यकताओं यथा सिंचाई, खाद, उन्नत बीज, वैज्ञानिक उपकरण, कृषि विधि, जोत पुर्नसगन आदि पर ध्यान देना आवश्यक था। अत: प्रथम पंचवर्षीय योजना कृषि प्रधान योजना थी। प्रारम्भिक व्यवस्था के स्थापित हो जाने

के उपरान्त, द्वितीय योजना का प्रमुख उद्देश्य औद्योगिक विकास के लिए धरातल तैयार करना था। अतः 1951–1961 का यह प्रारम्भिक काल पूरे देश की तरह झाँसी के लिए भी महत्त्वपूर्ण था।

अद्यतन रूप से, 2015–16 तक, झाँसी जिले की अर्थव्यवस्था में मात्र सामान्य परिवर्तन ही हुए हैं। जनसंख्या वृद्धि, तकनीकी विकास, शिक्षा की आवश्यकता, इस क्षेत्र में कृषि व औद्योगिक ढाँचे का विकास उन्हीं सामान्य योजनाओं के अनुरूप रहा है, जिन्हें देश–प्रदेश के साथ इस क्षेत्र में भी लागू किया गया है। 2011 की जनगणना के अनुसार जनपद की कुल जनसंख्या 19.98 लाख थी जिसमें 11.65 ग्रामीण जनसंख्या थी। 17.06 लाख व्यक्ति हिन्दी भाषी थे। हिन्दुओं की संख्या 18.23 लाख थी जो कि कुल जनसंख्या का 91.26 प्रतिशत थी। 1.47 लाख मुसलमान, 7050 ईसाई एवं 4, 951 सिक्ख जनसंख्या थी। कुल जनसंख्या की साक्षरता 75.05 प्रतिशत थी, जिसमें पुरुषों तथा महिलाओं की साक्षरता क्रमशः 85.38 प्रतिशत तथा 63.49 प्रतिशत थी। कुल जनसंख्या में नगरीय जनसंख्या 41.7 प्रतिशत तथा प्रति वर्ग कि.मी. में आवासीय घनत्व 398 व्यक्ति था। कुल जनसंख्या में अनुसूचित/जनजाति का प्रतिशत 28.3 था। ग्रामीण व शहरी क्षेत्रों में परिवार का औसत लगभग 5.4 प्रति व्यक्ति/प्रति परिवार था। 2001 की गणना के अनुसार गरीबी रेखा के नीचे जीवनयापन करने वाली (बी.पी.एल.) जनसंख्या कुल जनसंख्या की 71.96 प्रतिशत थी।

कुल जनसंख्या में कर्मकार जनसंख्या मात्र 28 प्रतिशत थी। कुल कर्मकारों में कृषि कर्मकार 56.5 प्रतिशत थे। 4.9 कर्मकार पारिवारिक उद्योगों में संलग्न थे। 2014 में 27,383 व्यक्ति केन्द्र सरकार, 6,221 अर्द्ध केन्द्र सरकार, 16,108 व्यक्ति राज्य सरकार, 2,320 व्यक्ति अर्द्ध राज्य सरकार तथा स्थानीय निकायों में 1,592। कुल मिलाकर सार्वजनिक क्षेत्र में 53.624 तथा निजी क्षेत्र में 2,964 कर्मी कार्य संलग्न थे।

बढ़ती हुई जनसंख्या तथा जिले की नगण्य सी औद्योगिक विकास की स्थिति के कारण कृषि भूमि पर निरन्तर दबाव बढ़ता जा रहा था। 2005–06 में संकलित आँकड़ों के अनुसार समस्त जोत में 78.5 प्रतिशत संख्या लघु एवं सीमान्त जोतों की थी, जिनका औसत आकार 0.5 हेक्टेयर मात्र था। अन्य जोतों को भी सम्मिलित करने में उपरान्त समस्त जोतों का औसत आकार मात्र 1.5 हेक्टेयर पाया गया। समस्त कृषि क्षेत्र में 43.1 क्षेत्र लघु व सीमान्त जोतों के अन्तर्गत आता था। स्पष्ट है कि कृषि कार्य परिवार के भरण–पोषण के लिए आधार नहीं रह गया था।

2013–14 में कुल 3,36,000 हेक्टेयर क्षेत्रफल पर बुवाई की गई थी, जो कि कुल क्षेत्रफल का 68.2 प्रतिशत था। लगभग 65 प्रतिशत कृषि क्षेत्र से दो बार फसल ली गई थी। बोये गए क्षेत्रफल के 2,71,000 हेक्टेयर में सिंचाई की सुविधा प्राप्त थी। 2013–14 में 3, 62,000 मी. टन गेहूँ, 7000 मी. टन गन्ना, 42,000 मी. टन तिलहन की फसल प्राप्त की गई थी। सकल बोये गए क्षेत्रफल में 21.7 प्रतिशत वाणिज्यकीय फसलों के अन्तर्गत था। शुद्ध बोये गए क्षेत्रफल पर कृषि उपज का

सकल मूल्य रु. 32,227.5 प्रति हेक्टेयर था जो कि प्रति कृषि कार्यकार हेतु औसत रु. 5,653.7 था। 2014-15 तक एफ.सी.आई., केन्द्रीय व राज्य गोदामों में 58,624 मी. टन की कुल भण्डारण क्षमता उपलब्ध थी।

2014-15 तक 1236 किमी. लम्बी नहरों का जाल बिछाया जा चुका था। 18,826 व्यक्तिगत तथा 96 राजकीय नलकूप लगाए जा चुके थे। 2007 की पशुगणना के आधार पर जिले में कुल पशुधन 8.35 लाख था। 2014-15 में 22 पशु चिकित्सालय, 14 पशु सेवा केन्द्र तथा 7 कृत्रिम गर्भाधान केन्द्र कार्यरत थे। कृषि क्षेत्र में 66 प्रारम्भिक सहकारी कृषि साख समितियाँ कार्यरत थीं, जिनकी कुल सदस्य संख्या 1.82 लाख थी।

2014-15 में 810 लघु औद्योगिक इकाइयाँ कार्यरत थीं, जिनमें 2,953 कार्यकार कार्यरत थे। 2011-12 में औद्योगिक क्षेत्र में 4 तथा फैक्ट्री अधिनियम 1948 के अन्तर्गत पंजीकृत कारखानों की संख्या 66 थी। पंजीकृत कारखानों में प्रति लाख जनसंख्या पर 2011-12 में 276.8 व्यक्ति कार्यरत थे तथा प्रति कर्मकार पर उत्पादन मूल्य रु. 27.91 लाख था, जबकि जनसंख्या के आधार पर प्रति व्यक्ति औद्योगिक उत्पादन रु. 7,726 था। इस समय तक जिले में 4 औद्योगिक आस्थान, 17 शेड तथा 129 औद्योगिक प्लांट उपलब्ध थे। 2005 की आर्थिक गणनानुसार, जिले में 2154 कृषि तथा 40,948 गैर कृषि उद्यम इकाइयाँ कार्यरत थीं। 14,145 ऐसी इकाइयाँ थीं, जिनमें भाड़े पर 28,957 इकाइयाँ स्व उद्यमी कार्यरत थीं। इन इकाइयों में 7,823 महिलाएँ तथा 71,085 पुरुष कार्यरत थे।

उपसंहार

झाँसी की अर्थव्यवस्था की विगत 300 वर्षों की कहानी बुन्देलखण्ड तथा भारत की आर्थिक दास्तान से बहुत अलग नहीं है, सिवाय इसके कि स्वतंत्रता प्राप्ति के लगभग 70 वर्षों के उपरान्त भी झाँसी एक पिछड़े हुए आर्थिक क्षेत्र, बुन्देलखण्ड का पिछड़ा जिला शहर है। बुन्देलखण्ड क्षेत्र का यह सबसे बड़ा नगर अब जनसंख्या आधार पर महानगर की श्रेणी में वर्गीकृत होकर तथा स्थानीय निकाय के रूप में नगर निगम का दर्जा पाकर भी आर्थिक विकास के आधुनिक मानकों पर एक बड़े कस्बे से अधिक नजर नहीं आता है।

झाँसी का 1857 के पहले का इतिहास राजसी आन, बान, शान का इतिहास है। बुन्देलों व चन्देलों के इस क्षेत्र में झाँसी राज्य की शासन व्यवस्था में निरन्तर परिवर्तन होता रहा। मुगल सम्राट कभी भी इस राज्य को सीधे तौर पर अपने अधीन नहीं कर सके थे। शुरू में यह ओरछा राज्य के बुन्देल राजाओं के अधीन रहा। फिर पूना के पेशवाओं द्वारा मुगलों को परास्त करने के लिए ली गई सहायता के बदले यहाँ मराठा सरदारों का शासन स्थापित हुआ। इस कारण मराठा तथा बुन्देला सरदारों में कभी भी बुन्देलखण्ड क्षेत्र में ठोस एकता स्थापित न हो सकी, जिसका लाभ उठाकर अंग्रेज इस राज्य को अप्रत्यक्षतः अपनी प्रशासनिक देखरेख में मराठा शासकों को मान्यता

भर प्रदान करते रहे। महाराजा गंगाधर राव की मृत्यु के पश्चात कोई और सन्तान न होने के कारण धूर्त अंग्रेजों ने राज्य की शासन बागडोर अपने हाथ में ले ली, परन्तु 1854-1855 के मध्य अंग्रेजों के विरुद्ध बढ़ते हुए क्रान्तिकारी विप्लव तथा झाँसी में अंग्रेजों के हुए नरसंहार के बाद अंग्रेजों ने इसे रानी को लौटा दिया। महारानी साहिबा ने 11 महीने में इस राज्य का पुराना वैभव लौटा दिया। तभी अंग्रेजों ने इस अल्प अवधि में अपनी सैनिक शक्ति को संगठित कर आस-पास के लगभग सभी बुन्देला राज्यों व रियासतों को अपने अधीन कर झाँसी को चौतरफा घेर लिया तथा कतिपय गद्दारों की सहायता से रानी को कालपी भागने के लिए मजबूर कर दिया, बाद में ग्वालियर में उन्होंने वीरगति प्राप्त की।

इस अवधि में झाँसी राज्य अपनी भौगोलिक स्थिति के कारण पूरे ब्रिटिश राज्य का प्रमुख व्यापारिक केन्द्र बन गया था। महाराजा गंगाधर राव के दीर्घकालीन शासन तथा रानी के अल्पकालीन प्रशासन में ही न केवल राज्य की आर्थिक सम्पन्नता बढ़ी, अपितु ज्ञान, शिक्षा, धर्म तथा उदारता की कहानियाँ भी प्रसिद्ध हो गईं। इसी कारण अंग्रेजों ने झाँसी को 1858 के बाद प्रत्यक्षतः अपने ही अधीन रखा। प्रथम स्वतंत्रता संग्राम में दिखाई गई वीरता तथा बलिदान का दंड झाँसी को भुगतना पड़ा। अंग्रेजों ने बड़ी निर्ममता के साथ लगातार 4 दिनों तक योजनाबद्ध तरीके से समस्त सम्पन्नता को ही नहीं लूटा, अपितु हिन्दी, संस्कृत व फारसी के हजारों अनमोल ग्रन्थों को नष्ट कर क्षेत्र और राष्ट्र की संस्कृति को अपार क्षति पहुँचाई।

झाँसी में विकास के दूसरे चरण की कहानी अंग्रेजों द्वारा किए गए शोषण की कहानी है। इतने संघर्षों के बाद भी झाँसी का गौरव समाप्त नहीं हुआ। अंग्रेजों ने इस क्षेत्र को अपने कानपुर, नौगाँव व सागर छावनी से जोड़ने के लिए चौतरफा मार्गों का विकास किया। दूसरी ओर अल्पकाल में ही चतुर्दिश रेल मार्गों का विकास कर झाँसी को रेलवे का मुख्यालय बना दिया। यह स्थान न केवल आवागमन, अपितु इस क्षेत्र के कच्चे माल को ब्रिटेन निर्यात कर ब्रिटेन में तैयार माल को देश के उत्तरी भाग में प्रसारित करने का भी मुख्य केन्द्र बन गया। पूर्व स्थापित घरेलू उद्योग-धन्धे चौपट हो गए। कारीगर तथा देशी सिपाही बेरोजगार हो गए।

अंग्रेजों ने देशी उत्पादन पर अधिकतम कर लगा दिया तथा सस्ते से सस्ते दाम पर माल जबरन खरीदना शुरू किया, जो लागत से भी कम होता था। परिणामस्वरूप किसान ऋण के बोझ तले दबकर भूमिहीन तथा बेघरबार हो गए। उन्होंने कृषि के विकास, सिंचाई, बाँध, अकाल से रक्षा पर नगण्य व्यय किया, जबकि ब्रिटेन में तैयार माल को यहाँ के बाजारों में खपाने के लिए सड़कों, रेलों तथा पुलों के निर्माण पर सबसे अधिक व्यय किया। झाँसी तथा बुन्दलेखंड में कोई ऐसी उल्लेखनीय कृषि या उद्योग परियोजना नहीं शुरू की गई थी, जिससे यहाँ का किसान खुशहाल होता और बेकार नौजवानों को रोजगार प्राप्त होता। आए दिन नये-नये प्रशासनिक परिवर्तन करते हुए झाँसी के क्षेत्रों को कभी ग्वालियर तो कभी ओरछा राज्यों के अधीन कर

दिया। पहले इसे सागर डिवीजन के अधीन रखा तथा बाद में झाँसी को अलग डिवीजन बना दिया। पुनः इसमें परिवर्तन कर इसे इलाहाबाद डिवीजन का अंग बना दिया। अन्ततः झाँसी के आस-पास की सभी बुन्देला, चन्देल, परमार, प्रतिहार आदि रियासतों को संग्रहीत कर विन्ध्य प्रदेश में रख दिया, परन्तु झाँसी की आन, बान, शान, वीरता भरे विद्रोही तेवरों के चलते झाँसी राज्य को यूनाइटेड प्रॉविन्स ऑफ आगरा एंड अवध के अन्तर्गत रख दिया। 'फूटो और राज्य करो' की अपनी कुख्यात शासन नीति के चलते यह बँटा हुआ बुन्देलखण्ड आज भी उत्तर प्रदेश व मध्य प्रदेश में बँटे होने की त्रासदी बर्दाश्त कर रहा है।

झाँसी के विकास का तीसरा चरण राष्ट्र के स्वातंत्र्योत्तर काल में 5 वर्षीय योजनाओं के अन्तर्गत विकास का चरण है। 1950-51 से 1960-61 का काल ब्रिटिश दासता से मुक्त भारत का नवनिर्माण काल था। इस कृषि प्रधान अर्थव्यवस्था की कृषि विकास की अवस्थापना, यथा सिंचाई, खाद, बीज, पानी, विद्युत, उपकरण तथा किसान की हैसियत को बदल कर लगभग 70 प्रतिशत ग्रामीण जनता के भाग्य को परिवर्तित करना सर्वप्रथम प्राथमिकता थी। अतः प्रथम योजना में झाँसी जिले को भी सिंचाई तथा विद्युत उत्पादन के लिए बहुउद्देशीय बाँध परियोजनाओं, नहरों का निर्माण, कूपों की खुदाई तथा नलकूपों की व्यवस्था, ग्रामीण सड़कों को मंडियों से जोड़ने वाली सड़कों व पुलों का निर्माण आदि विभिन्न योजनाओं का लाभ मिला।

कृषि विकास के साथ, सर्वांगीण विकास में औद्योगिक विकास की भी आवश्यकता थी ताकि विदेशों से आयात पर निर्भरता कम हो सके तथा बेरोजगारों को रोजगार प्राप्त हो सके। इसलिए एक ओर कृषि उपकरणों, रासायनिक खादों के कारखानों की उपलब्धता सुनिश्चित की गई तो दूसरी ओर औद्योगिकीकरण हेतु पूँजी जुटाने, कच्चे माल की प्रोसेसिंग करने व मशीनों के निर्माण कार्य का प्रबन्ध द्वितीय पंचवर्षीय योजना में प्राथमिकता से किया गया। इस समय रेलवे के कारखाने का विकास भी हुआ तथा इसके उपरान्त सार्वजनिक उपक्रम भेल, राजकीय सूती मिल तथा निजी क्षेत्र में सीमेंट तथा औषधि निर्माण की बड़ी औद्योगिक इकाइयों की स्थापना भी हुई। सिंचाई एवं विद्युत उत्पादन क्षमता में वृद्धि हेतु पारीछा थर्मल पॉवर प्लान्ट, राजघाट बाँध परियोजना जैसी योजनाएँ भी प्रारम्भ हुईं। कृषि क्षेत्र की सिंचन क्षमता तथा उत्पादकता में भी वृद्धि हुई। तकनीकी प्रशिक्षण के क्षेत्र में राजकीय इंजीनियरिंग कॉलेज सहित कुछ निजी व्यावसायिक कॉलेज भी प्रारम्भ हुए। बुन्देलखण्ड विश्वविद्यालय की स्थापना तथा उसके विकास के साथ कई रोजगारपरक तथा तकनीकी विषयों पर केन्द्रित शिक्षण, प्रशिक्षण के अतिरिक्त कला, विज्ञान तथा वाणिज्य की शिक्षा व्यवस्था में आशातीत वृद्धि हुई। स्वास्थ्य सेवाओं की दृष्टि से मेडिकल कॉलेज तथा आयुर्वेदिक कॉलेज की स्थापना भी हुई। स्वायत्त प्रशासन की योजनाओं के अन्तर्गत ग्रामीण तथा नगरीय क्षेत्रों में मूलभूत सुविधाओं में वृद्धि भी हुई।

फिर भी यह अत्यन्त दुखद है कि झाँसी सहित सम्पूर्ण बुन्देलखण्ड क्षेत्र के माथे से पिछड़े क्षेत्र (बैकवर्ड इकोनॉमिक रीजन) का लेबल नहीं हट सका है। उसका कारण यह रहा कि विभिन्न पंचवर्षीय योजनाओं के अन्तर्गत जो सामान्य विकास, राष्ट्रीय व प्रान्तीय आर्थिक विकास के कार्यक्रमों के अन्तर्गत हुआ, वह बढ़ती हुई जनसंख्या की बढ़ती हुई सुविधाओं, रोजगार व आय आवश्यकताओं के सापेक्ष बहुत ही कम था। परिणाम यह हुआ कि विगत 60 वर्षों में हुए तमाम कथित विकास कार्यक्रमों पर राजकीय विनियोजन के उपरान्त भी बुन्देलखण्ड और झाँसी की पथरीली, कंकरीली मिट्टी के अंग-अंग पर भीषण गर्मियों के मौसम में दरारें ही दरारें तथा झुर्रियाँ ही झुर्रियाँ भर जाती हैं। किसान की मेहनत को बेकार करती हुई वह भूमि प्यासी दर प्यासी रह जाती है। परिणामस्वरूप इस क्षेत्र के 30 प्रतिशत से अधिक ग्रामवासी स्थायी तौर पर पलायन कर चुके हैं। उदाहरण स्वरूप झाँसी जिले के कुल 818 ग्रामों में से 73 ग्राम पूरी तरह खाली हैं। फसल कटाई के मौसम में जब सभी अन्य धरतीपुत्र जीवनोत्सव मनाते हैं, बुन्देलखण्ड का 50 प्रतिशत कृषक व कृषि मजदूर फसल काटने के लिए सुदूर हरियाणा, पंजाब व गुजरात के गाँवों में मजदूर बनकर दूसरों की फसल काट रहा होता है।

झाँसी तथा उसके आसपास 1 भेल तथा 1 रेल कारखाने के अतिरिक्त केन्द्र अथवा राज्य सरकार द्वारा एक भी ऐसी श्रमप्रधान औद्योगिक इकाई स्थापित नहीं की गई है, जिसमें इस क्षेत्र के शिक्षित कुशल नौजवानों को रोजगार प्राप्त हो सके। वे अपनों को छोड़कर अपना दरोदीवार त्यागकर दूसरे प्रदेशों में स्थित उद्योगों तथा सेवा क्षेत्र की बड़ी इकाइयों की चौखट पर माथा टेककर रोजगार ढूँढने जाते हैं। उन्हें वहाँ मिलता क्या है, वाचमैन, सफाई कर्मचारी, भवन निर्माण में मजदूरी, दूधवाले भैया, पान वाले, हलवाई तथा रेहड़ी मजदूर का काम। कई माँ-बाप तो बच्चों को होटल तथा ढाबों में काम कराने के लिए विवश हो जाते हैं।

ऐसा नहीं है कि झाँसी तथा बुन्देलखण्ड क्षेत्र में विकास की सम्भावनाएँ नहीं हैं। राष्ट्र के हृदय प्रदेश में स्थित यह क्षेत्र चतुर्दिक विकास को समन्वित करने वाले एक ऐसे केन्द्र बिन्दु की तरह है, जहाँ चारों ओर से विकास की तरह समस्त रक्त वाहिनियों का संगम होता है। जहाँ चारों ओर से विकास रक्त आकर पुनः नवऊर्जा के साथ पूरे शरीर में प्रवाहित हो जाता है। यदि इस क्षेत्र का सोची-समझी दीर्घकालीन विकास रणनीति से प्रयोग किया जाए तो यह क्षेत्र पूरे राष्ट्र के आर्थिक विकास का केन्द्र बन सकता है।

यहाँ के पूजीपति वर्ग में कम लागत में, कम समय में, अधिक लाभ लेने की ब्याजखोर साहूकारी की प्रकृति व्याप्त रही है और यह दीर्घकालीन विनियोजन की योजना तथा धीमा लाभ प्राप्त करने की प्रतीक्षा तथा साहस नहीं करना चाहता है। यही कारण है कि निजी क्षेत्र का अधिकांश विनियोजन तुरन्त लाभ देने वाले भवन निर्माण उद्योग में लगा है। अधिकतम कमाई करने के उपरान्त ये धनपति दूसरे स्थानों पर जाकर यहाँ से प्राप्त लाभों का अन्यान्य उद्योगों में विनियोजन कर रहे हैं। यहाँ का उच्च शिक्षित वर्ग भी बड़े राजधानी व व्यावसायिक महानगरों की चकाचौंध में

जाकर रमना चाहता है। यद्यपि एक सत्य यह भी है कि उच्च तकनीकी शिक्षा प्राप्त करके भी इस क्षेत्र में उसकी योग्यता के सापेक्ष रोजगार उपलब्ध नहीं है।

इस क्षेत्र के राजनीतिक नेतृत्व में भी क्षेत्र के विकास की इच्छाशक्ति का अभाव है। 1952 में योजना आयोग द्वारा संस्तुत बुन्देलखण्ड की पंचनद योजना कागजी फाइलों में दम तोड़ चुकी है। यद्यपि अब बेतवा-केन लिंक योजना से उसकी आंशिक पूर्ति होने की सम्भावना है। राष्ट्रीय रेलमार्ग का केन्द्रीय जंक्शन होने के नाते हंसारी तथा बिजौली के मध्य एक विशाल रेल कन्टेनर डिपो स्थापित होने की बात चर्चा में आने के उपरान्त समाप्त हो गई तो मध्य प्रदेश राज्य से चारों ओर से घिरे इस झाँसी जिले की यातायात व्यवस्था सैकड़ों स्थानों पर दो राज्यों की चुंगी, चौकी, टोल टैक्स, और वन विभाग की चेकिंग की शिकार होती है, परन्तु अभी तक दोनों राज्यों के मध्य इस सम्बन्ध में कोई समन्वय नहीं हो सका है। बीच में बड़ागाँव-चिरगाँव क्षेत्र में एक विशेष आर्थिक क्षेत्र (स्पेशल इकोनॉमिक जोन) का भी प्रस्ताव आया था, परन्तु अब वह भी कहीं चर्चा में नहीं है। इसी तरह अभी हाल ही में लखनऊ में एक आई.टी. पार्क स्थापित करने का निर्णय किया गया, जबकि ऐसे रोजगार व तकनीकपरक उद्योग इकाई की स्थापना के लिए, जिसमें पानी की आवश्यकता नहीं, यहाँ विशाल भू-क्षेत्र उपलब्ध है। झाँसी में बुन्देलखण्ड को मिली आई.टी. प्रतिभाएँ अन्य शहरों में कार्य हेतु पलायन कर चुकी हैं।

प्रथम पंचवर्षीय योजना में भू-भौगोलिक समानताओं, जल प्रणाली के एक क्षेत्र में उद्गम तथा दूसरे प्रदेश में समाए वन व खनिज सम्पदा के प्रान्तीय सीमाओं से निर्बन्धित भंडारों को दृष्टिगत रखकर, इस बुन्देलखण्ड क्षेत्र को एक पृथक भू-भौगोलिक आर्थिक क्षेत्र के रूप में चिह्नित कर विकसित करने की बात की गई थी, परन्तु उस योजना पर विचार तक नहीं किया गया। हाल ही में केन्द्र सरकार एवं उ.प्र. सरकार के समन्वय से झाँसी को डिफेंस कॉरिडोर (सैन्य सामग्री गलियारे) में सम्मिलित किया गया है, जिससे इस सम्पूर्ण बुन्देलखण्ड क्षेत्र के औद्योगिक एवं रोजगार परिदृश्य में व्यापक परिवर्तन होने की सम्भावना है।

झाँसी की शैक्षणिक व्यवस्था

1. पूर्व ब्रिटिश शासन काल (1857-58)

विश्व गुरु की उपाधि से विभूषित भारत मोहम्मद गौरी के आक्रमण के पूर्व तक सार्वजनिक शिक्षा तथा ज्ञान प्रसार की दृष्टि से विश्व के अग्रणी देशों में गिना जाता था। ऋषिकुल, गुरुकुल, आचार्यकुलों में छात्रों को उनकी नैसर्गिक योग्यता व क्षमता के अनुकूल शिक्षा प्रदान कर गृहस्थ आश्रम में प्रवेश कराया जाता था। हिन्दू व बौद्ध शिक्षा के अन्तिम काल में मोहम्मद गौरी एक ऐसा मुस्लिम आक्रमणकारी था, जिसने भारतीय शिक्षा व्यवस्था की प्राचीन पाठशालाओं को तोड़ कर मकतबों और मदरसों

की स्थापना कराई। इसके उपरान्त भी अंग्रेजों द्वारा भारत पर सम्पूर्ण वर्चस्व प्राप्त करने तक, किसी न किसी रूप में संस्कृत तथा सामान्य पाठशालाएँ संचालित होती रहीं।

बुन्देलखण्ड में अंग्रेजी शासन सत्ता के कायम होने के पूर्व तक कुछ अपवादों को छोड़कर स्थानीय रियासती राजाओं के पास शिक्षा हेतु कोई उल्लेखनीय योजना या कार्यक्रम नहीं था। शिक्षा को सामान्यत: समाज व जनता का निजी दायित्व माना जाता था। देश के अन्य भागों की भाँति तमाम ब्राह्मण वंशीय अपने-अपने घरों पर बालकों को शिक्षा प्रदान करते थे। बड़ी जगहों पर संस्कृत पाठशालाएँ, जिन्हें 'टोल' या 'विद्यापीठ' कहा जाता था, कायम थीं। हिन्दी व संस्कृत के अतिरिक्त उर्दू तथा फारसी के मकतब व मदरसे भी कायम थे जिनमें हिन्दू छात्र भी अध्ययन हेतु जाते थे। छोटे-छोटे गाँवों में 'पांडे' तथा 'मौलवी' पद्धति लागू थी। पांडे तथा मौलवी जी अपने घरों पर बच्चों को पढ़ाया करते थे तथा बच्चों के अभिभावकों द्वारा भोजन, अनाज, गायें, वस्त्र तथा कुछ नकद द्रव्य भी गुरु दक्षिणा में दिए जाने की सामाजिक परम्परा थी। सामान्यत: निम्न निर्धन किसान परिवारों के बच्चों को पढ़ाने की परम्परा नहीं के बराबर थी। अत: इस काल में अधिकांशत: प्रचलित रहा है—'ओ ना मा सी धम्म, बाप पढ़े न हम।'

संवत 1872 (सन् 1825) में एक कवि द्वारा लिखित निम्नलिखित उदाहरण से उस समय की पांडे पद्धति द्वारा पढ़ाए जाने वाले पाठ्यक्रम की झाँकी स्पष्ट हो जाएगी :

शिक्षण-पाठ्यवस्तु (पाटी)-ओलम एवं सन्धियाँ

निर्देश-ज=य, ष=ख

ओ ना मा सी घंर-अआ इई उऊ ऋ-ॠ लृ लॄ ए ऐ ओ औ अं अः।

क ख ग घ न्ना, च छ ज झ न्ना, त थ द ध न्ना, प फ ब भ म्मा, ज (य) र ल व स षे सा हा लं छे लाहा, सिर दो वरना, समा मनाया, चित्रो चित्रो दासा, देवी सोरा दसैं समन्यां, तेषम्धुत्या बरनो, निसि-निसि बरनो, पूर्वो रस्वा, पारो दुरगा, सारो वरना, विरजोनामीं, इकारादेवी सन्त की रानी, का देवी का विंज्यां नामी ते बरगा, पंचू पंचा, बरगा नामी प्राथम धुत्या, सकचां हेचां, धोकां, धोक पिथूरानी, अन्यांसी को नंगर नांमां, अन्तूर से ज र ल ब, आंई थीं बिसारा झांन्या, आखैती झब्यां, मोत्या, पाफैती पदमान्यां, अनन्तन सौरो, पूर्वो पलीथो, पाला है पालू पादंम, विंज्यां नामीं, सुरं पुरं बरनैं, नेतु, अनन्त, करमैलू, बिसले खजैती, लिखो पचारा, दुर्जन संधी, ऐती, संधी, सूतरता प्राथम संधी स्मांपता ॥1॥

सामा निसी बरनो दुरग भवन्ती, प्राहच लोपे, आपर लोपे, आवर नाई बरनइयौ, ए बरनै ए, ओ बरनै ओ, ए बरनै आलू, तै बरनै, जिमी सवरनै, निछियर लुइयया, वंभू बरना, रिंविर बरना, लिविंरनाएँ, जे आजू, लम्बे आजू आधीमान जंनामा, लोपे पालं पादं मत्ते नामा लोपे इस विस करते लुकंम झुकारे, नो बिंजारे, सिराउन संधी, येते संधी सूररता दुरती संधी स्मापता: ॥2॥

ऊं दं तारे ऊदंता आइयो सिरवन्ता, सिरविर करता, दुरबिच नामीनं, गुरु बिच नामी नं, बहु बिच नामी नं, ओ न मान पतिस्ठाचारं, येती संधी सूतरता, तिरती संधी स्मापता: ॥3॥

बरग प्रथम पूजन्ते, सोरा घोका बातासू, आनतीर से आयेनं, पंचे पंचोभ्यायें में सोर तीर के ये नेबा, सोर जोर पिचकारी नेवा, तिरभू आए, कारंवारा, रूपं जगत, सरूपं टंकारे, लाचट बरगेपू, लंछे अंगना, चंछे गगना, रसो पड़ाया, जसो पड़ाया सोरभ देवी लेवन्ता कषे सुकारे, चछे सुकारे, टठे सुकारे, तथे सुकारे, पफे सुकारे, ली लंम, जाझंम् झाजंम् सुकारे, षुन गए, षरग सनीचर बारे, डिंडम पुस्टम् कारेषू, मौन स्मारे, विंजारे बरगा, सो बरगा, पंचमा हुरंगा, चन्द चहुत गायेती, संधी सूतरता चतुरथी संघी स्मापताः ॥4॥

संवत् दस अरु आठ सै बरष तिहत्तर जान।
सवन बदि की पंचमी ता दिन किया वषान्॥ (अर्थात, 1873)

यह मध्ययुगीन शिक्षा व्यवस्था व्यक्तिगत दायित्व होने के कारण जातिर्मुखी थी। ब्राह्मण, क्षत्रिय, वैश्य व कायस्थ परिवारों के बच्चों को ही शिक्षित करने की परम्परा थी। शिक्षा के अन्तर्गत संस्कृत, फारसी, उर्दू, देवनागरी भाषाओं के अतिरिक्त धर्म, कर्म, नीतिशास्त्र, दर्शन, गणित, ज्योतिष तथा सैन्य कर्म की शिक्षा का प्रचलन था। वैश्य परिवार के बच्चों को हिसाब, किताब (वाणिज्य ज्ञान) की भी शिक्षा दी जाती थी। शिक्षा विधि में रटन्त विद्या चलती थी। चाणक्य नीति, विदुर नीति और रामखड़ी भी रटवायी जाती थी। गणित में गिनती, पहाड़ा, हिसाब में कौड़ी, पाई, पैसा, आना, रुपया, तौल में छटाँक, पाव, सेर, मन, पोली, चौरी, पैसा, मनि-गौन, नाप में बीघा-बिस्वा-बिस्वांशी-अंगुल-गिरह-बैमा-बास-पगइयां-डोरी आदि से सवालों को हल करना पढ़ाया जाता था। लकड़ी की पाटी पर, गोली पोतनी में किंकऊआ (ईंट/खपरैल का चूर्ण) जमाकर लकड़ी की बर्तनी (कलम) से लिखा जाता था, सरकारी कर्मचारी बनने हेतु फारसी-उर्दू पढ़ना जरूरी होता था।

बुन्देलखण्ड की तरह झाँसी में भी यही शिक्षा पद्धति प्रचलन में रही। गुप्त, परिहार तथा चन्देल युग में निर्मित हिन्दू तथा जैन मन्दिरों की कथा तथा वास्तु से स्पष्ट होता है कि उस युग में ज्ञान तथा शिक्षा का कोई अभाव नहीं था। झाँसी जिले के एरच में इस बात के प्रमाण मिले हैं कि बारहवीं शताब्दी तक मुसलमान सम्राटों के भारत में स्थिर हो जाने के उपरान्त उनका अपना मकतब (स्कूल) था, जहाँ मुस्लिम धर्म की शिक्षा दी जाती थी। ये मकतब सामान्यतः मस्जिदों में स्थित थे तथा इन्हें राज्य से अनुदान प्राप्त होता था। 14वीं-15वीं सदी तक एरच मुस्लिम शिक्षा केन्द्र के रूप में प्रसिद्ध हो चुका था। शेष क्षेत्र, जहाँ बुन्देलों का प्रभुत्व था, वहाँ देश के अन्य भागों की तरह 'पांडे प्रथा' विद्यमान थी। 18वीं सदी से 19वीं सदी के मध्यकाल तक (ब्रिटिश आधिपत्य के पूर्व) झाँसी मराठा शासकों के आधिपत्य में थी, जिन्होंने शिक्षा में पर्याप्त रुचि ली थी। महाराजा गंगाधर राव का कला, संस्कृति तथा साहित्य प्रेम जग-जाहिर था। राज्य की राजधानी होने के नाते झाँसी संस्कृत, देवनागरी, मराठी, उर्दू तथा फारसी शिक्षा का केन्द्र बन गया था। उस समय कई संस्कृत पाठशालाएँ विद्यमान थीं। मराठा शासकों के समय सम्पन्न परिवारों की बालिकाओं की पृथक शिक्षा की व्यवस्था थी। महारानी लक्ष्मीबाई भी बालिकाओं के लिए कथाओं, साहित्य

व संस्कृत की पढ़ाई के साथ, ललित कला तथा युद्ध कौशल की शिक्षा में विशेष रुचि लेती थीं। अंग्रेजों की देखरेख में आने के पश्चात उन्होंने पहले से चल रहीं शिक्षण संस्थाओं को ही प्रबन्धित करने का कार्य किया। 1856-57 के स्वतंत्रता संग्राम के पूर्व तक इस क्षेत्र में भारत के अन्य क्षेत्रों, जो कि अंग्रेजों के अधीन आ चुके थे, की भाँति अंग्रेजी शिक्षा व ब्रिटिश शिक्षा पद्धति की शुरुआत नहीं हुई थी।

भारतीय शिक्षा प्रणाली के सम्बन्ध में 1823 की रिपोर्ट में एक अंग्रेज कलेक्टर ए.डी. कैम्पबेल ने लिखा था कि 'जिस व्यवस्था के अनुसार भारत की पाठशालाओं में बच्चों को लिखना सिखाया जाता है, जिस ढंग से ऊँचे दर्जे के विद्यार्थी नीचे दर्जे के विद्यार्थियों को शिक्षा देते हैं और साथ-साथ अपना ज्ञान भी पक्का करते हैं, वह निस्सन्देह प्रशंसनीय है तथा इंग्लिस्तान में उसका अनुकरण बेहद उपयोगी सिद्ध हुआ है।' उसने यह भी उल्लेख किया है कि 'राजा-रजवाड़ों तथा बड़ी रियासतों के शासकों के द्वारा शिक्षा पर बड़ी-बड़ी रकमें व्यय की जाती थीं तथा पाठशालाओं का खर्च चलाने हेतु जागीरें तक लगा दी जाती थीं क्योंकि शिक्षा के प्रचार से उनके राज्य का सम्मान बढ़ता था।'

प्रारम्भ में कुछ अंग्रेज अधिकारी भारत में अंग्रेजी शिक्षा के प्रसार के विरुद्ध थे। 1792 में जब ईस्ट इंडिया कम्पनी के लिए ब्रिटिश सरकार द्वारा नया चार्टर एक्ट पारित किया जाने लगा तो कम्पनी के अधिकारियों ने भारतीयों को अंग्रेजी शिक्षा देने का विरोध किया। उनका तर्क था कि शिक्षा के प्रसार द्वारा ही हम अमरीका से हाथ धो बैठे हैं तथा भारत में हमें यह गलती नहीं दोहराना चाहिए। 1813 में चार्टर एक्ट पारित होने के पूर्व सर जॉन मैलकम ने ब्रिटिश पार्लियामेंट में कहा था कि भारतीयों में गहरी पैठी जात-पात तथा धर्म-भेद को कम करने वाली अंग्रेजी शिक्षा का प्रसार करने की आवश्यकता नहीं है। इससे भारतीय हमारे छोटे से देश की तुलना अपनी विशालता और शक्ति से कर हमारे विरुद्ध उठ खड़े होंगे, परन्तु 1813 के चार्टर एक्ट के पारित होने के पश्चात भारत में राजनैतिक दृष्टि से पंडितों को अपनी ओर मिलाने, प्राचीन संस्कृत साहित्य का अंग्रेजी में अनुवाद, संस्कृत पढ़ने की इच्छा रखने वाले अंग्रेजों की सहायता के लिए तथा शासन को संचालित करने हेतु निम्न स्तरीय बाबू व कर्मचारियों को तैयार करने के लिए योजनाबद्ध तरीके से भारतीय शिक्षा पद्धति को नष्ट करने के लिए अंग्रेजों द्वारा भारत में अंग्रेजी स्कूल प्रारम्भ करने की सहायता राशि का अनुदान प्रारम्भ किया गया।

1857-58 के स्वतंत्रता संग्राम के केन्द्र में रहने एवं महारानी लक्ष्मीबाई के अंग्रेजों की दासता स्वीकार न करने के परिणामस्वरूप हुए संघर्ष काल में झाँसी की पूर्व स्थानीय शिक्षा व्यवस्था पूर्णत: छिन्न-भिन्न हो गई। रानी के कालपी की ओर पलायन करने के उपरान्त अंग्रेज फौजों द्वारा की गई खुली लूट में महाराजा गंगाधर राव के समय के प्रसिद्ध पुस्तकालय को, जिसमें धर्म, शास्त्र, नीति, रणनीति, ज्योतिष आदि की 60,000 पांडुलिपियाँ तथा अन्य संस्कृत साहित्य सुरक्षित था, को अंग्रेज लुटेरों ने आग लगाकर स्वाहा कर दिया था।

2. ब्रिटिश शासन काल (1858-1947 तक)

1858 में स्थिति सामान्य होने के पश्चात अंग्रेजों द्वारा देश के अन्य भागों, जहाँ उनका प्रभुत्व पूर्व में ही स्थापित हो चुका था, की तरह झाँसी में भी अंग्रेजी स्कूलों की स्थापना प्रारम्भ की गई। प्रारम्भ में 8 तहसीली स्कूल खोले गए, जिनमें 1859-60 में 2141 विद्यार्थी अध्ययनरत थे। 1861 में झाँसी के कुछ गाँव ग्वालियर राज्य में मिला देने के कारण 3 और अन्य तहसीली स्कूल खोले गए। 1862 में 76 ग्रामीण स्कूल जिनमें 2,185 छात्र तथा 72 प्राइवेट स्कूल, जिनमें 923 छात्र अध्ययनरत थे, संचालित थे, इस वर्ष झाँसी में एक स्कूल एंग्लो वर्नाकुलर (8वीं कक्षा तक) प्रारम्भ किया गया। 1866 में एक बालिका विद्यालय ललितपुर व एक प्राइवेट एंग्लो वर्नाकुलर स्कूल गुरसरांय में तथा 1867 में और झाँसी में 2 वर्नाकुलर स्कूल खोले गए।

1871 तक झाँसी जिले में कुल 110 स्कूल संचालित थे, जिनमें 5 बालिका विद्यालय, 4 तहसीली विद्यालय, 1 एंग्लो वर्नाकुलर विद्यालय तथा 49 गैर-अनुदानित निजी स्कूल थे। इनकी कुल छात्र संख्या में 2,116 हिन्दू तथा 119 मुसलमान छात्र थे। इनको कुल रु. 12,478 का वार्षिक अनुदान प्राप्त था। इस समय तक विभिन्न आयुवर्ग में कुल मिलाकर कुल जनसंख्या का साक्षरता प्रतिशत लगभग 5 प्रतिशत था। महिलाओं की साक्षरता शून्य थी। मात्र 24 ईसाई बालिकाएँ/महिलाएँ, जो कि उनकी जनसंख्या का 41 प्रतिशत थी, शिक्षित थीं।

1872 में झाँसी नगर में 7 बालिका विद्यालय थे, जो कि प्रवेश तथा उपस्थिति के अभाव में 1880 में मात्र 3 रह गए। इस समय तक झाँसी में 98 बालकों के विद्यालय संचालित थे तथा सभी की कुल छात्र/छात्रा संख्या 22,500 थी। जिला स्कूलों में वर्नाकुलर में अंग्रेजी, गणित, इतिहास, भूगोल, संस्कृत, फारसी की हाईस्कूल स्तर तक की शिक्षा उपलब्ध थी। प्राइवेट स्कूलों में लेखा/जोखा तथा वाणिज्यकीय हिसाब-किताब के लिए मुड़ियाँ विधि से पढ़ाई होती थी। 1884 में प्राइमरी शिक्षा नगर तथा ग्राम पंचायतों को हस्तान्तरित कर दी गई थी।

झाँसी में शिक्षा के विकास में ऐतिहासिक मोड़ आया, 1881 में सिटी स्कूल, झाँसी की निजी क्षेत्र में स्थापना से, जिसका श्रेय बन्धुद्वय श्री बिहारी लाल मुखर्जी तथा श्यामा चरण मुखर्जी को जाता है। प्रारम्भ में इसमें मात्र 4 छात्र थे। अगले वर्ष इसे एंग्लो वर्नाकुलर स्कूल के रूप में मान्यता प्राप्त हो गई। 1889 तक छात्रों की संख्या में वृद्धि देखते हुए तथा झाँसी के उदारमना लोगों द्वारा दिए गए सहयोग से स्कूल को प्रोन्नत कर सरकार द्वारा अनुदान भी दिया जाने लगा एवं इसे इलाहाबाद बोर्ड से भी संलग्न कर दिया गया।

1891 में जनता के उदार सहयोग व सरकारी सहायता से यह स्कूल कमेटी के द्वारा अपने वर्तमान निजी भवन में हस्तान्तरित हो गया तथा 1896 में तत्कालीन गवर्नर द्वारा दिए गए भरपूर सहयोग के कारण उनके नाम पर इसका नाम बदलकर 'मेक्डॉनल हाई स्कूल' रख दिया गया। 1946 से इसमें इंटरमीडिएट कक्षाएँ भी प्रारम्भ हो गईं

तथा स्वतंत्रता प्राप्ति के उपरान्त इसके प्रथम प्राचार्य के नाम पर इसका पुनः नाम बदलकर बिपिन बिहारी इंटर कॉलेज कर दिया गया। (लेखक स्वयं 1948 से 1958 तक इस विद्यालय का छात्र रहा है)।

1940-41 तक झाँसी जिले में 298 जूनियर बेसिक, सीनियर बेसिक तथा 4 हायर सेकेंडरी स्कूल संचालित थे, जिनमें कुल 16,680 छात्र/छात्राएँ अध्ययनरत थे। 1881 में पुरुषों तथा महिलाओं का साक्षरता प्रतिशत क्रमशः 5.4 तथा 0.07 था जो कि स्वतंत्रता प्राप्ति के पूर्व तक क्रमशः लगभग 22 तथा 4 तक पहुँच गया था।

3. स्वातंत्र्योत्तर काल (1947 उपरान्त)

15 अगस्त, 1947 को स्वतंत्रता प्राप्ति तक योजना काल प्रारम्भ होने के पूर्व झाँसी जिले को विलायती शासन से विरासत में 493 जूनियर बेसिक, 23 सीनियर बेसिक तथा 13 हायर सेकेंडरी स्कूल, जिनकी कुल विद्यार्थी संख्या लगभग 31,064 थी, प्राप्त हुए थे। प्रथम दो पंचवर्षीय योजनाओं की 10 वर्ष की अवधि में झाँसी की शिक्षण व्यवस्था में बहुमुखी वृद्धि हुई। 1962 तक 4 प्री जूनियर बेसिक स्कूल संचालित हो गए थे, जिनमें 6 वर्ष तक के बच्चों को शिक्षा प्रदान की जाती थी। ये आदर्श बाल मन्दिर (1956), शिशु मन्दिर, सुभाषगंज (1958), शिशु मन्दिर, सीपरी बाजार (1952) तथा थियोसोफिकल बाल मन्दिर (1961) थे।

1938 की शिक्षा में 'वर्धा प्रणाली' को कतिपय संशोधनों के साथ यू.पी. सरकार ने 1939 में लागू कर दिया था, जिसके अन्तर्गत जूनियर (कक्षा 1 से 5 तक) तथा सीनियर (कक्षा 6 से 8 तक) को मिलाकर 8 वर्षीय कार्यक्रम स्वीकार कर लिया था। साथ ही इन दोनों स्तर तक की शिक्षा का उत्तरदायित्व नगरपालिकाओं व जिला परिषदों को सौंप दिया गया था, इस समय तक झाँसी में 2 हायर सेकेंडरी संस्थाएँ संचालित थीं।

झाँसी नगरपालिका के द्वारा 1950 तक बेसिक शिक्षा के अन्तर्गत 34 स्कूल संचालित थे। 7 बालिकाओं के स्कूल भी खोले गए थे पर छात्राओं के अभाव की वजह से उन्हें 1955 में बन्द कर दिया गया था। 1961 में नये बालिका विद्यालय पुनः प्रारम्भ किए गए थे। 1926 की बालकों के लिए अनिवार्य शिक्षा योजना को 1948 में झाँसी नगरपालिका के सभी 15 वार्डों में लागू किया गया था। मार्च 1961 तक झाँसी नगर में बालकों तथा बालिकाओं के क्रमशः 34 तथा 10 जूनियर बेसिक तथा 1 सीनियर बेसिक नगरपालिका द्वारा तथा राज्य सरकार द्वारा 18 तथा 1 गैर मान्यता प्राप्त जूनियर बेसिक स्कूल संचालित थे। जिला परिषद के अन्तर्गत झाँसी जिले में 1962 तक बालकों के लिए 724 जूनियर व 53 सीनियर तथा बालिकाओं के लिए 84 जूनियर व 7 सीनियर बेसिक स्कूल संचालित थे। इन स्कूलों में कुल 51,578 छात्र/छात्राएँ अध्ययनरत थे।

झाँसी नगर में बिपिन बिहारी इंटर कॉलेज के अतिरिक्त प्रमुख हायर सेकेंडरी संस्थानों में क्रिश्चियन इंटर कॉलेज (स्थापित 1916), जिसे 1959 में इंटरमीडियएट

की मान्यता प्राप्त हुई थी, लोकमान्य तिलक बालिका हायर सेकेंडरी विद्यालय (स्थापित 1917), जिसे 1958 में बोर्ड से मान्यता प्राप्त हुई थी, सरस्वती इंटरमीडिएट कॉलेज (स्थापित 1912), जो 1952 में इंटर की मान्यता प्राप्त कर चुका था, प्रमुख निजी प्रबन्धन समितियों द्वारा संचालित हायर सेकेंडरी स्कूलों में से थे। राजकीय इंटर कॉलेज की स्थापना 1921 में हुई थी, जो कि 1962 तक बहुउद्देशीय शिक्षा प्रणाली के एकमात्र शिक्षण संस्थान के रूप में उच्चीकृत हो चुका था।

इनके अतिरिक्त डी.ए.वी. हायर सेकेंडरी (1932), राजर्षि पुरुषोत्तम दास टण्डन हायर सेकेंडरी (1949) तथा रोमन कैथोलिक मिशन के द्वारा प्रेमनगर में सेंट जूड्स हायर सेकेंडरी स्कूल (1940) भी संचालित है। 1954 से 19 जूनियर हाई स्कूलों तथा 4 हायर सेकेंडरी स्कूलों में कृषि शिक्षा भी प्रारम्भ कर दी गई थी।

1961 तक उच्च शिक्षा के क्षेत्र में बुन्देलखण्ड कॉलेज (स्थापित 1949) था, जिसमें अब कला, विज्ञान, गणित, वाणिज्य तथा विधि की कक्षाएँ संचालित हैं। 1960 में इसे परास्नातक कक्षाओं हेतु तथा 1962 में विधि कक्षाओं हेतु मान्यता प्राप्त हो गई थी। (लेखक इस महाविद्यालय में एम.ए.अर्थशास्त्र के प्रथम बैच का छात्र रहा है। 1967 से 1986 तक वहाँ शिक्षक रूप में भी कार्यरत था)।

1962 में इस महाविद्यालय में स्नातक कक्षाओं में 346, परास्नातक में 153 तथा विधि कक्षाओं में 65 छात्र अध्ययनरत थे। इसके अतिरिक्त 1559 में बिपिन बिहारी कॉलेज में विज्ञान की स्नातक कक्षाएँ प्रारम्भ हो चुकी थीं। 1962 में इसकी छात्र संख्या 107 थी। 1962 में बुन्देलखण्ड क्षेत्र के एकमात्र महिला महाविद्यालय आर्य कन्या डिग्री कॉलेज, सीपरी बाजार, झाँसी को भी मान्यता प्राप्त हो चुकी थी। तीनों ही महाविद्यालय तत्कालीन आगरा विश्वविद्यालय से सम्बद्ध थे।

व्यावसायिक तथा तकनीकी शिक्षा के क्षेत्र में झाँसी शहर में एक नॉर्मल स्कूल (1922) था, जो कि 1956 में जे.टी.सी. स्तर तक तथा एक महिला जे.टी.सी. स्कूल (1955) संचालित था। 1934 में बुन्देलखण्ड आयुर्वेदिक कॉलेज की स्थापना हुई थी, जो कि 1940 में झाँसी आयुर्वेदिक विश्वविद्यालय का दर्जा प्राप्त कर चुका था। इसको बोर्ड ऑफ इंडियन मेडिसिन, यू.पी. से मान्यता प्राप्त थी। न्यू डिप्लोमा स्कूल तथा जूनियर टेक्निकल स्कूल भी तकनीकी शिक्षा के क्षेत्र में संचाालित थे, जो कि बाद में क्रमशः पॉलीटेक्निक तथा आई.टी.आई. स्तर पर तकनीकी शिक्षा प्रदान कर रहे हैं। इसके अतिरिक्त एक बालिका पॉलीटेक्निक भी अलग से संचालित है।

संस्कृत शिक्षा के सन्दर्भ में वार्ष्णेय संस्कृत विश्वविद्यालय, वाराणसी से सम्बद्ध कन्हैयालाल सरस्वती महाविद्यालय (1940), विक्रम विद्यालय, सदर बाजार (1944) तथा सार्वभौम संस्कृत विद्यालय, सीपरी बाजार (1953) संचालित थे। फारसी तथा अरेबियन शिक्षा के क्षेत्र में मदरसा इस्लामिया, पंचकुइयाँ (1938) के अतिरिक्त कक्षा 5 तक 12 अन्य इस्लामिया स्कूल भी संचालित थे तथा 11 अन्य संस्कृत पाठशालाएँ संचालित थीं।

1961-62 तक झाँसी जिले में 153 प्रौढ़ शिक्षा केन्द्रों में 712 प्रौढ़जन शिक्षा प्राप्त कर रहे थे। लायन्स क्लब द्वारा गूंगे-बहरों का एक स्कूल 1958 में स्थापित किया गया था। शारीरिक शिक्षा के क्षेत्र में श्री अन्ना जी द्वारा 1933 में स्थापित श्री लक्ष्मी व्यायाम मन्दिर द्वारा शिक्षा निदेशक, उ.प्र. से मान्यता प्राप्त व्यायाम प्रवेश, पटु, विशारद एवं व्यायाम रत्न के पाठ्यक्रम संचालित थे। सीपरी बाजार में अलग से 1944 में एक व्यायाम स्कूल स्थापित किया गया था, जिसे कि 1950-51 में लक्ष्मी व्यायाम मन्दिर से संलग्न कर दिया गया था।

झाँसी नगर में 1908 में नागरी प्रचारिणी सभा की शाखा प्रारम्भ की गई थी। बंगालियों की बाँधव समिति 1861 में स्थापित हुई थी। सार्वजनिक पुस्तकालयों में मोतीलाल नेहरू लाइब्रेरी (1924), राजकीय जिला पुस्तकालय (1959), बार एसोसिएशन लाइब्रेरी (1928) तथा जिला सूचना केन्द्र पुस्तकालय (1963) स्थापित हुई, जिनकी पाठक संख्या हजारों में थी। 1963 में इन पुस्तकालयों में कानून, हिन्दी, अंग्रेजी आदि साहित्य की लगभग 12,000 पुस्तकें संग्रहीत थीं तथा सभी प्रचलित दैनिक समाचार-पत्र व पत्रिकाएँ नियमित रूप से उपलब्ध रहती थीं।

1971 तक झाँसी जिले का कुल साक्षरता प्रतिशत 24.98 तक पहुँच चुका था। शहरी तथा ग्रामीण क्षेत्रों में पुरुषों का साक्षरता प्रतिशत क्रमश: 58.07 तथा 28.83 और इसी प्रकार महिलाओं का क्रमश: 33.8 तथा 5.81 था। 1978-79 में 796 जूनियर, 142 सीनियर, तथा 33 हायर सेकेंडरी स्कूल संचालित थे, जिनमें लगभग 1,42,000 छात्र-छात्राएँ अध्ययनरत थे। झाँसी में 3 तथा मऊरानीपुर में अग्रसेन महाविद्यालय सहित जिले में उच्च शिक्षा के चार महाविद्यालय संचालित थे, जो कि 1975 में स्थापित बुन्देलखण्ड विश्वविद्यालय से सम्बद्ध थे। इन में 115 शिक्षकों की कुल कार्यरत संख्या सहित 927 छात्र-छात्राएँ अध्ययनरत थे।

व्यावसायिक शिक्षा के क्षेत्र में 1968 में स्थापित महारानी लक्ष्मीबाई मेडिकल कॉलेज सहित 2 ट्रेनिंग स्कूल, एक राजकीय सेकेंडरी टेक्निकल स्कूल, एक राजकीय पॉलीटेक्निक, एक राजकीय आईटीआई तथा एक बुन्देलखण्ड राजकीय आयुर्वेदिक कॉलेज संचालित थे। गूंगे-बहरों का स्कूल तथा 3 पुस्तकालय चालू थे, जिनमें पुस्तकों की संख्या लगभग 17,500 थी।

विभिन्न पंचवर्षीय योजनाओं के शैक्षणिक कार्यक्रमों के परिणामस्वरूप 2001 की जनगणना तक झाँसी जिले का साक्षरता प्रतिशत 56.45 तक आ चुका था तथा महिलाओं का साक्षरता प्रतिशत 43.25 हो चुका था। 2011 की जनगणना तक जिले की कुल जनसंख्या का 75 प्रतिशत तथा महिला जनसंख्या का 63.5 प्रतिशत साक्षर जनसंख्या में शामिल था। 2014-15 तक प्रति लाख जनसंख्या पर जिले में 85 प्रतिशत साक्षर, 47 उच्च प्राथमिक, 9 माध्यमिक विद्यालय संचालित थे। प्राथमिक विद्यालयों में 32, उच्च प्राथमिक विद्यालयों में 27 तथा माध्यमिक विद्यालयों में 95 छात्रों पर एक शिक्षक उपलब्ध था। महाविद्यालयों में 46, परास्नातक

महाविद्यालयों में 15 तथा औद्योगिक प्रशिक्षण संस्थानों में 32 छात्रों पर एक शिक्षक का अनुपात था।

2014–15 तक झाँसी जिले में राज्य सरकार तथा स्थानीय स्वायत्त संगठनों द्वारा अनुदानित 1817 प्राथमिक, 1007 उच्च प्राथमिक, 196 माध्यमिक, 70 वैकल्पिक शिक्षा केन्द्र, 33 महाविद्यालय, 5 स्नातकोत्तर महाविद्यालय, 4 औद्योगिक प्रशिक्षण संस्थान, 3 पॉलीटेक्निक, 1 शिक्षक प्रशिक्षण संस्थान, 1 इंजीनियरिंग कॉलेज, 1 मेडिकल कॉलेज तथा 1 आयुर्वेदिक कॉलेज संचालित थे।

2014–15 तक झाँसी जिले में राज्य सरकार तथा स्थानीय सामाजिक संगठनों द्वारा अनुदानित संस्थाओं में विभिन्न स्तरों पर अध्ययनरत छात्र तथा छात्राओं की संख्या क्रमशः कक्षा 9 से 12 तक 51,467 तथा 44,941 एवं औद्योगिक प्रशिक्षण संस्थानों में 1216 तथा 484 थी। महाविद्यालय स्तर पर 300 महिलाओं सहित कुल 900, स्नातकोत्तर स्तर पर 56 महिलाओं सहित कुल 131 तथा औद्योगिक शिक्षण संस्थानों में 3 महिलाओं सहित कुल 53 शिक्षक कार्यरत थे।

झाँसी के वर्तमान परिदृश्य में विभिन्न स्तरों पर कई महत्त्वपूर्ण शिक्षण संस्थान कार्यरत हैं। इन में शीर्ष पर 1975 में स्थापित बुन्देलखण्ड विश्वविद्यालय* है। इसके अतिरिक्त केन्द्र सरकार द्वारा 2014 में रानी लक्ष्मीबाई सेंट्रल एग्रीकल्चर यूनिवर्सिटी भी स्थापित की गई है। चिकित्सा के क्षेत्र में महारानी लक्ष्मीबाई मेडिकल कॉलेज तथा बुन्देलखण्ड राजकीय आयुर्वेदिक महाविद्यालय संचालित है। तकनीकी शिक्षा के क्षेत्र में राज्य सरकार द्वारा बुन्देलखण्ड इंस्टीट्यूट ऑफ इंजीनियरिंग एंड टेक्नोलॉजी की स्थापना 1989 में की गई थी। 2002 में निजी क्षेत्र में कॉलेज ऑफ साइंस इंजीनियरिंग, अंबावाय में प्रारम्भ किया गया था। माध्यमिक स्तर पर कार्यरत प्रमुख उल्लेखनीय शिक्षण संस्थानों में रानी लक्ष्मीबाई पब्लिक स्कूल, आर्मी पब्लिक स्कूल, क्राइस्ट द किंग कॉलेज, सेंट मार्क कॉलेज, सेंट फ्रांसिस कॉलेज, भानी देवी गोयल सरस्वती विद्या मन्दिर इंटर कॉलेज, श्री लक्ष्मी व्यायाम मन्दिर में बालक तथा बालिका इंटर कॉलेज संचालित है। केन्द्र सरकार द्वारा स्थापित 3 केन्द्रीय विद्यालय भी संचालित हैं। केन्द्र सरकार द्वारा स्थापित इंडियन ग्रासलैंड तथा केन्द्रीय एग्रोफॉरेस्ट्री शोध संस्थान भी कृषि एवं चरागाह विकास में शोध करने वाले राष्ट्रीय महत्त्व के वैज्ञानिक शोध संस्थान हैं।

सन्दर्भ सूची

—सावरकर : '1857 का भारतीय स्वातंत्र्य-संग्राम, मूल मराठी 1907, हिन्दी—अनुवाद 1995 संस्करण, राजधानी ग्रन्थागार, नई दिल्ली।'

—गोडसे, विष्णु भट्ट : 'माझाप्रवास'—मूल मराठी का हिन्दी अनुवाद, 'आँखों देखा गदर' अनुवाद अमृत लाल नागर, राजपाल एंड संस : 1986

* बुन्देलखण्ड विश्वविद्यालय, झाँसी पर एक पृथक् लेख पुस्तक के अन्त में सम्मिलित है।

—रानडे, प्रतिभा : झाँसी की रानी लक्ष्मीबाई—मूल मराठी, हिन्दी अनुवाद 2008 संस्करण, नेशनल बुक ट्रस्ट, इंडिया, नई दिल्ली।
—पी.सी. जोशी : इंकलाब, 1857, नेशनल बुक ट्रस्ट इंडिया, 2007 संस्करण।
—त्रिपाठी, डॉ. काशीप्रसाद : बुन्देलखण्ड का बृहद इतिहास, भारत भवन टीकमगढ़, 1991
—वर्मा, जानकीशरण : 'वीरोत्तमा झाँसी की रानी, 2010'
—सुन्दर लाल : 'भारत में अंग्रेजीराज, भाग-2, प्रकाशन विभाग, सूचना एवं प्रसारण मंत्रालय, भारत सरकार, 1961'
—गुप्त, डॉ. भगवानदास : 'मुगलों के अन्तर्गत बुन्देलखण्ड का सामाजिक, आर्थिक व सांस्कृतिक इतिहास 1531 से 1731'
—डॉ. भगवानदास गुप्त स्मृति शोध संस्थान, झाँसी द्वारा दशम गोष्ठी, 2007 में प्रकाशित लेख 'ब्रिटिश कालीन' भारत का आर्थिक-सांस्कृतिक परिदृश्य एवं ब्रिटिश कालीन भारत में पश्चिमी सभ्यता का विकास।
—त्रिपाठी : मोतीलाल 'अशान्त'—बुन्देलखण्ड दर्शन, 1988, 'झाँसी दर्शन', 1973, 'बुन्देलखण्ड का इतिहास, 1991' लक्ष्मी प्रकाशन झाँसी।
–Tahmankar DV : 'The Ranee of Jhansi', Jaico Publishing House; 1960
–Atkaison, E.T. : Statastsical description and historical, account of North West Province of India, 1874-1886, vol. I. Bundelkhand, snpdett, Allahabad Government Press. 1874
–Brokeman, DL Drake, Districts of United Province of Agra & Oudh, Vol 24, Jhansi District 1909
–Nevill, H.R.–District Gaz. of United Province of Agra & Oudh, vol. 24, Jhansi District, 1936
–Government of U.P. Gaz. of U.P. Districts–Jhansi District 1965 and 1985
–Govt. of U.P. Department of Economics & Stataistics, Jhansi Statistics, 2001 and 2016

आभार

उपर्युक्त सन्दर्भ सूची में से अधिकांश सन्दर्भ ग्रन्थ मुझे झाँसी के प्रतिष्ठित एवं अति वरिष्ठ साहित्य/इतिहासकार आदरणीय श्री जानकीशरण वर्मा जी ने अपने निजी पुस्तकालय से उपलब्ध कराए तथा यथोचित मार्गदर्शन भी प्रदान किया है। एतद्दर्थ मैं उनके आशीर्वाद के लिए हृदय से आभारी हूँ।

झाँसी कलेक्ट्रेट के रिकार्ड रूम के रिकार्ड कीपर के प्रति भी आभार, जिन्होंने अति प्राचीन गजेटियर्स उपलब्ध कराए हैं। कुछ गजेटियर्स वेबसाइट से भी प्राप्त किए गए हैं। जिला अर्थ एवं सांख्यकीय कार्यालय, झाँसी द्वारा उपलब्ध कराई गई सूचनाओं के लिए भी जिला अर्थ एवं सांख्यकीय अधिकारी के प्रति आभारी हूँ।

जहाँ तक सम्भव हो सका है, उपर्युक्त सन्दर्भ ग्रन्थों एवं राजकीय प्रकाशनों से प्राप्त सूचनाओं तथा वर्णन को बिना किसी प्रक्षेपण के आवश्यकतानुसार व्यवस्थित/संग्रथित कर प्रस्तुत करने का प्रयास किया है। फिर भी चूँकि मैं न तो इतिहास का छात्र रहा हूँ और न ही इतिहासकार/साहित्यकार हूँ। अत: किंचित त्रुटियाँ, उल्लेखाभाव एवं भाषा विसंगतियाँ स्वाभाविक हैं। अत: सभी विद्वानजनं के सम्भव कोपभाजन होने से बचने हेतु पूर्व में ही उनसे क्षमासयाचना।

हिन्दी पत्रकारिता में झाँसी का योगदान

मोहन नेपाली*

बुन्देलखण्ड में पत्रकारिता का उदय यूँ तो बीसवीं सदी के प्रथम दशक में हो गया था, फिर भी उसका यथोचित विकास दूसरे दशक में हो सका था। बुन्देली क्षेत्र के अनेक शीर्षस्थ विद्वानों ने अपनी लेखन सुरुचि का परिमार्जन उन दिनों पत्रकारिता से ही किया। राष्ट्रीय संघर्षधारा को निरन्तर प्रवाहित रखने वाले पत्रों में पं. कृष्ण गोपाल शर्मा के साप्ताहिक 'उत्साह', 'हिन्दुस्तान', 'क्रान्तिवीर', 'बुन्देलखण्ड केसरी', 'श्रमजीवी', आचार्य रघुनाथ विनायक धुलेकर के 'मातृभूमि', पं. रामेश्वर प्रसाद शर्मा के 'स्वहस' और 'वीरभूमि', बाबू वृन्दावनलाल वर्मा के 'लोकपथ' व 'स्वाधीन' और बाबू बेनीप्रसाद श्रीवास्तव के 'दिग्दर्शन' आदि समाचार पत्रों ने विस्तृत क्षेत्र में जन जागरण का महत्त्वपूर्ण कार्य किया।

वरिष्ठ पत्रकार डॉ. सियाराम शरण शर्मा बताते थे कि झाँसी में 'सरस्वती' का सम्पादन श्यामसुन्दर दास के पश्चात द्विवेदी युग के प्रवर्तक आचार्य महावीर प्रसाद द्विवेदी ने जनवरी, 1903 में सँभाला। सन् 1904 तक 'सरस्वती' के सम्पादन का कार्य वे झाँसी में रहकर ही करते रहे। 1931 में झाँसी से मासिक 'गहोई मित्र' का प्रकाशन हुआ। इसके सम्पादक भगवान दास सेठ थे। 1940 में झाँसी से ही रियासत के राजाओं की ज्यादतियों को उजागर करने के उद्देश्य से मुहम्मद शेर खाँ ने साप्तहिक 'हिन्द केसरी' निकाला तथा ग्वालियर के महाराजा के खिलाफ अपनी लेखनी चलाई, जिस कारण उन्हें सजा भी भुगतनी पड़ी। इसी प्रकार लखपत राम शर्मा, सम्पादक व मथुरा प्रसाद गांधी ने साप्ताहिक 'देशी राज्य' निकाला और दतिया रियासत के भ्रष्टाचार के खिलाफ अपनी आवाज उठाई। 1941 में झाँसी से आचार्य प्रभाकर के सम्पादन में साप्ताहिक 'जीवन' का प्रकाशन हुआ। झाँसी के ही पं. अयोध्या प्रसाद ने 'संस्कार दर्पण' निकाला।

1935-36 तक बुन्देली क्षेत्र की पत्रकारिता पर्याप्त विस्तार पा चुकी थी। झाँसी से बाबू पूर्णचन्द्र गुप्त के प्रबन्धन में प्रकाशित 'स्वतंत्र साप्ताहिक' ने बुन्देली पत्रकारिता को निश्चय ही नया जीवन प्रदान किया, नई दिशा दी और स्वस्थ पत्रकारिता के मानदंड स्थापित किए। अन्य साप्ताहिकों में कृष्ण चन्द्र शर्मा के 'चिंगारी', कामरेड

* वरिष्ठ पत्रकार

अयोध्या प्रसाद के 'जनसंग्राम', बाबू मणिराम कंचन के 'झाँसी न्यूज' और 'संयुक्त मोर्चा', पं. कृष्ण चन्द्र पंजारिया के 'दीनबन्धु', पन्नालाल धूसर के 'भारती', मौलाना मुहम्मद रफीक के 'अजीजे हिन्द' व रामेश्वर गुरु के 'प्रहरी' ने बुन्देलखण्ड के ग्रामीण और नगरीय क्षेत्र में स्वतंत्रता संग्राम की ज्योति को प्रज्वलित रखने में महत्त्वपूर्ण योगदान दिया। कन्हैयालाल शर्मा 'कलश' के 'बुन्देली वार्ता' ने साहित्यिक पत्रकारिता को यथेष्ट बल प्रदान किया।

जंगे-आजादी में देश के दीवानों की ढाल बन गया था 'दैनिक जागरण'

द्वितीय विश्व युद्ध का जमाना था। 'भारत छोड़ो' प्रस्ताव स्वतंत्रता संघर्ष का उच्च बिन्दु था। राष्ट्रपिता महात्मा गांधी ने 'करो या मरो' का नारा दिया तो सारा देश अंग्रेजों के खिलाफ उद्वेलित हो उठा। अंग्रेजों की जालिम हुकूमत ने हजारों देशभक्तों को गिरफ्तार कर लिया। पं. जवाहरलाल नेहरू के अनुसार तब दस हजार लोग मशीनगनों से मारे गए थे।

उधर देश से सुदूर जापान में नेताजी सुभाषचन्द्र बोस आजाद हिन्द फौज को बाकायदा तैयार कर रहे थे। ऐसे में देश के साथ बुन्देलखण्ड भी स्वतंत्रता संग्राम में कूद पड़ा था। यहाँ की जनता दो पाटों में पिस रही थी, एक अंग्रेजों के जुल्मों से और दूसरा राजे-रजवाड़ों, जमींदारों तथा सामन्तों के अत्याचारों और दमन-चक्र से। जनता जनार्दन के पास इस अनाचार और अन्याय को उजागर करने के लिए न कोई सक्षम माध्यम था और न ही जनता के उद्वेलित विचारों को अभिव्यक्त करने का कोई साधन।

ऐसे संक्रान्ति काल में मर्दानी बाई साहिबा रानी लक्ष्मीबाई की नगरी में इस भू-भाग की पीड़ित और क्लान्त जनता को आवाज देने एवं मुखरित करने के उद्देय से स्वनाम धन्य स्व. श्री पूर्ण चन्द्र गुप्त तथा उनके अनुज स्व श्री गुरुदेव गुप्त ने 1942 में उस राजनैतिक उथल-पुथल के बीच 'जागरण' समाचार पत्र निकालने की रूपरेखा तैयार की। इस पत्र के आधार स्तम्भ स्व. श्री जयचन्द्र आर्य, जो उनके ज्येष्ठ भ्राता थे, ने आर्थिक सहयोग और मार्गदर्शन दिया, जिसके फलस्वरूप 15 अगस्त, 1942 से निर्विघ्न और नियमित झाँसी नगर से 'जागरण' का प्रकाशन शुरू हुआ। यूँ तो 'जागरण' 07 मार्च, 1942 से शुरू हुआ, परन्तु वह तब बीच-बीच में बन्द भी हुआ। इसका प्रकाशन अन्दर सैंयरगेट स्थित लाला हरदौल के मन्दिर के निकट छुन्ना-मुन्ना अग्रवाल बस वालों के मकान में स्थित कार्यालय से हुआ। दो पेज के इस अखबार का मूल्य प्रारम्भ में एक पैसा, बाद में दो और फिर तीन पैसा हुआ। पेज 2 पर सबसे नीचे छपा रहता था—गुरुदेव गुप्त द्वारा जागरण कार्यालय, 331, काली बाड़ी में मुद्रित तथा प्रकाशित।

शुरू-शुरू में सन् 1940 में गुप्त बन्धुओं ने 'स्वतंत्र' साप्ताहिक निकाला था। इस पत्र में छपी खबरों की हेडिंग कुछ ऐसी थी—प्रेसिडेन्सी सेल से रिहा होने के लिए सुभाष चन्द्र बोस हड़ताल कर रहे हैं, राजाजी को एक वर्ष का कारावास, सत्याग्रह

से मि. जिन्ना को डर, कैलाशनाथ काटजू गिरफ्तार, 'हरिजन' का प्रकाशन स्थगित, महात्मा जी गिरफ्तार। बाद में यह पत्र बन्द हो गया।

सविनय अवज्ञा आन्दोलन के दौरान महात्मा गांधी के आह्वान पर देश के कई समाचार पत्र बन्द होने लगे थे। इस वजह से कुछ दिन के लिए 'जागरण' भी बन्द रहा और जब अन्य पत्र निकलने लगे तो 'जागरण' भी पुनः प्रकाशित होने लगा। 'जागरण' का उद्देश्य व्यावसायिक रूप से निजी लाभ प्राप्त करने का नहीं था, बल्कि उद्देश्य था, राष्ट्रीय चेतना एवं आजादी की भावना को जाग्रत कर उसे शक्तिशाली बनाना। बाबू जयचन्द्र आर्य, पूर्णचन्द्र गुप्त और गुरुदेव गुप्त जुझारू, पारदर्शी और विश्वस्तरीय पत्रकारिता के मापदंड थे तो पत्र के सम्पादक भी कम नहीं थे। वे अंग्रेजी साम्राज्य के खिलाफ आग उगलने वाली और क्रान्तिकारी पत्रकारिता के मापदंड थे। 'जागरण' के तब सम्पादक थे श्याम प्रकाश दीक्षित। उनके क्रान्तिकारी लेखों तथा अंग्रेजी सल्तनत को कातिल और जालिम हुकूमत जैसे बारूदी शब्दों से उच्चरित करने के कारण वे बरतानिया हुकूमत की आँख की किरकिरी बन गए थे। वे निजाम की नजरों में चढ़े हुए ही थे कि भारत छोड़ो आन्दोलन में शामिल हो गए और गिरफ्तार कर लिए गए। पत्र फिर कुछ दिनों के लिए बन्द हो गया। वे रिहा हुए तब अखबार पुनः निकला।

देश के आजाद हो जाने के बाद 'जागरण' के साथ 'दैनिक' शब्द जोड़ दिया तथा इसका प्रकाशन झाँसी के साथ कानपुर से भी होने लगा। कानपुर में 'दैनिक जागरण' का उद्घाटन तत्कालीन केन्द्रीय गृहमंत्री लाल बहादुर शास्त्री ने किया। बाबू पूर्णचन्द्र गुप्त कानपुर चले गए और झाँसी से प्रकाशन का भार स्व. जयचन्द्र आर्य के कन्धों पर आ गया। पत्र प्रबन्धन, सम्पादन का भार श्री राजेन्द्र गुप्त ने सँभाला और वर्तमान समय में दैनिक जागरण के निदेशक का भार श्री यशोवर्द्धन गुप्त ने। 1942 में दो आन्दोलन थे—एक भारत छोड़ो आन्दोलन और दूसरा दैनिक जागरण का उदय। 1942 के आन्दोलन के समापन पर जागरण के सम्पादकीय विभाग से जुड़े एक बमकांड में हाथ का पंजा गंवाने वाले क्रान्तिकारी रामसेवक रावत, अमर शहीद चन्द्रशेखर आजाद के सभी क्रान्तिकारी, भगवान दास माहौर, जिला परिषद के पूर्व अध्यक्ष व स्वाधीनता सेनानी कृष्णचन्द पंगोरिया थे और सेनानी कृष्णचन्द्र शर्मा भी बाद में 'जागरण' से जुड़ गए। दुर्गाप्रसाद सिद्ध भी आजादी के सिपाही थे और जेल हो आए थे। वे भी 'जागरण' में काम करने लगे थे।

'जागरण' ने राष्ट्रीय चेतना और बापू के आन्दोलन को गाँव-गाँव, गली-गली पहुँचा दिया था। धुलेकर जी, आत्माराम गोविन्द खरे, सीताराम अग्रवाल, कुंज बिहारी लाल, शिवानी, कृष्णचन्द्र पंगोरिया, कृष्णगोपाल शर्मा, स्वराज्यानन्द, लक्ष्मणराव कदम, कृष्णचन्द्र शर्मा, कालिका प्रसाद अग्रवाल, सीताराम आजाद, शिखरचन्द्र जैन, श्यामलाल आजाद 'इन्दीवर', गोविन्द प्रसाद हिंगवासिया, राम सहायक शर्मा, पन्नालाल शर्मा, मणिराम कंचन, बाबूलाल उदैनियां, हरदास वर्मा, रतन ताम्रकार, घंटाघाट के

नित्यानन्द, जमादार, स्वर्णकार, मुरलीधर अग्रवाल, शहर कांग्रेस के कोषाध्यक्ष सीताराम और उनकी पत्नी और न जाने कितने देशभक्त गिरफ्तार किए गए। जिले का आलम यह था कि जगह-जगह हड़तालें, जुलूस और प्रदर्शन हो रहे थे, रेल की पटरियाँ उखाड़ी जा रही थीं, डाकखाने में आग लगा दी गई थी, कार्यालयों में कुर्सियाँ फेंकी जा रही थीं। क्रान्तिकारी गुप्त रूप से कार्य कर ही रहे थे। आजादी के बाद भी 'दैनिक जागरण' देशभक्तों को याद करता रहा। शायद ही किसी को पता हो कि चन्द्रशेखर आजाद की माता जगरानीदेवी के झाँसी प्रवास के दौरान उनकी आर्थिक सहायता के लिए 'दैनिक जागरण' में बनारसीदास चतुर्वेदी ने जब माताजी की दयनीय हालत का जिक्र करते हुए लिखा कि माता जी की उम्र 70 वर्ष है। वे बीमार हैं। सरकार ने उनकी कोई मदद नहीं की है, तो जागरण की खबर पर शहर में मदद की होड़ लग गई थी। 'जागरण' की खबर पर महाराजा खनियाधाना खलकसिंह जूदेव भी झाँसी आ गए थे और उन्हें देखने गंधीगर टपरा स्थित माहौर जी के घर पहुँचे तो उनकी आँखों से गंगा-जमुना बहने लगी थी।

वर्ष 1992 में 'दैनिक जागरण' के स्वर्ण जयन्ती कार्यक्रम के आयोजनों का सिलसिला शुरू हुआ और अब यह प्रकाशन के 75 वर्ष पूर्व कर चुका है। 'दैनिक जागरण' का मुद्रण रंगीन ऑफसेट प्रिंटिंग मशीन पर व प्रोसेसिंग का कार्य सी.टी.वी. (कम्प्यूटर प्लेट) तकनीक पर किया जा रहा है, जो विश्व में समाचार पत्रों की आधुनिकतम तकनीक है। मुझे गर्व है कि मेरे अन्तर्मन का लेखक इस अखबार में कार्य करने से ही जन्मा है। उपन्यास सम्राट डॉ. वृन्दावनलाल वर्मा के भी 'दैनिक जागरण' से गहरे सरोकार रहे हैं। झाँसी स्व. पी.के. चटर्जी व स्व. भागीरथ सेठ की पत्रकारिता की भी कायल रही है।

अन्य समाचार पत्र

दैनिक 'अमर उजाला', झाँसी में कानपुर संस्करण के तौर पर 1992 में आया। फिर राजुल महेश्वरी के मालिकत्व में 'अमर उजाला' 1997 से झाँसी से प्रकाशित होने लगा और इसकी कीर्ति दिन-प्रतिदिन बढ़ने लगी। प्रधान सम्पादक आनन्द अग्रवाल का 'दैनिक रायल मेल' 24 जनवरी, 2014 से यहाँ से प्रकाशित हुआ। प्रधान सम्पादक कल्याण सिंह कौरव एवं समूह सम्पादक अतुल तारे के निर्देशन में 'दैनिक स्वदेश', झाँसी संस्करण जुलाई, 1999 में शुरू हुआ। इसके अतिरिक्त झाँसी से दैनिकों में 'हिन्दुस्तान', 'राष्ट्रीय सहारा', 'आज', 'जन-जन जागरण', 'जनता यूनियन', 'भास्कर', 'विश्व परिवार', 'जनहित दर्शन', 'लोकपथ', 'बी.पी.एन. टाइम्स', 'समय जगत', 'नई दुनिया', 'बुन्देलखण्ड बुलेटिन', 'स्पष्ट आवाज', 'कर्मयुग प्रकाश', 'लोकभारती', 'प्रदेश वॉच', 'अग्निचरण', 'इन्किशाफ', 'एस.आर. न्यूज', 'सदा नवीं' (उर्दू), 'अजीज ए हिन्दुस्तान' (उर्दू), 'बुन्देलखण्ड संग्राम' व 'मौलिक अधिकारी' निकल रहे हैं।

साप्ताहिक अखबारों में 'भारत अपराध समाचार', 'सत्यमेव', 'स्वर्ण दर्पण', 'रानी झाँसी टाइम्स', 'असली भारत वार्ता', 'जनता की गुहार', 'मौलिक विचार विमर्श', 'विश्व परिवार', 'पॉलीग्राफ', 'खोजी बाबा', 'विश्व परम्परा', 'निधि मेल', 'जनसेवा एक्सप्रेस', 'झाँसी सन्देश' प्रमुख हैं। इसके अतिरिक्त पाक्षिक अखबारों में झाँसी से 'भारत अपराध समाचार पत्र', 'सारथी', 'रेलवे प्लेटफार्म' तथा मासिक पत्रों में 'स्वर्णकार दर्पण', 'बुन्देली पुष्पवाणी', 'कायस्थ मन्थन', 'आदर्श श्रीमाली', 'त्रिमाली', 'बुन्देली दर्पण', 'मानव अधिकार जागरण' तथा 'अभियान टुडे' प्रकाशित हो रहे हैं। इसलिए झाँसी में पत्रकारिता का भविष्य उज्ज्वल है।

विश्व का सर्वश्रेष्ठ यज्ञ है पत्रकारिता

'राजस्थान पत्रिका' के गुलाब कोठारी ने भोपाल के एक समारोह में सही कहा था कि 'पत्रकारिता दुनिया का सर्वश्रेष्ठ यज्ञ है, जिसका उद्देश्य केवल देना होता है। पत्रकार कभी किसी से माँगता नहीं बल्कि अपनी कलम से राष्ट्र को कुछ अच्छा देता ही है। पत्रकार को बुद्धिजीवी कहा जाता है, फिर भी वह श्रमजीवी कहलाना ज्यादा सम्मानजनक मानता है। पत्रकारिता की दुनिया में जो संकल्पवान होता है, वह जंगलों में रहे या महलों में, संकल्प के साथ ही जीता है। संकल्प के साथ पत्रकारिता करने वालों के पीछे अर्थ भागता है।'

हिन्दी पत्रकारिता की शुरुआत अहिन्दी भाषा–भाषी राज्यों से हुई। 30 मई, 1826 को कोलकता (पश्चिम बंगाल) से हिन्दी का पहला अखबार 'उदंत मार्तण्ड' पं. युगल किशोर शुक्ल ने निकाला था। आज तो पत्रकारिता शब्दों का कारोबार बन गई है। पत्रकार शिरोमणि गणेश शंकर विद्यार्थी और बाबू विष्णुराव पराड़कर आग उगलती पत्रकारिता के मानदंड थे। पत्रकार और साहित्यकार वह है, जो रोशनी देता है, दबी हुई चिंगारी को हवा देकर ऐसी लौ पैदा करता है, जिससे समाज आलोकित होता है। यह दुर्भाग्य है कि आज मीडिया में बढ़ता पेड न्यूज का चलन पत्रकारिता के साथ–साथ देश और समाज के लिये घातक हो गया है। आज स्वस्थ पत्रकारिता हाशिये से बाहर होती जा रही है। हालाँकि अभी भी विश्वसनीयता कायम है, जिसे बचाए रखना है, नहीं तो पत्रकारिता भी वर्तमान राजनीति की तरह बन जाएगी।

सूचना प्रौद्योगिकी के इस युग में मीडिया में तेजी से परिवर्तन हुआ है। आज इसके लिए पैसा महत्त्वपूर्ण हो गया है। इससे पत्रकारिता की ग्रह चाल व विश्वसनीयता खतरे में पड़ गई है। आंचलिक स्तरों पर कार्यरत पत्रकारों की आर्थिक दशा ठीक नहीं है। देहाती क्षेत्रों की दशा तो और भी खराब है, फिर भी पत्रकार सजगता से अपना दायित्व निभा रहा है। पत्रकार समाज का सजग प्रहरी है। पत्रकारों की ओर भी समाज को देखना और उनकी चिन्ता करनी चाहिए। यह सत्य है कि देश को हिन्दी पत्रकारिता जोड़ रही है। आज हिन्दी अखबारों की प्रसार संख्या अंग्रेजी अखबारों से ज्यादा बढ़ी है। यह हिन्दी पत्रकारिता के लिए शुभ संकेत है।

वरिष्ठ पत्रकार एवं स्तम्भकार स्वपनदास गुप्ता ने ठीक लिखा है कि तमाम बुराइयों को दूर करने का ठेका रखने और तमाम मूल्यों का पोषक होने का दम भरने वाला और लोकतंत्र का चौथा स्तम्भ कहे जाने वाला मीडिया अगर खुद गलती पर होगा तो उसे मध्यवर्ग के कोपभाजन का शिकार बनना पड़ेगा, जो आम तौर पर धोखेबाज राजनेताओं के लिए आरक्षित होता है। हम पत्रकारों को भी आत्म-सिंहावलोकन करना है कि पत्रकारिता के तराजू पर हमारी कलम का भार अनुकूल है या प्रतिकूल। मुझे गुलाब कोठारी के यह शब्द बहुत प्रिय लगे हैं कि 'पत्रकार मात्र अखबार का पुर्जा नहीं है, वह देश का निर्माता है और देश को दिशा देने वाली कलम का भी।' उसमें देने की क्षमता होती है। उसकी कलम से निकला एक-एक शब्द समाज के हर वर्ग के काम आता है। पत्रकार की कलम सदैव प्रेम, स्पन्दन और संकल्प के साथ चलेगी तो उसकी लिखी बात अखबार के पाठक के मन को छू लेगी। पत्रकारों के प्रेरणास्त्रोत गणेश शंकर विद्यार्थी की तरह निरन्तर लिखते रहना है, जरूरत पड़ी तो शंकर की तरह जहर पीना है और आजीवन विद्यार्थी अर्थात् ज्ञानपिपासु, स्टूडेन्ट बने रहना है।

खेलों में गौरवशाली रहा है बुन्देलखण्ड का इतिहास

उमेश शुक्ल*

एक स्वस्थ शरीर में स्वस्थ मस्तिष्क का वास होता है, इसे हमारे पूर्वजों ने भलीभाँति समझ लिया था। इसीलिए वैदिक काल से ही हमारे पूर्वजों ने निरोगी काया यानी स्वस्थ शरीर को प्रमुख सुख माना। वे मानते थे कि शरीर को स्वस्थ रखने के लिए खेल अथवा व्यायाम की उतनी ही आवश्यकता है, जितनी जीवन को जीने के लिए भोजन व पानी की। खेलने वाला तन और मन दोनों से ही पूर्ण रूप से स्वस्थ होता है। खेलने वाले बच्चों एवं युवाओं में प्रतिस्पर्धा, परस्पर सहयोग, धैर्य, सहनशीलता, क्षमा जैसे मानवीय गुणों का विकास होता है। यही कारण रहा कि हमारे देश में प्राचीन काल से ही योग के विविध आसन साधनों, दंड-बैठक, दौड़ने, कुश्ती, तैराकी आदि के खेल प्रचलित रहे। कालान्तर में सभ्यता के विकास के साथ हमारे देश के युवाओं ने दुनिया के अन्य देशों से फुटबाल, हॉकी, वालीबॉल, क्रिकेट आदि खेलों को सीखा और उनमें अपनी श्रेष्ठता सिद्ध की। खेलों में बुन्देलखण्ड क्षेत्र का इतिहास बड़ा गौरवशाली रहा है। यहाँ के खिलाड़ियों ने राष्ट्रीय और अन्तरराष्ट्रीय स्तर पर अपनी प्रतिभा की चमक बिखेरी है। राष्ट्रीय खेल हॉकी के जाज्वल्यमान नक्षत्र मेजर ध्यानचन्द और रूप सिंह की कर्मभूमि रही है झाँसी। झाँसी के सीपरी बाजार क्षेत्र में स्थित हीरोज मेमोरियल ग्राउंड हॉकी के जादूगर ध्यानचन्द और उनके भाई रूप सिंह के खेल कौशल का गवाह रहा है। झाँसी ने हॉकी और एथलीट दोनों के पारंगत गुरबख्श सिंह और बलवीर सिंह जैसे भी कई सितारे देश को दिए। यही नहीं, एथलेटिक जगत के प्रख्यात गुरु हरगोविन्द सिंह संधु को झाँसी में ही रेलवे में गार्ड के पद पर तैनात रहते हुए सन् 1998 में द्रोणाचार्य पुरस्कार से नवाजा गया। उनके निर्देशन में देश के अनेक खिलाड़ियों को तराशने का काम किया गया।

कुश्ती

इतिहास साक्षी है कि बुन्देलखण्ड में कुश्ती का बहुत अधिक प्रचलन रहा है। इस खेल का इतिहास भी बहुत पुराना है। कुश्ती एक प्रकार का द्वन्द्वयुद्ध है, जो बिना

* सहायक आचार्य, पत्रकारिता एवं जनसंचार संस्थान, बुन्देलखण्ड विश्वविद्यालय, झाँसी।

किसी शस्त्र की सहायता के केवल शारीरिक बल के सहारे लड़ा जाता है। कुश्ती का आरम्भ सम्भवत: उस युग में हुआ, जब मनुष्य ने शस्त्रों का उपयोग नहीं जाना था। उस समय इस प्रकार के युद्ध में पशुबल ही प्रधान था। पशुबल पर विजय पाने के लिए मनुष्य ने विविध प्रकार के दाँव-पेंचों का प्रयोग सीखा होगा और उससे मल्ल युद्ध अथवा कुश्ती का विकास हुआ होगा। पुराणों में कुश्ती का उल्लेख मल्ल क्रीड़ा के रूप में मिलता है। विशिष्ट उत्सव प्रसंगों पर राजा लोग मल्ल युद्ध का आयोजन किया करते थे। वे इसमें प्रसिद्ध मल्लों को आमंत्रित करते थे। कुछ लोगों की धारणा है कि इसका विकास भारतवर्ष में वैदिक काल में हुआ, किन्तु वैदिक साहित्य में स्वास्थ्यवर्धन और शक्ति संचय के निमित्त, आसन, प्राणायाम आदि की तो चर्चा है, किन्तु मल्ल युद्ध की कहीं कोई चर्चा नहीं है। 'रामायण' और 'महाभारत' में कुश्ती यानी मल्ल विद्या की पर्याप्त चर्चा हुई है। 'रामायण' में बाली-सुग्रीव के मल्ल युद्ध और 'महाभारत' में भीम-दुर्योधन के मल्ल युद्ध का उल्लेख है। इस प्रकार के मल्ल युद्ध की अपनी एक नैतिक संहिता थी, ऐसा इन मल्ल युद्धों के वर्णन से प्रकट होता है। उसके विरुद्ध आचरण करने वाला निन्दनीय माना जाता था। श्रीकृष्ण के संकेत पर भीम द्वारा जरासंघ की सन्धियों के चीरे जाने और दुर्योधन की जाँघ पर प्रहार करने की निन्दा लोगों ने की।

ऐसा भी उल्लेख है कि मल्ल युद्ध आरम्भ होने से पूर्व धनुर्यज्ञ होता था, जिसमें मल्ल लोगों को अपनी शक्ति का परिचय देने के लिए एक भारी धनुष की प्रत्यंचा खींचकर चढ़ानी होती थी। ऐसे ही एक उत्सव के प्रसंग पर मथुरा के राजा कंस ने कृष्ण और बलराम को आमंत्रित कर उनकी हत्या का षड्यंत्र रचा था, किन्तु कृष्ण-बलराम ने कंस के मल्ल चाणूर और मुष्टिक को अपने मल्ल कौशल से पराजित किया था। इसी प्रकार जिन दिनों पांडव छद्मवेश में विराट नगरी में रह रहे थे, उन दिनों वहाँ ब्रह्मोत्सव का आयोजन हुआ था। उसमें भीम ने जीमूत नामक मल्ल को परास्त किया था। मध्य काल में मुस्लिम साम्राज्य और संस्कृति के प्रसार के साथ भारतीय मल्ल युद्ध पद्धति का मुस्लिम देशों की युद्ध पद्धति के साथ समन्वय हुआ। यह समन्वय विशेष रूप से मुगल काल में हुआ। बाबर मध्य एशिया में प्रचलित कुश्ती पद्धति का कुशल और बलशाली पहलवान था। अकबर भी इस कला का अच्छा जानकार था। उसने उच्चकोटि के मल्लों को राज्याश्रय प्रदान कर कुश्ती कला को प्रोत्साहित किया। वह समन्वयवादी सम्राट था। उसने सभी क्षेत्रों में हिन्दू तथा मुस्लिम संस्कृतियों में सामंजस्य लाने का प्रयत्न किया। उसके समय में कुश्ती को राज्य संरक्षण प्राप्त होता रहा। मुगल सेनाओं में कुश्ती लड़ने वाले पहलवानों को विशेष सम्मान मिलता था। ऐसा कहा जाता है कि विजयनगर के नरेश कृष्णदेव राय के दरबार में नित्य मल्ल युद्ध का प्रदर्शन होता था।

जातक कथाओं में भी कुश्ती के उल्लेख हैं। उनमें अखाड़े, अखाड़े के सामने प्रशिक्षकों के बैठने की जगह, उसकी सजावट, मल्ल युद्ध आदि के सम्बन्ध में विस्तृत

जानकारी प्राप्त होती है। विनय पिटक में उल्लिखित एक प्रसंग से ज्ञात होता है कि स्त्रियाँ भी मल्ल युद्ध में भाग लेती थीं। उसमें शेवती नामक एक मल्ली के भिक्षुणी हो जाने का उल्लेख है। जैनियों के प्रसिद्ध ग्रन्थ कल्पसूत्र से ज्ञात होता है कि राजा लोग भी कुश्ती में भाग लेते थे। लाठी, लेझिम और तलवार चलाने के साथ-साथ करतबबाजी यानी मार्शल आर्ट का भी लोकजीवन में काफी महत्त्व रहा। विभिन्न लोकगीतों में इसका उल्लेख मिलता है।

मराठों के पेशवा परिवार के सदस्य भी मल्ल युद्ध में प्रवीण थे, ऐसा तत्कालीन आलेखों से ज्ञात होता है। थामस ब्राउटन नामक एक अंग्रेज सैनिक अधिकारी ने दौलतराव सिन्धिया के सैनिकों के बीच मल्ल विद्या के प्रचार का विस्तृत वर्णन किया है। पेशवा काल में स्त्रियाँ भी मल्ल युद्ध में भाग लेती थीं और वे इस कला में इतनी प्रवीण होती थीं कि पुरुषों को चुनौती देती थीं और पुरुष पराजित होने की आशंका से उनकी चुनौती स्वीकार करने में संकोच करते थे। स्वतंत्रता संग्राम की दीपशिखा रानी लक्ष्मीबाई भी मल्ल विद्या और मार्शल आर्ट में निपुण थीं। उन्होंने महिलाओं को प्रशिक्षण देकर अपनी आन्तरिक सुरक्षा टीम बना रखी थी। सन् 1857 में उनके रण कौशल के सामने अंग्रेजों के दाँत भी खट्टे हो गए थे।

बुन्देलखण्ड के महोबा क्षेत्र के दो वीर भाइयों आल्हा और ऊदल के शौर्य और पराक्रम की गाथा आज भी क्षेत्र के गाँव-गाँव में गाई जाती है। ये बुन्देलखण्ड के महोबा के वीर योद्धा और परमाल के सामन्त थे। जगनिक ने 'आल्ह खंड' नामक काव्य में इन वीरों की गाथा का उल्लेख किया है। पण्डित ललिता प्रसाद मिश्र ने अपने ग्रन्थ 'आल्ह खंड' की भूमिका में आल्हा को युधिष्ठर और ऊदल को भीम का साक्षात अवतार बताया है। उन्होंने यह भी लिखा है कि ये दोनों अतुल पराक्रमी थे। उनका जन्म बारहवीं विक्रमीय शताब्दी में हुआ था। आज भी लोग आल्हा सुनकर जोश में भर जाते हैं। बुन्देलखण्ड के विभिन्न क्षेत्रों में आज भी दंगल प्रतियोगिता का आयोजन किया जाता है, जिसमें देश के विभिन्न हिस्सों से आए पहलवान अपने हुनर का प्रदर्शन करते हैं। झाँसी जिले के मोंठ, मऊरानीपुर, चिरगाँव, बबीना आदि क्षेत्रों के गाँवों में आज भी पहलवानी की कुश्ती प्रतियोगिता का आयोजन समय-समय पर होता रहता है। कुछ साल पहले तक मोंठ क्षेत्र में बैलगाड़ी दौड़ की प्रतियोगिता भी दंगल के आयोजन के साथ होती थी लेकिन बाद में सुप्रीम कोर्ट के एक आदेश के बाद से बैलगाड़ी दौड़ प्रतियोगिता पर रोक लग गई।

कभी कुश्ती के क्षेत्र में झाँसी के पहलवानों का दबदबा हुआ करता था। 69 वर्षीय श्री नौबत सिंह के अनुसार प्रख्यात पहलवान गामा का परिवार यहाँ मिनर्वा टॉकीज के पास रहा करता था। गामा को दतिया के महाराज ने अपने साथ ले लिया था। उनके भाई अट्टा पहलवान ने कानपुर में अखाड़ा चलाया। उनके एक अन्य भाई इमाम बख्श पाकिस्तान चले गए थे। साठ के दशक में झाँसी शहर में करीब आधा दर्जन मशहूर अखाड़े संचालित हो रहे थे। एक अखाड़ा मानिक चौक में, एक

सीपरी बाजार क्षेत्र में एड़ी बाबा का और एक ओरछा गेट मोहल्ले में साबिर और अस्मत पहलवान का, इसके अलावा झरना गेट पर एक अखाड़ा सक्रिय था। पंचकुइयाँ देवी के मन्दिर के पास रामचरन बावड़ीवालों का अखाड़ा था। इन अखाड़ों में बड़ी संख्या में युवा अभ्यास करने के लिए पहुँचते थे। इन अखाड़ों से कई नामवर पहलवान निकले। उन्होंने राष्ट्रीय स्तर पर अपनी चमक बिखेरी। हाँ, कालान्तर में यहाँ के अखाड़ों के प्रशिक्षण में एक कमी रह गई। वो कमी यह रही कि झाँसी के अखाड़ों के पहलवान मिट्टी के मैदानों पर ही अभ्यास करते रहे लेकिन दुनिया में पहलवानों ने गद्दों पर अभ्यास शुरू कर दिया। जरूरी सुविधाओं के अभाव के चलते झाँसी के पहलवान दुनिया के स्तर पर अपनी चमक बिखेर नहीं पाए तो उसकी सबसे बड़ी वजह सुविधाओं का अन्तरराष्ट्रीय स्तर का न होना ही रही।

हॉकी

बुन्देलखण्ड में सबसे लोकप्रिय खेल हॉकी का रहा। इसे अपार ख्याति दिलाई हॉकी के जादूगर मेजर ध्यानचन्द ने। उनकी गिनती भारत एवं विश्व के हॉकी के सर्वश्रेष्ठ खिलाड़ियों में होती है। उनकी कुशलता के बल पर भारतीय हॉकी टीम ने लगातार तीन बार ओलम्पिक में स्वर्ण पदक जीता। भारतीय हॉकी टीम ने सन् 1928 में एम्सटर्डम ओलम्पिक, सन् 1932 में लॉस एन्जेल्स ओलम्पिक एवं सन् 1936 में बर्लिन ओलम्पिक में स्वर्ण पदक जीता। मेजर ध्यानचन्द की जन्मतिथि 29 अगस्त को सम्पूर्ण देश में राष्ट्रीय खेल दिवस के रूप में मनाया जाता है। ध्यानचन्द के छोटे भाई रूप सिंह भी हॉकी के उम्दा खिलाड़ी थे। उन्होंने भी ओलम्पिक में अपने उम्दा खेल का परचम लहराया। मेजर ध्यानचन्द ने अपने खेल जीवन में 1000 से अधिक गोल दागे। जब वे खेलने को मैदान में रहते थे तो गेंद मानो उनकी हॉकी स्टिक से चिपक-सी जाती थी। उन्हें 1956 में भारत के प्रतिष्ठित नागरिक सम्मान

मेजर ध्यानचन्द

पद्मभूषण से सम्मानित किया गया था। उनकी खेल कलाकारी से मोहित होकर जर्मनी के तानाशाह एडोल्फ हिटलर ने उन्हें जर्मनी के लिए खेलने की पेशकश की थी, लेकिन ध्यानचन्द ने हमेशा भारत के लिए खेलना ही सबसे बड़ा गौरव समझा। वियना में खेल प्रेमियों ने ध्यानचन्द की चार हाथ में चार हॉकी स्टिक लिए एक मूर्ति लगाई है। उसमें यह दिखाया गया है कि ध्यानचन्द कितने जबरदस्त खिलाड़ी थे। ध्यानचन्द ने झाँसी के सीपरी बाजार क्षेत्र में स्थित अपने निवास के पास सन् 1922 में हीरोज क्लब की स्थापना की थी। इस क्लब ने झाँसी ही नहीं देश को अनेक खिलाड़ी दिए। ध्यानचन्द के भाई रूप सिंह भी यहीं खेला करते थे। रूप सिंह ने सन् 1932 और सन् 1936 के ओलम्पिक खेलों में अपना जलवा बिखेरा। वे ग्वालियर में ही रहने लगे। ध्यानचन्द के बाद उनके बेटे अशोक कुमार ने हॉकी में अपना हुनर दिखाया। वे सन् 1971 से सन् 1978 तक भारतीय टीम में अपनी चमक बिखेरते रहे। उनके एक भाई राजकुमार भी अन्तरराष्ट्रीय खिलाड़ी रहे। रूप सिंह के बेटे भगत सिंह भी भारतीय टीम के सदस्य के रूप में खेले। इनके अलावा झाँसी के अब्दुल अजीज ने सन् 1986 में सियोल में आयोजित एशियाड में अपना हुनर दिखाया। इसमें भारत को कांस्य पदक मिला। झाँसी के विनोद खाण्डेकर, सुबोध खाण्डेकर और तुषार खाण्डेकर ने भी हॉकी में भारत का प्रतिनिधित्व किया। मेजर ध्यानचन्द की नातिन नेहा सिंह ने भी टीम इंडिया में जगह बनाकर अपना हुनर दिखाया।

अपनी भौगोलिक स्थितियों एवं प्रशासनिक लहजे से विशिष्ट महत्त्व के कारण ब्रिटिशकाल से ही झाँसी में रेलवे और सेना दोनों के अहम कार्यालय रहे। उत्तर भारत का अहम सैन्य क्षेत्र झाँसी में रहा, जिसके विविध कार्यालयों में हजारों सैनिकों और अफसरों की तैनाती ब्रिटिश काल से ही होती रही। पूर्व से पश्चिम, उत्तर से दक्षिण को जोड़ने में झाँसी का अहम रोल रेलवे के लिहाज से अत्यधिक महत्त्वपूर्ण रहा। यहाँ मध्य रेलवे का मंडल मुख्यालय स्थापित किया गया था। इन दोनों अहम संस्थानों में तैनात कर्मियों को शारीरिक रूप से फिट रखने के लिए यहाँ अपेक्षित संसाधन भी विकसित किए गए। सेना के मैदानों में गैर सैनिकों का प्रवेश प्रतिबन्धित था। ऐसे में रेलवे ने यहाँ के लिए दो खेल मैदान विकसित किए। एक सीनियर रेलवे इन्स्टीट्यूट और दूसरा जूनियर रेलवे इन्स्टीट्यूट। इन दोनों मैदानों पर रेलवे के कर्मचारी और अधिकारी खेल का अभ्यास करते रहे। रेलवे अनेक खिलाड़ियों का सेवा नियोजक रहा। ऐसे में उन खिलाड़ियों के सान्निध्य में झाँसी के खिलाड़ियों को अपनी प्रतिभा को तराशने का मौका मिलता रहा। सन् 1986 में सियोल में आयोजित एशियाड में खेले अब्दुल अजीज समेत कई खिलाड़ी वर्तमान में रेलवे में कार्यरत हैं।

झाँसी में सन् 1967 में कुल आठ क्लब चला करते थे—रेलवे के दो क्लब, सीपरी बाजार क्षेत्र में हीरोज क्लब, सैंयरगेट क्षेत्र में रोज क्लब, शहर में सिटी क्लब, यूनियन क्लब, एक क्लब तालपुरा क्षेत्र में तथा सदर बाजार क्षेत्र में कैंट क्लब चलता था। इन सब क्लबों ने देश को कई उम्दा खिलाड़ी दिए। हॉकी में झाँसी के स्वर्णिम

इतिहास की वजह मेजर ध्यानचन्द की उपस्थिति रही, जो यहाँ के खिलाड़ियों में रोमांच का संचार करती थी। उनका मार्गदर्शन खिलाड़ियों में अच्छा खेलने का जज्बा भरता था। हर खिलाड़ी उनके जैसा बनने का स्वप्न देखता था और अच्छा प्रदर्शन करता था। बबीना में रहने वाले दो भाइयों बलवीर सिंह और गुरुबख्श सिंह ने हॉकी के अलावा एथलीट में भी अपना हुनर दुनिया को दिखाया। गुरुबख्श सिंह और बलवीर सिंह बहुत उम्दा एथलीट थे। ये दोनों बीआईसी में पढ़ते थे। ये दोनों अक्सर रेलवे ट्रैक पर दौड़ते हुए बबीना से झाँसी तक आते थे और यहाँ जमकर अभ्यास करते थे। ये दोनों यहाँ कैन्ट क्लब में खेलते थे। दोनों भाइयों ने भारतीय टीम के लिये उम्दा खेल का प्रदर्शन किया। इन दोनों ने ओलम्पिक खेलों में भी हिस्सा लिया। सन् 1966 के एशियन गेम्स में हॉकी का स्वर्ण पदक दिलाने में बलवीर सिंह का आखिरी क्षणों में किया गया गोल रिकार्ड बन गया। इसके अलावा भी इन दोनों भाइयों ने अनेक उपलब्धियाँ हासिल कीं। रेलवे की ओर से प्यारेलाल और मोतीलाल ने भी राष्ट्रीय और अन्तरराष्ट्रीय स्तर पर अच्छा प्रदर्शन किया। अन्य मशहूर खिलाड़ियों जमशेर खान, रामदास चौहान, गोलकीपर खुदाबख्श, वीर सिंह, अशोक कुमार सेन पाली, अब्दुल कयूम आदि ने भी झाँसी का नाम रोशन किया। वर्तमान में झाँसी के तुषार खाण्डेकर राष्ट्रीय टीम में रहकर अनेक अन्तरराष्ट्रीय मैच खेल चुके हैं। इनके पिता विनोद खाण्डेकर भी नेशनल टीम के सदस्य के रूप में कौशल दिखा चुके हैं। तुषार के चाचा सुबोध खाण्डेकर भी भारतीय ओलम्पिक टीम के उम्दा प्लेयर रहे। राष्ट्रीय हॉकी खिलाड़ी, नौबत सिंह भी अपने समय के प्रख्यात और असाधारण खिलाड़ी रहे हैं।

प्रख्यात भारतीय ओलम्पिक हॉकी खिलाड़ी अब्दुल हमीद लेफ्ट आउट पोजीशन पर खेलते थे। उनके खेलने का अन्दाज इतना उम्दा था कि उनकी स्लाइड एनआईएसए, पटियाला में हर हॉकी खिलाड़ी को दिखाई जाती थी और सबसे उनके अनुकरण की उम्मीद की जाती थी। साधारण से परिवार में जन्मे अब्दुल हमीद ने हॉकी में खूब नाम कमाया। झाँसी में हॉकी के खिलाड़ियों की कमी नहीं है। बस जरूरत इस बात की है कि यहाँ खेल सुविधाओं को जुटाया जाए। अभी झाँसी में हॉकी का हॉस्टल नहीं है। ऐसे में यहाँ के खिलाड़ी दूसरे शहरों की ओर चले जाते हैं। यदि यहाँ भी अन्तरराष्ट्रीय स्तर की सुविधाएँ उपलब्ध करा दी जाएँ तो यहाँ के युवा और अच्छा प्रदर्शन करेंगे। केन्द्र सरकार की ओर से खिलाड़ियों को खोजने और तराशने के लिए बेहतर नीति बनाए जाने के परिणाम आगे रंग दिखाएँगे। झाँसी के ध्यानचन्द स्टेडियम में एस्ट्रोटर्फ लगने से खिलाड़ियों को सहूलियत मिली है लेकिन अभी और मदद की दरकार है। दरअसल अब हॉकी की किट भी काफी महँगी हो चली है। अन्तरराष्ट्रीय खिलाड़ी सुबोध खाण्डेकर, तुषार खाण्डेकर, अब्दुल अजीज आदि इस क्षेत्र के बच्चों को आगे बढ़ाने के लिए काफी कुछ प्रयास कर रहे हैं लेकिन प्रदेश सरकार की ओर से भी इन्हें मदद मिले तो और अच्छे परिणाम सामने आएँगे। यदि अन्तरराष्ट्रीय स्तर की सुविधाओं वाला प्रशिक्षण केन्द्र झाँसी में स्थापित कर दिया

जाए तो यह बहुत अच्छा होगा। पहले समय-समय पर हॉकी की कई राष्ट्रीय स्तर की प्रतियोगिताएँ होती रहती थीं लेकिन अब अण्डर 21 हॉकी खिलाड़ियों के लिए बस एक प्रतियोगिता हर साल जनवरी में आयोजित की जाती है। यह प्रतियोगिता विनोद खाण्डेकर की स्मृति में आयोजित की जाती है।

क्रिकेट

झाँसी में वर्तमान में एस्ट्रोटर्फ से सुसज्जित मेजर ध्यानचन्द स्टेडियम उपलब्ध है। इस स्टेडियम का निर्माण सन् 1903 में ही हो गया था। इस स्टेडियम को क्रिकेट के दो बड़े और अहम मैचों के आयोजन का गौरव हासिल है। जानकार बताते हैं कि इसी मैदान पर क्रिकेट का एक अहम मैच बुन्देलखण्ड और ऑक्सफोर्ड विश्वविद्यालय की टीमों के बीच खेला गया था। इस मैदान को रणजी ट्राफी का एक मैच आयोजित करने का गौरव भी हासिल है। यह मैच सन् 1984 में रेलवे और मध्य प्रदेश की क्रिकेट टीमों के बीच खेला गया। हालांकि बाद में इस मैदान की दशा अच्छी न होने के कारण झाँसी को आगे रणजी ट्राफी के मैच आयोजित करने का गौरव नहीं मिल पाया। यह कसक झाँसी में क्रिकेट के खिलाड़ियों को हमेशा कचोटती रहती है। झाँसी में क्रिकेट का भविष्य बेहतर है, यह मानने वाले मदनमोहन मिश्र का कहना है कि झाँसी की शैक्षणिक संस्थाओं के जिम्मेदार लोगों को सबसे पहले समुचित मैदान विकसित करने की ओर ध्यान देना चाहिए।

झाँसी शहर में स्थापित शिक्षण संस्थानों में से सिर्फ एक राजकीय इंटर कॉलेज के पास ही पर्याप्त क्षेत्रफल वाला खेल मैदान है। अन्य स्कूलों के पास मैदान तो हैं लेकिन वे काफी छोटे हैं। खिलाड़ियों की प्रतिभा को निखारने और तराशने को अच्छा मैदान होना चाहिए लेकिन स्कूल प्रबन्धन इस ओर ध्यान नहीं दे रहे हैं।

झाँसी ने अरविन्द कपूर, विनय नरूला जैसे अनेक क्रिकेटर दिए। लड़कियों में गायत्री अग्रवाल वर्ल्ड कप के लिए इंडिया टीम की संभावित खिलाड़ी रही। अदिति शर्मा रणजी में उत्तर प्रदेश टीम का नेतृत्व कर रही है। दीप्ति शर्मा का चयन ऑल इंडिया टीम में हुआ। अण्डर 19 में विश्वमोहिनी और दीपाली शर्मा प्रदेश टीम में पहुँचीं। एक अन्य खिलाड़ी नुजहत का चयन भी प्रदेश स्तर के लिए हुआ। बाद में वह विदेश चली गई। यूपीसीए के प्रमाणपत्र पर वो अमेरिका इलेवन टीम में खेल रही है। झाँसी के मुकेश नरूला ने बड़ौदा की टीम से रणजी और दिलीप ट्राफी खेलकर अपने जिले का नाम रोशन किया। कूच बिहार ट्राफी में राजेन्द्र शिवहरे, नरेन्द्र श्रीवास्तव, परवेज करीम, अजय मिश्रा, संजय यादव, विनय श्रीवास्तव, मो. हसरत, कार्तिकेय कुशवाहा, मो. इरफान ने भी हाथ दिखाए। अण्डर 19 की प्रदेश टीम में कुणाल यादव और अक्षय सेन अब भी खेल रहे हैं। अण्डर 23 में अवनीश सचान और जितेन्द्र दीक्षित वर्तमान में खेल रहे हैं। झाँसी का वसीम अहमद मध्य प्रदेश की रणजी टीम के लिए खेल रहा है।

मलखम्भ और जिम्नास्ट

हॉकी के अलावा मलखम्भ और जिम्नास्ट में भी झाँसी ने पूरे देश में अपनी चमक बिखेरी। इतिहास साक्षी है कि झाँसी में व्यायाम और खेलों के प्रति युवाओं में रुझान पैदा करने में कृष्णा गणेश खानवलकर उर्फ अन्नाजी का अहम योगदान रहा। सन् 1930 में उन्होंने रेलवे की नौकरी छोड़कर युवाओं को स्वस्थ और मजबूत बनने का सन्देश देते हुए यहाँ खंडेराव गेट पर व्यायामशाला की स्थापना की। वे महाराष्ट्र अखाड़ा के सदस्य रहे थे। इस संगठन की स्थापना महान क्रान्तिकारी चन्द्रशेखर आजाद के मित्र सीताराम भास्कर ने की थी। अन्नाजी और उनके शिष्य खिलाड़ियों ने स्वाधीनता आन्दोलन में भी सक्रियता से हिस्सा लिया। युवाओं को निखारने के काम में अन्नाजी के मित्र कालूराम राय, जगन्नाथ मुखरैया और हरचरन भी उनका सहयोग करते थे। मित्रों और सहयोगियों की मदद से अन्नाजी ने सन् 1933 में महारानी लक्ष्मीबाई व्यायाम मन्दिर की स्थापना की। वे इसमें युवाओं को लेझिम, लाठी और जाम्बिया चलाने तथा योग की विभिन्न क्रियाओं के बारे में प्रशिक्षण देते थे। सन् 1935 से यहाँ मलखम्भ और जिम्नास्टिक का प्रशिक्षण दिया जाने लगा। सन् 1936 में अन्नाजी ने राइफल क्लब की स्थापना की। उन्होंने महिलाओं के लिए महारानी लक्ष्मीबाई महिला ब्रिगेड की भी स्थापना की। आजादी के बाद इस संस्था ने सन् 1963 में 19वीं नेशनल जिम्नास्टिक चैम्पियनशिप का आयोजन किया। सन् 1965-66 में लक्ष्मीबाई स्मारक ऑल इंडिया जिम्नास्टिक चैम्पियनशिप, सन् 1975 में ऑल इंडिया मलखम्भ और जिम्नास्टिक चैम्पियनशिप और 1978 में ऑल इंडिया ओपन रेसलिंग चैम्पियनशिप का आयोजन भी किया गया। यही नहीं, इसी संस्था की देखरेख में यहाँ सन् 1981 से 1991 के बीच मेजर ध्यानचन्द स्मारक ऑल इंडिया गोल्ड कप हॉकी प्रतियोगिता का भी आयोजन किया गया। सन् 1993 से 1998 तक पण्डित राम नारायण शर्मा हॉकी प्रतियोगिता का आयोजन किया गया।

एलवीएम इंटर कॉलेज में आए दिन विभिन्न राष्ट्रीय एवं प्रादेशिक खेल प्रतियोगिताओं का आयोजन होता रहता है। सन् 2000-2001 में यहाँ ऑल इंडिया मलखम्भ चैम्पियनशिप का आयोजन किया गया। यहाँ एनआईएस, पटियाला से प्रशिक्षित विभिन्न खेलों के कोच खिलाड़ियों की प्रतिभा को निखारने का काम बखूबी कर रहे हैं। झाँसी में खेलों के विकास में पूर्व सांसद स्व. डॉ. पं. विश्वनाथ शर्मा का अहम योगदान रहा। उनकी पहल पर विभिन्न प्रतियोगिताओं का आयोजन यहाँ समय-समय पर होता रहा। वर्तमान में भी एलवीएम झाँसी की खेल प्रतिभाओं की तराशने के काम में बड़ी शिद्दत से लगा हुआ है।

तैराकी

तैराकी में भी झाँसी ने बद्री प्रसाद लाहौरी जैसे कई नामवर तैराकों को जन्म दिया। श्री लाहौरी ने उस दौर में तैराकी सीखी थी, जब झाँसी के युवाओं के लिए लक्ष्मी

तालाब ही अभ्यास के लिए उपलब्ध था। बाद में श्री लाहौरी के तमाम प्रयासों के बाद क्षेत्रीय खेल अधिकारी कार्यालय ने यहाँ तरणताल का निर्माण भी कराया था तो उसका स्वरूप अन्तरराष्ट्रीय मानक के अनुरूप नहीं रहा। यह केवल 25 मीटर लम्बा है। ऐसे में यहाँ तरणताल तो है लेकिन अभ्यास के लिए पर्याप्त नहीं है। संसाधनों के अभाव में यह तरणताल भी युवाओं की खेल प्रतिभा को निखारने में मददगार साबित न हो सका। क्षेत्रीय स्तर पर अत्याधुनिक सुविधाओं से युक्त तरणताल की आवश्यकता अरसे से अनुभव की जा रही है।

[लेखक श्री मदनमोहन मिश्रा (क्रिकेट), श्री नौबत सिंह (हाकी) एवं जिला क्रीड़ा अधिकारी द्वारा प्रदत्त महत्त्वपूर्ण जानकारियों हेतु उनका हृदय से आभारी है।]

झाँसी में आयुर्वेद

डॉ. नीति शास्त्री

आयुर्वेद शब्द की निरुक्ति

आयुर्वेद शब्द दो शब्दों से मिलकर बना है—आयु एवं वेद। जो शास्त्र आयु की सम्पूर्ण सत्ता का ज्ञान कराता है (सुखायु-दुखायु-हिताय-अहितायु) वह आयुर्वेद है, उसे आयुर्वेद कहते हैं।

1. शास्त्र दृष्टि से निरुक्ति

जो शास्त्र आयु का ज्ञान कराने वाला हो, उसे आयुर्वेद कहते हैं।

2. आयुर्विद्यतेस्मिन आयुर्वेद

जिसमें आयु का ज्ञान हो, उसे आयुर्वेद कहते हैं।

हिता हितं सुखं दुःखं आयुस्तस्य हितहितम्।
मानं च तच्च यत्रोक्ति आयुर्वेद स उच्यते॥

अर्थात् जिस शास्त्र में हितायु, अहितायु, सुखायु और दुखायु—इन चार प्रकार की आयु का वर्णन तथा आयु के लिए हितकर एवं अहितकर द्रव्य गुणादि का वर्णन किया गया हो, वह आयुर्वेद कहलाता है।

आयुर्वेद, ऋग्वेद और अथर्ववेद की मन्य औषधि से प्रारम्भ हुआ और वैदिक काल, पौराणिक काल, बौद्धधर्म आदि के स्वर्णिम काल और मुगल काल में आयुर्वेद, रोग एवं चिकित्सा के सम्बन्ध में विभिन्न सिद्धान्तों तथा त्रिदोष की नीति और पंच महाभूत के अपरिवर्तनीय तत्त्वों पर आधारित रहा। आयुर्विज्ञान का अर्थ है जीवन का विज्ञान।

बुन्देलखण्ड भारत का प्रमुख हृदय स्थल है, जिसने अपनी स्वतंत्रता एवं देश की स्वतंत्रता के लिए महान प्रयत्न किए हैं। इसने महान विभूतियों को जन्म देकर भारत को गौरवान्वित किया है। भारतवर्ष का पुनरुत्थान काल राष्ट्रपिता पूज्य बापू के प्रयत्नों से प्रारम्भ होता है और तभी से आयुर्वेदिक क्षेत्र में बुन्देलखण्ड का अभ्युत्थान काल प्रारम्भ होता है। बुन्देलखण्ड ने जिस प्रकार साहित्य, संस्कृति, कला, संगीत एवं स्वतंत्रता के क्षेत्र को गौरवान्वित किया है, उसी प्रकार यह भूखंड आयुर्वेदिक क्षेत्र में

भी अपना अमूल्य सहयोग सदैव ही प्रदान करता रहा है और आयुर्वेद के कलेवर को परिपूरित करता रहा है। प्राकृतिक रचनाओं की सुषमा का वरदान पाकर बुन्देलखण्ड अपने प्राकृतिक अंचल में अलौकिक जड़ी-बूटियों का भंडार भरे हुए है और औषध सम्पदा की निधि बुन्देलखण्ड क्षेत्र में औषधियों के निर्माण में अधिक सहयोग प्रदान करती है। यहाँ दशमूल के समस्त द्रव्य, अष्ट वर्ग, लक्ष्मणा चमत्कारी बूटी, शतवार जीवन्ती-मूर्च्छा, लघुपंचमूल, चिरायता, गुड़ चिरक्त, चन्दन, यवासापाग, सामलता अष्टवर्ग, बहूमूल्य काष्ठौषधियाँ, शैलोक्षक आदि जड़ी-बूटियाँ पाई जाती हैं, जो भारत के आयुर्वेदिक क्षेत्र की प्रगति में महत्त्वपूर्ण योगदान देती हैं। बुन्देलखण्ड हृदय झाँसी ने भी आयुर्वेदिक क्षेत्र के विकास में अपना अमूल्य सहयोग प्रदान किया है। यहाँ भी अनेक जड़ी-बूटियाँ पाई जाती हैं। आक (लाल और सफेद अकोवा), अपामार्ग (अज्जाझारा), ऊँटकटाख, अन्ध हूली (शंख पुष्पी), भंगरा कटारी, शंखाहोली आदि जड़ी-बूटियाँ झाँसी की अमूल्य निधि हैं। ऐसी अनेक अन्य जड़ी-बूटियाँ झाँसी के वनों में पाई जाती हैं, जो आयुर्वेदिक औषधियों के निर्माण में उपयोग में लाई जाती हैं।

झाँसी के महाराजा गंगाधर राव के समय में झाँसी में अनेक दरबारी कलाकारों, साहित्यकारों, कवियों, नाटककारों, संगीतज्ञों के अतिरिक्त राजवैद्यों का भी सम्मान किया जाता था। उनकी कुशलता एवं योग्यता के कारण ही उनकी प्रतिष्ठा एवं कीर्ति दूर-दूर तक फैली हुई थी। यह क्षेत्र चिकित्सा के लिए देश-देशान्तर में प्रसिद्ध रहा है। पं. भोलानाथ जी दुबे महारानी लक्ष्मीबाई के प्रधान वैद्य थे एवं राज्य की ओर से आपको अत्यधिक प्रतिष्ठा एवं सम्मान मिलता था। इसी काल में श्री प्रताप जी मिश्र प्रसिद्ध चिकित्सक एवं शल्य शास्त्री थे, जिनके यश और कीर्ति की गाथा दूर-दूर तक फैली हुई थी। प्रसिद्ध वैद्य एवं अद्वितीय विद्वान श्री अर्जुन सिंह उस काल के चमत्कारी वैद्य थे, उनकी गणना प्रमुख शल्य शास्त्रियों में की जाती थी।

सन् 1857 के स्वतंत्रता संग्राम के अग्निकुंड में महारानी लक्ष्मीबाई के बलिदान के पश्चात् सन् 1858 में अंग्रेजों ने झाँसी की सत्ता कुछ समय के लिए ग्वालियर राज्य के महाराजा जीवाजी राव को सौंप दी थी और कुछ समय बाद फिर झाँसी को ले लिया था तथा मुरार ग्वालियर को दे दिया था। इसी काल में झाँसी जब ग्वालियर के अन्तर्गत था, आयुर्वेद जगत के प्रसिद्ध विद्वान पं. बेनी माधव शुक्ल राजवैद्य थे। आप काफी प्रसिद्ध वैद्य थे। इनके पौत्र पं. रामेश्वर प्रसाद शुक्ल शास्त्री भी ग्वालियर के प्रसिद्ध वैद्य थे।

अंग्रेजों का शासन काल आन्दोलन, सत्याग्रह एवं संघर्षों से भरा हुआ रहा है, फिर भी प्रत्येक क्षेत्र का विकास होता रहा है। इस काल में झाँसी में सबसे प्रसिद्ध वैद्य मंजू दुबे थे, जिन्हें आयुर्वेद शास्त्र का काफी ज्ञान था। झाँसी के अन्य प्रमुख वैद्यों में ननू दुबे, घनश्याम दास, अजुध्या प्रसाद, रूपनारायण शुक्ल आदि के नाम उल्लेखनीय हैं।

झाँसी में सन् 1940 के आसपास 'सुख सागर' नामक औषधि का निर्माण करने वाली संस्था थी, जिसके संस्थापक व मालिक श्री शिवलाल जी वैद्य थे। वे एक

सफल सहृदय चिकित्सक एवं कुशल व्यवसायी थे। उनके बाद उनके पुत्र आचार्य प्रभाकर ने 'सुख सागर' का कार्यभार सँभाला और कुछ ही वर्षों में इस संस्था ने अत्यधिक ख्याति प्राप्त की। आचार्य प्रभाकर आयुर्वेद जगत के सिद्धहस्त लेखक एवं प्रतिष्ठित विद्वान थे। उन्होंने 'जीवन' नामक आयुर्वेद के प्रसिद्ध मासिक द्वारा अपने सिद्धान्तों एवं विचारों को आयुर्वेद जगत में ध्वनित किया।

सन् 1933 में रामगोपाल शास्त्री कानपुर से झाँसी आए और यहाँ के प्रतिष्ठित चिकित्सकों में आपका नाम लिया जाने लगा। आपने बुन्देलखण्ड वैद्य-हकीम परिषद की झाँसी में स्थापना की। आप ग्वालियर राजकीय आयुर्वेदिक यूनानी फार्मेसी के भूतपूर्व प्रधान वैद्य थे। आप क्षय तथा संग्रहणी के विशेषज्ञ थे। आप ग्वालियर और खनियाधाना राज्य के राजवैद्य भी रहे।

सन् 1934 में झाँसी के आयुर्वेदिक क्षेत्र में क्रान्तिकारी परिवर्तन हुए और भारत के प्रतिष्ठित विद्वान तथा प्रसिद्ध राजनैतिक कांग्रेसी नेता श्री रघुनाथ विनायक धुलेकर का आयुर्वेदिक क्षेत्र में पदार्पण हुआ। आप झाँसी के प्रतिष्ठित वकील, भूतपूर्व एम.एल.सी., एम.एल.ए., एम.पी. तथा चेयरमैन अपर हाउस रह चुके थे। आपने सन् 1934 में बुन्देलखण्ड आयुर्वेदिक कॉलेज नामक शिक्षण संस्था की स्थापना की। पंडित जी के अथक परिश्रम से संस्था ने एक विश्वविद्यालय का रूप धारण किया।

बुन्देलखण्ड आयुर्वेदिक कॉलेज तथा झाँसी आयुर्वेद विश्वविद्यालय का कार्यक्षेत्र पूरा भारतवर्ष है। आयुर्वेद विश्वविद्यालय में ही सर्वप्रथम स्नातकोत्तर (Post Graduate) शिक्षण को प्रारम्भ किया गया। यह स्नातकोत्तर कोर्स बोर्ड ऑफ इंडियन मेडिसिन उत्तर प्रदेश Board of Indian Medicine U.P. द्वारा प्रारम्भ किया गया। उस समय बोर्ड के चेयरमैन प.र.वि. धुलेकर जी थे। इन्हीं के सद्प्रयत्नों से यह कोर्स प्रारम्भ हुआ। इसकी स्नातकोत्तर उपाधि एम.आई.एम.एस. (M.I.M.S.) थी। बाद में जामनगर एवं वाराणसी में स्नातकोत्तर शिक्षण व्यवस्था केन्द्र सरकार ने प्रारम्भ की। बुन्देलखण्ड आयुर्वेदिक कॉलेज में पाँच वर्ष का स्नातक (डिग्री) कोर्स है।

आयुर्वेद विश्वविद्यालय में स्नातकोत्तर शिक्षा में आयुर्वेद वाचस्पति (M.Sc.A.) एवं आयुर्वेद बृहस्पति (D.Sc.A.) उपाधि प्रदान की जाती है। साथ ही दन्त (Dental), नेत्र (Eye) तथा शल्य के रिफ्रेशर कोर्स चलाए जाते हैं, जिनके द्वारा विशेष शिक्षा प्रदान की जाती है।

श्री धुलेकर ने भारत सरकार को 72 एकड़ जमीन केन्द्रीय आयुर्वेद अनुसंधान संस्थान के लिए दान दे दी थी। इस विश्वविद्यालय की अलग फार्मेसी, औषधि विज्ञान रसायनशाला भी है। यहाँ नये-नये प्रयोग और आविष्कार भी होते रहते हैं।

झाँसी के आयुर्वेदिक यूनानी क्षेत्र में अनेक वैद्यों एवं हकीमों ने जनता की सेवा की, उनमें प्रमुख वैद्य मुन्शी देशराज, नाथूराम गांधी, गनेशीलाल, रघुवीर प्रसाद दुबे, दिल्ली वाले हकीम झब्बामल, दतिया वाले हकीम डॉ. राधागोविन्द आदि प्रमुख रहे।

झाँसी में सर्वप्रथम प्रतिष्ठित वैद्य श्री अजुध्याप्रसाद के पुत्र डॉ. राधागोविन्द मिश्र ने मिश्रा आयुर्वेदिक फार्मेसी की स्थापना की, जिसमें मिश्रा आयुर्वेदिक इन्जेक्शनों का निर्माण होना प्रारम्भ हो गया और इस दिशा में वैद्यों को प्रशिक्षण भी दिया जाने लगा। इस मिश्रा फार्मेसी ने इन्जेक्शन के क्षेत्र में अत्यधिक प्रगति की।

इसके बाद सन् 1941 में बैद्यनाथ आयुर्वेद भवन लि. कार्यालय एवं कारखाना झाँसी में स्थापित हुआ। प्रसिद्ध वैद्य पं. रामनारायण शर्मा, संचालक, बैद्यनाथ आयुर्वेद भवन ने झाँसी में एक विशाल कारखाना स्थापित किया और औषधियों के निर्माण की सुन्दर व्यवस्था की।

सन् 1944 में झाँसी के प्रतिष्ठित डॉ. सूरज प्रसाद दुबे के पुत्र डॉ. दयासागर ने झाँसी में ठा. भैयालाल सिंह के सहयोग से बुन्देलखण्ड आयुर्वेदिक यूनानी फार्मास्यूटिकल वर्क्स की स्थापना की और आयुर्वेदिक इन्जेक्शनों का निर्माण कार्य प्रारम्भ किया। इस संस्था ने भी अधिक प्रगति की और कुछ ही वर्षों में यह बुन्देलखण्ड की प्रमुख संस्था बन गई।

झाँसी में हिन्द रिसर्च लेबोरेटरी की स्थापना हुई है, जो सदर बाजार में पं. बनवारी लाल शुक्ल प्रसिद्ध वैद्य के नेतृत्व में प्रगति के पथ पर अग्रसर हो रही है।

केन्द्रीय अनुसंधान परिषद भारतीय चिकित्सक एवं होम्योपैथी, नई दिल्ली का एक केन्द्र क्षेत्रीय आयुर्वेद अनुसंधान केन्द्र के नाम से ग्वालियर रोड पर 1 अप्रैल, 1973 से स्थापित हुआ है और यहाँ पर दो यूनिटें कार्य करने लगी हैं :

1. वनौषधि अनुसंधान एकक।
2. सचल चिकित्सकीय अनुसंधान एकक।

बुन्देलखण्ड राजकीय आयुर्वेदिक कॉलेज, झाँसी से विगत 1974 से अद्यतन हजारों की संख्या में छात्र-छात्राएँ बी.ए.एम.एस. की परीक्षा उत्तीर्ण कर आयुर्वेद-चिकित्सक के रूप में अपनी सेवाएँ प्रदान कर रहे हैं, जिनमें आचार्य डॉ. सुरेश चन्द्र शास्त्री का नाम विशेष रूप से उल्लेखनीय है, जिन्होंने सम्पूर्ण विश्व में योग और आयुर्वेदिक का प्रचार-प्रसार किया। उन्होंने झाँसी आयुर्वेदिक कॉलेज में वर्ष 1952 से 1958 तक विद्यार्थी रहकर बी.आई.एम.एस. (B.I.M.S.) की उपाधि प्राप्त की, तत्पश्चात् विद्यार्थियों को नि:शुल्क आयुर्वेद के इतिहास एवं मौखिक सिद्धान्त विषय का अध्यापन कराया। आयुर्वेद चिकित्सा पद्धति से समाज को निरोगी बनाने हेतु उस समय 'इकन्नी औषधालय' शास्त्री सर्वोदय अस्पताल, सीपरी बाजार झाँसी में संचालित किया। 1965-1967 तक भारत सरकार के माध्यम से आयुर्वेद एवं योग के प्रचार-प्रसार हेतु प्रथम आयुर्वेद चिकित्सक के रूप में चयनित किए गए और 18 माह तक सम्पूर्ण विश्व की यात्रा की। उन्होंने अमेरिका, रूस, लन्दन इत्यादि देशों में योग और आयुर्वेद चिकित्सा व स्वास्थ्य के प्रशिक्षण शिविर संचालित किए तथा मानसिक दिव्यांगों को आयुर्वेद चिकित्सा पद्धति से स्वस्थ किया। वर्ष 1990 में उन्हें भारत सरकार, स्वास्थ्य मंत्रालय द्वारा आयुर्वेद की सेवाओं के लिए राष्ट्रीय सम्मान से विभूषित किया गया।

झाँसी में 1950 से आयुर्वेद के लोकप्रिय चिकित्सकों में प्रमुख रूप से डॉ. सीताराम भास्कर भागवत (सीपरी), डॉ. प्रकाश चन्द्र गौड़ (नई बस्ती), डॉ. रमेश चन्द्र वर्मा (सदर), डॉ. एच.पी. मिश्रा (नगरा), डॉ. बी.लाल (शहर), डॉ. वी.डी. धुलेकर, श्री शिवाजी राव धुलेकर, डॉ. आर.एस.गुप्ता, डॉ. हरिराम सुन्दरानी, आनन्द शुक्ला (ग्वालियर रोड), डॉ. एस.पी.भाटिया (हंसारी), स्व. डॉ. सुधीर अग्रवाल, डॉ. अब्दुल रहमान नाहरक (नन्दनपुरा), डॉ. बाबूराम (सदर बाजार), डॉ. जिनेन्द्र जैन, डॉ. के.जी. द्विवेदी (दतिया गेट), डॉ. धन्नूलाल गौतम (हंसारी) इत्यादि ने आयुर्वेद चिकित्सा विज्ञान का अध्ययन किया और आयुर्वेद चिकित्सा पद्धति से निजी चिकित्सालयों के माध्यम से जनहित में अपनी सेवाएँ प्रदान कीं।

आयुष मंत्रालय, भारत सरकार आयुर्वेद चिकित्सा पद्धति को प्रोत्साहित करने हेतु अनेक नवीन योजनाओं को क्रियान्वित कर रहा है। परिणामस्वरूप 'आयुर्वेद फार्मेसी' के माध्यम से आयुर्वेदिक औषधियों का निर्माण भी झाँसी में बैद्यनाथ प्रतिष्ठान, शर्मायु प्रतिष्ठान एवं अन्य पंजीकृत फार्मेसियाँ कर रही हैं। राष्ट्रीय एवं अन्तरराष्ट्रीय स्तर पर झाँसी को आयुर्वेद के माध्यम से ख्याति प्राप्त हो रही है।

झाँसी में वर्तमान समय में आयुर्वेद औषधियों की प्रमुख गुणवत्ता प्रधान निर्माणशालाएँ, प्रयोगशालाएँ, फार्मेसी संचालित हैं, जिनके द्वारा निर्माण की गई औषधियाँ देश-विदेश में निर्यात की जा रही हैं। यह झाँसी का सौभाग्य है कि झाँसी के विद्वान, अनुभवी आयुर्वेद चिकित्सक पंचकर्म चिकित्सा के क्षेत्र में भी अग्रणी भूमिका निभा रहे हैं। आयुर्वेद एवं यूनानी चिकित्सा पद्धति के माध्यम से स्वस्थ समाज की संरचना में आयुर्वेदिक औषधियों का उत्पादन विगत 75 वर्षों से सतत् रूप से किया जा रहा है, जिनमें प्रमुख रूप से बैद्यनाथ आयुर्वेद प्रतिष्ठान, झाँसी हमारा गौरवशाली प्रतिष्ठान रहा है! वर्तमान में निम्नांकित प्रतिष्ठान आयुर्वेद फार्मेसी उत्पादन का कार्य कर रही हैं :

1. बैद्यनाथ आयुर्वेद प्रतिष्ठान/फार्मेसी, गुसाईपुरा, झाँसी।
2. शर्मायु फार्मेसी—रक्सा-शिवपुरी मार्ग, झाँसी।
3. श्रीधर फार्मेसी—ग्वालियर मार्ग, झाँसी।
4. श्री पीताम्बरा आयुर्वेद भवन—ग्वालियर मार्ग, झाँसी।
5. आर्यावर्त फार्मेसी—रक्सा-शिवपुरी मार्ग, झाँसी।
6. बुन्देलखण्ड फार्मेसी—ग्वालियर मार्ग, झाँसी।

आयुर्वेदाचार्य धुलेकर जी की झाँसी में आयुर्वेद के विकास में प्रमुख भूमिका रही है। सन् 1934 में राष्ट्र सेवा मंडल रजिस्टर्ड कराकर उन्होंने बुन्देलखण्ड आयुर्वेद कॉलेज व झाँसी आयुर्वेद विश्वविद्यालय और आयुर्वेद अनुसंधान केन्द्र स्थापित करके देश में आयुर्वेद चिकित्सा व शिक्षा का महाअभियान चलाया, जिसमें अखंड भारत के सभी प्रान्तों के छात्रों का प्रवेश दिया गया।

पं. मदनमोहन मालवीय जी के कहने पर धुलेकर जी ने 200 एकड़ भूमि व भवन पर आयुर्वेद विश्वविद्यालय, मनकापुरकर छात्रावास तथा सरदार भगत सिंह

मैदान बनवाया तथा 60 एकड़ भूखंड पर आयुर्वेद रिसर्च औषधिक उद्यान लगवाया। उसी में स्वातंत्र्यवीर चन्द्रशेखर आजाद का अस्थि कलश रखकर एक बड़ा एवं ऊँचा कीर्ति स्तम्भ लगवाया एवं भूमि से खुदाई में 10 फुट नीचे प्राप्त दिव्य शिवलिंग की स्थापना पुष्य नक्षत्र में **करके** भव्य सिद्धेश्वर महादेव मन्दिर बनवाया। दिव्य गीता प्रवचन हेतु खंडेराव गेट बाहर गीता मन्दिर सत्संग भवन बनवाया और मानिक चौक में धुलेकर वाचनालय स्थापित किया। सन् 1967 में 60 एकड़ भूमि व भवन तथा आयुर्वेद विश्वविद्यालय और आयुर्वेद अनुसंधान केन्द्र भारत सरकार को दान दिया। वर्तमान में आयुर्वेद विद्यालय की समस्त व्यवस्था उत्तर प्रदेश सरकार के अधीन है, और हॉस्पिटल भी सरकार ही चला रही है।

आचार्य पं. र.वि. धुलेकर जी द्वारा स्थापित संस्थाओं में

1. Servants of the National Society (Reg.)
   राष्ट्र सेवा मंडल, झाँसी (1932)।
2. लोकमान्य तिलक कन्या इंटर कॉलेज (1920)।
3. बुन्देलखण्ड आयुर्वेदिक महाविद्यालय (1934)।
4. झाँसी आयुर्वेदिक विश्वविद्यालय (1940)।
5. सिद्धेश्वर महादेव मन्दिर (1940)।
6. सिद्धेश्वर वेदान्त पीठ (1967)।
7. इच्छापूर्ण हनुमान मन्दिर (1972)।
8. आचार्य पं. धुलेकर राष्ट्रीय वाचनालय (1974) आदि प्रमुख हैं।

झाँसी के आयुर्वेदाचार्यों द्वारा अनेक मानक ग्रन्थों की रचना की गई है, जिनमें : आयुर्वेद का इतिहास—पं. रामनारायण शर्मा, झाँसी, आयुर्वेद का परिचयात्मक इतिहास—आचार्य ताराचन्द्र शर्मा, मानस रोग विज्ञान—आचार्य डॉ. सुरेश चन्द्र शास्त्री, मौलिक सिद्धान्त एवं आयुर्वेद का इतिहास—पं. रामनारायण शर्मा, झाँसी, रस विज्ञान एवं द्रव्य गुण—पं. रामनारायण शर्मा, झाँसी, आयुर्वेद वन औषधियाँ—डॉ. मायाराम उन्यान (पूर्व निदेशक, क्षेत्रीय आयुर्वेद अनुसन्धान केन्द्र, झाँसी), बुन्देलखण्ड की वनौषधियाँ : एक शोध भाग 1 एवं 2—डॉ. लाले (अनुसन्धान अधिकारी) क्षेत्रीय आयुर्वेद अनुसन्धान केन्द्र, झाँसी आदि प्रमुख हैं।

झाँसी के प्रमुख आयुर्वेद प्रतिष्ठान एवं संस्थान : एक परिचय

1. क्षेत्रीय आयुर्वेद अनुसंधान संस्थान, ग्वालियर रोड, झाँसी—284003

संस्थान की पृष्ठभूमि और परिचय

आयुष मंत्रालय, भारत सरकार के अन्तर्गत केन्द्रीय आयुर्वेदीय विज्ञान अनुसंधान परिषद की शाखा संस्थान क्षेत्रीय आयुर्वेद अनुसंधान संस्थान (आर.ए.आई), झाँसी की स्थापना वर्ष 1973 में उत्तर प्रदेश व मध्य प्रदेश विशेषत: उच्च गंगीय क्षेत्र तथा

मध्य भारत क्षेत्रों की जैव भौगोलिक विशेषता का सर्वेक्षण करने के उद्देश्य से क्षेत्रीय अनुसंधान केन्द्र के नाम से की गई थी, जो आज विभिन्न नामों—क्षेत्रीय अनुसंधान संस्थान (आयुर्वेद), राष्ट्रीय वृक्षायुर्वेद अनुसंधान संस्थान और क्षेत्रीय आयुर्वेद अनुसंधान संस्थान नाम से नामकृत हुआ है। संस्थान में विकसित पादपालय में कुल 24000 से अधिक औषधीय एवं अन्य वनस्पतियों के नमूने संग्रहीत किए गए हैं। संग्रहीत कुल 525 प्रजातियाँ विशेष औषधीय महत्त्व की हैं। संस्थान के पादपालय को इन्डेक्स हरबेरेरियम में पंजीकृत किया गया है। संस्थान के औषध द्रव्य संग्रहालय में आयुर्वेद चिकित्सा में उपयोगी लगभग 710 द्रव्यों के नमूनों को रखा गया है। संस्थान का औषध पादप उद्यान लगभग 10 एकड़ क्षेत्र में स्थापित है, जिसमें औषधीय पौधों की 314 से अधिक प्रजातियाँ संकलित हैं। लगभग 180 औषधीय पादपों की प्रजातियाँ प्रदर्शन उद्यान में संकलित हैं। औषधीय पादपों की महत्त्वपूर्ण प्रजातियों जैसे अशोक, अश्वगंधा, गूगुल, शालपर्णी, रास्ना, गुडूची, सैरेयक, मंडूकपर्णी, शातवरी, सारिवा, घृतकुमारी, निशीथ, अर्जुन, बहेरा इत्यादि का वृहद स्तर पर कृषिकरण किया जा रहा है।

संस्थान के वैज्ञानिकों द्वारा 12 मोनोग्राफ के साथ अनेक शोध पत्रों का प्रकाशन किया गया है। वर्तमान सत्र में 10 शोध पत्र विभिन्न राष्ट्रीय व अन्तरराष्ट्रीय शोध पत्रिकाओं में प्रकाशित किए गए हैं। संस्थान के वैज्ञानिकों की विभिन्न राष्ट्रीय व अन्तरराष्ट्रीय संगोष्ठियों एवं कार्यशालाओं में सहभागिता रही है। वर्तमान में कुल 07 कार्यशालाओं तथा संगोष्ठियों में उनकी सहभागिता रही है।

बैद्यनाथ आयुर्वेद प्रतिष्ठान

पीताम्बरा उद्यान एवं पं. रामनारायण वैद्य भैषज्य वाटिका, झाँसी, उ.प्र. की वनौषधियाँ श्री आयुर्वेद भवन लि. के संस्थापक पुण्य श्लोकीय पं. रामनारायण शर्मा जी के दूरदर्शी अथक प्रयासों का परिणाम है।

लगभग 85 एकड़ क्षेत्र में पीताम्बरा उद्यान, वसुन्धरा उद्यान एवं पं. रामनारायण वैद्य भैषज्य वाटिका को उन्होंने झाँसी से लगभग 7 कि.मी. दूर और ग्राम पाली पहाड़ी, शिवपुरी रोड सड़क से दूर, स्थापित किया है। भैषज्य वाटिका में औषधीय महत्त्व की लगभग 350 प्रकार की जड़ी-बूटियों का सफल रोपण किया गया है। इसमें बुन्देलखण्ड क्षेत्र में पाई जाने वाली जड़ी-बूटियों के अलावा विभिन्न प्रान्तों से लाकर औषधीय पौधों को रोपित कर उनके संवर्द्धन के प्रयास किए जा रहे हैं। जैसे—आसाम से नागकेसर, बंगाल से सीता अशोक, राजस्थान से जुग्गुलु, छत्तीसगढ़ से वायविडंग, उड़ीसा से लोध्र तथा दक्षिण प्रान्त से लौंग, जायफल, चन्दन (मैसूर), दालचीनी, तेजपत्ता, तुवरक, नारियल, इलायची, सुपारी आदि। इनके अतिरिक्त अन्य औषधियाँ, जैसे—छोटी पीपर, गजपीपल, काली मिर्च, पतंग, कपूर, मैनफल, कुचला,

नाडीहिंगु, मेदा, भिलावा, शाल, बनफ्शा, शिकाकाई, रीठा, चार (चिरौंजी), मुलेठी, अनन्तमूल (मद्रास) आदि रोपित कर संवर्धित की जा रही है।

बुन्देलखण्ड में अधिक मात्रा में पाई जाने वाली किन्तु अब लुप्तप्राय जड़ी-बूटियों को प्रचुर मात्रा में मल्टीप्लाई कर उनके संरक्षण एवं संवर्धन के प्रयास किए जा रहे हैं। यथा—कलिहारी, सर्पगन्धा, कुटज, त्रिफला, दशमूल, अड़ूसा, चित्रक, कंघी, निशद्धथ और गन्धप्रसारिणी आदि। मेरा यह मानना है कि पौधों के विकास के लिए समय से हुई वर्षा बहुत उपयोगी है लेकिन कम जल होने पर भी इनका विकास पूर्ण रूप से हो, इसको ध्यान में रखकर बड़े वृक्षों के नीचे नालियों के किनारे शतावरी, प्रियंगु, सर्पगन्धा, शालपर्णी, मंडूकपर्णी आदि अनेक औषधीय पौधे रोपित किए गए हैं। इस उद्यान में किसी प्रकार की रासायनिक खाद का प्रयोग नहीं किया जाता, जिससे जड़ी-बूटियों की गुणवत्ता नष्ट नहीं होती। गोबर की खाद तथा दूर-दराज के तालाब पोखरों से निकाली काली मिट्टी एवं वृक्षों के गिरे हुए पत्तों को सड़ाकर खाद के रूप में प्रयोग करते हैं, जो मुख्य रूप से पौधों के विकास में सहायक सिद्ध हो रही है। कीटनाशक के रूप में पत्र काढ़ा, नीम तेल, गोमूत्र आदि का प्रयोग करते हैं तथा अग्निहोत्र, यज्ञादि होम के लिए यज्ञकुंडों का निर्माण कर रक्षोध्न एवं पर्यावरण संशोधन द्रव्यों द्वारा समय-समय पर हवन कर पर्यावरण के वातावरण में शुद्धि की जाती है।

इस उद्यान में औषधीय पौधों के रोपण के साथ ही सागौन, शीशम, यूकेलिप्टस, जंगल जलेबी, बाँस आदि प्रत्येक के हजारों की संख्या में पौधों को रोपित किया गया है, जो पूर्णतया विकसित होकर पर्यावरण को शुद्ध कर प्रदूषण मुक्ति में सहायक हैं। विभिन्न प्रकार के पुष्प वाले तथा फलदार वृक्षों को भी प्रचुर मात्रा में रोपित किया गया है। असगन्ध, मूसली, हल्दी, अदरक आदि की सफल खेती के कार्यक्रम भी चलाए जा रहे हैं। समय-समय पर राष्ट्रीय स्तर की शास्त्र चर्चा परिषदों का आयोजन श्री बैद्यनाथ आयुर्वेद भवन लि., झाँसी द्वारा इसी उद्यान परिसर में किया जाता है, जिनमें देश के विभिन्न प्रान्तों के आयुर्वेद विशेषज्ञों/वनस्पति शास्त्रियों, कृषि वैज्ञानिकों, शोध छात्रों, कृषकों, वैद्यों को आमंत्रित कर उनके परामर्श व सुझाव से इस उद्यान का समय-समय पर विकास किया जाता है।

रिसर्च इंस्टीट्यूट्स की स्थापना

आयुर्वेद क्षेत्र में रिसर्च के उद्देश्य से सन् 2005 में ''वैद्य पंडित राम नारायण वर्मा इंस्टीट्यूट ऑफ आयुर्वेद एंड अल्टरनेटिव मैडिसिन एजुकेशन एंड रिसर्च'' की स्थापना बुन्देलखण्ड विश्वविद्यालय, झाँसी के सहयोग से की गई। अनुसन्धान के काम में तेजी लाने के लिए ''बैद्यनाथ रिसर्च फाउंडेशन'' स्थापित किया गया है, मसाज थेरेपी, लाइफस्टाइल और आयुर्वेदिक वनस्पतियों पर विशेष अनुसन्धान के लिए ''बैद्यनाथ रिसर्च फाउंडेशन स्कूल ऑफ आयुर्वेद'' स्थापित करके आयुर्वेद के सर्टिफिकेट कोर्स शुरू किए गए हैं, जो पुणे यूनिवर्सिटी से मान्यता प्राप्त हैं।

बैद्यनाथ द्वारा रिसर्च को बढ़ावा देने के लिए आयुर्वेद यूनिवर्सिटी से जुड़े कॉलेजों में पोस्ट ग्रेजुएशन कर रहे छात्रों को उनके रिसर्च प्रोजेक्ट में सहयोग करने के लिए प्रति छात्र लगभग एक लाख रुपए की स्कॉलरशिप की घोषणा की गई है। इन रिसर्च स्कॉलर को क्लीनिकल ट्रायल एवं रिसर्च के लिए औषधियाँ भी बैद्यनाथ द्वारा ही दी जाती हैं।

बैद्यनाथ प्रतिष्ठान ने क्षेत्र के विभिन्न आयुर्वेदिक महाविद्यालयों में वर्ष 2009-10 से प्रथम, द्वितीय व तृतीय स्थान प्राप्त करने वाले छात्रों को क्रमश: 10 हजार, 5 हजार, 3 हजार से पुरस्कृत करना आरम्भ किया है। जन सेवा को ध्यान में रखते हुए प्रतिष्ठान द्वारा विगत 10 वर्षों से दिल्ली, हरियाणा, पंजाब, उत्तर प्रदेश, उत्तराखंड, हिमाचल, गुजरात, मध्य प्रदेश, जम्मू कश्मीर आदि राज्यों में निरन्तर नि:शुल्क चिकित्सा शिविरों का आयोजन किया जा रहा है। बैद्यनाथ कई वर्षों से विभिन्न चिकित्सा संगठनों को चिकित्सा की संगोष्ठी के लिए सहायता राशि उपलब्ध कराता रहता है। बैद्यनाथ की सभी फैक्ट्री G-M-P- प्रमाणित हैं, और यहाँ मॉडर्न टेक्नोलॉजी और पुराने आयुर्वेदिक ग्रन्थों के बीच समन्वय स्थापित कर उच्च क्वालिटी की औषधियाँ बनाई जाती हैं।

आयुर्वेद के साहित्य क्षेत्र में वैद्य पंडित रामनारायण शर्मा द्वारा लिखित आरोग्य प्रकाशन के हिन्दी, तेलुगु, गुजराती, मराठी, अंग्रेजी संस्करण की चार लाख से अधिक प्रतियाँ बिक चुकी हैं। प्रतिष्ठान द्वारा अब तक 64 मौलिक आयुर्वेद ग्रन्थों का प्रकाशन किया जा चुका है, जिनमें आयुर्वेद सार संग्रह के अब तक 24 संस्करणों में 2 लाख से भी अधिक प्रतियाँ बिक चुकी हैं।

बैद्यनाथ द्वारा पिछले कुछ वर्षों से आरोग्य प्रकाशन, आयुर्वेद सार संग्रह, निदान चिकित्सा हस्तामलक जैसे ग्रन्थों को बिना किसी मूल्य नि:शुल्क वितरित किया जा रहा है, जिससे आयुर्वेद के विलक्षण ज्ञान को जन-जन तक पहुँचाया जा सके। स्वर्गीय वैद्य रामनारायण शर्मा जी ने 1979 मैं 'वैद्य रिसर्च ट्रस्ट' की स्थापना की एवं आयुर्वेद के श्रेष्ठ विद्वान को 1.00 लाख रुपए दे कर पुरस्कार देकर सम्मानित करना आरम्भ किया। अब यह पुरस्कार राशि 2.00 लाख रुपए कर दी गई है।

आयुर्वेद विकास के केन्द्रीय संस्थान एवं परिषद

आयुर्वेद के विकास के लिए केन्द्र स्तर पर 1978 में केन्द्रीय आयुर्वेद एवं अनुसन्धान परिषद सी.सी.आर.ए.एस. का गठन हुआ, जिसमें वैज्ञानिक ढंग से आयुर्वेद एवं सिद्ध चिकित्सा प्रणालियों पर आधारित अनुसन्धान कार्य एवं अन्य कार्यक्रम किए जाने लगे, जैसे रोगों के कारण और निवारण तथा उपचार के अध्ययन एवं उपचार के लिए अनुसन्धान कार्य करने वाली संस्थाओं को पंजीकृत किया गया एवं उन्हें आर्थिक सहायता भी प्रदान की जाने लगी, उनकी प्रमुख इकाइयाँ इस प्रकार हैं : साहित्य अनुसन्धान इकाई, औषध मानकीकरण, चिकित्सा उपयोगी वनस्पतियों का सर्वेक्षण, चल अनुसन्धान, मौलिक अनुसन्धान हैं।

आयुर्वेद के विशिष्ट संस्थान

1. भारतीय केन्द्रीय चिकित्सा परिषद (सी.सी.आई.एम.)।
2. स्नातकोत्तर प्रशिक्षण एवं अनुसन्धान विभाग।
3. केन्द्रीय सरकार स्वास्थ्य सेवाएँ।
4. फार्मास्युटिकल लेबोरेटरी।
5. राष्ट्रीय आयुर्वेद संस्थान।

राष्ट्रीय आयुर्वेद विद्यापीठ

झाँसी में भी निखिल भारतीय आयुर्वेद विद्यापीठ से सम्बद्ध स्वास्थ्य सेवा मंडल आयुर्वेद महाविद्यालय वर्ष 1977 तक संचालित रहा, जिसमें आयुर्वेद में रुचि रखने वाले विद्यार्थियों को पंचवर्षीय पाठ्यक्रम के अन्तर्गत आयुर्वेदाचार्य की उपाधि प्रदान की गई। झाँसी जनपद के अनेक आयुर्वेद स्नातक ग्रामीण एवं शहरी अंचल में आयुर्वेद चिकित्सा पद्धति से जनमानस की सेवा कर रहे हैं।

आयुर्वेद के प्रचार–प्रसार के लिए वर्तमान में अनेक पत्र–पत्रिकाओं का प्रकाशन भी किया जा रहा है, जिनमें झाँसी से जुड़ी प्रथम मासिक पत्र आरोग्य सुधा निधि— पं. रामनारायण शर्मा, कलकत्ता 1901 से प्रकाशित है। सचित्र आयुर्वेद— श्री बैद्यनाथ आयुर्वेद भवन, कलकत्ता से 1948 से प्रकाशित। वैद्य सम्मेलन पत्रिका— सर्वप्राचीन आयुर्वेद पत्रिका, आचार्य ताराचन्द्र शर्मा 1914 से प्रकाशित आदि प्रमुख हैं।

मैं बुन्देलखण्ड विश्वविद्यालय हूँ

प्रो. श्रीराम अग्रवाल*

मैं बुन्देलखण्ड विश्वविद्यालय हूँ। मेरा जन्म कब हुआ, यह सोच ही निराधार है क्योंकि मैं तो अजन्मा हूँ, अविनाशी हूँ। ज्ञान का अजस्त्र स्त्रोत तो अनादिकाल से विद्यमान रहा है। मैं भी उसी का अंग हूँ। मैं बुन्देलखण्ड की इसी माटी के कण-कण में जाने कब से बिखरा हुआ था। ये अलग बात है कि लोगों ने ही मुझे देर से पहचाना। वनवास हो या राजसिंहासन, अनुज लक्ष्मण और माता जानकी संग, प्रभु श्रीराम ने मेरे हृदयस्थल में ही आकर विश्राम किया है। मेरी ज्ञान मन्दाकिनी में ही डुबकी लगाकर तुलसी ने 'मानस', केशव ने 'चन्द्रिका' व मैथिली ने 'उर्मिला' की रचना की थी। वृन्दावन लाल ने तो 'गढ़कुंडार', 'झाँसी की रानी'आदि कालजयी रचनाओं द्वारा मेरे क्षेत्र के वीरों और बलिदानी वीरांगनाओं के शौर्यपूर्ण इतिहास को जन-मानस तक पहुँचाया। मेरी धरती ने ही लोक-संस्कृति के प्रतीक रण-बांकुरे आल्हा-ऊदल को लोक-नायक बनाया। ध्यानचन्द की हॉकी का जादू भी मेरी ही धरती पर ही जगा था।

अंग्रेज गोरों ने मेरे क्षेत्र पर कब्जा करने और मेरा अस्तित्व समाप्त करने में कोई कसर नहीं छोड़ी थी। मेरी मर्दानी झाँसी की रानी की वीरता से बारम्बार पराजित और भयभीत होने के बाद, जब उन्होंने छल-कपट से चारों तरफ से घेरकर रानी को झाँसी छोड़ने पर मजबूर कर दिया, तब उसके बाद चार दिन तक 'विजन' के नाम पर सबसे पहले उन्होंने महाराजा गंगाधर राव के देश प्रसिद्ध उस ग्रन्थागार तथा उसके ग्रन्थों को जलाकर राख किया, जिसमें मेरी ज्ञान परम्परा व संस्कृति की धरोहर सुरक्षित थी, लेकिन वे उस राख में भी मेरी ज्ञान-ज्वाला की चिंगारी समाप्त नहीं कर सके। वर्ष 1857 के प्रथम राष्ट्रीय स्वतंत्रता संग्राम में मेरे क्षेत्र के रण बांकुरों ने, चन्द सोने के टुकड़ों और खिताबों के लिए अंग्रेजों की पराधीनता स्वीकार करने की अपेक्षा, देश के लिए मर-मिटना स्वीकार किया। मेरे क्षेत्र पर कब्जा करने के बाद अंग्रेजों ने उसकी सम्मिलित ताकत को बाँट दिया। मुझे कभी सागर, कभी इलाहाबाद, तो कभी ग्वालियर डिवीजन के साथ रखा और फिर नॉर्थ वेस्ट प्रॉविन्स और सेन्ट्रल

* पूर्व प्रतिकुलपति, बुन्देलखण्ड विश्वविद्यालय, झाँसी

बुन्देलखण्ड विश्वविद्यालय

प्रॉविन्स में बाँटे रखा। जाते-जाते भी उत्तर प्रदेश और मध्य प्रदेश में बाँटकर मेरे टुकड़े कर दिए। पूरे क्षेत्र में इसलिए ऐसी कोई उच्च शिक्षण संस्था नहीं पनपने दी कि कहीं यहाँ से भी आजादी का दीवाना कोई नया सुभाष, कोई नया आजाद, कोई नया भगतसिंह पैदा न हो जाए। स्वतंत्रता प्राप्ति तक मैं गर्भस्थ ही रहा।

स्वतंत्रता प्राप्ति के बाद सबसे पहले सन् 1949 में झाँसी के कुछ शिक्षित, उदार समाजसेवियों ने बुन्देलखण्ड महाविद्यालय की स्थापना कर मुझे आजादी की हवा में आँख खोलने का मौका दिया। तब तक केवल कुछ सम्पन्न परिवार के नौनिहाल, बाहर दूरदराज के क्षेत्रों में अंग्रेजियत के कालेजों में शिक्षा ग्रहण कर अंग्रेजी प्रशासन का हिस्सा ही बनते रहे थे। इस शुरुआत से उत्साहित होकर क्षेत्र में सन् 1950 के दशक में उरई में डी.ए.वी. कालेज (1951) की स्थापना हुई। झाँसी में बिपिन बिहारी महाविद्यालय (1960) से विज्ञान में उच्च शिक्षा का प्रारम्भ हुआ। सन् 1960 में ही मेरे क्षेत्र के प्रथम आर्यकन्या महाविद्यालय से बालिकाओं के लिए उच्च शिक्षा के दरवाजे खुल गए। इसी दशक में बाँदा (1964), ललितपुर (1968), अतर्रा (1960) और उरई (1969) में मेरा विस्तार हुआ। 1970 के दशक में मेरे विस्तार का क्रम अन्य अछूते ठिकानों, कालपी (1971), मऊरानीपुर (1972) और कोंच (1973) में भी चला और मेरे इन दूरदराज के ग्रामीण/अर्द्ध-ग्रामीण क्षेत्रों के युवक-युवतियों को भी अपने भविष्य को सँवारने का मौका मिलने लगा।

लेकिन अभी स्वतंत्रता प्राप्ति के 25 वर्ष बाद भी अपना अस्तित्व होते हुए भी मैं अनाम ही बना रहा। शुरू में मैं आगरा विश्वविद्यालय और फिर कानपुर

विश्वविद्यालय का हिस्सा बना दिया गया। वह तो भला हो वचनवीर, कर्मवीर मुख्यमंत्री बहुगुणा का कि एक सरकारी आदेश द्वारा दिनांक 25 अगस्त, 1975 को मेरा नामकरण किया गया और मैं दुनिया की आँखों के समक्ष प्रकट हो गया। अब मुझे मेरा एक स्थायी कार्यक्षेत्र और झाँसी में एक स्थायी ठिकाना मिल गया। मेरी भटकन समाप्त हो गई। वर्ष 1975 में नामकरण के समय 1 कन्या महाविद्यालय सहित केवल 12 सहायता प्राप्त महाविद्यालय मेरे क्षेत्र में कार्यरत थे, जिनमें उस समय लगभग 5000 नियमित छात्रों के अतिरिक्त, लगभग 17000 निजी छात्रों के नामांकन, परीक्षा एवं उपाधि प्रदान करने भर का कार्य करना ही मेरा उत्तरदायित्व था। मूल रूप से मेरा कार्यक्षेत्र बिना कोई परिवर्तन किए तत्कालीन झाँसी मण्डल के 5 जिलों तक ही सीमित रहा।

मेरी विधिवत स्थापना/नामकरण के साथ ही अलीगढ़ विश्वविद्यालय के रसायन विभाग के विद्वान प्रो. वाहिद यू. मलिक को मेरा प्रथम परिवार मुखिया/कुलपति चुना गया। किसी भी नयी संस्था, वह भी विश्वविद्यालय परिवार जैसी संस्था, जिसके साथ महती जिम्मेदारियाँ जुड़ी हों, का प्रारम्भिक दायित्व निर्वहन इतना सरल नहीं होता। पहले तो सांकेतिक रूप में मेरा कार्यालय सर्किट हाउस, झाँसी के उन कक्षों में चलता रहा, जहाँ हमारे प्रथम कुलपति को काफी समय तक रहना पड़ा। फिर जिलाधिकारी, झाँसी के आवास के समीप आवंटित आवासीय प्रांगण में कार्य होता रहा फिर तो नगर के पश्चिमी छोर पर पहूज नदी के किनारे बने एक ख्यातिप्राप्त समाजसेवी व उद्योगपति बाबू वासुदेव प्रसाद अग्रवाल के मूल रूप से पूर्व में एफ.सी.आई. के भंडारण के लिए प्रयोग किए गए भंडार गृहों के 2-3 विशाल गोदामों से ही कई वर्ष तक मेरा कार्यालय संचालित होता रहा। कुल मिलाकर तत्कालीन व्यवस्था में मेरे पास आवासीय शिक्षण व्यवस्था प्रारम्भ करने के न तो पर्याप्त साधन थे और न ही उपयुक्त भवन आदि। अतः मेरा कार्य अपने से सम्बद्ध महाविद्यालयों में प्रवेश पाए छात्र-छात्राओं का नामांकन, परीक्षा संचालन, परिणाम घोषणा एवं मात्र उपाधियाँ वितरित करना ही था। मेरी आय का एकमात्र साधन विद्यार्थियों से प्राप्त नामांकन एवं परीक्षा शुल्क ही था, जिससे बमुश्किल सभी अधिकारियों तथा कर्मचारियों का वेतन वितरण होता था एवं ऊपरी व्यय पूरे करने होते थे। सरकार ने मुझे मेरी पहचान तो दे दी थी पर घुटनों के बल चलते हुए मुझे स्वयं ही अपने पैरों पर खड़े होकर दौड़ लगानी थी। इन समस्त प्रारम्भिक विषमताओं के होते हुए भी मेरे पहले मुखिया ने अपनी पूर्ण क्षमता भर अपने उत्तरदायित्वों को पूरा करने का प्रयास किया।

सौभाग्यवश द्वितीय कुलपति/मुखिया के रूप में मुझे एक अत्यन्त ही प्रभावशाली, गरिमापूर्ण व्यक्तित्व के धनी, आई.ए.एस. एकेडमी, मसूरी के पूर्व निदेशक तथा प्रधानमंत्री कार्यालय में महत्त्वपूर्ण पद पर कार्यरत रह चुके श्री रामकृष्ण त्रिवेदी का नेतृत्व प्राप्त हुआ। जिले से केन्द्र स्तर तक के नागरिक एवं पुलिस प्रशासन में कार्यरत

वरिष्ठ से वरिष्ठ अधिकारी उन्हें अपने गुरु रूप में सम्मान देते थे और उनके किसी भी आदेश को पूर्ण करना अपना सौभाग्य मानते थे। उन्हीं के प्रयास से मेरे वर्तमान परिसर हेतु जमीन का अधिग्रहण किया गया, जिसमें माँ कामाख्या देवी विराजमान उपत्यका के उनके मातृवत विस्तृत आँचल में मुझे मेरा अपना घर प्राप्त हो गया। श्री त्रिवेदी जी के साथ सदैव मेरी अनन्त शुभकामनाएँ रहीं। बाद में भारत सरकार के सतर्कता आयोग के आयुक्त व दो बार गुजरात राज्य के राज्यपाल जैसे उच्च पदों पर रहकर वे कार्यनिवृत्त हुए। उनके जाने के उपरान्त हिन्दी के जाने-माने साहित्यकार एवं आचार्य डॉ. हरवंशलाल शर्मा जी ने अपने कुशल मार्गदर्शन में मेरी प्रगति का मार्ग प्रशस्त किया, लेकिन अभी तक मुझे विश्वविद्यालय अनुदान आयोग से योजनागत वित्तीय अनुदान हेतु मान्यता प्राप्त न हो सकी थी।

सन् 1984 से 1987 के मध्य उत्तर प्रदेश सरकार के शिक्षा विभाग से सेवानिवृत्त निदेशक श्री प्रभाकान्त शुक्ल का कार्यकाल मेरे जीवन में एक अभूतपूर्व आवश्यक परिवर्तन लेकर आया। उस समय तक विश्वविद्यालय अनुदान आयोग द्वारा योजनागत अनुदान हेतु प्रत्येक राज्य विश्वविद्यालय में न्यूनतम 4 आवासीय विभाग एवं प्रति विभाग न्यूनतम 4 शिक्षकों की नियुक्ति का मानदंड निर्धारित कर दिया गया था। तब परिस्थितिवश शासन ने जुलाई 1984 में एक आदेश के द्वारा मुझे 4 आवासीय विभाग स्थापित करने की स्वीकृति दी। मेरे परिवार के मुखिया श्री शुक्ल जी के निरन्तर समर्पित प्रयास एवं दीर्घ अनुभव के धनी तत्कालीन कुलसचिव श्री रामसूरत के प्रयासों से सन् 1986 में मेरा स्वरूप मात्र उपाधि बाँटने वाले सम्बद्धीय विश्वविद्यालय से परिवर्तित होकर मिश्रित रूप से आवासीय-सम्बद्धीय विश्वविद्यालय हो गया। परिसर में ही 4 आवासीय विभागों में सितम्बर माह में सरस्वती पूजन के साथ शिक्षण कार्य का श्रीगणेश हो गया। परिसर में शैक्षणिक भवन की व्यवस्था न होने के कारण प्रशासनिक भवन के ही द्वितीय तल पर 28 शिक्षकों के सापेक्ष मात्र 7 शिक्षकों तथा लगभग 50 छात्र-छात्राओं के साथ मुझे जैसे युवावस्था पूर्व स्फूर्तिदायक प्रेरणा प्राप्त हो गई। लगभग 2-3 वर्ष के पश्चात मेरे परिसर के बायीं ओर मुख्य कानपुर मार्ग की ओर दो शैक्षणिक भवनों का निर्माण करा दिया गया, जहाँ लगभग 15 अध्यापकों तथा लगभग 115 विद्यार्थियों के साथ मेरा स्वरूप और दृढ़ हो गया।

शासन ने विश्वविद्यालय अनुदान आयोग से वित्तीय अनुदान हेतु मान्यता प्राप्त करने के लिए मेरे इन 4 विभागों का सृजन कर 16 शैक्षणिक पदों की स्वीकृति तो प्रदान कर दी, परन्तु इन पदों तथा सृजित विभागों के अन्य मदों पर व्यय हेतु विश्वविद्यालय द्वारा अपने स्त्रोतों से ही वित्तीय व्यवस्था करने की शर्त लगा दी। परिणाम यह हुआ कि मूलतः सम्बद्धीय महाविद्यालयों के नियमित तथा व्यक्तिगत छात्र परीक्षार्थियों के नामांकन एवं परीक्षा शुल्क के आधार पर चलने वाले ये आवासीय विभाग एक बोझ प्रतीत होने लगे। विश्वविद्यालय अनुदान आयोग रिक्त शैक्षणिक पदों के मात्र विज्ञापित किए जाने से सन्तुष्ट होकर मुझे वित्तीय मान्यता

देने को कभी तैयार नहीं हुआ। मेरे और विश्वविद्यालय अनुदान आयोग के मध्य मात्र पत्राचार की औपचारिकता चलते कई वर्ष बीत गए। एक कहावत है कि 'मरे को मारे शाह मदार'। सो तब तक विश्वविद्यालय अनुदान आयोग ने वित्तीय अनुदान 12बी की मान्यता हेतु मानक परिवर्तित करते हुए 7 शैक्षणिक विभागों व कुल 49 अध्यापकों की न्यूनतम सीमा निर्धारित कर दी। अब 3 अन्य विभागों की स्वीकृति प्राप्ति पर ही मेरे समस्त प्रयास केन्द्रित हो गए। बड़े प्रयासों के पश्चात मान्यता मिल भी गई तो कुछ पूर्व माननीय मुखियाजन का कार्यकाल समाप्त होने के पूर्व चलते-चलते शिक्षकों की नियुक्तियाँ कर पल्ला झाड़ कर चल देने की अघोषित नीति भी सफल नहीं हो सकी। मैं अपनी विधिवत स्थापना/नामकरण के बाद लगभग 25 वर्ष तक इसी प्रकार रेंगता हुआ युवावस्था के द्वार पर पहुँच गया। यद्यपि इस अवधि में सन् 1978 से 1979 के मध्य मेरे क्षेत्र की निर्धनता से त्रस्त शासन ने दूरदराज के ग्रामीण इलाकों में तहसील स्तर पर 14 नए शासकीय महाविद्यालय स्थापित करा दिए। ऐसा करके उसने मेरे आन्तरिक क्षेत्रों में बसने वाले युवाओं को विद्यादान का एक अत्यन्त सराहनीय कार्य किया। इस समय तक मुझसे सम्बद्ध 27 सहायता प्राप्त व शासकीय महाविद्यालयों के अतिरिक्त झाँसी के शासकीय मेडिकल तथा इंजीनियरिंग संघटक महाविद्यालयों सहित इनकी कुल संख्या 29 हो गई। इन महाविद्यालयों की कुल छात्र संख्या भी लगभग 1 लाख से ऊपर हो चुकी थी। मेरे परिसरीय विभागों में कार्यरत प्रतिबद्ध विद्वान शिक्षकों के परिश्रम के परिणामस्वरूप उत्तम शैक्षणिक प्रगति तथा छात्रों के नियोजन की ख्याति के कारण उनमें मेरे क्षेत्र से बाहर के तथा कुछ विभागों में विदेशी छात्र भी प्रवेश हेतु आकर्षित होने लगे थे।

वर्ष 1999 में मुझे दूरंदेशी व अनुभवी मुखिया प्रो. रमेश चन्द्रा का नेतृत्व प्राप्त हुआ। उनकी तुरन्त सक्रियता के बल पर मेरा यौवन अंगड़ाई लेने लगा। परिस्थितिवश हताश होने के स्थान पर, विषम परिस्थितियों में भी उनके जुझारू स्वभाव के कारण आगे 6 साल के अन्तराल में निरन्तर विवादों के झूले में झूलते हुए भी मैंने आसमान की ओर पींगें भरनी शुरू कर दीं। मुझे वित्तीय संकट से उबारने के लिए उन्होंने कार्यकाल का अन्त होने की प्रतीक्षा किए बिना कार्यकाल शुरू होते ही विश्वविद्यालय अनुदान आयोग की 12 बी की मान्यता की शर्तें पूरी करने हेतु सभी शैक्षणिक व गैर शैक्षणिक पदों पर नियुक्ति और कई महत्त्वपूर्ण रोजगारपरक स्ववित्त पोषित शैक्षणिक कार्यक्रमों के प्रारम्भ की घोषणा तथा उनके लिए आवश्यक शैक्षणिक भवनों तथा प्रयोगशालाओं को तैयार करने हेतु एक अभियान सा छेड़ दिया। मेरे क्षेत्र के युवाओं को जिन व्यवसायपरक आधुनिक शिक्षा हेतु बाहर भटकना पड़ता था, उसे यहीं मेरे द्वारा उपलब्ध कराए जाने पर मेरे विद्यार्थियों की संख्या में क्रमशः आशातीत वृद्धि होने लगी, साथ ही वित्तीय साधनों की कमी भी क्रमशः दूर होने लगी। इस त्वरित तत्परता एवं विकास की तेज गति में प्रशासनिक एवं नैतिक सहयोग

हेतु उन्होंने तत्कालीन वरिष्ठतम आचार्य प्रो. श्रीराम अग्रवाल के रूप में मुझे मेरा प्रथम उप-मुखिया (प्रति कुलपति) प्रदान करने के साथ ही सभी शिक्षकों को शिक्षण कार्य के अतिरिक्त शैक्षणिक प्रशासन को चुस्त-दुरुस्त तथा अति गुणवत्तापूर्ण बनाने हेतु विभिन्न उत्तरदायित्व सौंपे। इसी बीच उत्तर प्रदेश शासन ने वर्ष 2000 के सत्र से विभिन्न राज्य विश्वविद्यालयों में स्ववित्त पोषित कार्यक्रमों को प्रारम्भ करने के लिए मानक भी निर्धारित कर मेरे शैक्षणिक विस्तार हेतु मुझे नए अवसर प्रदान कर दिए। इन सभी के अतिरिक्त प्रशासनिक अधिकारियों व सभी कर्मचारियों के प्रतिबद्ध एवं अनुशासित सहयोग के परिणामस्वरूप पूरी तैयारी के साथ विश्वविद्यालय अनुदान आयोग को 12बी वित्तीय अनुदान मान्यता हेतु पूर्ण किए गए मानकों का निरीक्षण करने हेतु न्यौता भी भेज दिया गया।

वर्ष 2000 में विश्वविद्यालय अनुदान आयोग के मानक पूरा करने के उपरान्त 12बी के वित्तीय अनुदान हेतु आई विद्वानों की टीम के सम्मुख प्रस्तुत प्रस्तावों के अनुसार 9वीं पंचवर्षीय योजना के प्रारम्भ (1997) की अपेक्षा अवस्थापनात्मक एवं शैक्षणिक परिवेश में आए हुए परिवर्तन स्पष्ट दृष्टिगोचर होने लगे थे। 1997 की अपेक्षा 2000 तक मुझसे सम्बन्धित महाविद्यालयों की संख्या 29 से बढ़कर 39 (स्ववित्त पोषित सहित) हो चुकी थी। मेरे परिसर में 35 नये शिक्षण संस्थान कार्यरत हो चुके थे तथा पाठ्यक्रमों की संख्या 04 से बढ़कर 151 हो गई थी। परिसर में छात्रों की संख्या 207 से बढ़कर 5489 तथा सम्बद्धीय महाविद्यालयों में छात्र संख्या बढ़कर लगभग 2,00,000 हो गई थी। परिसर में कार्यरत अध्यापकों की संख्या 10 से बढ़कर 157 तथा गैर शिक्षक कर्मचारियों की संख्या 165 से बढ़कर 254 हो गई थी। पंजीकृत शोध छात्रों की संख्या 2472 से बढ़कर 3530 तथा उपाधि प्राप्त शोध छात्रों की संख्या 837 से बढ़कर 1015 हो गई थी। मेरे विद्वान शिक्षकों के द्वारा विभिन्न राष्ट्रीय-अन्तरराष्ट्रीय संगोष्ठियों में प्रस्तुत एवं प्रकाशित शोधपत्रों की संख्या 93 से 375 हो गई थी। वर्ष 2002 तक उनके द्वारा संगोष्ठियों में उपस्थिति की संख्या 418 थी तथा उनके पास लगभग 23 लाख रुपये के अनुदानित शोध प्रकल्पों की संख्या 04 थी। मेरे तत्कालीन कुलपति प्रो. रमेश चन्द्रा एवं प्रति कुलपति प्रो. श्रीराम अग्रवाल सहित 3 शिक्षकों को सोका विश्वविद्यालय से उत्कृष्टता हेतु अन्तरराष्ट्रीय सम्मान (वर्ष 2000) भी प्राप्त हुआ था। मेरे केन्द्रीय पुस्तकालय में पुस्तकों की संख्या लगभग 30,000 से बढ़कर 1,50,000 तथा नियमित शोध पत्रिकाओं की संख्या 16 से बढ़कर 30 हो गई थी। मेरे कुशल वित्त अधिकारियों के प्रबन्ध कौशल से आय 4 करोड़ 16 लाख रुपये से बढ़कर 23 करोड़ 30 लाख रुपये तथा व्यय 2 करोड़ 82 लाख रुपये से बढ़कर 14 करोड़ 52 रुपये तक हो गया था। अब मैं एक सरप्लस बचत विश्वविद्यालय घोषित हो चुका था। नतीजतन, राज्य सरकार को मुझे किसी भी प्रकार की विकास सहायता न देने का एक और बहाना मिल गया।

काफी कुछ मेरे परिवार के समर्पित प्रयासों को सराहते हुए और कुछ-कुछ विश्वविद्यालय अनुदान आयोग तथा केन्द्रीय प्रशासन की नाक के नीचे दिल्ली में फले-फूले मेरे नए मुखिया के बहुआयामी सम्बन्धों के ताने-बाने की बदौलत विश्वविद्यालय द्वारा 12बी की मान्यता हेतु भेजे गए वरिष्ठतम शिक्षाविदों के दल ने मेरे लिए 9वीं पंचवर्षीय योजना (1997-2002) के मध्य में ही योजनागत अनुदान को स्वीकृत कर दिया। यह अनुदान प्रमुखतः पुस्तकालय तथा योजना के शेष वर्षों हेतु स्वीकृत शैक्षणिक पदों के 100 प्रतिशत व्यय हेतु दिया गया। पूर्व सदी के अन्त तथा वर्तमान सदी के अति प्रारम्भिक काल में प्राप्त इस मान्यता ने मेरे लिए न केवल संजीवनी का कार्य किया, अपितु मेरी उत्तरोत्तर प्रगति तथा विभिन्न अन्य शैक्षणिक नियामक संगठनों से अपने रोजगारपरक शिक्षण कार्यक्रमों की मान्यता तथा प्रान्तीय व राष्ट्रीय वित्त प्रदाता शैक्षणिक संगठनों से शोध, संगोष्ठियों, शिक्षकों की अन्तरराष्ट्रीय संगोष्ठियों में प्रतिभागिता तथा वैज्ञानिक व सामाजिक शोध हेतु वित्तीय सहायता प्राप्त करने का एक निर्बाध स्रोत खोल दिया। भारत सरकार के समाज कल्याण मंत्रालय से छात्र व छात्राओं के लिए विशिष्ट छात्रावास, खेल मंत्रालय से विशाल क्रीड़ांगन व इंडोर स्टेडियम के लिए भारी-भरकम अनुदान के अतिरिक्त फार्मेसी काउंसिल, ए.आई.सी.टी.ई., एन.सी.टी.ई., बार काउंसिल ऑफ इंडिया व डिस्टेन्स एजुकेशन काउंसिल आदि नियामक संस्थाओं से विभिन्न सम्बन्धित पाठ्यक्रमों के लिए भी मान्यताएँ प्राप्त हो गईं।

अब तक उच्च शिक्षा के स्तर में शैक्षणिक सुधार तथा एक न्यूनतम मानक स्तर बनाए रखने हेतु तथा विश्वविद्यालय अनुदान आयोग के वित्तीय अनुदान व अन्य मान्यताओं हेतु राष्ट्रीय मूल्यांकन एवं प्रत्याययन परिषद् (नैक) से प्रत्येक विश्वविद्यालय का प्रत्यायन (एक्रेडिटेशन) अनिवार्य कर दिया गया था तथा अनुदान की राशि का अनुपात प्राप्त प्रत्यायन स्तर से जोड़ दिया गया था। अभी तक मेरे परिमाणात्मक आकार तथा गुणात्मक स्तर में इतना पर्याप्त सुधार हो गया था कि वर्ष 2004-05 में नैक मूल्यांकन समिति को मूल्यांकन एवं प्रत्यायन के लिए आमंत्रित कर लिया गया। वर्ष 2005 में राष्ट्रीय मूल्यांकन एवं प्रत्यायन परिषद (नैक) हेतु आई मूल्यांकन टीम के समक्ष प्रस्तुत स्व-मूल्यांकन आख्या के अनुसार इस समय तक मेरे परिसर के शैक्षणिक संस्थानों में विभिन्न स्तर के 140 पाठ्यक्रमों में 12,314 छात्र-छात्राएँ अध्ययनरत थे, जिनके सुचारु अध्यापन हेतु कुल 244 योग्य शिक्षक तथा प्रशासनिक व्यवस्था हेतु अधिकारियों के अतिरिक्त 252 गैर शिक्षक परिवार सदस्य कार्यरत थे। इस समय तक सम्बद्ध महाविद्यालयों की संख्या 49 तथा देश में मेरे द्वारा शोध हेतु 40 शोध केन्द्र अनुमोदित थे। छात्रों की कुल संख्या 2 लाख से अधिक तक पहुँच चुकी थी। पी-एच.डी. शोध उपाधि हेतु 45 जूनियर रिसर्च फैलोशिप प्राप्त छात्रों सहित 463 तथा 2 शोधकर्ता डी.लिट् उपाधि हेतु शोधरत थे। मेरे परिसर के 57 छात्रों ने विश्वविद्यालय अनुदान आयोग व सी.एस.आई.आर. की नेट परीक्षा

उत्तीर्ण कर ली थी। परिसर के शिक्षकों के पास विभिन्न संगठनों से 2 करोड़ 39 लाख रुपये के 8 शोध प्रकल्प शोधरत थे। इस समय तक मेरे पुस्तकालय में 54 लाख रुपये के ग्रन्थ उपलब्ध थे। छात्रों के लिए स्टेडियम तथा 2 महिला एवं 2 पुरुष छात्रावास व हेल्थ सेन्टर भी तैयार हो चुके थे। विश्वविद्यालय अनुदान आयोग के अतिरिक्त डी.बी.टी., डी.एस.टी. तथा दूरस्थ शिक्षा परिषद् से भी अनुदान प्राप्त हो रहा था। मेरे छात्रों के सम्पूर्ण व्यक्तित्व विकास हेतु प्रतिवर्ष अन्तर-महाविद्यालयीन क्रीड़ा समारोह और युवा महोत्सव का आयोजन भी प्रारम्भ किया गया। इसके अतिरिक्त क्षेत्रीय अन्तर-विश्वविद्यालयीन क्रीड़ा तथा सांस्कृतिक महोत्सवों का भी आयोजन किया गया। मेरे सभी परिवार मुखियाओं के द्वारा मुझे समाज से जोड़े रखने तथा युवाओं के सर्वांगीण व्यक्तित्व विकास में सहायक इन सभी परम्पराओं का लगातार सदैव पालन किया जाता रहा है।

मुझे देश के प्रसिद्ध वैज्ञानिकों-शिक्षाविदों से जोड़ने के लिए उन्हें मानद डी.लिट् की उपाधियों से सम्मानित किया गया। इसमें वैज्ञानिक क्षेत्र के रसायनशास्त्री पद्मभूषण प्रो. एम.एम. शर्मा, परमाणु वैज्ञानिक प्रो. वी.एस. राममूर्ति, प्रसिद्ध पत्रकार डॉ. रमेश चन्द्र जैन, पद्मभूषण पं देवव्रत चौधरी (संगीतज्ञ), प्रसिद्ध समाज सेवक एवं राष्ट्रीय विचारक श्री नानाजी देशमुख, पूर्व राज्यपाल प्रो. ए.आर. किदवई, समाज सेविका एवं राजनेत्री सुश्री उमा भारती, प्रो. ऐलन राय केट्रिज्की (वैज्ञानिक यू.एस.ए.), प्रसिद्ध वैज्ञानिक प्रो. गोवर्धन मेहता, प्रो. सी.एन.आर. राव, डॉ. वेदप्रकाश नन्दा (विधि विशेषज्ञ, कनाडा), अन्तरराष्ट्रीय प्रसिद्धि प्राप्त डॉ. दायसाकू इकेडा (संस्थापक सोका यूनिवर्सिटी, जापान), शिक्षाविद् आर.सी. मेहरोत्रा, वैज्ञानिक प्रो. आर.ए. मशेलकर, डॉ. सतीश अग्रवाल (यू.एस.ए.), प्रसिद्ध चिकित्साशास्त्री प्रो. हरीप्रसाद गौतम, पद्मभूषण श्री रामकृष्ण त्रिवेदी (पूर्व राज्यपाल, गुजरात एवं पूर्व कुलपति, बुन्देलखण्ड विश्वविद्यालय), पूर्व चुनाव आयुक्त श्री जी.वी.जी. कृष्णमूर्ति, प्रसिद्ध कवि बाबू केदारनाथ अग्रवाल, उत्तर प्रदेश विधानसभा के प्रथम सभापति आचार्य आर.वी. धुलेकर, प्रसिद्ध क्रान्तिकारी डॉ. भगवानदास माहौर, प्रो. प्रेमव्रत और पूर्व निदेशक, आईआईटी रुड़की एवं कई देशों में भारत के राजदूत व नेस्ले इंडिया के अध्यक्ष रह चुके बुन्देलखण्ड की पूर्व रियासत सरीला के शासक श्री नरेन्द्र कुमार सिंह का नाम उल्लेखनीय है। इन महानुभावों तथा इनसे जुड़े संगठनों ने मेरे अध्यापकों एवं विद्यार्थियों को व्यापक शोध अवसर प्राप्त करने में सहायता प्रदान की।

मेरे क्षेत्र की ख्याति के अनुरूप इस क्षेत्र के ऐसे महानुभावों को भी सम्मानित करने की परम्परा प्रारम्भ की गई, जिन्होंने क्षेत्रीय, राष्ट्रीय व अन्तरराष्ट्रीय स्तर पर उल्लेखनीय व प्रशंसनीय कार्य कर मेरे क्षेत्र का मान बढ़ाया। उन्हें विशेष सम्मान पत्र, शॉल एवं श्रीफल भेंट कर विभिन्न दीक्षांत समारोहों के अवसर पर महामहिम राज्यपाल/कुलाधिपति जी द्वारा सम्मानित किया गया। इनमें प्रसिद्ध ओलम्पियन हॉकी खिलाड़ी श्री अशोक ध्यानचन्द, अब्दुल राशिद, सुबोध खांडेकर,

लोकगायक देशराज पटैरिया, समाजसेवी श्री सीताराम गुप्ता, प्रसिद्ध शिक्षाविद् एवं बुन्देलखण्ड महाविद्यालय के संस्थापक प्राचार्य प्रो. सुखस्वरूप जी,साहित्यकार अयोध्याप्रसाद गुप्त 'कुमुद', प्रख्यात आयुर्वेद चिकित्सक एवं समाजसेवी डॉ. सुरेश चन्द्र शास्त्री, उद्योगपति श्री अनुराग शर्मा, क्रान्तिकारी चन्द्रशेखर आजाद व भगवान दास माहौर के साथी श्री सदाशिवराव मल्कापुरकर, पूर्व सांसद एवं केन्द्रीय स्वास्थ्य मंत्री डॉ. सुशीला नैयर, अन्तरराष्ट्रीय बिलियर्ड खिलाड़ी श्री अशोक शांडिल्य तथा स्क्रैप मूर्तिकार जगदीश लाल आदि कई उल्लेखनीय प्रतिभाओं को सम्मानित किया गया।

इसके पश्चात कुछ अन्तराल के बाद उत्तर प्रदेश के सेवानिवृत्त मुख्य सचिव श्री वी.के. मित्तल, आई.ए.एस., कुलपति के रूप में मिले। उन्होंने मेरा प्रशासनिक स्तर मजबूत किया। तत्पश्चात प्रो. एस.वी.एस. राणा जैसे अनुभवी, जिन्होंने विश्वविद्यालय में ऑनलाइन प्रक्रिया प्रारम्भ की। फिर प्रो. अविनाश चन्द्र पाण्डेय जैसे युवा एवं दूरदर्शी मुखिया मिले, जिन्होंने ऑनलाइन प्रक्रिया को मूर्त्त रूप देकर मेरी कार्यप्रणाली में महत्त्वपूर्ण परिवर्तन किए। इनके समय में कार्यालय का आधुनिकीकरण, कार्यालय कार्य तथा छात्रों का नामांकन, परीक्षा एवं परिणामों का डिजिटलाइजेशन, पुस्तकालय की राष्ट्रीय व अन्तरराष्ट्रीय सम्पर्क सुविधा का विस्तार, जिसमें उत्तर प्रदेश में मात्र बुन्देलखण्ड विश्वविद्यालय का पुस्तकालय आर.एफ.आई.डी. सिस्टम से सुसज्जित है, किया गया। ऐसे महत्त्वपूर्ण कार्यों से मेरी प्रशासनिक, शैक्षणिक एवं वित्तीय छवि में परिवर्तन सहित मेरी कार्यप्रणाली में पर्याप्त पारदर्शिता दृष्टिगोचर होने लगी थी।

इतना होने के बाद भी एक कसक सी मेरे मन में बनी हुई थी। अभी तक मुझे जो परिवार मुखिया मिले, उनमें किंचित अपवाद को छोड़कर अधिकतर विज्ञान एवं तकनीकी शिक्षा के विद्वान थे। उनके रहते मेरी विज्ञान, तकनीक एवं व्यावसायिक दृष्टि का पर्याप्त विस्तार तो हो रहा था, परन्तु कहीं मानव और मानव समाज की संवेदनाओं को समझने के ज्ञान में कमी आ रही थी। मात्र व्यवसायपरक एवं ठोस वैज्ञानिक ज्ञान छात्रों को संवेदनशून्यता की ओर ले जाता है। जीवन की सारगर्भिता हेतु प्रत्येक मानव को मानव समाज के कल्याण व समग्र विकास के प्रति भी संवेदनशील होना आवश्यक है। इस हेतु मानविकी (ह्यूमैनिटीज) विषयों यथा, दर्शन, संस्कृति, साहित्य व इतिहास जैसे विषयों का ज्ञान-दान मेरे द्वारा दिया जाना आवश्यक था। बिना इनके पठन-पाठन के कोई भी विश्वविद्यालय जैसी ज्ञान संस्था सम्पूर्णता प्राप्त नहीं कर सकती।

मेरे वर्तमान मुखिया, गोरखपुर विश्वविद्यालय के पूर्व हिन्दी विभागाध्यक्ष एवं प्रख्यात साहित्य मर्मज्ञ प्रो.सुरेन्द्र दुबे ने मेरी इस कमी को पूरा किया। उन्होंने मेरा मुखिया पद सँभालते ही हिन्दी विभाग की स्थापना कराई तथा उसमें अध्यापन कार्य भी प्रारम्भ कराया। इतिहास विभाग की स्थापना हेतु भी आवश्यक स्वीकृतियाँ प्राप्त

कर लीं। निश्चित तौर पर हमारे आगे आने वाले परिवार मुखिया भविष्य में इस क्रम को आगे बढ़ाते हुए, दर्शन शास्त्र, प्राचीन संस्कृति एवं भारतीय इतिहास, भाषा विज्ञान, मनोविज्ञान जैसे विषयों के शिक्षण विभागों की स्थापना करने का प्रयास अवश्य करेंगे। हमारे वर्तमान मुखिया/कुलपति प्रो. सुरेन्द्र दुबे के कार्यकाल में मैंने आशातीत सफलता प्राप्त की है तथा मेरे छात्रों व अध्यापकों ने अपनी उपलब्धियों से मेरा यशोवर्द्धन किया है। राष्ट्रीय मूल्यांकन व प्रत्यायन परिषद् के वर्ष 2017 के मूल्यांकन हेतु प्रस्तुत आख्या के अनुसार अब तक मुझसे सम्बद्ध महाविद्यालयों की संख्या 422 तक पहुँच गई थी, जिनमें 229286 छात्र तथा परिसर के 37 विभागों में 8331 छात्र अध्ययनरत थे। परिसर के 346 विद्वान शिक्षकों के पास बाहरी संस्थानों द्वारा स्वीकृत 23 शोध प्रकल्प चल रहे थे, जिनके लिए रु. 1 करोड़ 96 लाख का वित्तीय अनुदान स्वीकृत था। मेरे विद्वान शिक्षकों ने अभी तक 334 अन्तरराष्ट्रीय सहित 1,564 शोध पत्रों की विभिन्न स्तरों पर प्रस्तुति दी थी। 133 पुस्तकें प्रकाशित हुई थीं तथा 98 पेटेन्ट व सम्मान प्राप्त किए थे। मेरे मुखिया की साहित्यिक उपलब्धियों हेतु उन्हें केन्द्र व प्रदेश सरकारों द्वारा कई प्रतिष्ठित सम्मानों से सम्मानित किया गया। अभी वर्ष 2017 में उन्हें उ.प्र. हिन्दी संस्थान के साहित्य भूषण सम्मान से भी सम्मानित किया गया है। मेरे केन्द्रीय पुस्तकालय में 1,52,318 पुस्तकें अध्ययनरत शोधकर्ताओं हेतु उपलब्ध थीं। शिक्षकों व गैर शिक्षकों के लिए 264 आवासीय मकानों के अतिरिक्त कैफैटेरिया, स्वास्थ्य केन्द्र, पोस्ट ऑफिस, बैंक, इंडोर जिम्नेजियम, फिटनेस सेन्टर तथा परिसर बैंक भी उपलब्ध थे।

इस समय तक छात्राओं के लिए 5 व छात्रों के लिए 3 हॉस्टल उपलब्ध थे। शैक्षणिक परिवेश में विशाल गांधी सभागार, 10 सेमिनार हॉल, 13 स्मार्ट क्लासेज बनाए जा चुके थे। डी.एस.टी., नयी दिल्ली व आई.एल.आई.टी., सोवियत रूस जैसी अन्तरराष्ट्रीय ख्याति की संस्थाओं के साथ शोध अनुबन्ध हुए। अन्तिम कुछ वर्षों में मेरी उल्लेखनीय उपलब्धियों में हिन्दी विभाग की स्थापना, बी.ए. (ऑनर्स) का 9 विषयों में सत्र 2018–19 से शुभारम्भ, 2 राष्ट्रीय पुस्तक मेलों का आयोजन, केन्द्रीय इन्स्ट्रूमेन्टेशन सुविधा, एन.पी.टी.एल. का दूरस्थ रिमोट केन्द्र (किसी भी भारतीय विश्वविद्यालय में प्रथम), पं. दीनदयाल उपाध्याय शोधपीठ की स्थापना प्रमुख हैं। 2 पुरातन छात्र सम्मेलन, विश्व पर्यटन दिवस पर पर्यटन एवं होटल विभाग द्वारा राष्ट्र की विभिन्न संस्कृति एवं लोक वेश–भूषा नृत्यों को प्रदर्शित करती हुई शोभायात्रा का नगर भ्रमण, युवा महोत्सव, अन्तरराष्ट्रीय मध्यक्षेत्र युवा महोत्सव 2015, जिसमें 24 विश्वविद्यालयों ने भाग लिया, ललित कला संस्थान द्वारा रंगशाला कार्यक्रम और उत्तर प्रदेश उत्तराखण्ड अर्थशास्त्र परिषद का प्रदेशीय वार्षिक सम्मेलन आदि ने झाँसी के सांस्कृतिक व शैक्षणिक इतिहास में नये कीर्तिमान स्थापित किए। व्यापक स्तर पर आयोजित कैम्पस प्लेसमेंट में देश की प्रख्यात कम्पनियों में 436 छात्रों का चयन हुआ। इसके अतिरिक्त शैक्षणिक प्रशासन व परीक्षाओं में पारदर्शिता

हेतु पहली बार ई-टेन्डर व्यवस्था, ऑनलाइन मूल्यांकन, विश्वविद्यालय की वेबसाइट पर विश्वविद्यालय तथा महाविद्यालयों की सम्पूर्ण जानकारी, ऑनलाइन प्रवेश आवेदन, परीक्षा आवेदन व परिणामों की घोषणा और गत 10 वर्षों के महत्त्वपूर्ण 3 लाख अभिलेखों का डिजिटल अभिलेखागार तैयार किया गया। मेरे वित्त अधिकारी श्री धर्मपाल के कुशल वित्त प्रबन्धन से मेरे परिसर में 1 अरब 70 करोड़ रुपये की स्थायी आस्तियों, लगभग 1 अरब 74 करोड़ रुपये के दीर्घ विनियोजित शेष तथा 36 करोड़ रुपये के बैंक बैलेंस अर्थात लगभग रु. 380 करोड़ की सम्पत्तियों का निर्माण हुआ। मेरा वार्षिक बजट 95 करोड़ रुपये की आय के साथ 26 करोड़ रुपये की अतिरिक्त बचत के स्तर पर पहुँच गया, जो कि बिना किसी नियमित राजकीय अनुदान की स्थितियों में प्रवेश के समस्त राज्य विश्वविद्यालयों हेतु, स्वयं में एक कीर्तिमान है।

मेरे वर्तमान कुलपति मुखिया ने प्रचार तंत्र से दूर रहकर अत्यन्त शान्ति एवं धैर्यपूर्वक विश्वविद्यालय प्रशासन में वर्ष भर निरन्तर सुधार किया एवं विश्वविद्यालय परीक्षा संचालन में व्यापक प्रभावशाली सुधार किए। उन्होंने सभी परीक्षा केन्द्रों को कैमरों तथा सेटेलाइट व्यवस्था के माध्यम से विश्वविद्यालय स्थित कन्ट्रोल रूम से जोड़कर परीक्षाओं की शुचिता की नई परिभाषा लिख दी। कुलपति जी के अतिरिक्त वित्त अधिकारी व कुलसचिव के मध्य संरचनात्मक कार्यों हेतु सकारात्मक व निष्ठापूर्ण समर्पित सहयोग एवं तालमेल ने विश्वविद्यालय के सर्वांगींण विकास की नई इबारत लिख दी। मूल रूप से नगर मजिस्ट्रेट पद पर कार्यरत वरिष्ठ पी.सी.एस. अधिकारी श्री सी.पी. तिवारी द्वारा मेरे यहाँ कुलसचिव का अतिरिक्त पदभार ग्रहण करते ही मेरे आन्तरिक व बाह्य अनुशासन की परम्परा में आमूल-चूल परिवर्तन दृष्टिगोचर होने लगे। उन्होंने विश्वविद्यालय के प्रशासनिक कार्यालय के अतिरिक्त छात्र समुदाय तथा शिक्षण कार्यों आदि की समयबद्धता व प्रतिबद्धता पर अपनी पैनी नजर रखी। बहुत समय से वांछित कठोर निर्णयों व उनके दबावरहित परिपालन ने इस वर्ष नकल विहीन परीक्षाओं का एक अति प्रशंसनीय मापदंड प्रस्तुत किया, जिसकी सराहना कर माननीय कुलाधिपति/श्री राज्यपाल जी ने प्रदेश के अन्य विश्वविद्यालयों में इसे एक मानक के रूप में लागू करने का निर्देश दिया।

मेरी विधिवत स्थापना एवं औपचारिक नामकरण के पश्चात मुझे जितने भी विद्वान अपने मुखिया के रूप में मिले, उन सबने अपने-अपने ढंग से किसी न किसी रूप में अपना महत्त्वपूर्ण सक्रिय सकारात्मक योगदान देकर आज मुझे मेरी ख्याति के इस स्तर पर पहुँचाया है। अगर किन्हीं ने निजी स्वार्थवशता अथवा नकारात्मकता के साथ मेरे साथ छल किए हों, तो न तो मुझे वे स्मरण हैं और न ही उनका स्मरण करके मैं अपने सतत प्रगति के मार्ग से विचलित होना चाहता हूँ। सकारात्मक रचनात्मकता ही प्रगति का मंत्र है, फिर वह चाहे व्यक्ति हो या मेरी जैसी संस्था। अत: मैं और मेरा परिवार अपने सभी निष्ठावान व मेरे प्रति प्रतिबद्ध कर्तव्यपरायणता

के साथ नेतृत्व प्रदान करने वाले अपने सम्मानित मुखियाजन को सदैव स्मरण करेंगे। नियमित एवं पूर्णकालिक मुखियाजन की नियुक्तियों के अन्तराल के बीच-बीच में मेरे मुखिया पद का कार्यभार सँभालने वाले उन सभी आचार्यों एवं प्राचार्यों तथा मुखियाजन के अवकाश के समय बारम्बार कार्यभार सँभालने वाले प्रति कुलपति महोदयों का मैं हृदय से आभारी हूँ कि उन्होंने बीच के अन्तरालों में मेरी यथास्थिति बनाए रखी। प्रथम प्रति कुलपति प्रो. श्रीराम अगव्राल के उपरान्त द्वितीय व तृतीय प्रति कुलपति के रूप में प्रो. ओ.पी. कण्डारी व प्रो. पंकज अत्री भी इस पद पर पदासीन रहे। मेरे वर्तमान मुखिया ने अपने समय में प्रति कुलपति पद पर किसी को नामित करने की परम्परा छोड़ अपने अवकाश के समय विश्वविद्यालय के वरिष्ठतम आचार्य को कार्यभार सौंपने की एक विवादरहित एवं स्वस्थ परम्परा को प्रारम्भ किया है, जो उनकी पूर्ण स्वतंत्र निर्णय क्षमता व निष्पक्षता का प्रतीक है।

मैं परिवार के सभी उच्च अधिकारियों सहित परिवार के सभी सदस्यों का आभारी हूँ तथा उनके साथ सदैव मेरी शुभकामनाएँ हैं, जिनके समन्वित प्रयासों से आज मैं विगत कई वर्षों से प्रदेश के सर्वश्रेष्ठ विश्वविद्यालय के रूप में पुरस्कृत हो रहा हूँ। मेरी संरचनात्मक एवं शैक्षणिक उत्कृष्टता में निरन्तर प्रगति का प्रमाण मुझे सतत परीक्षणों व मूल्यांकन के उपरान्त राष्ट्रीय मूल्यांकन एवं प्रत्यायन परिषद (नैक) द्वारा प्राप्त होता रहा है। विश्वविद्यालय अनुदान आयोग के निरन्तर बढ़ते हुए वित्तीय अनुदान एवं राज्य सरकार द्वारा भी समय-समय पर दिए गए सहयोग से लगता है कि मेरी गुणवत्ता पर इन सबका विश्वास है। मैं अपने विद्वान शिक्षकों के निरन्तर उच्च स्तरीय, समर्पित गुणवत्तापूर्ण शिक्षण कार्य व शोध कार्य से भी सन्तुष्ट हूँ। उनके द्वारा राष्ट्रीय-अन्तरराष्ट्रीय संस्थानों से प्राप्त अनुदानों की सहायता से किए जा रहे शोध कार्यों; विभिन्न राष्ट्रीय-अन्तरराष्ट्रीय मंचों पर प्रस्तुत अपने शोध पत्रों तथा प्रकाशनों ने मुझे वैश्विक पटल पर एक उल्लेखनीय पहचान व सम्मान दिलाया है। उनकी उत्तरोत्तर प्रगति हेतु मेरी असीम शुभकामनाएँ। मैं अपने उन सभी पूर्व छात्रों का भी ऋणी हूँ, जिन्होंने अपने कार्यों तथा राष्ट्रीय-अन्तरराष्ट्रीय स्तर पर अपने भरपूर व उल्लेखनीय योगदान द्वारा राष्ट्र का तथा मेरा मान बढ़ाया है। उन्हें मेरा आशीर्वाद है कि वे आने वाले अपने अनुज-सम मेरे छात्रों को अपनी उपलब्धियों से न केवल प्रेरित करेंगे, अपितु भविष्य में कार्यक्षेत्र में सफलता हेतु उनका मार्ग भी प्रशस्त करेंगे।

परन्तु मेरे लिए यह पूर्ण सन्तुष्टि अनुभव कर विश्राम का समय नहीं है। सन्तुष्टि, विश्राम की ओर धकेलती है और विश्राम, पूर्ण विराम की ओर। अभी तो मुझे मेरे क्षेत्र में माँ-पिता की गोद में खेल रहे उन नौनिहालों की प्रतीक्षा है, जिनको अपने गुरुकुल में शिक्षित कर उन्हें द्विज (माँ-बाप द्वारा जीवनदान के उपरान्त, गुरुकुल में विद्वान गुरुजनों के ज्ञान दान से दूसरा जन्म) संस्कारित कर, संसार में कर्मभूमि में प्रवृत्त होने हेतु दीक्षित करना है। मुझे पीढ़ी-दर-पीढ़ी उनकी प्रतीक्षा रहेगी। वे आते

रहेंगे, जाते रहेंगे, परन्तु मैं तो यहीं रहूँगा क्योंकि मैं तो यहीं था। इस समय मैं अपने शिखर की ओर बढ़ता, उगते सूरज की ऊर्जा व प्रकाश में निरन्तर अग्रसर हूँ। पर यह मेरी अन्तिम मंजिल नहीं है। एक मुकाम पर पहुँकर स्वतः आगे की मंजिल की राह प्रशस्त हो जाती है।

हर मुकाम पर लगता है, कि मंजिलें और भी हैं।
थकना नहीं, रुकना नहीं, कि मंजिलें और भी हैं॥
रास्ता अभी बाकी है बहुत, कि मंजिलें और भी हैं।
चलते और चलते ही रहना है, कि मंजिलें और भी हैं॥

विशेष : लेखक 1958 से महाविद्यालय छात्र-रूप में, 1967 से शिक्षक तथा 1986 से विश्वविद्यालय के संस्थापक शिक्षक समुदाय का सदस्य रह कर 2002 में सेवानिवृत्त होकर 2005 तक सक्रिय व अब तक विश्वविद्यालय संग परोक्ष सम्पर्क में रहता आया है अस्तु, उपर्युक्त लेख में आँखों देखा ही नहीं, जीवन युक्त केवल सार्थक व सकारात्मक अनुभव प्रस्तुत कर सका है।

परिशिष्ट : लेखक परिचय

जानकी शरण वर्मा

09 जुलाई, सन् 1924 को गांधी जी के आह्वान पर रेलवे की नौकरी छोड़कर असहयोग आन्दोलन में कूदने वाले झाँसी निवासी परमानन्द जी के परिवार में जन्मे जानकी शरण वर्मा पारिवारिक परिवेश के कारण बाल्यकाल से ही क्रान्तिकारियों से संसर्ग में रहे। आपकी अभिरुचि स्वाधीनता संग्राम के इतिहास के अवगाहन में रही है। आपने झाँसी के इतिहास पर गहन शोध द्वारा अनेक मौलिक निष्कर्ष निकाले हैं। आपको 'झाँसी के इतिहास की चलती-फिरती लाइब्रेरी' की संज्ञा दी जाती है। 'बुन्देलखण्ड का मुक्ति संघर्ष', 'संस्कृति और इतिहास', 'कालजयी गांधी', 'बुन्देली लोकगीतों में साहित्य', 'संस्कृति और इतिहास', '1857 की अमर ज्योति वीरोत्तमा झाँसी की रानी लक्ष्मीबाई और उनकी झाँसी' तथा 'अमर बलिदानी' आपके महत्त्वपूर्ण ग्रंथ हैं।

सम्पर्क सूत्र : 101, पुरानी नझाई, झाँसी-284002 (उ.प्र.), दूरभाष : 0510-2356922, दूरध्वनि : 9451659877

पन्नालाल 'असर'

02 फरवरी, सन् 1955 को झाँसी में जन्मे पन्नालाल 'असर' बुन्देली तथा हिन्दी के ख्यातिलब्ध कवि हैं। आप आकाशवाणी तथा दूरदर्शन के कलाकार हैं तथा बुन्देली लोक साहित्य में आपकी साधना को मान देते हुए उ.प्र. हिन्दी संस्थान, लखनऊ द्वारा 2015 में पण्डित रामनरेश त्रिपाठी नामित पुरस्कार तथा 2016 में म.प्र. के राव बसारी सिंह बुन्देला स्मृति सम्मान से अलंकृत किये जा चुके हैं। आपकी प्रकाशित कृतियाँ हैं—'बुन्देली रसरंग', 'माटी के गीत', 'युग साहित्य', 'संस्कार गीत' और 'बाल गीत'।

सम्पर्क सूत्र : रामगोमती भवन, सुभाषनगर, भेल, झाँसी (उ.प्र.), दूरध्वनि : 7084912130

डॉ. मुन्ना तिवारी

डॉ. मुन्ना तिवारी बुन्देलखण्ड विश्वविद्यालय, झाँसी में हिन्दी विभाग के अध्यक्ष हैं। आप दलित विमर्श तथा लोक साहित्य के अधिकारी विद्वान हैं तथा 'दलित चेतना और समकालीन हिन्दी उपन्यास', 'समकालीन साहित्य से साक्षात्कार' (सम्पादित), 'दलित साहित्य का सौन्दर्यशास्त्र', 'हिन्दी साहित्य : विविध परिपार्श्व', 'लोक परिप्रेक्ष्य', 'भोजपुरी भाषा और साहित्य', 'रंग वीथिका' तथा 'भोजपुरी के जातीय नृत्य-नाट्य' आपकी प्रकाशित पुस्तकें हैं। 2017 में आपको उ.प्र. हिन्दी संस्थान द्वारा उत्कृष्ट लोक साहित्य के क्षेत्र में 'रामनरेश त्रिपाठी पुरस्कार' से सम्मानित किया गया है।

सम्पर्क सूत्र : सह आचार्य एवं अध्यक्ष-हिन्दी विभाग, बुन्देलखण्ड विश्वविद्यालय, झाँसी-284128 (उ.प्र.), दूरध्वनि : 9415661811

प्रो. सुरेन्द्र दुबे

01 जुलाई, सन् 1953 को कुशीनगर के मदारी पट्टी में जन्मे प्रो. सुरेन्द्र दुबे जी ने गोरखपुर विश्वविद्यालय से एम.ए., पी-एच.डी. एवं डी.लिट्. उपाधि प्राप्त की। सन् 1976 में हिन्दी शिक्षक रूप में जुड़कर क्रमश: 2015 तक दीनदयाल उपाध्याय, गोरखपुर विश्वविद्यालय, हिन्दी विभाग में आचार्य एवं विभागाध्यक्ष रूप में कार्यरत रहे। आपकी ख्याति नाटककार तथा समीक्षक के रूप में रही है। आपका नाटक 'उठो अहल्या' अत्यधिक चर्चित रहा है तथा विभिन्न नगरों में इसके सफल मंचन हुए हैं। आपकी पुस्तक 'काव्यादर्श और काव्य भाषा' पर आपको उ.प्र. हिन्दी संस्थान द्वारा शुक्ल नामित आलोचना पुरस्कार से सम्मानित किया जा चुका है। इसके अलावा आपको उ.प्र. हिन्दी संस्थान के 'साहित्य भूषण' से सम्मानित किया जा चुका है। सम्प्रति आप साहित्य अकादेमी, नयी दिल्ली की साधारण सभा के सदस्य हैं। वर्तमान में बुन्देलखण्ड विश्वविद्यालय, झाँसी एवं सिद्धार्थ विश्वविद्यालय, कपिलवस्तु के कुलपति पद को सुशोभित कर रहे हैं।

सम्पर्क सूत्र : कुलपति, बुन्देलखण्ड विश्वविद्यालय, झाँसी-284128 (उ.प्र.) एवं कुलपति, सिद्धार्थ विश्वविद्यालय, कपिलवस्तु, सिद्धार्थ नगर, (उ.प्र.) दूरध्वनि : 9415180511

डॉ. पुनीत बिसारिया

डॉ. पुनीत बिसारिया लेखन जगत का एक चिर-परिचित नाम है। आप नवीन, समसामयिक एवं विचारोत्तेजक विषयों पर लेखन के लिए विख्यात हैं। 17 अप्रैल,

सन् 1974 को उ.प्र. के रायबरेली जिले के बछरावाँ में जन्मे डॉ. बिसारिया ने लखनऊ विश्वविद्यालय से 1998 में हिन्दी में पी-एच.डी. की उपाधि प्राप्त की। आपने रामनगर पी.जी. कॉलेज, बाराबंकी, बीरबल साहनी पुरावनस्पतिविज्ञान संस्थान, लखनऊ तथा नेहरू स्नातकोत्तर महाविद्यालय, ललितपुर में अपनी सेवाएँ दीं और वर्तमान समय में आप बुन्देलखण्ड विश्वविद्यालय, झाँसी के हिन्दी विभाग में सह आचार्य के पद पर कार्यरत हैं। आप 'सेतु', अमेरिका; 'जनकृति', वर्धा; 'प्रभास', उत्तर प्रदेश भाषा संस्थान, लखनऊ; 'वाग्प्रवाह', लखनऊ; 'शोध इण्टरनेशनल', पुणे एवं 'युगशिल्पी', गाजियाबाद के कार्यकारी सम्पादक हैं तथा भारतीय उच्च अध्ययन संस्थान, राष्ट्रपति निवास, शिमला के सह अध्येता रहे हैं। 'आतंकवाद पर बातचीत', 'वेदबुक से फेसबुक तक स्त्री', 'भारतीय सिनेमा का सफरनामा', 'शोध कैसे करें', 'जिन्ना का सच', 'बौद्ध धर्म : नयी सदी, नयी दृष्टि', 'युवाओं की दृष्टि में गांधी', 'भोजपुरी विमर्श', 'पण्डित मदनमोहन मालवीय', 'आम्बेडकर की अन्तर्वेदना', 'हिन्दी पत्रकारिता : कल आज और कल', 'भारतीय संविधान के निर्माता', 'सहृदय न्यायमूर्ति', 'कलाम को सलाम', 'विष्णु के दशावतार रूप', 'पर्यावरण चिन्तन', 'बुन्देली महिमा' तथा 'अनुवाद और हिन्दी साहित्य' आपकी प्रकाशित पुस्तकें हैं। आपको वर्ष 2017 में प्रतिष्ठित 'डॉ. जगदीश गुप्त सम्मान' से अलंकृत किया जा चुका है तथा वर्ष 2018 में समीक्षा के क्षेत्र में उल्लेखनीय योगदान हेतु 'आचार्य रामचन्द्र शुक्ल सम्मान' से सम्मानित किया गया है।

सम्पर्क सूत्र : सह आचार्य-हिन्दी विभाग, बुन्देलखण्ड विश्वविद्यालय, झाँसी-284128 (उ.प्र.), दूरध्वनि : 9450037871, 9129993645

अयोध्या प्रसाद गुप्त 'कुमुद'

अयोध्या प्रसाद गुप्त 'कुमुद' बुन्देलखण्ड के वरिष्ठ साहित्यकार हैं। 15 जुलाई, 1944 को जालौन के कोंच में जन्मे कुमुद जी ने वकालत तथा पत्रकारिता को अपना व्यवसाय बनाया। बुन्देली लोक संस्कृति, लोक साहित्य, लोक कलाओं तथा ऐतिहासिक घटनाओं के अंकन में उनकी लेखनी खूब चली है। 'बुन्देलखण्ड का लोकजीवन', 'लोक संस्कृति', 'बुन्देलखण्ड की फागें', 'बुन्देलखण्ड की काव्यात्मक कहावतें', 'सप्तदल', 'साहित्य मंजूषा', 'सुरम्य बुन्देलखण्ड', 'भारतीय लोककलाओं के विविध आयाम', 'कोंच की रामलीला', 'जगनिक', 'ईसुरी', 'मध्य प्रदेश के मेले और तीज त्योहार', 'लोकस्मृति में बुन्देलखण्ड के इतिहास प्रसंग' उनकी महत्त्वपूर्ण पुस्तकें हैं। इनकी लगभग 15 पुस्तकें प्रकाशित हैं।

सम्पर्क सूत्र : मण्डपम गेस्ट हाउस, राठ रोड, उरई-285001, दूरध्वनि : 9451212095

प्रो. श्रीराम अग्रवाल

प्रो. श्रीराम अग्रवाल मई 1942 में झाँसी में जन्मे। सन् 1956 में रेलवे में प्रशिक्षु कामगार के रूप में कर्मक्षेत्र में प्रवेश किया। अनेक राजकीय सेवाओं का परित्याग कर कई अन्तरालों में 1965 में अर्थशास्त्र से एम.ए. तथा 1982 में पी-एच.डी. उपाधि प्राप्त की। 1966 में जीवाजी वि.वि. ग्वालियर से सम्बद्ध वी.आर.एस. महाविद्यालय, भाण्डेर (म.प्र.), 1967 में बुन्देलखण्ड महाविद्यालय, झाँसी तथा 1986 में बुन्देलखण्ड विश्वविद्यालय में नियुक्त होकर आचार्य/विभागाध्यक्ष अर्थशास्त्र तथा विश्वविद्यालय के प्रतिकुलपति समेत अनेक महत्त्वपूर्ण प्रशासनिक दायित्वों का निर्वहन करते हुए 2005 तक विश्वविद्यालय सेवा में सक्रिय रहे। साहित्य, संस्कृति तथा समसामयिक विषयों पर आपके लेख राष्ट्रीय समाचार पत्रों व पत्रिकाओं में प्रकाशित होते रहते हैं। सम्प्रति, 'वेद एवं एकात्म मानव दर्शन पर्यन्त वैदिक साहित्य में सैद्धान्तिक अर्थशास्त्र के मौलिक सूत्रों तथा उनका पाश्चात्य अर्थशास्त्र के सिद्धान्तों से तुलनात्मक अध्ययन' विषय पर शोध कार्य हेतु आपको संस्कृति मंत्रालय, भारत सरकार द्वारा 'सीनियर फैलो' नामित किया गया है।

सम्पर्क सूत्र : 215/1 सी, बाहर खाण्डेराव गेट, झाँसी-284001 (उ.प्र.), दूरध्वनि : 9415031018

डॉ. नीति शास्त्री

डॉ. नीति शास्त्री झाँसी की अनेक समाजसेवी संस्थाओं से जुड़ी रही हैं। आपने साहित्यिक, शैक्षणिक तथा सांस्कृतिक क्षेत्र में अपनी विशिष्ट पहचान बनायी है। आपको 2012-13 तथा 2016-17 में राष्ट्रीय शिक्षक सम्मान से विभूषित किया जा चुका है।

सम्पर्क सूत्र : 199, शास्त्री नगर, सीपरी बाजार, झाँसी (उ.प्र.), दूरध्वनि : 9415112563

प्रो. प्रतीक अग्रवाल

प्रो. प्रतीक अग्रवाल का जन्म सन् 1975 में झाँसी में हुआ। बुन्देलखण्ड विश्वविद्यालय, झाँसी से एम.बी.ए. तथा पी-एच.डी.। वर्ष 1999 में बुन्देलखण्ड विश्वविद्यालय, झाँसी के पर्यटन एवं होटल प्रबन्धन संस्थान में सहायक आचार्य के रूप में नियुक्त होकर वर्तमान में आचार्य के पद पर कार्यरत हैं।

सम्पर्क सूत्र : आचार्य, पर्यटन एवं होटल प्रबन्धन संस्थान, बुन्देलखण्ड विश्वविद्यालय, झाँसी (उ.प्र.), दूरध्वनि : 9415031043

डॉ. मधु श्रीवास्तव

डॉ. मधु श्रीवास्तव बुन्देलखण्ड के लोक चित्रों की शोधपरक अध्येता चित्रकार हैं। आपके चित्रों की 26 एकल तथा 20 सामूहिक प्रदर्शनियाँ लग चुकी हैं।

सन् 2000 में उ.प्र. हस्तकला राज्य दक्षता एवं राजभाषा स्वर्ण जयन्ती पर तत्कालीन प्रधानमंत्री श्री देवगौड़ा जी द्वारा राजभाषा एवं संस्कृति सम्मान, संस्कार भारती कला साधक सम्मान (2000) एवं लोक कला सम्मान (2010) के अतिरिक्त ललित कला अकादमी लखनऊ, भारत भवन भोपाल, राष्ट्रीय मानक संग्रहालय, भोपाल एवं राष्ट्रीय ललित कला अकादमी, नई दिल्ली में आपके चित्रों की प्रदर्शनी एवं कला संग्रह प्रदर्शित।

सम्पर्क सूत्र : 367, आवास-विकास, शिवाजी नगर, झाँसी-284001 (उ.प्र.), दूरध्वनि : 9450080503

मोहन 'नेपाली'

सुप्रसिद्ध गीतकार गोपाल 'नेपाली' से प्रभावित होकर अपने नाम में 'नेपाली' शब्द जोड़ने वाले मोहन नेपाली दैनिक जागरण से सेवानिवृत्त तथा उ.प्र श्रमजीवी पत्रकार यूनियन से सम्मानित झाँसी के वरिष्ठतम पत्रकार हैं। आपके लेख देश की सभी महत्त्वपूर्ण पत्र-पत्रिकाओं में प्रकाशित होते रहते हैं।

सम्पर्क सूत्र : 175, हींगन कटरा, झाँसी-284002 (उ.प्र.), दूरध्वनि : 9415420641

उमेश शुक्ल

उमेश शुक्ल की आरम्भिक शिक्षा-दीक्षा बस्ती जिले में हुई। लखनऊ विश्वविद्यालय से स्नातक एवं परास्नातक उपाधियाँ लेने के बाद आपने भारतीय जनसंचार संस्थान, नयी दिल्ली से पत्रकारिता में पोस्ट ग्रेजुएट डिप्लोमा अर्जित किया। सन् 1992 में आप 'अमर उजाला' समाचार पत्र से जुड़े। आपने 'डीएलए' और 'दैनिक हरिभूमि' में भी काम किया। सन् 2010 से आप बुन्देलखण्ड विश्वविद्यालय, झाँसी के पत्रकारिता एवं जनसंचार संस्थान में अध्यापन कार्य में संलग्न।

सम्पर्क सूत्र : प्रवक्ता, पत्रकारिता एवं जनसंचार संस्थान, बुन्देलखण्ड विश्वविद्यालय, झाँसी-284128 (उ.प्र.), दूरध्वनि : 6392349117

डॉ. नीता यादव

डॉ. नीता यादव ने प्राचीन भारतीय इतिहास विषय में शोध उपाधि प्राप्त की है तथा इतिहास के पुरातन एवं अधुनातन पक्षों पर उनके लेख समय-समय पर विभिन्न पत्र-पत्रिकाओं में प्रकाशित होते रहते हैं। वर्तमान में आप बुन्देलखण्ड विश्वविद्यालय, झाँसी के विधि संस्थान में सहायक आचार्य पद पर कार्यरत हैं।

सम्पर्क सूत्र : सहायक आचार्य, विधि संस्थान, बुन्देलखण्ड विश्वविद्यालय, झाँसी-284128 (उ.प्र.), दूरध्वनि : 9415073315

विशेष सहयोगी

प्रो. कृष्णबिहारी लाल पाण्डेय

प्रो. कृष्णबिहारी लाल पाण्डेय का जन्म 29 अगस्त, 1935 को झाँसी के मऊरानीपुर में हुआ। कविता, आलोचना, लोक संस्कृति के सृजन-अन्वेषण-अनुशीलन में आपकी विशेष अभिरुचि है। 'ऐसा क्यों होता है', 'आँखों भर अनन्त' आपके कविता संग्रह हैं। 'आलोचना : एक और पाठ', 'दतिया : उद्भव और विकास' आपकी प्रमुख पुस्तकें हैं। आप मध्य प्रदेश के उच्च शिक्षा विभाग से प्राचार्य पद से सेवानिवृत्त होकर स्वतंत्र लेखन में संलग्न हैं।

सम्पर्क सूत्र : 70, हाथीखाना, दतिया, 475661 (म.प्र.), दूरध्वनि : 9479570896

अनिल बौहरे

अनिल बौहरे सन् 1999 में बुन्देलखण्ड विश्वविद्यालय, झाँसी में डाटा एंट्री ऑपरेटर के पद पर नियुक्त हुए। सतत कर्त्तव्यनिष्ठ, मृदुभाषी तथा परिश्रमी होने के कारण आप निरन्तर प्रगति करते हुए वर्तमान में बुन्देलखण्ड विश्वविद्यालय, झाँसी के कुलपति जी के निजी सचिव के पद पर कार्यरत हैं।

सम्पर्क सूत्र : कुलपति कार्यालय, बुन्देलखण्ड विश्वविद्यालय, झाँसी-284128 (उ.प्र.), दूरध्वनि : 9415590971

❂❂❂